2023 Curso de preparación de impuestos

Contenido

Guía de inicio rápido

¡BIENVENIDO al sistema de aprendizaje tributario más avanzado de los Estados Unidos: Prendo365 impulsado por profesionales latinos de impuestos! Nuestra educación fiscal es un sistema de aprendizaje electrónico potente y fácil de usar. Un libro de texto opcional está disponible. Las siguientes instrucciones le proporcionarán los pasos para crear y/o iniciar sesión en su cuenta de Prendo365.

Usuario por primera vez comprado en línea o a través de un representante de ventas

Paso 1: Después de la compra, abra el correo electrónico que recibió de adressmailer@workato.com con línea de asunto "Bienvenido a Prendo365 – NO RESPONDER" – contiene una contraseña y un nombre de usuario para acceder a su cuenta creada. Revise su carpeta de correo no deseado / basura si no la ve.

Paso 2: Al iniciar sesión, DEBE completar y guardar los campos obligatorios marcados con un asterisco rojo en continuar.

Paso 3: Desplácese hacia abajo hasta "Cursos" en el lado izquierdo de su panel de control y haga clic en su curso icono para empezar!

Usuario por primera vez a través del instructor o gerente de oficina

Paso 1: Ingrese prendo365.com en su navegador preferido y luego presione **enter**. (Recomendamos Google Chrome o Firefox para una mejor experiencia de usuario).

Paso 2: Haga clic en el botón "Registrarse" en la parte superior derecha.

Paso 3: Tu nombre de usuario es tu correo electrónico*. (Recuerde qué correo electrónico y contraseña utilizó). Complete todos los campos obligatorios.

Paso 4: Si tiene un instructor, haga clic en el menú desplegable, "*¿tiene un instructor*?" y Seleccione su instructor. De lo contrario, haga clic en "Acepto los términos de la política de privacidad" y haga clic en "Siguiente".

Paso 5: Ingrese su PTIN y la información estatal para créditos de educación continua, si corresponde. Si no tiene un PTIN, escriba "N/A". Complete todos los campos obligatorios. Recibirá un correo electrónico de edsupport@latinotaxpro.com. Si no recibe el correo electrónico en 15 minutos, revise su carpeta de correo no deseado.

Paso 6: Abra el correo electrónico que recibió de edsupport@latinotaxpro.com - contiene su contraseña temporal. Haga clic en el enlace para confirmar su registro y use la contraseña temporal proporcionada para iniciar sesión.

Paso 7: Ingrese la contraseña temporal y luego cree una nueva contraseña que recordará. Haga clic en "Guardar cambios".

Paso 8: Desplácese hacia abajo hasta "Cursos" en la lista en el lado izquierdo de su panel de control y haga clic en su ¡Icono del curso para comenzar!

*Si recibe un mensaje que indica que su correo electrónico ya está en el sistema, un miembro del personal, un instructor o la compra en línea han creado una cuenta. Haga clic en "¿Olvidó su contraseña?" para restablecer su contraseña o chatear en prendo365.com.

Usuario recurrente

Paso 1: Ingrese Prendo365.com en su navegador preferido. Presiona **enter**.

Paso 2: Haga clic en el botón "Iniciar sesión".

Paso 3: Ingrese su nombre de usuario y contraseña. ¿Olvidó su contraseña? Haga clic en "Olvidó su contraseña?"

Paso 4: Haga clic en "Iniciar sesión".

Paso 5: ¿Aún no has comenzado tu curso? Encuentra tu curso en el panel de control. En el lado izquierdo en "Cursos", abra su curso haciendo clic en la miniatura. Luego haga clic en "Comience a aprender ahora".

Paso 6: ¿Ya comenzaste tu curso? Encuentre su curso una vez más en el panel de control en "Cursos" y haga clic en la miniatura para abrir. Luego elija "Reanudar donde lo dejó" para ir a la última sección completada.

¿Todavía tienes preguntas? Chatea en prendo365.com, envía preguntas por correo electrónico a edsupport@latinotaxpro.com o llama al 866.936.2587.

¡Te han colocado en un grupo con otros profesionales de impuestos que toman el mismo curso! Esta comunidad es para que usted COMPARTA conocimientos y CONECTE con otros.

CÓMO ACCEDER A TU CUENTA

1. Una vez que esté en su cuenta de Prendo365, haga clic en las 3 líneas en la esquina superior izquierda para abrir el menú.
2. Con el menú abierto, haga clic en "Visitar la comunidad" para continuar.
3. DEBE HACER CLIC EN "Continuar con su cuenta de Prendo365 existente" para ingresar su información.
4. ¡Estás dentro! ¡Acepta el Código de conducta, sube una foto de perfil y comienza a publicar en la Comunidad!

¿Tiene alguna pregunta? ¡Llámenos o envíenos un mensaje de texto si tiene preguntas al (866) 936-2587!

Descripción del curso

Nuestro **Curso de Preparación de Impuestos** está diseñado para brindarle el conocimiento necesario para cumplir con los requisitos del IRS y brindarle una comprensión básica de la ley y la práctica tributaria para garantizar que sirva a sus clientes con la más alta calidad. Este material de estudio se ha organizado para dar instrucciones para cada línea del Formulario 1040.

En este curso de educación para principiantes, aprenderás:

- Cómo preparar una declaración de impuestos individual federal.
- Cómo preparar el anexo A, el anexo C, el anexo E y el anexo F.
- Los requisitos para cada estado civil, dependientes, deducciones estándar y detalladas.
- Qué formulario usar y cómo fluye al Formulario 1040.

- Créditos para los que el contribuyente califica y cómo completar correctamente cada formulario.
- Cómo y cuándo presentar una enmienda y una prórroga para presentar su declaración de impuestos.

Nuestro sistema de capacitación profesional patentado, Prendo365.com, combina cursos de libros de texto tradicionales con libros electrónicos interactivos en línea, videos de capítulos, preguntas de repaso para cada capítulo y ejercicios de práctica en la preparación de declaraciones de impuestos (PTR) así como exámenes de cada capítulo.

En nuestros libros de texto y libros electrónicos, los estudiantes tendrán contenido sobre una línea o área específica del Formulario 1040, y varias preguntas de repaso para evaluar su conocimiento sobre el material que ha aprendido. Después de terminar de leer el material o ver los videos de los capítulos, el estudiante completará un examen de capítulo requerido y un ejercicio de práctica en la preparación de la declaración de impuestos (PTR) que solo se centrará en el material que aprendió en cada capítulo y debe completar una prueba corta de PTR. Recuerde, cada capítulo del curso es la base para el siguiente.

Los ejercicios de práctica en la preparación de declaraciones de impuestos (PTR) están en formato PDF e incluyen enlaces a los formularios necesarios para completar una declaración de impuestos a mano. Los ejercicios de práctica en la preparación de declaraciones de impuestos (PTR) tendrán su propio conjunto de preguntas de revisión. Las declaraciones que contienen el Anexo A se preparan con la retención del impuesto estatal sobre la renta en la línea 5 y los impuestos adicionales específicos del estado, como CASDI. Los PTR se basan en el material cubierto en el capítulo.

Las preguntas de revisión y los PTR se pueden tomar tantas veces como sea necesario para lograr el puntaje requerido. Si ha obtenido una puntuación del 70% o mejor, pero decide obtener una puntuación más alta, Prendo365 registra la puntuación más reciente, incluso si es inferior a su puntuación anterior.

Este curso expira el **30 de noviembre de 2024.** Este curso no califica para las horas de educación continua del IRS.

Incluido en este curso:

- **Guía de estudio de** libros de texto (debe comprarse por separado)
- **eBook** (El curso en línea incluye un libro electrónico para cada capítulo)
- **Preguntas en línea** "Para poner a prueba sus conocimientos"
- **Declaraciones de impuestos de práctica en línea** (PTR). Hay un cuestionario al final de cada capítulo.
- **Finales online**. Tendrás tres exámenes finales al final del curso.

Este curso ha sido protegido por derechos de autor y publicado por Latino Tax Professionals Association, LLC.

Como usar este texto

LTP ha organizado este material de estudio para dar instrucciones para cada línea del Formulario 1040. Nuestro equipo editorial cree que usted, el estudiante, debe comprender la teoría antes de ponerla en práctica. Por lo tanto, recomendamos que todos ejercicios de práctica en la preparación de declaraciones de impuestos (PTR) se hagan a mano. Nuestro curso está diseñado para explicar dónde se reporta la información fiscal en la declaración de impuestos individual. Sí, usted preparará la declaración de impuestos en un software, pero aún debe comprender cómo funciona el proceso para que pueda identificar lo que necesita saber. El software no le dirá qué formulario usar para ciertos elementos de impuestos.

Introducción al capítulo

Cada capítulo comienza con un párrafo introductorio que le dará al estudiante una visión general de lo que cubre el capítulo.

Objetivos de capítulos

Cada capítulo está diseñado para que incremente lo que aprendió de los anteriores. Los objetivos del capítulo son el marco en el que se presenta el material de cada capítulo.

Recursos del capítulo

Los recursos del capítulo sirven como una guía para los estudiantes cuando se necesita más investigación sobre un tema en particular. Nuestro equipo editorial ha creado esta lista de recursos para que sea más fácil comenzar a investigar.

Preguntas *de revisión "Para poner a prueba su conocimiento" del libro de texto y el libro electrónico*

El contenido de cada capítulo se divide en varias partes. Encontrará preguntas de revisión al final de cada parte del capítulo. LTP alienta al estudiante no omitirlas, sino a leer y aprender de las respuestas y comentarios. Estas preguntas de revisión no se califican y no forman parte de la calificación final que necesita para aprobar este curso.

Exámenes de capítulos

Las preguntas de repaso del capítulo están diseñadas para ayudar al alumno a recordar el tema del capítulo. Luego, los estudiantes deben tomar y aprobar los exámenes de los capítulos de todo el curso.

Exámenes finales

Debido a los reglamentos del IRS, este curso no incluye un examen final de leyes tributarias federales, pero incluye exámenes de capítulo, cuestionarios de declaración de impuestos de práctica y un examen final del ejercicio de práctica en la preparación de la declaración de impuestos (PTR) que debe aprobar con un 70% o más para completar el curso y recibir su certificado.

Practique las declaraciones de impuestos

LTP ha creado ejercicios de práctica en la preparación de declaraciones de impuestos (PTR) para ayudar al estudiante a comprender la preparación de impuestos. Cada PTR se basa en un escenario que abarca el contenido del curso que se ha incluido hasta ese momento. Por ejemplo, si una lección cubre ingresos, los cálculos de impuestos no reflejarán ningún crédito que aún no se haya discutido en el curso, incluso si el contribuyente en el ejercicio hubiera calificado para ellos. Idealmente, el estudiante prepararía el PTR a mano y luego respondería las preguntas de revisión del PTR en el sitio web. LTP no desalienta la preparación de software.

Al preparar un Anexo A, hay 2 opciones para los impuestos que pagó; Impuesto estatal retenido o impuesto sobre las ventas. Las instrucciones de PTR utilizarán un impuesto sobre las ventas fijo al preparar la declaración de impuestos. Tenga en cuenta que los estados individuales, el condado y la ciudad pueden variar en la tasa y los impuestos retenidos.

Nota: El IRS y los estados actualizan sus formularios de impuestos y la ley tributaria al final del año en curso, por lo tanto, aprenderá la ley tributaria y utilizará los formularios y los anexos del año tributario 2022 para completar el curso.

Actualizaciones de libros de texto

La versión digital del libro de texto se actualiza a lo largo del año para contener siempre la información más reciente. La copia física del libro de texto también se actualizará periódicamente. Las notificaciones están dentro de Prendo365 indicadas por la campana en la parte superior derecha de la pantalla.

Misión LTP

LTP promueve el espíritu empresarial, la educación, la diversidad y el conocimiento entre las empresas de preparación de impuestos en todo el país, un número que crece cada año. No solo brindamos educación, sino que brindamos apoyo a los profesionales de impuestos que buscan abrir sus propios negocios de preparación de impuestos o a los propietarios de negocios actuales que se esfuerzan por expandir sus negocios.

- Nuestro **OBJETIVO** es ayudarlo a hacer crecer su práctica y aumentar sus ganancias.
- Nuestra **VISIÓN** es brindarle la mejor educación, liderazgo y capacitación en habilidades comerciales disponibles.
- Nuestra **MISIÓN** es dar a los profesionales de impuestos una voz unificada y poderosa a nivel nacional.

LTP cree que la mejor manera de comenzar la preparación de impuestos es entendiendo el Formulario 1040 de manera eficiente. Los capítulos de este libro de texto están diseñados para dar al estudiante instrucciones básicas. Cuando se complete el capítulo, el estudiante se conectará en línea y completará las preguntas de revisión de opción múltiple con comentarios para su revisión.

Compromiso LTP

Esta publicación está diseñada para proporcionar información precisa y autorizada sobre el asunto cubierto. Se presenta en el entendimiento de que Latino Tax Professionals no se dedica a prestar servicios legales o contables u otro asesoramiento profesional y no asume ninguna responsabilidad en relación con su uso. De conformidad con la Circular 230, este texto se ha preparado con la debida diligencia; sin embargo, existe la posibilidad de error mecánico o humano. El texto no pretende abordar todas las situaciones que puedan surgir. Consulte fuentes adicionales de información, según sea necesario, para determinar la solución de las preguntas fiscales.

Las leyes fiscales cambian constantemente y están sujetas a diferentes interpretaciones. Además, los hechos y circunstancias de una situación particular pueden no ser los mismos que los aquí presentados. Por lo tanto, el estudiante debe hacer una investigación adicional para comprender completamente la información contenida en esta publicación.

Nuestro equipo editorial y de producción

Autores: Kristeena S. Lopez, MA Ed, EA
Carlos C. Lopez, MDE, EA

Editor: Fernando Cabrera, MA

Contribuidores: Niki Young, BS, EA
Fernando Cabrera, MA
Andres Santos, EA
Timur Taluy, BS
Roberto Pons, EA
Ricardo Rivas, EA
Pascual Garcia, EA

Diseño Gráfico: Susan Espinoza, BS
David Lopez

ISBN: 9798399150840

Hecho en California, USA

Fecha de Publicación: 21 de junio de 2023

Capítulo 1 Debida diligencia y multas al preparador

Introducción

Este capítulo cubrirá la debida diligencia básica y las multas del preparador de impuestos. La debida diligencia son acciones que una persona llevará a cabo para satisfacer un requisito legal. El Servicio de Impuestos Internos tiene un conjunto de normas y reglamentos para abordar sus requisitos de debida diligencia conocidos como Circular 230. Este capítulo brindará una breve descripción de las normas y reglamentos que rigen al preparador de impuestos descrito en la Circular 230.

La definición del diccionario de debida diligencia es "el cuidado que ejerce una persona razonable para evitar dañar a otras personas o a su propiedad". La debida diligencia siempre debe ser parte de nuestro proceso de decisión diario. En los negocios, la debida diligencia se refiere a practicar la prudencia al evaluar cuidadosamente los costos y riesgos asociados antes de completar la transacción.

El formulario 8867 se introdujo por primera vez en 2006. El formulario se creó inicialmente para que el preparador pagado evaluara e informara los requisitos del crédito por ingreso del trabajo, y el incumplimiento de este requisito conllevaba una multa de $100. Con el paso de los años, el IRS agregó más requisitos e incluyó otros créditos fiscales e incluso el estado civil de cabeza de familia a la lista de créditos fiscales que debe revisar un preparador de impuestos. En 2011 la multa se elevó a $500. La multa se impone por no cumplir con los requisitos de diligencia para cada crédito y el estado civil. Para el año fiscal 2021, el monto de la multa fue de $540 por cada incumplimiento. Para 2022, la multa era de $545 por cada incumplimiento de todos los requisitos de debida diligencia. El Formulario 8867 de 2022 declara todos los créditos reembolsables y el estado civil de cabeza de familia. Un preparador de impuestos podría recibir una multa por un total de $2,180 por no completar el Formulario 8867 por cada declaración de impuestos que prepare y firme.

Cuando el contribuyente presenta una declaración con los siguientes créditos y estados civiles, el preparador de impuestos debe llenar un Formulario 8867 de forma precisa y adjuntarlo a la declaración del contribuyente. Los siguientes puntos forman parte de los requisitos que figuran en el formulario 8867. El preparador de impuestos debe hacer preguntas para determinar si el contribuyente califica para los créditos y el estado civil de declaración:

1. Crédito por Ingreso del Trabajo (EIC).
2. Crédito Fiscal por Hijos (CTC)
3. Crédito Fiscal Adicional por Hijos (ACTC).
4. Crédito de Otro Dependiente (ODC).
5. Crédito Fiscal de Oportunidad Estadounidense (AOTC).
6. Estado civil de cabeza de familia

Objetivos

Al final de esta lección, el estudiante:

- Identificará los requisitos de debida diligencia del preparador de impuestos al completar una declaración de impuestos con créditos reembolsables.
- Aclarará qué documentación exige el IRS que se mantenga al preparar créditos específicos utilizados en las declaraciones de impuestos.
- Comprenderá qué documentos debe mantener el preparador de impuestos para sus registros.
- Reconocerá qué créditos se incluyen en el Formulario 8867.
- Sabrá quién es el preparador pagado.

Contenido

Fuentes

Formulario 886 Formulario 8867 Circular 230	Instrucciones del Formulario 8867 Publicación 596

Parte 1: Debida diligencia

La "ética" se define como la disciplina que trata de lo que es bueno y malo y del deber y la obligación moral. Es una teoría de conjunto o sistema de principios o valores morales. También son las reglas y normas que rigen la conducta de una persona o de los miembros de una profesión (por ejemplo, la ética en el ejercicio fiscal).

Las reglas y normas que rigen la conducta de los profesionales de impuestos están incluidas en la Circular 230. Estas reglas y normas son la ética del ejercicio fiscal. El "comportamiento ético" se define como "de ética o relativo a la ética". Además, es estar de acuerdo o ajustarse a los principios aceptados de lo correcto y lo incorrecto que rigen la conducta de una profesión (es decir, las normas profesionales de conducta).

La mayoría de las personas definiría la ética como "hacer lo correcto", lo que lleva a creer que las personas, como cuestión de sentido común y conciencia, reaccionarán instintivamente de manera ética en todas las situaciones. Como lo demuestran los escándalos financieros que involucran a Bernie Madoff y Lehman Brothers, esto no siempre es cierto. "Hacer lo correcto" no fue la base de las decisiones tomadas por los líderes de esas organizaciones. Como resultado, muchos se han desilusionado y desconfiado de la comunidad empresarial.

El Departamento del Tesoro de los EE. UU. exige que todos los abogados, contadores públicos certificados, agentes registrados, actuarios registrados y preparadores de declaraciones de impuestos registrados completen anualmente una educación continua, incluidas dos horas de ética o conducta profesional.

Objetivo del Formulario 8867

¿Qué es la debida diligencia? El Servicio de Impuestos Internos (IRS) exige que un preparador de impuestos que prepara una declaración para un cliente que reclama ciertos créditos o el estado civil de cabeza de familia entreviste e interrogue minuciosamente al contribuyente. Esto incluye la recopilación de documentación para demostrar que el contribuyente está calificado para la ventaja fiscal.

El preparador pagado debe realizar la debida diligencia al preparar declaraciones de impuestos con o sin crédito reembolsable. La Sección 6695(g) de las regulaciones del Tesoro requiere que el preparador de impuestos pagado cumpla con ciertos requisitos al entrevistar al cliente. El preparador de impuestos debe hacer preguntas que le den suficiente información para completar el Formulario 8867. El IRS proporciona directrices sobre cómo entrevistar a los contribuyentes.

El IRS establece las siguientes directrices.

1. Cumplir el requisito de conocimiento entrevistando al contribuyente, haciendo las preguntas adecuadas, documentando simultáneamente las preguntas y las respuestas del contribuyente en la declaración o en sus notas, revisando la información adecuada para determinar si el contribuyente es elegible para reclamar los créditos y/o el estado civil de cabeza de familia (HOH) y calcular la(s) cantidad(es) del (los) crédito(s) reclamado(s).
2. Completar el Formulario 8867 de manera veraz y precisa y completar las acciones descritas en el Formulario 8867 para cualquier crédito aplicable reclamado y el estado civil de cabeza de familia, si se reclama.
3. Enviar el Formulario 8867 de la forma requerida.
4. Conservar los cinco registros siguientes durante 3 años a partir de la última de las fechas que se especifican más adelante.
    a. Una copia del Formulario 8867.
    b. Las hojas de trabajo correspondientes o si el preparador de impuestos creó las suyas propias para cualquier crédito reclamado.
    c. Copias de cualquier documento proporcionado por el contribuyente en los que se basó el preparador para determinar la elegibilidad del contribuyente para los créditos y/o el estado civil de Cabeza de familia y calcular los montos de los créditos.
    d. Un registro de cómo, cuándo y quién obtuvo la información utilizada para preparar el Formulario 8867 y las hojas de trabajo correspondientes.

e. Un registro de cualquier información adicional en la que se basó el preparador de impuestos, incluidas las preguntas formuladas y las respuestas del contribuyente, a fin de determinar la elegibilidad del contribuyente para los créditos y/o el estado civil de Cabeza de familia y calcular la cantidad de los créditos.

Documentación contemporánea

Los documentos contemporáneos son archivos o notas que se crearon en el momento de la entrevista con el contribuyente. La documentación es una parte importante de la debida diligencia. El profesional de impuestos debe ser diligente en el mantenimiento de registros de cómo se preparó la declaración de impuestos. Deben conservarse los documentos que acrediten los ingresos, gastos, créditos reclamados en la declaración jurada del contribuyente y la forma en que se preparó la declaración. La documentación podría ahorrarle al preparador una multa por debida diligencia. La buena intención de guardar la documentación de los contribuyentes y no guardar registros de cómo se preparó la declaración, es solo una buena intención, y no salvará al preparador de impuestos de una multa por debida diligencia. Hay tres palabras que podrían salvar a un preparador de multas: DOCUMENTAR, DOCUMENTAR y DOCUMENTAR.

La documentación debe completarse durante la entrevista del cliente sin importar cómo se lleve a cabo la entrevista, ya sea en persona, por teléfono o virtualmente. Al determinar el estado civil de Cabeza de familia, asegúrese de que la persona haya pagado más de la mitad del costo de mantener una vivienda con un dependiente calificado. (Discutido en más detalle en el Capítulo de Estado civil de declaración).

Las consultas razonables incluyen hacer preguntas pertinentes, que deberían dar como resultado la información necesaria para completar el Formulario 8867. Ciertas preguntas deben determinar la edad del contribuyente y/o los dependientes para ayudar a determinar el estado civil de declaración y para qué crédito(s) puede calificar el contribuyente.

Las siguientes preguntas son ejemplos para determinar el estado civil del contribuyente:

- ¿Estaba soltero al 31 de diciembre?
- ¿Estaba casado al 31 de diciembre?
- ¿Vivió separado de su cónyuge todo el año?
- ¿Tiene hijos calificados?
- ¿Vivieron los hijos calificados con usted todo el año?
- ¿Cuántos meses vivieron con usted los hijos calificados?
- ¿Vive alguien más en su casa?
- ¿Vive con otro contribuyente? Si es así, ¿cuál es la relación de esa persona con usted? ¿Padre, familia política, primo, nieto, etc.?

Crear el formulario 8867 con veracidad y precisión

Al completar el Formulario 8867, cada año se consideran: Las preguntas que se hicieron en el pasado solo se relacionan con el pasado y no con el año fiscal actual. Puede parecer que se hacen las mismas preguntas una y otra vez con los mismos resultados, pero esto es esencial. La vida de las personas cambia, y el profesional de impuestos debe preguntarle al contribuyente sobre cualquier cambio.

Hacer las mismas preguntas para entender la situación del contribuyente es fundamental para preparar una declaración precisa y veraz. Incluso los registros proporcionados por el contribuyente deben respaldar los créditos, ingresos y gastos reclamados en la declaración de impuestos.

Presentación veraz y precisa del formulario 8867

El preparador de impuestos debe llenera el Formulario 8867 respondiendo las preguntas que pertenecen al contribuyente. Llenar el Formulario 8867 no es un procedimiento sencillo. Cada contribuyente es único y también lo son las preguntas que se hacen para determinar la debida diligencia para el contribuyente y el preparador de impuestos.

Debida diligencia de créditos reembolsables

Los preparadores de impuestos deben tomar medidas adicionales para salvaguardar su cumplimiento con la debida diligencia de los créditos reembolsables. Ignorar la ley tributaria podría resultar en multas y otras consecuencias para el preparador de impuestos pagado y sus clientes. Un preparador de impuestos pagado que prepara declaraciones con *Crédito Fiscal por Ingresos del Trabajo* (EITC), *Crédito Fiscal por Hijos* (CTC), *Crédito para Otros Dependientes* (ODC) *o el Crédito Fiscal de Oportunidad Estadounidense* (AOTC) debe cumplir con los requisitos de debida diligencia. Estos requisitos se enfocan en determinar con precisión la elegibilidad del cliente y el monto de cada crédito. Los cuatro requisitos son:

1. Completar y enviar el Formulario 8867 (Reg. del Tesoro §1.6695-2(b)(1))
2. Calcular los créditos (Reg. del Tesoro §1.6695-2(b)(2))
3. Conocimiento de quién y qué se requiere para los créditos (Reg. del Tesoro §1.6695-2(b)(3))
4. Mantener registros durante tres años (Reg. del Tesoro §1.6695-2(b)(4))

La mayoría de las multas por debida diligencia son el resultado del incumplimiento del requisito de conocimiento. Para cumplir con el requisito de conocimiento, el preparador debe:

- Hacer preguntas sobre la información proporcionada por el cliente para determinar si realmente puede reclamar los créditos o el estado civil.
- Evaluar si la información facilitada está completa. Recopilar información adicional si parece que faltan datos.
- Determinar si la información es consistente; reconocer declaraciones contradictorias y declaraciones que sabe que son verdaderas.
- Realizar una entrevista exhaustiva y en profundidad con cada cliente, cada año. No confiar en la afirmación "todo es igual que el año pasado".
- Hacer suficientes preguntas para darse cuenta de que la declaración de impuestos preparada es correcta y completa.
- Documentar, en el momento de la entrevista, las preguntas realizadas y las respuestas de los clientes.

Los documentos deben conservarse durante tres años a partir del último de los siguientes:

- La fecha de vencimiento de la declaración (sin incluir prórrogas).
- La fecha en que se presentó electrónicamente la declaración de impuestos.
- Para una declaración impresa, la fecha en que se presentó la declaración al cliente para su firma.

El señor 1040 dice: El preparador de impuestos pagado no puede confiar únicamente en el software para su debida diligencia de crédito reembolsable. Los programas informáticos profesionales pueden no cumplir el Reglamento del Tesoro 1,6695(b)(3). Es responsabilidad de la debida diligencia del preparador de impuestos pagado asegurarse de que ha cumplido con el Reglamento del Tesoro 1.6695.

Errores de EIC más comunes

1. Reclamar el EIC para un hijo que no cumple con los requisitos de hijo calificado.
2. Declarar como soltero o cabeza de familia cuando está casado.
3. Declarar los ingresos o gastos de forma incorrecta.

Consecuencias de presentar declaraciones de EIC de forma incorrecta

Los profesionales de impuestos deben saber que los clientes acuden a ellos para preparar una declaración de impuestos correcta. El cliente confía en que un profesional de impuestos conoce y comprende las directrices para preparar declaraciones de impuestos correctas. Si un preparador de impuestos presentó incorrectamente declaraciones de EITC, afectará a su cliente, a él mismo y, si es un empleado, a su empleador.

Las siguientes son algunas consecuencias básicas que pueden ocurrir cuando un preparador de impuestos pagado presenta una declaración de impuestos de EIC incorrecta para su cliente.

- El cliente deberá devolver la cantidad errónea, así como los intereses sobre el monto.
- El cliente puede tener que presentar el Formulario 8862 hasta por 10 años.
- Se le puede prohibir al cliente reclamar el EIC durante los próximos 2 años si el error se debe a un incumplimiento imprudente o intencional de las reglas.
- Se le puede prohibir al cliente reclamar el EIC durante los próximos 10 años si el error se debe a un fraude.

Si el IRS examina una declaración de crédito fiscal reembolsable para un preparador y determina que el preparador no cumplió con los cuatro requisitos de debida diligencia (IRC §6694), se le puede imponer una multa:

- Una multa de $560 por declaraciones efectuadas en 2023 por cada incumplimiento de los requisitos de debida diligencia.
- La multa es de $1,000 o el 50% del ingreso obtenido por el preparador de impuestos con respecto a la declaración o reclamo de reembolso.

Recuerde que los cuatro requisitos de debida diligencia son:

1. Completar y enviar el Formulario 8867 (Reg. del Tesoro §1.6695-2(b)(1))
2. Calcular los créditos (Reg. del Tesoro §1.6695-2(b)(2))
3. Conocimiento de quién y qué se requiere para los créditos (Reg. del Tesoro §1.6695-2(b)(3))
4. Mantener registros durante tres años (Reg. del Tesoro §1.6695-2(b)(4))

Ejemplo: Anet preparó una declaración de impuestos para Lewis. Lewis calificó para créditos reembolsables. Anet fue auditada y no tenía documentación y se le impuso una multa por no completar su debida diligencia en la declaración. Su multa por no cumplir con los requisitos de debida diligencia que contienen EIC, CTC/ACTC/ODC o AOTC presentados en 2021 es de $545 por crédito por declaración. El monto que se le evaluará a Anet por la declaración de Lewis es de $545.00 x 4 = $2180.00.

Si el preparador de impuestos recibe una multa relacionada con la declaración, también puede enfrentar:

1. La pérdida de su designación de preparador de impuestos.
2. La suspensión o expulsión del programa de declaración electrónica del IRS.
3. Otras medidas disciplinarias de la Oficina de Responsabilidad Profesional (OPR) del IRS.

4. Medidas cautelares que prohíban al preparador preparar declaraciones de impuestos o imponer condiciones a las declaraciones de impuestos que ha preparado.

El IRS también puede multar al empleador si un empleado no cumple con los requisitos de debida diligencia de EIC.

Preguntas para hacer a fin de determinar si el contribuyente califica para el Crédito por Ingresos del Trabajo

Aunque el Formulario 8867 es un formulario de debida diligencia del preparador pagado, proporciona respuestas para ayudar a los profesionales de impuestos a determinar las preguntas apropiadas que deben formular al contribuyente.

1. ¿Vivió su hijo con usted durante más de la mitad del año?
2. ¿Ha pagado la manutención de su hijo todo el año?
3. ¿Alguna vez se le ha denegado reclamar el Crédito por ingresos del trabajo?
4. ¿Alguna vez ha tenido que presentar el Formulario 8862?

El profesional de impuestos no debe basarse únicamente en las preguntas anteriores.

Para mantenerse actualizado sobre los cambios de EIC y la debida diligencia, visite www.irs.gov/eitc.

Errores más comunes de crédito tributario por hijos (CTC), crédito tributario adicional por hijos (ACTC) y/u otros errores de crédito para dependientes (ODC)

1. Reclamar el CTC/ACTC/ODC para un hijo calificado o una persona calificada que no cumple con el requisito de edad.
2. Reclamar el CTC/ACTC/ODC para un hijo calificado o una persona calificada que no cumple con los requisitos de dependencia.
3. Reclamar el CTC/ACTC/ODC para un hijo calificado o una persona calificada que no cumple con el requisito de residencia.
4. No entender que algunos créditos se reducen en función de los montos de los ingresos.

Preguntas para hacer a fin de determinar si el contribuyente califica para CTC/ACTC/ODC

1. ¿Vivió el hijo calificado con el contribuyente durante más de la mitad del año?
2. ¿Es el hijo calificado ciudadano, nacional o residente de los Estados Unidos?
3. ¿Ha liberado el padre con custodia el estado de dependiente calificado al contribuyente?
4. ¿Ha mantenido el contribuyente al hijo? (Pagar la manutención del hijo no significa mantener al hijo).

El profesional de impuestos no debe basarse únicamente en las preguntas anteriores.

Consecuencias de presentar declaraciones CTC/ACTC/ODC de forma incorrecta

Las siguientes son algunas consecuencias básicas que pueden ocurrir cuando un preparador de impuestos pagado presenta una declaración de impuestos CTC/ACTC/ODC incorrecta para su cliente.

- El cliente deberá devolver la diferencia de sus ingresos, así como los intereses y multas.
- El preparador de impuestos puede recibir mala publicidad de un cliente descontento.

- El preparador de impuestos puede tener que pagar un interés y multas de por la diligencia debida a causa del incumplimiento imprudente o intencionado de las normas u otras multas aplicables.
- El preparador de impuestos podría ser sometido a medidas disciplinarias por la Oficina de Responsabilidad Profesional (OPR).

Errores más comunes del Crédito Fiscal de Oportunidad Estadounidense (AOTC)

1. Reclamar el AOTC para un estudiante que no asistió a una institución educativa elegible.
2. Reclamar el AOTC para un estudiante que no pagó los gastos universitarios calificados.
3. Reclamar el AOTC para un estudiante durante demasiados años.
4. El preparador no solicitó el Formulario 1098-T.

Preguntas para hacer a fin de determinar si el contribuyente califica para el AOTC

1. ¿Asistió el hijo calificado a una institución de educación superior?
2. ¿Era el hijo calificado al menos un estudiante de medio tiempo?
3. ¿Recibió el hijo calificado el formulario 1098-T? (¿Tenía la casilla 5 una cantidad mayor que la casilla 1?)
4. ¿Cuántos años ha reclamado el contribuyente este crédito?
5. ¿Es el estudiante menor de 24 años?
6. ¿Fue el estudiante condenado por un delito grave de posesión o distribución de drogas antes del final del año fiscal?

Consecuencias de presentar declaraciones de AOTC de forma incorrecta

- El cliente deberá devolver el monto incorrecto, así como los intereses sobre el monto y pagar multas.
- El preparador de impuestos puede recibir mala publicidad de los clientes descontentos.
- El preparador de impuestos podría pagar intereses de debida diligencia y multas debido al incumplimiento imprudente o intencionado de las reglas.
- El preparador de impuestos podría ser sometido a medidas disciplinarias por la Oficina de Responsabilidad Profesional (OPR).

Determinación del estado civil de Cabeza de familia (HOH)

La información aquí es específicamente lo que el preparador de impuestos y el contribuyente necesitan saber para responder y completar el Formulario 8867.

El estado civil de cabeza de familia se incluyó en el Formulario 8867 para las declaraciones de impuestos de 2021. Para ser considerado cabeza de familia, el contribuyente debe tener un dependiente calificado y reclamar una exención de dependencia para el hijo calificado que vivió con el contribuyente más de la mitad del año (pueden aplicarse excepciones). Algunos documentos que el preparador de impuestos debe obtener al entrevistar al contribuyente son certificados oficiales de nacimiento, certificados de matrimonio, carta de agencia de adopción o carta de colocación, o documentos judiciales pertinentes para verificar la residencia y el parentesco con el niño.

El contribuyente debe declarar como cabeza de familia (HOH) si cumple con alguno de los siguientes criterios al 31 de diciembre del año fiscal en que declara:

- El contribuyente debe ser considerado soltero el último día del año.

- Un hijo calificado o pariente vivió en el hogar durante más de la mitad del año (hay excepciones para ausencias temporales). En la mayoría de los casos, los hijos de padres divorciados o separados, o de padres que vivían separados, se pueden reclamar basándose en la prueba de residencia.
- El contribuyente pagó más de la mitad del costo de mantenimiento de la vivienda durante el año fiscal.

Otros elementos que podrían ser útiles para reclamar la residencia para el hijo calificado son los registros escolares, médicos, de guardería o de servicios sociales. Si el contribuyente presenta registros escolares, entonces la carta debe escribirse en papel membretado de la escuela con una foto del hijo en la carta. Si el proveedor de cuidado infantil es un pariente, como abuelos, hermanos u otros parientes, entonces el preparador de impuestos debe solicitar otra carta de prueba que no sea de un pariente.

Otros elementos necesarios para determinar el estado de Cabeza de familia podrían ser:

1. Prueba de persona calificada.
2. Costo de mantener una prueba en casa.
3. Sentencia de divorcio o acuerdo de separación en su caso.
4. Documentos que demuestren que usted y su cónyuge no vivieron juntos durante los últimos 6 meses del año.
    a. Recibos de servicios públicos.
    b. Contrato de arrendamiento.
    c. Una carta del clero o de los servicios sociales.

Como preparador de impuestos, mientras más información recopile, mejor será para determinar el estado civil de declaración.

El señor 1040 dice: Para calificar para cabeza de familia se deben cumplir **todos** los requisitos de elegibilidad.

Preguntas para hacer a fin de determinar si el contribuyente califica para el estado civil de cabeza de familia

A continuación, se incluyen ejemplos de preguntas para determinar el mejor estado civil de declaración de impuestos de un contribuyente:

1. ¿Está soltero?
2. ¿Está casado?
3. ¿Tiene hijos?
4. ¿Vivieron sus hijos con usted todo el año?
5. ¿Cuántos meses vivieron sus hijos con usted?
6. ¿Qué documentación tiene para probar que los hijos vivieron con usted?
7. ¿Vive alguien más en su casa?
8. ¿Vive con otro contribuyente?

Es necesario que el profesional de impuestos determine el estado civil correcto de declaración haciendo preguntas pertinentes como las anteriores.

Debida diligencia del contribuyente que es trabajador por cuenta propia

La debida diligencia de créditos reembolsables con respecto al Anexo C requiere que el preparador pagado tome medidas adicionales para garantizar que el contribuyente que presenta un Anexo C con créditos reembolsables cumpla con la ley tributaria. De acuerdo con la sección 6695(g) del Código de Impuestos Internos (IRC), los preparadores de impuestos pagados deben realizar consultas adicionales de los contribuyentes que parecen estar haciendo reclamos inconsistentes, incorrectos o incompletos para el crédito.

Los preparadores de declaraciones de impuestos pagados generalmente pueden confiar en las declaraciones del contribuyente hasta que se trate de los requisitos de debida diligencia del EIC. El preparador de impuestos pagado debe tomar medidas adicionales para determinar si el ingreso neto del trabajo por cuenta propia utilizado para calcular la elegibilidad para los créditos reembolsables es correcto y completo. Se deben documentar las consultas adicionales realizadas para cumplir con la debida diligencia y la respuesta del cliente. El estatuto requiere que el preparador de la declaración sea razonable, esté bien informado y tenga conocimientos de la ley tributaria.

Es muy importante que la información esté documentada y que el preparador de impuestos pagado pueda probar que ha hecho estas preguntas u otras preguntas similares que llegarán al mismo objetivo. El IRS está auditando este tipo de declaraciones, y buscan evidencia que sustente reclamar los créditos reembolsables utilizando los ingresos de los trabajadores independientes. Un buen profesional de impuestos no quiere recibir sanciones o multas para el preparador pagado.

El preparador de impuestos pagado debe hacer suficientes preguntas a los contribuyentes que reclaman ingresos del trabajo por cuenta propia. Algunas preguntas que deben hacerse incluyen:

1. ¿Tiene y dirige el cliente un negocio?
2. ¿Cuenta el cliente con registros que sustenten la documentación de los ingresos y gastos reclamados en la declaración?
3. ¿Puede el cliente reconstruir la documentación, si es necesario?
4. ¿Ha incluido el cliente todos los ingresos y gastos relacionados informados en el Anexo C?

Informe de errores comunes de ingresos del Anexo C

Los errores más comunes en la declaración de ingresos provienen del Anexo C. Los contribuyentes que trabajan por cuenta propia que presentan un Anexo C deben informar el ingreso bruto correcto y todas las deducciones relacionadas en su declaración. El requisito de conocimiento debe cumplirse para una información correcta y completa. Los clientes que reclaman ingresos sin gastos en un Anexo C deben poder responder preguntas de sondeo, especialmente si el cliente afirma que no tiene registros que respalden los números proporcionados. Una vez más, esté preparado para hacer preguntas de sondeo con la documentación de apoyo suministrada para determinar los hechos correctos.

Ejemplo: Esperanza tiene un negocio de limpieza y le dice a su preparador pagado:

- No recibió el Formulario 1099.
- Es una trabajadora por cuenta propia.
- Ganó $12,000.
- No tuvo gastos relacionados con el negocio de limpieza.

Las preguntas que se deben hacer deben incluir:

- ¿Tiene registros de la cantidad de dinero que recibió de la limpieza de la casa?
- ¿Cuánto cobró por limpiar una casa?
- ¿Cuántas casas limpió?
- ¿Quién suministró los artículos de limpieza?
- Si suministró los artículos de limpieza, ¿cuánto gastó semanalmente?
- ¿Proporcionó su propio transporte para limpiar las casas?

En última instancia, el objetivo es que el preparador de impuestos pagado se sienta seguro de que la declaración preparada es correcta y completa, y el preparador pagado sabe que ha cumplido con los requisitos de debida diligencia del EIC.

Directrices de mejores prácticas

Al seguir estas mejores prácticas brindando asesoramiento y preparando presentaciones de declaraciones de impuestos al IRS, los asesores de impuestos pueden ofrecer a sus clientes la mejor calidad de representación posible con respecto a asuntos de impuestos federales.

Las mejores prácticas profesionales de impuestos incluyen lo siguiente:

- Comunicarse claramente con los clientes con respecto a los términos del compromiso. Esto significa determinar qué busca el cliente y qué espera del profesional de impuestos. A su vez, debe asegurarse de que el cliente comprenda el alcance y el tipo de servicio que se prestará.
- Establecer los hechos. Determinar qué hechos son relevantes para el asunto en cuestión y evaluar la razonabilidad de cualquier suposición o declaración.
- Relacionar la ley aplicable con los hechos relevantes y llegar a una conclusión basada en este apoyo.
- Asesorar al cliente en función del significado de cualquier conclusión. Informar sobre cualquier repercusión fiscal como resultado de cualquier acción o falta de ella (por ejemplo, multas relacionadas con la fiabilidad, intereses, etc.).
- Actuar de manera justa y con integridad en el ejercicio ante el IRS.

Un profesional debe informar al cliente de cualquier multa que sea razonablemente probable que se aplique al cliente con una postura que se adoptó en la declaración de impuestos en los siguientes escenarios:

- Si el profesional aconsejó al cliente con respecto a dicha postura.
- Si el profesional preparó o firmó la declaración de impuestos o cualquier documento, declaración jurada u otro escrito presentado al Servicio de Impuestos Internos.
- El profesional también debe informar al cliente, si corresponde, de los requisitos para una divulgación adecuada y de cualquier oportunidad de evitar dichas multas por divulgación.

Un profesional, cuando asesora a un cliente para tomar una postura en una declaración de impuestos, documento, declaración jurada u otro escrito presentado al IRS o cuando prepara o firma una declaración de impuestos como preparador, generalmente puede confiar de buena fe, sin verificación, en información proporcionada por el cliente.

Sin embargo, el profesional no puede ignorar las implicaciones de la información proporcionada o realmente conocida por el profesional y debe realizar investigaciones razonables si la información proporcionada parece ser incorrecta, incompleta o inconsistente con un hecho importante u otra suposición fáctica.

Los asesores fiscales responsables de supervisar el ejercicio de una empresa de brindar asesoramiento sobre asuntos de impuestos federales y preparar o ayudar en la preparación de presentaciones al IRS deben tomar medidas razonables para garantizar que los procedimientos de la empresa para todos los miembros, asociados y empleados sean consistentes con estas mejores prácticas.

Directrices y procedimientos del documento

Un profesional no puede firmar de forma deliberada, imprudente o por incompetencia grave una declaración de impuestos o un reclamo de reembolso que el profesional de impuestos sepa o razonablemente debería saber que contiene cualquiera de los siguientes:

- Una base poco razonable.
- Una postura poco razonable como se describe en §6694(a)(2) del Código IRC.
- Un intento deliberado por parte del profesional de impuestos de subestimar la obligación tributaria o de ignorar intencionalmente las reglas y regulaciones como se describe en §6694(b)(2).

Los preparadores de impuestos pagados que garantizan montos específicos de reembolso pueden recibir esta multa. Así como los preparadores que intencionalmente ignoren la información entregada por el contribuyente para reducir la responsabilidad del contribuyente; en este último caso, los preparadores son culpables de intentar deliberadamente subestimar la obligación tributaria. Esto no significa que el preparador no pueda confiar de buena fe en la información proporcionada por el contribuyente. Sin embargo, el preparador de impuestos debe realizar investigaciones razonables si la información proporcionada por el contribuyente parece ser incorrecta o estar incompleta.

Si el profesional de impuestos recibe una solicitud de documentos, registros o información sobre uno de sus clientes del IRS o la OPR, debe cumplir con la solicitud a menos que el profesional de impuestos crea razonablemente que la información es privilegiada. Si la información solicitada no está en posesión del profesional de impuestos o del cliente, este debe informar de inmediato al personal del Servicio de Impuestos Internos (IRS) o del OPR que lo solicitó.

Un profesional no puede aconsejar a un cliente que adopte una postura sobre un documento, declaración jurada o cualquier otro documento presentado al Servicio de Impuestos Internos a menos que la postura no sea infundada. Una postura es infundada si contiene u omite intencionalmente información que demuestre un desprecio intencional de una regla o reglamento. Si la acción es impugnada, es responsabilidad del contribuyente demostrarle al IRS que una postura es insostenible, y luego le corresponde al IRS tomar la decisión final al respecto.

Un profesional no puede aconsejar a un cliente que presente cualquier documento, declaración jurada u otro documento al IRS en las siguientes circunstancias:

- Si el propósito de la presentación es retrasar o impedir la administración de las leyes fiscales federales.
- La información carece de fundamento.

- El contenido omite información o demuestra un incumplimiento intencional de una regla o reglamento, a menos que el profesional de impuestos también le aconseje al contribuyente que presente un documento que muestre evidencia de una impugnación de buena fe a la regla o reglamento.

Un profesional debe informar al cliente cualquier multa que sea razonablemente probable que se aplique al cliente con una postura que se adoptó en la declaración de impuestos. El preparador de impuestos también debe informar al cliente sobre cómo evitar multas.

El profesional de impuestos generalmente puede confiar de buena fe en cualquier información proporcionada por el contribuyente sin tener que verificar la información que el cliente ha proporcionado. Sin embargo, el profesional de impuestos no puede ignorar las implicaciones potenciales de la documentación que se le entregó o cualquier conocimiento real que pueda tener de cualquier error en la misma. Es necesaria una consulta razonable sobre la información proporcionada si la información proporcionada por el contribuyente parece ser inconsistente o incompleta.

Normas de competencia para profesionales de impuestos

Un profesional debe poseer el nivel apropiado de conocimiento, habilidad, minuciosidad y preparación necesarios para una participación competente en el ejercicio ante el Servicio de Impuestos Internos. Un profesional puede llegar a ser competente para el asunto para el que ha sido contratado a través de varios métodos, como consultar con expertos en el área pertinente o estudiar la ley pertinente.

Si el profesional de impuestos no es competente en un tema, puede consultar a otra persona que el profesional de impuestos sepa o crea que tiene competencia establecida en el campo de estudio. Cuando el profesional de impuestos consulta con otra persona, debe considerar los requisitos del Código de Impuestos Internos §7216.

Procedimientos de cumplimiento

Cualquier profesional que tenga o comparta la autoridad principal y la responsabilidad de supervisar el ejercicio de una empresa de brindar asesoramiento sobre asuntos de impuestos federales debe tomar medidas razonables a fin de garantizar que la empresa cuente con los procedimientos adecuados para crear conciencia y promover el cumplimiento de la Circular 230 por parte de los miembros y asociados y empleados de la empresa, y que todos esos empleados están cumpliendo con las regulaciones que rigen el ejercicio ante el IRS. Estos procedimientos de cumplimiento se establecen en su totalidad en las subpartes A, B y C de la Circular 230, que se pueden encontrar en el sitio web del IRS.

Aquella persona o personas que compartan la autoridad principal estarán sujetas a medidas disciplinarias por incumplir de las siguientes maneras por dolo, imprudencia o incompetencia grave:

- La persona no toma medidas razonables para garantizar que los procedimientos de la empresa sean adecuados.
- La persona no toma medidas razonables para garantizar que los procedimientos de la empresa se sigan correctamente.
- La persona no toma medidas inmediatas para corregir cualquier incumplimiento a pesar de saber (o estar en una situación en la que era su deber saber) que una o más personas que están asociadas o empleadas por la persona están involucradas en un patrón o práctica que incumple la postura de la empresa.

Los contribuyentes deben recibir, y se les debe recomendar que guarden, copias de lo siguiente:

- Formulario 8879 (programa PIN).
- Cualquier formulario W-2, formulario 1099, etc., y cualquier otro material de respaldo para su declaración.
- Una copia de la declaración que se presentó electrónicamente en una forma que puedan entender.
- Una copia del Formulario 9325, *Información general para los contribuyentes que presentan su declaración de forma electrónica,* que les indica a los contribuyentes el procedimiento a seguir si no reciben su reembolso.
- Para quienes soliciten un producto bancario, copia de la solicitud bancaria firmada y la declaración de divulgación.

Retención de información del contribuyente

El profesional de impuestos debe proporcionar una copia completa de la declaración al contribuyente. Los profesionales de impuestos pueden proporcionar la copia en cualquier medio, incluido el electrónico, que sea aceptable tanto para el contribuyente como para el profesional de impuestos. La copia no tiene que contener el número de Seguro Social del cliente. Una copia completa de la declaración de un contribuyente incluye el Formulario 8453 y otros documentos que el profesional de impuestos no puede transmitir electrónicamente, cuando corresponda, así como la parte electrónica de la declaración.

La parte electrónica de la declaración puede estar contenida en una réplica de un formulario oficial o en un formulario no oficial. Sin embargo, en un formulario no oficial, el profesional de impuestos debe hacer referencia a los registros de datos a los números de línea o descripciones en un formulario oficial. Si el contribuyente proporcionó una declaración impresa completa para la presentación electrónica y la información en la parte electrónica de la declaración es idéntica a la información proporcionada por el contribuyente, el profesional de impuestos no tiene que suministrar una copia impresa de la parte electrónica de la declaración al contribuyente.

El profesional de impuestos debe aconsejar al contribuyente que conserve una copia completa de su declaración y cualquier material de apoyo. El profesional de impuestos también debe informar a sus clientes que, de ser necesario, deben presentar una declaración enmendada como una declaración impresa y enviarla por correo al centro de procesamiento de la presentación que manejará la declaración impresa del contribuyente.

Parte 1 Preguntas de repaso

Para obtener el máximo beneficio de este curso, LTP recomienda que complete cada una de las preguntas a continuación, y luego las compare con las respuestas de los comentarios que se proporcionan posteriormente. Según la normativa reguladora del autoaprendizaje, los proveedores deben presentar preguntas de repaso de manera intermitente a lo largo de cada curso de autoaprendizaje.

Estas preguntas y explicaciones no son parte del examen final y no serán calificadas por LTP.

DDPP1.1
¿Cuál de los siguientes procedimientos no es una mejor práctica para el profesional de impuestos?

a. Comunicarse claramente con el cliente sobre los términos y condiciones del sitio web de LTPA.

b. Actuar de manera justa y con integridad.
c. Asesorar a los clientes sobre la posibilidad de evitar multas relacionadas con la fiabilidad si el cliente confía en el consejo de esa persona.
d. Establecer hechos para llegar a una conclusión respaldada por esos hechos.

DDPP1.2
Vicente preparó la declaración de impuestos de Esperanza, pero olvidó hacerle algunas preguntas para determinar si ella calificaba para el Crédito Tributario por Ingreso del Trabajo (EITC). ¿Cuál de las siguientes declaraciones no es un requisito de debida diligencia del preparador de impuestos pagado del EITC?

a. Completar y mantener copias de todas las hojas de trabajo y preguntas adicionales.
b. No tiene que completar las hojas de cálculo de crédito reembolsable correspondientes.
c. Conocer la ley y utilizar ese conocimiento de la ley para garantizar que al cliente se le hagan las preguntas correctas para obtener toda la información relevante.
d. Completar y enviar el Formulario 8867 con cada declaración de EITC.

DDPP1.3
Deborah es una nueva clienta de Gloria. Deborah es propietaria de un negocio de limpieza y tiene un trabajo de medio tiempo W-2. Los salarios brutos totales declarados en su W-2 fueron de $8,500. Su negocio de limpieza ganó $7,000 sin gastos. Deborah tiene 3 hijos menores de 17 años. ¿Cuál de las siguientes preguntas no tiene que hacerle Gloria a Deborah?

a. ¿Tiene Deborah una licencia comercial?
b. ¿Tiene Deborah una cuenta de cheques comercial?
c. ¿Qué comprobantes tiene Deborah de sus ingresos?
d. ¿Quiere Deborah que Gloria se encargue de su contabilidad?

DDPP1.4
La sección del IRC ________ contiene las normas del impuesto sobre la renta relacionadas con los requisitos de debida diligencia para los profesionales de impuestos.

a. 6695
b. 4321
c. 2295
d. 8867

DDPP1.5
¿Cuál de los siguientes es un requisito de debida diligencia?

a. Formulario 8863 incompleto.
b. Guardar una copia de toda la información proporcionada.
c. Hacer que el cliente firme una declaración de veracidad.
d. Asesorar al cliente, la carga de la prueba recae sobre ellos, es suficiente para proteger al preparador de impuestos.

DDPP1.6
La debida diligencia requiere que los preparadores de impuestos tomen medidas adicionales para garantizar que los contribuyentes del Anexo C sean realmente una empresa. ¿Cuál de los siguientes pasos NO es una verificación de cumplimiento de debida diligencia?

a. Licencia Comercial
b. Estados de cuenta bancarios de la empresa
c. Constancia de ingresos como 1099
d. El preparador de impuestos visita la oficina comercial del cliente

DDPP1.7
Las multas al preparador por incumplimiento de la debida diligencia incluyen:

a. Multa de $560 por cada incumplimiento.
b. Multa de $1,000 por postura poco razonable.
c. Multa de $ 5,000 por imprudencia o intención.
d. Todas las respuestas son multas.

DDPP1.8
Alexandria está preparando la declaración de impuestos de Gloria. Gloria tiene un pequeño negocio de limpieza de casas. ¿Cuál de estas preguntas adicionales no debería hacerle Alexandria a Gloria para asegurarse de que tiene el negocio?

a. ¿Gloria, tiene usted una licencia comercial?
b. ¿Gloria, tiene usted estados de cuenta bancarios que muestren sus ingresos del trabajo?
c. ¿Gloria, recibió usted algún formulario 1099MISC?
d. ¿Gloria, cuántos dependientes tiene?

DDPP1.9
¿Cuál de los siguientes profesionales que tiene la responsabilidad de supervisar la preparación de declaraciones de impuestos podría estar sujeto a medidas disciplinarias si los procedimientos no se siguen correctamente?

a. Un profesional que sabe de la participación de un empleado en prácticas que no cumplen con la Circular 230, y el profesional toma medidas inmediatas para corregir el incumplimiento.
b. Un empleado se involucra en una práctica incumplidora debido a que el profesional no tomó las medidas razonables para garantizar el cumplimiento de la Circular 230.
c. Un médico que no asegura los procedimientos adecuados; sin embargo, todos los miembros, asociados y empleados de la empresa cumplen con la Circular 230.
d. Un profesional que no sabe del incumplimiento de un empleado con la Circular 230.

DDPP1.10
¿Cuál de los siguientes profesionales que tiene la responsabilidad de supervisar la preparación de declaraciones de impuestos podría estar sujeto a medidas disciplinarias si los procedimientos no se siguen correctamente?

a. Un profesional que sabe de la participación de un empleado en prácticas que no cumplen con la Circular 230, y el profesional toma medidas inmediatas para corregir el incumplimiento.
b. Un empleado se involucra en una práctica incumplidora debido a que el profesional no tomó las medidas razonables para garantizar el cumplimiento de la Circular 230.
c. Un médico que no asegura los procedimientos adecuados; sin embargo, todos los miembros, asociados y empleados de la empresa cumplen con la Circular 230.
d. Un profesional que no sabe del incumplimiento de un empleado con la Circular 230.

Parte 1 Respuestas a las preguntas de repaso

DDPP1.1
¿Cuál de los siguientes procedimientos no es una mejor práctica para el profesional de impuestos?

a. **Comunicarse claramente con el cliente sobre los términos y condiciones del sitio web de LTPA.**
b. Actuar de manera justa y con integridad.
c. Asesorar a los clientes sobre la posibilidad de evitar multas relacionadas con la fiabilidad si el cliente confía en el consejo de esa persona.
d. Establecer hechos para llegar a una conclusión respaldada por esos hechos.

Comentarios: Revise la sección *Directrices de mejores prácticas.*

DDPP1.2

Vicente preparó la declaración de impuestos de Esperanza, pero olvidó hacerle algunas preguntas para determinar si ella calificaba para el Crédito Tributario por Ingreso del Trabajo (EITC). ¿Cuál de las siguientes declaraciones no es un requisito de debida diligencia del preparador de impuestos pagado del EITC?

a. Completar y mantener copias de todas las hojas de trabajo y preguntas adicionales.
b. **No tiene que completar las hojas de cálculo de crédito reembolsable correspondientes.**
c. Conocer la ley y utilizar ese conocimiento de la ley para garantizar que al cliente se le hagan las preguntas correctas para obtener toda la información relevante.
d. Completar y enviar el Formulario 8867 con cada declaración de EITC.

Comentarios: Revise la sección *Objetivo del formulario 8867.*

DDPP1.3

Deborah es una nueva clienta de Gloria. Deborah es propietaria de un negocio de limpieza y tiene un trabajo de medio tiempo W-2. Los salarios brutos totales declarados en su W-2 fueron de $8,500. Su negocio de limpieza ganó $7,000 sin gastos. Deborah tiene 3 hijos menores de 17 años. ¿Cuál de las siguientes preguntas no tiene que hacerle Gloria a Deborah?

a. ¿Tiene Deborah una licencia comercial?
b. ¿Tiene Deborah una cuenta de cheques comercial?
c. ¿Qué comprobantes tiene Deborah de sus ingresos?
d. **¿Quiere Deborah que Gloria se encargue de su contabilidad?**

Comentarios: Revise la sección *Debida diligencia del contribuyente que es trabajador por cuenta propia*

DDPP1.4

La sección del IRC ________ contiene las normas del impuesto sobre la renta relacionadas con los requisitos de debida diligencia para los profesionales de impuestos.

a. **6695**
b. 4321
c. 2295
d. 8867

Comentarios: Revise la sección *Debida diligencia de créditos reembolsables*

DDPP1.5
¿Cuál de los siguientes es un requisito de debida diligencia?

a. Formulario 8863 incompleto.
b. Guardar una copia de toda la información proporcionada.
c. Hacer que el cliente firme una declaración de veracidad.
d. Asesorar al cliente, la carga de la prueba recae sobre ellos, es suficiente para proteger al preparador de impuestos.

Comentarios: Revise la sección *Debida diligencia de créditos reembolsables*

DDPP1.6
La Diligencia Debida del EITC exige a los preparadores de declaraciones de impuestos que tomen medidas adicionales para asegurarse de que los declarantes del Anexo C realmente tienen un negocio. ¿Cuál de los siguientes pasos NO es una verificación de cumplimiento del EITC?

a. Licencia Comercial
b. Estados de cuenta bancarios de la empresa
c. Constancia de ingresos como 1099
d. **El preparador de impuestos visita la oficina comercial del cliente**

Comentarios: Revise la sección *Debida diligencia del contribuyente que es trabajador por cuenta propia*

DDPP1.7
Las multas al preparador por incumplimiento de la debida diligencia incluyen:

a. Multa de $560 por cada incumplimiento.
b. Multa de $1,000 por postura poco razonable.
c. Multa de $ 5,000 por imprudencia o intención.
d. **Todas las respuestas son multas.**

Comentarios: Revise la sección Preguntas para hacer a fin de determinar si el contribuyente califica para el Crédito por Ingresos del Trabajo

DDPP1.8
El preparador de impuestos pagado debe ejercer _________ al preparar declaraciones de impuestos y determinar ____________ de las declaraciones hechas por ellos mismos a sus clientes o al IRS.

a. debida diligencia/nivel de exactitud.
b. regularmente/de forma precisa.
c. buena fe/evaluación.
d. debida diligencia/fidelidad.

Comentarios: Revise la sección *Debida diligencia.*

DDPP1.9
¿Cuál de los siguientes profesionales que tiene la responsabilidad de supervisar la preparación de declaraciones de impuestos podría estar sujeto a medidas disciplinarias si los procedimientos no se siguen correctamente?

a. Un profesional que sabe de la participación de un empleado en prácticas que no cumplen con la Circular 230, y el profesional toma medidas inmediatas para corregir el incumplimiento.
b. Un empleado se involucra en una práctica incumplidora debido a que el profesional no tomó las medidas razonables para garantizar el cumplimiento de la Circular 230.
c. Un médico que no asegura los procedimientos adecuados; sin embargo, todos los miembros, asociados y empleados de la empresa cumplen con la Circular 230.
d. Un profesional que no sabe del incumplimiento de un empleado con la Circular 230.

Comentarios: Revise la sección *Procedimientos de cumplimiento.*

DDPP1.10
¿Cuál de los siguientes profesionales que tiene la responsabilidad de supervisar la preparación de declaraciones de impuestos podría estar sujeto a medidas disciplinarias si los procedimientos no se siguen correctamente?

a. Un profesional que sabe de la participación de un empleado en prácticas que no cumplen con la Circular 230, y el profesional toma medidas inmediatas para corregir el incumplimiento.
b. Un empleado se involucra en una práctica incumplidora debido a que el profesional no tomó las medidas razonables para garantizar el cumplimiento de la Circular 230.
c. Un médico que no asegura los procedimientos adecuados; sin embargo, todos los miembros, asociados y empleados de la empresa cumplen con la Circular 230.
d. Un profesional que no sabe del incumplimiento de un empleado con la Circular 230.

Comentarios: Revise la sección *Procedimientos de cumplimiento.*

Parte 2 Oficina de Responsabilidad Profesional (OPR)

Misión de la OPR

La Oficina de Responsabilidad Profesional (OPR) tiene la misión de garantizar que todos los profesionales de impuestos, preparadores de impuestos y terceros en el sistema tributario se adhieran a la normativa profesional y cumplan la ley. La OPR es el organismo rector responsable de interpretar y aplicar la Circular 230 a todos los que preparan declaraciones de impuestos, ya sean profesionales de impuestos firmantes o no firmantes. La OPR tiene la responsabilidad exclusiva de la conducta y la disciplina de los profesionales.

La OPR tiene la supervisión de la conducta de los profesionales, así como la responsabilidad exclusiva con respecto a la disciplina de los profesionales, incluidos los procedimientos disciplinarios y las multas. La OPR puede, después de la notificación y una oportunidad para una conferencia, realizar los siguientes procedimientos disciplinarios:

- Descalificar a un tasador de otras presentaciones en relación con asuntos fiscales.

- Proponer una multa monetaria a cualquier profesional de impuestos que se involucre en una conducta sujeta a multa. La multa monetaria puede proponerse contra la persona o una empresa o ambos y puede hacerse además de otra forma de disciplina.
- Negociar un nivel apropiado de disciplina con un profesional de impuestos o iniciar un procedimiento administrativo para censurar, suspender o inhabilitar al profesional de impuestos.
    - Censura: Una reprimenda pública en la que se incluye a un infractor en una lista trimestral emitida por el IRS que indica la ciudad y el estado, el nombre, la designación profesional del infractor y la fecha de vigencia de la censura. Si son censurados, los infractores aún pueden preparar impuestos, pero son supervisados más de cerca, y sus nombres y reputaciones recientemente manchados pueden afectar negativamente sus negocios. Ésta es la forma más leve de castigo.
    - Suspensión: Si se suspende a un contribuyente, significa que no puede preparar ninguna declaración de uno a cincuenta y nueve meses. La OPR determina la duración de la suspensión de un contribuyente, caso por caso.
    - Inhabilitación: Si un contribuyente es inhabilitado, no puede preparar ninguna declaración durante al menos cinco años.

Estas multas y castigos están relacionados con las actividades con las que el preparador de impuestos ha estado asociado en nombre del empleador, ya que es responsabilidad legal del empleador saber lo que sus empleados están haciendo, pues el empleador puede ser responsable de las acciones estos.

Ejemplo: Omar Tax Service (OTS), como entidad sujeta a los lineamientos de la Circular 230, necesita tener una persona a cargo de garantizar que todos los procedimientos de OTS y el IRS se sigan y manejen correctamente. Si el empleado Travis es sorprendido preparando declaraciones de alguna manera que no cumpla con estas directrices, hay dos escenarios posibles:

1. Si Omar Tax Service no tenía a alguien que se asegurara de que los procedimientos tanto del IRS como de OTS se siguieran correctamente, entonces OTS es responsable de las acciones de sus empleados.
2. Si OTS tenía a alguien para garantizar que todos los procedimientos se siguieran correctamente, y lo hizo en pleno cumplimiento de la Circular 230, entonces Travis se considera un empleado deshonesto y OTS puede no ser responsable de sus acciones porque OTS siguió correctamente todos los procedimientos requeridos.

Autoridad de la OPR

La OPR supervisa la conducta del ejercicio fiscal. La supervisión se extiende a todas las personas que hacen una presentación al IRS en relación con los derechos, privilegios o responsabilidades de un contribuyente según las leyes o regulaciones administradas por el IRS. Esta autoridad generalmente se extiende a cualquier persona que interactúe con la administración tributaria federal en persona, de manera oral, por escrito o mediante la preparación y presentación de documentos.

La OPR supervisa la conducta y la disciplina de un profesional, incluidos los procedimientos disciplinarios y las multas. Después de entregarle un aviso a un profesional y otorgarle la oportunidad de una conferencia, la OPR podría negociar un nivel apropiado de disciplina con el profesional; o podría de hecho iniciar un procedimiento administrativo para censurar (una amonestación pública), suspender (de uno a cincuenta y nueve meses) o inhabilitar (cinco años) al profesional.

Reglas que supervisan la autoridad para ejercer

La Circular 230 es la directriz escrita que rige a quienes representan a los contribuyentes ante el IRS. Las reglas y regulaciones que se encuentran en la Circular 230 son supervisadas por la Oficina de Responsabilidad Profesional (OPR). En esta sección encontrará una lista detallada de cada sección de la Circular 230 y las normas y directrices contenidas en cada parte. Es imperativo que el preparador de impuestos pagado aprenda estas directrices y comprenda su responsabilidad individual de preparar declaraciones de impuestos con precisión en función de la ley tributaria y la información proporcionada por el contribuyente.

Información proporcionada al IRS y OPR

Si un funcionario o empleado autorizado del IRS u la OPR solicita información o registros con respecto a un contribuyente o en referencia al mismo, la ley requiere que el preparador de impuestos cumpla con la solicitud de inmediato, a menos que considere de buena fe o por motivos razonables que tal registro o la información son privilegiados o que la solicitud o el esfuerzo por obtener dichos registros o información es de dudosa legalidad.

Si la información solicitada no está en posesión del profesional de impuestos o de su cliente, el profesional de impuestos debe notificar de inmediato al personal del IRS o de la OPR que lo solicitó. En el caso de solicitudes del IRS, el profesional de impuestos debe hacer averiguaciones razonables al cliente con respecto a la identidad de cualquier persona que tenga los registros. El profesional de impuestos no está obligado a hablar con nadie más que con su cliente, pero debe preguntar a su cliente sobre la identidad de cualquier persona que pueda tener los registros o la información solicitada y luego proporcionar esa información al IRS.

Un profesional no puede interferir, ni intentar interferir, con ningún esfuerzo adecuado y legal del IRS y sus funcionarios o empleados o con el director de la Oficina de Responsabilidad Profesional y sus empleados para obtener cualquier registro o información a menos que el practicante cree de buena fe y con motivos razonables que los registros o la información son confidenciales.

Como se establece en §10.34(b) con respecto a la presentación de cualquier documento que pueda solicitar el IRS o la OPR, el profesional de impuestos no puede aconsejar a un cliente que presente un documento al IRS que se encuentre dentro de una o las dos siguientes categorías:

- Infundado.
- Contiene u omite información de una manera que demuestra un incumplimiento intencional de una regla o reglamento, a menos que el profesional de impuestos también le aconseje al contribuyente que presente un documento que muestre evidencia de una impugnación de buena fe a la regla o reglamento.

Ejemplo: El IRS solicita información sobre John Henry. Andrés preparó la declaración del Sr. Henry durante los últimos dos años; sin embargo, el año en cuestión es anterior a que el Sr. Henry se convirtiera en cliente de Andrés. Andrés tiene copias de la declaración de impuestos del Sr. Henry para el año en cuestión, que contiene el nombre, dirección y número de identificación de la persona que preparó la declaración. Andrés debe proporcionar al IRS la información sobre el preparador que figura en la declaración, pero no la declaración en sí. Andrés necesita informar al cliente de la solicitud del IRS.
(Circular del Tesoro 230, §10.20, §10.34(b)).

Ejercicio ante el IRS

"Ejercicio ante el IRS" constituye todos los asuntos relacionados con una declaración ante el IRS, o cualquiera de sus funcionarios o empleados, relacionados con los derechos, privilegios o responsabilidades de un contribuyente conforme a las leyes o reglamentos administrados por el IRS. Dichas presentaciones incluyen, pero no se limitan a, la preparación de documentos, la presentación de documentos y la correspondencia y la comunicación con el IRS. También incluye brindar asesoramiento oral y escrito con respecto a cualquier entidad, transacción, plan, arreglo o cualquier asunto que tenga el potencial de elusión o evasión fiscal; y representar a un cliente en conferencias, audiencias y reuniones.

Derechos de representación individual

El siguiente es un resumen de las personas que pueden ejercer ante el IRS y sus derechos de representación.

a. ***Abogado:*** Cualquier abogado que no se encuentre actualmente bajo suspensión o inhabilitación del ejercicio ante el Servicio de Impuestos Internos (IRS) puede ejercer ante el IRS presentando una declaración escrita ante el IRS de que el abogado actualmente está calificado como abogado y está autorizado para representar a la parte o las partes.
b. ***Contador público certificado*** (CPA): Cualquier contador público certificado que no esté actualmente suspendido o inhabilitado del ejercicio ante el Servicio de Impuestos Internos (IRS) podrá hacerlo mediante la presentación de una declaración escrita de que la persona está calificada como contador público autorizado y está habilitado para representar a la parte o partes.
c. ***Agentes inscritos:*** Cualquier persona inscrita como agente de conformidad con esta parte que no esté actualmente suspendida o inhabilitada para ejercer ante el Servicio de Impuestos Internos puede ejercer ante el Servicio de Impuestos Internos. (Los agentes inscritos toman una prueba de tres partes y deben aprobar cada parte).
d. ***Actuarios inscritos:*** Cualquier persona que esté inscrita como actuario por la Junta Mixta para la Inscripción de Actuarios de conformidad con 29 U.S.C. 1242 que no se encuentra actualmente bajo suspensión o inhabilitación del ejercicio puede hacerlo mediante la presentación de una declaración por escrito que indique que la persona está actualmente calificada como actuario inscrito y está autorizada para representar a la parte o partes en su nombre.
e. ***Agentes de planes de jubilación inscritos:*** Una persona inscrita como agente de un plan de jubilación que no se encuentra actualmente bajo suspensión o inhabilitación del ejercicio ante el Servicio de Impuestos Internos (IRS) puede ejercer ante el IRS.
f. ***Participantes del Programa Anual de la Temporada Tributaria (AFSP)***: Este programa voluntario reconoce los esfuerzos de los preparadores de declaraciones que no son abogados, contadores públicos autorizados o agentes registrados. El IRS emite un Registro de finalización del programa de temporada fiscal anual para los preparadores de declaraciones que obtienen una cierta cantidad de horas de educación continua en preparación para un año fiscal específico.

Preparador de declaraciones de impuestos

LTP considera que los contribuyentes deben elegir un preparador de declaraciones de impuestos que esté disponible para ellos en caso de que el IRS examine su declaración de impuestos. La mayoría de los preparadores de declaraciones de impuestos son profesionales, honestos y brindan un excelente servicio a sus clientes. Sin embargo, existen preparadores de impuestos deshonestos y sin escrúpulos. El contribuyente siempre debe revisar su declaración en busca de errores para evitar multas, junto con problemas financieros y legales.

En primer lugar, cualquier persona a la que se le pague por preparar declaraciones de impuestos debe tener un conocimiento completo de los asuntos fiscales y debe tener un PTIN.

Un preparador de declaraciones de impuestos pagado es el principal responsable de la precisión general de la declaración del contribuyente. De acuerdo a la Ley, el preparador de impuestos pagado debe firmar la declaración e incluir su PTIN. Aunque el preparador de la declaración de impuestos firme la declaración, el contribuyente es el responsable final de la fiabilidad de cada ítem informado en la declaración.

El preparador de impuestos pagado está sujeto a la Sección 6694 y es responsable de la fiabilidad de la declaración. La persona que firma la declaración será el principal responsable de todas las posturas en la declaración y/o reclamo de reembolso.

El Servicio de Impuestos Internos también ha establecido directrices y prácticas éticas. Estas directrices, leyes y estándares, en parte, protegen la *Declaración de Derechos del Contribuyente* y se detallan en la Circular 230, el estándar consistente y definitivo de responsabilidad fiscal profesional que protege no solo al contribuyente, sino también al profesional fiscal.

Todo lo que hace el profesional, cada elección que hace como profesional de impuestos, no solo le afecta a sí mismo, sino también a los clientes, compañeros de trabajo y la empresa para la que trabaja. Las decisiones y los juicios que se toman en la preparación de impuestos no siempre son en blanco y negro. La primera responsabilidad del preparador de impuestos pagado es con sus clientes, pero aún se deben tomar decisiones dentro de los límites de la ley. Los problemas a menudo no están claramente definidos y dejan espacio para la interpretación, y al tomar decisiones o juicios como preparador de impuestos profesional en tales situaciones, debe seguir los pasos a continuación:

- Determinar la naturaleza del problema en cuestión.
- Obtener tanta información y documentación del cliente como sea posible.
- Investigar el problema a fondo, documentando todas las conclusiones, hechos y posiciones.
- Considerar estudios de casos relevantes.
- Examinar todas las posibles soluciones a las preguntas.
- Sopesar las consecuencias de cada solución y cómo cada solución puede afectar a todas las partes involucradas (el contribuyente, el preparador y la empresa).
- Informar al cliente de su postura y explicar las consecuencias de las respuestas disponibles.
- Elegir una solución que sea legal, ética y procesable para todas las partes involucradas y cómoda tanto para usted como para su cliente.

LTP recomienda que cuando el contribuyente busque contratar a un preparador de impuestos profesional, tenga en cuenta la siguiente lista.

1. Verificar las calificaciones del preparador

2. Consultar el historial del preparador
3. Preguntar por las tarifas de servicio
4. Pedir que se presente la declaración de forma electrónica
5. Asegurarse de que el preparador esté disponible
6. Proporcionar registros y recibos
7. Nunca firmar un cheque en blanco
8. Revisar su declaración antes de firmar
9. Asegurarse de que el preparador firme e incluya su PTIN
10. Denunciar a los preparadores de impuestos abusivos al IRS
11. Visitar el enlace del Directorio de Preparadores de Declaraciones de Impuestos Federales con Credenciales y Seleccionar Calificaciones http://irs.treasury.gov/rpo/rpo.jsf para buscar un profesional fiscal en su zona.

El señor 1040 dice: El privilegio no se aplica en un asunto penal a menos que el profesional sea un abogado.

Parte 2 Preguntas de Repaso

Para obtener el máximo beneficio de este curso, LTP recomienda que complete cada una de las preguntas a continuación, y luego las compare con las respuestas de los comentarios que se proporcionan posteriormente. Según las normativas reguladoras de autoaprendizaje, los proveedores deben presentar preguntas de repaso de manera intermitente a lo largo de cada curso de autoaprendizaje.

Estas preguntas y explicaciones no son parte del examen final y no serán calificadas por LTP.

DDPP2.1
Un _____ es cualquier persona que haya tomado y aprobado un examen especial de tres partes y que haya obtenido la inscripción para ejercer ante el IRS.

a. Abogado
b. Contador público certificado
c. Agente inscrito
d. Notario

DDPP2.2
Un _______ es cualquier persona que sea miembro acreditado del colegio de abogados del tribunal supremo de cualquier estado, territorio o posesión de los Estados Unidos, incluido el Estado Libre Asociado o el Distrito de Columbia.

a. Abogado
b. Contador público certificado
c. Agente inscrito
d. Notario

DDPP2.3
¿Cuál de las siguientes opciones describe mejor el contenido de la Circular 230?

a. Regulaciones escritas que rigen a quienes representan a los contribuyentes ante el IRS.
b. Un documento que contiene el estatuto y los reglamentos que detallan el trabajo diurno y nocturno de un profesional de impuestos.
c. Un documento que contiene declaraciones y reglamentos que detallan cómo convertirse en un profesional de impuestos.
d. Un documento que contiene el estatuto y los reglamentos que detallan los deberes y obligaciones del IRS.

DDPP2.4
¿Qué es la autoridad de la Oficina de Responsabilidad Profesional (OPR)?
.

a. La OPR supervisa al comisionado
b. La OPR supervisa el Tesoro de los Estados Unidos.
c. La OPR supervisa la conducta de la práctica tributaria.
d. La OPR supervisa al preparador de impuestos no profesional.

DDPP2.5
La Circular 230 proporciona una normativa consistente para que lo siga el profesional de impuestos. A veces, las decisiones que toma el profesional de impuestos pagado lo afectan a él mismo y al contribuyente. La primera responsabilidad del preparador de impuestos pagado es con el cliente. Al tomar una decisión como preparador de impuestos, ¿cuál de las siguientes directrices se debe seguir?

a. Determinar la naturaleza del problema en cuestión.
b. Obtener la menor información y documentación posible del cliente.
c. Examinar solo una solución posible.
d. Elegir una solución que el cliente no pueda respaldar.

DDPP2.6
¿Cuál de las siguientes opciones es responsabilidad del preparador de impuestos pagado?

a. Ser el principal responsable de la fiabilidad sustantiva general de la declaración del contribuyente.
b. Firmar la declaración e incluir su PTIN en ella.
c. Practicar la debida diligencia al cuestionar y examinar cada pieza de información.
d. Todas las opciones son correctas.

DDPP2.7
La multa por incumplimiento de debida diligencia puede afectar al empleador del preparador de impuestos si el IRS o la OPR determina que el empleador no cumplió con los requisitos de debida diligencia del EITC. ¿Cuál de los siguientes no afectaría la multa de la empresa?

a. Revocación de privilegios de presentación electrónica.
b. Suspensión.
c. Proceso de apelaciones.
d. Protección de la reputación de su empresa.

DDPP2.8
¿Cuál de las siguientes no es una buena práctica?

a. Comunicarse claramente con el cliente sobre los términos y condiciones del sitio web de LTPA.
b. Actuar de manera justa y con integridad.
c. Asesorar a los clientes si pueden evitar sanciones relacionadas con la precisión si el cliente actúa basándose en el consejo de esa persona.
d. Establecer hechos para llegar a una conclusión respaldada por esos hechos.

DDPP2.9
Joseph es un preparador de impuestos con derechos de representación limitados. ¿Cuál de las siguientes situaciones es incapaz de hacer Joseph?

a. Joseph no puede representar a su cliente en una conferencia de apelaciones.
b. Joseph solo puede representar a aquellos clientes a los que les firmó y preparó una declaración de impuestos ante un agente de ingresos.
c. Joseph solo puede representar a aquellos clientes a los que les firmó y preparó una declaración de impuestos ante un representante de servicio al cliente del IRS.
d. Joseph solo puede representar a aquellos clientes a los que le firmó y preparó una declaración de impuestos ante el Servicio del Defensor del Contribuyente del IRS (TAS).

DDPP2.10
¿Cuál de los siguientes necesita un preparador de declaraciones de impuestos pagado al preparar una declaración de impuestos?

a. ATIN
b. PTIN
c. ITIN
d. ETIN

Parte 2 Respuestas a las preguntas de repaso

DDPP2.1
Un _____ es cualquier persona que haya tomado y aprobado un examen especial de tres partes y que haya obtenido la inscripción para ejercer ante el IRS.

a. Abogado
b. Contador público certificado
c. Agente inscrito
d. Notario

Comentarios: Revise la sección *Derechos de representación individual*

DDPP2.2
Un _______ es cualquier persona que sea miembro acreditado del colegio de abogados del tribunal supremo de cualquier estado, territorio o posesión de los Estados Unidos, incluido el Estado Libre Asociado o el Distrito de Columbia.

a. Abogado
b. Contador público certificado
c. Agente inscrito
d. Notario

Comentarios: Revise la sección *Derechos de representación individual*

DDPP2.3
¿Cuál de las siguientes opciones describe mejor el contenido de la Circular 230?

a. **Regulaciones escritas que rigen a quienes representan a los contribuyentes ante el IRS.**
b. Un documento que contiene el estatuto y los reglamentos que detallan el trabajo diurno y nocturno de un profesional de impuestos.
c. Un documento que contiene declaraciones y reglamentos que detallan cómo convertirse en un profesional de impuestos.
d. Un documento que contiene el estatuto y los reglamentos que detallan los deberes y obligaciones del IRS.

Comentarios: Revise la sección *Reglas que supervisan la autoridad para ejercer.*

DDPP2.4
¿Cuál es la autoridad de la Oficina de Responsabilidad Profesional (OPR)?

a. La OPR supervisa al comisionado.
b. La OPR supervisa el Tesoro de los Estados Unidos.
c. **La OPR supervisa la conducta de la práctica tributaria.**
d. La OPR supervisa al preparador de impuestos no profesional.

Comentarios: Revise la sección *Autoridad de la OPR.*

DDPP2.5
La Circular 230 proporciona una normativa consistente para que lo siga el profesional de impuestos. A veces, las decisiones que toma el profesional de impuestos pagado lo afectan a él mismo y al contribuyente. La primera responsabilidad del preparador de impuestos pagado es con el cliente. Al tomar una decisión como preparador de impuestos, ¿cuál de las siguientes directrices se debe seguir?

a. **Determinar la naturaleza del problema en cuestión.**
b. Obtener la menor información y documentación posible del cliente.
c. Examinar solo una solución posible.
d. Elegir una solución que el cliente no pueda respaldar.

Comentarios: Revise la sección *Reglas que supervisan la autoridad para ejercer.*

DPP2.6
¿Cuál de las siguientes opciones es responsabilidad del preparador de impuestos pagado?

a. Ser el principal responsable de la fiabilidad sustantiva general de la declaración del contribuyente.
b. Firmar la declaración e incluir su PTIN en ella.
c. Practicar la debida diligencia al cuestionar y examinar cada pieza de información.
d. **Todas las opciones.**

Comentarios: Revise la sección *Directrices de mejores prácticas.*

DDPP2.7
La multa por incumplimiento de debida diligencia puede afectar al empleador del preparador de impuestos si el IRS o la OPR determina que el empleador no cumplió con los requisitos de debida diligencia del EITC. ¿Cuál de los siguientes no afectaría la multa de la empresa?

a. Revocación de privilegios de presentación electrónica.
b. Suspensión.
c. Proceso de apelaciones.
d. Protección de la reputación de su empresa.

Comentarios: Revise la sección *Reglas que supervisan la autoridad para ejercer.*

DDPP2.8
¿Cuál de las siguientes no es una buena práctica?

a. Comunicarse claramente con el cliente sobre los términos y condiciones del sitio web de LTPA.
b. Actuar de manera justa y con integridad.
c. Asesorar a los clientes si pueden evitar sanciones relacionadas con la precisión si el cliente actúa basándose en el consejo de esa persona.
d. Establecer hechos para llegar a una conclusión respaldada por esos hechos.

Comentarios: Revise la sección *Reglas que supervisan la autoridad para ejercer.*

DDPP2.9
Joseph es un preparador de impuestos con derechos de representación limitados. ¿Cuál de las siguientes situaciones es incapaz de hacer Joseph?

a. Joseph no puede representar a su cliente en una conferencia de apelaciones.
b. Joseph solo puede representar a aquellos clientes a los que les firmó y preparó una declaración de impuestos ante un agente de ingresos.
c. Joseph solo puede representar a aquellos clientes a los que les firmó y preparó una declaración de impuestos ante un representante de servicio al cliente del IRS.
d. Joseph solo puede representar a aquellos clientes a los que le firmó y preparó una declaración de impuestos ante el Servicio del Defensor del Contribuyente del IRS (TAS).

Comentarios: Revise la sección *Derechos de representación individual*

DDPP2.10
¿Cuál de los siguientes necesita un preparador de declaraciones de impuestos pagado al preparar una declaración de impuestos?

a. ATIN
b. PTIN
c. ITIN
d. ETIN

Comentarios: Revise la sección *Derechos de representación individual*

Parte 3: Responsabilidades del preparador de impuestos

El preparador de impuestos pagado debe comprender la responsabilidad ética de preparar declaraciones de impuestos precisas basadas en la ley tributaria y la información proporcionada por el contribuyente.

La OPR puede proponer la censura, suspensión o inhabilitación de cualquier profesional del ejercicio ante el IRS si la persona demuestra ser incompetente o de mala reputación y/o no cumple con las normas que se encuentran en la Circular 230. La OPR puede imponer una multa monetaria a una persona o a su empleador sujeto a la Circular 230. La multa monetaria se relaciona con actividades con las que el preparador de impuestos se asocia en nombre del empleador. El empleador debería haber sabido lo que estaba haciendo el empleado.

Puede encontrar las siguientes explicaciones de las responsabilidades de los profesionales de impuestos en virtud de la Circular 230 del Tesoro. Este resumen no aborda todas las disposiciones de los reglamentos. El profesional de impuestos debe leer la Circular 230 para una comprensión completa de los deberes y obligaciones de alguien que ejerce ante el IRS. Preparar una declaración de impuestos también se considera ejercer ante el IRS.

Debida diligencia

Los profesionales de impuestos deben ejercer la debida diligencia en la preparación y presentación de declaraciones de impuestos y la exactitud de su representación a sus clientes o al IRS. El profesional de impuestos puede confiar en el trabajo de otra persona si está cuidadosamente contratado, supervisado, capacitado y evaluado, considerando la naturaleza de la relación entre el profesional de impuestos y esa persona. El profesional de impuestos generalmente puede confiar de buena fe y sin verificación en la información proporcionada por el cliente, pero no puede ignorar otra información que se le proporcione o que conozca. El profesional de impuestos debe realizar consultas razonables si la información que se le proporciona parece ser incorrecta, incompleta o inconsistente con otros hechos o suposiciones (Circular del Tesoro 230, §10.22, §10.34(d)).

El profesional de impuestos podría confiar en el producto del trabajo de otra persona si la persona ejerció un cuidado razonable al contratar, supervisar, capacitar y evaluar a esa persona, teniendo debidamente en cuenta la naturaleza de la relación entre el profesional de impuestos y el contribuyente.

Además, el profesional de impuestos generalmente puede confiar de buena fe y sin verificación en la información proporcionada por su cliente, pero no puede ignorar otra información que se le haya proporcionado o que conozca. El profesional de impuestos debe realizar consultas razonables si la información que se le suministró parece ser incorrecta, incompleta o inconsistente con otros hechos o suposiciones.

Competencia

Los profesionales de impuestos deben tener el conocimiento, la habilidad, la minuciosidad y la preparación necesarias para participar en asuntos fiscales. Si el profesional de impuestos no es competente en un área, debe consultar a un experto en la materia. Cuando un profesional de impuestos consulta con otra persona, debe considerar los requisitos del Código de Impuestos Internos §7216 (Circular del Tesoro 230 §10.35).

Conflicto de intereses

Existe un conflicto de intereses cuando se representa a un cliente que es directamente contrario a otro cliente del profesional de impuestos pagado. También se presenta un conflicto de intereses si existe un riesgo significativo de que la representación de un cliente se vea materialmente limitada por las responsabilidades del profesional fiscal hacia otro cliente, un antiguo cliente, una tercera persona o sus intereses. Cuando existe un conflicto de intereses, el profesional de impuestos no puede representar a un cliente en un asunto del IRS a menos que:

1. El profesional de impuestos cree razonablemente que puede brindar una representación competente y diligente a todos los clientes afectados.
2. La ley no prohíbe la representación del profesional de impuestos.
3. Todos los clientes afectados dan su consentimiento informado y por escrito a la representación del profesional de impuestos. El profesional de impuestos debe conservar estos consentimientos durante 36 meses después de la terminación del contrato y ponerlos a disposición del IRS/OPR cuando se solicite (Circular del Tesoro 230, §10.29).

Posturas de declaración de impuestos

Las posturas de declaración de impuestos son las estrategias elegidas al preparar una declaración de impuestos. Los preparadores de impuestos guían a los contribuyentes para determinar las posturas adecuadas para su declaración; es deber del preparador de impuestos realizar la debida diligencia y garantizar la fiabilidad de las posturas tomadas en la declaración y reclamo de reembolso. Los buenos preparadores de impuestos elegirán las posturas que mejor ayuden al contribuyente mientras cumplen con las directrices del IRS.

El profesional de impuestos no puede firmar una declaración de impuestos o reembolsar una solicitud de reintegro o aconsejar a un cliente que tome una postura en una declaración de impuestos, o un reclamo de reembolso que el profesional de impuestos sabe (o debería saber) que contiene una postura que (i) no tiene una base razonable, (ii) es una postura poco razonable según lo define el Código de Impuestos Internos §6694(a)(2), o (iii) es un intento deliberado de subestimar la obligación tributaria o una indiferencia imprudente o intencional de las reglas o regulaciones.

Por otro lado, una postura poco razonable carece de autoridad sustancial definida en el IRC §6662, pero tiene una base razonable y el contribuyente divulga la postura. Para la divulgación de la Circular 230, si el profesional de impuestos asesoró al cliente con respecto a una postura, preparó o firmó la declaración de impuestos, debe informar al cliente cualquier multa que sea razonablemente probable que se aplique con respecto a la postura de la declaración de impuestos. El profesional de impuestos debe entonces explicar cómo evitar las multas a través de la divulgación o no tomando la postura.

A los efectos de la divulgación de la Circular 230, si el profesional de impuestos asesora al cliente con respecto a una postura o prepara o firma la declaración de impuestos, el profesional de impuestos debe informar al cliente de cualquier multa que posiblemente se le aplique al cliente con respecto a la postura de la declaración de impuestos, y cómo evitar las multas a través de la divulgación (o, al no tomar la postura).

Asesoramiento fiscal por escrito

Al brindar asesoramiento por escrito sobre cualquier asunto de impuestos federales, el profesional de impuestos debe:

1. Basar el asesoramiento en supuestos razonables.
2. Considerar razonablemente todos los hechos relevantes que un profesional de impuestos sabe o debería saber.
3. Hacer esfuerzos razonables para identificar y determinar los hechos relevantes.

El profesional de impuestos no puede confiar en representaciones, declaraciones, hallazgos o acuerdos que no sean razonables o que se sepa que son incorrectos, inconsistentes o incompletos.

El profesional de impuestos siempre debe considerar la posibilidad de una auditoría del IRS a una declaración de impuestos o que un asunto podría suscitar una auditoría. Al brindar asesoramiento por escrito, el profesional de impuestos puede basarse de buena fe en el asesoramiento de otro profesional solo si dicho asesoramiento es razonable, teniendo en cuenta todos los hechos y circunstancias. El profesional de impuestos no puede confiar en el consejo de una persona que sabe, o que debería haber sabido, que no es competente para brindar el asesoramiento o que tiene un conflicto de intereses sin resolver como se define en §10.29 (Circular del Tesoro 230, §10.37).

Errores y omisiones

Si el profesional de impuestos sabe que un cliente no ha cumplido con las leyes de ingresos de los EE. UU. o ha cometido un error u omisión en cualquier declaración, declaración jurada u otro documento que el cliente haya presentado o firmado de conformidad con las leyes de ingresos de los EE. UU., el profesional de impuestos debe informar inmediatamente al cliente del incumplimiento, error u omisión y asesorar al cliente sobre las consecuencias en virtud del Código y las regulaciones de ese incumplimiento, error u omisión. Dependiendo de los hechos y circunstancias, las consecuencias de un error u omisión podrían incluir (pero no se limitan a) obligaciones tributarias adicionales, multas civiles, intereses, multas penales y una extensión del estatuto de limitaciones (Circular del Tesoro 230, §10.21).

Manejar los asuntos con prontitud

El profesional de impuestos no puede demorar injustificadamente la pronta disposición de cualquier asunto ante el Servicio de Impuestos Internos. Este asunto se aplica a responder al cliente del profesional de impuestos y al personal del IRS. El profesional de impuestos no puede aconsejar a un cliente que presente algún documento al IRS por retrasar o impedir la administración de las leyes fiscales federales (Circular del Tesoro 230, §10.23, §10.34(b)).

Registros de clientes

A pedido del cliente, el profesional de impuestos debe devolver de inmediato todos los registros del cliente necesarios para que el cliente cumpla con sus obligaciones fiscales federales, incluso si hay una disputa sobre las tarifas. El profesional de impuestos puede conservar copias de estos registros. Suponga que la ley estatal permite que el profesional de impuestos conserve los registros de un cliente en el caso de una disputa de honorarios. En ese caso, el profesional de impuestos solo puede devolver los registros adjuntos a la declaración del cliente. Aun así, el profesional de impuestos debe proporcionar al cliente un acceso razonable para revisar y copiar cualquier registro adicional del cliente retenido por el profesional de impuestos necesario para que el cliente cumpla con sus obligaciones fiscales federales. El término "registros de clientes" incluye todos los materiales escritos o electrónicos proporcionados por el cliente o un tercero al profesional de impuestos.

Los registros del cliente" también incluyen cualquier declaración de impuestos u otro documento que el profesional de impuestos preparó y entregó previamente al cliente si esa declaración o documento es necesario para que el cliente cumpla con sus obligaciones tributarias federales actuales. El profesional de impuestos no está obligado a proporcionar a un cliente una copia de su producto de trabajo. Es decir, cualquier declaración, solicitud de reintegro u otros documentos que el profesional de impuestos preparó, pero aún no ha entregado al cliente si:

1. El profesional de impuestos está reteniendo el documento en espera del pago por parte del cliente de los honorarios relacionados con el documento.
2. El contrato profesional de impuestos con el cliente requiere el pago de esos honorarios antes de la entrega (Circular del Tesoro 230 §10.28).

Responsabilidades de supervisión

Si el profesional de impuestos tiene o comparte la autoridad principal y la responsabilidad de supervisar la práctica fiscal de la firma, el profesional de impuestos debe tomar medidas razonables para garantizar que la firma de profesionales de impuestos tenga los procedimientos adecuados. Estos procedimientos deben crear conciencia y promover el cumplimiento de la Circular 230 por parte de los miembros, asociados y empleados de la firma. Todos estos empleados deben cumplir con las normas que rigen el ejercicio ante el IRS (Circular del Tesoro 230, §10.36).

Responsabilidades personales de cumplimiento tributario

El profesional de impuestos es responsable de garantizar la presentación y pago oportunos de las declaraciones de impuestos sobre la renta de personas naturales y las declaraciones de impuestos de cualquier entidad sobre la que el profesional de impuestos tenga o comparta el control. No presentar 4 de las declaraciones de impuestos sobre la renta de los últimos 5 años, o 5 de los 7 trimestres anteriores de declaraciones de impuestos sobre el empleo o el consumo, es en sí una conducta de mala reputación e incompetencia que puede conducir a la suspensión repentina e indefinida del profesional. La evasión deliberada de la evaluación o pago de impuestos también viola las regulaciones de la Circular 230 (Circular del Tesoro 230, §10.51(a)(6)).

¿Quién preparó la declaración?

Un preparador de declaraciones de impuestos es cualquier persona que prepara una compensación o emplea a una o más personas para preparar la totalidad o una parte sustancial de la declaración de impuestos o cualquier reclamo de reembolso de impuestos. Un preparador de declaraciones de impuestos firmante es un preparador de declaraciones de impuestos individual responsable de la fiabilidad sustantiva general de la preparación de dicha declaración o reclamo de reembolso.

Un preparador de declaraciones de impuestos es cualquiera y todos los siguientes:

- Un preparador es cualquier persona que prepare la totalidad o una parte sustancial de cualquier declaración de impuestos o cualquier reclamo de reembolso a cambio de una remuneración o que emplee a una o más personas para preparar la declaración a cambio de una remuneración.

- Cualquier persona a la que se le pague para preparar o ayudar con la preparación de impuestos de la totalidad o prácticamente la totalidad de una declaración de impuestos o reclamo de reembolso debe tener un número PTIN y estar sujeto a los deberes y restricciones relacionados con la práctica en la subparte B de la Circular 230. La Subparte B es del §10.20 hasta el §10.53. Cualquiera que prepare una declaración de compensación debe tener un PTIN.
- Cualquier persona que prepare o ayude a preparar una declaración de impuestos o reclamo de un reembolso puede comparecer como testigo del contribuyente ante el IRS o proporcionar información a solicitud del IRS o de cualquiera de los funcionarios o empleados del IRS.
- Cualquier persona que prepare o ayude a otros a preparar todo o una parte sustancial de un documento relacionado con la obligación tributaria de cualquier contribuyente está sujeto a los deberes y restricciones relacionadas con la práctica en §10.20 al §10.53 (subparte B, así como subparte C) y desde el §10.60 al §10.82.

Un preparador de declaraciones de impuestos firmante es el preparador de declaraciones de impuestos de persona natural que tiene la responsabilidad principal de fiabilidad sustantiva general de la preparación de dicha declaración o reclamo de reembolso. Incluso si alguien más proporciona toda la información y los materiales necesarios para la declaración de impuestos, "preparando" efectivamente la mayor parte del material de la declaración, la persona que ingresa y organiza el material para la presentación real de la declaración o el reclamo de reembolso es la persona que debe firmar la planilla y así responsabilizarse de su fiabilidad. La persona que debe firmar la declaración y reclamar la responsabilidad de su fiabilidad es quien decide las posturas de la declaración de impuestos.

Un preparador de declaraciones de impuestos que no firma es cualquier persona que prepara la totalidad o una parte sustancial de una declaración o reclamo de reembolso, pero no posee la responsabilidad principal de su fiabilidad. No eran personas que ingresaron la información en la declaración de impuestos o eligieron las posturas de la declaración de impuestos.

El hecho de que una persona natural deba considerarse como preparador de declaraciones de impuestos firmante o no firmante también depende del tiempo que dedique a asesorar al contribuyente. Para ser elegible como preparador de declaraciones de impuestos no firmante, los eventos que han ocurrido deben representar menos del 5% del tiempo agregado incurrido por el preparador de declaraciones de impuestos no firmante. Usted calcula el asesoramiento que da, ya sea escrito u oral, cuando se lo da al contribuyente y al preparador de impuestos firmante.

Ejemplo: Una agente inscrita llamada Fiona contrata a Nick para que ingrese literalmente los formularios W-2 y otros documentos de ingresos y otros materiales relacionados en su software de impuestos preferido. Después de que Nick termina, Fiona revisa el material preparado, se asegura de que sea correcto y envía la declaración. Aunque Nick dedicó más tiempo a la declaración y fue quien lo reunió todo, Fiona preparó la declaración de impuestos porque fue ella quien verificó su contenido y realizó la acción real de garantizar que la declaración fuera precisa. Por lo tanto, Fiona debe firmar la declaración y así reclamar responsabilidad por su fiabilidad. Aunque Nick "preparó" la declaración armándola, Fiona verificó y garantizó su fiabilidad.

Una persona que brinda asesoramiento fiscal sobre una postura directamente relevante para determinar la existencia, caracterización o monto de una partida en una declaración o reclamo de reembolso preparado. El significado de parte sustancial se basa en si la persona conoce o debería conocer razonablemente las características fiscales del anexo, partida u otra sección de una declaración o reclamo de reembolso. Una sola partida de impuestos podría constituir una parte considerable del impuesto que se debe mostrar en una declaración.

Ejemplo 1: Domingo es abogado del bufete de abogados ABC; brinda asesoramiento legal a un gran contribuyente corporativo con respecto a una transacción corporativa completa. El asesoramiento brindado por Domingo es directamente relevante para la determinación de una partida en la declaración del contribuyente. Domingo, sin embargo, no prepara ninguna otra parte de la declaración del contribuyente y no firma la declaración. Domingo es un preparador de declaraciones de impuestos no firmante, ya que su asesoramiento se limita a una partida en la declaración de impuestos.

Ejemplo 2: Los hechos son los mismos que en el Ejemplo 1, excepto que la abogada Brittni brinda asesoramiento complementario al contribuyente corporativo a través de una llamada telefónica después de completar la transacción. Brittni no brindó asesoramiento antes de que ocurriera la transacción corporativa con la intención principal de evitar ser un preparador de declaraciones de impuestos. El tiempo incurrido en el asesoramiento complementario por parte de Brittni representa menos del 5% de la cantidad total de tiempo dedicado por Brittni al brindar asesoramiento fiscal sobre la postura. Brittni no se considera una preparadora de declaraciones de impuestos.

Ejemplo 3: Los hechos son los mismos que en el Ejemplo 2, excepto que la abogada Brittni brinda asesoramiento complementario al contribuyente corporativo en una llamada telefónica después de que ocurrió la transacción con la intención principal de evitar ser un preparador de declaraciones de impuestos. El tiempo incurrido en el asesoramiento complementario por parte de Brittni representa menos del 5% de la cantidad total de tiempo dedicado por Brittni al brindar asesoramiento fiscal sobre la postura. Brittni no se considera una preparadora de declaraciones de impuestos.

Ya sea que la partida del anexo sea una partida de una sola línea o todo el anexo (A, B, K-1, etc.), u otra partida en la declaración de impuestos, la consideración es la cantidad sustancial que pertenece a la única partida o al anexo completo. Si la consideración es una parte significativa de la declaración, entonces la persona responsable de la partida podría considerarse el firmante de la declaración de impuestos. La clave es el monto de la partida. Por ejemplo, Nick solo ingresó la información personal de Jesse y un formulario W-2 en la declaración de impuestos. Fernando completó el Anexo A, B y C de Jesse. Fernando sería el firmante de la declaración ya que ingresó una parte sustancial de la misma.

Cualquier persona a la que se le pague para preparar o ayudar con la preparación de impuestos de la totalidad o prácticamente la totalidad de una declaración de impuestos o reclamo de reembolso debe tener un número PTIN y estar sujeto a los deberes y restricciones relacionadas con el ejercicio descritas en la subparte B de la Circular 230. La Subparte B es del §10.20 hasta el §10.53.

Cualquier persona que prepare o ayude a otros a preparar una declaración de impuestos o reclamos de reembolso puede comparecer como testigo del contribuyente ante el IRS. También pueden proporcionar información a solicitud del IRS o cualquiera de los funcionarios o empleados del IRS.

Cualquier persona que por remuneración prepare o ayude en la preparación de todo o una parte sustancial de un documento relacionado con la obligación tributaria de cualquier contribuyente está sujeto a los deberes y restricciones relacionados con la práctica en §10.20 al §10.53 (subparte B, así como subparte C) y del §10.60 al §10.82.

Ejemplo: Kristie es la asistente administrativa de María. Kristie recopila información de Julie, la clienta de María, para ayudarla a preparar la declaración de impuestos. María firma la declaración. Kristie no es la preparadora pagada de la declaración de impuestos de Julie.

Los factores por considerar que hacen una parte sustancial incluyen:

1. El tamaño y la complejidad del ítem en relación con los ingresos brutos del contribuyente
2. El tamaño de la infravaloración atribuible al ítem en comparación con la obligación tributaria declarada del contribuyente

Ejemplo 1: Timothy prepara el Formulario 8886, *"Declaración de divulgación de transacciones declarables"*. No prepara la planilla ni asesora al contribuyente sobre la postura de la planilla de la operación a que se refiere el Formulario 8886. La preparación del Formulario 8886 no es directamente relevante para la determinación de la existencia, caracterización o monto de una partida en una declaración de impuestos o reclamo de reembolso. Timothy está preparando el Formulario 8886 para divulgar una transacción declarable y no para preparar una parte sustancial de la declaración de impuestos y no se le considera preparador de declaraciones de impuestos según §6694.

Ejemplo 2: Vicente prepara un anexo para el Formulario 1040 de José, declarando $4,000 en ingresos por dividendos, y le da consejos orales o escritos a José sobre su Anexo A, lo que resulta en una deducción de gastos médicos por un total de $5,000, pero no firma la declaración. Vicente es un preparador de declaraciones de impuestos no firmante porque el monto total agregado de la deducción es menos de $10,000.

Un reclamo de reembolso de impuestos incluye un reclamo de crédito contra cualquier impuesto. Un reclamo de reembolso también incluye un reclamo de pago según las secciones 6420, 6421 o 6427.

Ejemplo 1: José recibió información de impuestos sobre la nómina de María, quien prepara su contabilidad. José no brindó ningún consejo fiscal a María ni ejerció ninguna discreción o juicio independiente sobre las posturas fiscales de María. José acaba de procesar la información que María le dio. José firmó la declaración según lo autorizado por el cliente de acuerdo con el Formulario 8655, *Autorización de agente informante,* y presentó la declaración de María usando la información provista por ella. José es preparador de declaraciones de impuestos.

Ejemplo 2: Matthew brindó asesoramiento fiscal a Sharon para determinar si sus trabajadores son empleados o contratistas independientes a los efectos de los impuestos federales. Matthew recibió una remuneración por su asesoramiento y es el preparador de declaraciones de impuestos. Las siguientes personas no son preparadores de declaraciones de impuestos:

1. Un funcionario o empleado del Servicio de Impuestos Internos (IRS) que desempeña funciones oficiales.
2. Cualquier persona que brinde asistencia fiscal bajo el programa de Asistencia Voluntaria de Impuestos sobre la Renta (VITA) establecido por el IRS, pero la persona solo puede preparar declaraciones para VITA.
3. Cualquier organización que patrocine o administre un programa VITA establecido por el IRS, pero solo con respecto al patrocinio o la administración.
4. Una persona que brinda asesoramiento fiscal a personas de la tercera edad bajo un programa establecido en la sección 163 de la Ley de Ingresos de 1978, pero solo con respecto a las declaraciones preparadas como parte de ese programa.

5. Una organización que patrocina o administra un programa para brindar asesoramiento fiscal a personas de la tercera edad establecido en virtud de la sección 163 de la Ley de Ingresos de 1978, pero solo con respecto a ese patrocinio o administración.
6. Una persona que brinda asistencia tributaria como parte de una Clínica calificada para contribuyentes de bajos ingresos (LITC) según se define en §7526, sujeto a los requisitos, pero solo para las declaraciones de impuestos de LITC.
7. Cualquier organización que sea una LITC calificada.
8. Una persona que proporciona simplemente transcripción, reproducción u otra asistencia mecánica en la preparación de una declaración o reclamo de reembolso.
9. Una persona que prepara una declaración o reclamo de reembolso de un contribuyente, o un funcionario, socio general, miembro, accionista o empleado de un contribuyente, por quien la persona es empleada regular y continuamente, remunerada o en el que la persona es un socio general.
10. Una persona que prepara una declaración o reclamo de reembolso para un fideicomiso, sucesión u otra entidad, de la cual la persona es fiduciaria o es un funcionario, socio general o empleado del fiduciario.
11. Una persona que prepara un reclamo de reembolso para un contribuyente en respuesta a:
    a. Un aviso de deficiencia emitido al contribuyente.
    b. Una renuncia a la restricción sobre la evaluación después de iniciar una auditoría del contribuyente o de otro contribuyente si la auditoría determina que el otro contribuyente afecta, directa o indirectamente, la responsabilidad del contribuyente.
12. La persona que prepara una declaración o reclamo de reembolso para un contribuyente sin acuerdo explícito o implícito de remuneración, aun cuando la persona reciba un obsequio, servicio de declaración o favor insustancial.

Parte 3 Preguntas de Repaso

Para obtener el máximo beneficio de este curso, LTP recomienda que complete cada una de las preguntas a continuación, y luego las compare con las respuestas de los comentarios que se proporcionan posteriormente. Según las normativas reguladoras de autoaprendizaje, los proveedores deben presentar preguntas de repaso de manera intermitente a lo largo de cada curso de autoaprendizaje.

Estas preguntas y explicaciones no son parte del examen final y no serán calificadas por LTP.

DDPP3.1

Fernando preparó la declaración de la sociedad de Andrés y Alberto. Alberto demandó a Andrés por tergiversación de ingresos de su sociedad. ¿A cuál de los socios puede representar Fernando ante el IRS?

a. Fernando puede representarlos a ambos, ya que sabe la verdad sobre ambos.
b. Fernando no puede representar a ninguno de los dos ya que será un conflicto de intereses.
c. Fernando puede representar a cualquiera de los dos si ambos le han dado su
d. Fernando debe conservar el formulario de consentimiento cuando exista un desacuerdo.

DDPP3.2
Las posturas de declaración de impuestos son las estrategias elegidas al preparar una declaración de impuestos. Para realizar su tarea, ¿qué debe hacer un preparador de impuestos pagado?

a. Guiar a los contribuyentes para que determinen las posturas adecuadas para su declaración.
b. Realizar la debida diligencia y garantizar la fiabilidad de las posturas adoptadas en la declaración y reclamo de reembolso.
c. Elegir las posturas que mejor ayuden al contribuyente sin dejar de cumplir con las directrices del IRS.
d. Todas las opciones.

2DDPP3.3
¿Cuál de las siguientes diligencias debidas debe llevar a cabo un preparador de impuestos?

1. Preparar y presentar declaraciones de impuestos precisas.
2. Confiar en el trabajo de otra persona.
3. Hacer preguntas adicionales.
4. Comprender las posturas fiscales.

a. 1 y 2
b. 1, 2, y 4
c. 2, 3, y 4
d. 1, 2, y 3

DDPP3.4
¿Cuál de los siguientes no es un requisito de competencia?

a. Preparación para participar en asuntos fiscales.
b. Conocimiento necesario.
c. Habilidades necesarias.
d. Minuciosidad.
e. Desprestigio.

DDPP3.5
El preparador de impuestos pagado debe ejercer _________ al preparar declaraciones de impuestos y determinar ____________ de las declaraciones hechas por ellos mismos a sus clientes o al IRS.

a. debida diligencia; nivel de exactitud.
b. regularmente; de forma precisa.
c. buena fe; evaluación.
d. debida diligencia; fidelidad.

DDPP3.6
Ruth, una preparadora no inscrita, quiere abrir su propio negocio de preparación de impuestos y necesita saber dónde encontrar directrices y estándares para su negocio de preparación de impuestos. ¿Cuál de los siguientes sería la mejor fuente?

a. Sitio web del Consejo de Educación Tributaria de California.
b. Circular 230.
c. De su amiga Jennifer, quien recientemente fue multada por el IRS.
d. De su agente de seguros que también es preparador de impuestos.

DDPP3.7
¿Cuál de los siguientes no se considera como preparador de impuestos?

a. Un funcionario o empleado del Servicio de Impuestos Internos (IRS) que desempeña funciones oficiales.
b. Una persona que proporciona simplemente transcripción, reproducción u otra asistencia mecánica en la preparación de una declaración o reclamo de reembolso.
c. La persona que prepara una declaración o reclamo de reembolso para un contribuyente sin acuerdo explícito o implícito de remuneración, aun cuando la persona reciba un obsequio, servicio de declaración o favor insustancial.
d. Una persona que ingresa información fiscal preparada por el contribuyente no brinda asesoramiento fiscal al cliente ni ejerce ninguna discreción o juicio independiente sobre ninguna postura fiscal; solo ingresa y revisa la información, firma y presenta la declaración.

DDPP3.8
Cualquier persona o personas que compartan la autoridad principal estarán sujetas a medidas disciplinarias por incumplir las siguientes formas por voluntad, imprudencia o incompetencia grave, ¿excepto cuál?

a. La persona no toma medidas razonables para garantizar que los procedimientos de la empresa sean adecuados.
b. La persona no toma medidas razonables para garantizar que los procedimientos de la empresa se sigan correctamente.
c. La persona no toma un curso de actualización de impuestos federales para mantenerse actualizado en las actualizaciones de la ley de impuestos federales.
d. La persona no toma medidas inmediatas para corregir cualquier incumplimiento a pesar de saber que una o más personas están asociadas o empleadas con la persona.

DDPP3.9
Martha preparó la declaración de impuestos de 2022 de Abel. Abel ha decidido no pedirle a Martha que prepare su declaración de impuestos y le pidió que le devolviera sus registros impositivos. ¿Cuál de los siguientes escenarios es correcto en caso de que Abel le solicite a Martha sus registros?

a. Martha podría nunca le devuelva los registros a Abel, aunque se los haya solicitado.
b. Martha y Abel tienen una disputa por honorarios, por lo que Martha puede guardar los registros de Abel.
c. Martha debe devolver de inmediato a Abel sus registros, incluso si hay una disputa sobre los honorarios.
d. Martha tiene tres meses para devolverle los registros de Abel, una vez que ha recibido la solicitud.

DDPP3.10
María preparó una declaración de impuestos para José, quien afirmó tener 3 hijos. No podía recordar todos los cumpleaños de los hijos y tenía sus números de seguro social escritos en una hoja de papel. ¿Cuál de los siguientes no es un requisito de debida diligencia del EITC?

a. María debe hacer preguntas adicionales y asegurarse de que las respuestas estén documentadas y guardadas con la declaración de impuestos.
b. María debe completar el Formulario 8867 y asegurarse de que el formulario se envíe electrónicamente junto con la declaración de impuestos.
c. José necesita enviar por correo su declaración de impuestos; María debe asegurarse de que el Formulario 8867 se adjunte a la declaración que se está enviando por correo.
d. María solo necesita asegurarse de que se complete la declaración de impuestos.

Parte 3 Respuestas a las preguntas de repaso

DDPP3.1

Fernando preparó la declaración de la sociedad de Andrés y Alberto. Alberto demandó a Andrés por tergiversación de ingresos de su sociedad. ¿A cuál de los socios puede representar Fernando ante el IRS?

a. Fernando puede representarlos a ambos, ya que sabe la verdad sobre ambos.
b. Fernando no puede representar a ninguno de los dos ya que será un conflicto de intereses.
c. Fernando puede representar a cualquiera de los dos si ambos le han dado su consentimiento para hacerlo.
d. Fernando debe conservar el formulario de consentimiento cuando exista un desacuerdo.

Comentarios: Revise la sección *Conflicto de intereses.*

DDPP3.2

Las posturas de declaración de impuestos son las estrategias elegidas al preparar una declaración de impuestos. Para realizar su tarea, ¿qué debe hacer un preparador de impuestos pagado?

a. Guiar a los contribuyentes para que determinen las posturas adecuadas para su declaración.
b. Realizar la debida diligencia y garantizar la fiabilidad de las posturas adoptadas en la declaración y reclamo de reembolso.
c. Elegir las posturas que mejor ayuden al contribuyente sin dejar de cumplir con las directrices del IRS.
d. Todas las opciones.

Comentarios: Revise la sección *Posturas de declaración de impuestos.*

DDPP3.3

¿Cuál de las siguientes diligencias debidas debe llevar a cabo un preparador de impuestos?

1. Preparar y presentar declaraciones de impuestos precisas.
2. Confiar en el trabajo de otra persona.
3. Hacer preguntas adicionales.
4. Comprender las posturas fiscales.

a. 1 y 2
b. 1, 2 y 4
c. 2, 3 y 4
d. 1, 2 y 3

Comentarios: Revise la sección *¿Quién preparó la declaración?*

DDPP3.4

¿Cuál de los siguientes no es un requisito de competencia?

a. Preparación para participar en asuntos fiscales.
b. Conocimiento necesario.
c. Habilidades necesarias.
d. Minuciosidad.
e. Desprestigio.

Comentarios: Revise la sección *Competencia.*

DDPP3.5
El preparador de impuestos pagado debe ejercer _________ al preparar declaraciones de impuestos y determinar ____________ de las declaraciones hechas por ellos mismos a sus clientes o al IRS.

a. **debida diligencia; nivel de exactitud.**
b. regularmente; de forma precisa.
c. buena fe; evaluación.
d. debida diligencia; fidelidad.

Comentarios: Revise la sección *Debida diligencia.*

DDPP3.6
Ruth, una preparadora no inscrita, quiere abrir su propio negocio de preparación de impuestos y necesita saber dónde encontrar directrices y estándares para su negocio de preparación de impuestos. ¿Cuál de los siguientes sería la mejor fuente?

a. Sitio web del Consejo de Educación Tributaria de California.
b. **Circular 230**
c. De su amiga Jennifer, quien recientemente fue multada por el IRS.
d. De su agente de seguros que también es preparador de impuestos.

Comentarios: Revise la sección *Competencia.*

DDPP3.7
¿Cuál de los siguientes no se considera como preparador de impuestos?

a. Un funcionario o empleado del Servicio de Impuestos Internos (IRS) que desempeña funciones oficiales.
b. Una persona que proporciona simplemente transcripción, reproducción u otra asistencia mecánica en la preparación de una declaración o reclamo de reembolso.
c. La persona que prepara una declaración o reclamo de reembolso para un contribuyente sin acuerdo explícito o implícito de remuneración, aun cuando la persona reciba un obsequio, servicio de declaración o favor insustancial.
d. **Una persona que ingresa información fiscal preparada por el contribuyente no brinda asesoramiento fiscal al cliente ni ejerce ninguna discreción o juicio independiente sobre ninguna postura fiscal; solo ingresa y revisa la información, firma y presenta la declaración.**

Comentarios: Revise la sección *Posturas de declaración de impuestos.*

DDPP3.8
Cualquier persona o personas que compartan la autoridad principal estarán sujetas a medidas disciplinarias por incumplir las siguientes formas por voluntad, imprudencia o incompetencia grave, ¿excepto cuál?

a. La persona no toma medidas razonables para garantizar que los procedimientos de la empresa sean adecuados.
b. La persona no toma medidas razonables para garantizar que los procedimientos de la empresa se sigan correctamente.
c. **La persona no toma un curso de actualización de impuestos federales para mantenerse actualizado en las actualizaciones de la ley de impuestos federales.**
d. La persona no toma medidas inmediatas para corregir cualquier incumplimiento a pesar de saber que una o más personas están asociadas o empleadas con la persona.

Comentarios: Revise la sección *Responsabilidades de supervisión.*

DDPP3.9
Martha preparó la declaración de impuestos de 2022 de Abel. Abel ha decidido no pedirle a Martha que prepare su declaración de impuestos y le pidió que le devolviera sus registros impositivos. ¿Cuál de los siguientes escenarios es correcto en caso de que Abel le solicite a Martha sus registros?

a. Martha puede que nunca le devuelva los registros a Abel, aunque se los haya solicitado.
b. Martha y Abel tienen una disputa por honorarios, por lo que Martha puede guardar los registros de Abel.
c. **Martha debe devolver de inmediato a Abel sus registros, incluso si hay una disputa sobre los honorarios.**
d. Martha tiene tres meses para devolverle los registros de Abel, una vez que ha recibido la solicitud.

Comentarios: Revise la sección *Registros de clientes*.

DDPP3.10
María preparó una declaración de impuestos para José, quien afirmó tener 3 hijos. No podía recordar todos los cumpleaños de los hijos y tenía sus números de seguro social escritos en una hoja de papel. ¿Cuál de los siguientes no es un requisito de debida diligencia del EITC?

a. María debe hacer preguntas adicionales y asegurarse de que las respuestas estén documentadas y guardadas con la declaración de impuestos.
b. María debe completar el Formulario 8867 y asegurarse de que el formulario se envíe electrónicamente junto con la declaración de impuestos.
c. José necesita enviar por correo su declaración de impuestos; María debe asegurarse de que el Formulario 8867 se adjunte a la declaración que se está enviando por correo.
d. María solo necesita asegurarse de que se complete la declaración de impuestos.

Comentarios: Revise la sección *Registros de clientes.*

Parte 4: Multas al preparador

Esta sección cubrirá las multas que un preparador de impuestos pagado podría recibir en función de la preparación de la declaración de impuestos.

No entregar la copia de la declaración de impuestos al contribuyente

La multa para el preparador de impuestos pagado es de $50 por cada incumplimiento de la sección §6107 del IRC en relación con la entrega de una copia de una declaración o reclamación a un contribuyente. La multa máxima impuesta a cualquier preparador de declaraciones de impuestos no deberá exceder los $27,000 (año fiscal 2022) en un año calendario. Consulte la sección §6695(a) del IRC.

No firmar la declaración

La multa por cada omisión de la firma de una declaración o reclamo de reembolso como lo requieren los reglamentos es de $50 para el preparador de impuestos pagado. La multa máxima impuesta a cualquier preparador de declaraciones de impuestos no deberá exceder los $27,000 (año fiscal 2022) en un año calendario. Consulte la sección §6695(b) del IRC.

Una declaración de impuestos no se considera válida a menos que haya sido firmada. Si el estado civil de declaración es MFJ, tanto el contribuyente como el cónyuge deben firmar la declaración. Si el contribuyente y su cónyuge tienen un representante que firma la planilla por ellos, deberán adjuntar el Formulario 2848. Si el contribuyente presenta la planilla conjunta y es el cónyuge sobreviviente, debe firmar la planilla indicando que declara como cónyuge sobreviviente. El contribuyente y el cónyuge (si presentan una declaración conjunta) deben asegurarse de colocar la fecha en la declaración e ingresar su(s) ocupación(es) y un número de teléfono durante el día. Consulte la Publicación 501 y la sección §6695(b) del IRC.

Si el contribuyente recibe un PIN de protección de identidad (PIN de IP), lo debe ingresar en las casillas. El profesional de impuestos no lo ingresa por el contribuyente. Si el contribuyente extravió su PIN de IP, debe notificar al IRS por teléfono al 1-800-908-4490. El PIN de IP es un número de 6 dígitos.

Al presentar la declaración de forma electrónica, está aún debe estar firmada con un número de identificación personal (PIN), que no es el mismo número PIN de IP. Hay dos formas de anotar el PIN: PIN de selección automática o del profesional. El método de PIN de selección automática permite que el contribuyente y el cónyuge (si presentan una declaración conjunta) creen su propio PIN y lo ingresen como su firma electrónica. El método de PIN del profesional permite que el contribuyente autorice al profesional de impuestos a generar o ingresar el PIN para el(los) contribuyente(s). Un PIN es una combinación de cinco dígitos que puede incluir cualquier número excepto el cero.

El señor 1040 dice: Existe una diferencia entre el PIN presentado de forma electrónica y el PIN de IP. No mezcle estos números.

Los preparadores no proporcionaron el número de identificación

La multa por cada incumplimiento de la sección §6109(a)(4) del IRC en relación con el suministro de un número de identificación en una declaración o solicitud de reintegro es de $50. La multa máxima impuesta a cualquier preparador de declaraciones de impuestos no deberá exceder los $27,000 (año fiscal 2022) en un año calendario. Consulte la sección §6695(c) del IRC.

El preparador no conserva una copia o una lista de la declaración de impuestos

La multa es de $50 por cada incumplimiento de la sección §6107(b) del IRC con respecto a la retención de una copia o anexo de una declaración o solicitud de reintegro. La multa máxima impuesta a cualquier preparador de declaraciones de impuestos no excederá los $27,000 en un período de declaración. Consulte la sección §6695(d) del IRC. En esta lista figuran las declaraciones de impuestos que ha completado para el ejercicio fiscal en curso. El preparador debe mantener los registros durante 4 años.

Preparadores que presentan declaraciones informativas de forma incorrecta

Si el profesional de impuestos es negligente o intencionalmente presenta declaraciones con información incorrecta, la multa es de $50 por declaración o ítem en la declaración, con una multa máxima de $27,000 (año fiscal 2022). Consulte la sección §6695(e) del IRC.

El preparador endosa otros cheques

Si el preparador de impuestos endosa o negocia cualquier cheque pagadero a otra persona, la multa es de $545.00 por cheque. Consulte la sección §6695(f) del IRC.

No ser exhaustivo en la debida diligencia

Si el preparador de impuestos prepara una declaración de impuestos errónea para un estado civil de cabeza de familia y reclama cualquiera de los siguientes créditos:

- Crédito Tributario Adicional por Hijos (ACTC) y Crédito Tributario por Hijos (CTC)
- Crédito de Oportunidad Estadounidense (AOC)
- Crédito Tributario por Ingreso del Trabajo (EITC)
- Crédito de aprendizaje de por vida

La multa es de $545 por cada error. Consulte la sección §6695(g) del IRC.

Fraude y declaraciones falsas del preparador

Culpable de un delito grave y, en caso de condena, una multa de no más de $100,000 ($500,000 en el caso de una empresa), una pena de prisión no superior a tres años, y deberá pagar los gastos de enjuiciamiento. Consulte la sección §7206 del IRC.

Declaraciones, estados de cuenta u otros documentos fraudulentos del preparador

Culpable de un delito menor y, en caso de condena, una multa de no más de $10,000 ($50,000 en el caso de una sociedad), encarcelamiento de no más de un año. Consulte la sección §7207 del IRC.

Divulgación o uso de la información de la declaración de impuestos del cliente por los preparadores.

Culpable de un delito menor por divulgar deliberadamente o de forma imprudente la información proporcionada sobre una declaración de impuestos o por usar dicha información para cualquier otro propósito que no sea la preparación o asistencia en la preparación de dicha declaración. En caso de condena, el preparador de impuestos recibirá una multa de no más de $1,000, encarcelamiento por no más de un año, o ambos, además de pagar los gastos de enjuiciamiento. Consulte la sección §7216 del IRC.

Incompetencia y conducta de mala reputación del preparador

El siguiente es un resumen de lo que es la incompetencia y la conducta de mala reputación por las cuales un profesional puede ser sancionado. Lo siguiente fue extraído de la Circular 230 §10.51.

1. Condena por cualquier delito penal en virtud de las leyes fiscales federales.
2. Condena por cualquier delito penal que implique deshonestidad o abuso de confianza.
3. Condena por cualquier delito grave bajo la ley federal o estatal por la cual la conducta involucrada hace que el profesional no sea apto para ejercer ante el IRS.
4. Dar información falsa o engañosa o participar de cualquier manera en dar información falsa o engañosa al Departamento del Tesoro o a cualquier funcionario o empleado.
5. Captación de empleo según se prohíbe en la sección §10.30, el uso de declaraciones falsas o engañosas con la intención de engañar a un cliente o posible cliente para obtener un empleo o insinuar que el profesional puede obtener una consideración especial con el IRS o con cualquier funcionario o empleado.
6. Dejar deliberadamente de hacer una declaración de impuestos federal en violación de las leyes de impuestos federales o evadir o intentar evadir deliberadamente cualquier evaluación o pago de cualquier impuesto federal.
7. Asistir, asesorar, alentar deliberadamente a un cliente o cliente potencial a violar cualquier ley fiscal federal, o asesorar o sugerir deliberadamente a un cliente un plan ilegal para evadir el pago de impuestos federales.
8. Apropiarse indebidamente o no enviar de forma adecuada u oportuna los fondos recibidos de un cliente para el pago de impuestos u otras obligaciones adeudadas a los Estados Unidos.
9. Intentar influenciar directa o indirectamente u ofrecer o aceptar intentar influenciar la acción oficial de cualquier funcionario o empleado del IRS usando amenazas, acusaciones falsas, coacción o coerción, o cualquier incentivo especial o promesa de una ventaja u otorgar cualquier regalo, favor o artículo de valor.
10. Inhabilitación o suspensión de la práctica como abogado, contador público certificado, contador público o actuario por parte de cualquier autoridad debidamente constituida de cualquier estado, territorio o posesión de los Estados Unidos, incluida el Estado Libre Asociado o el Distrito de Columbia, cualquier tribunal federal de registro o cualquier agencia, organismo o junta federal.
11. Ayudar e incitar deliberadamente a otra persona a ejercer ante el IRS durante una suspensión o inhabilitación de esa otra persona.
12. Conducta despectiva en relación con el ejercicio ante el IRS, incluido el uso de lenguaje abusivo, hacer acusaciones o declaraciones falsas, sabiendo que son falsas, o circular o publicar material malicioso o difamatorio.
13. Dar deliberadamente una opinión falsa de manera imprudente o mediante una incompetencia grave, incluida una opinión que sea engañosa intencional o imprudentemente, o participar en un patrón de proporcionar opiniones incompetentes sobre asuntos que surjan de las leyes fiscales federales.
14. No firmar deliberadamente una declaración de impuestos preparada por el profesional cuando las leyes fiscales federales exigen la firma del profesional, a menos que el incumplimiento se deba a una causa razonable y no a negligencia.
15. Revelar o utilizar deliberadamente una declaración de impuestos o la información de una declaración de impuestos de una manera no autorizada por el IRC, en contra de la orden de un tribunal de jurisdicción competente o en contra de la orden de un juez de derecho administrativo en un procedimiento instituido según §10.60.
16. No enviar deliberadamente a través de medios magnéticos u otros medios electrónicos una declaración de impuestos preparada por el profesional cuando las leyes fiscales federales exigen que el profesional lo haga, a menos que el incumplimiento se deba a una causa razonable y no a negligencia.

17. Preparar deliberadamente todo o sustancialmente todo, o firmar, una declaración de impuestos o un reclamo de reembolso cuando el profesional no posee un PTIN actual o válido u otro número de identificación prescrito.
18. Representar deliberadamente a un contribuyente ante un funcionario o empleado del IRS, a menos que el profesional esté autorizado para hacerlo.

La multa se evaluará en función del grado de incompetencia y conducta desleal que se describieron anteriormente. Por ejemplo, si el preparador subestimó con base en una postura poco razonable, la multa podría ser de $250 o el 50% de los ingresos obtenidos, lo que sea mayor.

Infravaloración de los preparadores debido a posturas poco razonables

Si el preparador toma una postura poco razonable para la declaración de impuestos o el reclamo de reembolso, la multa es de $1,000 o 50% (lo que sea mayor). Consulte la sección §6694(a) del IRC.

Infravaloración del preparador debido a conducta intencional o imprudente

La multa es la mayor de $5,000 o el 75% del ingreso obtenido por el preparador de declaraciones de impuestos con respecto a la declaración o reclamo de reembolso. Consulte la sección §6694(b) del IRC.

Acción que deben prohibirse a los preparadores de declaraciones de impuestos

Un tribunal de distrito federal puede prohibir que un preparador de declaraciones de impuestos se involucre en ciertas conductas prohibidas o, en casos extremos, continúe actuando como preparador de declaraciones de impuestos por completo. Consulte la sección §7407 del IRC.

Acción para prohibir una conducta específica relacionada con refugios fiscales y transacciones declarables

Un tribunal de distrito federal puede prohibir que una persona participe en ciertas conductas prohibidas, incluida cualquier acción u omisión que infrinja la Circular 230. Consulte la sección §7407 del IRC.

Infravaloración de la obligación tributaria de los preparadores

Si el preparador de impuestos ayuda a una persona o entidad comercial a subestimar la obligación tributaria, se le podría imponer una multa de $1,000 por persona natural; $10,000 para una declaración de impuestos corporativa. Las multas podrán imponerse una sola vez por documentos que involucren a un mismo contribuyente y mismo período o evento impositivo. Consulte la sección §6701 del IRC.

Divulgación o uso de la información del contribuyente por parte de los preparadores

Esta multa se aplica a las divulgaciones o usos realizados a partir del 1 de julio de 2019. El preparador de impuestos que use o divulgue información del contribuyente sin permiso será multado con $250 por cada declaración de impuestos y hasta $10,000 en un año calendario. Por ejemplo, Watson le dio su información personal a Chuck para preparar su declaración de impuestos. Chuck también es agente de seguros. Agregó la información de Watson a su base de datos de seguros, sin el consentimiento de Watson.

Si Chuck usó la información de Watson para cometer un robo de identidad, entonces la multa es de $1,000 por cada uso o divulgación y el máximo evaluado no supera los $50,000 en un año calendario. Consulte la sección §6713 del IRC.

¿Cómo calcula el IRS las multas?

El IRS puede calcular las multas del preparador de impuestos en función de lo siguiente:

1. Número de infracciones
2. Cantidad de regulaciones infringidas
3. Tasas de inflación
4. Cantidad de años fiscales involucrados en las multas

Parte 4 Preguntas de repaso

Para obtener el máximo beneficio de este curso, LTPA recomienda que complete cada una de las preguntas a continuación, y luego las compare con las respuestas de los comentarios que se proporcionan posteriormente. Según las normativas reguladoras de autoaprendizaje, los proveedores deben presentar preguntas de repaso de manera intermitente a lo largo de cada curso de autoaprendizaje.

Estas preguntas y explicaciones no son parte del examen final y no serán calificadas por LTP.

DDPP4.1
Christina preparó la declaración de impuestos de Frank y no le dio una copia de su declaración. Después de percatarse, recordó que no les dio ninguna copia a sus clientes durante la temporada de impuestos de 2021. Christina preparó 610 declaraciones de impuestos para el año. ¿Cuál podría ser el monto máximo de su multa?

a. $27,000
b. $30,500
c. $50 por declaración
d. $2,500

DDPP4.2
Maribel preparó una declaración de impuestos para Sergio. El IRS le devolvió la declaración de impuestos a Maribel porque no la firmó. Maribel no pudo firmar 50 declaraciones de impuestos. ¿Cuál es el monto máximo de la multa que se puede aplicar a un preparador de impuestos por no firmar sus declaraciones?

a. $27,000
b. $2,500
c. $50 por declaración
d. $2,750

DDPP4.3
Fernando temía el fraude por PTIN, así que intencionalmente eliminó su PTIN en todas las declaraciones de impuestos que preparó. ¿Cuál podría ser su multa mínima por no proporcionar su número de identificación?

a. $27,500 por año
b. Sin multa
c. $50 por declaración
d. $2,500

DDPP4.4
¿Cuál de las siguientes multas podría recibir un preparador de impuestos por no completar los requisitos de debida diligencia?

a. Multa de $560 por crédito reembolsable por cada incumplimiento.
b. Multa de $1,500 por postura poco razonable.
c. Multa de $5,900 por imprudencia o desobediencia intencional de las normas o reglamentos.
d. Multa máxima de $27,000 por período fiscal.

DDPP4.5
Helen preparó la declaración de impuestos de Samuel subestimando la responsabilidad porque tomó una postura poco razonable. ¿Cuál de los siguientes escenarios describiría mejor la multa de Helen?

a. $545 por no revelar la infravaloración.
b. 20% del pago incompleto, reducido para aquellos conceptos para los cuales hubo divulgación adecuada.
c. Ya sea $1,000 o el 50% de los ingresos derivados de la infravaloración en la declaración de impuestos de Samuel, lo que sea mayor.
d. $1,000 por no proporcionar el número de registro del refugio fiscal.

DDPP4.6
Vicente preparó la declaración de impuestos de Esperanza y olvidó hacerle algunas preguntas para determinar si Esperanza calificaba para el Crédito Tributario por Ingreso del Trabajo (EITC). ¿Cuál de los siguientes describe mejor el requisito de preparador pagado del EITC?

1. Completar y mantener copias de todas las hojas de trabajo y preguntas adicionales.
2. Calcular el crédito incorrectamente.
3. Conocer la situación de los contribuyentes.
4. Asegurarse de completar y enviar el Formulario 8867 con todas las declaraciones del EITC.

a. 1, 2 y 4
b. 1, 3 y 4
c. 3 solamente
d. 1 y 4

DDPP4.7
El IRS auditó la declaración de impuestos de Estrella y descubrió que Areslia, la preparadora de impuestos no completó el requisito de debida diligencia al preparar la declaración de impuestos de Estrella. El IRS también descubrió que la postura que tomó Areslia no era razonable. ¿Cuál podría ser la pena mínima de Areslia?

a. $1,510
b. $510
c. $1,000
d. $5,000

DDPP4.8
Un profesional de impuestos puede ser multado con $ ____ por cada error en la debida diligencia del EITC.

a. $50
b. $560
c. $1,000
d. Sin cargo, el contribuyente paga todo.

DDPP4.9
A Ruby se le asignó un PIN de IP del IRS para la protección de la identidad. No está segura si le dio el número correcto a Rita para preparar su declaración de impuestos del año en curso. ¿Cuántos dígitos tiene el número de IP de Ruby?

a. Tres
b. Cinco
c. Seis
d. Siete

DDPP4.10
¿Cuál de las siguientes secciones del IRC trata sobre las multas al preparador?

a. §6695
b. Ambas secciones 6694 y 6695
c. §6694
d. Circular 230

Parte 4 Respuestas a las preguntas de repaso

DDPP4.1
Christina preparó la declaración de impuestos de Frank y no le dio una copia de su declaración. Después de percatarse, recordó que no les dio ninguna copia a sus clientes durante la temporada de impuestos de 2021. Christina preparó 610 declaraciones de impuestos para el año. ¿Cuál podría ser el monto máximo de su multa?

a. $27,000
b. $30,500
c. $50 por declaración
d. $2,500

Comentarios: Revise la sección *No entregar la copia de la declaración de impuestos al contribuyente:*

DDPP4.2
Maribel preparó una declaración de impuestos para Sergio. El IRS le devolvió la declaración de impuestos a Maribel porque no la firmó. Maribel no pudo firmar 50 declaraciones de impuestos. ¿Cuál es el monto máximo de la multa que se puede aplicar a un preparador de impuestos por no firmar sus declaraciones?

a. $27,000
b. $2,500
c. $50 por declaración
d. $2,750

Comentarios: Revise la sección *No firmar la declaración*

DDPP4.3
Fernando temía el fraude por PTIN, así que intencionalmente eliminó su PTIN en todas las declaraciones de impuestos que preparó. ¿Cuál podría ser su multa mínima por no proporcionar su número de identificación?

a. $27,500 por año
b. Sin multa
c. $50 por declaración
d. $2,500

Comentarios: Revise la sección *No suministrar el número de identificación:*

DDPP4.4
¿Cuál de las siguientes multas podría recibir un preparador de impuestos por no completar los requisitos de debida diligencia?

a. Multa de $560 por crédito reembolsable por cada incumplimiento.
b. Multa de $1,500 por postura poco razonable.
c. Multa de $5,900 por imprudencia o desobediencia intencional de las normas o reglamentos.
d. Multa máxima de $27,000 por período fiscal.

Comentarios: Revise la sección *Multas.*

DDPP4.5
Helen preparó la declaración de impuestos de Samuel subestimando la responsabilidad porque tomó una postura poco razonable. ¿Cuál de los siguientes escenarios describiría mejor la multa de Helen?

a. $545 por no revelar la infravaloración.
b. 20% del pago incompleto, reducido para aquellos conceptos para los cuales hubo divulgación adecuada.
c. Ya sea $1,000 o el 50% de los ingresos derivados de la infravaloración en la declaración de impuestos de Samuel, lo que sea mayor.
d. $1,000 por no proporcionar el número de registro del refugio fiscal.

DDPP4.6
Vicente preparó la declaración de impuestos de Esperanza y olvidó hacerle algunas preguntas para determinar si Esperanza calificaba para el Crédito Tributario por Ingreso del Trabajo (EITC). ¿Cuál de los siguientes describe mejor el requisito de preparador pagado del EITC?

1. Completar y mantener copias de todas las hojas de trabajo y preguntas adicionales.
2. Calcular el crédito incorrectamente.
3. Conocer la situación de los contribuyentes.
4. Asegurarse de completar y enviar el Formulario 8867 con todas las declaraciones del EITC.

a. 1, 2 y 4
b. 1, 3 y 4
c. 3 solamente
d. 1 y 4

Comentarios: Revise la sección *Multas.*

DDPP4.7
El IRS auditó la declaración de impuestos de Estrella y descubrió que Areslia, la preparadora de impuestos no completó el requisito de debida diligencia al preparar la declaración de impuestos de Estrella. El IRS también descubrió que la postura que tomó Areslia no era razonable. ¿Cuál podría ser la pena mínima de Areslia?

a. $1,510
b. $510
c. $1,000
d. $5,000

Comentarios: Revise la sección *Multas*.

DDPP4.8
Un profesional de impuestos puede ser multado con $ ____ por cada error en la debida diligencia del EITC.

a. $50
b. $560
c. $1,000
d. Sin cargo, el contribuyente paga todo

Comentarios: Revise la sección *Multas*.

DDPP4.9
A Ruby se le asignó un PIN de IP del IRS para la protección de la identidad. No está segura si le dio el número correcto a Rita para preparar su declaración de impuestos del año en curso. ¿Cuántos dígitos tiene el número de IP de Ruby?

a. Tres
b. Cinco
c. Seis
d. Siete

DDPP4.10
¿Cuál de las siguientes secciones del IRC trata sobre las multas al preparador?

a. §6695
b. Ambas secciones 6694 y 6695
c. §6694
d. Circular 230

Comentarios: Revise la sección *Multas*.

Aportes

Los preparadores de impuestos deben comprender las directrices y prácticas éticas establecidas por el Servicio de Impuestos Internos en la Circular 230. La Oficina de Responsabilidad Profesional supervisa las directrices y prácticas éticas y también regula la conducta y la disciplina de los profesionales. La OPR supervisa igualmente el nivel correcto de disciplina de los profesionales o impone procedimientos administrativos para censurar, suspender o inhabilitar a los profesionales para ejercer ante el IRS.

Los preparadores de impuestos deben reconocer sus derechos, responsabilidades y limitaciones de representación. En LTP creemos que todo lo que hace un profesional de impuestos, cada elección que hace como profesional de impuestos, no solo les afecta a ellos mismos, sino también a sus compañeros de trabajo, la empresa y, principalmente, al contribuyente. También creemos que la primera responsabilidad de un preparador de impuestos pagado es con su cliente al tomar decisiones y/o juicios sobre la preparación de impuestos.

¡PONGA A PRUEBA SUS CONOCIMIENTOS!
Tome su prueba de práctica en línea

Capítulo 2: Recopilación de la información del contribuyente

Introducción

En este capítulo se explica la importancia de entrevistar al contribuyente. Cada segmento del capítulo cubrirá una sección del Formulario 1040 con ejemplos de preguntas de entrevista necesarias para la sección tratada. El profesional de impuestos debe comprender la importancia de las preguntas informadas a fin de determinar si el contribuyente es elegible para reclamar ciertos créditos. Las preguntas de la entrevista deben documentarse junto con las respuestas proporcionadas por el contribuyente. La preparación, el conocimiento y la comprensión de impuestos son esenciales para una declaración de impuestos veraz.

La sola introducción de información en un programa informático no prepara la declaración de la renta con exactitud. El dicho es cierto: "entra basura, sale basura". Ingresar información incorrecta para que el contribuyente reciba un reembolso mayor no es la mejor situación para el profesional de impuestos ni para el cliente. Este capítulo proporciona una breve descripción general de los formularios del año en curso y ejemplos de preguntas para determinar la postura fiscal más precisa para el contribuyente. Hacer preguntas al contribuyente desde el principio le da al preparador de impuestos respuestas veraces para completar la declaración de impuestos.

Este capítulo lo familiarizará con los formularios más utilizados. A medida que avance en el libro, se agregará más información a los temas de este capítulo. Nuestro objetivo es enseñarle un poco más de información a la vez, basándonos en el contenido. Al final de este curso, debería poder preparar una declaración de impuestos que contenga los Anexos 1, 2 y 3, y el Anexo A.

Objetivos

Al final de este capítulo, el estudiante:

- Identificará las distintas partes del Formulario 1040.
- Reconocerá los elementos de cada sección.
- Comprenderá la importancia de hacer preguntas para determinar la mejor situación fiscal para el cliente.
- Recordará las preguntas de cada sección para crear su propio enfoque de entrevista.

Fuentes

Formulario 1040 Anexo 1 Anexo 2 Anexo 3	Publicación 17 Tema fiscal 301, 303, 352	Instrucciones del Formulario 1040 Ocho datos sobre el estado civil de declaración

Contenido

Parte 1 - Formulario 1040

En 2017, la Ley de Reducción de Impuestos y Empleos modificó el Formulario 1040. Los formularios cambiaron nuevamente en 2020. La mayor parte del contenido del Formulario 1040 se dividió en seis (6) anexos para la declaración del año fiscal 2018, y para la declaración del año fiscal 2022 hay tres anexos.

1040(SP) Department of the Treasury—Internal Revenue Service
Declaración de Impuestos de los Estados Unidos Sobre los Ingresos Personales | **2022** | OMB No. 1545-0074 | Sólo para Uso del *IRS*—No escriba ni engrape en este espacio.

Estado Civil Marque sólo un recuadro. ☐ Soltero ☐ Casado que presenta una declaración conjunta ☐ Casado que presenta una declaración por separado *(MFS)* ☐ Cabeza de familia *(HOH)* ☐ Cónyuge sobreviviente que reúne los requisitos (QSS)

Si marcó el recuadro *MFS*, anote el nombre de su cónyuge. Si marcó el recuadro *HOH* o *QSS*, anote el nombre del hijo si la persona calificada es un hijo pero no su dependiente:

Su primer nombre e inicial de su segundo nombre	Apellido		**Su número de Seguro Social**
Si es una declaración conjunta, primer nombre e inicial del segundo nombre de su cónyuge	Apellido		**Número de Seguro Social de su cónyuge**
Dirección postal (número y calle). Si tiene apartado postal, vea las instrucciones.		Núm. de apt.	**Campaña Electoral Presidencial** Marque aquí si usted, o su cónyuge si es una declaración conjunta, desea aportar $3 a este fondo. El marcar un recuadro a continuación no afectará su impuesto ni su reembolso. ☐ Usted ☐ Cónyuge
Ciudad, pueblo u oficina de correos. Si es una dirección extranjera, también complete los espacios a continuación.	Estado	Código postal *(ZIP)*	
Nombre del país extranjero	Provincia/estado/condado extranjero	Código postal extranjero	

Activos Digitales En algún momento durante 2022, ¿(a) recibió (como recompensa, premio o pago por bienes o servicios) o (b) vendió, intercambió, regaló o de otra manera enajenó un activo digital (o un interés financiero en un activo digital)? (Vea las instrucciones) ☐ Sí ☐ No

Parte del Formulario 1040

Las siguientes secciones se encuentran en el Formulario 1040 de 2022:

- Estado civil de declaración
- Información general como:
  - Nombre
  - Dirección
  - Número de Identificación del Contribuyente
- Dependientes con deducción estándar
- Ingreso
- Reembolso
- Cantidad que adeuda
- Tercero designado
- Firme aquí
- Solo para el uso del preparador pagado

Estado civil de declaración

Form **1040** Department of the Treasury—Internal Revenue Service
U.S. Individual Income Tax Return | **2022** | OMB No. 1545-0074 | IRS Use Only—Do not write or staple in this space.

Filing Status Check only one box. ☐ Single ☐ Married filing jointly ☐ Married filing separately (MFS) ☐ Head of household (HOH) ☐ Qualifying surviving spouse (QSS)

If you checked the MFS box, enter the name of your spouse. If you checked the HOH or QSS box, enter the child's name if the qualifying person is a child but not your dependent:

Parte del Formulario 1040

Hay cinco opciones de estado civil de declaración federal:

- Soltero(S)
- Casado que declara conjuntamente (MFJ)
- Casado que declara por separado (MFS)
- Cabeza de familia (HOH)
- Cónyuge sobreviviente calificado (QSS), antes conocido como Viudo(a) calificado(a) (QW)

El estado civil se determina el último día del año fiscal. Una explicación detallada del estado civil se discutirá en un capítulo posterior. Todas las personas que figuren en la declaración del contribuyente deben tener un número de identificación fiscal (NIF).

Consejos de entrevista

A continuación, se incluyen ejemplos de preguntas para determinar el estado civil correcto de declaración de impuestos de un contribuyente:

- ¿Está soltero?
- ¿Está legalmente casado?
- ¿Tiene hijos?
- ¿Vivieron sus hijos con usted todo el año? Si no, ¿cuánto tiempo vivieron los niños con usted?
- ¿Cuántos meses vivieron sus hijos con usted?
- ¿Qué documentación tiene para probar que los hijos vivieron con usted?
- ¿Vive alguien más en su casa?
- ¿Vive usted con otro contribuyente?

Es necesario que el profesional de impuestos determine el estado civil correcto de declaración haciendo preguntas pertinentes como las anteriores.

Información general: Nombre, dirección y número de identificación del contribuyente

La recopilación de información del contribuyente es vital para preparar una declaración de impuestos precisa. La información recopilada verifica la identidad del contribuyente y el cónyuge del contribuyente si presenta una declaración conjunta. El contribuyente se alegrará de que haya hecho preguntas relevantes para completar su declaración de impuestos correctamente. Un proceso de entrevista sencillo para recopilar la información de un contribuyente facilita la preparación de la declaración de impuestos. También evita malentendidos entre el preparador de impuestos y el contribuyente.

Necesitará la siguiente información personal del cliente:

- Una identificación actual con foto emitida por el gobierno para el contribuyente y su cónyuge, si presentan una declaración conjunta.
- El NSS, ITIN, ATIN o TIN del contribuyente o cónyuge. Consulte la identificación en físico y agréguela a la carpeta electrónica del contribuyente.
- La siguiente información para cada dependiente, si corresponde:
  - NSS, ITIN, ATIN o TIN.
  - Fecha de nacimiento.
  - Dirección actual.
  - Ingresos.
- La dirección actual del contribuyente.
- La cantidad de ingresos totales obtenidos durante el año.

Si el contribuyente es casado que declara conjuntamente, recopile la información que se indica a continuación tanto del contribuyente como del cónyuge para completar la declaración. Asegúrese de pedir la siguiente información:

- Nombre del contribuyente y cónyuge tal como aparece en la identificación emitida por el gobierno.
- Números de seguro social o números de identificación de contribuyente de todas las personas que figuran en la declaración de impuestos.
- Fecha de nacimiento (DOB) de todas las personas que figuran en la declaración de impuestos.
- Fecha de deceso (DOD), si el contribuyente o cónyuge falleció durante el año fiscal.
- Dirección actual (se puede usar un código postal). Si el cliente utiliza un producto bancario, se podría requerir una dirección física. La dirección puede estar en un país extranjero, pero no para un producto bancario.

El señor 1040 dice: Recuerde, siempre solicite un documento oficial para verificar la fecha de nacimiento o fecha de defunción de un cliente.

Los nombres del contribuyente y el cónyuge (si corresponde) deben coincidir con los nombres en sus tarjetas de Seguro Social, Números de identificación fiscal de adopción (ATIN) o Números de identificación fiscal individual (ITIN). Si la pareja se ha casado recientemente y no ha presentado el cambio de nombre ante la Administración del Seguro Social, se debe usar el nombre actual en la tarjeta del Seguro Social. De no ser así, la planilla podría ser rechazada al ser presentada electrónicamente. Los contribuyentes que no tienen un Número de Seguro Social (NSS) deben solicitar un NSS o un ITIN. Al presentar una declaración federal, se utilizan los registros de la Administración del Seguro Social para cotejar todos los nombres, números de Seguro Social y fechas de nacimiento de todas las personas que figuran en la declaración de impuestos.

La excepción es cuando un contribuyente presenta su declaración de impuestos con un ITIN; en estos casos, no coincidirá el NSS del W-2.

Cuando se recopila la información, el preparador de impuestos debe asegurarse de que todos los formularios W-2 coincidan con los números de Seguro Social del contribuyente y del cónyuge que aparecen en sus tarjetas del Seguro Social. En caso contrario, el contribuyente debe pedirle al empleador corrija los documentos fiscales. Los profesionales de impuestos deben asegurarse de que los documentos sean correctos antes de presentar la declaración.

Consejos de entrevista

A continuación, se indican las preguntas que deben formularse en relación con la información personal de los contribuyentes, que ayudarán a determinar los cambios con respecto a la declaración del año anterior y el estado civil del año actual.

- ¿Trajo su(s) tarjeta(s) de Seguro Social?
- ¿Ocurrieron cambios personales (divorcio, matrimonio, nuevos dependientes, muertes, etc.)?
- ¿Cambió su nombre?
- ¿Se casó?
- ¿Se divorció?

- ¿Hubo una muerte en la familia? (Relacionado con la declaración de impuestos).
- ¿Tuvo un cambio de trabajo?
- ¿Tuvo algún parto durante el año? (Relacionado con la declaración de impuestos).
- ¿Quiere contribuir con $3 al Fondo de la Campaña de la Elección Presidencial?

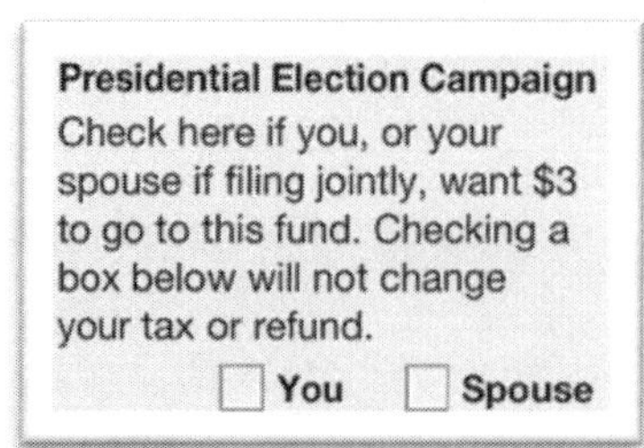
Presidential Election Campaign
Check here if you, or your spouse if filing jointly, want $3 to go to this fund. Checking a box below will not change your tax or refund.
☐ You ☐ Spouse

Parte del Formulario 1040

El Fondo de la Campaña de la Elección Presidencial tiene por objeto reducir la dependencia de un candidato de las grandes contribuciones de particulares y grupos. Esto tiene como objetivo colocar a los candidatos en igualdad de condiciones financieras para las elecciones generales. El fondo también ayuda a pagar la investigación médica pediátrica. Si el contribuyente quiere destinar $3 al fondo, marque la casilla. Si el contribuyente presenta una declaración conjunta, ambos contribuyentes pueden destinar $3 cada uno para el fondo. Marcar la casilla no afecta el monto del reembolso ni el monto adeudado.

Deducción estándar

La deducción estándar se basa en el estado civil del contribuyente. Cada estado civil coincide con una cantidad predeterminada. Ese monto se resta del ingreso total del contribuyente, lo que da como resultado el ingreso bruto ajustado del contribuyente. Esta línea también informa las Deducciones detalladas, que son cantidades informadas en el Anexo A y se describirán más adelante. El monto de la deducción detallada generalmente se usa cuando la deducción del contribuyente excede su deducción estándar. Los siguientes factores determinan una deducción estándar adicional permitida para ciertos contribuyentes.

- ¿Se considera que la edad del contribuyente es 65 años o más?
- ¿Es el contribuyente una persona ciega?
- ¿Se declara al contribuyente como dependiente en la declaración de impuestos de otra persona?

Los contribuyentes ciegos y los contribuyentes mayores de 65 años tienen una exención adicional que se puede reclamar cuando se determina el estado civil de declaración.

Los montos de deducción se aplican a la mayoría de las personas y son para el estado civil del año en curso. *

Estado civil de declaración y deducción estándar	Año fiscal 2021	Año fiscal 2022	Año Fiscal 2023
Soltero	$12,550	$12,950	$13,850
Casado que declara conjuntamente y viudo(a) calificado(a)	$25,100	$25,900	$27,700
Casado que declara por separado	$12,550	$12,950	$13,850
Cabeza de familia	$18,800	$19,400	$20,800

*No use esta tabla si:

- El contribuyente nació antes del 2 de enero de 1958.
- El contribuyente es ciego.
- Alguien más puede reclamar al contribuyente o al cónyuge del contribuyente como dependiente si declara como MFJ.

Dependientes

- Nombre del dependiente (como aparece en el NSS, ATIN o ITIN).
- Fecha de nacimiento del dependiente.
- Parentesco con el contribuyente.

Nota: Si prepara la declaración de impuestos a mano, no hay lugar para ingresar la Fecha de nacimiento DOB (solo recuerde que la edad del dependiente es importante para calcular ciertos créditos).

En el Formulario 1040 impreso, solo verá cuatro líneas para los dependientes. Marque la casilla de la izquierda y siga las instrucciones para agregar una hoja adicional para más dependientes. Cuando la declaración se prepara con software, la hoja de trabajo debe generarse automáticamente. Asegúrese de que la hoja de trabajo esté adjunta a la declaración de impuestos.

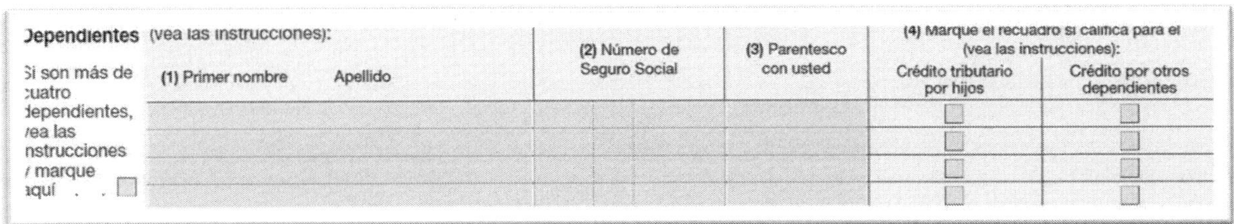

Dependientes (vea las instrucciones): Si son más de cuatro dependientes, vea las instrucciones y marque aquí . . ☐	(1) Primer nombre Apellido	(2) Número de Seguro Social	(3) Parentesco con usted	(4) Marque el recuadro si califica para el (vea las instrucciones): Crédito tributario por hijos	Crédito por otros dependientes
				☐	☐
				☐	☐
				☐	☐
				☐	☐

Parte del Formulario 1040

Consejos de entrevista

Aquí hay preguntas para determinar si el contribuyente tiene dependientes calificados:

- ¿Tiene algún dependiente?
- ¿Vivían los dependientes con usted?
- ¿Vivieron los dependientes con usted todo el año?
- ¿Tiene pruebas de que los dependientes viven con usted?
  - Contrato de arrendamiento
  - Expedientes escolares
  - Registros médicos
- ¿Tiene consigo la documentación del NSS, ATIN o ITIN de los dependientes? Si no, ¿puede traerlos más tarde para que pueda guardar una copia para nuestros registros?
- ¿Cuáles son las fechas de nacimiento de los dependientes?
- ¿Alguien más puede reclamarlos como dependientes?

Los dependientes se estudiarán en detalle en un capítulo posterior.

Formulario de ingresos 1040, líneas 1 a 15

Ingreso

Adjunte el (los) Formulario(s) W-2 aquí. Adjunte también los Formularios W-2G y 1099-R si se le retuvo impuesto.

Si no recibió un Formulario W-2, vea las instrucciones.

Adjunte el Anexo B si es requerido.

Deducción Estándar para—
- Soltero o Casado que presenta una declaración por separado, $12,950
- Casado que presenta una declaración conjunta o Cónyuge sobreviviente que reúne los requisitos, $25,900
- Cabeza de familia, $19,400
- Si usted marcó algún recuadro bajo **Deducción Estándar**, vea las instrucciones.

1a	Cantidad total de la casilla **1** de su(s) Formulario(s) W-2 (vea las instrucciones)	1a	
b	Salarios de empleado doméstico no declarados en el (los) Formulario(s) W-2	1b	
c	Ingreso de propinas no declarado en la línea **1a** (vea las instrucciones)	1c	
d	Pagos de exención de *Medicaid* no declarados en el (los) Formulario(s) W-2 (vea las instrucciones)	1d	
e	Beneficios para el cuidado de dependientes tributables de la línea **26** del Formulario 2441	1e	
f	Beneficios para la adopción provistos por el empleador de la línea **29** del Formulario 8839	1f	
g	Salarios de la línea **6** del Formulario 8919	1g	
h	Otros ingresos del trabajo (vea las instrucciones)	1h	
i	Elección de paga no tributable por combate (vea las instrucciones) 1i		
z	Sume las líneas **1a** a **1h**	1z	
2a	Interés exento de impuesto 2a — **b** Interés tributable	2b	
3a	Dividendos calificados 3a — **b** Dividendos ordinarios	3b	
4a	Distribuciones de un *IRA* 4a — **b** Cantidad tributable	4b	
5a	Pensiones y anualidades 5a — **b** Cantidad tributable	5b	
6a	Beneficios del Seguro Social 6a — **b** Cantidad tributable	6b	
c	Si elige usar el método de elección de suma global, marque aquí (vea las instrucciones) ☐		
7	Ganancia o (pérdida) de capital. Adjunte el Anexo D si es requerido. Si no es requerido, marque aquí ☐	7	
8	Otros ingresos de la línea **10** del Anexo 1 (Formulario 1040(SP))	8	
9	Sume las líneas **1z**, **2b**, **3b**, **4b**, **5b**, **6b**, **7** y **8**. Éste es su **ingreso total**	9	
10	Ajustes al ingreso de la línea **26** del Anexo 1 (Formulario 1040(SP))	10	
11	Reste la línea **10** de la línea **9**. Éste es su **ingreso bruto ajustado**	11	
12	**Deducción estándar o deducciones detalladas** (del Anexo A)	12	
13	Deducción por ingreso calificado de negocio del Formulario 8995 o el Formulario 8995-A	13	
14	Sume las líneas **12** y **13**	14	
15	Reste la línea **14** de la línea **11**. Si es cero o menos, anote "-0-". Éste es su **ingreso tributable**	15	

Para el Aviso sobre la Divulgación, la Ley de Confidencialidad de Información y la Ley de Reducción de Trámites, vea las instrucciones por separado. Cat. No. 74355Y Form **1040 (sp)** (2022)

Parte del Formulario 1040

La información fiscal necesaria para completar esta sección incluye todos los ingresos tanto del contribuyente como del cónyuge si es casado que declara conjuntamente. Las fuentes de ingresos incluyen:

- Formulario de la serie W-2
- Formulario serie 1099 (G, DIV, INT, NEC, MISC., R, etc.)
- Seguro Social

Los ingresos salariales se declaran en la línea 1a. del Formulario 1040. Otros ingresos Formulario 1040, línea 1b - h. Los intereses se declaran en el Formulario 1040, líneas 2a y 2b. Los dividendos calificados se declaran en el Formulario 1040, líneas 3a y 3b. Las cuentas IRA, pensiones y rentas vitalicias se declaran en el Formulario 1040, línea 4a - 5b. Los beneficios del Seguro Social se declaran en el Formulario 1040, línea 6.

Mantenimiento de registros de ingresos

Tanto el contribuyente como el profesional de impuestos deben conservar copias de todos los formularios W-2, serie 1099 y otros documentos de ingresos con la declaración de impuestos del cliente. Si los padres eligen reclamar los ingresos de inversión de sus hijos, esos formularios también deben guardarse con la declaración de impuestos de los padres.

Los intereses devengados como beneficiario de un patrimonio o fideicomiso generalmente son ingresos sujetos a impuestos. Los contribuyentes deben recibir un Anexo K-1 por su parte del interés. También deben guardar una copia del Anexo K-1 con la declaración de impuestos.

Si el contribuyente es ciudadano estadounidense o extranjero residente, debe declarar ingresos de fuentes fuera de los Estados Unidos, a menos que los ingresos estén exentos de la ley estadounidense. Deben declararse todas las fuentes de ingresos, tanto los procedentes del trabajo como los no salariales. Consulte la publicación 54.

Consejos de entrevista

Aquí hay preguntas para determinar el tipo de ingreso que recibió el contribuyente y qué formulario o anexo de impuestos se usará para declarar el ingreso:

- ¿Recibió un W-2 o W-2G?
- ¿Cuántos trabajos tuvo el año pasado?
- ¿Recibió algún ingreso no declarado en un W-2?
- ¿Tuvo alguna ganancia de juego o lotería?
- ¿Ganó intereses o dividendos?
    - Cuenta corriente
    - Cuenta de ahorros
- ¿Tenía un corredor de inversiones?
    - Bonos de ahorro y CD
- ¿Recibió beneficios del Seguro Social o beneficios de jubilación ferroviaria?
- ¿Recibió una pensión o anualidad?
- ¿Tomó una distribución de una cuenta IRA?
    - ¿Roth o tradicional?
- ¿Recibió ingresos por pensión alimenticia o pagos de manutención por separación? (Declarado en el Anexo 1, línea 2a)
- ¿Recibió ingresos por discapacidad?
- ¿Recibió ingresos por alquiler? Presente el Anexo E y el ingreso neto se declara en el Anexo 1, línea 5.
- ¿Tiene un negocio? (Cuando un contribuyente tiene un negocio, debe realizar una entrevista amplia y minuciosa. Esto asegura que el contribuyente informe todos los ingresos, incluidos los pagos en efectivo recibidos por trabajos o servicios realizados, así como todos los gastos. Como preparador, debe asegurarse de tener el conocimiento necesario del Anexo C para preparar la declaración de impuestos correctamente. ¡Haga su diligencia debida!
- ¿Recibió el Formulario 1099-NEC o el Formulario 1099-MISC?
- ¿Recibió el Formulario 1099-K?
- ¿Recibió una beca de educación? (Declarado en el Anexo 1, línea 8r)
- ¿Recibió un reembolso de los impuestos estatales el año pasado? (Declarado en el Anexo 1, línea 1)
- ¿Recibió ingresos de otras fuentes, como premios, pago de servicio de jurado, Anexo K-1, regalías, ingresos extranjeros, etc.? (Declarado en el Anexo 1, línea 8)
- ¿Recibió usted licencia por desempleo o licencia familiar remunerada? (Declarado en el Anexo 1, línea 7)
- ¿Recibió alguna otra forma de ingreso? (Declarado en el Anexo 1, línea 8z)

Se encontrará más información sobre el Anexo 1 más adelante en este capítulo.

Formulario 1040, página 2, líneas 16 - 33

Esta sección declara información de otros formularios y anexos. La línea 16 es el impuesto que la persona deberá pagar. Esto incluye el impuesto adicional, así como el impuesto sobre la renta. La línea 33 informa el total de pagos realizados por la persona a través de retenciones, pagos estimados o créditos.

Formulario 1040(SP) (2022) — Página 2

Sección	Línea	Descripción		
Impuesto y Créditos	16	**Impuesto** (vea las inst.). Marque si es del Formulario(s): 1 ☐ 8814 2 ☐ 4972 3 ☐		16
	17	Cantidad de la línea 3 del Anexo 2 (Formulario 1040(SP))		17
	18	Sume las líneas **16** y **17**		18
	19	Crédito tributario por hijos o crédito por otros dependientes del Anexo 8812 (Formulario 1040(SP))		19
	20	Cantidad de la línea **8** del Anexo 3 (Formulario 1040(SP))		20
	21	Sume las líneas **19** y **20**		21
	22	Reste la línea **21** de la línea **18**. Si es cero o menos, anote "-0-"		22
	23	Otros impuestos, incluyendo el impuesto sobre el trabajo por cuenta propia (línea **21** del Anexo 2 (Formulario 1040(SP))		23
	24	Sume las líneas **22** y **23**. Éste es su **impuesto total**		24
Pagos	25	Impuesto federal sobre el ingreso retenido de su(s):		
	a	Formulario(s) W-2	25a	
	b	Formulario(s) 1099	25b	
	c	Otros formularios (vea las instrucciones)	25c	
	d	Sume las líneas **25a** a **25c**		25d
Si tiene un hijo calificado, adjunte el Anexo EIC (Formulario 1040(SP)).	26	Pagos de impuesto estimado para 2022 y cantidad aplicada de su declaración de 2021		26
	27	Crédito por ingreso del trabajo *(EIC)*	27	
	28	Crédito tributario adicional por hijos del Anexo 8812 (Formulario 1040(SP))	28	
	29	Crédito de oportunidad para los estadounidenses de la línea 8 del Formulario 8863	29	
	30	Reservada para uso futuro	30	
	31	Cantidad de la línea **15** del Anexo 3 (Formulario 1040(SP))	31	
	32	Sume las líneas **27**, **28**, **29** y **31**. Éste es el **total de sus otros pagos y créditos reembolsables**		32
	33	Sume las líneas 25d, 26 y 32. Éste es el **total de sus pagos**		33

Parte del Formulario 1040

Reembolso

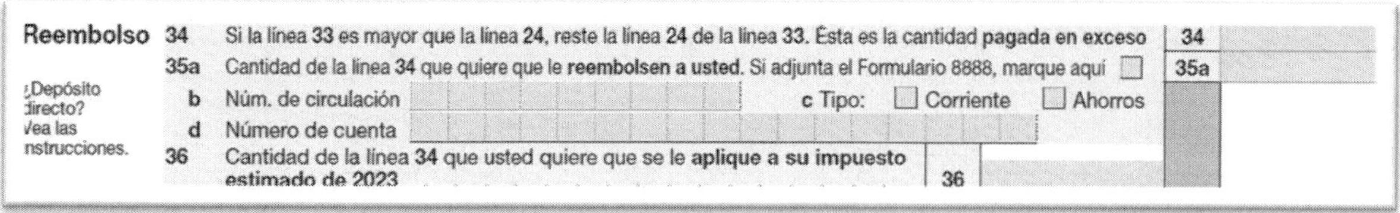

Reembolso	34	Si la línea **33** es mayor que la línea **24**, reste la línea **24** de la línea **33**. Ésta es la cantidad **pagada en exceso**	34
	35a	Cantidad de la línea **34** que quiere que le **reembolsen a usted**. Si adjunta el Formulario 8888, marque aquí ☐	35a
¿Depósito directo? Vea las instrucciones.	b	Núm. de circulación	c Tipo: ☐ Corriente ☐ Ahorros
	d	Número de cuenta	
	36	Cantidad de la línea **34** que usted quiere que se le **aplique a su impuesto estimado de 2023**	36

arte del Formulario 1040

En el Formulario 1040, página 2, si la cantidad en la línea 33 es mayor que la cantidad en la línea 24, el contribuyente puede recibir un reembolso declarado en la línea 34. Si el contribuyente está recibiendo un reembolso y desea que el reembolso se deposite directamente en una cuenta corriente o de ahorros, ingrese los números de cuenta y de identificación bancaria del contribuyente en las líneas 35b y 35d. El tipo de cuenta (ahorro o corriente) debe estar marcado en la línea 35c.

Un contribuyente debe presentar el Formulario 8888 si desea recibir su reembolso mediante cheque en papel o que se lo deposite en hasta tres cuentas diferentes. Asegúrese de marcar la casilla al final de la línea 35a para mostrar que el formulario está adjunto. No todas las empresas de software admiten este formulario; los contribuyentes que deseen presentar el Formulario 8888 deberán presentar una declaración impresa por correo postal.

La línea 36 se usa si el contribuyente desea que el reembolso se aplique a sus pagos estimados para el siguiente año fiscal.

Consejos de entrevista

Estas preguntas determinan la forma en que el contribuyente recibirá su reembolso:

- ¿Desea que el reembolso se deposite directamente en su cuenta corriente o de ahorros?
- ¿Quiere un cheque en papel del IRS?
  - Si es así, ¿está actualizada la dirección que figura en la declaración de impuestos?

- ¿Le gustaría que su reembolso se aplicara a los pagos estimados del próximo año? (Normalmente, le haría esta pregunta a los contribuyentes que trabajan por cuenta propia y que están recibiendo un reembolso; esto podría reducir los pagos estimados).

Cantidad adeudada

Formulario 1040, página 2, línea 37: Cantidad que debe un contribuyente.

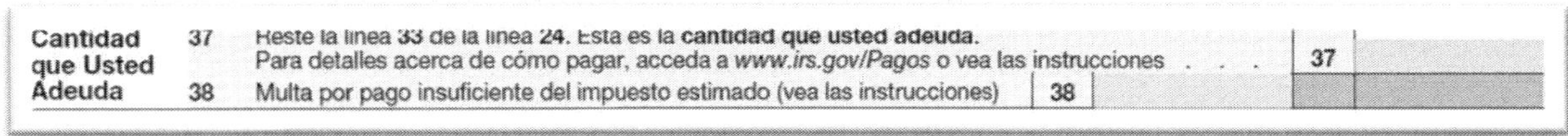

Cantidad que Usted Adeuda	37	Reste la línea 33 de la línea 24. Esta es la **cantidad que usted adeuda.** Para detalles acerca de cómo pagar, acceda a *www.irs.gov/Pagos* o vea las instrucciones . . .		37
	38	Multa por pago insuficiente del impuesto estimado (vea las instrucciones)	38	

Parte del Formulario 1040

Formulario 1040, página 2, línea 38: El monto de la multa por no pagar suficientes impuestos durante el año.

Esto se declara utilizando el Formulario 2210, que debe adjuntarse a la declaración una vez completada.

Consejos de entrevista

Estas preguntas determinan cómo el contribuyente pagará su saldo adeudado.

- ¿Quiere enviar su saldo adeudado al IRS por correo postal?
- ¿Quiere pagar su saldo adeudado electrónicamente?
- ¿Quiere pagar su saldo adeudado con una tarjeta de crédito?

Tercero designado

En el Formulario 1040, página 2, el contribuyente designaría a alguien para discutir la declaración de impuestos.

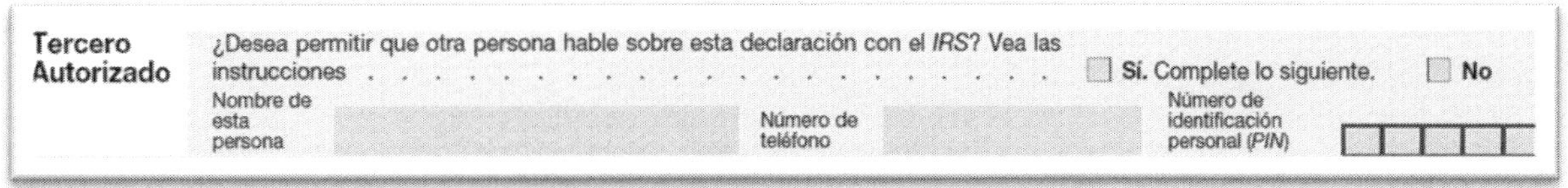

Tercero Autorizado

¿Desea permitir que otra persona hable sobre esta declaración con el *IRS*? Vea las instrucciones . . . . ☐ **Sí.** Complete lo siguiente. ☐ **No**

Nombre de esta persona | Número de teléfono | Número de identificación personal (*PIN*)

Parte del Formulario 1040

Marcar la casilla *Sí* permite que un tercero hable en nombre del contribuyente para proporcionar cierta información al IRS. La autorización finalizará automáticamente a más tardar en el plazo de presentación de la declaración de impuestos del año en curso (sin prórrogas). Por ejemplo, si el preparador pagado presenta la declaración de impuestos para el año fiscal 2022 y la declaración vence el 18 de abril de 2023, la autorización vence automáticamente el 18 de abril de 2024.

Se debe ingresar un PIN (número de identificación personal). Los PIN no los proporciona ninguna agencia, sino que los crea el tercero designado. Sin embargo, cualquier PIN que se cree debe guardarse y documentarse; esto es lo que pedirá el IRS para verificar que están hablando con el tercero designado correcto.

Si el contribuyente marca la casilla No, entonces no habrá un designado del contribuyente.

El IRS puede llamar a la persona designada para responder cualquier pregunta que surja durante el procesamiento de la declaración. La persona designada puede realizar las siguientes acciones:

- Proporcionar la información que falta en la declaración al IRS.
- Llamar al IRS para obtener información que falta en la declaración de impuestos.
- Si lo solicita, puede recibir copias de avisos o transcripciones relacionadas con la declaración.
- Puede responder a ciertos avisos del IRS sobre errores matemáticos y la preparación de la declaración.

Al marcar la casilla, la autorización se limita a asuntos relacionados con la tramitación de la declaración de impuestos.

El preparador usaría el Formulario 8821, Autorización de información fiscal, si el contribuyente necesita autorizar a una persona u organización para recibir o inspeccionar la información confidencial de la declaración de impuestos del contribuyente, pero no desea autorizar a una persona para que lo represente ante el IRS. Si el contribuyente desea autorizar a una persona para que reciba o inspeccione sus transcripciones o información confidencial de la declaración, pero no desea autorizar a una persona para que lo represente ante el IRS, utilice el Formulario 4506T, *Solicitud de transcripción de la declaración de impuestos.*

Consejos de entrevista

Las siguientes preguntas determinan si el contribuyente desea autorizar a un tercero designado. Asegúrese de entender completamente cuáles son las responsabilidades de un tercero designado.

- ¿Le gustaría que el preparador de impuestos pueda hablar con el IRS sobre esta declaración?
- ¿Le gustaría que otra persona hablara con el IRS sobre su declaración de impuestos del año en curso?

Firma del Formulario 1040

El contribuyente (y su cónyuge si presentan una declaración conjunta) deben firmar la declaración en la sección que se muestra a continuación de la segunda página del Formulario 1040.

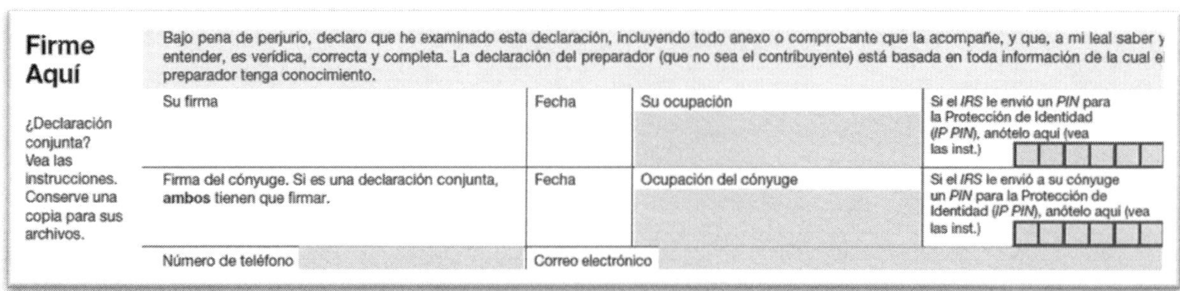

Firme Aquí

¿Declaración conjunta? Vea las instrucciones. Conserve una copia para sus archivos.

Bajo pena de perjurio, declaro que he examinado esta declaración, incluyendo todo anexo o comprobante que la acompañe, y que, a mi leal saber y entender, es verídica, correcta y completa. La declaración del preparador (que no sea el contribuyente) está basada en toda información de la cual el preparador tenga conocimiento.

Su firma	Fecha	Su ocupación	Si el *IRS* le envió un *PIN* para la Protección de Identidad (*IP PIN*), anótelo aquí (vea las inst.)
Firma del cónyuge. Si es una declaración conjunta, **ambos** tienen que firmar.	Fecha	Ocupación del cónyuge	Si el *IRS* le envió a su cónyuge un *PIN* para la Protección de Identidad (*IP PIN*), anótelo aquí (vea las inst.)
Número de teléfono	Correo electrónico		

Parte del Formulario 1040

Si el contribuyente o su cónyuge recibió un PIN de protección de identidad (IP) del IRS debido al robo de identidad, el contribuyente debe ingresar el número en la casilla provista. Si tanto el contribuyente como el cónyuge sufrieron robo de identidad, solo el contribuyente ingresaría el PIN de IP. Asegúrese de anotar el PIN de IP en la línea correcta si el cónyuge o el contribuyente o ambos sufrieron robo de identidad.

Si el *IRS* le envió un *PIN* para la Protección de Identidad (*IP PIN*), anótelo aquí (vea las inst.)

Parte del Formulario 1040

Solo para el uso del preparador pagado

Para Uso Exclusivo del Preparador Remunerado	Nombre del preparador	Firma del preparador	Fecha	*PTIN*	Marque aquí si trabaja ☐ por cuenta propia
	Nombre de la empresa			Núm. de tel.	
	Dirección de la empresa			*EIN* de la empresa	

Visite *www.irs.gov/Form1040SP* para obtener las instrucciones y la información más reciente. Form **1040 (sp)** (2022)

Parte del Formulario 1040

Los preparadores pagados deben anotar su PTIN, nombre comercial, dirección comercial, número de identificación del empleador (EIN) y número de teléfono comercial. Si el preparador pagado trabaja por cuenta propia, debe marcar la casilla. El preparador pagado debe firmar la declaración en la casilla correspondiente; de lo contrario, se le podría cobrar una multa de $50 por declaración. Esta es una multa del preparador pagado, no una multa de la empresa.

Formulario 1040-SR, para personas de la tercera edad.

Formulario **1040-SR(SP)** Department of the Treasury—Internal Revenue Service **Declaración de Impuestos de los Estados Unidos para Personas de 65 Años de Edad o Más** 2022 OMB No. 1545-0074 Solo para Uso del *IRS*—No escriba ni engrape en este espacio.

Estado Civil Marque sólo un recuadro. ☐ Soltero ☐ Casado que presenta una declaración conjunta ☐ Casado que presenta una declaración por separado (*MFS*) ☐ Cabeza de familia (*HOH*) ☐ Cónyuge sobreviviente que reúne los requisitos (*QSS*)

Si marcó el recuadro *MFS*, anote el nombre de su cónyuge. Si marcó el recuadro *HOH* o *QSS*, anote el nombre del hijo si la persona calificada es un hijo pero no su dependiente:

Su primer nombre e inicial de su segundo nombre	Apellido		**Su número de Seguro Social**
Si es una declaración conjunta, primer nombre e inicial del segundo nombre de su cónyuge	Apellido		**Número de Seguro Social de su cónyuge**
Dirección postal (número y calle). Si tiene apartado postal, vea las instrucciones.		Núm. de apt.	**Campaña Electoral Presidencial** Marque aquí si usted, o su cónyuge si es una declaración conjunta, desea aportar $3 a este fondo. El marcar un recuadro a continuación no afectará su impuesto ni su reembolso.
Ciudad, pueblo u oficina de correos. Si es una dirección extranjera, también complete los espacios a continuación.	Estado	Código postal (*ZIP*)	
Nombre del país extranjero	Provincia/estado/condado extranjero	Código postal extranjero	☐ **Usted** ☐ **Cónyuge**

Activos Digitales En algún momento durante 2022, ¿(a) recibió (como recompensa, premio o pago por bienes o servicios) o (b) vendió, intercambió, regaló o de otra manera enajenó un activo digital (o un interés financiero en un activo digital)? (Vea las instrucciones) ☐ **Sí** ☐ **No**

Deducción Estándar **Alguien puede reclamar a:** ☐ Usted como dependiente ☐ Su cónyuge como dependiente

☐ Cónyuge detalla las deducciones en una declaración separada o usted era extranjero con doble residencia

Edad/Ceguera { **Usted:** ☐ Nació antes del 2 de enero de 1958 ☐ Es ciego
Cónyuge: ☐ Nació antes del 2 de enero de 1958 ☐ Es ciego

Dependientes (vea las instrucciones): Si son más de cuatro dependientes, vea las instrucciones	**(1)** Primer nombre	Apellido	**(2)** Número de Seguro Social	**(3)** Parentesco con usted	**(4)** Marque el recuadro si califica para el (vea las instrucciones): Crédito tributario por hijos	Crédito por otros dependientes
					☐	☐
					☐	☐

Parte del formulario 1040-SR

El beneficio adicional del Formulario 1040-SR es que calcula automáticamente la deducción estándar más alta para personas de la tercera edad. El Formulario 1040-SR tiene 4 páginas en lugar de 2 para el Formulario 1040 regular.

El Señor 1040 dice: Recuerde, el monto de la exención adicional es solo para el contribuyente y su cónyuge y se agrega automáticamente a la deducción estándar al usar el Formulario 1040-SR.

Cuando un contribuyente presenta como Casado que declara por separado y uno de los cónyuges detalla las deducciones, el otro contribuyente debe detallar sus deducciones incluso si la deducción estándar le da al contribuyente una mejor ventaja fiscal.

Consejos de entrevista

Estas preguntas determinan si el contribuyente debe utilizar la deducción estándar o detallada. Para preguntas relacionadas con la propiedad de la vivienda, tenga en cuenta que un contribuyente puede ser propietario de su vivienda y podría ser pagado. La otra opción es que el contribuyente haya comprado la casa a finales de año. (Las deducciones detalladas se describirán a profundidad en un capítulo posterior.)

- ¿Paga alquiler o es dueño de una casa?
  - Si una vivienda es propia:
    - ¿Pagó intereses hipotecarios?
    - ¿Pagó impuestos inmobiliarios (impuestos sobre la propiedad)?
  - Si se compró una casa en el año fiscal actual:
    - Debe ver la declaración de cierre final del comprador
- ¿Tuvo gastos médicos?
- ¿Tiene seguro médico? (Lo que el contribuyente paga de su bolsillo puede ser una deducción en el Anexo A).
- ¿Tuvo una deuda de una hipoteca o tarjeta de crédito cancelada o condonada por un prestamista comercial?
- ¿Vivió en un área afectada por un desastre natural declarado por el presidente?
  - En caso afirmativo, ¿dónde y cuándo?
- ¿Recibió el crédito para compradores de vivienda por primera vez en 2008?
- ¿Hizo alguna aportación caritativa el año pasado?
  - ¿Fue en efectivo o no monetario?
  - ¿Tiene recibos? ¿Puede traerlos para hacer una copia con sus documentos fiscales?
- ¿Recibió el Formulario 1095-A? (Si es así, las primas de seguro de los contribuyentes no pueden deducirse en el Anexo A).
- ¿Tiene una exención otorgada por el Mercado? (Si es así, necesita ese número para completar la declaración de impuestos).
- ¿Tomó alguna clase de educación superior?
- ¿Le pagó a alguien para cuidar a sus hijos? (Solamente pregunte si hay dependientes en la planilla).

Parte 1 Preguntas de repaso

Para obtener el máximo beneficio de este curso, LTP recomienda que complete cada una de las preguntas a continuación, y luego las compare con las respuestas de los comentarios que se proporcionan posteriormente. Según los estándares reguladores de autoaprendizaje, los proveedores deben presentar preguntas de repaso de manera intermitente a lo largo de cada curso de autoaprendizaje.

Estas preguntas y explicaciones no son parte del examen final y no serán calificadas por LTP.

CTIP1.1

¿Cuál de las siguientes opciones no es una sección del Formulario 1040?

a. Estado civil de declaración
b. Dependientes
c. Ingreso
d. Gastos de educador

CTIP1.2

Para confirmar la identidad del contribuyente, ¿cuál de los siguientes no es necesario recopilar?

a. Identificación con foto emitida por el gobierno vencida del contribuyente.
b. Documentación que acredite el domicilio actual del contribuyente.
c. El preparador de impuestos debe verificar los números de Seguro Social de todos en la declaración de impuestos.
d. Fecha de nacimiento.

CTIP1.3

Al recopilar información sobre los dependientes reclamados en una declaración de impuestos, ¿cuál es la información básica que se necesita solicitar?

a. ¿Cuál es el apodo del dependiente?
b. ¿Cuál es la relación del dependiente con el contribuyente?
c. ¿Cuál es el número de teléfono del dependiente?
d. ¿Cuál es la dirección de la escuela del dependiente?

CTIP1.4

¿Cuál de los siguientes no necesita ingresarse en la sección "Solo para uso pagado del preparador"?

a. Número de identificación fiscal del preparador
b. Nombre comercial
c. Dirección comercial
d. PIN de IP

CTIP1.5

¿Cuál es el beneficio adicional por usar el Formulario 1040-SR?

a. El tamaño de la letra se reduce automáticamente.
b. La deducción estándar más alta se agrega automáticamente.
c. Los preparadores pagados no necesitan firmar la declaración.
d. Hay 4 páginas en lugar de 2 páginas para el Formulario 1040-SR.

CTIP1.6
Esther le dio permiso a Susan para marcar la casilla como su tercero designado. ¿Cuándo expirará la autorización?

a. 15 de abril de 2022
b. 15 de abril de 2023
c. 15 de abril de 2024
d. 15 de abril de 2025

CTIP1.7
María marcó la casilla para ser la tercera designada para sus clientes; ella no ha presentado el Formulario 8821 ni el Formulario 2848. Como tercero designado, ¿cuál de las siguientes opciones no puede desempeñar María?

a. Hacer arreglos de pago para el contribuyente.
b. Llamar al IRS para obtener información sobre el procesamiento de la declaración del contribuyente o el estado de la declaración.
c. Responder a ciertos avisos del IRS que el contribuyente ha compartido con María sobre errores matemáticos, compensaciones y preparación de declaraciones.
d. Proporcionar al IRS cualquier información que falte en la declaración.

CTIP1.8
A Todd le gustaría que Maggie recibiera sus transcripciones para 2022. ¿Qué formulario usaría Maggie para recibir las transcripciones del IRS de Todd?

a. Formulario 8821
b. Formulario 4506-T
c. Formulario 2848
d. Formulario 1040

CTIP1.9
¿Cuál de los siguientes no se declara en la sección Tercero designado?

a. PTIN del designado
b. Nombre del designado
c. Número de teléfono del designado
d. PIN del designado

CTIP1.10
¿Cuál de los siguientes no se declara en la sección "Solo para uso del preparador pagado"?

a. PTIN
b. Nombre y dirección comercial y número de teléfono
c. EFIN
d. EIN

Parte 1 Respuestas a las preguntas de repaso

CTIP1.1
¿Cuál de las siguientes opciones no es una sección del Formulario 1040?

a. Estado civil de declaración
b. Dependientes
c. Ingreso
d. Gastos de educador

Comentarios: Revise *las siguientes secciones que se encuentran en el Formulario 1040 de 2022.*

CTIP1.2
Para confirmar la identidad del contribuyente, ¿cuál de los siguientes no es necesario recopilar?

a. Identificación con foto emitida por el gobierno vencida del contribuyente.
b. Documentación que acredite el domicilio actual del contribuyente.
c. El preparador de impuestos debe verificar los números de Seguro Social de todos en la declaración de impuestos.
d. Fecha de nacimiento.

Comentarios: Revise la sección *Información General: Nombre, Dirección y Número de Identificación.*

CTIP1.3
Al recopilar información sobre los dependientes reclamados en una declaración de impuestos, ¿cuál es la información básica que se necesita solicitar?

a. ¿Cuál es el apodo del dependiente?
b. ¿Cuál es la relación del dependiente con el contribuyente?
c. ¿Cuál es el número de teléfono del dependiente?
d. ¿Cuál es la dirección de la escuela del dependiente?

Comentarios: Revise la sección *Dependientes.*

CTIP1.4
¿Cuál de los siguientes no necesita ingresarse en la sección "Solo para uso pagado del preparador"?

a. Número de identificación fiscal del preparador
b. Nombre comercial
c. Dirección comercial
d. PIN de IP

Comentarios: Revise la sección *Firma del Formulario 1040.*

CTIP1.5
¿Cuál es el beneficio adicional por usar el Formulario 1040-SR?

a. El tamaño de la letra se reduce automáticamente
b. La deducción estándar más alta se agrega automáticamente
c. Los preparadores pagados no necesitan firmar la declaración
d. Hay 4 páginas en lugar de 2 páginas para el Formulario 1040-SR

Comentarios: Revise la sección *Formulario 1040-SR para personas de la tercera edad.*

CTIP1.6
Esther le dio permiso a Susan para marcar la casilla como su tercero designado. ¿Cuándo expirará la autorización?

a. 15 de abril de 2022
b. 15 de abril de 2023
c. 15 de abril de 2024
d. 15 de abril de 2025

Comentarios: Revise la sección *Tercero designado.*

CTIP1.7
María marcó la casilla para ser la tercera designada para sus clientes; ella no ha presentado el Formulario 8821 ni el Formulario 2848. Como tercero designado, ¿cuál de las siguientes opciones no puede desempeñar María?

a. Hacer arreglos de pago para el contribuyente.
b. Llamar al IRS para obtener información sobre el procesamiento de la declaración del contribuyente o el estado de la declaración.
c. Responder a ciertos avisos del IRS que el contribuyente ha compartido con María sobre errores matemáticos, compensaciones y preparación de declaraciones.
d. Proporcionar al IRS cualquier información que falte en la declaración.

Comentarios: Revise la sección *Tercero designado.*

CTIP1.8
A Todd le gustaría que Maggie recibiera sus transcripciones para 2022. ¿Qué formulario usaría Maggie para recibir las transcripciones del IRS de Todd?

a. Formulario 8821
b. Formulario 4506-T
c. Formulario 2848
d. Formulario 1040

Comentarios: Revise la sección *Tercero designado.*

CTIP1.9
¿Cuál de los siguientes no se declara en la sección Tercero designado?

a. PTIN del designado
b. Nombre del designado
c. Número de teléfono del designado
d. PIN del designado

Comentarios: Revise la sección *Tercero designado.*

CTIP1.10
¿Cuál de los siguientes no se declara en la sección "Solo para uso del preparador pagado"?

a. PTIN
b. Nombre y dirección comercial y número de teléfono
c. EFIN
d. EIN

Comentarios: Revise la sección *Solo para uso del preparador pagado.*

Parte 2 Anexo 1, 2, y 3

Formulario 1040, Anexo 1, Parte I

El Anexo 1 informa ingresos adicionales y ajustes a los ingresos. El formulario de cada anexo, si se utiliza, se adjunta al formulario 1040; sin embargo, no se utilizan todos los anexos para cada contribuyente. Un cambio al Anexo 1 para 2022 es que otros ingresos ahora incluyen la línea 1 a - u. Para 2021, todos los demás ingresos se declararon en la línea 8.

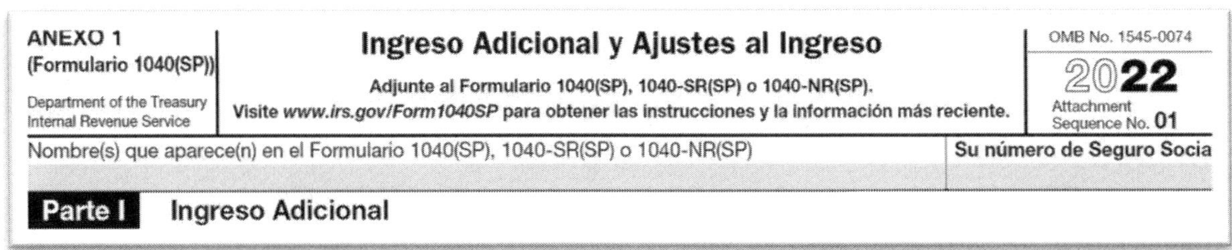

ANEXO 1
(Formulario 1040(SP))
Department of the Treasury
Internal Revenue Service

Ingreso Adicional y Ajustes al Ingreso

Adjunte al Formulario 1040(SP), 1040-SR(SP) o 1040-NR(SP).
Visite *www.irs.gov/Form1040SP* para obtener las instrucciones y la información más reciente.

OMB No. 1545-0074
2022
Attachment Sequence No. 01

Nombre(s) que aparece(n) en el Formulario 1040(SP), 1040-SR(SP) o 1040-NR(SP) | Su número de Seguro Socia

Parte I Ingreso Adicional

Parte del Anexo 1

Los ingresos adicionales se componen de los siguientes conceptos:

- Reembolsos sujetos a impuestos.
- Pensión alimenticia recibida.
- Anexo C - Ingresos o pérdidas.
- Formulario 4797 - Otras ganancias o pérdidas.
- Anexo E - ingresos.
- Anexo F - de Ingresos o pérdidas.
- Desempleo y licencia familiar remunerada.
- Venta de acciones o activos (si el contribuyente tuvo una pérdida y no una ganancia en el informe de venta en la línea 4).
- Otros ingresos como:
    - Pérdida operativa neta
    - Ganancias de apuestas
    - Cancelación de deuda
    - Dividendos del Fondo Permanente de Alaska
    - Servicio de jurado
    - Ingreso por pasatiempo
    - Salarios percibidos durante la reclusión
    - Etc...

El ingreso total es la combinación de todas las líneas del Formulario 1040, Anexo 1, Parte I. Algunos ingresos declarados en el Anexo 1, líneas 3, 4, 5 y 6 pueden resultar en un número negativo que se resta del ingreso total.

Formulario 1040, Anexo 1, Parte II

Anexo 1 (Formulario 1040(SP)) 2022 Página 2

Parte II **Ajustes al Ingreso**

Parte del Anexo 1

Ajustar los ingresos no es lo mismo que presentar el Anexo A para detallar las deducciones; es reducir los ingresos brutos del contribuyente para pagar la menor cantidad de impuestos, que consiste en lo siguiente:

- Gastos del educador. Línea 11
- Parte deducible del impuesto sobre el trabajo por cuenta propia. Línea 15
- Pensión alimenticia pagada (si el convenio se firmó antes del 31 de diciembre de 2018). Línea 19a
- Contribuir a una IRA, SEP, SIMPLE y otros planes calificados. Línea 20
- Deducción de intereses de préstamos estudiantiles.

Consejos de entrevista

Para determinar el Ingreso bruto ajustado (AGI) de un contribuyente en la línea 26, debe preguntar lo siguiente:

- ¿Pagó pensión alimenticia o manutención por separado? (Solo aplica si el acuerdo fue firmado antes del 31 de diciembre de 2018).
- ¿Hubo algún cambio en su estado fiscal del año pasado a este año?
- ¿Tiene una cuenta IRA?
- ¿Qué cambios de vida tuvo este año?
- Si el W-2 es de un distrito escolar: "Veo que tiene un W-2 de un distrito escolar. ¿Cuál es su profesión?"
    - La respuesta determinará si los contribuyentes califican para el gasto del educador.
- Si la persona tiene más de un W-2: "Veo que tiene dos formularios W-2 diferentes. ¿Cambió de trabajo este año? Si es así, ¿se mudó? Si es así, ¿a qué distancia está su antiguo lugar de trabajo de su nuevo lugar de trabajo?". (Debido a la TCJA esta línea está limitada a determinados contribuyentes hasta 2026, puede obtener información detallada más adelante). No todos cumplieron esta regla. Sepa si su estado se ajustó a la ley o no.
- Si el W-2 es de las Fuerzas Armadas: "Veo que tiene un W-2 de las Fuerzas Armadas. ¿Está a tiempo completo o en las reservas? ¿Estaba en una zona de combate?

Ajustes y deducciones

Los ajustes y las deducciones se confunden a menudo, ya que parecen funcionar de manera muy similar. Las diferencias entre las dos se explicarán en su totalidad a lo largo del curso; pero por ahora, la principal diferencia que debe saber es que los ajustes se utilizan para reducir el AGI antes de considerar las deducciones de crédito. Esto es importante porque los montos de deducción de crédito se calcularán en función del AGI del contribuyente.

Hay dos formas de calcular las deducciones: "estándar" y "detallada". Las "deducciones estándar" son montos preestablecidos anualmente que el contribuyente usará para deducir de sus ingresos imponibles según el estado civil de declaración. Sin embargo, el contribuyente también puede "detallar" sus deducciones reclamando las deducciones del Anexo A, que se tratarán en un capítulo posterior. Por lo general, los contribuyentes tienen la libertad de elegir entre detallar sus deducciones o tomar los montos de deducción estándar, y se les recomienda calcular ambas y luego elegir qué opción les ahorrará más dinero.

El gobierno permite deducciones, para varios tipos de gastos, a fin de ayudar a tener en cuenta el costo de mantener su vida al determinar la cantidad de impuestos que adeuda. En otras palabras, las deducciones existen para asegurarse de que se le cobran impuestos sobre la cantidad de dinero que realmente lleva a casa y conserva después de pagar todos los gastos de vida, en lugar de la cantidad total que se le pagó.

El contribuyente puede optar por detallar las deducciones o utilizar las deducciones estándar para reducir sus ingresos imponibles. Las deducciones estándar se basan en el estado civil del contribuyente. La deducción detallada se usa generalmente cuando la deducción del contribuyente excede su deducción estándar. Restar las deducciones aplicables del ingreso total del contribuyente se convierte en su ingreso bruto ajustado.

El impuesto a pagar está determinado por la renta gravable del contribuyente. Las tablas de impuestos también se basan en los ingresos gravables. Las tablas de impuestos del año actual se pueden encontrar en las Instrucciones del Formulario 1040 en el sitio web del IRS. El Anexo 2, página 1 se utiliza para declarar cualquier impuesto adicional que deba declararse.

Anexo 2 - Impuestos adicionales

Debe actualizarse

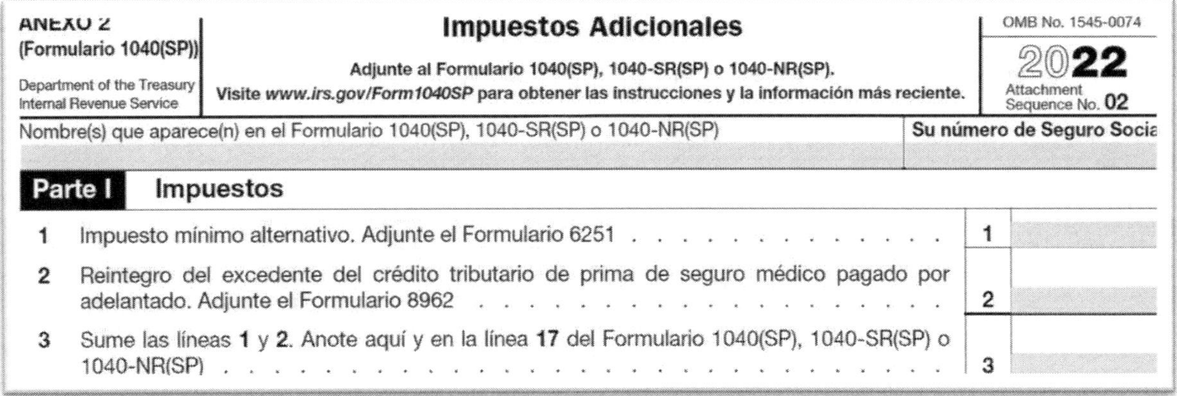

ANEXO 2
(Formulario 1040(SP))
Department of the Treasury
Internal Revenue Service

Impuestos Adicionales

Adjunte al Formulario 1040(SP), 1040-SR(SP) o 1040-NR(SP).
Visite *www.irs.gov/Form1040SP* para obtener las instrucciones y la información más reciente.

OMB No. 1545-0074
2022
Attachment Sequence No. 02

Nombre(s) que aparece(n) en el Formulario 1040(SP), 1040-SR(SP) o 1040-NR(SP) | **Su número de Seguro Socia**

Parte I Impuestos

1	Impuesto mínimo alternativo. Adjunte el Formulario 6251	1	
2	Reintegro del excedente del crédito tributario de prima de seguro médico pagado por adelantado. Adjunte el Formulario 8962	2	
3	Sume las líneas **1** y **2**. Anote aquí y en la línea **17** del Formulario 1040(SP), 1040-SR(SP) o 1040-NR(SP)	3	

Parte del Anexo 2

Anexo 2, Parte 1 - Impuestos

Otros impuestos se tratan en detalle en un capítulo posterior. El tipo de impuesto adicional es:

Línea 1: Impuesto mínimo alternativo (AMT). Adjunte el Formulario 6251.

Line 2: Reembolso del Exceso de crédito fiscal de prima avanzado Adjunte el formulario 8962.

Line 3: Sume las líneas 1 y 2.

Anexo 2 Parte II - Otros Impuestos

Parte II **Otros Impuestos**

4	Impuesto sobre el trabajo por cuenta propia. Adjunte el Anexo SE		4
5	Impuestos del Seguro Social y del *Medicare* sobre el ingreso de propinas no declaradas. Adjunte el Formulario 4137	5	
6	Impuestos del Seguro Social y del *Medicare* no recaudados sobre salarios. Adjunte el Formulario 8919	6	
7	Total de impuestos adicionales del Seguro Social y del *Medicare*. Sume las líneas **5** y **6**		7
8	Impuesto adicional sobre arreglos *IRA* u otras cuentas con beneficios tributarios. Adjunte el Formulario 5329 si es requerido. Si no es requerido, marque aquí ☐		8
9	Impuestos sobre el empleo de empleados domésticos. Adjunte el Anexo H		9
10	Reintegro del crédito tributario para comprador de primera vivienda. Adjunte el Formulario 5405 si es requerido		10
11	Impuesto Adicional del *Medicare*. Adjunte el Formulario 8959		11
12	Impuesto sobre los ingresos netos de inversión. Adjunte el Formulario 8960		12
13	Impuestos del Seguro Social y del *Medicare* o de la *RRTA* no recaudados sobre propinas o el seguro de vida colectivo a término fijo proveniente de la casilla **12** del Formulario W-2		13
14	Interés sobre el impuesto adeudado sobre el ingreso a plazos proveniente de la venta de ciertos lotes residenciales y multipropiedades		14
15	Interés sobre el impuesto diferido sobre la ganancia de ciertas ventas a plazos con un precio de venta mayor que $150,000		15
16	Recuperación del crédito por vivienda para personas de bajos ingresos. Adjunte el Formulario 8611		16

(continúa en la página 2

Para el Aviso sobre la Divulgación, la Ley de Confidencialidad de Información y la Ley de Reducción de Trámites, vea las instrucciones de su declaración de impuestos. Cat. No. 74348J **Schedule 2 (Form 1040) (sp) 202**

Parte del Anexo 2

Line 4: Impuesto sobre el trabajo por cuenta propia. Se debe adjuntar el anexo SE.

Línea 5: Ingresos de propinas no declaradas, adjunte el Formulario 4137.

Línea 6: Impuestos del Seguro social y Medicare sobre salarios no recaudados, adjunte el Formulario 8919.

Línea 7: Total de Impuestos adicionales de Seguro social y Medicare de las líneas 5 y 6.

Línea 8: Se declaran impuestos adicionales sobre las cuentas IRA y otros planes de jubilación calificados, adjunte el Formulario 5329.

Línea 9: Se declara el impuesto sobre el trabajo doméstico, adjunte Anexo H.

Línea 10: Reembolso del crédito para compradores de vivienda por primera vez; el Formulario 5405 se utiliza para declarar esto y debe adjuntarse.

Línea 11: Impuesto adicional de Medicare, adjunte el Formulario 8959.

Línea 12: Impuesto sobre la renta neta de inversiones (NIIT), adjunte el Formulario 8960.

Línea 13: Impuestos del Seguro Social y Medicare o RRTA no recaudados sobre propinas o seguro de vida colectivo a término de la casilla 12, Formulario W-2.

Línea 14: Intereses sobre el impuesto adeudado sobre los ingresos a plazos de la venta de ciertos lotes residenciales y multipropiedad.

Línea 15: Intereses sobre el impuesto diferido a las ganancias de ciertas ventas a plazos con un precio de venta superior a $150,000.

Línea 16: Recuperación del crédito para viviendas de bajos ingresos, adjuntar el Formulario 8611.

Consejos de entrevista

Estas preguntas determinan si el contribuyente pagará otros impuestos:

- ¿Vino su proveedor de cuidado infantil a su casa para cuidar a sus hijos?
  - Es posible que deba presentar el Anexo H.
- ¿Retiró dinero de su IRA o 401(k)? (Dependiendo de la edad y para qué se utilizó el dinero, podría resultar en un impuesto adicional).
  - ¿Cuánto retiró?
  - ¿Para qué lo usó?
- ¿Tuvo cobertura médica durante todo el año?
- ¿Recibieron usted o su cónyuge el Formulario 1095-A? (¿Compró un seguro de salud a través de un intercambio?)
- ¿Es trabajador por cuenta propia? (Haga esta pregunta si está presentando un Anexo C).
  - ¿Recibió el formulario 1099-MISC o NEC?
  - ¿Recibió el Formulario 1099-K?
- ¿Recibieron usted o su cónyuge un préstamo para compradores de vivienda por primera vez y lo están pagando?
- ¿Informó todas sus propinas a su empleador? (Haga esta pregunta si sabe que el contribuyente es un camarero y hay una cantidad en la casilla 7 del W-2).
- ¿Tiene otros impuestos adicionales?
  - ¿Impuesto sobre una cuenta de ahorros para la salud (HSA)?
  - ¿Impuesto adicional sobre las distribuciones de la HSA?
  - ¿Recuperación de una aportación caritativa?

Anexo 3 - Créditos y pagos adicionales

El Anexo 3 se utiliza para declarar los créditos no reembolsables, otros pagos y créditos reembolsables. Los créditos reembolsables son pagos para la obligación tributaria del contribuyente; si el resultado es mayor que el impuesto, el exceso es un reembolso al contribuyente.

El Formulario 1040, línea 25, declara el monto de la retención federal de todas las fuentes de ingresos, como W-2, formulario 1099-R, indemnización por desempleo, etc. El crédito por ingresos del trabajo (EIC), el crédito fiscal adicional por hijos y una parte del crédito de oportunidad estadounidense se declaran en el Formulario 1040, líneas 27-29.

Anexo 3 Parte I: Créditos no reembolsables

Un crédito no reembolsable se utiliza para reducir a cero la obligación tributaria del contribuyente. Si la persona tiene más créditos, no puede usarlos para reducir la obligación tributaria. El contribuyente pierde el crédito restante. Un crédito no reembolsable puede reducir el ingreso gravable dólar por dólar. Los créditos no reembolsables se tratarán en un capítulo posterior. Algunos créditos comunes no reembolsables son:

- Créditos educativos
- Crédito fiscal extranjero
- Crédito por gastos del cuidado de menores y dependientes.
- Créditos de determinada energía residencial
- Crédito por aportaciones al ahorro para la jubilación.

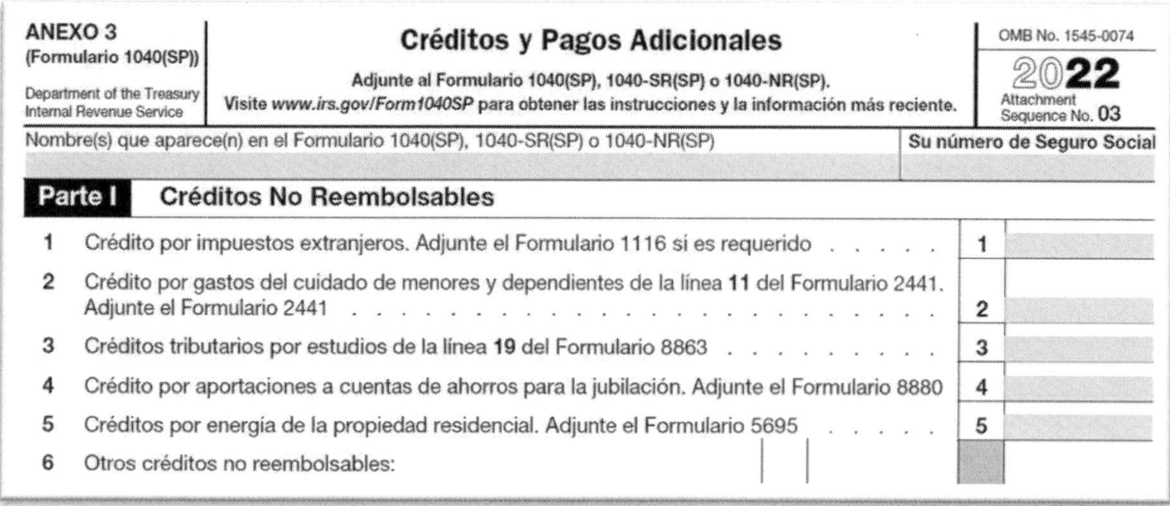

ANEXO 3 (Formulario 1040(SP)) Department of the Treasury Internal Revenue Service

Créditos y Pagos Adicionales

Adjunte al Formulario 1040(SP), 1040-SR(SP) o 1040-NR(SP).
Visite *www.irs.gov/Form1040SP* para obtener las instrucciones y la información más reciente.

OMB No. 1545-0074 **2022** Attachment Sequence No. **03**

Nombre(s) que aparece(n) en el Formulario 1040(SP), 1040-SR(SP) o 1040-NR(SP) | **Su número de Seguro Social**

Parte I Créditos No Reembolsables

1	Crédito por impuestos extranjeros. Adjunte el Formulario 1116 si es requerido	1	
2	Crédito por gastos del cuidado de menores y dependientes de la línea **11** del Formulario 2441. Adjunte el Formulario 2441	2	
3	Créditos tributarios por estudios de la línea **19** del Formulario 8863	3	
4	Crédito por aportaciones a cuentas de ahorros para la jubilación. Adjunte el Formulario 8880	4	
5	Créditos por energía de la propiedad residencial. Adjunte el Formulario 5695	5	
6	Otros créditos no reembolsables:		

Parte del Anexo 3

Anexo 3 Parte II: Otros pagos y créditos reembolsables

Un crédito reembolsable puede generar un reembolso mayor que el monto del impuesto pagado a través de retenciones o pagos de impuestos estimados durante todo el año. Lo que significa que el contribuyente podría obtener un reembolso de los créditos reembolsables para los que califica. Algunos créditos reembolsables comunes son los créditos tributarios por ingreso del trabajo, y créditos nuevos para el año fiscal 2022, que se prepararán en 2023, son los gastos de cuidado de hijos y dependientes, que formaban parte de la Ley del Plan de Rescate Estadounidense (ARPA). El Crédito fiscal por hijo anticipado no se renovó para 2022.

Anexo 3 (Formulario 1040)

Anexo 3 (Formulario 1040(SP)) 2022 Página 2

Parte II **Otros Pagos y Créditos Reembolsables**

9	Crédito tributario de prima de seguro médico neto. Adjunte el Formulario 8962	9	
10	Cantidad pagada con solicitud de prórroga para presentar (vea las instrucciones)	10	
11	Impuestos del Seguro Social y del *RRTA* de nivel 1 retenidos en exceso	11	
12	Crédito por impuestos federales sobre combustibles. Adjunte el Formulario 4136	12	
13	Otros pagos y créditos reembolsables:		

Parte del Anexo 3

Línea 9: Crédito fiscal de prima neta, adjunte el Formulario 8962.

Línea 10: Monto pagado con la solicitud de prórroga.

Línea 11: Declare el exceso de beneficios de jubilación del seguro social y del ferrocarril de nivel I (SSA-1099).

Línea 12: Se utiliza para declarar crédito por impuestos federales sobre combustibles utilizados para fines no imponibles (por ejemplo, uso comercial fuera de carretera). El formulario 4136 se usa para declarar esto y debe adjuntarse.

Línea 14: Sume las líneas 13a - z. Monto total de los pagos o créditos reembolsables.

Línea 15: Sume las líneas 9 - 12 y 14.

Otros pagos y créditos reembolsables serán revisados en un capítulo posterior.

Consejos de entrevista

Estas preguntas podrían determinar el pago total de impuestos del contribuyente:

- ¿Hizo algún pago estimado durante el año fiscal?
- ¿Se aplicó el reembolso del año pasado a los pagos estimados del año fiscal actual?
- ¿Tomó alguna clase de educación superior?
- ¿Hizo algún pago junto con la solicitud para presentar una prórroga? (Solo pregunte si el contribuyente presentó una prórroga).

El señor 1040 dice: Asegúrese de hacer su diligencia debida para **todas** las declaraciones de impuestos con créditos reembolsables.

Parte 2 Preguntas de Repaso

Para obtener el máximo beneficio de este curso, LTP recomienda que complete cada una de las preguntas a continuación, y luego las compare con las respuestas de los comentarios que se proporcionan posteriormente. Según los estándares reguladores de autoaprendizaje, los proveedores deben presentar preguntas de repaso de manera intermitente a lo largo de cada curso de autoaprendizaje.

Estas preguntas y explicaciones no son parte del examen final y no serán calificadas por LTP.

CTIP2.1
¿Cuál de las siguientes opciones no se declara en la Parte II del Anexo 1 en el Formulario 1040?

a. Deducción de Cuenta de retiro individual
b. Reembolsos sujetos a impuestos
c. Gastos de educador
d. Intereses de préstamos estudiantiles

CTIP2.2
¿Cuál de las siguientes opciones se declara en la Parte II del Anexo 1 en el Formulario 1040?

a. Gastos de mudanza para todos los contribuyentes
b. Crédito de aprendizaje de por vida
c. Gastos de educador
d. Beneficios del Seguro social

CTIP2.3
¿Cuál de las siguientes opciones declara el impuesto sobre el trabajo por cuenta propia?

a. Anexo 2
b. Anexo C
c. Anexo 3
d. Anexo E

CTIP2.4
¿Cuál de las siguientes opciones no se declara en la Parte I del Anexo 2 en el Formulario 1040?

a. Impuesto adicional de Medicare
b. Impuesto sobre la Renta neta de inversiones
c. Retiro anticipado de una IRA
d. Impuestos de Seguro social y Medicare no declarados

CTIP2.5
¿Cuál de las siguientes opciones no se declara en el Anexo 3?

a. Créditos no reembolsables
b. Crédito fiscal extranjero
c. Créditos reembolsables
d. Crédito para compradores de vivienda por primera vez

CTIP2.6
¿Cuál de las siguientes opciones declararía créditos de energía residencial?

a. Anexo 1, Parte 1
b. Anexo 2, Parte 2
c. Anexo 3, Parte 2
d. Anexo 3, Parte 1

CTIP2.7
¿Cuál de las siguientes opciones declararía un impuesto mínimo alternativo?

a. Anexo 1, Parte 1
b. Anexo 1, Parte 2
c. Anexo 2, Parte 2
d. Anexo 2, Parte 1

CTIP2.8
¿Cuál de las siguientes opciones declararía un impuesto mínimo alternativo?

a. Anexo 1, Parte 2
b. Anexo 1, Parte 1
c. Anexo 3, Parte 2
d. Anexo 3, Parte 1

CTIP2.9
¿Cuál de las siguientes opciones declararía intereses de préstamos estudiantiles?

a. Anexo 1, Parte 2
b. Anexo 1, Parte 2
c. Anexo 3, Parte 2
d. Anexo 3, Parte 1

CTIP2.10
¿Cuál de las siguientes opciones declararía impuestos sobre el empleo doméstico?

a. Anexo 1, Parte 2
b. Anexo 1, Parte 2
c. Anexo 2, Parte 2
d. Anexo 3, Parte 1

Parte 2 Respuestas a las preguntas de repaso

CTIP2.1
¿Cuál de las siguientes opciones no se declara en la Parte II del Anexo 1 en el Formulario 1040?

a. Deducción de Cuenta de retiro individual
b. Reembolsos sujetos a impuestos
c. Gastos de educador
d. Intereses de préstamos estudiantiles

Comentarios: Revise la sección *Formulario 1040, Anexo I, Parte I.*

CTIP2.2
¿Cuál de las siguientes opciones se declara en la Parte II del Anexo 1 en el Formulario 1040?

a. Gastos de mudanza para todos los contribuyentes
b. Crédito de aprendizaje de por vida
c. Gastos de educador
d. Beneficios del Seguro social

Comentarios: Revise la sección *Formulario 1040, Anexo I, Parte II.*

CTIP2.3
¿Cuál de las siguientes opciones declara el impuesto sobre el trabajo por cuenta propia?

- **a. Anexo 2**
- b. Anexo C
- c. Anexo 3
- d. Anexo E

Comentarios: Revise la sección *Formulario 1040, Anexo I, Parte I.*

CTIP2.4
¿Cuál de las siguientes opciones no se declara en la Parte I del Anexo 2 en el Formulario 1040?

- a. Impuesto adicional de Medicare
- b. Impuesto sobre la Renta neta de inversiones
- c. Retiro anticipado de una IRA
- **d. Impuestos de Seguro social y Medicare no declarados**

Comentarios: Revise la sección *Anexo 2, Parte II - Otros Impuestos.*

CTIP2.5
¿Cuál de las siguientes opciones no se declara en el Anexo 3?

- a. Créditos no reembolsables
- b. Crédito fiscal extranjero
- c. Créditos reembolsables
- **d. Crédito para compradores de vivienda por primera vez**

Comentarios: Revise la sección *Anexo 3: Créditos y pagos adicionales.*

CTIP2.6
¿Cuál de las siguientes opciones declararía créditos de energía residencial?

- a. Anexo 1, Parte 1
- b. Anexo 2, Parte 2
- c. Anexo 3, Parte 2
- **d. Anexo 3, Parte 1**

Comentarios: Revise la sección *Anexo 3, Parte 1.*

CTIP2.7
¿Cuál de las siguientes opciones declararía un impuesto mínimo alternativo?

- a. Anexo 1, Parte 1
- b. Anexo 1, Parte 2
- c. Anexo 2, Parte 2
- **d. Anexo 2, Parte 1**

Comentarios: Revise la sección *Anexo 2, Parte 1.*

CTIP2.8
¿Cuál de las siguientes opciones declararía un impuesto mínimo alternativo?

- a. Anexo 1, Parte 2
- **b. Anexo 1, Parte 1**
- c. Anexo 3, Parte 2
- d. Anexo 3, Parte 1

Comentarios: Revise la sección *Anexo 1, Parte 1.*

CTIP2.9
¿Cuál de las siguientes opciones declararía intereses de préstamos estudiantiles?

a. **Anexo 1, Parte 2**
b. Anexo 1, Parte 2
c. Anexo 3, Parte 2
d. Anexo 3, Parte 1

Comentarios: Revise la sección *Anexo 1, Parte 2.*

CTIP2.10
¿Cuál de las siguientes opciones declararía impuestos sobre el empleo doméstico?

a. Anexo 1, Parte 2
b. Anexo 1, Parte 2
c. **Anexo 2, Parte 2**
d. Anexo 3, Parte 1

Comentarios: Revise la sección *Anexo 2, Parte 2.*

Parte 3 - Presentación de la declaración de impuestos federales

Una vez que el profesional de impuestos haya recopilado la información requerida y se haya asegurado de su fiabilidad, es el momento de presentar la declaración.

Si un contribuyente de los Estados Unidos tiene ingresos en todo el mundo, debe presentar una declaración de impuestos. Los inmigrantes que no están autorizados para trabajar en los Estados Unidos deben declarar sus impuestos; el IRS deja muy claro que la información proporcionada para las declaraciones y la presentación se utilizan solo para fines fiscales. El IRS no comparte la información de los contribuyentes con ninguna agencia gubernamental de inmigración.

Proceso de declaración

Para comenzar, reúna información y materiales del contribuyente para completar una declaración precisa. El profesional de impuestos necesitará lo siguiente:

- Fuentes de ingresos como el Formulario W-2 o la Serie 1099.
- Recibos, cheques o facturas de pagos y gastos.
- Otras declaraciones que muestren otros ingresos recibidos por el contribuyente (como una declaración que indique ganancias de apuestas de un casino o intereses de un banco).
- Una licencia de conducir vigente u otra forma de identificación con foto emitida por el gobierno.
- Tarjeta de Seguro social con número de Seguro social o alguna otra forma de identificación de contribuyente.
- Nombre completo, NSS, fecha de nacimiento u otro equivalente de cualquier dependiente o cónyuge.

Este es el mínimo necesario para comenzar el proceso de preparación de impuestos. Hay muchos otros componentes necesarios para completar la declaración. Algunos conceptos ya han sido discutidos. A lo largo del curso se impartirán otros a medida que se vayan aprendiendo conceptos más profundos de la ley tributaria.

¿Cómo preparar una declaración de impuestos federales?

Cuando prepare la declaración para enviarla por correo al IRS, asegúrese de que el orden de la secuencia del adjunto que se muestra en la esquina superior derecha esté en orden numérico comenzando con el Formulario 1040. Si el contribuyente debe adjuntar declaraciones de respaldo, el preparador debe organizarlas en el mismo orden que los anexos y adjuntarlas al final de la planilla. Cuando envíe la declaración por correo, adjunte una copia de los ingresos, como los formularios W-2, W-2G y/o 1099-R, a la página 1 del formulario 1040.

Parte del Anexo 2

¿Dónde presentar una declaración impresa?

Según el lugar donde vive el contribuyente, el tipo de declaración de impuestos y si hay un reembolso o un saldo adeudado determina a dónde enviaría el contribuyente una declaración impresa. Es más ventajoso declarar electrónicamente. A menudo hay direcciones postales separadas para declaraciones con pagos adjuntos y para declaraciones sin pago. Use el siguiente enlace para encontrar la dirección correcta para enviar la declaración federal por correo postal:

https://www.irs.gov/filing/where-to-file-addresses-for-taxpayers-and-tax-professionals-filing-form-1040

La presentación electrónica elimina la necesidad de enviar una declaración física impresa por correo postal. Esta opción se analiza con más detalle en el capítulo de declaración electrónica.

Consulte la sección 6091 del IRS.

¿Cuándo presentar una declaración?

El IRS establece que, para declaraciones y pagos de impuestos, la declaración de impuestos debe cumplir con la regla de "envío a tiempo por correo/pago a tiempo": los impuestos adeudados deben pagarse antes del 15 de abril o el siguiente día hábil si el 15 cae en fin de semana o día festivo legal, incluso si el contribuyente ha presentado exitosamente una prórroga.

¿Cómo presentar una declaración?

Se pueden utilizar los siguientes métodos para presentar una declaración de impuestos:

- Presentación electrónica (e-file).
- Servicio de entrega privado: FedEx, UPS, etc.
- Servicio Postal de los Estados Unidos.

Si un profesional de impuestos prepara 11 o más declaraciones, debe presentar todas las declaraciones electrónicamente. Las declaraciones presentadas electrónicamente llevan un matasellos que incluye la fecha y hora de la transmisión electrónica de la declaración.

Plazos de declaración

Declaraciones de impuestos de personas naturales: Formularios 1040 y 1040NR (no residente)

- El primer plazo era hasta el 18 de abril de 2023.
- El 18 de abril de 2023, para Maine y Massachusetts.
- El plazo extendido es hasta el 16 de octubre de 2023.

Declaraciones de sociedades: Formulario 1065

- El primer plazo es hasta el 15 de marzo de 2023.
- El plazo extendido es hasta el 15 de septiembre de 2023.

Declaraciones de impuestos sobre la renta de fideicomisos y sucesiones: Formulario 1041

- El primer plazo es hasta el 18 de abril de 2023.
- El plazo extendido es hasta el 2 de octubre de 2023.

Tenga en cuenta el cambio: las prórrogas para las declaraciones fiduciarias ahora duran cinco meses y medio en lugar de solo cinco meses.

Declaraciones de Sociedad anónima C: Formulario 1120

- El primer plazo es hasta el 18 de abril de 2023, para sociedades anónimas; tenga en cuenta el cambio de plazo.
- El plazo extendido es hasta el 16 de octubre de 2023. Tenga en cuenta el cambio de plazo; ahora se permite a las sociedades anónimas una prórroga automática de seis meses.
- Para las sociedades anónimas en un año fiscal que no sea el año calendario, el primer plazo es el día 15 del cuarto mes siguiente al final del año fiscal de la sociedad anónima.
- EXCEPCIÓN: para las sociedades anónimas con un año fiscal del 1 de julio al 30 de junio, el primer plazo seguirá siendo el 15 de septiembre (que es el día 15 del tercer mes siguiente al final del año fiscal) y el plazo ampliado seguirá siendo el 15 de febrero (cinco meses después del primer plazo) hasta el año fiscal que finaliza el 30 de junio de 2026.
- A partir del año fiscal que finaliza el 30 de junio de 2017, el plazo se trasladó hasta el 15 de octubre (el día 15 del cuarto mes siguiente al final del año fiscal) y la fecha del plazo extendido se trasladó hasta el 15 de marzo (seis meses después del primer plazo).

Declaraciones de sociedad anónima S: Formulario 1120S

- El primer plazo es hasta el 15 de marzo de 2023 para las sociedades anónimas.
- El plazo extendido es hasta el 15 de septiembre de 2023.

Informes de cuentas bancarias extranjeras: Formulario 114 de FinCEN

- El primer plazo es hasta el 18 de abril de 2023; tenga en cuenta el cambio de plazo.
- El plazo extendido es hasta el 16 de octubre de 2023.

Consulte la sección 6072 del IRS.

Parte 3 Preguntas de Repaso

Para obtener el máximo beneficio de este curso, LTP recomienda que complete cada una de las preguntas a continuación, y luego las compare con las respuestas de los comentarios que se proporcionan posteriormente. Según los estándares reguladores de autoaprendizaje, los proveedores deben presentar preguntas de repaso de manera intermitente a lo largo de cada curso de autoaprendizaje.

Estas preguntas y explicaciones no son parte del examen final y no serán calificadas por LTP.

CTIP3.1
Al preparar la declaración de impuestos para el cliente, ¿cuál es la mejor manera?

a. Basta con graparlo todo al salir de la impresora.
b. Utilizar el número de secuencia que se encuentra en la parte superior derecha de todos los demás formularios excepto el 1040.
c. Enviar por correo la declaración estatal con su declaración federal.
d. Asegurarse de que los documentos de respaldo se agreguen al final en orden secuencial.

CTIP3.2
¿Qué método no se utiliza para presentar una declaración de impuestos?

a. Declaración electrónica
b. Servicio de entrega privado
c. Oficina de correos de los Estados Unidos
d. Envío de la declaración por fax a la oficina local del IRS

CTIP3.3
¿Cuál de los siguientes se necesita del contribuyente para preparar su declaración?

a. Todos los documentos de ingresos
b. Determinar el estado civil del contribuyente
c. Dirección correcta para enviar la declaración de impuestos
d. Enviar por correo el pago que vence el 15 de octubre

CTIP3.4
Para el año fiscal 2022, ¿cuándo vence la declaración de impuestos de persona natural?

a. 15 de marzo de 2023
b. 12 de febrero de 2023
c. 16 de octubre de 2023
d. 18 de abril de 2023

CTIP3.5
¿Cuál de las siguientes no es cierto acerca de preparar la declaración de impuestos federales?

a. Asegurarse de que el orden de la secuencia de archivos adjuntos que se muestra en la esquina superior derecha esté en orden numérico comenzando con el Formulario 1040.
b. Si el contribuyente debe adjuntar comprobantes, dispóngalos en el mismo orden que los anexos y adjúntelos al final de la planilla.
c. Siempre adjuntar una copia de la declaración de impuestos estatal a la declaración de impuestos federal.
d. Cuando envíe la declaración por correo, adjunte una copia de los Formularios W-2, W-2G y/o 1099-R a la página 1 de la declaración.

CTIP3.6
¿Cuál de los siguientes no es un método utilizado para presentar una declaración de impuestos?

a. Presentación electrónica (e-file)
b. Servicio de entrega privado (FedEx, UPS, etc.)
c. Servicio Postal de los Estados Unidos
d. Envíe su declaración de impuestos por correo electrónico a efile.fed.taxreturn@irs.gov/

CTIP3.7
¿Cuáles de las siguientes son las fechas de vencimiento correctas para las declaraciones de impuestos de persona natural (Formulario 1040 y 1040NR)?

a. El primer plazo es hasta el 18 de abril de 2023 y el plazo extendido es hasta el 16 de octubre de 2023.
b. El primer plazo es hasta el 15 de marzo de 2023 y el plazo extendido es hasta el 16 de septiembre de 2023.
c. El primer plazo es hasta el 15 de abril de 2023 y el plazo extendido es hasta el 2 de octubre de 2023.
d. El primer plazo es hasta el 15 de abril de 2023 y el plazo extendido es hasta el 16 de octubre de 2023.

CTIP3.8
¿Cuáles de las siguientes son las fechas de vencimiento correctas para fideicomisos y declaraciones de impuestos sucesorios (Formulario 1041)?

a. El primer plazo es hasta el 18 de abril de 2023 y el plazo extendido es hasta el 15 de octubre de 2023.
b. El primer plazo es hasta el 15 de marzo de 2023 y el plazo extendido es hasta el 16 de septiembre de 2023.
c. El primer plazo es hasta el 18 de abril de 2023 y el plazo extendido es hasta el 2 de octubre de 2023.
d. El primer plazo es hasta el 15 de abril de 2023 y el plazo extendido es hasta el 16 de octubre de 2023.

CTIP3.9
¿Cuáles de las siguientes son las fechas de vencimiento correctas para las declaraciones de sociedades (Formulario 1065)?

a. El primer plazo es hasta el 15 de abril de 2023 y el plazo extendido es hasta el 15 de octubre de 2023,
b. El primer plazo es hasta el 15 de marzo de 2023 y el plazo extendido es hasta el 16 de septiembre de 2023,
c. El primer plazo es hasta el 15 de abril de 2023 y el plazo extendido es hasta el 2 de octubre de 2023,
d. El primer plazo es hasta el 15 de abril de 2023 y el plazo extendido es hasta el 16 de octubre de 2023,

CTIP3.10
¿Cuáles de las siguientes son las fechas de vencimiento correctas para las declaraciones de impuestos de sociedades anónimas C (Formulario 1120)?

a. El primer plazo es hasta el 15 de abril de 2023 y el plazo extendido es hasta el 15 de octubre de 2023.
b. El primer plazo es hasta el 15 de marzo de 2023 y el plazo extendido es hasta el 16 de septiembre de 2023.
c. El primer plazo es hasta el 15 de abril de 2023 y el plazo extendido es hasta el 2 de octubre de 2023.
d. El primer plazo es hasta el 18 de abril de 2023 y el plazo extendido es hasta el 16 de octubre de 2023.

Parte 3 Respuestas a las preguntas de repaso

CTIP3.1
Al preparar la declaración de impuestos para el cliente, ¿cuál es la mejor manera?

a. Basta con graparlo todo al salir de la impresora.
b. Utilizar el número de secuencia que se encuentra en la parte superior derecha de todos los demás formularios excepto el 1040.
c. Enviar por correo la declaración estatal con su declaración federal.
d. Asegurarse de que los documentos de respaldo se agreguen al final en orden secuencial.

Comentarios: Revise la sección *¿Cómo preparar una declaración de impuestos federales?*

CTIP3.2
¿Qué método no se utiliza para presentar una declaración de impuestos?

a. Declaración electrónica
b. Servicio de entrega privado
c. Oficina de correos de los Estados Unidos
d. Envío de la declaración por fax a la oficina local del IRS

Comentarios: Revise la sección *¿Cómo presentar una declaración?*

CTIP3.3
¿Cuál de los siguientes se necesita del contribuyente para preparar su declaración?

a. Todos los documentos de ingresos
b. Determinar el estado civil del contribuyente
c. Dirección correcta para enviar la declaración de impuestos
d. Enviar por correo el pago que vence el 15 de octubre

Comentarios: Revise la sección *Proceso de declaración*

CTIP3.4
Para el año fiscal 2022, ¿cuándo vence la declaración de impuestos de persona natural?

a. 15 de marzo de 2023
b. 12 de febrero de 2023
c. 16 de octubre de 2023
d. 18 de abril de 2023

Comentarios: Revise la sección *Plazos de la declaración.*

CTIP3.5
¿Cuál de las siguientes no es cierto acerca de preparar la declaración de impuestos federales?

a. Asegurarse de que el orden de la secuencia de archivos adjuntos que se muestra en la esquina superior derecha esté en orden numérico comenzando con el Formulario 1040.
b. Si el contribuyente debe adjuntar comprobantes, dispóngalos en el mismo orden que los anexos y adjúntelos al final de la planilla.
c. Siempre adjuntar una copia de la declaración de impuestos estatal a la declaración de impuestos federal.
d. Cuando envíe la declaración por correo, adjunte una copia de los Formularios W-2, W-2G y/o 1099-R a la página 1 de la declaración.

Comentarios: Revise la sección *¿Cómo preparar una declaración de impuestos federales?*

CTIP3.6
¿Cuál de los siguientes no es un método utilizado para presentar una declaración de impuestos?

a. Presentación electrónica (e-file)
b. Servicio de entrega privado (FedEx, UPS, etc.)
c. Servicio Postal de los Estados Unidos
d. Envíe su declaración de impuestos por correo electrónico a efile.fed.taxreturn@irs.gov/

Comentarios: Revise la sección *¿Cómo presentar una declaración?*

CTIP3.7
¿Cuáles de las siguientes son las fechas de vencimiento correctas para las declaraciones de impuestos de persona natural (Formulario 1040 y 1040NR)?

a. El primer plazo es hasta el 18 de abril de 2023 y el plazo extendido es hasta el 16 de octubre de 2023.
b. El primer plazo es hasta el 15 de marzo de 2023 y el plazo extendido es hasta el 16 de septiembre de 2023.
c. El primer plazo es hasta el 15 de abril de 2023 y el plazo extendido es hasta el 2 de octubre de 2023.
d. El primer plazo es hasta el 15 de abril de 2023 y el plazo extendido es hasta el 16 de octubre de 2023.

Comentarios: Revise la sección *Plazos de la declaración.*

CTIP3.8
¿Cuáles de las siguientes son las fechas de vencimiento correctas para fideicomisos y declaraciones de impuestos sucesorios (Formulario 1041)?

a. El primer plazo es hasta el 18 de abril de 2023 y el plazo extendido es hasta el 15 de octubre de 2023.
b. El primer plazo es hasta el 15 de marzo de 2023 y el plazo extendido es hasta el 16 de septiembre de 2023.
c. El primer plazo es hasta el 18 de abril de 2023 y el plazo extendido es hasta el 2 de octubre de 2023.
d. El primer plazo es hasta el 15 de abril de 2023 y el plazo extendido es hasta el 16 de octubre de 2023.

Comentarios: Revise la sección *Plazos de la declaración.*

CTIP3.9
¿Cuáles de las siguientes son las fechas de vencimiento correctas para las declaraciones de sociedades (Formulario 1065)?

a. El primer plazo es hasta el 15 de abril de 2023 y el plazo extendido es hasta el 15 de octubre de 2023.
b. El primer plazo es hasta el 15 de marzo de 2023 y el plazo extendido es hasta el 16 de septiembre de 2023.
c. El primer plazo es hasta el 15 de abril de 2023 y el plazo extendido es hasta el 2 de octubre de 2023.
d. El primer plazo es hasta el 15 de abril de 2023 y el plazo extendido es hasta el 16 de octubre de 2023.

Comentarios: Revise la sección *Plazos de la declaración.*

CTIP3.10
¿Cuáles de las siguientes son las fechas de vencimiento correctas para las declaraciones de impuestos de sociedades anónimas C (Formulario 1120)?

a. El primer plazo es hasta el 15 de abril de 2023 y el plazo extendido es hasta el 15 de octubre de 2023.
b. El primer plazo es hasta el 15 de marzo de 2023 y el plazo extendido es hasta el 16 de septiembre de 2023.
c. El primer plazo es hasta el 15 de abril de 2023 y el plazo extendido es hasta el 2 de octubre de 2023.
d. El primer plazo es hasta el 18 de abril de 2023 y el plazo extendido es hasta el 16 de octubre de 2023.

Comentarios: Revise la sección *Plazos de la declaración.*

Parte 4 ¿Qué es un ITIN?

Un ITIN es un número de procesamiento de impuestos, emitido por el IRS, para ciertos extranjeros residentes y no residentes, sus cónyuges y sus dependientes. Es un número de nueve dígitos que comienza con el número 9. El rango de ITIN se amplió el 13 de abril de 2011 para incluir "90" como dígitos medios (70 a 88, 90-92 y 94-99) y tiene un formato como un NSS. El IRS comenzó a emitir los ITIN en 1996 y requirió que los extranjeros usen un ITIN como su número de identificación único en las declaraciones de impuestos federales. Con los ITIN, los contribuyentes pueden ser identificados efectivamente y sus declaraciones de impuestos procesadas de manera eficiente.

Los ITIN desempeñan un papel fundamental en el proceso de administración tributaria y ayudan a la recaudación de impuestos de ciudadanos extranjeros, extranjeros no residentes y otros que tienen obligaciones de presentación o pago conforme a la ley tributaria de los Estados Unidos. Incluso cuando otras instituciones podrían usar los ITIN para otros propósitos, el IRS establece que:

> Los ITIN son solo para informes de impuestos federales y no tienen la intención de servir a ningún otro propósito. El IRS emite el ITIN para ayudar a las personas a cumplir con las leyes impositivas de los EE. UU. y proporcionar un medio para procesar y contabilizar de manera eficiente las declaraciones y pagos de impuestos para aquellos que no son elegibles para obtener números del Seguro Social.

Solo las personas que tienen un requisito de presentación válido, un requisito de retención o que presentan una declaración de impuestos federal sobre los ingresos de los Estados Unidos para reclamar un reembolso de impuestos retenidos son elegibles para recibir un ITIN. El ITIN no proporciona beneficios de seguro social, no es válido para la identificación fuera del sistema tributario y no cambia el estado de inmigración. El titular de ITIN ingresa su ITIN en el espacio provisto para el NSS al completar y presentar su declaración de impuestos federales.

¿Quién necesita un ITIN?

Todas las declaraciones de impuestos (Formulario 1040), declaraciones y otros documentos fiscales relacionados que se utilizan para presentar un informe fiscal requieren un número de identificación de contribuyente (TIN). Si una persona no califica para un número de Seguro Social, entonces la persona debe solicitar un ITIN.

Las personas que pueden necesitar un ITIN incluyen:

- Una persona física extranjera no residente elegible para obtener los beneficios de una tasa de retención reducida en virtud de un tratado de impuestos sobre la renta.
- Un extranjero no residente que no es elegible para un NSS debe presentar una declaración de impuestos de los EE. UU. o presentar una declaración de impuestos de los EE. UU. solo para reclamar un reembolso.
- Un extranjero no residente que no es elegible para un NSS que elige presentar una declaración de impuestos conjunta con un cónyuge que es ciudadano estadounidense o extranjero residente.
- Un extranjero residente de los EE. UU. que presenta una declaración de impuestos de los EE. UU. pero no es elegible para un NSS.
- Una persona extranjera, reclamada como cónyuge para una exención en una declaración de impuestos de los EE. UU., que no es elegible para un NSS.

- Una persona extranjera, que no es elegible para un NSS, incluida como dependiente en la declaración de impuestos de otra persona en los EE. UU.
- Un estudiante, profesor o investigador extranjero no residente que presenta una declaración de impuestos de los EE. UU. o que reclama una excepción al requisito de presentación de la declaración de impuestos que no es elegible para un NSS.

Motivo para solicitar un ITIN

Form **W-7**
(Rev. August 2019)
Department of the Treasury
Internal Revenue Service

Application for IRS Individual Taxpayer Identification Number
▶ **For use by individuals who are not U.S. citizens or permanent residents.**
▶ **See separate instructions.**

OMB No. 1545-0074

An IRS individual taxpayer identification number (ITIN) is for U.S. federal tax purposes only.
Before you begin:
• ***Don't submit*** *this form if you have, or are eligible to get, a U.S. social security number (SSN).*

Application type (check one box):
☐ Apply for a new ITIN
☐ Renew an existing ITIN

Reason you're submitting Form W-7. Read the instructions for the box you check. **Caution:** If you check box **b, c, d, e, f,** or **g,** you **must file a U.S. federal tax return with Form W-7 unless you meet one of the exceptions** (see instructions).

a ☐ Nonresident alien required to get an ITIN to claim tax treaty benefit
b ☐ Nonresident alien filing a U.S. federal tax return
c ☐ U.S. resident alien **(based on days present in the United States)** filing a U.S. federal tax return
d ☐ Dependent of U.S. citizen/resident alien — If **d,** enter relationship to U.S. citizen/resident alien (see instructions) ▶
e ☐ Spouse of U.S. citizen/resident alien — If **d** or **e,** enter name and SSN/ITIN of U.S. citizen/resident alien (see instructions) ▶
f ☐ Nonresident alien student, professor, or researcher filing a U.S. federal tax return or claiming an exception

Parte del Formulario W7

Un extranjero no residente debe solicitar un ITIN para declarar los ingresos del trabajo y reclamar los beneficios del tratado fiscal para los que califica:

Casilla a. Esta casilla se marcaría para ciertos extranjeros no residentes que deben obtener un ITIN para reclamar ciertos beneficios de tratados fiscales ya sea que presenten o no una declaración de impuestos sobre la renta. Si la casilla a está marcada, entonces marque la casilla h también. Anote en la línea punteada al lado de la casilla h las excepciones que se relacionan con la situación del contribuyente. Consulte la Publicación 901.
Casilla b. Extranjero no residente que presenta una declaración de impuestos de los EE. UU.

Esta categoría incluye:

1. Un extranjero no residente que debe presentar una declaración de impuestos de los EE. UU. para declarar los ingresos relacionados directa o indirectamente con la realización de una actividad comercial o empresarial en los Estados Unidos.
2. Un extranjero no residente que presenta una declaración de impuestos de los EE. UU. solo para obtener un reembolso.

Consulte la Publicación 519.

Casilla c. Extranjero residente de los EE. UU. (basado en el número de días en que ha estado en los Estados Unidos) que presenta una declaración de impuestos de los EE. UU.

La casilla c se marcaría para una persona extranjera que vive en los Estados Unidos, que no tiene permiso para trabajar del USCIS y no es elegible para un SSN pero aún puede tener un requisito de declaración. Consulte la Publicación 519.

Casilla d. Dependiente de un ciudadano estadounidense/extranjero residente.

La casilla d se marcaría para una persona que puede ser reclamada como dependiente en una declaración de impuestos de los EE. UU. y no es elegible para obtener un NSS. Los dependientes del personal militar de los EE. UU. están exentos de los requisitos de presentar documentos originales o copias certificadas de los documentos de identificación, pero se requiere una copia estándar. Se requiere una copia de la identificación militar de los EE. UU., o el solicitante debe presentar la solicitud desde una dirección APO/FPO en el extranjero. Consulte las Publicaciones 501 y 519.

Casilla e. Cónyuge de un ciudadano estadounidense/extranjero residente.

Esta categoría incluye:

1. Un cónyuge extranjero residente o no residente que no presenta una declaración de impuestos de los EE. UU. (incluida una declaración conjunta) y que no es elegible para obtener un SSN, pero que, como cónyuge, se reclama como una exención.
2. Un extranjero residente o no residente que elige presentar una declaración de impuestos de los EE. UU. conjuntamente con un cónyuge que es ciudadano de los EE. UU. o extranjero residente.

Un cónyuge o una persona en el ejército de los EE. UU. está exento de presentar documentos originales o copias certificadas de documentos de identificación, pero se requerirá una copia estándar. Se requerirá una copia de una identificación militar de los EE. UU., o el solicitante debe presentar la solicitud desde una dirección APO/FPO en el extranjero. Consulte las Publicaciones 501 y 519.

Casilla f. Estudiantes, profesores o investigadores extranjeros no residentes que presentan una declaración de impuestos de los EE. UU. o *reclaman una exención.*

La casilla f está marcada si el solicitante no ha abandonado su residencia en un país extranjero y es un estudiante, profesor o investigador de buena fe que viene temporalmente a los Estados Unidos únicamente para asistir a clases en una institución educativa reconocida, para enseñar, o para realizar investigaciones.

Si esta casilla está marcada, complete las líneas 6c y 6g y proporcione un pasaporte con una visa estadounidense válida. Si el solicitante está presente en los EE. UU. con una visa relacionada con el trabajo (F-1, J-1 o M-1), pero no tendrá empleo (la presencia del solicitante en los EE. UU. está relacionada con el estudio), adjunte una carta del DSO (funcionario Escolar Designado) o el RO (Funcionario Responsable) en lugar de solicitar un SSN a la Administración del Seguro Social (SSA). La carta debe indicar claramente que el solicitante no obtendrá empleo mientras esté en los EE. UU. y que su presencia aquí está únicamente relacionada con el estudio. Esta carta se puede enviar con el Formulario W-7 del solicitante en lugar de la carta de denegación de la SSA. Consulte la Publicación 519.

Casilla g. Dependiente/cónyuge de un extranjero no residente que tiene una visa estadounidense.

La casilla g está marcada cuando la persona puede ser reclamada como dependiente o cónyuge en una declaración de impuestos de los EE. UU. y no puede o no es elegible para obtener un SSN y ha ingresado a los EE. UU. con un extranjero no residente que tiene una visa de los EE. UU. Si esta casilla está marcada, asegúrese de incluir una copia de la visa con la solicitud del formulario W-7.

Casilla h. Otro.

Si la casilla h está marcada, es porque las casillas a-g no se aplican al solicitante. Asegúrese de describir en detalle el motivo por el que solicita un ITIN y adjunte todos los documentos de respaldo.

Errores comunes en el formulario W-7

Asegúrese siempre de anotar la información correcta; compruebe dos veces si hay errores en cada documento y en el formulario W-7.

Discrepancia del nombre

Esta es la razón número uno por la que se rechazan las solicitudes de ITIN. Asegúrese de que las solicitudes W-7 tengan el mismo nombre que aparece en la declaración de impuestos que se presenta. Si una persona está ayudando a un contribuyente a completar la solicitud del Formulario W-7, asegúrese de no abreviar el nombre del solicitante, usar iniciales u omitir el segundo apellido en la declaración de impuestos o la solicitud W-7. El empleado del IRS está capacitado para hacer coincidir los nombres con la declaración de impuestos y la solicitud W-7.

Inconvenientes con el formulario W-2

Muchos titulares de ITIN usan un nombre diferente con un número de Seguro Social. Cuando la solicitud W-7 se presenta con una declaración de impuestos, los nombres en los W-2 deben coincidir con la solicitud. El IRS quiere asegurarse de que los ingresos del formulario W-2 declarados sean los ingresos que la persona obtuvo. Recuerde que el propósito del ITIN es que las personas físicas extranjeras informen sus ingresos. El problema es hacer que el W-2 coincida con el nombre legal. Los contribuyentes que necesitan un ITIN no quieren pedir a su empleador que cambie sus registros por miedo a ser despedidos por presentar información inexacta.

Fecha de ingreso

Otro error común es que la línea de fecha de ingreso en el pasaporte está vacía. Esto no permite que el empleado del IRS compare la fecha de ingreso del contribuyente con el historial laboral inicial. Por ejemplo, presentar documentos que establezcan cuándo empezaron a trabajar y el tipo de trabajo que han estado haciendo; esto ayudará al revisor del ITIN a relacionar la fecha ingresada y cuándo empezó el trabajo.
Para ciertos dependientes, un pasaporte sin fecha de ingreso no se acepta como documento independiente. Consulte la Publicación 1915.

Rechazo de pasaporte

La razón más común por la que el IRS rechaza los pasaportes es porque no están firmados. El IRS no aceptará un pasaporte original que no esté firmado. Todas las personas que ingresan a los EE. UU. con un pasaporte deben firmarlo. Algunos países no permiten que los niños firmen pasaportes, como India; el IRS todavía está trabajando en una solución al respecto.

No presentar los documentos requeridos

Asegúrese de que los documentos de identificación originales requeridos o las copias certificadas (si corresponde) se presenten con el Formulario W-7.

Excepciones fiscales relacionadas con el ITIN

Excepción 1: Retención de terceros sobre ingresos pasivos

Esta excepción puede aplicarse si el contribuyente es el receptor de ingresos de la sociedad, ingresos por intereses, ingresos por rentas vitalicias, ingresos por alquileres u otros ingresos pasivos que estén sujetos a la retención de terceros o cubiertos por los beneficios del tratado fiscal. Para obtener un ITIN, la persona debe incluir la documentación de respaldo con el Formulario W-7.

La documentación de respaldo es una carta o declaración firmada del banco, institución financiera o agente de retención. Demuestra que el activo que genera ingresos y pertenece al contribuyente está sujeto a los requisitos de información del IRS que tienen lugar en el año fiscal en curso.

Excepción 2: Otros Ingresos

Esta excepción puede aplicarse si:

1. El contribuyente reclama los beneficios de un tratado de impuestos sobre la renta de los EE. UU. con un país extranjero y el contribuyente recibió cualquiera de los siguientes:
    a. Pagos de sueldos, salarios, remuneraciones y honorarios
    b. Becas, subsidios y subvenciones
    c. Ganancias de apuestas
2. El contribuyente recibe una beca, un subsidio o una subvención tributaria, pero no reclama los beneficios de un tratado de impuesto sobre la renta.

Excepción 3: Informes de terceros sobre intereses hipotecarios

Si el solicitante de ITIN tiene un préstamo hipotecario sobre bienes inmuebles que posee en los Estados Unidos, eso está sujeto a informes de terceros sobre los intereses hipotecarios. Las declaraciones de información aplicables a la excepción 3 pueden incluir el Formulario 1098, *Declaración de intereses hipotecarios.*

Si el solicitante es elegible para reclamar la excepción 3, debe presentar documentación que muestre evidencia de un préstamo hipotecario para vivienda. La evidencia incluiría una copia del contrato o venta o documentación similar.

Excepción 4: Disposiciones de retención de terceros por una persona extranjera de bienes inmuebles de los Estados Unidos

Esta excepción puede aplicarse si la persona es parte de una disposición de un interés de bienes inmuebles de los EE. UU. por parte de una persona extranjera, que generalmente está sujeta a retención por parte del cesionario o comprador (agente de retención). Si el solicitante utiliza esta excepción con su declaración de información, se puede incluir uno de los siguientes:

- Formulario 8288, *Declaración de retenciones fiscales de los EE. UU. Disposiciones por Personas extranjeras de intereses en bienes inmuebles de los EE. UU.*
- Formulario 8288-A, *Declaración de retenciones sobre Disposiciones por personas extranjeras de intereses en bienes inmuebles de los EE. UU.*
- Formulario 8288-B y copia del contrato de compraventa, *Solicitud de certificado de retención para Disposiciones por personas extranjeras de intereses en bienes inmuebles de los EE. UU.*

En el caso del vendedor del inmueble, deben adjuntarse al formulario W-7 copias de los formularios 8288 y 8288-A presentados por el comprador.

Excepción 5: Obligaciones de información en virtud de la Decisión del Tesoro 9363(D. T. 9363)

Esta excepción puede aplicarse si el contribuyente tiene un requisito de declaración del IRS según el D T - 9363 y presenta el Formulario W-7 con el Formulario 13350.

Si el solicitante es elegible para esta excepción, el Formulario 13350 debe presentarse con la solicitud W-7 junto con una carta impresa de su empleador con membrete corporativo que indique que ha sido designado como la persona responsable de garantizar el cumplimiento de los requisitos de informes de información del IRS.

Extranjeros

Conocer si un contribuyente es residente, no residente o extranjero con doble estatus determina si el contribuyente debe presentar una declaración y cómo debe hacerlo.

Extranjero residente

El contribuyente es un extranjero residente de los Estados Unidos a efectos fiscales si cumple con la "prueba de la tarjeta de residencia" o la "prueba de presencia sustancial" para el año fiscal actual. Si el contribuyente ha sido residente durante todo el año, debe presentar una declaración de impuestos siguiendo las mismas reglas que se aplican a un ciudadano estadounidense. Consulte la Publicación 519.

Extranjero no residente

Un extranjero no residente es aquel que no ha pasado la prueba de la tarjeta de residencia o la prueba de presencia sustancial. Los formularios de impuestos son diferentes para el extranjero no residente. Por ejemplo, solo hay 3 opciones para el estado civil en el Formulario 1040NR: Soltero, Casado que declara por separado y Cónyuge sobreviviente.

Extranjero de doble estatus

Los extranjeros que cambian su condición de extranjero no residente a extranjero residente o de extranjero residente a extranjero no residente se consideran extranjeros de doble estatus. Se aplican reglas diferentes para cada parte del año en que el contribuyente es un extranjero residente o no residente.

La publicación 519 ayudará a determinar la condición de extranjero del contribuyente. Este tema no se trata en profundidad en este libro de texto.

Cumplimiento de la declaración de impuestos

El IRS está mejorando las actividades de cumplimiento relacionadas con ciertos créditos, incluido el crédito fiscal por hijos. Los cambios mejorarán la capacidad del IRS para revisar las declaraciones que reclaman este crédito, incluidas las declaraciones que utilizan ITIN para dependientes. Por ejemplo, se requerirá información de residencia adicional en el Anexo 8812, Crédito fiscal por Hijos, para garantizar que se cumplan los criterios de elegibilidad para el crédito.

La información derivada del proceso ITIN se utilizará mejor en el proceso de verificación de reembolso. Se implementaron nuevos filtros de detección previa al reembolso para marcar las declaraciones de las auditorías que reclamaban créditos reembolsables cuestionables. También se implementarán mayores recursos de cumplimiento para abordar declaraciones cuestionables en esta área. Como parte de estos esfuerzos generales, se les puede pedir a los titulares de ITIN que vuelvan a validar su estado de ITIN como parte de ciertas auditorías para ayudar a garantizar que los números se usen de manera adecuada.

Vencimiento de los ITIN

Un ITIN solo debe renovarse si ha vencido y se necesita en una declaración de impuestos federal de los EE. UU. Si no se ha utilizado un ITIN en una declaración de impuestos durante los últimos 3 años, entonces el ITIN está vencido.

La política de uniformes se aplica a cualquier ITIN, independientemente de cuándo se emitió. Solo alrededor de una cuarta parte de los 21 millones de ITIN emitidos desde que comenzó el programa en 1996 se utilizan en las declaraciones de impuestos. La nueva política garantizará que cualquier persona que use legítimamente un ITIN para fines tributarios pueda seguir haciéndolo y, mientras que al mismo tiempo caducan millones de ITIN no utilizados.

Parte 4 Preguntas de repaso

Para obtener el máximo beneficio de este curso, LTP recomienda que complete cada una de las preguntas a continuación, y luego las compare con las respuestas de los comentarios que se proporcionan posteriormente. Según los estándares reguladores de autoaprendizaje, los proveedores deben presentar preguntas de repaso de manera intermitente a lo largo de cada curso de autoaprendizaje.

Estas preguntas y explicaciones no son parte del examen final y no serán calificadas por LTP.

CTIP4.1
¿Cuál de los documentos de respaldo requeridos para las solicitudes de ITIN es un documento independiente?

a. Pasaporte
b. Identificación con foto del Servicio de Ciudadanía e Inmigración de los EE. UU. (USCIS)
c. Tarjeta de identificación nacional
d. Licencia de conducir extranjera
e. Tarjeta de registro de votante extranjero

CTIP4.2
¿Cuál de las siguientes opciones no es un error común que se encuentra al procesar una solicitud de un ITIN?

a. El nombre no coincide con el nombre en la declaración de impuestos.
b. No se coloca la fecha de ingreso.
c. El pasaporte no está firmado.
d. Los formularios W-2 coinciden con el nombre en la solicitud.

CTIP4.3
¿Cuál de las siguientes opciones no es un error común en el formulario W-7?

a. Discrepancia del nombre
b. Omisión de la fecha de ingreso
c. Pasaportes sin firmar
d. Información incompleta del agente de aceptación

CTIP4.4
Los preparadores deben determinar cómo un contribuyente debe presentar su declaración de impuestos en base a ¿cuál de los siguientes?

a. Si el contribuyente es extranjero residente
b. Si el contribuyente es un extranjero no residente
c. Si el contribuyente es un extranjero de doble estatus
d. Todas las opciones son correctas

CTIP4.5
El contribuyente es un extranjero residente de los Estados Unidos para efectos fiscales si cumple ¿cuál de las siguientes pruebas?

1. Prueba de la "tarjeta de residente"
2. La “prueba trimestral”
3. La “prueba de presencia sustancial”

a. 1 solamente
b. 2 y 3 solamente
c. 3 solamente
d. 1 y 3

CTIP4.6
El contribuyente (o cónyuge) que no tiene un número de Seguro Social (NSS), debe hacer ¿cuál de los siguientes?

a. No presentar una declaración de impuestos
b. Dejar el espacio en blanco
c. Solicitar un ATIN
d. Solicitar un SSN (si califican) o un ITIN

CTIP4.7
¿Cuál de las siguientes personas no necesita un ITIN para presentar una declaración de impuestos?

a. Un extranjero no residente
b. Un contribuyente que no califica para un NSS
c. Un contribuyente que tiene un NSS
d. Un dependiente extranjero no elegible para un NSS

CTIP4.8
¿Cuál de las siguientes opciones no es un error común que se encuentra al procesar una solicitud de un ITIN?

a. El nombre no coincide con el nombre en la declaración de impuestos
b. No se coloca la fecha de ingreso
c. El pasaporte no está firmado
d. Los formularios W-2 coinciden con el nombre en la solicitud

CTIP4.9
¿Qué agencia gubernamental emite el ITIN?

a. IRS
b. FTB
c. El Tesoro de los Estados Unidos
d. Secretario de Estado

CTIP4.10
¿Cuál de las siguientes opciones no se utiliza para completar el proceso de solicitud del formulario W-7 o W-7SP?

a. Motivo de la solicitud
b. Nombre completo de los solicitantes
c. Dirección postal de los solicitantes
d. Itinerario de viaje

Parte 4 Respuestas a las preguntas de repaso

CTIP4.1

¿Cuál de los documentos de respaldo requeridos para las solicitudes de ITIN es un documento independiente?

a. Pasaporte
b. Identificación con foto del Servicio de Ciudadanía e Inmigración de los EE. UU. (USCIS)
c. Tarjeta de identificación nacional
d. Licencia de conducir extranjera
e. Tarjeta de registro de votante extranjero

Comentarios: Revise la sección *Documentación necesaria.*

CTIP4.2

¿Cuál de las siguientes opciones no es un error común que se encuentra al procesar una solicitud de un ITIN?

a. El nombre no coincide con el nombre en la declaración de impuestos
b. No se coloca la fecha de ingreso
c. El pasaporte no está firmado
d. Los formularios W-2 coinciden con el nombre en la solicitud

Comentarios: Revise la sección *Errores comunes en el formulario W-7*

CTIP4.3

¿Cuál de las siguientes opciones no es un error común en el formulario W-7?

a. Discrepancia del nombre
b. Omisión de la fecha de ingreso
c. Pasaportes sin firmar
d. Información incompleta del agente de aceptación

Comentarios: Revise la sección *Errores comunes en el formulario W-7*

CTIP4.4

Los preparadores deben determinar cómo un contribuyente debe presentar su declaración de impuestos en base a ¿cuál de los siguientes?

a. Si el contribuyente es extranjero residente
b. Si el contribuyente es un extranjero no residente
c. Si el contribuyente es un extranjero de doble estatus
d. Todas las opciones son correctas

Comentarios: Revise la sección *Extranjeros.*

CTIP4.5
El contribuyente es un extranjero residente de los Estados Unidos para efectos fiscales si cumple ¿cuál de las siguientes pruebas?

1. Prueba de la "tarjeta de residente"
2. La "prueba trimestral"
3. La "prueba de presencia sustancial"

a. 1 solamente
b. 2 y 3 solamente
c. 3 solamente
d. 1 y 3

Comentarios: Revise la sección *Extranjeros.*

CTIP4.6
El contribuyente (o cónyuge) que no tiene un número de Seguro Social (NSS), debe hacer ¿cuál de los siguientes?

a. No presentar una declaración de impuestos
b. Dejar el espacio en blanco
c. Solicitar un ATIN
d. Solicitar un NSS (si califican) o un ITIN

Comentarios: *Revise la sección Motivo para solicitar un ITIN*

CTIP4.7
¿Cuál de las siguientes personas no necesita un ITIN para presentar una declaración de impuestos?

a. Un extranjero no residente
b. Un contribuyente que no califica para un NSS
c. Un contribuyente que tiene un NSS
d. Un dependiente extranjero no elegible para un NSS

Comentarios: Revise la sección *¿Quién necesita un ITIN?*

CTIP4.8
¿Cuál de las siguientes opciones no es un error común que se encuentra al procesar una solicitud de un ITIN?

a. El nombre no coincide con el nombre en la declaración de impuestos
b. No se coloca la fecha de ingreso
c. El pasaporte no está firmado
d. Los formularios W-2 coinciden con el nombre en la solicitud

Comentarios: Revise la sección *Errores comunes en el formulario W-7*

CTIP4.9
¿Qué agencia gubernamental emite el ITIN?

a. **IRS**
b. FTB
c. El Tesoro de los Estados Unidos
d. Secretario de Estado

Comentarios: Revise la sección *¿Quién necesita un ITIN?*

CTIP4.10
¿Cuál de las siguientes opciones no se utiliza para completar el proceso de solicitud del formulario W-7 o W-7SP?

a. Motivo de la solicitud
b. Nombre completo de los solicitantes
c. Dirección postal de los solicitantes
d. **Itinerario de viaje**

Comentarios: Revise la sección *Motivo para solicitar un ITIN*

Aportes

Conocer la legislación fiscal y recopilar la información necesaria para satisfacer el requisito de conocimientos de diligencia debida es solo el comienzo para convertirse en un gran preparador de impuestos. Lo que verdaderamente marca una carrera exitosa es aplicar este conocimiento correctamente a una declaración de impuestos; esta es la responsabilidad primordial de un profesional de impuestos.

Conocer la ley tributaria y cómo aplicar cada ley a cada situación individual es el rompecabezas que el profesional tributario debe resolver durante el resto de su carrera. Cada situación es diferente, y un profesional de impuestos debe aprender a juntar las piezas del rompecabezas para preparar una declaración de impuestos precisa.

¡PON A PRUEBA TUS CONOCIMIENTOS!
Ve en línea para tomar una prueba de práctica.

Capítulo 3 Estado civil, dependientes y deducciones

Introducción

La Ley de Empleos y Reducción de Impuestos (TCJA) de 2017 afecta a varias áreas de la legislación tributaria hasta 2025. Este capítulo describe cómo la TCJA y los cambios recientes han afectado los estados de declaración federal, los dependientes que califican y la deducción estándar. El estado de declaración es determinado el último día del año. Este capítulo tratará sobre los requisitos para determinar cuándo se considera que un dependiente reúne los requisitos, quién puede reclamar al dependiente que reúne los requisitos y cómo utiliza el IRS las reglas del empate para las personas que reúnen los requisitos como dependientes de varios contribuyentes. El IRS ha creado un asistente tributario interactivo (ITA) para responder a preguntas que pueden ayudarle a elegir la mejor opción. Asegúrese de responder correctamente a todas las preguntas. Un profesional de impuestos debe ser consciente de las consecuencias de determinar incorrectamente los dependientes: practique la diligencia debida en todos los asuntos tributarios. La comprobación del estado civil correcto para efectos de la declaración y de los dependientes que reúnen los requisitos determinará la deducción estándar del contribuyente.

Objetivos

Al final de este capítulo, el estudiante podrá:

- Reconocer cómo determinar la deducción estándar.
- Entender quién califica para la deducción estándar más alta.
- Explicar los requisitos de prueba de hijos que califican.
- Identificar la diferencia entre un hijo que califica y un pariente que califica.
- Describir la diferencia entre los padres custodiales y no custodiales.
- Mencionar los cinco estados de presentación.
- Recordar los requisitos para cada estado de declaración.
- Identificar los tipos de ingresos para determinar la asistencia.
- Reconocer los requisitos para reclamar a un dependiente que califica.

Recursos

Formulario 1040 Formulario 2120 Formulario 8332	Publicación 17 Publicación 501 Publicación 555 Temas Tributarios 352, 851, 857, 858	Instrucciones del Formulario 1040 Instrucciones del Formulario 2120 Instrucciones del Formulario 8332

Parte 1 Estado civil para efectos de la declaración

A primera vista, parece sencillo determinar el estado civil; sin embargo, los profesionales de los impuestos deben conocer, comprender y aplicar los requisitos de cada estado civil. La elección del estado civil correcto determina los requisitos de declaración, las deducciones, el impuesto correcto y el derecho del contribuyente a determinados créditos y deducciones. Vea la Publicación 17 y la Publicación 501.

Contenido

Los cinco estados civiles para la presentación federal son:

1. Soltero (S)
2. Casado que presenta una declaración conjunta (MFJ)
3. Cabeza de familia (HOH)
4. Viudo que reúne los requisitos con hijo dependiente.

La legislación estatal regula si un contribuyente está casado o separado legalmente en virtud de una sentencia de divorcio o de pensión alimenticia por separado a la hora de declarar. Por lo general, se considera que un contribuyente no está casado durante todo el año si, el último día del año tributario en curso, el contribuyente no está casado o está legalmente separado de su cónyuge en virtud de una sentencia de divorcio o de alimentos por separado.

En virtud de la Resolución Administrativa Tributaria 2013-17, las parejas del mismo sexo serán tratadas como casadas a todos los efectos tributarios federales, incluyendo los impuestos sobre los ingresos, los regalos y el patrimonio. La sentencia se aplica a todas las disposiciones tributarias federales en las que el matrimonio es un factor, incluyendo el estado civil para la declaración, la reclamación de una persona y las exenciones por dependencia, la deducción estándar, los beneficios de los empleados, la contribución a una cuenta IRA y la reclamación del crédito tributario por ingresos del trabajo o el crédito tributario por hijos.

Soltero (S)

Un contribuyente se declara soltero si, el último día del año tributario en curso, no está casado o está legalmente separado de su cónyuge en virtud de una sentencia de divorcio o de alimentos por separado. Los contribuyentes divorciados no están casados durante todo el año si el divorcio finalizó el último día del año en que presentan la declaración o antes. Si el divorcio fue estrictamente por fines tributarios y los contribuyentes se vuelven a casar al año siguiente, la pareja deberá presentar una declaración conjunta para ambos ejercicios tributarios. La legislación estatal regula si un contribuyente está casado o separado legalmente en virtud de una sentencia de divorcio o de pensión alimenticia por separado. El profesional de impuestos necesita conocer las leyes de cada estado en el que se trabaja y se preparan los impuestos.

Cuando el contribuyente ha anulado su matrimonio, se le considera soltero, aunque presente una declaración conjunta. El IRS puede enviarle cartas a la pareja indicando que su estado civil para la declaración es incorrecto. En esa circunstancia, los contribuyentes modificarían sus declaraciones a Soltero o Cabeza de Familia por todos los años que se presentaron incorrectamente. La anulación es una acción legal en la que el matrimonio nunca existió a los ojos de la ley.

Un viudo(a) puede presentar su declaración como Soltero si enviudó antes del 1 de enero del año tributario en curso y no se volvió a casar antes del final del mismo año tributario. Sin embargo, el contribuyente puede acogerse a un régimen de declaración diferente que podría reducir aún más la deuda tributaria.

Casado que presenta una declaración conjunta (MFJ)

El contribuyente debe presentar como casado que presenta una declaración conjunta (MFJ) si cumple alguno de los siguientes criterios el 31 de diciembre del año tributario que se hace la declaración:

- Los contribuyentes están casados y presentan una declaración en conjunta, aunque uno de ellos no tenga ingresos ni deducciones.
- Los contribuyentes conviven en una unión de hecho reconocida en el Estado en el que residen actualmente o en el Estado en el que se inició la unión de hecho.
- Los contribuyentes están casados y viven separados, pero no están legalmente separados en virtud de una sentencia de divorcio o de una pensión alimenticia por separado.
- El cónyuge falleció durante el año tributario y el contribuyente no volvió a contraer matrimonio antes del final del año tributario.
- Si un cónyuge fallece durante el año tributario en curso y el contribuyente vuelve a contraer matrimonio antes de que finalice el año tributario, el contribuyente y su nuevo cónyuge pueden presentar su declaración como MFJ. Aún se debe presentar una declaración de impuestos por el cónyuge fallecido y, en este caso, el estado civil del difunto sería MFS para el año tributario.

Vea la Resolución Administrativa Tributaria 2013-17.

Sociedad de bienes gananciales e ingresos

Los estados con una sociedad de bienes gananciales consideran que la propiedad adquirida por un esposo y esposa después del matrimonio es propiedad de ambos "en sociedad". En otras palabras, si una esposa adquiere bienes a su nombre antes de casarse, son solo suyos. Si los adquiere después de casarse, se considera que son propiedad tanto de ella como de su cónyuge, aunque solo estén a su nombre.

Los estados con sociedad de bienes gananciales (Arizona, California, Idaho, Luisiana, Nevada, Nuevo México, Texas, Washington y Wisconsin) gestionan la responsabilidad tributaria de la sociedad de bienes gananciales de forma diferente. Al preparar los impuestos estatales para un estado con sociedad de bienes gananciales, el profesional de impuestos debe investigar antes de preparar la declaración de impuestos para asegurar una comprensión completa de las diferencias. Alaska es un estado de distribución equitativa de los bienes, y les permite a las parejas elegir las reglas de bienes gananciales, un acuerdo de bienes gananciales o un fideicomiso comunitario. Las leyes de divorcio de Wisconsin contienen la presunción de que todos los bienes gananciales deben dividirse a partes iguales entre los cónyuges que se divorcian.

También existen excepciones a las reglas de los bienes gananciales que el preparador de declaraciones de impuestos debe conocer. Por ejemplo, los bienes adquiridos antes del matrimonio o heredados por uno de los cónyuges durante el matrimonio se consideran bienes independientes de ese cónyuge. En Arizona, California, Nevada, Nuevo México, Washington y Wisconsin, cualquier ingreso de estos bienes separados también se considera ingreso separado únicamente para ese cónyuge. Por lo tanto, si los cónyuges presentan su declaración por separado, los ingresos no se comparten y se declaran en la declaración del propietario. Esto es conocido como la "Regla de California". Por el contrario, en Idaho, Luisiana y Texas, los ingresos procedentes de bienes separados siguen considerándose ingresos gananciales; por lo tanto, si los cónyuges declaran por separado, los ingresos se compartirían en sus declaraciones de impuestos individuales. Esto es conocido como la "Regla de Texas".

Según el artículo 66 del Código de Impuestos Internos (IRC), cuando los cónyuges viven separados, se quedará con los ingresos el cónyuge que los haya obtenido. Vivir separados implica lo siguiente:

- Están casados.
- Vivieron separados durante todo un año tributario.
- No presentaron una declaración de impuestos conjunta.
- Uno de los dos, o ambos, perciben ingresos, pero ninguno de ellos se transfiere entre ellos.

Los individuos que cumplan todos los requisitos anteriores deben seguir las reglas que se indican a continuación para cubrir la declaración de los impuestos en sus declaraciones por separado:

- Los ingresos del trabajo (distintos de los ingresos de actividades económicas, empresariales o de sociedades) se consideran ingresos del cónyuge que ha prestado los servicios personales.
- Los ingresos procedentes de actividades comerciales o empresariales se consideran ingresos del contribuyente a menos que el cónyuge ejerza sustancialmente el control y la dirección de la totalidad de la empresa.
- Los ingresos gananciales derivados de los bienes separados propiedad de uno de los cónyuges se consideran ingresos del propietario.

Todos los demás ingresos gananciales tributan de acuerdo con la legislación aplicable en materia de sociedades de bienes gananciales. Véase el Código §897(a).

Cónyuge inocente

Los contribuyentes casados suelen optar por presentar una declaración de impuestos conjunta debido a los beneficios del estado civil para efectos de la declaración. Sin embargo, ambos contribuyentes son responsables conjunta e individualmente de cualquier impuesto, interés o multa adeudados en una declaración de impuestos conjunta. Incluso después de que una pareja se separe o divorcie, un excónyuge podría ser considerado responsable de las cantidades adeudadas en declaraciones conjuntas presentadas anteriormente.

En este caso, el contribuyente podría alegar que es un "cónyuge inocente": una persona que no era consciente de una posición alegada en una declaración de impuestos por su pareja que dio lugar a una responsabilidad por infravaloración de los ingresos declarados en la declaración conjunta. En esta situación, el cónyuge inocente puede presentar una solicitud de exención mediante el Formulario 8857 para intentar demostrar que no tenía conocimiento de la posición en la declaración. El IRS revisará la solicitud de exención, tomará una decisión y responderá con su resolución. El contribuyente puede apelar la decisión si la considera inaceptable.

Para poder ser elegible para la desgravación, el contribuyente debe cumplir los siguientes criterios:

- Debe haber presentado una declaración conjunta con una infravaloración errónea de la responsabilidad tributaria relacionada directamente con su cónyuge.
- No debe tener conocimiento del error.
- El IRS identifica el error y debe aceptar que es justo eximir al contribuyente de las sanciones tributarias.
- El contribuyente debe solicitar la exención en un plazo de dos años a partir de la notificación inicial de cobro del IRS.

Ejemplo: Robert y Debbie estaban casados y presentaron declaraciones de la renta conjuntas para 2021 y 2022. Debbie normalmente deja que su esposo se encargue de las finanzas y la preparación de impuestos. Se limitó a firmar la declaración de impuestos cuando Robert se lo dijo, sin cuestionar nunca al hombre en el que creía poder confiar implícitamente. Sin embargo, tras finalizar su divorcio el 15 de mayo de 2022, Debbie recibió una carta en la que el IRS le reclamaba multas e intereses. Alarmada, Debbie encontró a un preparador de impuestos que la ayudó a descubrir que su exesposo Robert había declarado ilegalmente gastos empresariales en sus declaraciones de impuestos personales de 2021 y 2022, lo que provocó que se acumularan importantes multas e intereses por presentar una declaración fraudulenta. Basándose en su desconocimiento, el preparador de declaraciones de impuestos le aconsejó correctamente que presentara el Formulario 8857 para solicitar la desgravación en las declaraciones de 2021 y 2022.

Abandono conyugal

"Abandono conyugal" y "cónyuge inocente" son dos implicaciones tributarias diferentes. El abandono conyugal se produce cuando el cónyuge que abandona ha dejado a su familia sin intención de volver o de tener responsabilidad sobre ella. En un contexto legal, no mantener a un cónyuge dependiente, enfermo o a un hijo menor podría considerarse abandono conyugal delictivo. La separación sin intención de reconciliación no es abandono conyugal. El abandono conyugal suele obligar al cónyuge abandonado a presentar una declaración por separado y a recibir todas las consecuencias tributarias desfavorables que ello conlleva. Por ejemplo, el contribuyente debe utilizar el Anexo de Tasas Impositivas para contribuyentes casados que declaran por separado. Para mitigar este trato tan duro, el Congreso promulgó unas disposiciones comúnmente denominadas "reglas del cónyuge abandonado", que les permiten a los contribuyentes casados presentar la declaración como cabeza de familia para eludir las consecuencias tributarias de la declaración por separado.

Casado que presenta una declaración por separado (MFS)

Los contribuyentes casados, tanto si viven juntos como separados, pueden optar por presentar la declaración como casados que presentan una declaración por separado (MFS) en las siguientes circunstancias:

- Desean ser responsables de sus propias obligaciones tributarias.
- Si la declaración de MFS da lugar a que los contribuyentes paguen menos impuestos que declarando conjuntamente.

Los contribuyentes deben ser advertidos de que el estado de declaración MFS tiene limitaciones en las deducciones, ajustes y créditos.

Los contribuyentes que opten por presentar la declaración MFS deben indicar el nombre completo y el número del Seguro Social o ITIN de su cónyuge en los espacios previstos para ello y, por lo general, también están sujetos a las siguientes reglas especiales:

- Las tasas impositivas suelen ser más elevadas.
- Debe haber vivido separado todo el año para solicitar el crédito para ancianos o discapacitados.
- Imposibilidad de tomar ciertos créditos.
- Deducción de pérdidas de capital limitada a $1,500.
- Debe detallar las deducciones si el cónyuge las detalla.
- Las contribuciones a cuentas individuales de jubilación (IRA) están limitadas por el importe de los ingresos.

- Los intereses no pueden excluirse de los bonos de ahorro estadounidenses cualificados para gastos de educación superior.
- El impuesto mínimo alternativo es la mitad del permitido para MFJ.

Vea la Publicación 501.

Si los contribuyentes viven en un estado con sociedad de bienes gananciales y presentan una declaración por separado, las leyes del estado en el que residen rigen si tienen ingresos de bienes gananciales o ingresos de bienes separados a efectos del impuesto federal. Vea la Publicación 555.

Cabeza de familia (HOH)

El contribuyente debe presentar su declaración como cabeza de familia (HOH) si cumple alguno de los siguientes criterios el 31 de diciembre del año tributario para el que se hace la declaración:

- El contribuyente debe considerarse soltero el último día del año.
- Un hijo o pariente que cumpla los requisitos ha vivido en el hogar durante más de la mitad del año (hay excepciones para ausencias temporales). En la mayoría de los casos, los hijos de padres divorciados o separados, o de padres que vivían separados, pueden ser reclamados basándose en el criterio de residencia.
- El contribuyente pagó más de la mitad de los gastos de mantenimiento de la vivienda durante el año tributario.

Un contribuyente casado podría ser considerado cabeza de familia si mantiene un domicilio separado durante más de los últimos 6 meses del año y un hijo que cumpla los requisitos vivía con ellos. El estado civil a elegir en la declaración de impuestos es el de cabeza de familia.

Mantener un hogar

Para calificar para declarar como HOH, el contribuyente debe pagar más de la mitad del costo de mantener a un hogar. Los gastos pueden incluir el alquiler, pagos de intereses hipotecarios, reparaciones, impuestos sobre bienes raíces, seguros, servicios y alimentos consumidos en el hogar. Los costos no incluyen vestimenta, educación, tratamiento médico, vacaciones, seguro de vida y el valor de alquiler del hogar propiedad del contribuyente. El mantenimiento de un hogar y la ayuda económica se tratarán más adelante en este capítulo.

Supongamos que el contribuyente recibe pagos de la Ayuda Temporal para Familias Necesitadas (TANF) o de otros programas de asistencia pública para pagar el alquiler o el mantenimiento de la vivienda. En ese caso, esos pagos no pueden incluirse como dinero pagado por el contribuyente. Sin embargo, deben incluirse en el costo total de mantenimiento de la vivienda para calcular si el contribuyente pagó más de la mitad del costo.

> *El Señor 1040 dice:* Recuerde que la ayuda del TANF para pagar el alquiler debe incluirse en el costo total del

Diferencias entre declarar como cabeza de familia y como soltero

La diferencia entre la declaración S y la declaración HOH es si el contribuyente soltero mantiene una vivienda para una persona que reúne los requisitos. Para poder inscribirse como cabeza de familia, primero debe haber un hogar del que ser cabeza, y para que haya un hogar, primero debe haber un grupo de individuos que vivan juntos y tengan una relación de parentesco que permita considerarlos una unidad familiar. Si estas especificaciones no se aplican a la situación de vida del contribuyente, éste deberá presentar su declaración como soltero.

Un contribuyente declarará como soltero en lugar de como cabeza de familia en las siguientes situaciones:

- El contribuyente vive solo. Aunque técnicamente es la cabeza de familia de su casa porque es la única persona que vive en ella, no hay hogar del que ser cabeza de familia, por lo que debe presentar la declaración como soltero.
- El contribuyente vive en un hogar, pero no reúne los requisitos para ser su cabeza de familia. Ya sea porque no aporta un porcentaje suficiente de apoyo o por otro motivo, aunque esté en un hogar, no es su cabeza y, por tanto, declararía como soltero.
- Si un contribuyente tiene un dependiente que reúne los requisitos, pero vive en un hogar sin reunir los requisitos para ser cabeza de familia, presentará la declaración como soltero con dependiente en lugar de la de cabeza de familia.

Ejemplo 1: Tyler vive solo en una casa en los suburbios y nadie más vive con él. Presenta la declaración como soltero porque, aunque es la "cabeza" de su hogar, no existe un hogar o grupo de personas que convivan con una relación de parentesco que permita considerarlo una unidad familiar.

Ejemplo 2: Joseph y cuatro de sus amigos viven en una casa que alquilan juntos y se reparten a partes iguales todos los gastos. Suponiendo que ninguno de ellos esté casado o en pareja de hecho registrada, todos declararán como solteros ya que ninguno contribuye más del 50% de la manutención de la casa para tener derecho a ser cabeza de familia. El grupo no posee suficientes relaciones de parentesco para ser considerado una unidad familiar y no puede ser considerado un hogar; por lo tanto, no hay ni cabeza de familia ni hogar. Todos los contribuyentes deben presentar la declaración como solteros.

Ejemplo 3: Barry y su hijo Don viven con los padres de Barry, Henry y Nora, que ganan $350,000 anuales. Barry gana $27,840 al año como auxiliar educativo a tiempo parcial; no aporta más del 50% de la manutención del hogar; sin embargo, sí aporta más del 50% de la manutención de su hijo Don. Barry debe presentar su declaración como soltero con una persona dependiente por los siguientes motivos:

- Es miembro de la unidad familiar, pero no el cabeza de familia, porque aporta muy poca ayuda; por lo tanto, no declararía como cabeza de familia.
- No está casado ni tiene pareja de hecho registrada, por lo que presentaría la declaración como soltero, incluso con un dependiente.
- Don es el dependiente que reúne los requisitos porque es hijo de Barry, y Barry aporta más del 50% de la manutención de Don; por lo tanto, presentaría la declaración como soltero con un dependiente.

Viudo que reúne los requisitos con hijo dependiente

El contribuyente puede presentar la declaración como viudo sobreviviente (SS) con hijo dependiente si cumple alguno de los siguientes requisitos el 31 de diciembre del año tributario que se declara:

- El contribuyente tenía derecho a presentar una declaración conjunta con su cónyuge por el año tributario en el que éste falleció (tanto si el contribuyente presentó una declaración conjunta como si no).
- El contribuyente no contrajo nuevo matrimonio antes de finalizar el año tributario.
- El contribuyente tiene un hijo dependiente que reúne los requisitos para ser considerado su dependiente durante el año tributario.
- El contribuyente pagó más de la mitad de los gastos de mantenimiento de una vivienda que fue la vivienda principal del contribuyente y del hijo dependiente durante todo el año.

En el año tributario en el que fallece un cónyuge, el contribuyente puede presentar su declaración como MFJ o QSS. Si el contribuyente sigue cumpliendo los requisitos, declarará como QSS con un hijo dependiente durante los dos próximos años. Si el contribuyente no se ha vuelto a casar y sigue teniendo un hijo dependiente que reúna los requisitos y que viva con él después de los dos años, el estado civil del contribuyente para los efectos de la declaración cambiaría a HOH.

Ejemplo: La esposa de John falleció en 2020 y John no se ha vuelto a casar y ha seguido manteniendo un hogar con sus hijos que califican, Riley y Galván. Para el año tributario 2020, Juan declaró como MFJ. En 2021 y 2022, tendría derecho a presentar la declaración como viudo con hijos dependientes si Riley y Galván siguen siendo dependientes que reúnen los requisitos. Sin embargo, a partir del año tributario 2023, si Juan sigue teniendo hijos que reúnan los requisitos y no se ha vuelto a casar, no podría presentar la declaración como QSS con hijos dependientes y, en su lugar, reuniría los requisitos para presentar la declaración como HOH.

Determinación del estado civil correcto para la declaración federal

Los siguientes escenarios se basan en la información que ha estudiado hasta ahora. Determine la mejor respuesta para cada pregunta.

1. James, de 19 años, trabaja a tiempo completo, y en su W-2 aparece el valor de $17,000 en la casilla 1. Él reclama que su hermana de 14 años vivió con él todo el año. Además, él le dice que su madre y hermano vivieron en el mismo hogar todo el año. Los ingresos de su madre son $32,000. James quiere reclamar a su hermana como su dependiente. ¿Qué situación describe mejor el estado civil de James basándose en la información facilitada?

A. james presentará su declaración como soltero y reclamará a su hermana como dependiente.
B. James presentará su declaración como soltero sin dependientes.
C. James presentará su declaración como cabeza de familia y reclamará a su hermana como dependiente
D. James no tiene que presentar una declaración de impuestos porque su madre lo reclamará como dependiente.

Comentarios: James no puede reclamar a su hermana ya que su madre vive en el mismo hogar y ella tiene el ingreso más alto. James no es un dependiente en la declaración de impuestos de su madre ya que sus ingresos son de $17,000. James presentará su declaración como soltero sin dependientes.

2. Linda, de 56 años, trabaja a tiempo completo y en su W-2 aparece el valor de $27,000 en la casilla 1. Ella le dice que su hija de 22 años, Julie, fue estudiante a tiempo completo hasta que se graduó en junio. Julie vivió con ella hasta noviembre, cuando se casó con Todd. Linda quiere reclamar a Julie como su dependiente. Linda le dice que Julie y Todd presentaron una declaración de impuestos conjunta para recibir su retención federal y que sus ingresos totales fueron de menos de $6,000. ¿Qué situación describe mejor el estado de declaración de Linda según la información facilitada?

a. Linda presentará su declaración como cabeza de familia sin Julie como su dependiente.
b. Linda presentará su declaración como cabeza de familia y reclamará a Julie como dependiente.
c. Linda presentará su declaración como soltera sin dependientes.
d. Linda presentará su declaración como soltera con Julie como su dependiente.

Comentarios: Linda puede reclamar a Julie como su dependiente ya que Julie cumple con los requisitos de residencia, de relación y la prueba de declaración conjunta. Por lo tanto, el estado civil para los efectos de la declaración de Linda sería el de cabeza de familia y Linda presentará su declaración y reclamará a Julie como dependiente.

3. Javier, de 45 años, y Janice, de 42 años, mantienen al tío de Javier, Chris, quien no vive con ellos. Javier le da a Chris $500 al mes para mantenerlo. ¿Cuál de las siguientes preguntas debe hacerle a Javier para determinar si Chris es su dependiente?

1. ¿Cuánto y qué tipo de ingresos recibió Chris?
2. ¿Otros contribuyentes pueden reclamar a Chris como dependiente?
3. ¿Tiene documentación que muestre su contribución?
4. ¿Chris tiene algún dependiente?

a. Deben hacerse todas las preguntas
b. 3 y 4
c. 1 y 2
d. 1, 2 y 3

Comentarios: Para asegurarse de que el contribuyente pueda reclamar a un pariente como dependiente, el profesional de impuestos debe hacer preguntas específicas para determinar si el pariente es un pariente que califica. Deben hacerse todas las preguntas. La siguiente lista de control de parientes que califican puede ayudarle a determinar si se trata de un miembro de la unidad familiar:

- Su hijo o hija, hijastro o hijastra, hijo o hija adoptivo o descendiente de cualquiera de ellos (por ejemplo, su nieto o nieta). (Un hijo adoptado legalmente se considera su hijo).
- Su hermano, hermana, medio hermano, medio hermana, hermanastro o hermanastra.
- Su padre, madre, abuelos u otros ascendientes directos, pero no los padres de acogida.
- Su padrastro o madrastra.
- Un hijo o hija de su hermano o hermana.
- Un hijo o hija de su medio hermano o media hermana.
- Un hermano o hermana de su padre o madre.
- Su nuero, nuera, suegro, suegra, cuñado o cuñada.
- Cualquiera de estas relaciones que fueron establecidas por matrimonio no terminan con el fallecimiento o divorcio.

4. Jonathan, de 37 años, quiere reclamar a su madre como dependiente en su declaración de impuestos. Su madre recibe beneficios del Seguro Social de $22,000. La casilla 1 en el W-2 de Jonathan dice $22,000. Con base en la información proporcionada, ¿cuál escenario describe mejor el estado de declaración de Jonathan?

a. Jonathan presentará su declaración como soltero y reclamará a su madre como dependiente.
b. Jonathan presentará su declaración como soltero sin dependientes.
c. Jonathan presentará su declaración como cabeza de familia y reclamará a su madre como dependiente.
d. Jonathan no tiene que presentar una declaración de impuestos porque su madre lo reclamará como dependiente.

Comentarios: Jonathan no puede reclamar a su madre ya que él no le dio más del 50% de su manutención debido a los beneficios del Seguro Social de su madre. Jonathan presentará su declaración como soltero sin dependientes.

5. Mia, de 28 años, tiene un hijo, Bobby, de 6 años. Ellos han vivido todo el año con la madre de Mia. Mia tiene un trabajo a tiempo completo y es estudiante a tiempo completo. La casilla 1 de su W-2 dice $19,000. La madre de Mia, Billie, quiere reclamar a Bobby como su dependiente. El formulario W-2 de Billie dice $12,000 en la casilla 1. Mia mantiene completamente a Bobby. ¿Qué situación describe mejor el estado de declaración de Mia según la información facilitada?

a. Mia presentará su declaración como soltera sin dependientes.
b. Billie presentará su declaración como cabeza de familia y reclamará a Bobby.
c. Mia presentará su declaración como cabeza de familia y reclamará a Bobby como su dependiente.
d. Billie presentará su declaración como cabeza de familia y reclamará a Mia y a Bobby como sus dependientes, ya que ellos viven con ella.

Comentarios: Billie no puede reclamar ni a Mia ni a Bobby ya que Mia gana más dinero que Billie. Mia puede presentar su declaración como cabeza de familia ya que ella paga el 100% de la manutención de Bobby. Billie no puede reclamar a Mia ni a Bobby ya que ella gana menos que Mia. Mia presentará su declaración como cabeza de familia y reclamará a Bobby como su dependiente.

6. Esperanza, de 19 años, es estudiante a tiempo completo y tiene un empleo a medio tiempo. Esperanza y su hija, Elisa, de 3 años, viven con los padres de Esperanza. La casilla 1 en el W-2 de Esperanza dice $4,000 en ingresos. Los padres de Esperanza tienen ingresos combinados de $75,000. Esperanza y Elisa están cubiertos por el seguro médico de los padres de Esperanza. ¿Qué situación describe mejor el estado de declaración de Esperanza según la información facilitada?

a. Esperanza presentará su declaración como soltera sin dependientes. Esperanza presentará su declaración como soltera, como dependiente, en otra declaración, sin dependientes.
b. Esperanza presentará su declaración como cabeza de familia y reclamará a Elisa como dependiente.
c. Esperanza presentará su declaración como soltera y reclamará a Elisa como dependiente.

Comentarios: Esperanza y Elisa son dependientes de los padres de Esperanza en sus declaraciones de impuestos ya que sus padres proporcionan la mayoría de la manutención de Esperanza y su hija. Ya que Esperanza ganó solo $4,000 en su W-2, lo cual está por debajo del umbral de exención de dependientes, ella solo presentará una declaración de impuestos para recibir su retención de impuestos federales (si aplica). Esperanza presentará su declaración como soltera, como dependiente, en otra declaración sin dependientes.

7. Colton y Brittney están legalmente casados. Ellos cuentan con un acuerdo de separación y han estado viviendo separados desde noviembre de 2021. Ellos presentaron una declaración conjunta para el 2021. Los ingresos provenientes del trabajo de Brittney son de $46,000 y su hija Mika vive con ella el 100% del tiempo. Los ingresos del trabajo de Colton son de $31,000. Colton quiere reclamar a Mika como su dependiente para el año tributario 2023. Con base en la información proporcionada, ¿cuál escenario describe mejor lo que debe suceder para que Colton pueda reclamar a Mika?

a. Colton puede presentar su declaración como cabeza de familia y reclamar a Mika ya que ella es su hija.
b. Brittney debe firmar el Formulario 8332 para permitir que Colton reclame a Mika.
c. Mika puede escoger qué padre quiere que la reclame.
d. Brittney presentará su declaración como cabeza de familia y reclamará a Mika ya que sus ingresos son más altos que los de Colton y Mika ha vivido con ella el 100% del tiempo.

Comentarios: Colton no podrá reclamar a Mika a menos que Brittney firme el Formulario 8332. Mika ha vivido con Brittney el 100% del tiempo y los ingresos provenientes del trabajo de Brittney son mayores a los de Colton. Las reglas del empate también podrían ayudar a determinar el estado de declaración y quién puede reclamar a Mika. Colton debe pedirle a Brittney que firme el Formulario 8332 para poder reclamar a Mika. Aplique las siguientes reglas para determinar qué persona puede reclamar a un hijo como hijo que reúne los requisitos:

- Si los padres presentan una declaración conjunta, ambos pueden reclamar al hijo como un hijo que califica.
- Si solo un contribuyente es uno de los progenitores del niño, el niño califica para ese progenitor.
- Si los padres no presentan una declaración de impuestos en conjunto, el IRS tratará al niño como un niño que califica para el progenitor con quien el niño vivió la mayor parte del tiempo durante el año. Los hijos que viven con cada progenitor el mismo tiempo son hijos que cumplen los requisitos para ambos progenitores. En ese caso, el IRS los considera hijos que reúnen los requisitos del progenitor con el AGI más alto del año.
- Si ninguno de los padres puede reclamar al hijo como un hijo que califica, el hijo es el hijo que califica para la persona con el AGI más alto para el año.
- Si un padre puede reclamar al hijo como un hijo que califica y ninguno de los padres lo reclama, el hijo es el hijo que califica para la persona con el AGI más alto para el año.

8. Pedro y Celeste están legalmente casados y tienen dos hijos. Celeste no quiere pagar los impuestos atrasados de Pedro y el impuesto sobre el trabajo independiente. Pedro tiene su propio negocio. Celeste era propietaria de la casa antes de casarse (no viven en un estado con sociedad de bienes gananciales). La casilla 1 en el W-2 de Celeste dice $150,000. Los ingresos brutos de Pedro en su Anexo C son de $15,000. ¿Qué situación describe mejor el estado de declaración de Pedro y Celeste basándose en la información proporcionada?

a. Pedro debería presentar su declaración como cabeza de familia con dos hijos y Celeste debería presentar como soltera.

b. Celeste debería presentar su declaración como cabeza de familia con dos hijos y Pedro debería presentar como soltero.
c. Pedro y Celeste pueden presentar su declaración como casada que presenta una declaración por separado y luego decidir quién reclama a los niños y las deducciones.
d. Pedro y Celeste no necesitan presentar una declaración de impuestos ya que no pueden decidir cómo hacerlo.

Comentarios: Un contribuyente casado puede escoger el estado MFS si aplica cualquiera de lo siguiente:

- Si están casados, viviendo juntos o separados.
- Si quieren ser responsables de sus obligaciones tributarias.
- Si resulta en menos impuestos de los que adeudarían en una declaración conjunta. Sin embargo, informe a los contribuyentes que el estado de declaración MFS tiene limitaciones severas sobre las deducciones, ajustes y créditos.

Pedro y Celeste deben presentar su declaración como casados que presentan una declaración por separado y luego decidir quién reclama a los niños y las deducciones.

9. Peter, de 21 años, y su hijo Paul, vivieron con sus padres durante todo el año. La casilla 1 en su W-2 dice $4,050. Peter es estudiante a tiempo completo. A Peter le gustaría presentar por sí solo y reclamar a su hijo, Paul. Peter y su hijo están cubiertos por el seguro médico de sus padres. Sus padres, Roberto y Melissa, tienen ingresos combinados de $175,000. ¿Qué escenario describe mejor el estado de declaración de Peter basándose en la información facilitada?

a. Peter presentará su declaración como soltero y será dependiente en la declaración de sus padres.
b. Peter presentará su declaración como soltero y será dependiente en otra declaración y reclamará a Paul como su dependiente.
c. Roberto y Melissa presentarán una declaración como casados que presentan una declaración conjunta y reclamarán a Peter y a Paul como dependientes.
d. Peter presentará su declaración como soltero y declarará que es dependiente en otra declaración, y Roberto y Melissa presentarán su declaración como casados que presentan una declaración conjunta y reclamarán a Peter y a Paul como dependientes.

Comentarios: El contribuyente debería pagar más de la mitad del costo de mantener un hogar durante el año, pero Peter no ha proporcionado más del 50% de su manutención o la de Paul, lo cual significa que no puede reclamar a Paul como su dependiente. Peter presentará su declaración como soltero y declarará que es dependiente en otra declaración, y Roberto y Melissa presentarán su declaración como casados que presentan una declaración conjunta y reclamarán a Peter y a Paul como sus dependientes.

10. Fernando y Tabitha están legalmente casados (Tabitha tiene un ITIN). Ellos tienen tres hijos con números de Seguro Social. Tabitha es ama de casa y la casilla 1 del Formulario W-2 de Fernando dice $29,000. Fernando y su familia viven con su hermano, Charles. ¿Qué situación describe mejor el estado de declaración de Fernando y Tabitha según la información facilitada?

a. Fernando y Tabitha presentarán una declaración como casados que presentan una declaración conjunta y reclamarán a los tres niños como dependientes.
b. Fernando presentará su declaración como cabeza de familia y reclamará a Tabitha y a sus tres hijos como dependientes.
a. Fernando presentará su declaración como soltero y dejará que Charles reclame a los otros como dependientes.

b. Charles reclamará a Fernando y a su familia como dependientes ya que todos viven con él.

Comentarios: Incluso si Tabitha tiene un ITIN, eso no la elimina de la declaración de impuestos. Fernando y Tabitha están legalmente casados, y ellos no son dependientes en la declaración de impuestos de Charles tan solo porque la familia vive allí. Similarmente, ya que ni Fernando ni Tabitha ni Charles proveen más del 50% de la manutención de los otros, ninguno reclamaría a los otros como dependientes. Fernando y Tabitha presentarán una declaración como casados que presentan una declaración conjunta y reclamarán a los tres niños como dependientes.

Exenciones y suspensiones

La Ley de Empleos y Reducción de Impuestos de 2017 suspendió la exención personal para los años tributarios de **2018 a 2025**. Aunque actualmente no exista obligación de presentar la parte federal de la declaración, el contribuyente puede estar obligado a presentar la declaración estatal y, en el futuro, posiblemente también la federal.

Al igual que una deducción, una exención personal reduce el monto de los ingresos utilizados para calcular la obligación tributaria. A diferencia de las deducciones tributarias, una exención es simplemente una cantidad fija de reducción que se concede en la declaración. Por lo general, el contribuyente puede solicitar una exención para sí mismo, su cónyuge y sus dependientes que reúnan los requisitos. El monto total de la reducción proporcionada por cualquier exención personal antes del año tributario 2017 va en el Formulario 1040, línea 42, y el Formulario 1040A, línea 26. La línea 5 del formulario 1040EZ es la suma del monto total de la deducción estándar más el monto de la exención personal.

Reglas para las exenciones por dependientes

- El contribuyente no puede reclamar a ningún dependiente si presenta una declaración conjunta o si pudiera ser reclamado como dependiente por otro contribuyente.
- El contribuyente no puede reclamar como dependiente a una persona casada que presente una declaración conjunta, a menos que la declaración conjunta sea únicamente una solicitud de devolución.
- El contribuyente no puede reclamar a una persona como dependiente a menos que el individuo sea ciudadano de EE.UU., residente de EE.UU., nacional de EE.UU. o residente de Canadá o México durante alguna parte del año; hay excepciones a esta regla, pero están fuera del alcance de este curso.
- Un contribuyente no puede reclamar a una persona como dependiente a menos que esa persona sea su hijo o pariente que cumpla los requisitos.

El contribuyente tiene derecho a una exención por cada persona reclamada en la declaración de impuestos. El contribuyente puede solicitar la exención para un dependiente, aunque dicha persona presente una declaración de impuestos.

Parte 1 Preguntas de repaso

Para obtener el máximo provecho de este capítulo, LTP recomienda que complete todas las preguntas y luego las compare con las respuestas con comentarios que siguen inmediatamente. Según las normas de autoaprendizaje vigentes, los vendedores deben presentar preguntas de repaso de forma intermitente a lo largo de cada curso de autoaprendizaje.

Estas preguntas y explicaciones no son parte del examen final y no serán calificadas por LTP.

FSDDP1.1
¿En qué fecha se determina el estado civil para efectos de la declaración del contribuyente?

a. 31 de octubre
b. 31 de diciembre
c. 1 de enero
d. 15 de abril

FSDDP1.2
¿Cuál de los siguientes no es un estado civil para efectos de la declaración federal?

a. Soltero
b. Casado que presenta una declaración por separado
c. Cabeza de familia
d. Casado que presenta una declaración como soltero

FSDDP1.3
¿Cuál de los siguientes describe mejor los bienes gananciales?

a. Todos los bienes adquiridos por un esposo o esposa mientras están viviendo en un estado de derecho consuetudinario.
b. Todos los bienes adquiridos por un esposo o esposa mientras están viviendo en un estado con sociedad de bienes gananciales.
c. Todos los bienes adquiridos por un esposo o esposa mientras están viviendo en un estado de separación de bienes.
d. Todos los bienes adquiridos por un esposo o esposa mientras están viviendo en un territorio de propiedad conjunta.

FSDDP1.4
Una declaración de impuestos federales debe ser presentada por todos los siguientes excepto:

a. Individuos en general
b. Dependientes
c. Personas que trabajan por cuenta propia
d. Cualquier persona mayor de 65 años

FSDDP1.5
El estado de declaración de Jeff es casado que presenta una declaración por separado. ¿Cuál de los siguientes escenarios no aplica para Jeff?

a. Debe detallar las deducciones si su cónyuge las detalla.
b. No puede reclamar un interés sobre un préstamo estudiantil.
c. Puede solicitar el EITC (crédito tributario por ingresos del trabajo).
d. No puede tomar el crédito por cuidado de hijos y dependientes ni los gastos.

FSDDP1.6
¿Cuál de las siguientes opciones le permitiría a Gunther declarar como cabeza de familia?

a. Gunther mantuvo una casa él solo durante todo el año.
b. La madre de Gunther no vivía con el contribuyente, pero Gunther pagaba el 100% de sus gastos de manutención.
a. Gunther es el padre sin custodia de Hunter.
b. Los dependientes de Gunther no vivieron con él durante el año completo.

FSDDP1.7

Carina necesita determinar su estado de declaración. ¿Cuál de las siguientes opciones le permitiría a Carina presentar la declaración como cabeza de familia?

1. Carina mantuvo un hogar para sí misma durante todo el año.
2. La madre de Carina no vivía con ella, pero ella pagaba el 100% de los gastos de manutención de su madre.
3. Carina es la madre sin custodia y no puede reclamar a su dependiente.
4. Los dependientes de Carina no vivieron con ella todo el año.

a. 1, 2 y 4
b. Solo 2
c. 2 y 3
d. Solo 4

FSDDP1.8

¿Cuál de los siguientes no es uno de los requisitos para el estado civil para efectos de la declaración federal?

a. No estar casado el último día del año.
b. Estar separado legalmente por sentencia de divorcio o pensión alimenticia.
c. No calificar para otro estado civil para efectos de la declaración.
d. El cónyuge falleció durante el año tributario y el contribuyente no volvió a contraer matrimonio antes de finalizar el año tributario en curso.

FSDDP1.9

Wendy está presentando su declaración como soltera. ¿Cuál de los siguientes no es uno de los requisitos para usar el estado de declaración como soltero?

1. No estar casado el último día del año.
2. Estar separado legalmente por sentencia de divorcio o pensión alimenticia.
3. No calificar para otro estado civil para efectos de la declaración.
4. El cónyuge falleció durante el año tributario y el contribuyente no volvió a contraer matrimonio antes de finalizar el año tributario en curso.

a. 1, 2 y 3
b. Solo 4
c. 1 y 3
d. 2, 3 y 4

FSDDP1.10

El estado de declaración de Victoria es casado que presenta una declaración por separado. ¿Cuál de las siguientes opciones no se aplica a un contribuyente casado que presenta una declaración por separado?

1. Debe detallar las deducciones si su cónyuge las detalla.
2. No puede reclamar un interés sobre un préstamo estudiantil.
3. Puede solicitar el EIC.
4. No puede tomar el crédito por gastos de cuidado de menores y dependientes.

a. Solo 3
b. 1, 2 y 4
c. 1 y 3
d. 2 y 4

Parte 1 Respuestas a las preguntas de repaso

FSDDP1.1
¿En qué fecha se determina el estado civil para efectos de la declaración del contribuyente?

a. 31 de octubre
b. 31 de diciembre
c. 1 de enero
d. 15 de abril

Comentarios: Consulte la sección *Estado civil.*

FSDDP1.2
¿Cuál de los siguientes no es un estado civil para efectos de la declaración federal?

a. Soltero
b. Casado que presenta una declaración por separado
c. Cabeza de familia
d. Casado que presenta una declaración como soltero

Comentarios: Revise la sección *Estado civil.*

FSDDP1.3
¿Cuál de los siguientes describe mejor los bienes gananciales?

a. Todos los bienes adquiridos por un esposo o esposa mientras están viviendo en un estado de derecho consuetudinario.
b. Todos los bienes adquiridos por un esposo o esposa mientras están viviendo en un estado con sociedad de bienes gananciales.
c. Todos los bienes adquiridos por un esposo o esposa mientras están viviendo en un estado de separación de bienes.
d. Todos los bienes adquiridos por un esposo o esposa mientras están viviendo en un territorio de propiedad conjunta.

Comentarios: Consulte la sección *Bienes e ingresos gananciales.*

FSDDP1.4
Una declaración de impuestos federales debe ser presentada por todos los siguientes excepto:

a. Individuos en general
b. Dependientes
c. Personas que trabajan por cuenta propia
d. Cualquier persona mayor de 65 años

Comentarios: Revise la sección *Estado civil.*

FSDDP1.5
El estado de declaración de Jeff es casado que presenta una declaración por separado. ¿Cuál de los siguientes escenarios no aplica para Jeff?

a. Debe detallar las deducciones si su cónyuge las detalla.
b. No puede reclamar un interés sobre un préstamo estudiantil.
c. Puede solicitar el EITC (crédito tributario por ingresos del trabajo).
d. No puede tomar el crédito por gastos de cuidado de menores y dependientes.

Comentarios: Consulte la sección *Casado que presenta una declaración por separado.*

FSDDP1.6
¿Cuál de las siguientes opciones le permitiría a Gunther declarar como cabeza de familia?

a. Gunther mantuvo una casa él solo durante todo el año.
b. La madre de Gunther no vivía con el contribuyente, pero Gunther pagaba el 100% de sus gastos de manutención.
c. Gunther es el padre sin custodia de Hunter.
d. Los dependientes de Gunther no vivieron con él durante el año completo.

Comentarios: Consulte la sección *Cabeza de familia.*

FSDDP1.7
Carina necesita determinar su estado de declaración. ¿Cuál de las siguientes opciones le permitiría a Carina presentar la declaración como cabeza de familia?

1. Carina mantuvo un hogar para sí misma durante todo el año.
2. La madre de Carina no vivía con ella, pero ella pagaba el 100% de los gastos de manutención de su madre.
3. Carina es la madre sin custodia y no puede reclamar a su dependiente.
4. Los dependientes de Carina no vivieron con ella todo el año.

a. 1, 2 y 4
b. Solo 2
c. 2 y 3
d. Solo 4

Comentarios: Consulte la sección *Cabeza de familia.*

FSDDP1.8
¿Cuál de los siguientes no es uno de los requisitos para el estado civil para efectos de la declaración federal?

a. No estar casado el último día del año.
b. Estar separado legalmente por sentencia de divorcio o pensión alimenticia.
c. No calificar para otro estado civil para efectos de la declaración.
d. El cónyuge falleció durante el año tributario y el contribuyente no volvió a contraer matrimonio antes de finalizar el año tributario en curso.

Comentarios: Consulte la sección *Estado civil.*

FSDDP1.9
Wendy está presentando su declaración como soltera. ¿Cuál de los siguientes no es uno de los requisitos para usar el estado de declaración como soltero?

1. No estar casado el último día del año.
2. Estar separado legalmente por sentencia de divorcio o pensión alimenticia.
3. No calificar para otro estado civil para efectos de la declaración.
4. El cónyuge falleció durante el año tributario y el contribuyente no volvió a contraer matrimonio antes de finalizar el año tributario en curso.

a. 1, 2 y 3
b. Solo 4
c. 1 y 3
d. 2, 3 y 4

Comentarios: Consulte la sección *Soltero.*

FSDDP1.10
El estado de declaración de Victoria es casado que presenta una declaración por separado. ¿Cuál de las siguientes opciones no se aplica a un contribuyente casado que presenta una declaración por separado?

1. Debe detallar las deducciones si su cónyuge las detalla.
2. No puede reclamar un interés sobre un préstamo estudiantil.
3. Puede solicitar el EIC.
4. No puede tomar el crédito por gastos de cuidado de menores y dependientes.

a. Solo 3
b. 1, 2 y 4
c. 1 y 3
d. 2 y 4

Comentarios: Revise la sección *Estado civil.*

Parte 2 Prueba del miembro del hogar o parentesco

Para que se cumpla esta prueba, debe cumplirse una de las siguientes condiciones:

- La persona vivió con el contribuyente todo el año como miembro de su hogar.
- Si la persona no vivió con el contribuyente durante todo el año, deberá tener con él alguna de las relaciones de parentesco enumeradas en la siguiente sección del capítulo.

Si la persona era el cónyuge del contribuyente en algún momento del año, esa persona no puede ser el pariente que reúne los requisitos del contribuyente.

Parientes que no necesitan vivir con el contribuyente para ser considerados miembros de su hogar o cumplir la prueba de parentesco

Una persona relacionada con el contribuyente en cualquiera de las formas siguientes no tiene que vivir con el contribuyente todo el año como miembro del hogar del contribuyente para cumplir con esta prueba:

- El hijo, hija, hijastro, hijastra, hijo o hija de crianza elegible o cualquier descendente de los mismos (ej.: un nieto).
- El hermano, hermana, medio hermano, medio hermana, hermanastro o hermanastra.
- El padre, madre, abuelo, cualquier ascendiente directo o padrastro o madrastra del contribuyente, pero **no** un padre de crianza.
- El hijo o hija del hermano, hermana, medio hermano o media hermana del contribuyente.
- Un hermano o hermana del padre o madre del contribuyente.
- El nuero, nuera, suegro, suegra, cuñado o cuñada del contribuyente.

Las relaciones que fueron establecidas por matrimonio no terminan con el fallecimiento o divorcio.

Hijo adoptivo

Un hijo adoptado siempre es tratado como el hijo del contribuyente. El término "hijo adoptado" incluye a un niño que fue recibido legalmente por el contribuyente para adoptarlo legalmente.

Declaración conjunta

Si el contribuyente presenta una declaración conjunta, no es necesario que el pariente que reúne los requisitos esté emparentado con el cónyuge que proporciona la manutención. Por ejemplo, Sal y Julie están casados y el tío de Julie recibió más de la mitad de su manutención de Sal. El tío de Julie podría ser un pariente que cumple los requisitos de Sal, aunque no viva con Sal. Sin embargo, si Sal y Julie presentan declaraciones de impuestos por separado, el tío de Julie solo es un pariente que cumple los requisitos si vive con Sal todo el año como miembro del hogar de Sal y Julie.

Ausencia temporal

Se considera que un pariente que califica ha vivido con el contribuyente como miembro del hogar del contribuyente durante los períodos de tiempo en los cuales el contribuyente o su cónyuge estuvieron ausentes debido a circunstancias específicas como:

- Enfermedad
- Educación
- Negocios
- Vacaciones
- Servicio militar

Aunque la persona haya sido ingresada en un asilo de ancianos para recibir cuidados médicos durante un periodo indefinido, la ausencia puede considerarse temporal.

Fallecimiento o nacimiento

Una persona que falleció durante el año cumpliría la prueba si viviera con el contribuyente como miembro de su hogar hasta su fallecimiento. Lo mismo ocurre si ha nacido un hijo y ha convivido con el contribuyente durante el año.

Violación de la ley local

Una persona no cumple la prueba del miembro del hogar si la relación entre el contribuyente y esa persona viola la legislación local en cualquier momento del año.

Ejemplo: Alicia, la novia de Roberto, vivió todo el año con él como un miembro más de su hogar. Sin embargo, la relación de Roberto con Alicia viola las leyes del estado donde vive porque ella estaba casada con otra persona. Por lo tanto, Alicia no cumple los requisitos de miembro del hogar ni de parentesco, y Roberto no puede declararla como su dependiente.

Primo

Un primo es un descendiente de un hermano o una hermana de la madre o el padre del contribuyente. Si el primo convive con el contribuyente durante todo el año como miembro del hogar del contribuyente, el primo puede cumplir la prueba de miembro del hogar.

Prueba de ingresos brutos

Para cumplir esta prueba, los ingresos brutos de una persona deben ser inferiores a $4,400. Por "ingresos brutos" se entienden todos los ingresos no exentos de impuestos que se perciben en forma de dinero, bienes o servicios, incluyendo las entradas brutas (ventas) de bienes en alquiler, becas y subvenciones específicas, todas las compensaciones por desempleo imponibles y la parte de los ingresos brutos (no netos) de los socios de una sociedad colectiva. Determinados beneficios del Seguro Social que están exentos de impuestos no se consideran ingresos brutos. Vea la Publicación 501.

Dependiente discapacitado trabajando en un taller protegido

A efectos de la prueba de los ingresos brutos, éstos no incluyen los ingresos percibidos por los servicios prestados en un taller protegido por una persona incapacitada permanente y totalmente en cualquier momento del año. Se aplican algunas condiciones; la disponibilidad de asistencia médica en el taller debe ser la razón principal de la presencia del individuo allí, y los ingresos deben proceder exclusivamente de actividades en el taller que sean accesorias a la asistencia médica. Un “taller protegido” es una escuela que hace lo siguiente:

- Proporciona instrucciones o entrenamiento especial diseñado para aliviar la discapacidad del individuo.
- Es operado por específicas organizaciones exentas de impuestos o por un estado, territorio de los Estados Unidos, subdivisión política de un estado o territorio de los Estados Unidos, o el Distrito de Columbia.

Prueba de la manutención a un pariente que cumple los requisitos

El contribuyente determina si ha aportado más de la mitad de la manutención total de un pariente sumando la contribución del contribuyente a su manutención con la totalidad de la manutención que la persona recibió de todas las fuentes. Estos montos incluyen cualquier manutención que el pariente haya aportado de sus fondos. Los fondos del contribuyente no son un medio de subsistencia a menos que se utilicen exclusivamente para este fin. Vea la Hoja de Trabajo 1 de la Publicación 501.

Ejemplo: Robin está jubilada y vive con su hijo adulto, Ryan. Ha recibido $2,400 de beneficios del Seguro Social y $30 de intereses. Robin pagó $2,000 de alojamiento y $400 de recreación y tiene $300 en su cuenta de ahorros. Aunque Robin recibió un total de $2,700, solo gastó $2,400 en su manutención, y Ryan gastó más de $2,400 en la manutención de su madre y no recibió ninguna otra ayuda, por lo que Ryan ha aportado más de la mitad de la manutención de Robin.

La manutención total individual incluye los ingresos exentos de impuestos, los ahorros y las cantidades prestadas. Estos son ejemplos de ingresos exentos de impuestos: Determinados beneficios del Seguro Social, beneficios sociales, ingresos de seguros de vida no imponibles, asignaciones para parientes de las fuerzas armadas, pensiones no imponibles e intereses exentos de impuestos.

Manutención anual calculada cuando se paga.

El contribuyente no puede utilizar la manutención pagada en 2021 para 2021, y la manutención de un contribuyente todavía se calcula sobre un año calendario, incluso si utilizan un método de contabilidad del año tributario.

Asignaciones para dependientes de las Fuerzas Armadas

Si el gobierno aporta una determinada cantidad de manutención y al contribuyente se le descuenta de su salario una parte de sus ingresos, la cantidad total es la mitad de su manutención. Si el contribuyente utiliza parte de los ingresos para mantener a personas distintas de las que ha declarado anteriormente, esas personas pueden considerarse dependientes. Vea la Publicación 501.

Ejemplo: Doug está en las Fuerzas Armadas. Él autoriza una asignación a su madre viuda, Debbie, y ella la utiliza para mantenerse a sí misma y a su hermano, el tío de Doug. Si la parte que Doug le da es superior a la mitad de su manutención, Doug puede reclamar a Debbie y a su tío como dependientes.

Las asignaciones de vivienda para militares que están exentas de impuestos se consideran asignaciones de dependencia a la hora de calcular la prueba de manutención.

Ingresos exentos de impuestos

El cálculo de la manutención total de una persona incluye los ingresos exentos de impuestos, los ahorros y las cantidades prestadas utilizadas para mantener al pariente que reúne los requisitos. Aunque los ingresos exentos de impuestos consisten en todo lo siguiente, solo hacemos hincapié en los dos primeros, que son los más comunes:

- Ciertos beneficios del Seguro Social
- Beneficios de bienestar social.
- Ingresos del seguro de vida no imponibles.
- Asignaciones para parientes de las fuerzas armadas.
- Pensiones no imponibles.
- Intereses exentos de impuestos.

Ejemplo: Danelle es la hija del hermano de José (sobrina de José), y vive con José. Danelle ha pedido un préstamo estudiantil de $2,500 para pagar su matrícula universitaria, y José ha aportado $2,000 para la manutención de Danelle. José no puede solicitar una exención para Danelle porque, debido a su préstamo estudiantil, no ha aportado más de la mitad de su manutención.

Beneficios del Seguro Social para determinar la manutención

Si un esposo y esposa recibieron cada uno beneficios pagados por medio de un solo cheque a nombre de ambos, el monto total se reparte a partes iguales entre cada cónyuge y se considera que cada uno de ellos ha recibido asistencia, salvo que demuestren lo contrario. Si un hijo recibe beneficios del Seguro Social y los utiliza para su manutención, se trata de una manutención proporcionada por el hijo.

Asistencia proporcionada por el Estado (asistencia social, cupones para alimentos, vivienda y otros)

Los beneficios proporcionados por el estado a una persona necesitada son cantidades proporcionadas por el estado. Sin embargo, los pagos basados en las necesidades de los beneficiarios no se destinarán íntegramente a su manutención si no utilizan parte de los pagos de asistencia.

Los pagos recibidos para la manutención de un hijo de acogida por parte de una agencia de colocación de menores se consideran manutención proporcionada por la agencia, no por los padres de acogida. Del mismo modo, los pagos recibidos para la manutención de un hijo de acogida de una agencia estatal o del condado se consideran manutención proporcionada por el estado o el condado, no por los padres de acogida.

El contribuyente debe pagar más de la mitad de los gastos de manutención de una persona para poder considerarla como un pariente que reúne los requisitos. Los gastos pueden incluir el alquiler, pagos de intereses hipotecarios, reparaciones, impuestos sobre bienes inmuebles, servicios públicos, seguro y alimentos consumidos en el hogar. Los costos no incluyen vestimenta, educación, tratamiento médico, vacaciones, seguro de vida o el valor de alquiler de la casa propiedad del contribuyente.

Supongamos que el contribuyente recibe pagos de la Ayuda Temporal para Familias Necesitadas (TANF) o de cualquier otro programa de asistencia pública para ayudarle a pagar el alquiler o el mantenimiento de la vivienda. En ese caso, esos pagos no son dinero que haya pagado el contribuyente (a partir de esta impresión, el Departamento del Tesoro ha propuesto una normativa para permitir que el dinero del TANF se incluya como parte de la asistencia del contribuyente). Sin embargo, el contribuyente debe incluir los pagos en el costo total de mantener la vivienda para calcular quién pagó más de la mitad de los gastos de costo de vida.

Ejemplo: Tammy gastó $700 de su propio dinero y $300 de su asistencia TANF para pagar el mantenimiento de la vivienda en la que viven ella y sus dependientes durante todo el año. Los $300 que recibió del TANF no cuentan como manutención de Tammy a ninguno de sus dependientes, pero sí cuentan para la cuantía total de manutención ($1,000) utilizada para determinar el estado de presentación como cabeza de familia y la fuerza reclamante.

Utilice la siguiente hoja de trabajo en blanco para determinar si el dependiente es un pariente que reúne los requisitos como miembro del hogar del contribuyente para los dos ejemplos siguientes. Al entrevistar a los clientes y hacerles preguntas de apoyo, LTP observa que la mayoría de los clientes dan una cantidad mensual, por lo que el preparador de impuestos tendría que aclarar si las cifras dadas son mensuales o anuales. En los escenarios que aparecen a continuación, las cifras calculadas son montos anuales.

Ejemplo 1: Escenario

Mary Vega (37 años) y su hija, Sierra (9 años), vivieron todo el año con la tía de Mary. Utilizando la siguiente información, determine si Mary pagó más de la mitad de su manutención. Si el monto total abonado por Mary es inferior al monto abonado por su tía, Mary y su hija son parientes de su tía que cumplen los requisitos.

Gastos pagados por Mary:		Gastos pagados por la tía de Mary:	
Electricidad	$2,149	Intereses hipotecarios	$3,202
Agua	$480	Impuestos sobre la propiedad	$798
Reparaciones	$1,500	Alimentos consumidos en el hogar	$600
Alimentos consumidos en el hogar	$2,600	Seguro de propiedad	$280
Teléfono	$576		

Costo de mantener un hogar

	Pagado por el contribuyente	Costos totales
Impuestos a la propiedad	$____________	$_________
Gastos de intereses hipotecarios	$____________	$_________
Renta	$____________	$_________
Cargos de servicios	$____________	$_________
Reparaciones/mantenimiento	$____________	$_________
Seguro a la propiedad	$____________	$_________
Alimentos consumidos en las instalaciones	$____________	$_________
Otros gastos del hogar	$____________	$_________
TOTALES	**$____________**	**$_________**
Sustraer el monto total pagado por el contribuyente		(_________)
Monto pagado por otros		**$_________**

Ejemplo 1: Respuestas

Costo de mantener un hogar

	Pagado por el contribuyente (Mary)	Costos totales
Impuestos a la propiedad	$____________	$798
Gastos de intereses hipotecarios	$____________	$3,202
Alquiler	$____________	$_________
Gastos por servicios públicos	$3,205	$3,205
Reparaciones/mantenimiento	$1,500	$1,500
Seguro de propiedad	$____________	$280
Alimentos consumidos	$2,600	$3,200
Otros gastos del hogar	$____________	$_________
TOTALES	**$7,305**	**$12,185**
Menos el monto total pagado por el contribuyente		**($7,305)**
Monto pagado por otros		**$4,880**

Si el monto total pagado por Mary es superior al monto pagado por su tía, Mary cumple el requisito de pagar más de la mitad de los gastos de mantenimiento de la vivienda.

Mary pagaba más del 50% de su manutención, por lo que no sería declarada como pariente que reúne los requisitos en la declaración de impuestos de su tía.

Ejemplo 2: Escenario

Steven Renwick (27 años) y su prima, Sasha Sweet (21 años), vivieron juntos todo el año. Utilice la siguiente información para determinar si Steven puede reclamar a Sasha como dependiente. Sasha recibe $550 al mes de TANF para ayudar a pagar el alquiler.

Gastos pagados por Steven (contribuyente)		Gastos pagados por Sasha	
Electricidad	$1,200	Alquiler	$6,600
Alimentos consumidos en el hogar	$6,100	Reparaciones	$661
Teléfono	$800	Alimentos consumidos en el hogar	$965
Agua	$325		
Seguro de inquilinos	$1,200		

Costo de mantener un hogar

	Pagado por el contribuyente	Costos totales
Impuestos a la propiedad	$________	$______
Gastos de intereses hipotecarios	$________	$______
Renta	$________	$______
Cargos de servicios	$________	$______
Reparaciones/mantenimiento	$________	$______
Seguro a la propiedad	$________	$______
Alimentos consumidos en las instalaciones	$________	$______
Otros gastos del hogar	$________	$______
TOTALES	**$________**	**$______**
Sustraer el monto total pagado por el contribuyente		(______)
Monto pagado por otros		**$______**

Ejemplo 2: Respuestas

Costo de mantener un hogar

	Pagado por el contribuyente (Steven)	Costos totales
Impuestos a la propiedad	$________	$______
Gastos de intereses hipotecarios	$________	$______
Alquiler	$________	$6,600
Gastos por servicios públicos	$2,325	$2,325
Reparaciones/mantenimiento	$________	$661
Seguro de propiedad	$________	$______
Alimentos consumidos	$6,100	$965
Otros gastos del hogar	$1,200	$______
TOTALES	**$9,625**	**$10,551**
Menos el monto total pagado por el contribuyente		**($9,625)**
Monto pagado por otros		**$926**

Steven pagó más del 50% de la manutención de Sasha; puede reclamar a Sasha como pariente que cumple los requisitos.

Manutención total

En el cálculo para determinar la manutención total de un pariente que reúne los requisitos, no se incluyen los siguientes conceptos:

- Impuestos por ingresos federales, estatales y locales pagados por el individuo de sus ingresos personales.
- Impuestos del Seguro Social y Medicare pagados individualmente.
- Primas de seguros de vida.
- Gastos funerarios.
- Becas recibidas por un pariente o un hijo del estudiante.
- Los pagos de asistencia a la educación de viudos y dependientes se utilizan para la manutención del hijo.

La asistencia total incluye comida, alojamiento, ropa, educación, atención médica y dental, recreación, transporte y otras provisiones diarias.

Acuerdo de manutención múltiple (Formulario 2120)

Normalmente, el contribuyente debe proporcionar más de la mitad de la manutención total de un pariente que reúne los requisitos durante el año calendario. Sin embargo, si dos o más personas proporcionaron manutención, pero alguna de ellas aportó más de la mitad de la manutención total del individuo, los contribuyentes podrán presentar el Formulario 2120, *Acuerdo de manutención múltiple.* Un acuerdo de manutención múltiple es un documento firmado por los distintos contribuyentes que prestan manutención en el que se establece cuál de las personas reclamará al pariente que reúne los requisitos como dependiente. El acuerdo identifica a los contribuyentes que han acordado no solicitar la exención y debe adjuntarse a la declaración del contribuyente que solicita la exención.

Cada miembro de dicho grupo, incluyendo al individuo que solicite la exención, debe aportar más del 10% de la manutención. Para poder acogerse a la exención por dependientes, la persona también debe obtener el consentimiento de los demás miembros del grupo de manutención. El grupo no tiene que presentar los consentimientos firmados al IRS; sin embargo, deben conservarse con los registros del contribuyente y estar disponibles como prueba de la elegibilidad para reclamar a la persona como dependiente.

Cada año, los miembros del grupo pueden decidir quién tiene derecho a la exención por dependientes. No tienen que asignar la exención al contribuyente que aporte más manutención; sin embargo, la persona que solicita la exención debe aportar en total más del 10%. Los miembros del grupo deben contribuir colectivamente con más del 50%. Una vez más, el grupo no puede reclamar a alguien como colectivo; solo un individuo puede reclamar al hijo o pariente que reúne los requisitos.

Ejemplo: Carlos, Lydia, Ernest y Caroline mantuvieron completamente a su madre, Emma. Carlos aportó el 45%, Lydia el 35% y Ernest y Caroline el 10% cada uno. Dado que Caroline y Ernest solo contribuyen el 10% de la manutención (no más del 10%, según lo requerido), ninguno de los dos puede solicitar una exención para Emma, ni tienen que firmar la declaración. Solo Lydia y Carlos califican para solicitar una exención para Emma. Quien no solicite la exención debe firmar el Formulario 2120 o una declaración similar en la que se comprometa a no tomar a Emma como pariente que reúne los requisitos.

Contribuyentes fallecidos

Los requisitos generales de presentación que se aplican a otros contribuyentes también se aplican a un difunto (alguien que ha fallecido). Escriba la palabra "Fallecido", el nombre del difunto y la fecha del fallecimiento en la parte superior de la declaración. Declare únicamente los ingresos que el difunto haya recibido real o implícitamente antes de fallecer. Del mismo modo, deduzca únicamente los gastos que el difunto pagó antes de fallecer. Solicite el monto total de la exención si el difunto era dependiente del contribuyente antes del fallecimiento.

Si se nombra un representante personal (un albacea, administrador o cualquier persona que supervise los bienes del difunto), esa persona deberá firmar la declaración. Si el cónyuge actúa como representante personal, escriba "presentado como viudo" en el lugar de la firma. Si alguien que no sea el cónyuge reclama un reembolso por un difunto, el representante debe presentar junto con la declaración el Formulario 1310, *Declaración de la persona que reclama la devolución debida a un contribuyente fallecido*. En cualquier caso, debe presentarse una declaración final del difunto.

Beneficios para viudos

Si el cónyuge del contribuyente fallece durante el año tributario en curso y el contribuyente no vuelve a contraer matrimonio en el año del fallecimiento, el viudo puede presentar una declaración conjunta.

Propiedad heredada

Los bienes que el contribuyente ha recibido como donación, legado o herencia no se incluyen como ingresos y no están sujetos a impuestos. Sin embargo, si la propiedad heredada produce ingresos como intereses o alquileres, esos ingresos están sujetos a impuestos.

Ingresos del difunto

Los ingresos del difunto incluyen todos los ingresos brutos que el difunto tenía derecho a recibir y que no se incluyeron en la declaración final del difunto. Si el patrimonio adquiere el derecho a recibir ingresos del difunto, los ingresos se declaran en la declaración del patrimonio del difunto (Formulario 1041) por año tributario recibido en lugar de en la declaración final del difunto. Si no se declara el pago en el Formulario 1041, tendrá que hacerlo la persona a la que el patrimonio distribuya adecuadamente los ingresos. Sin embargo, si alguien adquiere el derecho directo al ingreso sin pasar por el patrimonio, entonces esa persona tendrá que declarar el ingreso.

Deducciones por fallecimiento

Las deducciones por fallecimiento pueden incluir conceptos como gastos empresariales, intereses, impuestos o gastos generadores de ingresos de los que el fallecido era responsable pero que no eran deducibles en la declaración de impuestos final del fallecido. El patrimonio del difunto puede pagar y deducir estos conceptos en el mismo año. Si el patrimonio no es responsable de los gastos, la persona que adquiere los bienes del difunto debido al fallecimiento está sujeta a la obligación tributaria. Por lo general, el seguro de vida recibido no constituye un hecho imponible.

Parte 2 Preguntas de repaso

Para obtener el máximo provecho de este capítulo, LTP recomienda que complete cada una de las siguientes preguntas y luego las compare con las respuestas con comentarios que siguen inmediatamente. Según las normas de autoaprendizaje vigentes, los vendedores deben presentar preguntas de repaso de forma intermitente a lo largo de cada curso de autoaprendizaje.

Estas preguntas y explicaciones no son parte del examen final y no serán calificadas por LTP.

FSDDP2.1
James está presentando su declaración como cabeza de familia para el año tributario en curso. ¿Qué pariente de James debe vivir con él durante todo el año tributario para que se le reconozca la condición de cabeza de familia?

a. Peyton, su hija, no vive en casa y está estudiando en la universidad como estudiante a tiempo completo.
b. Fernando, su primo, vive con él y es estudiante a tiempo completo en un centro universitario local.
c. Taylor, su madre, vive en su hogar y James paga el 100% de sus gastos.
d. Ezra es su nieto por matrimonio y es un estudiante a tiempo completo a quien él mantiene.

FSDDP2.2
¿Cuál escenario describe mejor el tratamiento de un hijo adoptado?

a. Manny y Victoria adoptaron al hijo de la sobrina de Victoria cuando nació. Victoria falleció y Manny aún es considerado el padre de la niña adoptada.
b. Joel y Susan son padrinos del primo de Joel, Joshua. Joshua ha vivido con ellos todo el año.
c. Andrés y Stephanie están casados y presentan su declaración en conjunto. Ellos aún viven con los padres de Stephanie.
d. Josué y Sandra están manteniendo a la hija de Josué, Sydney, quien vive con su madre. A Josué le gustaría reclamar a Sydney como su dependiente.

FSDDP2.3
Mercedes es una persona discapacitada y una pariente que cumple los requisitos de su hermana Mary. ¿Cuál de los siguientes no se incluye en la prueba de los ingresos brutos de Mercedes para determinar si Mercedes es dependiente de María que cumple los requisitos?

a. Hijo o hija viviendo lejos del hogar para ir a la escuela y trabajando a medio tiempo
b. Dependiente discapacitado trabajando en un taller protegido
c. Beneficios de Seguro Social de Mary.
d. Contribuyente que trabaja como niñera.

FSDDP2.4
Lisa y Larry estaban casados y tenían dos dependientes, y Larry falleció en agosto de 2021. ¿Cuál sería el mejor estado civil para la declaración de Lisa para 2021?

a. Cabeza de familia
b. Soltera
c. Casada y presentando declaración en conjunto
d. Viuda que reúne los requisitos con hijo dependiente

FSDDP2.5
Ted está soltero, tiene 18 años y es estudiante a tiempo completo. Él trabaja a tiempo parcial y vive en casa de sus padres todo el año. Su W-2 muestra $4,000 en la casilla 1. ¿Pueden los padres de Ted declararlo como dependiente en su declaración de impuestos?

a. Sí
b. No

FSDDP2.6
¿Cuál de las siguientes no es una ausencia temporal para cumplir el criterio de residencia?

a. Enfermedad
b. Educación
c. Vacaciones
d. Declaración conjunta con su cónyuge

FSDDP2.7
¿Cuál de las siguientes opciones no se utiliza para calcular la manutención personal total del dependiente?

a. Beneficios del Seguro Social
b. Beneficios de bienestar social.
c. Pensiones no imponibles
d. Dinero que el dependiente recibió del contribuyente

FSDDP2.8
¿Cuál de los siguientes no es un ingreso exento de impuestos?

a. Beneficios específicos del Seguro Social
b. Beneficios del TANF
c. Intereses exentos de impuestos.
d. Intereses devengados en una cuenta de ahorros

FSDDP2.9
¿Cuál de las siguientes opciones no se utiliza para calcular la manutención total?

a. Pagos de seguros de vida
b. Gastos funerarios
c. Comida y alojamiento
d. Pagos individuales al Seguro Social y Medicare

FSDDP2.10
¿Cuál de las siguientes opciones describe mejor a un hijo adoptado?

a. Un hijo adoptado siempre es tratado como un hijastro.
b. Un hijo adoptado recibe el mismo trato que una sobrina o un sobrino.
c. Un hijo adoptado siempre es tratado como el hijo del contribuyente.
d. Un hijo adoptado incluye a un hijo de acogida que es colocado en el domicilio del contribuyente.

Parte 2 Respuestas a las preguntas de repaso

FSDDP2.1
James está presentando su declaración como cabeza de familia para el año tributario en curso. ¿Qué pariente de James debe vivir con él durante todo el año tributario para que se le reconozca la condición de cabeza de familia?

a. Peyton, su hija, no vive en casa y está estudiando en la universidad como estudiante a tiempo completo.
b. Fernando, su primo, vive con él y es estudiante a tiempo completo en un centro universitario local.
c. Taylor, su madre, vive en su hogar y James paga el 100% de sus gastos.
d. Ezra es su nieto por matrimonio y es un estudiante a tiempo completo a quien él mantiene.

Comentarios: Sección de revisión *Primo.*

FSDDP2.2
¿Cuál escenario describe mejor el tratamiento de un hijo adoptado?

a. Manny y Victoria adoptaron al hijo de la sobrina de Victoria cuando nació. Victoria falleció y Manny aún es considerado el padre de la niña adoptada.
b. Joel y Susan son padrinos del primo de Joel, Joshua. Joshua ha vivido con ellos todo el año.
c. Andrés y Stephanie están casados y presentan su declaración en conjunto. Ellos aún viven con los padres de Stephanie.
d. Josué y Sandra están manteniendo a la hija de Josué, Sydney, quien vive con su madre. A Josué le gustaría reclamar a Sydney como su dependiente.

Comentarios: Consulte la sección *Hijo adoptado.*

FSDDP2.3
Mercedes es una persona discapacitada y una pariente que cumple los requisitos de su hermana Mary. ¿Cuál de los siguientes no se incluye en la prueba de los ingresos brutos de Mercedes para determinar si Mercedes es dependiente de María que cumple los requisitos?

a. Hijo o hija viviendo lejos del hogar para ir a la escuela y trabajando a medio tiempo
b. Dependiente discapacitado trabajando en un taller protegido
c. Beneficios de Seguro Social de Mary.
d. Contribuyente que trabaja como niñera.

Comentarios: Consulte la sección *Dependiente discapacitado trabajando en un taller protegido.*

FSDDP2.4
Lisa y Larry estaban casados y tenían dos dependientes, y Larry falleció en agosto de 2021. ¿Cuál sería el mejor estado civil para la declaración de Lisa para 2021?

a. Cabeza de familia
b. Soltera
c. **Casada y presentando una declaración conjunta**
d. Viuda que reúne los requisitos con hijo dependiente

Comentarios: Consulte la sección *Beneficios para viudos.*

FSDDP2.5
Ted está soltero, tiene 18 años y es estudiante a tiempo completo. Él trabaja a tiempo parcial y vive en casa de sus padres todo el año. Su W-2 muestra $4,000 en la casilla 1. ¿Pueden los padres de Ted declararlo como dependiente en su declaración de impuestos?

a. Sí
b. No

Comentarios: Consulte la sección *Prueba de ingresos brutos.*

FSDDP2.6
¿Cuál de las siguientes no es una ausencia temporal para cumplir el criterio de residencia?

a. Enfermedad
b. Educación
c. Vacaciones
d. **Declaración conjunta con su cónyuge**

Comentarios: Consulte la sección *Ausencia temporal.*

FSDDP2.7
¿Cuál de las siguientes opciones no se utiliza para calcular la manutención personal total del dependiente?

a. Beneficios del Seguro Social
b. Beneficios de bienestar social.
c. Pensiones no imponibles
d. **Dinero que el dependiente recibió del contribuyente**

Comentarios: Consulte la sección *Ingresos exentos de impuestos.*

FSDDP2.8
¿Cuál de los siguientes no es un ingreso exento de impuestos?

a. Beneficios específicos del Seguro Social
b. Beneficios del TANF
c. Intereses exentos de impuestos.
d. Intereses devengados en una cuenta de ahorros

Comentarios: Revise la sección *Ingresos exentos de impuestos.*

FSDDP2.9
¿Cuál de las siguientes opciones no se utiliza para calcular la manutención total?

a. Pagos de seguros de vida
b. Gastos funerarios
c. Comida y alojamiento
d. Pagos individuales al Seguro Social y Medicare

Comentarios: Consulte la sección *Manutención total.*

FSDDP2.10
¿Cuál de las siguientes opciones describe mejor a un hijo adoptado?

a. Un hijo adoptado siempre es tratado como un hijastro.
b. Un hijo adoptado recibe el mismo trato que una sobrina o un sobrino.
c. Un hijo adoptado siempre es tratado como el hijo del contribuyente.
d. Un hijo adoptado incluye a un hijo de acogida que es colocado en el domicilio del contribuyente.

Comentarios: Revisar la sección *Hijo adoptado.*

Parte 3 Requisitos de declaración de dependientes

Si uno de los progenitores (u otra persona) puede declarar a una persona como dependiente, y si se da alguna de las situaciones que se indican a continuación, el dependiente debe presentar una declaración. Se consideran "ingresos no derivados del trabajo" los intereses, dividendos, ganancias de capital, compensación de desempleo, Seguro Social imponible, pensiones, anualidades e ingresos no derivados del trabajo procedentes de un fondo fiduciario. Los ingresos que pueden considerarse "ingresos del trabajo" son los salarios, las propinas, las becas imponibles y las becas de investigación.

El término "dependiente" se define como un hijo o pariente que cumple los requisitos, lo que se explicará más adelante.

Advertencia: Si los ingresos brutos ascienden a $4,400 o más, por lo general, el contribuyente no puede ser declarado dependiente a menos que sea menor de 19 años o estudiante a tiempo completo menor de 24 años.

Para el alojamiento, es el valor justo de alquiler del alojamiento. Los gastos que no están directamente relacionados con ningún miembro del hogar, como los alimentos, deben repartirse entre todos los miembros de la familia. Por ejemplo, la factura de alimentos del año ascendió a $17,600. Hay cuatro miembros en el hogar, por lo que hay que dividir $17,600 entre $4,400 por miembro del hogar.

Exenciones por dependientes

Un contribuyente puede reclamar como dependiente a un hijo o pariente que reúna los requisitos si se cumplen las tres pruebas siguientes:

- Prueba del contribuyente dependiente.
- Prueba de declaración conjunta.
- Prueba de ciudadano o residente.

Prueba del contribuyente dependiente

En caso de que el contribuyente sea reclamado como dependiente por otra persona, no podrá reclamar a nadie más como dependiente suyo. Aunque el contribuyente tenga un hijo o un pariente que reúna los requisitos, no puede declararlo como dependiente.

Si el contribuyente presenta una declaración conjunta y el cónyuge y alguien más la reclaman como dependiente por otra persona, no pueden reclamar ningún dependiente en su declaración conjunta.

Reglas de dependientes

Hijos de padres que viven separados, se divorcian o se separan

En la mayoría de los casos, un hijo será tratado como dependiente del progenitor que tenga la custodia. Se considerará que un hijo reúne los requisitos para su progenitor sin la custodia si se cumplen todos los requisitos siguientes:

1. Los padres estaban en cualquiera de las situaciones siguientes:
   a. Divorciados o separados legalmente en virtud de una sentencia de divorcio o de manutención por separado,
   b. Separados en virtud de un acuerdo de separación por escrito,
   c. Viviendo separados durante los últimos seis meses del año, casados o no;
2. El hijo recibió de sus padres más de la mitad de la manutención del año;
3. El hijo está bajo la custodia de uno o ambos progenitores durante más de la mitad del año;
4. Si cualquiera de los siguientes es verdadero:
   a. El progenitor con la custodia firma una declaración escrita en la que indica que no reclamará al hijo como dependiente durante el año en curso, y el progenitor sin la custodia adjunta la declaración escrita a su declaración.
   b. Una sentencia de divorcio anterior a 1985, una pensión alimenticia por separado o un acuerdo de separación por escrito, que se aplica a 2022, establece que el progenitor que no tiene la custodia puede reclamar al hijo como dependiente y que aportará al menos $600 para la manutención del hijo durante el año.

Si las cuatro afirmaciones anteriores son ciertas, el progenitor sin la custodia solo puede hacer lo siguiente:

- Reclamar al hijo como dependiente.
- Reclamar al hijo como hijo que reúne los requisitos para solicitar el crédito tributario por hijos o el crédito para otros dependientes.

Progenitor con y sin custodia

Si los progenitores se divorciaron o separaron durante el año y el hijo vivía con ambos progenitores antes de la separación, el "progenitor con la custodia" es aquel con el que el hijo vivió la mayor parte del año.

Se considera que un hijo vive con uno de sus progenitores durante la noche si duerme de la siguiente manera:

- En el domicilio del progenitor, esté presente o no.
- En compañía del progenitor cuando el hijo no duerme en casa de sus padres (por ejemplo, al irse de vacaciones).

La regla para padres divorciados o separados también se aplica a los padres que nunca se casaron y vivieron separados durante los últimos seis meses del año.

Si el hijo ha vivido con cada progenitor el mismo número de noches, el progenitor con mayores ingresos brutos ajustados (AGI) es el que tiene la custodia. Si el hijo está emancipado en virtud de la ley estatal, se considera que no ha vivido con ninguno de los progenitores.

Formulario de declaración escrita 8332

El padre con la custodia debe usar el Formulario 8332 para hacer la declaración escrita para liberar la exención para el padre sin custodia. Si el padre con la custodia tiene más de un dependiente, se debe usar un formulario separado para cada hijo. La exención puede tener las siguientes condiciones:

- Ser emitida por un año.
- Tener años determinados (por ejemplo, años alternos).
- Ser designada para todos los años futuros, tal y como se especifica en la declaración.
- Puede revocar la emisión del progenitor sin la custodia.

Si el padre con la custodia renunció a su derecho a la exención del niño para cualquier año futuro, el Formulario 8332 debe ir adjunto a cada año en que el contribuyente pueda reclamar la exención. Si la declaración de impuestos es presentada de forma electrónica, se debe presentar el Formulario 8332 con la declaración de impuestos. Los profesionales tributarios deben guardar copias del Formulario 8332 para sus registros.

El Señor 1040 dice: El domicilio del progenitor divorciado o separado, al que una resolución judicial ha otorgado la custodia legal y física, es el lugar de residencia principal del menor. Pregunte al contribuyente sobre la inclusión de un dependiente que no sea un

Reglas del empate

Se aplican las siguientes reglas para determinar cuál de los progenitores reclamará al hijo que reúne los requisitos:

- Si ambos solicitantes son los padres y presentan una declaración en conjunto, pueden reclamar al hijo como un hijo que cumple los requisitos. Aunque haya otros solicitantes que reúnan los requisitos, el hijo no puede ser hijo que reúna los requisitos de otra persona.
- Si solo un solicitante es uno de los progenitores del hijo, el hijo cumple para los requisitos para ese progenitor.
- Si ambos solicitantes son los progenitores y no presentan una declaración conjunta, el IRS tratará al hijo como un hijo que cumple los requisitos para el progenitor con quien el hijo vivió la mayor parte del año.
- Si una de las opciones de arriba no resuelve la disputa, el IRS tratará al hijo como el hijo que cumple los requisitos para el solicitante con el AGI más alto durante el resto del año. Además, utilice esta regla como criterio de desempate en los siguientes casos:
    - Si el niño vivió con cada uno de sus dos progenitores la misma cantidad de tiempo.
    - Si ninguno de los padres puede reclamar al hijo como un hijo que reúne los requisitos.
    - Si uno de los progenitores puede reclamar al hijo como hijo que reúne los requisitos, pero ningún progenitor reclama al hijo.

Pariente que reúne los requisitos

Hay cuatro pruebas que se deben cumplir para que una persona sea un pariente que cumple los requisitos:

1. Prueba del hijo que no reúne los requisitos.
2. Prueba del miembro del hogar o parentesco.
3. Prueba de ingresos brutos.
4. Prueba de manutención.

A diferencia de los hijos que reúnen los requisitos, los parientes que reúnen los requisitos pueden tener cualquier edad y no existe una prueba de edad para los parientes que reúnen los requisitos. Un hijo no es un pariente que reúne los requisitos del contribuyente si es hijo que reúne los requisitos del contribuyente o hijo que reúne los requisitos de cualquier otra persona.

Prueba del hijo que no reúne los requisitos

Un hijo que no es el hijo que reúne los requisitos para otro contribuyente podría calificar como pariente que reúne los requisitos para el contribuyente si:

1. El progenitor del hijo no está obligado a presentar una declaración de impuestos, o
2. El progenitor del hijo solo presenta la declaración para obtener un reembolso.

Hijo en Canadá o México

Un hijo que viva en un país extranjero no puede ser reclamado como dependiente a menos que el hijo sea un ciudadano estadounidense, extranjero residente o nacional estadounidense. Al no vivir en el hogar, el contribuyente podría solicitar para su hijo un crédito por dependiente que reúna los requisitos si el hijo no supera la prueba de residencia. Sin embargo, un contribuyente puede reclamar a su hijo como dependiente si éste vive en Canadá o México, aunque el hijo no sea ciudadano, extranjero residente o nacional estadounidense.

Hijo que reúne los requisitos

Hay cinco pruebas que se deben cumplir para que un niño sea considerado un dependiente que califica para el contribuyente. No confunda estas pruebas con las cualificaciones para exenciones por dependientes. Las cinco pruebas son:

1. Relación
2. Edad
3. Residencia
4. Manutención
5. Declaración conjunta

Prueba de relación

Para cumplir este requisito, el hijo debe ser uno de los siguientes parientes del contribuyente:

- hijo o hija,
- hijastro o hijastra,
- hijo o hija de acogida elegible,
- hermano o hermana,
- medio hermano o media hermana,
- hermanastro o hermanastra,
- o un descendiente de cualquiera de ellos (por ejemplo, el nieto o nieta del contribuyente).

Un hijo adoptado siempre es el hijo del contribuyente. El término "hijo adoptado" incluye a un hijo recibido legalmente por el contribuyente para adoptarlo legalmente.

Un hijo de acogida es una persona que es recibida por el contribuyente de parte de una agencia de colocación autorizada o por sentencia, decreto u otra orden de cualquier tribunal de jurisdicción competente.

La excepción del hijo adoptado

El contribuyente es ciudadano estadounidense y adoptó legalmente a un hijo que no es ciudadano ni nacional estadounidense. El hijo vivió con el contribuyente durante todo el año, como miembro del hogar del contribuyente, y cumplirá con la prueba de ciudadanía. También cumplen este requisito los niños entregados legalmente al contribuyente para su adopción legal.

Excepciones para los mortinatos y los niños nacidos vivos

Se considera que un hijo nacido o fallecido durante el año ha vivido con el contribuyente durante todo el año mientras estuvo en vida. Lo mismo ocurre si el hijo ha vivido con el contribuyente todo el año, excepto durante la hospitalización necesaria tras el nacimiento.

El contribuyente no puede reclamar como dependiente a un hijo nacido muerto, pero puede solicitar una exención por un hijo nacido vivo durante el año, pero fallecido poco después, aunque solo haya vivido un momento. La legislación estatal o local debe tratar al niño como si hubiera nacido vivo.

Debe acreditarse el nacimiento con vida mediante un documento oficial, como un certificado de nacimiento. Para ser dependiente, el hijo debe ser un hijo o pariente que reúna los requisitos y cumplir todos los demás requisitos.

Niños secuestrados

Un menor secuestrado puede cumplir la prueba de residencia si las siguientes afirmaciones son ciertas:

- Las autoridades policiales presumieron que alguien había secuestrado al niño, y no un miembro de la familia del contribuyente o de la familia del niño.
- El menor vivía con el contribuyente más de la mitad del tiempo anterior a la fecha del secuestro.
- A su regreso, el hijo vivió con el contribuyente más de la mitad de la parte del año siguiente a la fecha de regreso del hijo a casa.

Este tratamiento se aplica hasta el regreso del hijo; no obstante, el último año en que puede tratar al hijo como tal es el primero de los dos siguientes supuestos:

- El año en que se determina que el niño ha fallecido.
- El año en que el hijo habría cumplido 18 años.

Prueba de edad

Para cumplir esta prueba, el hijo debe ser uno de los siguientes:

- El hijo tenía menos de 19 años al final del año.
- El estudiante tenía menos de 24 años al final del año.
- Menor que el contribuyente o el cónyuge en caso de declaración conjunta.
- Invalidez permanente y total en cualquier momento del año, independientemente de la edad.

Ejemplo 1: El Sr. y la Sra. Swift tienen a Jonathon, hermano del Sr. Swift, viviendo con ellos. Jonathon, de 23 años, es estudiante a tiempo completo. El Sr. y la Sra. Swift tienen ambos 21 años. Aunque es estudiante, Jonathon no puede ser su dependiente ya que es mayor que ambos.

Ejemplo 2: El Sr. y la Sra. Swift tienen a Jonathon, hermano del Sr. Swift, viviendo con ellos. Jonathon, de 23 años, es estudiante a tiempo completo. El Sr. y la Sra. Swift tienen ambos 25 años. Si Jonathon cumple todas las otras pruebas, puede ser su dependiente, ya que es más joven que ambos.

Prueba de residencia

Reglas adicionales sobre los hijos que cumplen los requisitos

Los dependientes también deben cumplir las siguientes condiciones para ser considerados hijos de un contribuyente:

- Los niños deben haber vivido con el contribuyente por más de la mitad del año, aunque pueden aplicarse algunas excepciones.
- El hijo no debe haber proporcionado más de la mitad de sus gastos de manutención para el año.
- Si el niño cumple con las reglas para ser un niño que califica para más de una persona, el contribuyente debe ser quien tenga más derecho a reclamar al niño como un niño que califica. Esta información se explica en su totalidad en la sección "Reglas especiales para los hijos que reúnen los requisitos de más de una persona".

Reglas especiales para los hijos que reúnen los requisitos de más de una persona

A veces, un hijo cumple las pruebas de relación, edad, residencia y manutención para ser el hijo que cumple los requisitos para más de una persona. Aunque una persona sea un hijo que cumple los requisitos para varias personas, solo un solicitante (la persona que intenta reclamar algo) puede reclamar al hijo como hijo que cumple los requisitos.

Si un contribuyente y otra u otras personas tienen el mismo hijo que reúne los requisitos, corresponde a todos los implicados decidir quién reclamará al hijo como hijo que reúne los requisitos. La persona puede solicitar los siguientes beneficios tributarios en función del hijo que reúna los requisitos (siempre que el contribuyente reúna los requisitos para cada uno de ellos):

- Crédito tributario por hijos
- Estado de declaración como HOH (si corresponde).
- Gastos para cuidado de hijos y dependientes.
- Crédito por ingresos del trabajo.

Cuando uno de los progenitores reclama al hijo, los demás contribuyentes no comparten los beneficios tributarios. Dado que no se pueden dividir los beneficios entre los contribuyentes, no es infrecuente que los progenitores decidan quién reclamará al hijo que reúne los requisitos. Si dos o más contribuyentes intentan reclamar al hijo, el IRS determinará quién podrá reclamar al hijo basándose en las reglas del empate (las reglas del empate se tratan más adelante en este capítulo).

Pariente que reúne los requisitos

Cumplir las siguientes condiciones para ser considerado un pariente que reúne los requisitos:

- La persona no puede ser el hijo que reúne los requisitos del contribuyente ni el hijo que reúne los requisitos de otra persona.
- La persona debe ser solo una de estas cosas:
  - Ser un pariente del contribuyente en una de las formas que aparecen bajo "Parientes que no tienen que vivir con el contribuyente".
  - Vivir con el contribuyente todo el año como miembro de su hogar. Esta relación no debe violar las leyes locales.
- El ingreso bruto de la persona para ese año debe ser de menos de $4,400. Aplican excepciones.
- El contribuyente debe proveer más de la mitad de la manutención total de la persona para el año. Aplican excepciones.

Pruebas de ciudadanía y residencia

El hijo del contribuyente debe haber vivido con el contribuyente por más de la mitad del año para cumplir estas pruebas. Además, el contribuyente no puede reclamar a una persona como dependiente a menos que esa persona sea ciudadano, residente, nacional estadounidense o residente en Canadá o México. No obstante, existen excepciones a estos requisitos para un grupo de hijos adoptados, ausencias temporales, hijos nacidos o fallecidos durante el año, hijos secuestrados e hijos de padres divorciados o separados.

Ciudadanía y lugar de residencia del hijo

Por lo general, la nacionalidad y la residencia de un hijo se determinan en función de la nacionalidad y la residencia de sus padres. Si el contribuyente era ciudadano estadounidense cuando nació su hijo, éste podría ser ciudadano estadounidense, aunque el otro progenitor fuera extranjero no residente y el hijo hubiera nacido en un país extranjero. Si es así, el niño cumple la prueba de ciudadanía.

Los estudiantes traídos a este país en el marco de un programa cualificado de intercambio educativo internacional y acogidos temporalmente en hogares estadounidenses no suelen ser residentes en Estados Unidos y no cumplirán la prueba. El contribuyente no puede declararlos como dependientes. Vea la Publicación 526.

Un ciudadano estadounidense es una persona que le debe lealtad a los Estados Unidos. Entre los nacionales estadounidenses se incluyen los samoanos estadounidenses y los isleños de las Marianas del Norte que obtuvieron la nacionalidad estadounidense en lugar de la ciudadanía.

El domicilio del contribuyente puede ser cualquier lugar en el que viva habitualmente, y el contribuyente no necesita una vivienda tradicional. Por ejemplo, si un hijo ha vivido con el contribuyente durante más de la mitad del año en uno o más albergues para personas sin hogar, el hijo cumple la prueba de residencia.

Estudiante a tiempo completo

Los contribuyentes pueden obtener deducciones adicionales por los gastos que califican de los dependientes que son estudiantes a tiempo completo. Un estudiante a tiempo completo es aquel que se matricula en el número de horas o cursos que la escuela considera como asistencia a tiempo completo.

Para tener derecho a la condición de estudiante, el dependiente debe ser una de las siguientes durante alguna parte de cinco de los meses calendario del año (no es necesario que los cinco meses naturales sean consecutivos):

- Estudiante a tiempo completo en una escuela con profesores regulares, curso de estudios y alumnado regularmente matriculado en la escuela.
- Un estudiante que realiza un curso de capacitación a tiempo completo en una explotación agrícola impartido por una escuela de las descritas anteriormente o por una agencia gubernamental estatal, del condado o local.

Una "escuela" puede ser una escuela primaria, una escuela media o escuela secundaria, un instituto superior, universidad o una escuela técnica, de comercio o mecánica para la deducción por estudiante a tiempo completo. Sin embargo, los cursos de capacitación en el puesto de trabajo, las escuelas por correspondencia o las escuelas en línea no son escuelas que cumplan los requisitos.

Los estudiantes de bachillerato profesional que trabajan en empleos "cooperativos" en la industria privada como parte de un curso de estudios en el aula y de formación práctica se consideran estudiantes a tiempo completo a efectos de la deducción.

Excepciones de ausencia temporal

El hijo del contribuyente vivió con él durante los periodos de tiempo en los que uno o ambos están temporalmente ausentes por alguna de las siguientes causas:

- Enfermedad
- Educación
- Negocios
- Vacaciones
- Servicio militar
- Detención en un centro de menores

Se debe suponer que el niño volverá a casa tras la ausencia temporal.

Prueba de declaración conjunta

En general, el contribuyente no puede reclamar a una persona casada como dependiente cuando presenta una declaración conjunta. La prueba de la declaración conjunta no se aplica si el dependiente y el cónyuge presentan una declaración conjunta para solicitar el reembolso.

Ejemplo 1: April, de 17 años, está casada con Joe, de 18, y viven con los padres de April. Tanto April como Joe tienen algunos ingresos por trabajo, pero no están obligados a presentar una declaración de impuestos, y la única razón por la que presentan una declaración conjunta es para obtener el reembolso de los impuestos retenidos. Si cumplen todas las otras pruebas, es posible que los padres de April puedan declararlos como dependientes.

Ejemplo 2: Aaron, de 18 años, vivía con sus padres mientras su esposa estaba en el ejército. Sus padres lo apoyaban. Su esposa, Mackenzie, ganaba $25,000 al año. Aaron y Mackenzie van a presentar una declaración de impuestos conjunta. Aarón no puede ser dependiente en la declaración de sus padres porque él y su esposa hicieron la declaración conjunta, y los ingresos de Mackenzie son demasiado elevados.

Incapacitado permanente y totalmente

El hijo del contribuyente está incapacitado permanente y totalmente si se dan ambas circunstancias:

- El menor no puede realizar ninguna actividad remunerada sustancial debido a una condición física o mental.
- Un médico determina que la incapacidad del hijo durará o cabe esperar que dure de forma continuada al menos un año o que podría provocar la muerte.

Pruebas de manutención para ser un hijo que cumple los requisitos

Determinar el monto total de la manutención que un contribuyente le proporciona a un dependiente propuesto antes de que el contribuyente pueda reclamar un hijo o pariente que reúna los requisitos. La manutención completa incluye las cantidades gastadas para proporcionar comida, alojamiento, ropa, educación, atención médica y dental, recreación, transporte y necesidades similares. Por lo general, el monto de un elemento de manutención es el monto del gasto en que se ha incurrido al proporcionarlo.

Para superar con éxito la prueba de manutención, el hijo no puede haber proporcionado más de la mitad de su manutención durante el año. Esta prueba es diferente de la prueba de manutención para ser pariente que reúne los requisitos. "Mantener un hogar" se tratará en la siguiente sección. Si un hijo recibe una beca y el estudiante está a tiempo completo, la beca no cuenta para determinar la manutención del hijo.

Pagos y gastos de cuidado de acogida

Los pagos recibidos de una agencia de colocación para la manutención del hijo se consideran manutención proporcionada por la agencia. Si la agencia tiene su sede en el estado o en el condado, los pagos proporcionados se consideran ayuda del estado o del condado para el hijo.

Prueba de declaración conjunta para ser un hijo que cumple los requisitos

El hijo no puede presentar una declaración conjunta durante el año para cumplir esta prueba. La excepción a esta regla es si el hijo del contribuyente y el cónyuge no están obligados a presentar declaración de impuestos, pero deciden presentar una declaración conjunta únicamente para solicitar un reembolso.

Parte 3 Preguntas de repaso

Para obtener el máximo provecho de este capítulo, LTP recomienda que complete cada una de las siguientes preguntas y luego las compare con las respuestas con comentarios que siguen inmediatamente. Según las normas de autoaprendizaje vigentes, los vendedores deben presentar preguntas de repaso de forma intermitente a lo largo de cada curso de autoaprendizaje.

Estas preguntas y explicaciones no son parte del examen final y no serán calificadas por LTP.

FSDDP3.1

Perla tiene 65 años y sus ingresos son de $12,600. Ella dice que tiene un dependiente que califica que está viviendo con ella. ¿Cuál de las siguientes preguntas sería la mejor para determinar su estado de declaración?

1. ¿Cuál es su relación con el dependiente que califica?
2. ¿Cuántos años tienen el hijo que califica?
3. ¿Qué ingresos obtuvo el dependiente que califica?
4. ¿El niño puede ser un hijo que califica para otro contribuyente?

a. 1 y 4
b. 2 y 3
c. 1, 2 y 4
d. 1, 2, 3 y 4

FSDDP3.2
¿Cuál de las siguientes ausencias temporales no permitirá que el contribuyente reclame al hijo o pariente que califica como dependiente?

a. Enfermedad
b. Educación
c. Servicio militar
d. Dependiente de otro contribuyente

FSDDP3.3
Tyler, de 27 años, es soltero y vive con sus padres Sharon y Rory. Tyler no podía trabajar debido a una condición médica temporal. Recibió $4,250 por un discurso. ¿Pueden Sharon y Rory reclamar a Tyler como su dependiente?

a. Sí
b. No

FSDDP3.4
Trini está soltera, tiene 18 años y es estudiante a tiempo completo. Ella trabaja a tiempo parcial y vive en casa de sus padres. Su W-2 muestra $4,000 en la casilla 1. ¿Pueden los padres de Trini declararla como dependiente en su declaración de impuestos?

a. Sí
b. No

FSDDP3.5
Alma debe cumplir cinco pruebas para reclamar a Freddy como dependiente. ¿Cuál de las siguientes no es una de las pruebas?

a. Residencia
b. Relación
c. Prueba de discapacidad
d. Prueba de declaración conjunta

FSDDP3.6
¿Cuál de los siguientes escenarios describe mejor al progenitor con custodia?

a. Ezra vive con su papá 300 días al año y solo ve a su mamá en los días feriados en la escuela.
b. David y María comparten la custodia de sus hijos.
c. Cara y su hija Joyce viven con sus padres. Joyce está en el seguro de sus abuelos.
d. Eli tiene 18 años y tiene un empleo a tiempo completo, y aún vive con sus padres.

FSDDP3.7
Danelle es la progenitora que no tiene la custodia y desea reclamar a sus hijos en su declaración de impuestos del año en curso. ¿Qué tiene que hacer Jake para que Danelle pueda reclamar a los niños?

a. Jake tendría que presentar su declaración primero con el Formulario 1040 y reclamar a los niños.
b. Jake tendría que firmar el Formulario 8332 y dárselo a Danelle para que ella prepare su propia declaración de impuestos.
a. Jake tendría que revocar el Formulario 8332 y dárselo a su preparador de declaraciones de impuestos.
b. Jake aún podrá reclamar a sus hijos incluso si Danelle los reclama.

FSDDP3.8
¿Cuál de las siguientes opciones describe mejor los pagos de cuidado de acogida?

a. Ingresos para los padres de acogida
b. Manutención para el niño acogido
c. Manutención para el contribuyente
d. Ingresos para el menor acogido

FSDDP3.9
¿Cuál de las siguientes no es una prueba para cumplir la regla del pariente que reúne los requisitos?

a. Prueba del hijo que no reúne los requisitos
b. Miembro del hogar
c. Prueba del miembro del hogar o parentesco
d. Prueba de edad

FSDDP3.10
La hija de Armando fue secuestrada a los 6 años. Armando puede reclamar a su hija hasta que cumpla ____ o hasta el año en que se determine que la niña ha fallecido.

a. 18
b. 20
c. 17
d. 14

Parte 3 Respuestas a las preguntas de repaso

FSDDP3.1
Perla tiene 65 años y sus ingresos son de $12,600. Ella dice que tiene un dependiente que califica que está viviendo con ella. ¿Cuál de las siguientes preguntas sería la mejor para determinar su estado de declaración?

1. ¿Cuál es su relación con el dependiente que califica?
2. ¿Cuántos años tienen el hijo que califica?
3. ¿Qué ingresos obtuvo el dependiente que califica?
4. ¿El niño puede ser un hijo que califica para otro contribuyente?

a. 1 y 4
b. 2 y 3
c. 1, 2 y 4
d. 1, 2, 3 y 4

Comentarios: Consulte la sección *Hijo que reúne los requisitos.*

FSDDP3.2
¿Cuál de las siguientes ausencias temporales no permitirá que el contribuyente reclame al hijo o pariente que califica como dependiente?

a. Enfermedad
b. Educación
c. Servicio militar
d. Dependiente de otro contribuyente

Comentarios: Consulte la sección *Excepciones de ausencia temporal.*

FSDDP3.3
Tyler, de 27 años, es soltero y vive con sus padres Sharon y Rory. Tyler no podía trabajar debido a una condición médica temporal. Recibió $4,250 por un discurso. ¿Pueden Sharon y Rory reclamar a Tyler como su dependiente?

a. Sí
b. No

Comentarios: Revisar la sección *Hijo que reúne los requisitos.*

FSDDP3.4
Trini está soltera, tiene 18 años y es estudiante a tiempo completo. Ella trabaja a tiempo parcial y vive en casa de sus padres. Su W-2 muestra $4,000 en la casilla 1. ¿Pueden los padres de Trini declararla como dependiente en su declaración de impuestos?

a. Sí
b. No

Comentarios: Revisar la sección *Hijo que reúne los requisitos.*

FSDDP3.5
Alma debe cumplir cinco pruebas para reclamar a Freddy como dependiente. ¿Cuál de las siguientes no es una de las pruebas?

a. Residencia
b. Relación
c. Prueba de discapacidad
d. Prueba de declaración conjunta

Comentarios: Consulte la sección *Hijo que reúne los requisitos.*

FSDDP3.6
¿Cuál de los siguientes escenarios describe mejor al progenitor con custodia?

a. Ezra vive con su papá 300 días al año y solo ve a su mamá en los días feriados en la escuela.
b. David y María comparten la custodia de sus hijos.
c. Cara y su hija Joyce viven con sus padres. Joyce está en el seguro de sus abuelos.
d. Eli tiene 18 años y tiene un empleo a tiempo completo, y aún vive con sus padres.

Comentarios: Consulte la sección *Progenitor con custodia vs. progenitor sin custodia.*

FSDDP3.7
Danelle es la progenitora que no tiene la custodia y desea reclamar a sus hijos en su declaración de impuestos del año en curso. ¿Qué tiene que hacer Jake para que Danelle pueda reclamar a los niños?

a. Jake tendría que presentar su declaración primero con el Formulario 1040 y reclamar a los niños.
b. Jake tendría que firmar el Formulario 8332 y dárselo a Danelle para que ella prepare su propia declaración de impuestos.
c. Jake tendría que revocar el Formulario 8332 y dárselo a su preparador de declaraciones de impuestos.
d. Jake aún podrá reclamar a sus hijos incluso si Danelle los reclama.

Comentarios: Consulte la sección *Declaración escrita del Formulario 8332.*

FSDDP3.8
¿Cuál de las siguientes opciones describe mejor los pagos de cuidado de acogida?

a. Ingresos para los padres de acogida
b. Manutención para el niño acogido
c. Manutención para el contribuyente
d. Ingresos para el menor acogido

Comentarios: Consulte la sección *Pagos y gastos de cuidado de acogida.*

FSDDP3.9
¿Cuál de las siguientes no es una prueba para cumplir la regla del pariente que reúne los requisitos?

a. Prueba del hijo que no reúne los requisitos
b. Miembro del hogar
c. Prueba del miembro del hogar o parentesco
d. Prueba de edad

Comentarios: Consulte la sección *Prueba de edad.*

FSDDP3.10
La hija de Armando fue secuestrada a los 6 años. Armando puede reclamar a su hija hasta que cumpla ____ o hasta el año en que se determine que la niña ha fallecido.

a. 18
b. 20
c. 17
d. 14

Comentarios: Consulte la sección *Niños secuestrados.*

Parte 4 Deducciones

Existen dos tipos de deducciones a disposición de los contribuyentes: deducciones estándar o detalladas. El monto total se resta de los ingresos brutos ajustados del contribuyente para reducir su obligación tributaria. Los contribuyentes deben elegir la que más les convenga. Como profesional de impuestos, debe utilizar la que reduzca en mayor medida la obligación tributaria del contribuyente.

Las deducciones detalladas son una serie de gastos personales designados claramente como deducciones detalladas para ayudar a los contribuyentes a reducir su obligación tributaria. La deducción estándar es una cantidad predeterminada basada en el estado civil de declaración del contribuyente. Las deducciones estándar no exigen que los contribuyentes guarden los recibos de gastos personales reales, como facturas médicas, contribuciones benéficas y determinados impuestos deducibles.

La deducción estándar no siempre es una opción para todos los contribuyentes. En casos como éste (por ejemplo, si el monto de la deducción estándar del contribuyente es cero), lo mejor es comprobar si detallar las deducciones beneficiaría al contribuyente. Los contribuyentes están obligados a detallar las deducciones en los siguientes casos:

- Un contribuyente está casado, presenta una declaración por separado y su cónyuge detalla las deducciones.
- El contribuyente presenta una declaración por un año tributario corto debido a un cambio en su período contable anual.
- El contribuyente es extranjero no residente o con doble estatus durante el año. El contribuyente es extranjero de doble estatus si, durante el año, fue a la vez extranjero no residente y residente. Supongamos que el extranjero no residente está casado con un ciudadano estadounidense o un extranjero residente al final del año. En ese caso, el extranjero no residente o el extranjero residente pueden optar por ser tratados como residentes en los Estados Unidos.

Las deducciones detalladas se tratan con más detalle en otro capítulo. Vea la Publicación 519.

Deducción estándar

El monto de la deducción estándar varía en función del estado de declaración del contribuyente. La deducción estándar es una cantidad fija en dólares que reduce la base imponible. Otros factores utilizados para determinar el monto de la deducción estándar permitida son:

- El contribuyente tiene 65 años o más
- El contribuyente es ciego

Deducción estándar para la mayoría de las personas

Estos montos de deducción se aplican a la mayoría de las personas y corresponden al estado de declaración del año en curso. *

Estado de declaración y deducción estándar	Año tributario 2021	Año tributario 2022	Año tributario 2023
Soltero	$12,550	$12,950	$13,850
Casado que presenta una declaración conjunta y viudo que reúne los requisitos	$25,100	$25,900	$27,700
Casado que presenta una declaración por separado	$12,550	$12,950	$13,850
Cabeza de familia	$18,800	$19,400	$20,800

*No utilice esta tabla si:

- El contribuyente nació antes del 2 de enero de 1958.
- El contribuyente está ciego.
- Otra persona puede reclamar al contribuyente o al cónyuge del contribuyente como dependiente si el estado civil es MFJ.

Ejemplo 1: Año tributario 2022, Lilly tiene 26 años, nunca se ha casado y no tiene hijos ni otros dependientes. El estado civil de declaración de Lilly será Soltera. Utilice la tabla anterior. Su deducción estándar será de $12,950.

Ejemplo 2: Utilizando el ejemplo 1 con estos cambios: Lilly está casada y hace una declaración conjunta. Utilizarán la deducción estándar. Su deducción estándar será de $25,900.

Ejemplo 3: Utilizando el ejemplo 2 con estos cambios: Lilly y su esposo tuvieron un hijo que nació durante el año tributario. Lilly y su esposo han decidido presentar declaraciones de impuestos por separado. Como siguen casados y viviendo juntos, deben utilizar el estado de declaración MFS. Según la tabla, la deducción estándar de Lilly será de $12,950.

Ejemplo 4: Utilizando el ejemplo 2 con estos cambios: Lilly y su esposo se divorciaron durante el año tributario. Lilly tiene la custodia exclusiva de su hijo y presentará la declaración como cabeza de familia. Su deducción estándar será de $19,400.

Deducción estándar para mayores de 65 años o ciegos

Se permite una deducción estándar más elevada a los contribuyentes que tengan 65 años o más al final del año tributario. Un contribuyente tiene 65 años el día en que cumple 65 años y en la fecha inmediatamente previa.

Ejemplo: Frank cumplió 65 años el 1 de enero de 2023. Se considera que tiene 65 años el día anterior a su cumpleaños, el 31 de diciembre de 2022. Se considera que Frank tiene 65 años durante todo el año tributario. Frank califica para el monto de la deducción estándar para el contribuyente de 65 años o más.

También se permite una deducción estándar más elevada para los contribuyentes que se consideren ciegos el último día del año. Si el contribuyente es parcialmente ciego, debe obtener una declaración oficial de un oftalmólogo colegiado (optometrista u oftalmólogo). La nota debe indicar que el campo de visión del contribuyente no es superior a veinte grados o que el contribuyente no puede ver mejor que 20/200 en su mejor ojo, incluso con anteojos o lentes de contacto.

Si el médico examinador determina que la condición ocular nunca mejorará más allá de sus límites, deberá incluir este hecho en su declaración. Supongamos que corrige la visión más allá de estos límites únicamente con lentes de contacto que solo puede llevar brevemente debido a dolores, infecciones o úlceras. En ese caso, el contribuyente puede aplicar la deducción estándar más elevada a la que tendría derecho. Conserve la declaración del médico junto con el resto de los documentos del contribuyente.

También se permite la deducción estándar más elevada para el cónyuge de un contribuyente que tiene 65 años o más o que está ciego en las siguientes circunstancias:

- ➢ El contribuyente y su cónyuge presentan una declaración conjunta.
- ➢ El contribuyente presentó una declaración por separado, el cónyuge no tenía ingresos brutos y otro contribuyente no podía solicitar una exención para el cónyuge.

Si el contribuyente es dependiente en otra declaración de impuestos y nació antes del 2 de enero de 1958, o es ciego, multiplique el monto de la deducción estándar adicional por $1,700 si es soltero. Si los contribuyentes están casados, multiplique el monto de la otra deducción estándar por $1,350.

Hoja de trabajo 2022 de la deducción estándar para personas nacidas antes del 2 de enero de 1958 o ciegas

Marque el número correcto de casillas a continuación y continúe con el cuadro.

1. Contribuyente Nacido antes del 2 de enero de 1958 ☐ Ciego ☐
2. Cónyuge, si solicita la exención Nacido antes del 2 de enero de 1958 ☐ Ciego ☐

Número total de casillas marcadas _____

Si el estado de declaración es:	Y a finales de 2022 estaba…	La deducción estándar es:
Soltero	1 2	$14,700 $16,450
Casado que presenta una declaración conjunta	1 2 3 4	$27,300 $28,700 $30,100 $31,500
Casado que presenta una declaración por separado	1 2 3 4	$14,350 $15,750 $17,150 $18,550
Viudo	1 2	$27,300 $28,700
Cabeza de familia	1 2	$21,150 $22,900

> *El Señor 1040 dice:* Si el contribuyente es MFS y su cónyuge detalla o es un extranjero de doble estatus, el contribuyente **no puede** tomar la deducción estándar. El contribuyente *debe* detallar sus deducciones.

Ejemplo 1: Para el año tributario 2022, David y su esposa Nancy tienen ambos más de 65 años. Están obligados a presentar una declaración de impuestos y presentarán la declaración como MFJ. Ninguno es ciego, así que usarán la deducción estándar.

Deducción estándar para contribuyentes MFJ:	$25,900
Deducción estándar adicional para MFJ, 65+	$ 2,800 ($1,400 × 2)
El total de deducciones estándar:	$28,700

Ejemplo 2: El escenario es el mismo que el del ejemplo 1, pero con un cambio: Nancy es legalmente ciega. La pareja declarará MFJ y utilizará la deducción estándar.

Deducción estándar para contribuyentes MFJ:	$25,900
Deducción estándar adicional para MFJ, ciego	$ 1,400
Deducción estándar adicional para MFJ, 65+	$ 2,800 ($1,400 × 2)
El total de deducciones estándar:	$30,100

Ejemplo 3: El año tributario 2022, el esposo de Nancy, David, cumplió dos años de muerto. Nancy tiene más de 65 años, es legalmente ciega y debe presentar una declaración de impuestos. Nancy declarará como soltera y utilizará la deducción estándar con las deducciones estándar adicionales por ser ciega y mayor de 65 años. No está casada ni es dependiente.

Deducción estándar para contribuyentes solteros:	$ 12,950
Deducción estándar adicional para ciegos	$ 2,800
El total de deducciones estándar:	$ 16,450

Deducción estándar para dependientes

El monto de la deducción estándar está limitado si el contribuyente es dependiente en otra declaración. El monto de la deducción estándar del dependiente será a) $1,150; o b) el monto de los ingresos del trabajo del contribuyente para el año, más $400 si no excede la deducción estándar regular, lo que sea mayor. Si el contribuyente tiene 65 años o más o es ciego, puede seguir teniendo derecho a una deducción estándar más elevada, aunque sea declarado como dependiente.

Los ingresos del trabajo consisten en sueldos, salarios, propinas, honorarios profesionales y todas las demás cantidades monetarias recibidas por cualquier trabajo realizado por el contribuyente. Incluya las becas o subvenciones en los ingresos brutos para calcular correctamente la deducción estándar. Para obtener más información sobre lo que se considera beca o subvención. Vea la Publicación 970.

Hoja de trabajo 2022 para la deducción estándar para dependientes

Esta hoja de trabajo solo se utiliza si otra persona puede reclamar al contribuyente o a su cónyuge como dependiente si declara como MFJ.

1. Ingrese los ingresos del trabajo del contribuyente (definidos a continuación). Si no hay ninguno, introduzca un cero.	1. $
2. Monto adicional	2. $400
3. Sume las líneas 1 y 2	3. $
4. Deducción estándar mínima	4. $1,150
5. Ingrese el mayor de entre la línea 3 o línea 4	5. $
6. Introduzca el monto que aparece a continuación según el estado civil para efectos de la declaración del contribuyente. Soltero o MFS: $12,950 MFJ: $25,900 Cabeza de familia: $19,400	6. $
7. Deducción estándar a. Ingrese el menor de la línea 5 o línea 6. Si nació después del 1 de enero de 1958 y no es ciego, deténgase aquí. Esta es la deducción normal. En caso contrario, pase a la línea 7b.	7a. $
b. Si nació antes del 2 de enero de 1958 o es ciego, multiplique $1,750 ($1,400 si está casado) por el número que figura en.	7b. $
c. Sume las líneas 7a y 7b. Ingrese aquí el total y en el Formulario 1040 o en el Formulario 1040-SR, línea 12a.	7c. $

Los ingresos salariales incluyen sueldos, salarios, propinas, honorarios profesionales y otras compensaciones recibidas por servicios personales prestados. También se incluye el monto recibido en concepto de beca o subvención imponible.

Parte 4 Preguntas de repaso

Para obtener el máximo provecho de este capítulo, LTP recomienda que complete cada una de las siguientes preguntas y luego las compare con las respuestas con comentarios que siguen inmediatamente. Según las normas de autoaprendizaje vigentes, los vendedores deben presentar preguntas de repaso de forma intermitente a lo largo de cada curso de autoaprendizaje.

Estas preguntas y explicaciones no son parte del examen final y no serán calificadas por LTP.

FSDDP4.1
¿Cuál de las siguientes opciones describe mejor la deducción estándar?

a. La deducción estándar es un monto en dólares determinado previamente cada año
b. La deducción estándar incluye ciertos gastos que requieren que el contribuyente guarde recibos para determinar el monto que puede deducir.
c. La deducción estándar es el monto de la contribución del contribuyente a una organización de beneficencia.
d. La deducción estándar es solo para los contribuyentes que están casados.

FSDDP4.2
Samuel, quien presenta su declaración como soltero, tiene 64 años y es legalmente ciego. ¿Cuál sería su deducción estándar para el año tributario 2022 (preparado en 2023)?

a. $12,950
b. $16,450
c. $19,400
d. $14,700

FSDDP4.3
Para el año tributario 2022 (preparado en el 2023), ¿cuál es la deducción estándar federal para María, quien está presentando su declaración como jefa de familia?

a. $14,700
b. $21,150
c. $15,750
d. $19,400

FSDDP4.4
Si el contribuyente tiene _______ años el 1 de enero de 2023, tiene _____ años para el año tributario 2022.

a. 65/65
b. 65/66
c. 64/65
d. 66/65

FSDDP4.5
¿Cuál es la deducción federal estándar para un contribuyente casado que presenta la declaración por separado para el año tributario 2022?

a. $12,950
b. $19,400
c. $25,900
d. $16,450

FSDDP4.6
¿Cuál es la deducción federal estándar para un contribuyente casado que presenta la declaración como cónyuge sobreviviente calificado para el año tributario 2022?

a. $19,400
b. $25,900
c. $16,450
d. 12,950

FSDDP4.7
Cuando un dependiente presenta su declaración de la renta del 2022, ¿cuál es su límite de deducción estándar?

a. $900
b. $400
c. La cantidad mayor de entre $1,000 más $350
d. La cantidad mayor de entre $1,150 o los ingresos del trabajo del contribuyente durante el año más $400, sin superar la deducción estándar

FSDDP4.8
¿Cuál es la deducción federal estándar para un contribuyente que presenta la declaración como soltero para el año tributario 2022?

a. $19,400
b. $27,300
c. $12,950
d. $21,150

FSDDP4.9
¿Cuál es la deducción federal estándar de 2022 para un contribuyente que declara como cabeza de familia mayor de 65 años y ciego?

a. $19,400
b. $27,300
c. $22,900
d. $21,150

FSDDP4.10
¿Cuál de las siguientes opciones describe mejor la deducción estándar?

a. La deducción estándar no se limita a la edad y el estado civil para efectos de la declaración.
b. La deducción estándar no está limitada a la cantidad de deducciones que uno puede tener.
c. La deducción estándar es una cantidad fija en dólares que se determina cada año.
d. Las deducciones estándar solo pueden ser utilizadas por contribuyentes solteros.

Parte 4 Respuestas a las preguntas de repaso

FSDDP4.1
¿Cuál de las siguientes opciones describe mejor la deducción estándar?

a. La deducción estándar es un monto en dólares determinado previamente cada año
b. La deducción estándar incluye ciertos gastos que requieren que el contribuyente guarde recibos para determinar el monto que puede deducir.
c. La deducción estándar es el monto de la contribución del contribuyente a una organización de beneficencia.
d. La deducción estándar es solo para los contribuyentes que están casados.

Comentarios: Consulte la sección *Parte I: Deducciones.*

FSDDP4.2
Samuel, quien presenta su declaración como soltero, tiene 64 años y es legalmente ciego. ¿Cuál sería su deducción estándar para el año tributario 2022 (preparado en 2023)?

a. $12,950
b. $16,450
c. $19,400
d. $14,700

Comentarios: Consulte la sección *Deducción estándar para mayores de 65 años o ciegos.*

FSDDP4.3
Para el año tributario 2022 (preparado en el 2023), ¿cuál es la deducción estándar federal para María, quien está presentando su declaración como cabeza de familia?

a. $14,700
b. $21,150
c. $15,750
d. $19,400

FSDDP4.4
Si el contribuyente tiene _______ años el 1 de enero de 2023, tiene _____ años para el año tributario 2022.

a. 65/65
b. 65/66
c. 64/65
d. 66/65

Comentarios: Consulte la sección *Deducción estándar para mayores de 65 años o ciegos.*

FSDDP4.5
¿Cuál es la deducción estándar federal para un contribuyente casado que presenta una declaración por separado para el año tributario 2022?

a. $12,950
b. $19,400
c. $25,900
d. $16,450

Comentarios: Consulte la sección *Deducción estándar para la mayoría de las personas.*

FSDDP4.6
¿Cuál es la deducción federal estándar para un contribuyente casado que presenta la declaración como cónyuge sobreviviente calificado para el año tributario 2022?

a. $19,400
b. $25,900
c. $16,450
d. $12,950

Comentarios: Consulte la sección *Deducción estándar para la mayoría de las personas.*

FSDDP4.7
Cuando un dependiente presenta su declaración de impuestos del 2022, ¿cuál es su límite de deducción estándar?

a. $900
b. $400
c. La cantidad mayor de entre $1,150 más $350
d. La cantidad mayor de entre $1,150 o los ingresos del trabajo del contribuyente durante el año más $400, sin superar la deducción estándar

Comentarios: Consulte la sección *Deducción estándar para la mayoría de las personas.*

FSDDP4.8
¿Cuál es la deducción estándar federal para un contribuyente que presenta la declaración como soltero para el año tributario 2022?

a. $19,400
b. $27,300
c. $12,950
d. $21,150

Comentarios: Consulte la sección *Deducción estándar para la mayoría de las personas.*

FSDDP4.9
¿Cuál es la deducción estándar federal de 2022 para un contribuyente que declara como cabeza de familia mayor de 65 años y ciego?

a. $19,400
b. $27,300
c. $22,900
d. $21,150

Comentarios: Consulte la sección *Deducción estándar para mayores de 65 años o ciegos.*

FSDDP4.10
¿Cuál de las siguientes opciones describe mejor la deducción estándar?

a. La deducción estándar no se limita a la edad y el estado civil para efectos de la declaración.
b. La deducción estándar no está limitada a la cantidad de deducciones que uno puede tener.
c. La deducción estándar es una cantidad fija en dólares que se determina cada año.
d. Las deducciones estándar solo pueden ser utilizadas por contribuyentes solteros.

Comentarios: Consulte la sección *Deducciones estándar.*

Aportes

El profesional de impuestos debe comprender los estados civiles para efectos de declaración y hacer preguntas que determinen el estado de declaración correcto para su cliente. Algunos clientes pueden decirle al asesor tributario que su estado civil para efectos de la declaración es el de cabeza de familia porque se los ha dicho un amigo. No obstante, la responsabilidad del preparador de declaraciones de impuestos es realizar una entrevista exhaustiva y llenar el Formulario 8867 de Diligencia Debida del preparador de declaraciones de impuestos remunerado. El estado civil para efectos de la declaración del contribuyente determina su obligación tributaria y muchas deducciones tributarias, por lo que debe asegurarse de declarar con el estado civil correcto.

El Tema 303 contiene una lista de los errores más comunes en una declaración de impuestos. "¿Cuál es mi estado civil para fines de la declaración de impuestos?" está en la lista. El IRS ha creado un asistente tributario interactivo para responder a las preguntas relacionadas con la determinación del estado civil para efectos de la declaración de impuestos. "¿Cuál era su estado civil el último día del año?" es la primera pregunta del asistente tributario interactivo (ITA). Sea consciente de las consecuencias de preparar las declaraciones de impuestos incorrectamente. Asegúrese de hacer las diligencias debidas y de hacerlo bien.

Es importante entender cómo determinar a un hijo o pariente que califica para preparar una declaración de impuestos exacta. El conocimiento de la ley tributaria es muy importante. El profesional de impuestos no puede depender de software para preparar una declaración de impuestos exacta. Asegúrese de que el contribuyente reúna los requisitos para ser considerado dependiente del contribuyente conociendo las reglas aplicables a un hijo y a un pariente que reúne los requisitos. El conocimiento de la situación del contribuyente es crucial para preparar declaraciones de impuestos correctas. Si el IRS audita a un preparador de declaraciones de impuestos, es mejor que su excusa no sea que no le hizo suficientes preguntas al contribuyente.

¡PON A PRUEBA TUS CONOCIMIENTOS!
Ve en línea para tomar una prueba de práctica.

Capítulo 4 Ingresos

Introducción

Este capítulo cubre el Formulario 1040, líneas 1 a 7, y la Parte I del Anexo 1, *Ingresos adicionales y ajustes a los ingresos*. También se tratan los tipos más comunes de ingresos sujetos y no sujetos a impuestos. Un profesional de impuestos debe identificar los diferentes tipos de ingresos sujetos a impuestos, ingresos exentos de impuestos y otros ingresos incluidos en la línea 10 del Anexo 1, y saber cómo determinar el porcentaje de ingresos sujetos a impuestos para los beneficios del Seguro Social.

El IRS tiene la autoridad de cobrar impuestos sobre todos los ingresos de todas las fuentes. Esto incluye compensación por servicios, ganancias de la disposición de propiedad, intereses y dividendos, alquiler y regalías, pensiones y anualidades, ganancias de apuestas e incluso actividades ilegales. Todos los ingresos recibidos por una persona son conocidos de forma colectiva como "ingresos mundiales". Sin embargo, no todo el dinero o las propiedades son imponibles o están sujetos a impuestos.

La mayoría de los intereses o dividendos son ingresos sujetos a impuestos si el interés se acredita en la cuenta del contribuyente y éste puede retirar el dinero. En este capítulo también se analizan las excepciones a los intereses y dividendos, incluyendo las que no constituyen ingresos sujetos a impuestos.

Objetivos

Al final de este capítulo, el estudiante podrá:

- Explicar los "ingresos mundiales".
- Entender en dónde reportar salarios y otras compensaciones.
- Diferenciar entre ingresos salariales e ingresos no salariales.
- Identificará dónde se declaran los ingresos.
- Identificar los diferentes tipos de ingresos derivados de intereses.
- Reconocer qué formularios de impuestos reportan los ingresos derivados de intereses.
- Mencionar qué dividendos son reportados como intereses.
- Entender los diferentes tipos de bonos de ahorros.
- Explicar en dónde reportar ingresos derivados de dividendos.
- Entender cuándo se necesita presentar un Anexo B con la declaración de impuestos.
- Indicar cómo reportar los ingresos derivados de intereses y dividendos en la declaración de impuestos.

Recursos

Formulario W-2	Anexo B	Instrucciones para el Anexo B
Formulario W-2G	Anexo D	Instrucciones del Anexo D
Formulario 1040	Publicación 15-B	Instrucciones del Formulario W-2
Formulario 1099-B	Publicación 17	Instrucciones del Formulario W-2G
Formulario 1099-DIV	Publicación 505	Instrucciones del Formulario 1040
Formulario 1099-G	Publicación 514	Instrucciones del Formulario 1099-B
Formulario 1099-INT	Publicación 523	Instrucciones del Formulario 1099-DIV
Formulario 1099-OID	Publicación 525	Instrucciones del Formulario 1099-INT
Formulario 1099	Publicación 531	Instrucciones del Formulario 1099-OID

Formulario 1099-R Formulario RRB-1099 Formulario SSA-1099 Formulario 5329 Formulario 6252 Formulario 8606 Formulario 8615 Formulario 8814 Formulario 8815 Formulario 8818 Formulario 8949 Formulario 8960	Publicación 544 Publicación 550 Publicación 551 Publicación 554 Publicación 575 Publicación 590 A y B Publicación 915 Publicación 929 Publicación 939 Publicación 1244 (que incluye los Formularios 4070 y 4070A) Publicación 4078 Temas 403, 404, 409, 411, 412, 413, 417, 418, 419, 420, 421, 451, 553, 557, 558, 703	Instrucciones del Formulario 1099-Q Instrucciones del Formulario 1099-R Instrucciones del Formulario RRB-1099 Instrucciones del Formulario SSA-1099 Instrucciones del Formulario 4070 Instrucciones del Formulario 4797 Instrucciones del Formulario 5329 Instrucciones del Formulario 6252 Instrucciones del Formulario 8606 Instrucciones del Formulario 8615 Instrucciones del Formulario 8814 Instrucciones del Formulario 8815 Instrucciones del Formulario 8818 Instrucciones del Formulario 8949 Instrucciones del Formulario 8960

Parte 1 Formulario W-4 y Formulario W-2

Un profesional de impuestos debe comprender la importancia del Formulario W-4, *Certificado de retención del empleado*. El Formulario W-4 es el documento del IRS que un empleado llena para que su empleador determine cuánto debe retenerse de su cheque de pago en concepto de impuestos federales sobre los ingresos y lo envíe al IRS. Llenar con precisión el Formulario W-4 evitará pagar impuestos de más o tener un saldo pendiente a la hora de pagar impuestos. Muchos contribuyentes no entienden el formulario y quieren tener el máximo de ingresos en su cheque de pago. No calcular con exactitud el W-4 es un problema para el contribuyente.

El IRS ha creado un estimador de retenciones tributarias en línea para ayudar a los contribuyentes a determinar si sus retenciones son suficientes. El IRS quiere que el contribuyente "pague de inmediato". Esto es para determinar si el contribuyente paga retenciones suficientes. Para utilizar el estimador en línea, reúna los siguientes documentos necesarios.

1. Cheque(s) de pago más reciente(s), si la declaración es conjunta; se necesitan tanto del contribuyente como de su cónyuge.
2. Ingresos procedentes de otras fuentes, si corresponde.
3. Tenga a mano la declaración de impuestos más reciente.

La precisión del estimador depende de la información introducida. A continuación, encontrará el enlace al estimador. https://www.irs.gov/individuals/tax-withholding-estimator.

Retención de impuestos

El impuesto sobre los ingresos se retiene de la remuneración del empleado; el monto del impuesto sobre los ingresos que retiene el empleador se basa en dos factores:

- El monto que se gana en cada periodo de pago.
- La información facilitada al empleador cuando el empleado llena el Formulario W-4.

Contenido

La retención cuenta para el pago de la factura anual del impuesto sobre los ingresos calculado cuando el contribuyente presenta su declaración de impuestos del año en curso. Antes de la versión actual del W-4, los contribuyentes podían solicitar descuentos personales. Cuantos más descuentos se soliciten, menos retendrá el empleador del cheque de pago del contribuyente. Los descuentos estaban vinculados a las exenciones personales y por dependientes a cargo declarados en el formulario de impuestos. Debido a la Ley de Empleos y Reducción de Impuestos (TCJA), las exenciones personales han sido suspendidas hasta el 2025. La TCJA es una ley federal, y algunos estados no se ajustaron a la TCJA.

Para declarar un estado civil para efectos de la declaración, el empleado deberá marcar una de las casillas del paso 1(c). Si los pasos 2-4 se aplican al contribuyente, entonces el individuo llenaría los pasos; de lo contrario, continuaría con el paso 5.

El paso 2 se utiliza si el contribuyente tiene varios empleos simultáneamente o si el contribuyente y su cónyuge tienen empleos.

Retención de impuestos

El impuesto sobre los ingresos se retiene de la remuneración del empleado; el monto del impuesto sobre los ingresos que retiene el empleador se basa en dos factores:

- El monto que se gana en cada periodo de pago.
- La información facilitada al empleador cuando el empleado llena el Formulario W-4.

El paso 3 se utiliza si el contribuyente y su cónyuge solicitan el crédito tributario por hijos y tienen otro dependiente que cumpla los requisitos. Para tener derecho al crédito tributario por hijos, el contribuyente debe tener un hijo dependiente que cumpla los requisitos, tenga menos de 17 años el 31 de diciembre y haya vivido con el contribuyente durante más de la mitad del año. En este paso también pueden utilizarse otros créditos tributarios para obtener un descuento acreditable más preciso.

El paso 4 se utiliza cuando el contribuyente tiene otros ingresos que afectarían a su retención W-2. Esto incluye los intereses devengados y el reparto de dividendos. Si el contribuyente declara deducciones detalladas, y/o retenciones extraordinarias deducidas de cada período de pago, esta acción podría influir en el monto de la retención.

Si el contribuyente declara deducciones detalladas, y/o retenciones extraordinarias deducidas de cada período de pago, esta acción podría influir en el monto de la retención.

Formulario W-4, antes de la TCJA

El *Certificado de Descuento de Retención del Empleado* incluía cuatro tipos de información que un empleador utilizaría para calcular la retención del contribuyente. Algunas compañías de nóminas (privadas o comerciales) siguen utilizando el sistema antiguo para calcular las retenciones tributarias. Lo siguiente se aplicaría al Formulario W-4 anterior:

1. Si se retiene a la tasa para solteros o a la tasa más baja para matrimonios.
2. Cuántos descuentos a las retenciones solicita el contribuyente; cada descuento reduce el monto retenido.
3. Si el contribuyente desea que se le retenga una cantidad adicional.
4. Si el contribuyente solicita una exención de retención en 2022.

El contribuyente debe llenar el Formulario W-4 para determinar el monto de la retención a reclamar. El contribuyente es responsable de determinar la retención correcta.

El contribuyente debe evaluar anualmente su Formulario W-4 y proporcionar al empleador o empleadores un nuevo Formulario W-4 según sea necesario. Si el contribuyente desea efectuar retenciones sobre pensiones o rentas vitalicias, utilice el Formulario W-4P.

En la mayoría de los casos, el impuesto retenido en la nómina del contribuyente se aproximará al impuesto calculado en la declaración si se da una de las siguientes circunstancias:

- El contribuyente llena correctamente el Formulario W-4.
- El contribuyente modifica el Formulario W-4 cuando cambia su situación tributaria.

Las hojas de cálculo que se facilitan con el Formulario W-4 no tienen en cuenta todas las situaciones posibles, por lo que es posible que el contribuyente no practique la retención correcta. Lo más probable es que esto ocurra en las siguientes situaciones:

1. El contribuyente está casado y el contribuyente y su cónyuge trabajan.
2. El contribuyente tiene más de un trabajo a la vez.
3. El contribuyente tiene ingresos que no provienen del salario, como intereses, dividendos, pensión para cónyuges divorciados, compensación por desempleo o ingresos sobre el trabajo independiente, ingresos por alquileres o ganancias de capital.

4. El contribuyente podría adeudar impuestos adicionales si declara ingresos por trabajo independiente o ingresos por trabajo doméstico.
5. El contribuyente tuvo retenciones de impuestos de un Formulario W-4 obsoleto durante una parte sustancial del año.
6. El contribuyente solo trabaja una parte del año.
7. El contribuyente ha modificado el número de descuentos de retenciones a lo largo del año.

Si el contribuyente tiene ingresos procedentes de dos o más empleos al mismo tiempo, podría solicitar los descuentos en un solo Formulario W-4 y repartir los descuentos entre los empleos.

Por lo general, las retenciones serán más exactas cuando se soliciten todos los descuentos en el Formulario W-4 para el trabajo mejor pagado y no se soliciten descuentos en los demás.

Si el contribuyente y su cónyuge trabajan de forma independiente y tienen previsto presentar una declaración conjunta, deberán calcular el descuento en función de la suma de sus ingresos, ajustes, deducciones, exenciones y créditos. Los cónyuges pueden repartirse el total de los descuentos como quieran, pero no pueden reclamar un descuento que el otro cónyuge haya solicitado. Consulte la Publicación 505.

Formulario W-4

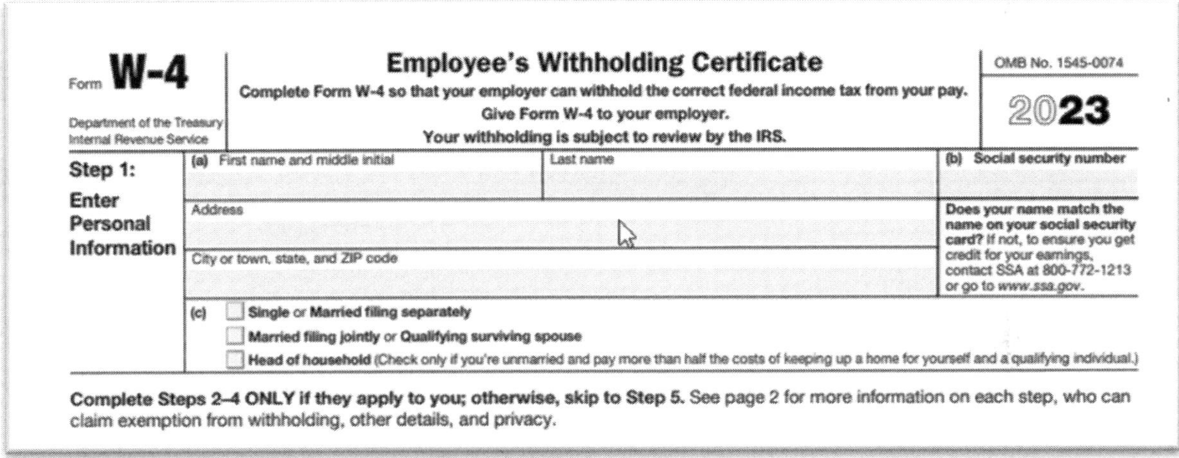

Form **W-4**
Department of the Treasury
Internal Revenue Service

Employee's Withholding Certificate
Complete Form W-4 so that your employer can withhold the correct federal income tax from your pay.
Give Form W-4 to your employer.
Your withholding is subject to review by the IRS.

OMB No. 1545-0074
2023

Step 1: Enter Personal Information

(a) First name and middle initial | Last name | (b) Social security number

Address

City or town, state, and ZIP code

Does your name match the name on your social security card? If not, to ensure you get credit for your earnings, contact SSA at 800-772-1213 or go to www.ssa.gov.

(c) ☐ **Single** or **Married filing separately**
☐ **Married filing jointly** or **Qualifying surviving spouse**
☐ **Head of household** (Check only if you're unmarried and pay more than half the costs of keeping up a home for yourself and a qualifying individual.)

Complete Steps 2–4 ONLY if they apply to you; otherwise, skip to Step 5. See page 2 for more information on each step, who can claim exemption from withholding, other details, and privacy.

Parte del Formulario W-4

Exención de retención

Si un contribuyente no tuvo ninguna obligación tributaria el año anterior y espera no tener ninguna obligación tributaria el año próximo, puede escribir "Exento" en el Formulario W-4 en el espacio situado debajo del Paso 4(c). Luego, complete los pasos 1(a), 1(b) y 5. No realice ningún otro paso. Si el contribuyente solicita la exención de la retención, ésta sólo se aplica al impuesto sobre la renta y no a los impuestos del Seguro Social o Medicare.

El contribuyente puede solicitar una exención para el año tributario en curso si se cumplen los siguientes requisitos:

- El contribuyente tenía derecho al reembolso de todo el impuesto federal sobre los ingresos retenido porque el año anterior no tenía ninguna obligación tributaria.
- El contribuyente espera la devolución de todo el impuesto federal sobre los impuestos que ha sido retenido porque espera no tener ninguna obligación tributaria para el año en curso.

El empleador debe enviarle al IRS una copia del formulario W-4 del contribuyente si éste afirma estar exento de retención y si se prevé que su salario será habitualmente superior a $200 semanales. Si el contribuyente no puede acogerse a la exención, el IRS le enviará al contribuyente y a la empresa del contribuyente una notificación por escrito.

Si el contribuyente declara estar exento en el formulario W-4 pero la situación cambia de modo que, después de todo, debe pagar el impuesto sobre los ingresos, debe presentar un nuevo Formulario W-4 en un plazo de 10 días a partir del cambio. Si el contribuyente afirma estar exento en 2023 pero prevé adeudar el impuesto sobre los ingresos correspondiente a 2024, deberá presentar un nuevo Formulario W-4 lo antes posible. La exención es válida durante un año. El contribuyente debe proporcionar anualmente al empleador un nuevo Formulario W-4 antes del 15 de febrero de cada año para mantener la exención.

El contribuyente debe llenar y presentarle al empleador un nuevo Formulario W-4 dentro de 10 días en los siguientes casos:

- El contribuyente estaba reclamando estar casado y se divorció.
- Ocurre un evento que disminuye el número de descuentos en la retención que el contribuyente puede reclamar.

El Señor 1040 dice: Los estudiantes no están automáticamente exentos de la retención fiscal.

Si el contribuyente desea modificar su Formulario W-4 durante el año, el empleador debe poner en vigor el nuevo Formulario W-4 a más tardar al inicio del primer período de pago que finalice a los 30 días de la entrega del nuevo Formulario W-4 por parte del contribuyente. Si el cambio del contribuyente es para el año siguiente, el nuevo formulario no se realizará hasta el año siguiente.

Retenciones de los empleados domésticos

Si un contribuyente le pagó a un empleado $2,400 o más en salarios en efectivo para 2022, el contribuyente debe declarar y pagar impuestos del Seguro Social y Medicare sobre todos los salarios. Un empleado doméstico es un empleado que realiza tareas domésticas en un domicilio particular, en un club universitario local o en una fraternidad o hermandad local. Solo se retiene el impuesto si el contribuyente le ha solicitado al empleador que lo haga. Si el contribuyente no tiene suficientes impuestos retenidos, debe efectuar pagos estimados. Para poder presentar los formularios adecuados para que le retengan los impuestos, el empleador del empleado doméstico debe obtener un número de identificación como empleador presentando una solicitud SS-4 EIN al IRS. El contribuyente debe emplear a una persona que pueda trabajar legalmente en los Estados Unidos. El empleado tiene que llenar el Formulario I-9, y el empleador tiene que verificar la información y entregarle al empleado un W-2.

Un contribuyente que sea empleado debe recibir un Formulario W-2 de su(s) empleador(es) que muestre los salarios que el contribuyente ganó a cambio de los servicios prestados. Un W-2 es el formulario de impuestos generado por los empleadores que detalla los ingresos de los empleados y las retenciones del gobierno para un año tributario determinado. El Formulario W-2 de un año tributario debería ser entregado a los empleados al final del primer mes después del final del año tributario. Por ejemplo, el Formulario W-2 para el año tributario 2022 debería haber sido entregado antes del 31 de enero de 2023. Un contribuyente recibirá un Formulario W-2 de parte de cada empleador para quien trabaje y debería entregarle a la persona que está preparando sus impuestos cada W-2 que haya recibido. La mayoría de los contribuyentes solo recibirá un W-2; es posible recibir más de uno si un contribuyente ha trabajado en varios empleos durante un año tributario determinado. Si los empleados detectan un error en su Formulario W-2, deben notificarlo a su empleador y solicitar un Formulario W-2 corregido antes de presentar la declaración de los impuestos.

Los profesionales de impuestos utilizan la información facilitada en un W-2 para determinar los ingresos del trabajo del cliente durante el año. El monto total de impuestos es reportado en el Formulario 1040, línea 1. Los salarios incluyen sueldos, descuentos de vacaciones, bonos, comisiones y prestaciones suplementarias. La compensación incluye todo lo recibido como pago por servicios personales.

Cómo leer el W-2

Abajo hay un ejemplo de un W-2 que un empleado recibe de su empleador. Es importante que el profesional de impuestos sepa qué está siendo reportado en cada línea del W-2 para que pueda saber cómo usar la información proporcionada en el formulario al preparar la declaración de impuestos del empleado.

22222 | a Employee's social security number | OMB No. 1545-0008

b Employer identification number (EIN)
c Employer's name, address, and ZIP code
d Control number
e Employee's first name and initial | Last name | Suff.
f Employee's address and ZIP code

1 Wages, tips, other compensation | 2 Federal income tax withheld
3 Social security wages | 4 Social security tax withheld
5 Medicare wages and tips | 6 Medicare tax withheld
7 Social security tips | 8 Allocated tips
9 | 10 Dependent care benefits
11 Nonqualified plans | 12a
13 Statutory employee / Retirement plan / Third-party sick pay | 12b
14 Other | 12c
12d

15 State | Employer's state ID number | 16 State wages, tips, etc. | 17 State income tax | 18 Local wages, tips, etc. | 19 Local income tax | 20 Locality name

Form **W-2** **Wage and Tax Statement** 2023 Department of the Treasury—Internal Revenue Service

Copia del Formulario W-2

Las casillas con letras del Formulario W-2

Casilla a: Número de Seguro Social del empleado

El número del Seguro Social debe coincidir con el que aparece en la tarjeta del Seguro Social del empleado. Si el número de Seguro Social es incorrecto, el empleado debe notificarlo al empleador y solicitar un Formulario W-2 corregido.

> Nota: Los ITIN no sustituyen a los números del Seguro Social. Los ITIN solo están disponibles para extranjeros residentes y no residentes que no reúnan los requisitos para trabajar en los EE.UU. y que necesiten una identificación a efectos tributarios. En circunstancias normales, los titulares de un ITIN no pueden recibir un W-2 porque carecen de un SSN, pero es posible que un titular de un ITIN reciba un W-2 utilizando un SSN ilegal. Cuando introduzca la información del W-2 en el software para estos clientes, asegúrese de que el SSN no aparezca automáticamente en la casilla a, porque es ahí donde debe ir el número ITIN.

Casilla b: ***Número de identificación del empleador (EIN)***

En esta casilla aparece el número de identificación del empleador (NIF) asignado al empleador por el IRS. Los EIN consisten de dos dígitos y un guion seguido de siete dígitos más, como se ve en este ejemplo: 00-0000000.

Casilla c: Nombre, dirección y código ZIP del empleador

Esta entrada debe ser la misma que la información que aparece en el Formulario 941, 941-SS, 943, 944, CT-1 o el Formulario 1040, Anexo H del empleador.

Casilla d: Número de control

Aunque a menudo se deja en blanco, los empleadores pueden utilizar esta casilla para distinguir entre los distintos W-2 siempre que sea necesario. Por ejemplo, si un empleador tiene varios empleados con el mismo nombre y apellidos, puede distinguirlos utilizando números de control.

Casillas e y f: Nombre y dirección del empleado

El nombre del contribuyente debe coincidir con el que aparece en la tarjeta del Seguro Social (nombre, segundo nombre y apellidos). El nombre del contribuyente puede ser diferente si se ha casado, divorciado o cambiado de nombre recientemente. La dirección del contribuyente debe incluir el número, calle, apartamento y número de suite, o un número de apartado de correos si el correo no se entrega en una dirección física.

Las casillas numeradas del Formulario W-2

Casilla 1: Salarios, propinas y otras compensaciones

Muestra el total de salarios sujetos a impuestos, propinas y otras compensaciones pagadas al empleado durante el año antes de restar cualquier deducción de cheques de pago o retención de impuestos.

Las siguientes cosas están incluidas en el monto total proporcionado en la casilla 1:

- Los salarios y bonos totales (incluyendo bonos de contratación, premios y reconocimientos) pagados al empleado durante el año.
- El total de pagos que no son efectivo, incluyendo ciertas prestaciones suplementarias.
- Las propinas totales reportadas por el empleado al empleador; las propinas asignadas no son reportadas en esta casilla.

- Ciertos reembolsos de gastos comerciales para los empleados.
- El costo de las primas de seguro de accidente y enfermedad de una sociedad anónima de tipo S para un accionista con el 2% o más de la compañía.
- Si el empleado elige dinero en efectivo para determinados beneficios sujetos a impuestos de un plan cafetería de la sección 125.
- Contribuciones de los empleados a una MSA Archer.
- Las contribuciones a una MSA Archer de un empleador si se incluyen en los ingresos del empleado.
- Contribuciones del empleador para servicios cualificados de cuidados a largo plazo en la medida en que dicha cobertura se proporcione a través de planes de gastos flexibles o acuerdos similares.
- La parte sujeta a impuestos del costo de un seguro colectivo de plazo fijo superior a $50,000.
- Salvo que sean excluibles en virtud de un programa de ayuda a la educación, los pagos por gastos de educación no relacionados con el trabajo o por pagos en virtud de un plan no contable.
- El monto incluido como salario porque el empleador pagó la parte correspondiente al empleado de los impuestos del Seguro Social y Medicare.
- Contribuciones Roth designadas realizadas en el marco de un plan de la sección 401(k), un acuerdo de reducción salarial de la sección 403(b) o un plan gubernamental de la sección 457(b).
- Distribuciones a un empleado o antiguo empleado de un plan de compensación diferida no cualificado (NQDC) o de un plan no gubernamental de la sección 457(b).
- Cantidades incluidas como ingresos en virtud de un plan NQDC (compensación diferida no cualificada) debido a la sección 409A.
- Cantidades incluidas en los ingresos en virtud de la sección 457(f) porque ya no están sujetas a un riesgo sustancial de confiscación.
- Los pagos a los empleados estatutarios que están sujetos a los impuestos del Seguro Social y Medicare, pero no están sujetos a la retención del impuesto federal sobre los ingresos deben aparecer en la casilla 1 como "otras compensaciones".
- Costo de la protección de seguro actual en virtud de un acuerdo de seguro de vida de indemnización dividida.
- Contribuciones de los empleados a una cuenta de ahorros de la salud (HSA).
- Las contribuciones del empleador a una HSA si se incluyen en los ingresos del empleado.
- Gastos de mudanza no cualificados y reembolso de gastos.
- Pagos efectuados a antiguos empleados mientras se encontraban en servicio activo en las fuerzas armadas u otros servicios uniformados.
- Todas las demás compensaciones, incluyendo determinadas becas y subvenciones; otras compensaciones incluyen las cantidades sujetas a impuestos pagadas al empleado de las que no se retuvo el impuesto federal sobre los ingresos. Un empleador puede utilizar otro Formulario W-2 para mostrar la compensación de un empleado aparte de sus salarios del empleo en función de sus prácticas contables.

Casilla 2 a casilla 11

Casilla 2: Retención de impuestos federales sobre los ingresos

Muestra el total del impuesto federal sobre los ingresos retenido del salario del empleado durante el año. Los pagos por desvinculación laboral incluyen la compensación de determinados empleados cubiertos y están gravados al 20%, incluyendo el impuesto especial del 20% retenido sobre el exceso de pagos por desvinculación laboral.

Si el contribuyente declara deducciones detalladas, y/o retenciones extraordinarias deducidas de cada período de pago, esta acción podría influir en el monto de la retención.

Casilla 3: Salarios por Seguro Social

Muestra el monto total de los salarios no provenientes de propinas utilizados para calcular los ingresos y pagos al Seguro Social del contribuyente. El total de las casillas 3 y 7 no puede superar el límite de ingresos anual al Seguro Social de $147,000.00.

Casilla 4: Impuesto del Seguro Social retenido

Muestra la retención total del Seguro Social del empleado, que se determina multiplicando el porcentaje de impuestos (6.2%) por el límite salarial del Seguro Social de $147,000.00 para 2022. La Administración del Seguro Social fija cada año el límite salarial del Seguro Social y también puede modificar el porcentaje gravado, aunque rara vez lo hace. Para 2023, el límite salarial del Seguro Social de $160,200.00.

Casilla 5: Salarios y propinas para Medicare

Los salarios y propinas sujetos al impuesto de Medicare se determinan utilizando el mismo método que el impuesto del Seguro Social en las casillas 3 y 7, salvo que no existe límite de base salarial para el impuesto de Medicare.

Casilla 6: Impuesto de Medicare retenido

Esta casilla muestra el total de impuestos de Medicare retenidos al empleado. El porcentaje de retención fiscal es del 1.45%. Las retenciones del impuesto de Medicare se determinan a partir del monto total de los ingresos del empleado en la casilla 1.

Ejemplo: Los salarios totales de Ryan para 2022 fueron de $150,000.00; por lo tanto, esta es la cantidad reportada en la casilla 1. Dado que $150,000.00 superan el límite de pago anual al Seguro Social de 2022, $147,000.00 será el monto que aparece en la casilla 3. La casilla 4 se determina multiplicando el monto de la casilla 3 por el porcentaje de impuestos del 6.2%, lo que significa que el monto que aparece en la casilla 4 es de $9,114.00. Dado que los salarios y propinas sujetos al impuesto de Medicare no tienen límite de base salarial, la cantidad declarada en la casilla 5 será simplemente el total de los salarios de Ryan para 2022 ($150,000.00), igual que en la casilla 1. Determine la casilla 6 multiplicando el monto de la casilla 5 por el porcentaje de retención del impuesto de Medicare del 1.45%, lo que significa que el monto que aparece en la casilla 6 será de $2,175. Así, los montos reportados en las casillas aparecerán de la siguiente manera:

Casilla 1: $150,000.00
Casilla 3: $147,000.00
Casilla 4: $9,114.00
Casilla 5: $150,000.00
Casilla 6: $2,175.00

La Ley Federal de Contribuciones al Seguro (FICA) es el dinero que se descuenta de los cheques de pago de los trabajadores para pagar los ingresos de jubilación del Seguro Social y Medicare. La parte del impuesto sobre el Seguro Social y Medicare que corresponde al empleador y al empleado también se denomina FICA. El monto de los pagos FICA depende de los ingresos del contribuyente. Considere los siguientes escenarios:

Alberto gana $50,000 en el año tributario 2022, por lo que sus contribuciones FICA serían de $3,825. En este caso, $3,100 corresponden a su parte de Seguro Social y $725 a Medicare.

$50,000 X 6.2% = $3,100 $50,000 X 1.45% = $725 $3,100 + $725 = $3,825

Ezra gana $250,000 para el año fiscal 2022; Pagaría 13.189 dólares. Pagaría 6.2% sobre los primeros $ 147,000 para el Seguro Social ($ 9,114.00), luego 1.45% sobre los primeros $ 250,000 ganados por Medicare ($ 3,625) y el 0.9% adicional por ganar $ 50,000, que es $ 450.

$147,000 × 6.2% = $9,114.00
$250,000 × 1.45% = $3,625
$50,000 × 0.9% = $450
$9,114 + $3,625 + $450 = $12,464

Alberto gana $50,000 en el año tributario 2023, por lo que sus contribuciones FICA serían de $3,825. En este caso, $3,100 corresponden a su parte de Seguro Social y $725 a Medicare.

$50,000 X 6.2% = $3,100 $50,000 X 1.45% = $725 $3,100 + $725 = $3,825

Ezra gana $ 250,000 para el año fiscal 2023; Pagaría $14,007.40. Pagaría 6.2% sobre los primeros $160,200 para el Seguro Social ($9,932.40), luego 1.45% sobre los primeros $250,000 ganados por Medicare ($3,625) y el 0.9% adicional por ganar $50,000, que es $450.

$160,200 × 6.2% = $9,932.40
$250,000 × 1.45% = $3,625
$50,000 × 0.9% = $450
$9,932.40 + $3,625 + $450 = $14,007.40

Casilla 7: Propinas para el Seguro Social

En esta casilla aparecen las propinas que el empleado le ha declarado al empleador, que no se incluyen en la casilla 3. El monto combinado de las casillas 3 y 7 se utiliza para calcular el impuesto del Seguro Social y debe superar el límite máximo anual de la base salarial del Seguro Social.

Casilla 8: Propinas asignadas

Muestra las propinas asignadas pagadas al empleado. Las propinas asignadas serán discutidas más adelante en este capítulo. El monto de la casilla 8 no se incluye en los montos de las casillas 1, 3, 5 o 7.

Casilla 9: Código de verificación

Si el empleador participa en el Código de Verificación W-2, los números de código aparecen en esta casilla. Aparte de esto, la casilla 9 se dejará en blanco.

Casilla 10: Beneficios de cuidado de dependientes

Muestra el monto total pagado por beneficios para el cuidado de dependientes en virtud de un programa de asistencia para el cuidado de dependientes (sección 129) pagado por el empleado o por el empleador para el empleado. Este monto también podría incluir el valor justo de mercado (VJM) de las guarderías proporcionadas o patrocinadas por el empleador y los montos pagados o incurridos en un plan cafetería de la sección 125. Todos los montos pagados o devengados se declaran en esta casilla, independientemente de las confiscaciones de los empleados, incluyendo las que superan la exclusión de $6,000.

Casilla 11: Planes que no califican

La finalidad de la casilla 11 es que la SSA determine si alguna parte del monto consignado en las casillas 1, 3 o 5 se obtuvo en un año anterior. La SSA utiliza esta información para verificar que ha aplicado correctamente la prueba de ingresos del Seguro Social y ha abonado el monto correcto de los beneficios. La casilla 11 muestra una distribución a un empleado de un plan no cualificado o de un plan no gubernamental de la sección 457, y esta cantidad también se declara en la casilla 1.

Casilla 12: Códigos

La casilla 12 consta de las "subcasillas" 12a, 12b, 12c y 12d

Aunque a veces se dejan completamente en blanco, estas casillas se utilizan en caso necesario cuando el empleador le comunica al contribuyente determinados elementos poco frecuentes a efectos tributarios. Cada "subcasilla" consta de un pequeño espacio seguido de una línea y un espacio mayor. Si se utiliza, el empleador colocará una letra en el lugar pequeño que designa uno de los códigos que se explican a continuación, con la cantidad correspondiente al código colocado en el espacio más grande. En qué "subcasilla" se coloca un código y en qué orden se muestran es arbitrario. No se pueden introducir más de cuatro códigos en la casilla 12. La casilla 12 tiene 4 subcasillas que se utilizan para declarar los siguientes ingresos. Si el empleador solo tiene que declarar un concepto, introdúzcalo en la casilla a. Solo se declaran cuatro conceptos en un W-2; si se declaran más de cuatro conceptos, debe utilizarse un W-2 adicional. A continuación, aparecen los códigos que deben indicarse en la casilla 12.

> ***Código A****:* Impuestos del Seguro Social o RRTA no cobrados sobre las propinas. El impuesto del Seguro Social o de la Ley de Jubilación de Empleados Ferroviarios (RRTA) del empleado sobre todas las propinas del empleado que el empleador no pudo cobrar porque el empleado no disponía de fondos suficientes para deducir el impuesto. Este monto no está incluido en la casilla 4.
>
> ***Código B***: Impuesto de Medicare no cobrado sobre las propinas (pero no el Impuesto Adicional de Medicare). Muestra el impuesto Medicare del empleado o el impuesto Medicare RRTA sobre las propinas que el empleador no pudo cobrar porque el empleado no disponía de fondos suficientes de los que deducir el impuesto. Este monto no está incluido en el total que aparece en la casilla 6.
>
> ***Código C***: Costo imponible del seguro de vida colectivo a término fijo sobre $50,000. Muestra el costo imponible de la cobertura del seguro de vida colectivo a término fijo sobre $50,000 proporcionada al empleado (incluyendo un antiguo empleado). Este monto se incluye en las casillas 1 y 3 hasta el límite salarial del Seguro Social.
>
> ***Código D***: Aplazamientos optativos a un acuerdo de pago en efectivo o diferido de la sección 401(k). Muestra los aplazamientos en virtud de una cuenta de jubilación SIMPLE que forma parte de un acuerdo de la sección 401(k).
>
> ***Código E***: Aplazamientos optativos en virtud de un acuerdo de reducción salarial de la sección 403(b).
>
> ***Código F****:* Aplazamientos optativos en virtud de un SEP de reducción salarial de la sección 408(k)(6).

Código G: Aplazamientos electivos y contribuciones del empleador (incluyendo los aplazamientos no electivos) a cualquier plan gubernamental o no gubernamental de compensación diferida de la sección 457(b).

Código H: Aplazamientos electivos a un plan de una organización exenta de impuestos de la sección 501(c)(18)(D).

Código J: Pago no imponible por enfermedad (solo información no incluida en las casillas 1, 3 y 5).

Código K: Impuesto especial del 20% sobre los pagos excesivos por desvinculación laboral.

Código L: Los reembolsos de gastos profesionales en el marco de un plan contable están excluidos de los ingresos brutos del empleado.

Código M: Impuesto no recaudado del Seguro Social o de la RRTA sobre el costo del seguro de vida colectivo a término fijo superior a $50,000 (solo antiguos empleados).

Código N: Impuesto de Medicare no recaudado sobre el costo imponible del seguro de vida colectivo a término fijo sobre $50,000 (solo antiguos empleados).

Código P: Reembolsos de gastos de mudanza excluibles pagados directamente a un empleado de las Fuerzas Armadas de los Estados Unidos. El monto del reembolso de los gastos de mudanza no se incluye en las casillas 1, 3 o 5. Para los años tributarios de 2018 a 2025, estos reembolsos se han suspendido para todos los demás contribuyentes en mudanza.

Código Q: Pago de combate no imponible.

Código R: Contribuciones del empleador a una MSA Archer. El profesional de impuestos debe utilizar el Formulario 8853 para declarar el monto y adjuntarlo a la declaración.

Código S: Contribuciones de reducción salarial del empleado en virtud de una SIMPLE de la sección 408(p) (no incluidas en la casilla 1).

Código T: Beneficios de adopción (no incluidos en la casilla 1). Si se utiliza el Código T, llene el Formulario 8839 para determinar qué beneficios están sujetos a impuestos y cuáles no.

Código V: Los ingresos procedentes del ejercicio de opciones sobre acciones no estatutarias se incluyen en las casillas 1, 3 (hasta la base salarial del Seguro Social).

Código W: Contribuciones del empleador a una cuenta de ahorros para la salud (HSA), incluyendo las cantidades aportadas mediante un plan cafetería de la sección 125. El Formulario 8889 reporta el monto y se adjunta a la declaración del cliente.

Código Y: Aplazamientos en virtud de un plan de compensación diferida no cualificada de la sección 409A.

Código Z: Aquí se muestran los ingresos bajo la sección 409A sobre un plan de compensación diferida no calificado que no cumple con la sección 409A. Este monto se incluye en la casilla 1 y está sujeto a un impuesto adicional del 20% más intereses.

Código AA: Contribuciones Roth designadas bajo un plan de la sección 401(k).

Código BB: Contribuciones Roth designadas bajo un plan de la sección 403(b).

Código DD: Costo de la cobertura médica ofrecida por el empleador. El monto declarado con este código no está sujeto a impuestos.

Código EE: Contribución Roth designada en virtud de un plan gubernamental de la sección 457(b). Este monto no se aplica a las contribuciones realizadas en el marco de un plan 457(b) de una organización exenta de impuestos.

Código FF: Beneficios permitidos en el marco de un Acuerdo de Reembolso de Salud para Pequeños Empleadores Calificados (QSEHRA).

Código GG: Ingresos procedentes de subvenciones cualificadas de capital conforme a la sección 83(i).

Código HH: Aplazamientos totales en virtud de las elecciones de la sección 83(i) al cierre del año calendario.

Casilla 13: Beneficios estatutarios del empleado, plan de jubilación y pago por enfermedad de terceros

Si se marca la casilla del plan de jubilación, pueden aplicarse límites especiales al monto de las contribuciones a la cuenta IRA tradicional que pueden deducirse. Consulte la Publicación 590.

Empleado estatutario.

Esta casilla se marca para los empleados estatutarios cuyos ingresos están sujetos a los impuestos del Seguro Social y Medicare, pero no a la retención del impuesto federal sobre los ingresos. No marque esta casilla para los empleados de derecho consuetudinario. Hay trabajadores que son contratistas independientes según las normas del derecho consuetudinario, pero a los que la ley trata como empleados. Los siguientes se consideran empleados estatutarios:

- Un conductor que es agente o cobra una comisión y distribuye bebidas (que no son leche), carne, verduras, fruta, productos de panadería, o que recoge y entrega ropa para lavandería o tintorería.
- Un agente de ventas de seguros de vida a tiempo completo cuya actividad principal (principalmente para una compañía de seguros de vida) es la venta de seguros de vida, contratos de anualidades o ambos.
- Una persona que trabaja desde casa con materiales o bienes que le ha suministrado su empleador y que debe devolver al empleador o a un representante del empleador si éste le ha facilitado especificaciones sobre cómo realizar el trabajo.

- Un vendedor ambulante o urbano a tiempo completo que trabaja en nombre del empleador y le entrega pedidos de mayoristas, minoristas, contratistas y operadores de hoteles, restaurantes u otros establecimientos similares. Los bienes vendidos deben ser mercadería para reventa o suministros para uso en la operación del negocio de los compradores. El trabajo realizado para el empleador debe constituir la actividad principal del vendedor.

Consulte la Publicación 15-A, sección 1.

Plan de jubilación

Esta casilla se marca si el empleado ha sido un "participante activo" (durante cualquier parte del año) en alguna de las siguientes actividades:

- Un plan cualificado de pensiones, de participación en beneficios o de bonificación en acciones descrito en la sección 401(a), incluyendo un plan 401(k).
- Un plan de anualidades descrito en la sección 403(a).
- Un contrato de anualidad o una cuenta de custodia descrita en la sección 403(b).
- Un plan de jubilación simplificado para empleados (SEP) descrito en la sección 408(k).
- Una cuenta de jubilación SIMPLE descrita en la sección 408(p).
- Un fideicomiso descrito en la sección 501(c)(18).
- Un plan para empleados del gobierno federal, estatal o local o por una agencia o instrumento de la misma, distinto de un plan de la sección 457(b).

Un empleado es un participante activo si está cubierto por:

- Un plan de beneficios definido para cualquier año tributario en el que se tenga derecho a participar.
- Un plan de contribuciones definidas para cualquier año tributario en el que las contribuciones (o confiscaciones) del empleador o del empleado se añadan a su cuenta individual.

Pago por enfermedad a cargo de terceros

Esta casilla solo se marcará si el programa de un proveedor externo de pago por enfermedad cubre al individuo. El pago por enfermedad puede incluir beneficios a corto y largo plazo. Consulte la Publicación 15-A.

Casilla 14: Otros:

Los empleadores utilizan esta casilla para declarar información como los impuestos estatales retenidos por seguro de incapacidad, cuotas sindicales, pagos de uniformes de salud, el 100% del arrendamiento anual de un vehículo pagado en los ingresos de los empleados.

Casilla 15 a casilla 20

Información sobre impuestos locales y estatales sobre la renta. Es necesario investigar dependiendo del estado en el que viva o preparar una declaración de impuestos para su estado individual (si corresponde).

Si el empleado tiene un error en su Formulario W-2, debe notificarlo al empleador y solicitar un Formulario W-2 corregido. Como profesional de impuestos, no debe preparar la declaración hasta que el Formulario W-2 esté corregido.

Parte 1 Preguntas de repaso

Para obtener el máximo provecho de este capítulo, LTP recomienda que complete cada una de las siguientes preguntas y luego las compare con las respuestas con comentarios que siguen inmediatamente. Según las normas de autoaprendizaje vigentes, los vendedores deben presentar preguntas de repaso de forma intermitente a lo largo de cada curso de autoaprendizaje.

Estas preguntas y explicaciones no son parte del examen final y no serán calificadas por LTP.

IP1.1
¿Cuándo debería recibir el contribuyente su W-2?

a. Los W-2 deben llevar matasellos del 31 de enero de 2023.
b. Los W-2 deben estar en posesión del contribuyente antes del 31 de enero de 2023.
c. Los W-2 deben estar en posesión del contribuyente antes del 1 de febrero de 2023.
d. Los W-2 deben enviarse por correo electrónico a todos los empleados antes del 31 de enero de 2023.

IP1.2
¿Cuál de las siguientes opciones no es reportada en la casilla 1 del Formulario W-2?

a. La casilla 1 reporta los salarios totales.
b. La casilla 1 reporta las propinas asignadas.
c. La casilla 1 reporta todas las compensaciones.
d. La casilla 1 reporta los pagos que no son efectivo.

IP1.3
¿Cuál de las siguientes circunstancias no requiere que un contribuyente requiere cambie su Formulario W-4 dentro de 10 días?

a. Daniel se divorció de su esposa en marzo y lleva dos años declarando por separado.
b. Jake y Danelle tuvieron un bebé en febrero.
c. Karina empezó a mantener a su mamá en enero.
d. Gigi y David se casaron en mayo.

IP1.4
¿Cuál de las siguientes es la herramienta de la línea 1 del Formulario 1040?

a. W-4
b. W-7
c. W-2
d. I-9

IP1.5
El seguro de vida colectivo a término fijo proporcionado por el empleador que supere la cobertura de ____ se declara al empleado como ingreso.

a. $50,000
b. $25,000
c. $5,000
d. $2,500

IP1.6
¿Qué persona no es un empleado estatutario?

a. Una persona que reparte leche y cobra una comisión.
b. Una persona que reparte bebidas y cobra una comisión.
c. Una persona que reparte productos de panadería y cobra una comisión.
d. Una persona que reparte fruta y cobra una comisión.

IP1.7
¿Cuál de las siguientes opciones describe mejor a un participante activo de un plan de jubilación?

a. Los padres contribuyeron al 408(k) de su hija.
b. El participante ha contribuido a un plan SIMPLE.
c. Los padres contribuyeron al plan 529 de su hijo.
d. El participante no contribuyó durante el año calendario en curso.

IP1.8
El Formulario W-4 del empleado debe modificarse en el plazo de _____ días si la situación del contribuyente cambia por alguno de los siguientes motivos:

1. El contribuyente estaba reclamando estar casado y se divorció
2. Ocurre cualquier evento que disminuye el número de descuentos en la retención que el contribuyente puede reclamar.

a. 10
b. 100
c. 15
d. 5

IP1.9
Si el contribuyente es un empleado, recibe un Formulario _______ en el que aparecen los salarios que ha recibido a cambio de sus servicios.

a. 1040
b. W-2
c. 1099-G
d. 1099-R

IP1.10
¿Quién toma la decisión sobre el monto de la retención de impuestos?

a. Empleador
b. Contribuyente
c. Retención no obligatoria
d. El monto del cheque de pago

Parte 1 Respuestas a las preguntas de repaso

IP1.1
¿Cuándo debería recibir el contribuyente su W-2?

a. **Los W-2 deben llevar matasellos del 31 de enero de 2023.**
b. Los W-2 deben estar en posesión del contribuyente antes del 31 de enero de 2023.
c. Los W-2 deben estar en posesión del contribuyente antes del 1 de febrero de 2023.
d. Los W-2 deben enviarse por correo electrónico a todos los empleados antes del 31 de enero de 2023.

Comentarios: Consulte la sección *Formulario W-2.*

IP1.2
¿Cuál de las siguientes opciones no es reportada en la casilla 1 del Formulario W-2?

a. La casilla 1 reporta los salarios totales.
b. **La casilla 1 reporta las propinas asignadas.**
c. La casilla 1 reporta todas las compensaciones.
d. La casilla 1 reporta los pagos que no son efectivo.

Comentarios: Consulte la sección *Casilla 1: Salarios, propinas y otras compensaciones.*

IP1.3
¿Cuál de las siguientes circunstancias no requiere que un contribuyente requiere cambie su Formulario W-4 dentro de 10 días?

a. **Daniel se divorció de su esposa en marzo y lleva dos años declarando por separado.**
b. Jake y Danelle tuvieron un bebé en febrero.
c. Karina empezó a mantener a su mamá en enero.
d. Gigi y David se casaron en mayo.

Comentarios: Consulte la sección *Exención de retención.*

IP1.4
¿Cuál de las siguientes es la herramienta de la línea 1 del Formulario 1040?

a. W-4
b. W-7
c. **W-2**
d. I-9

Comentarios: Consulte la sección *Cómo leer el W-2.*

IP1.5
El seguro de vida colectivo a término fijo proporcionado por el empleador que supere la cobertura de ____ se declara al empleado como ingreso.

a. **$50,000**
b. $25,000
c. $5,000
d. $2,500

Comentarios: Consulte la sección *Casilla 1: Salarios, propinas y otras compensaciones.*

IP1.6
¿Qué persona no es un empleado estatutario?

a. Una persona que reparte leche y cobra una comisión.
b. Una persona que reparte bebidas y cobra una comisión.
c. Una persona que reparte productos de panadería y cobra una comisión.
d. Una persona que reparte fruta y cobra una comisión.

Comentarios: Consulte la sección *Casilla 13: Empleado estatutario, planes de jubilación y pago por enfermedad a cargo de terceros.*

IP1.7
¿Cuál de las siguientes opciones describe mejor a un participante activo de un plan de jubilación?

a. Los padres contribuyeron al 408(k) de su hija.
b. El participante ha contribuido a un plan SIMPLE.
c. Los padres contribuyeron al plan 529 de su hijo.
d. El participante no contribuyó durante el año calendario en curso.

Comentarios: Consulte la sección *Plan de jubilación.*

IP1.8
El Formulario W-4 del empleado debe modificarse en el plazo de _____ días si la situación del contribuyente cambia por alguno de los siguientes motivos:

1. El contribuyente estaba reclamando estar casado y se divorció
2. Ocurre cualquier evento que disminuye el número de descuentos en la retención que el contribuyente puede reclamar.

a. 10
b. 100
c. 15
d. 5

Comentarios: Consulte la sección *Exención de retención.*

IP1.9
Si el contribuyente es un empleado, recibe un Formulario _______ en el que aparecen los salarios que ha recibido a cambio de sus servicios.

a. 1040
b. W-2
c. 1099-G
d. 1099-R

Comentarios: Consulte la sección *Cómo leer el W-2.*

IP1.10
¿Quién toma la decisión sobre el monto de la retención de impuestos?

a. Empleador
b. Contribuyente
c. Retención no obligatoria
d. El monto del cheque de pago

Comentarios: Consulte la sección *Retenciones de impuestos.*

Parte 2 Ingresos

El IRS tiene la autoridad de cobrar impuestos sobre todos los ingresos, sin importar de dónde provengan. Esto incluye compensación por servicios, ganancias de la disposición de propiedad, intereses y dividendos, alquiler y regalías, pensiones y anualidades, ganancias de juegos e incluso actividades ilegales. Todos los ingresos recibidos por una persona son conocidos de forma colectiva como "ingresos mundiales". Sin embargo, no todo el dinero o las propiedades son imponibles o están sujetos a impuestos. Es probable que la mayoría de los clientes solo tengan ingresos proporcionados por el empleador y declarados en un W-2. Éste es solo un tipo de ingresos.

Existen dos grandes tipos de ingresos: los *ingresos procedentes del trabajo* y los *ingresos no procedentes del trabajo*. Los ingresos procedentes del trabajo son ingresos que el contribuyente recibió por trabajar e incluyen los siguientes tipos de ingresos:

- Sueldos, salarios, propinas y otros tipos de pagos sujetos a impuestos para los empleados.
- Ganancias netas por el trabajo por cuenta propia.
- Ingresos brutos recibidos como empleados estatutarios.
- Beneficios de huelga de sindicatos.
- Beneficios de discapacidad a largo plazo recibidos antes de llegar a la edad mínima de jubilación.

Los ingresos no procedentes del trabajo son cualquier monto recibido indirectamente, y no como repago directo de ningún servicio ofrecido o trabajo proporcionado. Los ingresos no procedentes del trabajo incluyen:

- Interés y dividendos.
- Pensiones y anualidades.
- Beneficios del Seguro Social y de jubilación ferroviaria (incluyendo beneficios por discapacidad).
- Pensión para cónyuges divorciados y manutención de menores.
- Beneficios de bienestar social.
- Beneficios de compensación para trabajadores.
- Compensación por desempleo.
- Ingresos al ser reclusos.
- Pagos por trabajos requeridos por la beneficencia social (consulte la Publicación 596 para encontrar una definición).

Formulario 1040, líneas 1a - z

La siguiente imagen muestra el formulario que se utiliza para declarar los ingresos. Todos los ingresos se declaran en función del formulario de impuestos que recibe el contribuyente y del formulario utilizado para declararlos.

Ingreso				
Adjunte el (los) Formulario(s) W-2 aquí. Adjunte también los Formularios W-2G y 1099-R si se le retuvo impuesto.	1a	Cantidad total de la casilla 1 de su(s) Formulario(s) W-2 (vea las instrucciones)	1a	
	b	Salarios de empleado doméstico no declarados en el (los) Formulario(s) W-2	1b	
	c	Ingreso de propinas no declarado en la línea 1a (vea las instrucciones)	1c	
	d	Pagos de exención de *Medicaid* no declarados en el (los) Formulario(s) W-2 (vea las instrucciones)	1d	
	e	Beneficios para el cuidado de dependientes tributables de la línea 26 del Formulario 2441	1e	
	f	Beneficios para la adopción provistos por el empleador de la línea 29 del Formulario 8839	1f	
	g	Salarios de la línea 6 del Formulario 8919	1g	

Porción del Formulario 1040

Línea 1a: Monto total del Formulario o Formularios W-2, casilla 1.

Si el contribuyente es un empleado, recibirá un Formulario W-2 en el que constarán los salarios percibidos a cambio de los servicios prestados. Un W-2 es el formulario de impuestos generado por los empleadores que detalla los ingresos y las retenciones del gobierno para un año tributario determinado. El W-2 debe ser distribuido a los empleados antes del 31 de enero de 2023, para el año tributario 2022. Los profesionales de impuestos utilizan la información en un W-2 para determinar los ingresos del trabajo del cliente durante el año. Un contribuyente puede recibir varios W-2 si ha trabajado en más de un empleo durante el año.

En la línea 1a del Formulario 1040 aparece el monto total de los salarios percibidos. Los salarios incluyen sueldos, pagos de vacaciones, bonos, comisiones y prestaciones suplementarias, y la compensación incluye todo lo recibido como pago por servicios personales.

Línea 1b: Salarios de empleados del hogar no declarados en el(los) Formulario(s) W-2.

Declarar los salarios que no aparecen en el Formulario W-2 para los empleados del hogar. Consulte la Publicación 926.

Línea 1c: Ingresos por propinas no declarados en la línea 1a.

Declare los ingresos por propinas que no se declararon en el Formulario 1040, línea 1a.

Línea 1d: Pagos de exención de Medicaid no declarados en el Formulario W-2.

Reporte cualquier pago de exención de Medicaid que se haya recibido y se haya incluido en los ingresos del trabajo para solicitar créditos reembolsables.

Línea 1e: Beneficios imponibles para el cuidado de dependientes del Formulario 2441, línea 26.

Declare los beneficios imponibles por cuidado de dependientes que se declaran en el Formulario 2441, línea 26. Asegúrese de llenar primero el Formulario 2441.

Línea 1f: Beneficios por adopción proporcionados por el empleador del Formulario 8839, línea 26.

Reporte el monto total de los beneficios por adopción que fueron pagados por el empleador. Los beneficios proporcionados por el empleador deben aparecer en la casilla 12 del W-2, con el código T.

Línea 1g: Salarios del Formulario 8919, línea 6.

Reporte los salarios que son reportados en el Formulario 8919, línea 6.

Línea 1h: Otros ingresos del trabajo.

Reporte los siguientes tipos de ingresos:

1. Exceso de aplazamientos electivos superiores a $20,500, excluyendo las cantidades de compensación. El límite del plan SIMPLE es de $14,000. Si el plan es un 403(b), el máximo es de $23,500. Consulte la Publicación 571.
2. Pensiones de incapacidad que aparecen en el Formulario 1099-R.
3. Distribuciones correctivas de un plan de jubilación que aparecen en el Formulario 1099-R de aplazamientos electivos y contribuciones en exceso, más ganancias.

Línea 1i: Elección de pago por combate no imponible.

Reporte el pago por combate no imponible que se utilizó para calcular el crédito por ingresos del trabajo.

Línea 1z: Sumar todas las líneas.

Sume todas las líneas.

Línea 2a – 6b

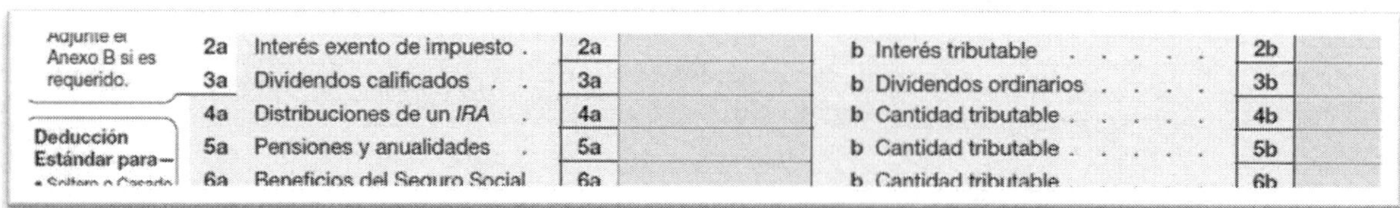

Adjunte el Anexo B si es requerido.	2a	Interés exento de impuesto .	2a		b Interés tributable	2b
	3a	Dividendos calificados . .	3a		b Dividendos ordinarios	3b
Deducción Estándar para—	4a	Distribuciones de un *IRA* .	4a		b Cantidad tributable	4b
	5a	Pensiones y anualidades .	5a		b Cantidad tributable	5b
• Soltero o Casado	6a	Beneficios del Seguro Social	6a		b Cantidad tributable	6b

Porción del Formulario 1040

Formulario 1099-INT

Este formulario lo entregan los bancos o las sociedades de inversión para informar al contribuyente de los intereses devengados. Los intereses normalmente son reportados en el Formulario 1099-INT o en una declaración sustituta. El Formulario 1099-INT muestra los intereses devengados en el año, pero no está adjunto a la declaración de impuestos. Algunos intereses no son reportados en el Formulario 1099-INT, pero deben ser reportados en la declaración de impuestos. Por ejemplo, cuando Samantha recibió participaciones de la sociedad colectiva de la cual ella es miembro, su participación sería reportada para ella en el Anexo K-1 que recibió. Una declaración sustituta puede ser hecha por un pagador individual y no por una institución grande, y debe contener toda la información que se encuentra en el Formulario 1099-INT.

VOID CORRECTED

PAYER'S name, street address, city or town, state or province, country, ZIP or foreign postal code, and telephone no.		Payer's RTN (optional)	OMB No. 1545-0112 Form **1099-INT** (Rev. January 2022)	**Interest Income**
		1 Interest income $	For calendar year 20 __	
		2 Early withdrawal penalty $		**Copy 1**
PAYER'S TIN	RECIPIENT'S TIN	3 Interest on U.S. Savings Bonds and Treasury obligations $		**For State Tax Department**
RECIPIENT'S name		4 Federal income tax withheld $	5 Investment expenses $	
Street address (including apt. no.)		6 Foreign tax paid $	7 Foreign country or U.S. possession	
City or town, state or province, country, and ZIP or foreign postal code		8 Tax-exempt interest $	9 Specified private activity bond interest $	
		10 Market discount	11 Bond premium	

Formulario 1099-INT

Al igual que con cualquier formulario reportado con el nombre, dirección y números de identificación del contribuyente (TIN), asegúrese de que la información sea correcta.

Casilla 1: Reporta los ingresos por intereses pagados al beneficiario que no están incluidos en la casilla 3. El Formulario 1099-INT se emite por los intereses devengados iguales o superiores a $10.

Casilla 2: Reporta los intereses o el principal que se perdió debido a una penalización por retiro prematuro. No reduzca el monto en la casilla 1 por el monto perdido. La línea 18 del Anexo 1 del Formulario 1040 reporta la casilla 2, ya que ajustará la obligación tributaria del contribuyente.

Casilla 3: Reporta intereses de los Bonos de Ahorros de los Estados Unidos y obligaciones (otra palabra usada para los bonos) del Departamento del Tesoro. Para los valores cubiertos imponibles y adquiridos a un precio superior, consulte la casilla 12. El monto en esta casilla puede o no estar sujeto a impuestos. Consulte la Publicación 550.

Casilla 4: Reporta la retención de impuestos federales sobre los ingresos. Si el contribuyente no recibe un TIN (número de identificación del contribuyente), el pagador debe retener a una tasa del 24% sobre el monto de la casilla 1.

Casilla 5: Solo los gastos de inversión por un conducto de inversión hipotecaria de bienes inmuebles (REMIC) de una sola clase. Incluya también el monto en la casilla 1.

Casilla 6: Reporta los intereses pagados en el extranjero.

Casilla 7: Muestra el país extranjero o territorio de los Estados Unidos al cual se pagaron impuestos.

Casilla 8: Muestra los intereses exentos de impuestos pagados a la cuenta de la persona durante el año natural. Este monto podría estar sujeto a retención adicional de impuestos sobre intereses y ciertos dividendos.

Casilla 9: Esta casilla muestra los intereses de los bonos de actividad privada especificados. Los bonos especificados por actividad privada son definidos en la Sección 141 y son emitidos después del 7 de agosto de 1986.

Casilla 10: Esta casilla muestra el valor de los valores cubiertos sujetos a impuestos o exentos de impuestos adquiridos con un descuento de mercado, pero solo si el contribuyente hizo una elección bajo la sección 1278(b) para incluir el descuento de mercado en los ingresos conforme se acumula. El contribuyente debe notificar al pagador sobre la elección por escrito [aplican ciertas restricciones, Consulte la sección de Regulaciones 1.6045-1(n)(5)].

Casilla 11: Prima de bono. Un valor cubierto sujeto a impuestos que no sea una obligación del Departamento del Tesoro de los Estados Unidos adquirido a un precio premium.

Casilla 12: Para una obligación del Departamento del Tesoro de los Estados Unidos que sea un valor cubierto. Esta casilla muestra el monto de la amortización de la prima asignado al pago o pagos de intereses.

Casilla 13: Primas de bonos sobre bonos exentos de impuestos. Si reporta un valor cubierto exento de impuestos adquirido sobre a un precio premium, el monto ingresado es la amortización de la prima de bono que es asignable al interés pagado durante el año.

Casilla 14: Número CUSIP de bonos exentos de impuestos y de créditos tributarios. El CUSIP es ingresado para los bonos sencillos o cuentas que contienen bonos sencillos.

Casillas 15-17: Información del estado. Estas casillas indican en dónde vive el contribuyente y cualquier estado en donde el contribuyente podría haber devengado los ingresos.

El Señor 1040 dice: Asegúrese de que el año en el Formulario 1099-INT sea el año para el cual está preparando la declaración de impuestos. Es importante verificar el año en todos los documentos que reporten ingresos para el contribuyente para asegurarse de que los ingresos que sean reportados sean para el año tributario correcto.

Cuándo reportar los ingresos por intereses

Los ingresos por intereses son reportados con base en el método contable que el contribuyente esté usando para reportar sus ingresos. Si los contribuyentes usan el método a base de efectivo, normalmente reportan sus ingresos por intereses en el año en el cual fueron recibidos implícitamente. Use las reglas especiales para reportar el descuento sobre ciertos instrumentos de deuda como los bonos de ahorros de los Estados Unidos y el descuento de la emisión original (OID).

Los contribuyentes siempre deberían tener una lista que muestre sus fuentes de ingresos. Por ejemplo, todos los Formularios 1099-INT y Formularios 1099-DIV deberían ser guardados con su declaración de impuestos anual. Si los padres deciden reclamar el ingreso de inversión de sus hijos, esos formularios también deberían ser guardados con sus declaraciones de impuestos. Los intereses devengados al ser beneficiarios de un caudal hereditario o fideicomiso normalmente son ingresos sujetos a impuestos. Los contribuyentes deberían recibir un Anexo K-1 para declarar su parte de los intereses. También deberán guardar una copia del Anexo K-1 con la declaración de impuestos.

Recibido implícitamente

Los intereses son recibidos implícitamente cuando son acreditados en la cuenta del contribuyente o cuando están disponibles para el contribuyente. El contribuyente no necesita tener la posesión física del dinero. Se considera que el contribuyente recibió intereses, dividendos u otras ganancias de cualquier depósito, cuenta bancaria, ahorros, préstamos, institución financiera similar o póliza de seguro de vida cuando los ingresos fueron acreditados a la cuenta del contribuyente y pueden ser retirados.

Los ingresos son recibidos implícitamente sobre el depósito o cuenta, incluso si el contribuyente debe hacer cualquiera de los siguientes:

- Realizar múltiples retiros en cantidades iguales.
- Hacer el retiro, con previo aviso.
- Retirar las ganancias en porciones o de una sola vez.
- Recibir un retiro o reembolso anticipado con una penalización por los intereses pagaderos al vencimiento.

El método de acumulación reporta los ingresos devengados, ya sea que hayan sido recibidos o no. Los intereses son devengados a lo largo de la vida del instrumento de deuda. Con los bonos con cupón, el interés está sujeto a impuestos en el año en que el cupón vence y se debe pagar; no importa cuándo se haya enviado el pago del cupón. Consulte la Publicación 550.

Retención adicional de impuestos sobre intereses y ciertos dividendos

El ingreso por intereses normalmente no está sujeto a la retención regular, pero puede estar sujeto a la tasa de retención adicional de impuestos sobre intereses y ciertos dividendos de 24% en las siguientes situaciones:

- El contribuyente no le dio al proveedor de los ingresos su número de identificación del contribuyente (TIN) de la forma requerida.
- El IRS notifica al proveedor de los ingresos que el TIN es incorrecto.
- El contribuyente debe certificar que no está sujeto a retención adicional de impuestos sobre intereses y ciertos dividendos, pero no lo hace.
- El IRS notifica al proveedor de ingresos para que empiece a retener sobre los intereses y dividendos porque el contribuyente reportó menos intereses o dividendos en la declaración de impuestos del contribuyente.

Hay penalizaciones civiles y penales por dar información falsa para evitar la retención adicional de impuestos sobre intereses y ciertos dividendos. La multa civil es de $500. Si el contribuyente falsifica deliberadamente la información, puede ser objeto de sanciones penales que incluyen multas y/o encarcelamiento. Si se deduce la retención adicional de impuestos sobre intereses y ciertos dividendos de los ingresos por intereses, el proveedor de los ingresos o el pagador deben darle al contribuyente el Formulario 1099-INT para indicar el monto que fue retenido.

Número de cuenta y número de identificación de la persona a quien se le remite un pago

Los bancos y otras instituciones financieras pagan ciertos tipos de ingresos cuando se ha abierto una cuenta o inversión. Al abrir la cuenta, la ley federal requiere que el individuo le proporcione su número de Seguro Social a cualquier institución financiera o individuo que necesite la información para presentar una declaración de impuestos, una declaración o cualquier otro tipo de documento. Por ejemplo, al abrir una cuenta conjunta o mancomunada, se debe proporcionar el número de Seguro Social principal.

Ejemplo: Gina y su hijo, Trenton, abrieron una cuenta conjunta con el dinero del cumpleaños de Trenton. El número de Seguro Social de Trenton fue dado al banco y su nombre será el primero en aparecer en la cuenta. Si el número de Seguro Social principal no es proporcionado al pagador, el titular de la cuenta (Trenton) tendría que pagar una penalización de $50 por cada incidente.

Truncado

El número de identificación del pagador es cualquier número emitido por una agencia gubernamental para propósitos de identificación, incluyendo los números de Seguro Social (SSN), números de identificación personal del contribuyente (ITIN), números de identificación del empleador (EIN), números de identificación del contribuyente (TIN) y números de identificación del contribuyente en proceso de adopción (ATIN). Cualquier persona que emita documentos que contengan información sobre la identificación del contribuyente pueden truncar los números que identifiquen al pagador reemplazando los primeros 5 dígitos de los números de identificación del pagador con X o * (por ejemplo, XXX-XX-0000 o ***-**-1111). Esto puede ser hecho en las declaraciones del pagador, como los Formularios 1097, 1098, 1099, 3921, 9322 y 5498, pero no se puede hacer en el Formulario W-2G.

Número y certificación

En el caso de cuentas nuevas que paguen intereses o dividendos, el pagador le entregará al contribuyente el Formulario W-9: Solicitud de identificación del contribuyente. El contribuyente debe certificar bajo pena de perjurio que el SSN o el EIN son correctos y que no están sujetos a retención de reserva.

Si el contribuyente no hace esta certificación, la retención adicional de impuestos sobre intereses y ciertos dividendos empezará inmediatamente en la cuenta nueva o inversión del contribuyente. Si el contribuyente ha recibido notificación de que se deducirá la retención de reserva de sus ingresos debido a que no proporcionó un SSN o EIN, el contribuyente puede detener la retención siguiendo las instrucciones proporcionadas al pagador. Un pagador es quien administra la cuenta, como el banco.

Línea 2a Intereses exentos de impuestos

Ciertos tipos de ingresos por intereses están exentos de impuestos y son reportados en el Formulario 1040, línea 2a. Los intereses pagados por los gobiernos estatales y locales están exentos de los impuestos federales, pero pueden estar sujetos a impuestos a nivel estatal. El hecho de que este interés esté exento de impuestos no significa que no sea reportado; los intereses exentos de impuestos deben ser reportados. Los intereses exentos de impuestos son incluidos al determinar cuántos beneficios del Seguro Social podrían estar sujetos a impuestos para el contribuyente y su cónyuge.

Los contribuyentes deben usar el Anexo B si cualquiera de las siguientes opciones es correcta:

- El contribuyente recibió más de $1,500 de interés sujeto a impuestos o de dividendos ordinarios.
- El contribuyente recibió intereses de una hipoteca financiada por el vendedor y el comprador usó la propiedad como residencia personal.
- El contribuyente recibió intereses o dividendos ordinarios.
- El contribuyente tuvo un interés financiero o autoridad de firma sobre una cuenta financiera en un fondo de inversión extranjero.
- El contribuyente devengó intereses de un bono.

- El contribuyente está reduciendo el ingreso por intereses en un bono por la prima de bono amortizable.
- El contribuyente está reportando el descuento de la emisión original (OID) en un monto menor al monto en el Formulario 1099-OID.
- El contribuyente está reclamando la exclusión de intereses de los bonos de ahorros de los Estados Unidos, serie EE o I, emitidos después de 1989.

Bonos del gobierno

Un bono del gobierno es un título de deuda emitido por el gobierno para respaldar los gastos del gobierno. Esta sección dará un resumen de los bonos del gobierno federal más comunes. Si el contribuyente compra un bono del gobierno por un descuento cuando no se hayan pagado intereses o cuando se hayan acumulado intereses y no se hayan pagado, la transacción es considerada como "intercambio de un bono con precio fijo". El interés no pagado o vencido no son ingresos y no están sujetos a impuestos para el contribuyente. Cuando se haya recibido un pago de intereses, éste reduce el capital del costo restante del bono. Los intereses que se acumulan después de la fecha de compra están sujetos a impuestos en el año en que son recibidos o acumulados.

Los intereses por un bono pueden ser reportados en una de dos formas. Primero, el contribuyente puede elegir pagar el interés conforme se acumula. En este caso, el contribuyente pagaría impuestos sobre los intereses cada año. Los contribuyentes que usan el método a base de lo devengado deben reportar los intereses conforme se acumulan. No pueden posponer el reporte de intereses hasta que los reciban o hasta el vencimiento de los bonos. La segunda opción es el método a base de efectivo en el cual los impuestos sobre los bonos de ahorros son pagados cuando son canjeados o cuando el bono ha vencido. Si se selecciona esta opción, el contribuyente reportaría todos los intereses en el año en que se canjeó el bono.

Bonos serie EE y serie E

Los bonos serie EE y serie E son emitidos con un descuento y son vendidos por menos que el valor nominal del bono. El comprador gana el dinero conservándolos hasta la fecha de vencimiento del bono, en cuyo momento el valor nominal es pagado al contribuyente. Los bonos serie EE fueron ofrecidos por primera vez en enero de 1980 y tienen un período de vencimiento de 30 años. Los bonos serie E fueron emitidos antes de julio de 1980. El período original de vencimiento de 10 años de la serie E ha sido extendido a 40 años para los bonos emitidos antes de diciembre de 1965 y a 30 años para los bonos emitidos después de noviembre de 1965. Tanto los bonos en papel serie EE como los serie E fueron emitidos a descuento. Los bonos electrónicos son emitidos a valor nominal. Los bonos de ahorros en papel ya no son vendidos en las instituciones financieras. Los dueños de bonos serie EE en papel pueden convertirlos a bonos electrónicos. Estos bonos electrónicos convertidos no retienen la denominación mencionada en el certificado físico, pero son publicados a su precio de compra con el interés acumulado.

Bonos serie H y HH

Los bonos serie H y HH son emitidos a valor nominal. El interés es pagado dos veces al año y debe ser reportado cuando sea recibido. Los bonos serie H tienen un período de vencimiento de 30 años. Los bonos serie HH fueron ofrecidos por primera vez en 1980 y fueron ofrecidos por última vez en agosto de 2004. Los bonos serie H son tratados de la misma forma que los bonos serie HH. Los bonos serie HH vencen a los 20 años. Los últimos bonos de la serie H vencieron en 2009 y los últimos bonos de la serie HH vencerán en el 2024.

Bonos serie I

Los bonos serie I fueron ofrecidos por primera vez en 1998. Estos son bonos indexados a inflación emitidos a su monto nominal con un período de vencimiento de 30 años. El valor nominal más todos los intereses acumulados son pagaderos a su vencimiento.

Si el contribuyente usa el método a base de efectivo para reportar los ingresos, puede reportar el interés en sus bonos de serie EE, serie E y serie I usando uno de los dos métodos siguientes:

- Método 1: Posponer el reporte de los intereses devengados hasta ya sea el año en el cual se canjearon o desecharon los bonos, o el año en que vencen los bonos, lo que se presente primero.
- Método 2: Escoger reportar el aumento en el valor de rescate como interés devengado cada año.

El contribuyente debe usar el mismo método para todos los bonos serie EE, serie E y serie I que posea. Si no se usa el método 2, se debe usar el método 1. Si el contribuyente desea cambiar del método 1 al método 2, el contribuyente no necesita tener el permiso del IRS. Sin embargo, si el contribuyente desea cambiar del método 2 al método 1, debe solicitar permiso adjuntando una declaración con la siguiente información a la declaración de impuestos del año del cambio:

- "131" impreso o escrito en la parte superior de la declaración.
- El nombre y número de Seguro Social del contribuyente escritos debajo de "131".
- El año en que se solicitó el cambio (fecha de inicio y de fin).
- Identificación e información de los bonos de ahorros para los cuales se está solicitando el cambio.
- La declaración incluye lo siguiente:
    - Todos los intereses recibidos sobre cualquier bono adquirido durante o después del año del cambio cuando sean realizados al momento de la enajenación, redención o vencimiento final, lo que se presente antes.
    - Todos los intereses sobre los bonos adquiridos antes del año del cambio cuando el interés sea realizado al momento de la enajenación, redención o vencimiento final, lo que se presente antes, con excepción del interés que ya fue reportado en años previos.

Los contribuyentes pueden solicitar una extensión automática en sus declaraciones de impuestos para tener más tiempo para presentar la papelería. En la declaración se debería escribir lo siguiente: "Presentado según la sección 301.9100-2(b)". Para calificar para la extensión, la declaración de impuestos original debe haber sido presentada antes de la fecha de entrega requerida (normalmente el 15 de abril), con base en el tipo de la declaración de impuestos que esté siendo presentada. Consulte la Publicación 550.

El Señor 1040 dice: Los intereses ganados en bonos de ahorros de los Estados Unidos están exentos de los impuestos estatales y locales. El Formulario 1099-INT indicará el monto de intereses devengados por bonos de ahorros de los Estados Unidos en la casilla 3.

Bonos municipales

Los gobiernos estatales y locales emiten bonos municipales para proporcionar financiamiento para los proyectos de mejora de capital. Los bonos municipales no están sujetos a impuestos por el gobierno federal. No todos los estados o localidades imponen impuestos sobre el ingreso por intereses de los bonos municipales. Algunos estados y localidades imponen impuestos sobre todos los intereses de bonos municipales, mientras que otros le imponen impuestos al ingreso por intereses de bonos municipales provenientes solo de otros estados y localidades.

Un bono de ingresos hipotecarios (MRB) es emitido por una autoridad local de vivienda para financiar hipotecas para contribuyentes que reúnan los requisitos. Los que cumplen los requisitos suelen ser compradores de su primera vivienda con bajos ingresos. Los inversionistas suelen preferir estos bonos, ya que están exentos de impuestos y están garantizados por los pagos mensuales de la hipoteca. Cada estado tiene MRB, y están limitados por la emisión mínima estatal. El precio de compra de la vivienda no puede superar un determinado porcentaje del precio medio de compra de la zona.

Obligaciones del gobierno local o estatal

El interés recibido por obligaciones del gobierno local o estatal normalmente no está sujeto a impuestos. El emisor debe decirle al receptor si el interés está sujeto a impuestos o no y luego debe darle al receptor una declaración periódica que muestre el tratamiento tributario de la obligación. Si la obligación fue invertida por medio de un fideicomiso, fondo u otra organización, ese emisor debe proporcionar dicha información.

Incluso si el interés pudiera no estar sujeto a impuestos sobre los ingresos, el receptor podría tener que reportar las ganancias o pérdidas de capital cuando la obligación sea vendida.

Línea 2b Intereses imponibles

El interés es un costo creado por quienes prestan dinero (prestamistas) que es cobrado a las personas a quienes se lo prestaron (prestatarios). Un contribuyente pagará intereses cuando tome dinero prestado y ganará dinero cuando preste o deposite dinero, como en una cuenta bancaria.

Cualquier interés es ingreso sujeto a impuestos si es acreditado a la cuenta del contribuyente y puede ser retirado. Los intereses normalmente no son calculados con base en el monto original del dinero que se tomó prestado (conocido como el principal), sino que normalmente son determinados multiplicando un punto porcentual predeterminado por el monto total de dinero que el prestatario le debe actualmente al prestamista. Por ejemplo, John prestó $5,000 a una tasa de interés del 5%. Si bien su principal era de $5,000, después de hacer varios pagos él ahora debe $4,365, por lo que su pago de intereses para el mes es 5% de $4,365, o $218.25.

Interés sujeto a impuestos

El interés sujeto a impuestos es reportado usando el Anexo B e incluye el interés recibido de cuentas bancarias, préstamos hechos a otros y los intereses de otras fuentes. El contribuyente podría ser el pagador o el receptor del interés. Algunos ejemplos de fuentes de interés son:

- Bancos.
- Cooperativas de crédito.
- Entidades gubernamentales (federales y estatales).
- Certificados de depósito (CD).
- Seguro de vida.

- Ventas con pagos a plazos.

Obligaciones de los EE.UU.

Los intereses sobre las obligaciones en los Estados Unidos (facturas, pagarés o bonos del Departamento del Tesoro de los Estados Unidos) están sujetas a impuestos a nivel federal, pero están exentas a tributación en la mayoría de los estados. Asegúrese de saber si su estado impone impuestos sobre los intereses.

Intereses y estados con sociedades de bienes gananciales

Si un contribuyente vive en un estado con sociedades de bienes gananciales y recibe un interés o distribución de dividendos, la mitad de la distribución es considerada recibida por cada cónyuge. Si el contribuyente y su cónyuge presentan su declaración de forma separada, cada uno debe reportar la mitad de la distribución en su declaración separada. Si la distribución no es considerada una sociedad de bienes gananciales bajo las leyes estatales, cada contribuyente debe reportar sus distribuciones separadas.

Ejemplo: Johanna y Jacob están casados y presentan sus declaraciones de forma separada, pero tienen una cuenta conjunta en el mercado monetario. Bajo las leyes de ciertos estados, la mitad de los ingresos le pertenecen a Johanna y la otra mitad a Jacob. Cada uno reportaría la mitad de los ingresos.

Cuentas en el extranjero y requisitos fiduciarios

En una economía global, muchas personas en los Estados Unidos tienen cuentas financieras en el extranjero. La ley exige a los titulares de cuentas financieras en el extranjero que le reporten sus cuentas al Departamento del Tesoro de los Estados Unidos, incluso si las cuentas no generan ningún ingreso imponible. Los titulares de las cuentas deben declararlas antes de la fecha de vencimiento de abril siguiente al año natural en que posean una cuenta financiera en el extranjero.

El gobierno de los Estados Unidos les exige a las personas que declaren las cuentas financieras en el extranjero porque las instituciones financieras extranjeras pueden no estar sujetas a los mismos requisitos de declaración que las nacionales.

Requisitos de reporte

La Ley del Secreto Bancario exige a los contribuyentes estadounidenses que posean una cuenta bancaria, una cuenta de corretaje, un fondo de inversión, un fondo común de inversión u otra cuenta financiera en el extranjero que presenten un *Reporte de Cuentas Bancarias y Financieras en el Extranjero (FBAR)* si el contribuyente tiene alguna de las siguientes características:

1. Interés financiero, autoridad de firma, u otra autoridad sobre una o más cuentas en un país extranjero, y
2. El valor agregado de todas las cuentas financieras en el extranjero supera los $10,000 en cualquier momento del año calendario.

Una persona estadounidense es un ciudadano o residente de los Estados Unidos o cualquier persona jurídica nacional, como una sociedad colectiva, una sociedad anónima, una sociedad de responsabilidad limitada, un patrimonio o un fideicomiso. Un país extranjero incluye cualquier zona fuera de los Estados Unidos o fuera de los siguientes territorios y posesiones estadounidenses:

- Islas Marianas del Norte
- Distrito de Columbia
- Samoa Americana
- Guam
- Puerto Rico
- Islas Vírgenes de los Estados Unidos
- Territorios en Fideicomiso de las Islas del Pacífico
- Tierras indígenas, tal como se definen en la Ley de Regulación de los Juegos de Azar Indígenas

Cómo reportar

Los contribuyentes obligados a reportar sus cuentas en el extranjero deben presentar el FBAR por vía electrónica utilizando el sistema BSA E-Filing. El FBAR vence el 15 de abril. Si el 15 de abril cae en sábado, domingo o día festivo legal, el FBAR debe presentarse el siguiente día hábil. Los contribuyentes no presentan el FBAR junto con las declaraciones de impuestos personales, de empresas, fideicomisos o sucesiones.

Si dos personas poseen conjuntamente una cuenta financiera en el extranjero o si varias personas poseen cada una un interés parcial en una cuenta, entonces cada persona tiene un interés financiero en esa cuenta. Cada persona debe declarar el valor total de la cuenta en un FBAR.

Los cónyuges no necesitan presentar un FBAR por separado si llenan y firman el Formulario 114a, Registro de Autorización para Presentar Electrónicamente los FBAR, y:

1. Todas las cuentas financieras declarables son de titularidad conjunta con el cónyuge declarante, y
2. El cónyuge declarante declara las cuentas de propiedad conjunta en un FBAR presentado a tiempo.

De lo contrario, ambos cónyuges deben presentar declaraciones FBAR por separado, y cada cónyuge debe declarar el valor total de las cuentas de propiedad conjunta. El sistema de declaración electrónica no permitirá la firma de ambos cónyuges en el mismo formulario electrónico. Los cónyuges deben llenar el Formulario 114a para designar cuál de ellos presentará el FBAR. El Formulario 114a no se presenta con el FBAR; debe conservarse junto con otros registros financieros y tributarios.

Por lo general, un hijo es responsable de presentar su propio FBAR. Si un menor no puede presentar su propio FBAR por cualquier motivo, como la edad, el padre o tutor del menor debe presentarlo por él. Si el menor no puede firmar su FBAR, deberá hacerlo uno de sus padres o su tutor.

Cómo calcular el mayor valor contable de las cuentas financieras en el extranjero

Quienes presenten el FBAR deben calcular y declarar razonablemente el mayor valor en divisas o activos no monetarios de sus cuentas durante el año calendario. El contribuyente puede basarse en sus extractos de cuenta periódicos si los extractos muestran fielmente el mayor valor de la cuenta durante el año.

Los contribuyentes calculan el mayor valor en la divisa de la cuenta y, a continuación, convierten ese valor a dólares estadounidenses utilizando el tipo de cambio del último día del año calendario. El contribuyente puede utilizar otro tipo de cambio válido y dar la fuente del tipo, si no hay disponible un tipo del Servicio de Gestión Financiera del Tesoro. Por ejemplo, alguien suele valorar una cuenta situada en México en pesos. El contribuyente calcularía el mayor valor de la cuenta en pesos y luego lo convertiría a dólares estadounidenses. Consulte la Guía de Referencia FBAR del IRS para obtener más información.

Préstamos personales

Un préstamo personal por el que el contribuyente cobra intereses constituye un hecho imponible. Por ejemplo, Samuel compró una casa para su prima Samantha y le cobra un 2.5% de interés sobre el precio de la casa. Samuel tendrá que crear un plan de amortización para controlar que está cobrando y declarando los intereses devengados por Samantha. Samantha puede declarar los intereses pagados a Samuel en su Formulario 1040, Anexo A, si puede detallarlos. Consulte la Publicación 550. Las deducciones detalladas se discuten en Deducciones detalladas.

Parte 2 Preguntas de repaso

Para obtener el máximo provecho de este capítulo, LTP recomienda que complete cada una de las siguientes preguntas y luego las compare con las respuestas con comentarios que siguen inmediatamente. Según las normas de autoaprendizaje vigentes, los vendedores deben presentar preguntas de repaso de forma intermitente a lo largo de cada curso de autoaprendizaje.

Estas preguntas y explicaciones no son parte del examen final y no serán calificadas por LTP.

IP2.1
¿Cuál de las siguientes no es la mejor descripción de ingresos recibidos implícitamente?

a. Amanda recibió un pago de intereses el 31 de diciembre, pero no lo metió al banco hasta el 2 de enero.
b. Andrés ganó dinero de su empleador durante el año anterior. No recogió el dinero hasta el año siguiente.
c. Karina recibió una penalización por retiro prematuro que fue significativamente menor a lo que hubiera ganado si hubiera dejado el dinero en la cuenta hasta su vencimiento.
d. A Kevin se le abonaron en su cuenta algunos pagos de bonos el 1 de enero. Él no retuvo el pago hasta el 15 de abril.

IP2.2
¿En dónde se reportarían los intereses ganados en el Formulario 1099INT?

a. Casilla 1
b. Casilla 2
c. Casilla 4
d. Casilla 8

IP2.3
¿En dónde se reportarían los intereses ganados exentos en el Formulario 1099INT?

a. Casilla 1
b. Casilla 2
c. Casilla 6
d. Casilla 8

IP2.4
¿Cuál de las siguientes opciones describe mejor cómo están sujetas a impuestos las obligaciones en los Estados Unidos?

a. Las obligaciones en los Estados Unidos están sujetas a impuestos a nivel estatal y federal.
b. Las obligaciones en los Estados Unidos no están sujetas a impuestos a nivel estatal y federal
c. Las obligaciones en los Estados Unidos están sujetas a impuestos a nivel federal y pueden no estar sujetas a impuestos a nivel estatal.
d. Las obligaciones en los Estados Unidos no están sujetas a impuestos a nivel federal, pero están sujetas a nivel estatal.

IP2.5
Josie tiene un contrato de anualidad que se vendió antes de la tasa de vencimiento. ¿Cuál de las siguientes opciones describe mejor su situación?

a. Josie no tendrá consecuencias tributarias.
b. Josie tendrá que pagar impuestos sobre los intereses acumulados.
c. Josie recibirá un nuevo contrato de anualidad.
d. Josie necesitará comprar un contrato de seguro para protegerse.

IP2.6
Kay y Mark están casados y viven en un estado con sociedades de bienes gananciales. Quieren presentar sus declaraciones por separado. ¿Cómo declararían sus $1,000 de intereses devengados?

a. Kay reportaría el 100% de los intereses ya que su nombre está primero.
b. Mark reportaría el 100% de los intereses ya que su nombre está primero.
c. Ya que el nombre de Mark está primero, él reportaría el 60% y Kay reportaría el 40%.
d. Cada uno reportaría el 50% en su declaración de impuestos.

IP2.7
¿Cuál de las siguientes cosas debe hacer el contribuyente individual sobre los intereses exentos de impuestos federales?

a. Reportar los intereses y pagar impuestos.
b. Reportar los intereses sin pagar impuestos.
c. No necesita reportar los intereses.
d. Reportar los intereses solo en la declaración estatal.

IP2.8
¿El descuento de emisión original (OID) es una forma de cuál de los siguientes?

a. Interés
b. Dividendos
c. No distribución de dividendos
d. Intereses no imponibles

IP2.9
¿Cuál de los siguientes no es un título de deuda pública?

a. Bonos serie EE y E
b. Bonos serie I
c. Bonos serie H
d. Bonos serie A

IP2.10
¿Cuál de las siguientes es la forma para reportar el interés ganado sobre un bono?

a. Pagar trimestralmente conforme se acumulan intereses.
b. Pagar mensualmente conforme se acumulan intereses.
c. Pagar anualmente conforme se acumulan intereses.
d. Pagar anualmente el 1 de julio conforme se acumulan los intereses.

IP2.11
¿Cuál de las siguientes es la forma para reportar el interés ganado sobre un bono?

a. Pagar trimestralmente conforme se acumulan intereses.
b. Pagar mensualmente conforme se acumulan intereses.
c. Pagar cuando los bonos han sido canjeados.
d. Pagar anualmente el 1 de julio conforme se acumulan los intereses.

Parte 2 Respuestas a las preguntas de repaso

IP2.1
¿Cuál de las siguientes no es la mejor descripción de ingresos recibidos implícitamente?

a. Amanda recibió un pago de intereses el 31 de diciembre, pero no lo metió al banco hasta el 2 de enero.
b. Andrés ganó dinero de su empleador durante el año anterior. No recogió el dinero hasta el año siguiente.
c. Karina recibió una penalización por retiro prematuro que fue significativamente menor a lo que hubiera ganado si hubiera dejado el dinero en la cuenta hasta su vencimiento.
d. A Kevin se le abonaron en su cuenta algunos pagos de bonos el 1 de enero. Él no retuvo el pago hasta el 15 de abril.

Comentarios: Consulte la sección *Ingresos recibidos implícitamente.*

IP2.2
¿En dónde se reportarían los intereses ganados en el Formulario 1099INT?

a. Casilla 1
b. Casilla 2
c. Casilla 4
d. Casilla 8

Comentarios: Consulte la sección *Formulario 1099-INT.*

IP2.3
¿En dónde se reportarían los intereses exentos ganados en el Formulario 1099INT?

a. Casilla 1
b. Casilla 2
c. Casilla 6
d. Casilla 8

Comentarios: Consulte la sección *Formulario 1099-INT.*

IP2.4
¿Cuál de las siguientes opciones describe mejor cómo están sujetas a impuestos las obligaciones en los Estados Unidos?

a. Las obligaciones en los Estados Unidos están sujetas a impuestos a nivel estatal y federal.
b. Las obligaciones en los Estados Unidos no están sujetas a impuestos a nivel estatal y federal
c. Las obligaciones en los Estados Unidos están sujetas a impuestos a nivel federal y pueden no estar sujetas a impuestos a nivel estatal.
d. Las obligaciones en los Estados Unidos no están sujetas a impuestos a nivel federal, pero están sujetas a nivel estatal.

Comentarios: Consulte la sección *Obligaciones en los Estados Unidos.*

IP2.5
Josie tiene un contrato de anualidad que se vendió antes de la tasa de vencimiento. ¿Cuál de las siguientes opciones describe mejor su situación?

a. Josie no tendrá consecuencias tributarias.
b. Josie tendrá que pagar impuestos sobre los intereses acumulados.
c. Josie recibirá un nuevo contrato de anualidad.
d. Josie necesitará comprar un contrato de seguro para protegerse.

Comentarios: Consulte la sección *Tipos de interés diversos.*

IP2.6
Kay y Mark están casados y viven en un estado con sociedades de bienes gananciales. Ellos quieren presentar sus declaraciones por separado. ¿Cómo declararían sus $1,000 de intereses devengados?

a. Kay reportaría el 100% de los intereses ya que su nombre está primero.
b. Mark reportaría el 100% de los intereses ya que su nombre está primero.
c. Ya que el nombre de Mark está primero, él reportaría el 60% y Kay reportaría el 40%.
d. **Cada uno reportaría el 50% en su declaración de impuestos.**

Comentarios: Consulte la sección *Intereses y estados con sociedades de bienes gananciales.*

IP2.7
¿Cuál de las siguientes cosas debe hacer el contribuyente individual sobre los intereses exentos de impuestos federales?

a. Reportar los intereses y pagar impuestos.
b. Reportar los intereses sin pagar impuestos.
c. No necesita reportar los intereses.
d. Reportar los intereses solo en la declaración estatal.

Comentarios: Consulte la sección *Intereses exentos de impuestos.*

IP2.8
¿El descuento de emisión original (OID) es una forma de cuál de los siguientes?

a. Interés
b. Dividendos
c. No distribución de dividendos
d. Intereses no imponibles

Comentarios: Consulte la sección *Cuándo reportar los ingresos por intereses.*

IP2.9
¿Cuál de los siguientes no es un título de deuda pública?

a. Bonos serie EE y E
b. Bonos serie I
c. Bonos serie H
d. Bonos serie A

Comentarios: Consulte la sección *Bonos del gobierno.*

IP2.10
¿Cuál de las siguientes es la forma para reportar el interés ganado sobre un bono?

a. Pagar trimestralmente conforme se acumulan intereses.
b. Pagar mensualmente conforme se acumulan intereses.
c. Pagar anualmente conforme se acumulan intereses.
d. Pagar anualmente el 1 de julio conforme se acumulan los intereses.

Comentarios: Consulte la sección *Bonos del gobierno.*

IP2.11
¿Cuál de las siguientes es la forma para reportar el interés ganado sobre un bono?

a. Pagar trimestralmente conforme se acumulan intereses.
b. Pagar mensualmente conforme se acumulan intereses.
c. Pagar cuando los bonos han sido canjeados.
d. Pagar anualmente el 1 de julio conforme se acumulan los intereses.

Comentarios: Consulte la sección *Bonos del gobierno*

Parte 3 Dividendos

Los dividendos son una porción de las ganancias generada por una compañía que pueden ser pagados en forma de dinero, acciones, derecho a acciones, otra propiedad o servicios; también pueden ser pagados por una sociedad anónima, fondo mutuo de inversión, sociedad colectiva, caudal hereditario, fideicomiso o asociación a quien se le impongan impuestos como a una sociedad anónima. Las distribuciones son beneficios de una compañía controlada estrechamente, como una sociedad anónima de tipo S, sociedad colectiva, compañía de responsabilidad limitada y fideicomisos.

Los dividendos pueden ser pagados en forma de acciones adicionales, lo cual algunas veces es conocido como dividendos reinvertidos. Estos están sujetos a impuestos completamente para el receptor y deben ser reportados, aunque algunos montos reportados como dividendos pueden estar sujetos a diferentes tasas de impuestos.

Formulario 1099-DIV: Reporte de los ingresos por dividendos

☐ VOID ☐ CORRECTED

PAYER'S name, street address, city or town, state or province, country, ZIP or foreign postal code, and telephone no.		1a Total ordinary dividends $	OMB No. 1545-0110 Form **1099-DIV** (Rev. January 2022)	**Dividends and Distributions**
		1b Qualified dividends $	For calendar year 20____	
		2a Total capital gain distr. $	2b Unrecap. Sec. 1250 gain $	**Copy 1** **For State Tax Department**
PAYER'S TIN	RECIPIENT'S TIN	2c Section 1202 gain $	2d Collectibles (28%) gain $	
		2e Section 897 ordinary dividends $	2f Section 897 capital gain $	
RECIPIENT'S name		3 Nondividend distributions $	4 Federal income tax withheld $	
		5 Section 199A dividends $	6 Investment expenses $	
Street address (including apt. no.)				

Formulario 1099-DIV

Al igual que con todos los formularios, asegúrese de que el nombre, dirección y TIN del contribuyente sean correctos. La siguiente información es proporcionada solo para informar qué reporta cada casilla del Formulario 1099-DIV. Los ingresos más comunes en el Formulario 1099-DIV son: Casilla 1a, 1b, 2a, 3, 5, 7 y 11.

Casilla 1a, Dividendos ordinarios totales: Incluyen fondos del mercado monetario, ganancias de capital netas a corto plazo de fondos mutuos de inversión y otras distribuciones sobre las acciones. Los dividendos reinvertidos y los dividendos de la sección 404(k) pagados directamente de la sociedad anónima están sujetos a impuestos. Reporte este monto en el Formulario 1040, página 2, línea 3b.

Casilla 1b, Dividendos calificados: Muestra la porción en la casilla 1a que cumplen con los criterios del IRS para una tasa reducida de ganancias de capital.

Casilla 2a, Distribuciones totales de ganancias de capital (largo plazo): Muestra las distribuciones totales de ganancias de capital de una compañía de inversión regulada o fideicomiso de inversión en bienes inmuebles. El monto que aparece en la casilla 2a es reportado en el Anexo D, línea 13.

Casilla 2b, Ganancia no recapturada de la sección 1250: De ciertos bienes inmuebles depreciables. Esta casilla muestra el monto en la casilla 2a que no es una ganancia recapturada de la Sección 1250 de la propiedad depreciable.

Casilla 2c, Ganancia de la sección 1202: Muestra cualquier monto en la casilla 2a que es una ganancia de la sección 1202 de ciertas acciones de negocios pequeños.

Casilla 2d, Ganancia de bienes de colección (28%): Muestra cualquier monto incluido en la casilla 2a que tiene una ganancia con una tasa del 28% de las ventas o intercambios de bienes de colección. Aparte de esto, este concepto va más allá del alcance de este curso.

Casilla 3, Distribuciones que no son dividendos: Las distribuciones que no son dividendos aparecen aquí si se pueden determinar.

Casilla 4, Impuesto federal sobre los ingresos retenido: Esta casilla muestra el monto de los impuestos federales sobre los ingresos que han sido retenidos. Los impuestos federales normalmente son retenidos cuando se requiere una retención de reserva.

Casilla 5, Dividendos de la sección 199A: Muestra los dividendos de la sección 199A pagados al contribuyente. Este monto está incluido en la casilla 1a.

Casilla 6, Gastos de inversión: Muestra la porción prorrateada reportada del contribuyente de ciertos montos deducibles por una oferta no pública de una compañía de inversión regulada (RIC) al calcular el ingreso sujeto a impuestos. No incluya ningún gasto de inversión en la casilla 1b.

Casilla 7, Intereses pagados en el extranjero: Muestra los intereses pagados en el extranjero sobre los dividendos y otras distribuciones en las acciones. Reporte este monto en dólares de los Estados Unidos.

Casilla 8, País extranjero o territorio de los Estados Unidos: Lista el país extranjero o territorio de los Estados Unidos al cual se pagaron impuestos extranjeros. No debería haber una entrada si la compañía de inversión pagó el impuesto por los fondos.

Casilla 9, Distribuciones de liquidación de efectivo: Muestra el efectivo distribuido como parte de una liquidación.

Casilla 10, Distribuciones de liquidación que no son en efectivo: Muestra las distribuciones que no son hechas en efectivo como parte de una liquidación. Coloque el valor justo de mercado a la fecha de distribución.

Casilla 11, Dividendos exentos de intereses: Muestra los dividendos exentos de intereses pagados durante el año natural de un fondo mutuo de inversión u otra compañía de inversión regulada. Incluya el interés de bonos por actividades privadas especificadas en la casilla 11.

Casilla 12, Dividendos por intereses de bonos por actividades privadas especificadas: Esta casilla muestra los dividendos exentos de intereses pagados por una RIC en bonos de actividades privadas especificadas en la medida en que los dividendos puedan ser atribuidos al interés en los bonos recibidos por el RIC.

Casillas 13-15, Casillas estatales: Muestra la información estatal dependiendo del estado en donde vive el contribuyente.

Los dividendos y otras distribuciones que devenguen $10 o más son reportados al contribuyente en el Formulario 1099-DIV por el pagador. Si los dividendos ordinarios del contribuyente son mayores a $1,500, el contribuyente llenará el Anexo B, Parte III además de recibir el Formulario 1099-DIV. Los dividendos ordinarios escritos en la casilla 1a son reportados en el Formulario 1040, línea 3b. Los dividendos calificados son reportados en la línea 3a del Formulario 1040. El monto reportado en la casilla 1b es una porción del monto que aparece en la casilla 1a.

Formulario 1040, línea 3a, Dividendos calificados

Los dividendos calificados están sujetos a impuestos a la tasa de las ganancias de capital para el contribuyente. Los dividendos calificados están incluidos con los dividendos ordinarios en el Formulario 1040, página 2, línea 3b. Los dividendos calificados aparecen en la casilla 1b del Formulario 1099-DIV. Las tasas son del 0, 15 o 20% en función de los ingresos del contribuyente.

Tasa de impuestos del 0% de los dividendos calificados para el año tributario 2022

$0 a $41,675 Soltero o casado declarando por separado
$0 a $83,350 Casado declarando en conjunto y viudo que reúne los requisitos
$0 a $55,800 Cabeza de familia

Tasa de impuestos del 0% de los dividendos calificados para el año tributario 2023

$0 a $44,625 Soltero o casado declarando por separado
$0 a $89,250 Casado declarando en conjunto y viudo que reúne los requisitos
$0 a $59,750 Cabeza de familia

Tasa de impuestos del 15% de los dividendos calificados para el año tributario 2022

$41,676 a $459,750 Soltero
$41,676 a $258,600 Casado declarando por separado
$83,351 a $517,200 Casado declarando en conjunto o viudo que reúne los requisitos
$55,801 a $488,500 Cabeza de familia

Tasa de impuestos del 15% de los dividendos calificados para el año tributario 2023

$44,626 a $492,300 Soltero
$44,626 a $276,900 Casado declarando por separado
$89,251 a $553,850 Casado declarando en conjunto o viudo que reúne los requisitos
$59,751 a $523,050 Cabeza de familia

Tasa de impuestos del 20% de los dividendos calificados para el 2022

$459,750 o más Soltero
$258,601 o más Casado declarando por separado
$517,201 o más Casado declarando en conjunto o viudo que reúne los requisitos
$488,501 o más Cabeza de familia

Tasa de impuestos del 20% de los dividendos calificados para el 2023

$492,300 o más Soltero

$276,900 o más	Casado declarando por separado
$553,850 o más	Casado declarando en conjunto o viudo que reúne los requisitos
$523,050 o más	Cabeza de familia

Formulario 1040, línea 3b, Dividendos ordinarios

Los dividendos ordinarios son el tipo más común de distribución de dividendos y están sujetos a impuestos como ingresos ordinarios (al igual que los dividendos de fondos mutuos de inversión) a la misma tasa de impuestos que los salarios y otros ingresos ordinarios del contribuyente. Todos los dividendos son considerados ordinarios a menos que estén clasificados específicamente como dividendos calificados. Los dividendos recibidos de las acciones ordinarias o preferenciales son considerados dividendos ordinarios y son reportados en la casilla 1a del Formulario 1099-DIV. Los dividendos ordinarios recibidos sobre las acciones ordinarias o preferenciales pueden ser reinvertidos y sujetos a impuestos como ingresos ordinarios.

Dividendos que son realmente intereses

Ciertas distribuciones que a menudo son reportadas como "dividendos" son realmente ingresos por intereses. El contribuyente reportará cualquier dividendo recibido de depósitos o de cuentas compartidas de las siguientes fuentes como intereses:

- Cooperativas de crédito.
- Bancos cooperativos.
- Sociedades de ahorro y préstamo para viviendas.
- Sociedades federales de ahorros y préstamos.
- Bancos de ahorros mutuos.

Estos dividendos serán reportados como intereses en la casilla 1 del Formulario 1099-INT. Normalmente, los montos recibidos de los fondos del mercado monetario son dividendos y no deberían ser reportados como intereses.

Dividendos usados para comprar más acciones

La sociedad anónima en la cual el contribuyente posea acciones puede tener un plan de reinversión de dividendos. Este plan permite que el contribuyente escoja si desea usar los dividendos para comprar más acciones o para recibir los dividendos en efectivo. Si se escoge el plan de inversión, el contribuyente aún reporta los dividendos como ingresos.

El contribuyente puede decidir usar los dividendos para comprar acciones adicionales si la sociedad anónima tiene tal plan. El plan es conocido como un "plan de reinversión de dividendos". Si el contribuyente decide reinvertir los dividendos, el contribuyente aún deberá reportar los dividendos como ingresos en el año en que sean recibidos. El monto del dividendo es considerado como parte del precio de compra de la acción. Los contribuyentes deben recordar mantener los registros de los dividendos reinvertidos para ayudar a establecer una base de costo exacta para sus acciones al momento de la compra. Un "dividendo reinvertido" no es un término tributario, es una frase usada por los inversionistas para referirse a dividendos devengados al reinvertir las distribuciones de dividendos para comprar más acciones en lugar de recibir dinero.

Fondos del mercado monetario

Los ingresos recibidos de fondos del mercado monetario son considerados ingresos por dividendos. Los fondos del mercado monetario son un tipo de fondo mutuo de inversión y no deberían ser confundidos con cuentas del mercado monetario que uno podría obtener en el banco local, los cuales reportan los ingresos devengados como intereses, no dividendos. Un fondo mutuo de inversión es una compañía de inversión regulada que generalmente es creada para "reunir" los fondos de los inversionistas para permitirles aprovechar una diversidad de inversiones y administración profesional.

Una distribución recibida de un fondo mutuo de inversión puede ser un dividendo ordinario, una distribución de ganancia de capital, un dividendo exento de intereses, una declaración de capital no sujeto a impuestos, o una combinación de dos o más de estos tipos de distribuciones. La compañía del fondo reporta las distribuciones en el Formulario 1099-DIV o en una declaración similar que indica el tipo de distribuciones recibidas.

Si un fondo mutuo de inversión u otra compañía de inversión regulada declara un dividendo, incluyendo cualquier dividendo exento de intereses o distribución de ganancias de capital en el último trimestre del año tributario, el dividendo es considerado pagado en el año en que el dividendo fue declarado.

Distribuciones de ganancias de capital

Las distribuciones de ganancias de capital (CGD) recibidas como parte de dividendos de un fondo mutuo de inversión o fideicomisos de inversión de bienes inmuebles (REIT) están sujetas a impuestos en el Anexo D. Estas distribuciones se encuentran en la casilla 2a del Formulario 1099-DIV. Estos dividendos deberían ser considerados a largo plazo, independientemente de por cuánto tiempo el contribuyente fue propietario de la acción en las compañías de inversión reguladas, más comúnmente conocidas como fideicomisos de inversión de bienes inmuebles.

Las distribuciones de ganancias de capital son pagadas al contribuyente por firmas de corretaje, fondos mutuos de inversión y fideicomisos de inversión. Las distribuciones de ganancias de capital de fondos mutuos de inversión son ganancias de capital a largo plazo, independientemente de por cuánto tiempo el contribuyente ha sido propietario de las acciones. Las distribuciones de ganancias netas de capital realizadas a corto plazo son reportadas en el Formulario 1099-DIV como dividendos ordinarios.

Dividendos no imponibles

Los dividendos no imponibles son una declaración de la inversión original de un accionista. Estas distribuciones no son tratadas de la misma forma que los dividendos ordinarios o las distribuciones de ganancias de capital. Las distribuciones que no provienen de dividendos reducen la base del contribuyente en la acción. Las distribuciones de declaración de capital no están sujetas a impuestos hasta que la base restante del contribuyente (inversión) es reducida a cero. La base de la acción ha sido reducida a cero cuando el contribuyente recibe una distribución y luego es reportada como una ganancia de capital. El período de tenencia determina el reporte de ganancias de capital a corto o a largo plazo.

Declaración de capital

Una declaración de capital es una distribución que no es pagada de las ganancias y utilidades de una sociedad anónima. Es una declaración de la inversión del contribuyente en las acciones de la compañía. El contribuyente recibirá el Formulario 1099-DIV u otra declaración de la sociedad anónima que muestre qué parte de la distribución es una declaración de capital. Si el contribuyente no recibe dicha declaración, reportará la distribución como un dividendo ordinario.

Distribuciones de liquidación.

Las distribuciones de liquidación, también conocidas como dividendos de liquidación, son distribuciones recibidas durante una liquidación parcial o total de una sociedad anónima. Estas distribuciones son, al menos en parte, una forma de la "declaración de capital" y pueden ser pagadas en dos plazos o más.

Cualquier dividendo de liquidación no está sujeto a impuestos hasta que la base de las acciones ha sido recuperada. Sin embargo, la base de las acciones, las cuales ganaron el derecho a los dividendos, debe ser reducida por el monto de los dividendos. Después de que la base de las acciones es reducida a cero, el dividendo de liquidación debe ser reportado como ganancia de capital.

Dividendos exentos de intereses

Los dividendos exentos de intereses recibidos de una compañía de inversión regulada o de un fondo mutuo de inversión no están incluidos entre los ingresos sujetos a impuestos. Los dividendos exentos de intereses son reportados en el Formulario 1099-DIV, casilla 10. El contribuyente debe recibir una notificación del fondo mutuo de inversión dándole información sobre los dividendos recibidos por el contribuyente. Los dividendos exentos de intereses deben aparecer en la declaración de impuestos (si el contribuyente debe presentar una declaración) como un interés exento de impuestos en la línea 2a del Formulario 1040.

Los bonos de actividad privada especificada que han pagado intereses exentos de impuestos pueden estar sujetos al impuesto mínimo alternativo. Los dividendos exentos de intereses sujetos a impuesto mínimo alternativo deben aparecer en el Formulario 1099-DIV, casilla 12.

Dividendos sobre pólizas de seguros

Los dividendos sobre pólizas de seguros que la aseguradora retiene y usa para pagar primas no están sujetos a impuestos. Sin embargo, el contribuyente debe reportar el interés que es pagado o acreditado sobre los dividendos restantes con la aseguradora como ingresos sujetos a impuestos.

Dividendos sobre las pólizas del seguro para veteranos

Los dividendos recibidos sobre las pólizas del seguro para veteranos y los que fueron dejados con el Departamento de Asuntos de los Veteranos no están sujetos a impuestos.

Dividendos para patrocinadores

Los dividendos para patrocinadores recibidos como dinero de parte de una organización cooperativa están incluidos como ingresos. No incluya los siguientes dividendos para patrocinadores como ingresos:

- Propiedad comprada para uso personal.
- Bienes de capital o propiedad depreciable comprada para ser usada en un negocio. Si el dividendo es más que la base ajustada del activo, es reportado como ingreso en exceso.

Formulario 1040, línea 4: Distribuciones de IRA

Cualquier dinero recibido de una cuenta IRA tradicional es una distribución y debe declararse como ingreso en el año en que se recibió. En el Formulario 1040, declare la distribución no sujeta a impuestos en la línea 4 y declare las distribuciones sujetas a impuestos en la línea 4b. Las distribuciones de una IRA tradicional son gravadas como ingresos ordinarios. No todas las distribuciones serán imponibles si el contribuyente hizo contribuciones no deducibles. Llene el Formulario 8606 para reportar las porciones imponibles y no imponibles de la distribución IRA.

Las siguientes distribuciones no están sujetas a la penalización por retiro temprano:

- Una transferencia de una IRA a otra.
- Retiros de contribuciones libres de impuestos.
- El reembolso de contribuciones no deducibles.

Estos fondos se declararán como recibidos, pero la parte imponible se reducirá o eliminará.

Las distribuciones normales de las cuentas IRA suelen estar totalmente sujetas a impuestos porque las contribuciones a la cuenta IRA estaban totalmente diferidas a efectos fiscales cuando se aportaron originalmente. El Formulario 5329, *Impuestos adicionales sobre planes cualificados*, no es necesario si el único motivo para utilizar el formulario es la multa por retiro anticipado. Esta penalización se añade a cualquier impuesto que deba pagarse por las distribuciones, aunque existen algunas excepciones.

Formulario 1040, línea 5a y línea 5b, Pensiones y anualidades

Una distribución es un pago que reciben los contribuyentes de su pensión o anualidad. Si los contribuyentes aportaran dólares "después de impuestos" a su plan de jubilaciones o anualidades, podrían excluir de los ingresos parte de cada pago de las anualidades como recuperación de su costo. Esta parte libre de impuestos del pago se calcula cuando se inicia la anualidad y sigue siendo la misma cada año, aunque cambie el monto del pago. La pensión es un contrato por una suma fija que se paga regularmente tras la jubilación. El resto de cada pago es imponible. Si el contribuyente desea que se retengan impuestos de sus pensiones o anualidades, utilizará el W-4P. La parte exenta de impuestos del pago se calcula utilizando uno de los siguientes métodos:

Regla general

Este método se utiliza generalmente para determinar el tratamiento exento de impuestos de los ingresos por pensiones y anualidades procedentes de planes no cualificados.

El contribuyente debe utilizar la regla general si:

1. El contribuyente recibe pagos de pensiones y anualidades de un plan no cualificado (como una anualidad privada, una anualidad comercial adquirida o un plan de empleados no cualificado).
2. El contribuyente tiene 75 años o más en la fecha de inicio de la anualidad, y los pagos de la anualidad están garantizados durante al menos cinco años.

Método simplificado

Utilizando el método simplificado, el contribuyente calculará la parte libre de impuestos de cada pago mensual de la anualidad dividiendo el costo entre el número total de pagos mensuales previstos. En el caso de las anualidades que son pagaderas por la vida del pensionista, este número se basa en la edad del pensionista en la fecha de inicio de la anualidad y se determina a partir de una tabla. Para cualquier otra anualidad, es el número de pagos mensuales de la anualidad bajo el contrato. Si el contribuyente percibió una pensión o un pago de la anualidad de un plan cualificado y no puede acogerse a la regla general, el contribuyente deberá utilizar el método simplificado.

Pagos garantizados

El contrato de anualidad proporciona pagos garantizados basados en el monto de la inversión y puede ser pagadero incluso si el contribuyente y los pensionistas supervivientes no viven para recibir el pago mínimo.

Formulario 1040, línea 6a: Beneficios del Seguro Social

El sistema del Seguro Social se concibió para proporcionar prestaciones mensuales suplementarias a los contribuyentes que contribuían al sistema. Se indexa en función de la inflación, proporciona beneficios de Medicare, incapacidad y determinados seguros de fallecimiento, y se declara en el Formulario SSA-1099 en función del monto que aparece en la casilla 5 del W-2. Los contribuyentes también tienen la opción de que se les retengan impuestos federales del Seguro Social. Consulte la Sección 86 del IRC y la Publicación 915.

Cuando un contribuyente tiene Seguro Social de otros países, como Canadá, esos ingresos podrían ser imponibles en los Estados Unidos. Recuerde la norma del IRS: "Se entiende por ingresos brutos todos los ingresos procedentes de cualquier fuente". Sin embargo, si el seguro social no fue imponible en Canadá, es posible que tampoco lo sea en los Estados Unidos. Consulte la Sección 61(a) del IRC.

Los beneficios de Seguro Social no son imponibles si los ingresos no exceden estos montos base:

- $25,000: Si es soltero, cabeza de familia o viudo que cumple los requisitos.
- $25,000: Si está casado declarando por separado y vivió lejos de su cónyuge durante todo el año.
- $32,000: Si está casado declarando en conjunto.
- $0: Si está casado declarando por separado y vivió con su cónyuge en algún momento durante el año.

Formulario 1040, línea 6b: Base imponible

50% imponible: Si los ingresos más la mitad de los beneficios del Seguro Social superan los montos base indicados anteriormente, deberá incluirse en la base imponible hasta la mitad de los beneficios. A continuación, se indican los montos base para los estados de declaración aplicables:

- $25,000–$34,000: Soltero, cabeza de familia, viudo(a) que reúne los requisitos y casado declarando por separado que vive separado de su cónyuge
- $32,000–$44,000: Casado que presenta una declaración conjunta
- $0: Casado declarando por separado que vivió con su cónyuge

85% imponible: En el caso de los contribuyentes casados declarando por separado que conviven con su cónyuge, el 85% de sus beneficios tributarán siempre. Si los ingresos más la mitad de los beneficios superan los siguientes montos base ajustados, deben incluirse en la base imponible hasta el 85% de los beneficios.

- $34,000: Soltero, cabeza de familia o viudo que cumple los requisitos
- $34,000: Casado declarando por separado que vivió lejos de su cónyuge durante todo el año
- $44,000: Casado declarando en conjunto
- $0: Casado declarando por separado que vivió con su cónyuge en algún momento durante el año tributario

La mayoría de los contribuyentes asumen que no tributarán si sus ingresos son inferiores a la base, pero no incluyen los intereses exentos de impuestos o la mitad de sus ingresos del Seguro Social al determinar el monto.

Ejemplo: Napoleón e Ilene presentan una declaración de impuestos conjunta. Ambos son mayores de 65 años y han recibido beneficios del Seguro Social durante el año tributario en curso. En enero, el Formulario SSA-1099 de Napoleón mostraba en la casilla 5 unos beneficios de $7,500. En la casilla 5 del Formulario SSA-1099 de Ilene aparecía un beneficio neto de $3,500. Napoleón recibió una pensión imponible de $20,800 y unos ingresos de intereses de $500, exentos de impuestos. Sus beneficios no son imponibles en el año en curso porque sus ingresos no superan el monto base de $32,000.

Los reembolsos de beneficios efectuados durante el año en curso se restarían de los beneficios brutos recibidos. No importa si el reembolso fue por un beneficio recibido en el año en curso o en un año anterior; solo importa en qué año se recibió el reembolso.

Seguro Social y beneficios equivalentes de jubilación ferroviaria (nivel 1)

El contribuyente debe recibir el Formulario SSA-1099 de la SSA, en el que se indica en la casilla 3 el monto total de los beneficios del Seguro Social abonados. En la casilla 4 del formulario aparece el monto de cualquier beneficio que fue reembolsado de un año anterior. Los beneficios de jubilación ferroviaria que deben tratarse como beneficios del Seguro Social se declaran en el Formulario RRB-1099.

Beneficios de jubilación ferroviaria

Los Beneficios de Jubilación Ferroviaria (RRB) son un programa de beneficios que comenzó antes que el Seguro Social; sus beneficiarios no están cubiertos por el Seguro Social porque reciben más dinero del que les correspondería en virtud de la SSA. Los beneficios del nivel 1 se comunican al contribuyente en el Formulario RRB 1099, son equivalentes a los beneficios del Seguro Social y se tratan como tales. Los beneficios de nivel 1 se declaran al IRS en el Formulario 1040, línea 6b.

Los beneficios del nivel 2 son superiores al equivalente del Seguro Social y se tratan como pensiones, lo que permite a los jubilados reciban tanto los beneficios del nivel 1 como los del nivel 2. Al igual que ocurre con otras pensiones, el "costo" que invirtieron se recupera libre de impuestos. Normalmente es necesario utilizar el método simplificado para calcular la parte imponible de los beneficios del nivel 2. Para utilizar la *hoja de trabajo del método simplificado*, el preparador de impuestos debe conocer la edad del contribuyente, cuántos pagos se recibieron en el año tributario y cuánto se ha recuperado libre de impuestos desde 1986. Cuando el contribuyente ha recuperado su costo, la totalidad del beneficio de nivel 2 pasa a ser imponible.

La diferencia entre el Formulario RRB 1099 para el nivel 1 y el nivel 2 es que el formulario para el nivel 1 se conoce simplemente como Formulario RRB 1099. El nivel 2 es una jubilación; por lo tanto, lleva la letra "R" después del 1099 (Formulario RRB 1099-R).

Devolución de distribuciones relacionadas con el COVID-19 de cuentas de jubilación y Formulario 8915-F

El Formulario 8915-F se convirtió en un formulario para siempre en 2022. Esto significa que el Formulario 8915-F no se convertirá en el 8915-G para 2023, ya que seguirá siendo el 8915-F. Como se puede ver en la imagen de abajo, hay cuatro casillas diferentes para correlacionar el desastre con el año en que el desastre será reclamado en la declaración.

Form **8915-F**
(January 2022)
Department of the Treasury
Internal Revenue Service

Qualified Disaster Retirement Plan Distributions and Repayments

► Go to *www.irs.gov/Form8915F* for instructions and the latest information.
► Attach to Form 1040, 1040-SR, or 1040-NR.

OMB No. 1545-0074
Attachment Sequence No. **915**

Name. If married, file a separate form for each spouse required to file Form 8915-F. See instructions. | **Your social security number**

Before you begin (see instructions for details):
- Form 8915-F replaces Form 8915-E for 2021 and later years. Form 8915-E was used for coronavirus-related and other 2020 disaster distributions.
- Form 8915-F is also used for 2021 and later disaster distributions.
- See Appendix B in the instructions for the list of qualified disasters and their FEMA numbers for the year you check in item B next.
- "This year" (as used on this form) is the year of the form you check in item A next. For example, if you check 2021, "this year" is 2021.

Complete items A and B below. Complete item C and check the box in item D for the coronavirus, as applicable.

A Tax year for which you are filing form (check only one box) ► ☐ 2021 ☐ 2022 ☐ 2023 ☐ 2024 ☐ Other ______

B Calendar year in which disaster occurred (check only one box) ► ☐ 2020 ☐ 2021 ☐ 2022 ☐ 2023 ☐ Other ______

C FEMA number for each of your disasters for the year checked in item B above. Use item D, **not** item C, for the coronavirus.

(1) ______ (2) ______ (3) ______ (4) ______ (5) ______ (6) ______

D If your disaster is the coronavirus, check this box ► ☐ Don't list the coronavirus in item C.

Parte del Formulario 8915-F

Para el año tributario 2022, hay un total de 88 grandes catástrofes en todo EE.UU. según la FEMA (Agencia Federal para la Gestión de Emergencias).

Parte 3 Preguntas de repaso

Para obtener el máximo provecho de este capítulo, LTP recomienda que complete cada una de las siguientes preguntas y luego las compare con las respuestas con comentarios que siguen inmediatamente. Según las normas de autoaprendizaje vigentes, los vendedores deben presentar preguntas de repaso de forma intermitente a lo largo de cada curso de autoaprendizaje.

Estas preguntas y explicaciones no son parte del examen final y no serán calificadas por LTP.

IP3.1
¿Cuál de las siguientes es una forma de ingresos de dividendos?

a. Dividendos calificados
b. Dividendos de una cooperativa de crédito
c. Dividendos de fondos mutuos de inversión
d. Dividendos de una sociedad colectiva

IP3.2
¿Cuál de las siguientes es una forma de ingresos de dividendos?

a. Dividendos ordinarios
b. Dividendos de una cooperativa de crédito
c. Dividendos reinvertidos
d. Dividendos de una sociedad colectiva

IP3.3
Peyton, la hija de Jacob heredó algo de dinero de su bisabuela. Los intereses devengados por Peyton este año fueron de $2,210. ¿Cuál de las siguientes es la mejor respuesta para el escenario?

a. Peyton presentará su propia declaración de impuestos ya que el monto ganado es de más de $2,200.
b. Jacob puede presentar el Formulario 8814 y reportar el interés ganado por Peyton.
c. Jacob y Peyton necesitan decidir cuál es la consecuencia tributaria más baja para los dos y esa persona será quien declare los intereses ganados.
d. Peyton no necesita presentar una declaración de impuestos ya que es más baja que sus requisitos de declaración.

IP3.4
¿A qué tasa tributan los dividendos ordinarios?

a. La tasa impositiva ordinario sobre los ingresos del contribuyente
b. 15%
c. 25%
d. 10% de multa más la tasa ordinaria del contribuyente

IP3.5
Las distribuciones de ganancias de capital de un fondo mutuo se producen cuando la sociedad del fondo ha liquidado una parte de las acciones. ¿Dónde se encuentra la distribución en el Formulario 1099-DIV?

a. Casilla 2
b. Casilla 2a
c. Casilla 1
d. Casilla 4

IP3.6
¿Cuál de las siguientes opciones describe mejor la diferencia entre dividendos ordinarios y cualificados?

a. La forma en que se gravan
b. No hay diferencia
c. Los nombres son diferentes
d. Los dividendos ordinarios se gravan al 15%

IP3.7
¿Cuál de las siguientes opciones describe mejor los dividendos reinvertidos?

a. Le permite al contribuyente comprar más acciones de la sociedad
b. Le permite al contribuyente vender más acciones de la sociedad
c. Le permite al contribuyente comprar más dividendos de la sociedad
d. Le permite al contribuyente vender acciones a su familia

IP3.8
¿Cuál de los siguientes se declara al contribuyente como dividendo, pero en realidad es un interés?

a. Dividendos recibidos a través de una sociedad
b. Distribución de ganancias de capital
c. Dividendos de las cooperativas de crédito
d. Intereses de un CD

IP3.9
¿Cuál de las siguientes opciones describe mejor el rendimiento que obtiene el accionista de su inversión original?

a. Distribución que no proviene de dividendos
b. Dividendos reinvertidos
c. Ingresos nominales
d. Ganancias de capital

IP3.10
¿Cuál de las siguientes opciones describe mejor los dividendos liquidativos?

a. Distribuciones recibidas durante la liquidación parcial o total de una sociedad
b. Distribuciones recibidas durante la liquidación parcial o total de un fideicomiso
c. Distribuciones recibidas durante la liquidación parcial o total de una sociedad colectiva
d. Distribuciones recibidas durante la liquidación parcial o total de una declaración MFJ

Parte 3 Respuestas a las preguntas de repaso

IP3.1
¿Cuál de las siguientes es una forma de ingresos de dividendos?

a. Dividendos cualificados
b. Dividendos de una cooperativa de crédito
c. Dividendos de fondos mutuos
d. Dividendos de una sociedad colectiva

Comentarios: Consulte la sección *Ingresos por dividendos.*

IP3.2
¿Cuál de las siguientes es una forma de ingresos de dividendos?

a. Dividendos ordinarios
b. Dividendos de una cooperativa de crédito
c. Dividendos reinvertidos
d. Dividendos de una sociedad colectiva

Comentarios: Consulte la sección *Ingresos por dividendos.*

IP3.3
Peyton, la hija de Jacob heredó algo de dinero de su bisabuela. Los intereses devengados por Peyton este año fueron de $2,210. ¿Cuál de las siguientes es la mejor respuesta para el escenario?

a. **Peyton presentará su propia declaración de impuestos ya que el monto ganado es de más de $2,200.**
b. Jacob puede presentar el Formulario 8814 y reportar el interés ganado por Peyton.
c. Jacob y Peyton necesitan decidir cuál es la consecuencia tributaria más baja para los dos y esa persona será quien declare los intereses ganados.
d. Peyton no necesita presentar una declaración de impuestos ya que es más baja que sus requisitos de declaración.

Comentarios: Consulte la sección de *Ingresos por intereses y dividendos de los hijos.*

IP3.4
¿A qué tasa tributan los dividendos ordinarios?

a. **La tasa impositiva ordinario sobre los ingresos del contribuyente**
b. 15%
c. 25%
d. 10% de multa más la tasa ordinaria del contribuyente

Comentarios: Consulte la sección *Dividendos ordinarios de la línea 3 del Formulario 1040.*

IP3.5
Las distribuciones de ganancias de capital de un fondo mutuo se producen cuando la sociedad del fondo ha liquidado una parte de las acciones. ¿Dónde se encuentra la distribución en el Formulario 1099-DIV?

a. Casilla 2
b. **Casilla 2a**
c. Casilla 1
d. Casilla 4

Comentarios: Consulte la sección *Distribución de ganancias de capital.*

IP3.6
¿Cuál de las siguientes opciones describe mejor la diferencia entre dividendos ordinarios y cualificados?

a. **La forma en que se gravan**
b. No hay diferencia
c. Los nombres son diferentes
d. Los dividendos ordinarios se gravan al 15%

Comentarios: Consulte la sección *Dividendos ordinarios de la línea 3 del Formulario 1040.*

IP3.7
¿Cuál de las siguientes opciones describe mejor los dividendos reinvertidos?

a. Le permite al contribuyente comprar más acciones de la sociedad
b. Le permite al contribuyente vender más acciones de la sociedad
c. Le permite al contribuyente comprar más dividendos de la sociedad
d. Le permite al contribuyente vender acciones a su familia

Comentarios: Consulte la sección *Dividendos usados para comprar más acciones.*

IP3.8
¿Cuál de los siguientes se declara al contribuyente como dividendo, pero en realidad es un interés?

a. Dividendos recibidos a través de una sociedad
b. Distribución de ganancias de capital
c. Dividendos de las cooperativas de crédito
d. Intereses de un CD

Comentarios: Consulte la sección *Dividendos que realmente son intereses.*

IP3.9
¿Cuál de las siguientes opciones describe mejor el rendimiento que obtiene el accionista de su inversión original?

a. Distribución que no proviene de dividendos
b. Dividendos reinvertidos
c. Ingresos nominales
d. Ganancias de capital

Comentarios: Consulte la sección *Dividendos no imponibles.*

IP3.10
¿Cuál de las siguientes opciones describe mejor los dividendos liquidativos?

a. Distribuciones recibidas durante la liquidación parcial o total de una sociedad
b. Distribuciones recibidas durante la liquidación parcial o total de un fideicomiso
c. Distribuciones recibidas durante la liquidación parcial o total de una sociedad colectiva
d. Distribuciones recibidas durante la liquidación parcial o total de una declaración MFJ

Comentarios: Consulte la sección *Liquidación de dividendos.*

Parte 4 Anexo 1: Ingresos adicionales

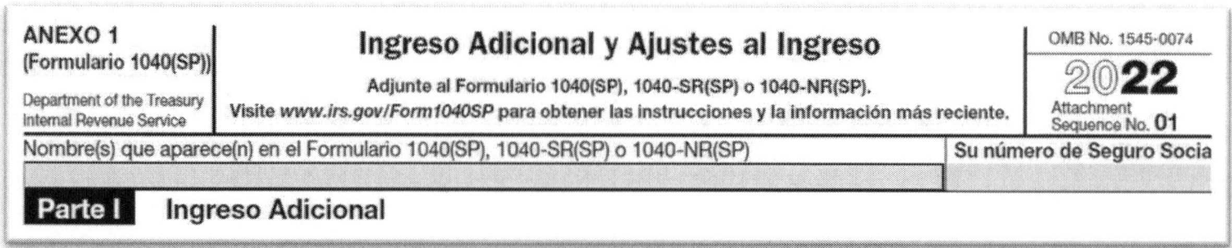
ANEXO 1
(Formulario 1040(SP))
Department of the Treasury
Internal Revenue Service

Ingreso Adicional y Ajustes al Ingreso
Adjunte al Formulario 1040(SP), 1040-SR(SP) o 1040-NR(SP).
Visite *www.irs.gov/Form1040SP* para obtener las instrucciones y la información más reciente.

OMB No. 1545-0074
2022
Attachment Sequence No. 01

Nombre(s) que aparece(n) en el Formulario 1040(SP), 1040-SR(SP) o 1040-NR(SP) | Su número de Seguro Socia

Parte I Ingreso Adicional

Porción del Anexo 1 del 2022

Formulario 1, línea 1: Reembolsos imponibles

Si el contribuyente reclama que los impuestos estatales sobre los impuestos fueron pagados como una deducción detallada en el año tributario anterior, debe reportar el reintegro de impuestos estatales sobre los ingresos (parte de los impuestos estatales reclamados en el año previo) como ingresos en el año en que fueron recibidos. Si el reintegro de impuestos estatales sobre la renta es imponible, repórtelo en el Formulario 1040, Anexo 1, línea 1. Las devoluciones de impuestos se reportan al contribuyente en el Formulario 1099-G, que no debe confundirse con el desempleo, que también se reporta en el mismo número de formulario. El estado envía el Formulario 1099-G a todos los beneficiarios de devoluciones antes del 31 de enero del año en curso.

Para entender cómo puede tributar un reembolso del impuesto estatal sobre los ingresos, el profesional de impuestos debe comprender la "regla del beneficio tributario", que establece lo siguiente:

> Si un contribuyente recupera una cantidad que se dedujo o acreditó contra el impuesto en un año anterior, la recuperación debe incluirse en el ingreso en la medida en que la deducción o el crédito redujeron la deuda tributaria del año anterior. Sin embargo, si no se derivó ningún beneficio tributario de una deducción o crédito del año anterior, la recuperación no tiene que incluirse como ingreso.

Recuperación de partidas previamente deducidas

Una recuperación es la devolución de una cantidad que el contribuyente dedujo o por la que obtuvo un crédito en un año anterior. Las recuperaciones más comunes son las devoluciones de impuestos estatales, los reembolsos y las devoluciones de deducciones detalladas en el Formulario 1040, Anexo A. El contribuyente también puede tener recuperaciones de deducciones no detalladas (como pagos de deudas incobrables previamente deducidas) y recuperaciones de artículos para los que el contribuyente solicitó previamente un crédito tributario. Los contribuyentes que utilizaron una deducción o crédito para reducir su deuda tributaria en el año anterior deben incluir esas reducciones como ingresos en su declaración de impuestos actual.

Anexo 1, línea 2: Pensión para cónyuges divorciados recibida

La pensión alimenticia es un pago o una serie de pagos hechos a un cónyuge o a un cónyuge previo que es necesaria debido a un divorcio o instrumento de separación que debe cumplir con ciertos requisitos. Los pagos de pensión alimenticia son deducibles para el pagador y computables como ingresos para el beneficiario. La pensión alimenticia recibida debería ser reportada en el Formulario 1040, Anexo 1, línea 2. La pensión alimenticia pagada debería ser deducida como un ajuste en el Formulario 1040, Anexo 1, línea 19. La Ley de Empleos y Reducción de Impuestos cambió la regla de la pensión alimenticia. La pensión alimenticia ya no será un ajuste a los ingresos o una fuente de ingresos si el divorcio o el acuerdo de separación fueron completados después del 31 de diciembre de 2018.

Los pagos son pensión alimenticia o manutención por separación si se cumplen *todas las* condiciones siguientes:

- Los pagos son exigidos por un acuerdo de divorcio o separación.
- El contribuyente y el cónyuge beneficiario no presentan una declaración conjunta.
- Los pagos se realizan en efectivo (incluyendo cheques o giros postales).

- Los pagos no se designan en el instrumento como "no pensión alimenticia".
- Los cónyuges están legalmente separados en virtud de una sentencia de divorcio o de un acuerdo de manutención por separación y no son miembros del mismo hogar.
- No se exigen pagos tras el fallecimiento del cónyuge beneficiario.
- Los pagos no son designados como manutención de menores.

Los siguientes conceptos no se consideran pensión alimenticia ni pensión por separación.

- Pagos designados como manutención de menores.
- Una liquidación de bienes que no son efectivo, como la entrega de la vivienda al cónyuge.
- Pagos que son la parte de los ingresos de propiedad comunitaria del cónyuge.
- Pagos destinados al mantenimiento de la vivienda de quien paga la pensión alimenticia.
- Uso de bienes y pagos voluntarios no exigidos por el decreto escrito.

Estos pagos no son deducibles para el pagador ni incluidos en los ingresos del beneficiario.

Existen normas diferentes para los pagos efectuados en virtud de un instrumento anterior a 1985, que se revisaron en 2004. Consulte la Publicación 504 *Personas divorciadas o separadas.*

Los pagos efectuados en efectivo, con cheque o giro postal para sufragar los gastos médicos del cónyuge del contribuyente, el alquiler, los servicios públicos, la hipoteca, los impuestos, la matrícula, etc., se consideran pagos de terceros. Si los pagos se realizan en nombre del cónyuge del contribuyente en virtud de los términos del acuerdo de divorcio o separación, pueden considerarse pensión alimenticia.

Si el pagador debe abonar todos los pagos de la hipoteca (tanto el principal como los intereses) de una vivienda de propiedad conjunta y si los pagos cumplen los demás requisitos, puede deducir la mitad de los pagos como pensión alimenticia. El cónyuge declarará la mitad como pensión alimenticia recibida.

La deducibilidad de los impuestos sobre bienes inmuebles y los seguros depende de cómo se posea el título de propiedad. Puede ser necesario realizar investigaciones adicionales para determinar cómo tratar la situación del contribuyente.

Ejemplo: En noviembre de 1984, Kael y Braxton firmaron un acuerdo de separación por escrito. En febrero de 1985, una sentencia de divorcio sustituyó al acuerdo escrito de separación. La sentencia de divorcio no modificó los términos de la pensión alimenticia que Kael debía pagarle a Braxton porque se considera que se ejecutó antes de 1985, ya que los términos de la pensión alimenticia siguen siendo los mismos que los del acuerdo original celebrado en 1984. Los pagos de pensión alimenticia en virtud de esta sentencia no están sujetos a las normas para pagos en virtud de instrumentos posteriores a 1984.

Recuperación de la pensión alimenticia

Si el monto de la pensión alimenticia pagada por el contribuyente disminuye o finaliza en los tres primeros años calendario, los pagos podrían estar sujetos a la regla de recaptura. Si el contribuyente está sujeto a la regla, el individuo incluirá una parte de los pagos de pensión alimenticia previamente deducidos como ingresos en el tercer año. En ese caso, el cónyuge tendría derecho a deducir la pensión alimenticia previamente incluida que recibió como ingresos en el mismo año. El período de tres años comienza con el primer año calendario en el que el pagador efectúa un pago de pensión alimenticia admisible en virtud de una sentencia de divorcio o de alimentos por separación o de un acuerdo de separación por escrito. Consulte la Publicación 504 y la Sección 85 del IRC.

Orden calificada de relaciones familiares (QDRO)

La Orden Calificada de Relaciones Familiares (QDRO) es un decreto escrito para que un plan de jubilación pague la manutención de menores, la pensión alimenticia o los derechos de propiedad conyugal a uno de los siguientes: cónyuge, excónyuge, hijo o dependiente. La QDRO contiene información detallada, como el nombre del participante y del beneficiario alternativo, la última dirección postal conocida y el monto o porcentaje del beneficio que se pagará al beneficiario o beneficiarios.

Si el beneficio no está disponible en el plan, una QDRO no puede conceder un monto o forma de beneficio. En el caso de un cónyuge o excónyuge que recibe un beneficio QDRO de un plan de jubilación, los pagos recibidos tributan como si el participante recibiera el dinero directamente del plan. Un cónyuge o excónyuge puede realizar una reinversión libre de impuestos como si fuera empleado. Una distribución QDRO pagada a un hijo u otro dependiente se grava al participante del plan.

Anexo 1, línea 3: Ingresos o pérdidas empresariales

Utilice el Anexo C para los ingresos de negocios si un individuo operó un negocio como propietario único. Una actividad se considerará empresarial si el objetivo principal del ejercicio de dicha actividad es obtener ingresos o beneficios y si el propietario se dedica de forma continua y regular a dicha actividad. El Anexo C se tratará en un capítulo posterior.

Anexo 1, línea 4: Otras ganancias o pérdidas

Utilice el Anexo D para declarar las ganancias y pérdidas de capital. Utilice el Formulario 4797 para declarar otras ganancias y pérdidas de capital no declaradas en la línea 13 del Anexo D. Utilice el Anexo D para calcular las ganancias y pérdidas globales de las operaciones declaradas en el Formulario 8949 y para declarar las ganancias de los Formularios 2439 o 622 o de la Parte I del Formulario 4797. Las ganancias y pérdidas de capital se tratarán en un capítulo posterior.

Anexo 1, línea 5: Ingresos por alquiler del Formulario 1040

Para declarar los ingresos o pérdidas procedentes del alquiler de bienes inmuebles, regalías, sociedades colectivas, sociedades de tipo S, sucesiones, fideicomisos e intereses residuales en sociedades de inversión hipotecaria en bienes inmuebles (REMIC), utilice el Anexo E. Los ingresos por alquiler son cualquier pago recibido por el uso u ocupación de bienes inmuebles o bienes muebles. El pago recibido por el contribuyente es declarable. El Anexo E se tratará en un capítulo posterior.

Anexo 1, línea 6: Ingresos o pérdidas agrícolas

El Anexo F es usado para reportar ingresos o pérdidas agrícolas. El Anexo F se tratará en un capítulo posterior.

Anexo 1, línea 7: Compensación por desempleo

La compensación por desempleo es imponible y el contribuyente puede escoger que dichos impuestos sean retenidos por fines del impuesto sobre los impuestos. Para hacer esta elección, el contribuyente debe llenar el Formulario W-4V, *Solicitud de retención voluntaria.* El beneficiario de la compensación por desempleo recibirá el Formulario 1099-G para reportar los ingresos.

Si el contribuyente tuvo que devolver la compensación de desempleo de un año anterior por haber percibido el desempleo mientras trabajaba, deberá restar el monto total devuelto del año del monto total recibido y anotar la diferencia en la línea 7 del Anexo 1 del Formulario 1040. En la línea punteada, junto a la entrada de la declaración de impuestos, escriba "Reembolsado" e indique el monto reembolsado.

Licencia médica y familiar remunerada

La licencia familiar remunerada es un elemento de un programa estatal de seguro por incapacidad y los trabajadores cubiertos por el Seguro Estatal de Incapacidad (SDI), están cubiertos por este beneficio. La solicitud máxima es de seis semanas, que se declaran como desempleo en la declaración de impuestos del individuo. En algunos estados, la licencia familiar remunerada y el desempleo pueden ser reportados en formularios separados. Esté consciente sobre cómo ambos programas son reportados por los estados individuales. Ambos son considerados una forma de compensación por desempleo que debe ser reportada en el Formulario 1040, Anexo 1, línea 7.

El Señor 1040 dice: Un buen profesional de impuestos puede tener que sumar los totales de la licencia familiar remunerada con el desempleo para reportar la cantidad correcta de desempleo.

Anexo 1, línea 8a – 8z: Otros ingresos

Utilice el Formulario 1040, Anexo 1, línea 8, para declarar cualquier ingreso no declarado en las líneas anteriores de la declaración de impuestos o anexos. En caso necesario, adjunte una declaración en la que se indiquen los datos necesarios sobre los ingresos. El tipo de ingresos debe identificarse en la línea punteada.

Ingresos no declarados en la línea 8:

1. Trabajo independiente
2. Ingreso de notario público
3. Ingresos declarados en el Formulario 1099-MISC
4. Ingresos declarados en el Formulario 1099-NEC, a menos que NO sean ingresos de trabajo independiente, como un pasatiempo
5. Formulario 1099-K

Ejemplos de Otros Ingresos declarados en la línea 8 son:

- Pérdida neta operativa (8a).
- Ganancias de apuestas, incluyendo la lotería y las rifas (8b).
- Formulario 1099-C, *Cancelación de deuda* (8c).
- Exclusión de ingresos extranjeros del Formulario 2555 (8d).
- Formulario 8853 de MSA Archer y contratos de seguro de cuidado a largo plazo (8e).
- Distribuciones de la Cuenta de Ahorros para la Salud, Formulario 8889 (8f).
- Dividendo del Fondo Permanente de Alaska (8g).
- Pago por servicio como jurado (8h).
- Premios y distinciones (8i).
- Actividad sin ánimo de lucro (8j).
- Opciones sobre acciones (8k).

- Ingresos procedentes del alquiler de bienes muebles si el contribuyente se dedicaba al alquiler con ánimo de lucro, pero no ejercía la actividad de alquiler de dichos bienes (8l).
- Medallas olímpicas y paralímpicas y premios en efectivo del USOC (8m).
- Inclusión de la Sección 951(a) (8n).
- Inclusión de la Sección 951A(a) (8o). Adjuntar el Formulario 8992.
- Ajustes por exceso de pérdidas empresariales de la Sección 461(l) (8p).
- Distribuciones imponibles de una cuenta ABLE (8q).
- Becas y subvenciones no declaradas en el W-2 (8r).
- Monto no imponible de los pagos de exención de Medicaid incluidos en el Formulario 1040, línea 1a o 1d (8s).
- Pensión o anualidad de un plan de compensación diferida no cualificado o de un plan no gubernamental de la Sección 457 (8t).
- Salarios recibidos durante el encarcelamiento (8u).
- Otros ingresos, como el trueque (8z).

Consulte la Publicación 525 *Ingresos imponibles y no imponibles*.

El Señor 1040 dice: El Formulario 1099-NEC, *Compensación de quienes no son empleados,* se declara en la línea 8 a menos que no se trate de ingresos de trabajo independiente.

Línea 8a, Pérdida neta de operación

Cuando un contribuyente está tomando una pérdida neta de operación (NOL) de un año anterior, se declararía en el Anexo 1, línea 8(a). Una NOL es una pérdida, así que introduzca la cantidad entre paréntesis como un número negativo. Consulte la Publicación 536, *Pérdidas netas de operación (NOL) para individuos, patrimonios y fideicomisos*.

Línea 8b, Ganancias de apuestas

El Formulario W-2G es ahora un formulario permanente, ya que solo hay que añadir los 2 últimos dígitos correspondientes al año de presentación. El Formulario W-2G se entregaría a un contribuyente cuando las ganancias sean de $1,200 o más de un juego de bingo o máquina tragamonedas. Las ganancias de loto superan los $1,500 y las de un torneo de póquer, los $5,000. Las ganancias de todas las demás apuestas o participaciones se reducirían a elección del pagador, si la apuesta es igual o superior a $600, y al menos 300 veces el monto de la apuesta y si las ganancias están sujetas a retención del impuesto federal sobre los ingresos. Las ganancias del juego incluyen las loterías, el pago único de la venta de un derecho a recibir futuros pagos de lotería, el bingo, las máquinas tragamonedas, el loto y el póquer, etc. Las ganancias están sujetas al impuesto federal sobre los ingresos. Las pérdidas en las apuestas no superan las ganancias de los contribuyentes y se declaran en la línea 16 del Anexo A.

Existen dos tipos de retenciones sobre las ganancias de apuestas: la retención ordinaria de apuestos y la retención de reserva.

A las apuestas ordinarias se le aplica una retención a una tasa fija del 24%. Las ganancias de apuestos superiores a $5,000 (sin incluir la apuesta) procedentes de las siguientes fuentes están sujetas a retención del impuesto sobre ingresos:

1. Cualquier sorteo, quiniela (incluyendo los pagos efectuados a los ganadores de torneos de póquer) o lotería.
2. Cualquier otra ganancia si la recaudación es al menos 300 veces el monto de la apuesta.
3. Apuestas en carreras de caballos y perros.

Las retenciones periódicas sobre las apuestas se calculan sobre el monto total de los ingresos brutos (ganancias menos el monto apostado). Por lo general, no se retiene el 24% en el caso del bingo, el loto o las máquinas tragamonedas. No importa cómo se pague al contribuyente por las ganancias; los pagos pueden ser en efectivo, en bienes o en forma de anualidades. Las ganancias no pagadas en efectivo se consideran a su valor justo de mercado. Es posible que el contribuyente tenga que facilitarle al pagador su número de Seguro Social para evitar la retención.

Las ganancias de las apuestas son declaradas al contribuyente por la organización de apuestas (como un casino) en el formulario W-2G, que muestra tanto la cantidad ganada como la retenida. El impuesto retenido (casilla 4) se declara junto con el resto de las retenciones del impuesto federal sobre los ingresos en el Formulario 1040, página 2, línea 25. La retención de "respaldo" sobre las ganancias de apuestas ocurre cuando el beneficiario no le da al pagador su número de Seguro Social. La tasa de retención será del 24% y se aplica a las ganancias superiores a $600.

Si el ganador no es ciudadano estadounidense, su retención podría ser del 30%, y recibiría el Formulario 1042-S, *Ingresos estadounidenses sujetos a retención de una persona extranjera.*

W-2G

3232 ☐ VOID ☐ CORRECTED

PAYER'S name, street address, city or town, province or state, country, and ZIP or foreign postal code

1 Reportable winnings $

2 Date won

OMB No. 1545-0238

Form W-2G Certain Gambling Winnings

(Rev. January 2021)

For calendar year 20__

3 Type of wager

4 Federal income tax withheld $

5 Transaction

6 Race

7 Winnings from identical wagers $

8 Cashier

PAYER'S federal identification number

PAYER'S telephone number

9 Winner's taxpayer identification no.

10 Window

For Privacy Act and Paperwork Reduction Act Notice, see the current **General Instructions for Certain Information Returns.**

WINNER'S name

11 First identification

12 Second identification

Street address (including apt. no.)

13 State/Payer's state identification no.

14 State winnings $

City or town, province or state, country, and ZIP or foreign postal code

15 State income tax withheld $

16 Local winnings $

File with Form 1096

17 Local income tax withheld $

18 Name of locality

Copy A For Internal Revenue Service Center

Under penalties of perjury, I declare that, to the best of my knowledge and belief, the name, address, and taxpayer identification number that I have furnished correctly identify me as the recipient of this payment and any payments from identical wagers, and that no other person is entitled to any part of these payments.

Signature ▶ **Date ▶**

Form **W-2G** (Rev. 1-2021) Cat. No. 10138V www.irs.gov/FormW2G Department of the Treasury - Internal Revenue Service

Do Not Cut or Separate Forms on This Page – Do Not Cut or Separate Forms on This Page

Formulario W-2G

Línea 8c, Cancelación de deuda

Una deuda es cualquier monto adeudado a un prestamista. Esto incluye, pero no está limitado al principal declarado, interés declarado, tarifas, penalizaciones, costos administrativos y multas. Si la deuda de un contribuyente es cancelada o perdonada, el monto cancelado normalmente será incluido como ingresos. El monto de la deuda cancelada puede ser todo o parte del monto total adeudado. Para una transacción de préstamo, el contribuyente debe reportar solo el principal declarado. Si la cancelación de una deuda es un regalo, no sería incluida como ingresos. Si una agencia del gobierno federal, institución financiera o cooperativa de crédito perdona o cancela una deuda de $600 o más, el contribuyente debe recibir un Formulario 1099-C.
Cancelación de deuda. El monto para incluir como ingresos es mencionado en la casilla 2 del Formulario 1099-C.

Si la deuda perdonada o cancelada incluye intereses, el monto considerado intereses será incluido en la casilla 3 y solo puede ser incluido como ingresos si hubiera sido deducible en la declaración de impuestos del contribuyente.

El contribuyente no debería incluir una deuda cancelada como ingresos en las siguientes situaciones:

- La deuda es cancelada en un caso de bancarrota bajo el Título 11 del Código de los Estados Unidos. Consulte la publicación 908, *Guía de impuestos de bancarrota*.
- La deuda es cancelada cuando el contribuyente está insolvente. Sin embargo, esto no aplica en la medida en que la deuda exceda el monto por el cual el contribuyente está insolvente.
- La deuda es una deuda agrícola cualificada y es cancelada por una persona cualificada. Consulte el capítulo 3 de la Publicación 225, *Guía de impuestos del agricultor*.
- La deuda es una deuda de negocios de bienes inmuebles calificados. Consulte la Publicación 468, *Deudas canceladas, ejecuciones hipotecarias, reposesiones y abandonos (para individuos)*.
- La deuda es un endeudamiento residencial de principal calificado.

Si el contribuyente ha incluido un monto de deuda cancelada en sus ingresos y después paga la deuda, el contribuyente podría tener que presentar una declaración enmendada para obtener un reembolso. La ley de prescripción para la presentación de declaraciones aplicaría.

En la sección siguiente podría haber términos que usted no conozca; investigue externas para familiarizarse con ellos.

Dependiendo de la fecha real de la exoneración, se considera que una deuda fue cancelada en la fecha en que ocurre uno de los siguientes eventos identificables:

- Una exoneración de la bancarrota bajo el Título 11 del Código de los Estados Unidos. Hay ciertas exoneraciones en la bancarrota que no deben ser reportadas.
- Una cancelación o extinción que haga que la deuda sea inexigible en una custodia judicial, ejecución o bancarrota federal similar o procedimiento en los tribunales estatales.
- Una cancelación o extinción cuando la ley de prescripción para cobrar la deuda expire o cuando el período estatutario para presentar un reclamo o para iniciar un procedimiento de insuficiencia de pago. La expiración de la ley de prescripción es un evento identificable solo cuando la defensa afirmativa de la ley de prescripción del deudor es mantenida en una sentencia final o decisión del tribunal y el período de apelación haya expirado.

- Una cancelación o extinción cuando el acreedor elija los recursos para la prevención de la ejecución hipotecaria, lo cual según la ley anula o bloquea el derecho del acreedor para cobrar la deuda. Este evento aplica para un prestamista o acreedor hipotecario que no pueda buscar el cobro de una deuda después de que se ejerza un "poder para venta" sobre la hipoteca o escritura de fideicomiso de acuerdo con las leyes locales.
- Una cancelación o extinción que haga que la deuda sea inexigible bajo una validación de testamento o procedimiento similar.
- Una exoneración del endeudamiento bajo un acuerdo entre el acreedor y el deudor para cancelar la deuda a un precio menor que la contraprestación completa. Por ejemplo, ventas cortas.
- Una exoneración de endeudamiento debido a una decisión o política definida del acreedor para descontinuar una actividad de cobro y cancelar la deuda. Una política definida de un acreedor puede ir por escrito o puede ser una práctica de negocios establecida del acreedor. Una práctica establecida del acreedor para detener la actividad de cobros y abandonar una deuda cuando un período particular de falta de pago expire es una política definida.
- La expiración del período de prueba para la falta de pago. Este evento ocurre cuando el acreedor no ha recibido un pago por la deuda durante el período de prueba. El período de prueba es un período de 36 meses que termina el 31 de diciembre, más cualquier tiempo cuando el acreedor no pudo continuar con la actividad de cobros debido a que se quedó en bancarrota o tuvo una prohibición similar bajo la ley local o estatal. El acreedor puede refutar la ocurrencia de este evento identificable si:
    - El acreedor (o una agencia externa de cobros trabajando en nombre del acreedor) ha participado en actividades significativas de cobros en buena fe durante el período de 12 meses que termina el 31 de diciembre.
    - Los hechos y circunstancias que existen el 31 de enero posterior al período de 36 meses indican que la deuda fue cancelada. Las actividades significativas de cobro en buena fe no incluyen acciones de cobro nominal o administrativas, como un correo automatizado. Los hechos y circunstancias que indican que una deuda no fue cancelada incluyen la existencia de un gravamen relacionado con la deuda (hasta el valor de la garantía) o la venta de la deuda por parte del acreedor.
- Otra exoneración real antes del evento identificable.

Formulario 1099-C

La deuda cancelada es un ingreso para el contribuyente, ya que el beneficiario recibió un beneficio sin pagar por el mismo. El contribuyente recibiría el Formulario 1099-C para reportar el hecho imponible. Se aplican algunas excepciones. El Formulario 1099-C se ha convertido en un formulario permanente, ya que solo hay que añadir los 2 últimos dígitos correspondientes al año de presentación.

CORRECTED (if checked)

CREDITOR'S name, street address, city or town, state or province, country, ZIP or foreign postal code, and telephone no.

1 Date of identifiable event

2 Amount of debt discharged $

3 Interest, if included in box 2 $

OMB No. 1545-1424

Form **1099-C** (Rev. January 2022)

For calendar year 20__

Cancellation of Debt

CREDITOR'S TIN | DEBTOR'S TIN

4 Debt description

Copy B For Debtor

This is important tax information and is being furnished to the IRS. If you are required to file a return, a negligence penalty or other sanction may be imposed on you if taxable income results from this transaction and the IRS determines that it has not been reported.

DEBTOR'S name

Street address (including apt. no.)

5 If checked, the debtor was personally liable for repayment of the debt . . . . ☐

City or town, state or province, country, and ZIP or foreign postal code

Account number (see instructions)

6 Identifiable event code

7 Fair market value of property $

Form **1099-C** (Rev. 1-2022) (keep for your records) www.irs.gov/Form1099C Department of the Treasury - Internal Revenue Service

Formulario 1099-C

Casilla 1, Fecha del evento identificable: La fecha que aparece es la fecha en que se canceló la deuda.

Casilla 2, Monto de la deuda exonerada: Muestra el monto de la deuda cancelada. El monto de la deuda cancelada no puede ser mayor a la deuda total o menor que cualquier monto que el prestamista reciba en satisfacción de la deuda por medio de un acuerdo, venta judicial y una venta corta que satisfizo parcialmente la deuda.

Casilla 3, Interés, si es incluido en la casilla 2: El prestamista incluiría cualquier interés incluido en la deuda cancelada en la casilla 2.

Casilla 4, Descripción de la deuda: Muestra una descripción del origen de la deuda (como si es por un préstamo estudiantil, hipoteca o gasto de tarjeta de crédito). Sea tan específico como sea posible. El prestamista debe incluir una descripción de la propiedad al presentar el Formulario 1099-C y 1099-A.

Casilla 5, Marque aquí si el deudor fue personalmente responsable de pagar la deuda: Si el contribuyente (deudor) fue personalmente responsable de pagar la deuda en el momento en que fue cancelada, entonces habrá una X en la casilla.

Casilla 6, Código de evento identificable: Este código muestra la naturaleza del evento identificable.

Casilla 7, Valor justo de mercado (VJM) de la propiedad: Normalmente, el precio bruto de licitación por liquidación forzada es considerado el valor justo de mercado. Si ocurrió un abandono o transferencia voluntaria al prestamista en lugar de la ejecución hipotecaria, ingrese el valor de tasación de la propiedad.

¿Quién debe presentar el Formulario 1099-C?

- Una institución financiera de la sección 581 o 591(a), como un banco local, compañía fiduciaria, sociedad de ahorro y préstamo para la vivienda o sociedad de ahorro y préstamo.
- Una cooperativa de crédito.
- Cualquiera de los siguientes o sus subunidades y su sucesor:
    - Sociedad Anónima de Seguros Federales de Depósito.
    - Administración Nacional de Cooperativa de Crédito.
    - Cualquier otra agencia federal ejecutiva, incluyendo las sociedades anónimas del gobierno.
    - Cualquier departamento militar.
    - Servicio postal de los Estados Unidos.
    - Comisión de Tarifa Postal.
- Cualquier sociedad anónima que sea una subsidiaria, institución financiera o cooperativa de crédito está sujeta a supervisión y examinación por parte de una agencia regulatoria federal o estatal.
- Una agencia del gobierno federal, incluyendo:
    - Un departamento.
    - Una agencia.
    - Un tribunal u oficina administrativa de los tribunales.
    - Una instrumentalidad en la rama judicial o legislativa del gobierno.
- Cualquier organización cuyo oficio o negocio sea prestar dinero de forma significativa, como una empresa financiera o de tarjetas de crédito.

Si la deuda es propiedad de más de un acreedor, cada acreedor que está definido bajo "Quién debe declarar" en la parte de arriba debe emitir un Formulario 1099-C si la deuda es más de $600. Se considerará que un acreedor cumplió con estos requisitos de presentación si un banco principal, administrador de fondos u otros representantes del acreedor lo cumple en su nombre. La deuda propiedad de una sociedad colectiva es tratada como propiedad de todos los socios y debe seguir las reglas para varios acreedores.

Si el contribuyente es insolvente, puede acogerse al Formulario 982 para saldar deudas que pueden excluirse como ingresos brutos. Consulte la Sección 108 del IRC.

Cuentas de ahorros para la salud (HSA), Formulario 8889 (8f).

Normalmente, los gastos médicos que han sido pagados durante el año no son reembolsados por el plan hasta que el contribuyente haya cumplido con el deducible. El contribuyente puede recibir una distribución libre de impuestos de la cuenta HSA para pagar o reembolsar gastos médicos calificados después de que el contribuyente haya establecido una HSA. Las distribuciones recibidas por cualquier otro motivo están sujetas a un impuesto adicional del 20%.

Dividendos del Fondo Permanente de Alaska, línea 8g

El Fondo Permanente de Alaska es un dividendo pagado a todos los residentes de Alaska que califiquen. El dividendo está basado en un promedio de cinco años del desempeño del Fondo Permanente, el cual depende del mercado de acciones y otros factores. El dividendo está sujeto a impuestos en las declaraciones de impuestos federales de los beneficiarios.

Actividad no lucrativa línea 8j

Los ingresos percibidos por actividades de las que el contribuyente no espera obtener ganancias (como el dinero obtenido por un pasatiempo) deben declararse en el Formulario 1040, Anexo 1, línea 8. Las deducciones por la actividad empresarial o de inversión no pueden compensar otras rentas. Para determinar si el contribuyente ejerce una actividad lucrativa, debe tener en cuenta los siguientes factores:

- El contribuyente realiza la actividad de forma comercial.
- El tiempo y el esfuerzo dedicados a la actividad indican que el contribuyente pretendía obtener una ganancia.
- Las pérdidas son debido a circunstancias que van más allá del control del contribuyente.
- Se modificaron los métodos de operación para mejorar la rentabilidad.
- Si el contribuyente o sus asesores tienen el conocimiento necesario para realizar la actividad como un negocio exitoso.
- Si el contribuyente logró producir una ganancia por actividades similares en el pasado.
- La actividad genera ganancias en algunos años.
- Si el contribuyente puede esperar hacer ganancias futuras de la apreciación de los bienes usados en la actividad.
- El contribuyente depende de los ingresos para sobrevivir.

Se presume que una actividad se ejerce con ánimo de lucro si ha producido beneficios en al menos tres de los últimos cinco años, incluyendo el año en curso. Se presume que las actividades consistentes en la cría, entrenamiento, exhibición o carreras de caballos se realizan con ánimo de lucro si han producido ganancias en al menos dos de los últimos siete años. La actividad debe ser sustancialmente la misma todos los años del período, y el contribuyente obtiene una ganancia cuando los ingresos brutos de la actividad superan las deducciones.

Ingresos por pasatiempos

Los ingresos por pasatiempos son un ejemplo de actividad sin ánimos de lucro; sin embargo, un pasatiempo puede convertirse en un negocio. La capacidad de reclamar pérdidas en un pasatiempo se ha suspendido hasta 2026 debido a la Ley de Empleos y Reducción de Impuestos (TCJA). Para demostrarle al IRS que una actividad es un negocio, el contribuyente debe mantener lo siguiente:

- Mantenimiento exhaustivo de registros.
- Una cuenta corriente comercial separada para los ingresos.
- Tarjetas de crédito separadas para compras profesionales y personales.
- Bitácora(s) para llevar un registro del uso profesional y personal de artículos como computadoras, embarcaciones de alquiler, videocámaras, etc.
- Licencias, seguros, certificaciones, etc.
- Si se opera desde casa, mantener una línea telefónica independiente para uso profesional.
- Un intento de obtener ganancias.
- Investigación sobre tendencias del mercado o tecnología relacionada con la actividad del contribuyente.
- Si el contribuyente tiene empleados, debe presentar los formularios para declarar los impuestos sobre el empleo (Consulte la Publicación 15, r, *Guía de Impuestos del Empleador* para obtener más información). Los impuestos sobre el empleo incluyen los siguientes conceptos:
    - Seguro Social y Medicare.
    - Retención de impuestos federales sobre los ingresos.
    - Impuesto federal de desempleo (FUTA).

Los ingresos sin fines de lucro pueden incluir los ingresos procedentes de un pasatiempo o los ingresos por alquiler de bienes tangibles; ambos se declaran en el Formulario 1040, Anexo 1, línea 8. Consulte la Publicación 527 y la Sección 183 del IRC.

Línea 8k, Opciones sobre acciones

Existen tres tipos de opciones sobre acciones:

- Opciones incentivadas sobre acciones.
- Opciones del plan de compra de acciones para empleados.
- Opciones sobre acciones no estatutarias (no cualificadas).

El empleador debe declarar el exceso del valor justo de mercado (VJM) de las acciones recibidas, y se declarará en la casilla 12 con el código *V*. Para obtener más información sobre las opciones sobre acciones de los empleados, consulte el Código de Impuestos Internos (IRC), sección 1.83-7, §421, §422 y §423 y las regulaciones relacionadas.

Parte 4 Preguntas de repaso

Para obtener el máximo provecho de este capítulo, LTP recomienda que complete cada una de las siguientes preguntas y luego las compare con las respuestas con comentarios que siguen inmediatamente. Según las normas de autoaprendizaje vigentes, los vendedores deben presentar preguntas de repaso de forma intermitente a lo largo de cada curso de autoaprendizaje.

Estas preguntas y explicaciones no son parte del examen final y no serán calificadas por LTP.

IP4.1
¿Cuál es el monto máximo imponible del Seguro Social?

a. 85%
b. 35%
c. 10%
d. 25%

IP4.2
¿Cuál de los siguientes podría ser un evento imponible si se tomó un crédito en el año tributario previo?

a. Pago de un préstamo personal
b. Impuestos estatales pagados sobre los ingresos
c. Pagos de los impuestos sobre bienes inmuebles
d. Deudas incobrables

IP4.3
¿Cuál de los siguientes ingresos está sujeto a impuestos?

a. Compensación para trabajadores
b. Beneficios de bienestar social y otra asistencia pública
c. Beneficios para veteranos
d. Pensión para cónyuges divorciados (antes del 31 de diciembre de 2018)

IP4.4
¿Cuál de los siguientes está sujeto a impuestos en la declaración de impuestos federal?

a. Desempleo
b. Licencia familiar remunerada
c. Manutención de menores
d. Desempleo y licencia familiar remunerada

IP4.5
¿En qué línea aparece el Fondo Permanente de Alaska?

a. No se declara.
b. Se declara en el Anexo 1, línea 8e.
c. Se declara en el Anexo 1, línea 8f.
d. Se declara en el Anexo 1, línea 8g.

IP4.6
Sophia ganó un premio de $21,000 en Wild Bill's en Atlantic City. Ella no le proporcionó su número de seguro social al casino. ¿Qué haría el casino antes de darle su dinero a Sophia?

a. Retener el 21%
b. Retener el 25%
c. Retener el 30%
d. Retener el 24%

IP4.7
¿Cuál de los siguientes es el instrumento para reportar un reembolso estatal del año anterior al contribuyente?

a. Formulario 1099-INT
b. Formulario 1099-DIV
c. Formulario 1099-R
d. Formulario 1099-G

IP4.8
¿Cuál de las siguientes ganancias de apuestas federales está sujeta a retención del impuesto sobre los ingresos?

a. Bingo
b. Loto
c. Máquinas tragamonedas
d. Sorteos de más de $5,000

IP4.9
¿Cuál de las siguientes opciones reporta ganancias de apuestas?

a. Formulario W-2
b. Formulario W-2G
c. Formulario W-4
d. Formulario W-7SP

IP4.10
¿Cuál de las siguientes acciones no es considerada una opción de compra de acciones por empleados?

a. Opciones sobre acciones con incentivo
b. Opciones del plan de compra de acciones para empleados
c. Opción para adquirir acciones no consideradas calificadas conforme a la ley
d. Orden cualificada de relaciones familiares

Parte 4 Respuestas a las preguntas de repaso

IP4.1
¿Cuál es el monto máximo imponible del Seguro Social?

a. 85%
b. 35%
c. 10%
d. 25%

Comentarios: Consulte la sección *Línea 5b: ¿Cuánto dinero está sujeto a impuestos?* En el Anexo 1.

IP4.2
¿Cuál de los siguientes podría ser un evento imponible si se tomó un crédito en el año tributario previo?

a. Pago de un préstamo personal
b. Impuestos estatales pagados sobre los ingresos
c. Pagos de los impuestos sobre bienes inmuebles
d. Deudas incobrables

Comentarios: Consulte la sección *Anexo 1, línea 1: Reembolsos sujetos a impuestos.*

IP4.3
¿Cuál de los siguientes ingresos está sujeto a impuestos?

a. Compensación para trabajadores
b. Beneficios de bienestar social y otra asistencia pública
c. Beneficios para veteranos
d. Pensión para cónyuges divorciados (antes del 31 de diciembre de 2018)

Comentarios: Consulte la sección *Anexo 1, línea 2: Pensión para cónyuges divorciados recibida.*

IP4.4
¿Cuál de los siguientes está sujeto a impuestos en la declaración de impuestos federal?

a. Desempleo
b. Licencia familiar remunerada
c. Manutención de menores
d. Desempleo y licencia familiar remunerada

Comentarios: Consulte la sección *Anexo 1, línea 7: Compensación por desempleo.*

IP4.5
¿En qué línea aparece el Fondo Permanente de Alaska?

a. No se declara.
b. Se declara en el Anexo 1, línea 8e
c. Se declara en el Anexo 1, línea 8f
d. Se declara en el Anexo 1, línea 8g

Comentarios: *Consulte la sección Dividendos del Fondo Permanente de Alaska, línea 8g.*

IP4.6
Sophia ganó un premio de $21,000 en Wild Bill's en Atlantic City. Ella no le proporcionó su número de seguro social al casino. ¿Qué haría el casino antes de darle su dinero a Sophia?

a. Retener el 21%
b. Retener el 25%
c. Retener el 30%
d. Retener el 24%

Comentarios: Consulte la sección *Línea 8b, Ganancias de las apuestas.*

IP4.7
¿Cuál de los siguientes es el instrumento para reportar un reembolso estatal del año anterior al contribuyente?

a. Formulario 1099-INT
b. Formulario 1099-DIV
c. Formulario 1099-R
d. Formulario 1099-G

Comentarios: Consulte la sección *Anexo 1, línea 7: Compensación por desempleo.*

IP4.8
¿Cuál de las siguientes ganancias de apuestas federales está sujeta a retención del impuesto sobre los ingresos?

a. Bingo
b. Loto
c. Máquinas tragamonedas
d. Sorteos de más de $5,000

Comentarios: Consulte la sección *Línea 8b, Ganancias de las apuestas.*

IP4.9
¿Cuál de las siguientes opciones reporta ganancias de apuestas?

a. Formulario W-2
b. Formulario W-2G
c. Formulario W-4
d. Formulario W-7SP

Comentarios: Consulte la sección *Línea 8b, Ganancias de las apuestas.*

IP4.10
¿Cuál de las siguientes acciones no es considerada una opción de compra de acciones por empleados?

a. Opciones sobre acciones con incentivo
b. Opciones del plan de compra de acciones para empleados
c. Opción para adquirir acciones no consideradas calificadas conforme a la ley
d. Orden cualificada de relaciones familiares

Comentarios: Consulte la sección *Línea 8j, Opciones de compra de acciones para empleados.*

Parte 5 Otros ingresos sujetos a impuestos

Los ingresos sujetos a impuestos no se limitan a los salarios devengados, sino que pueden incluir fuentes que se pasan por alto. Algunos de estos tipos de ingresos sujetos a impuestos se declararán en un W-2, pero otros pueden reportarse al contribuyente en un 1099-MISC o 1099-NEC. En esta sección se aborda el tipo más común de otros ingresos sujetos a impuestos.

Comisión anticipada y otras ganancias

Si se utiliza el método a base de efectivo y el contribuyente recibió una comisión por adelantado, esa cantidad se incluye como ingreso en el año en que se recibió. Si el contribuyente reembolsa la comisión no devengada en el mismo año en que la recibió, reduzca el monto incluido por el reembolso. Si el reembolso se realiza en un año posterior, el contribuyente deducirá el reembolso en el Anexo A como deducción detallada.

Los ingresos prepagados, en la mayoría de los casos, se incluyen como compensación en el año en que el contribuyente recibió los ingresos. Si el contribuyente sigue el método contable a base de lo devengado, los ingresos se declaran cuando se obtienen en la prestación de los servicios. Consulte la Publicación 525.

Pago de sueldos atrasados

Si un contribuyente recibe una liquidación o sentencia por pago de sueldos atrasados, se incluye en sus ingresos. Los sueldos atrasados se consideran salarios del año en que se pagaron, no del año en que debían haberse pagado. Si en 2021 se llegó a un acuerdo por un pago que debería haberse dado en 2018, y el pago atrasado se recibe en 2022, el pago atrasado se declara como ingreso del año tributario 2022, no de 2021 ni de 2018.
El contribuyente podría recibir uno de los siguientes:

- Formulario W-2
- Formulario 1099-INT
- Formulario 1099-MISC o Formulario 1099-NEC

Los pagos efectuados al contribuyente en concepto de daños y perjuicios, primas de seguro de vida no pagadas y primas de seguro médico no pagadas se reportan al contribuyente en el Formulario W-2. Existen normas especiales sobre cómo reportar estos salarios a la Administración del Seguro Social, y esos lineamientos no se tratan en este curso. Consulte https://www.dol.gov/general/topic/wages/backpay.

Trueques

El trueque es un intercambio de bienes o servicios. Los bienes y servicios adquiridos mediante trueque deben incluirse como ingresos por el valor que tenían cuando se recibieron. El contribuyente debe utilizar el Formulario 1099-B para reportar el intercambio de servicios o bienes recibidos. Consulte la Publicación 525.

Premios a los logros de los empleados

Los premios recibidos por un empleado por un trabajo destacado se incluyen en los ingresos del empleado y deben declararse en el W-2. Entre ellos se incluyen premios como viajes de vacaciones por cumplir los objetivos de ventas. Si el premio o recompensa recibidos son bienes o servicios, incluya en los ingresos el valor justo de mercado de los bienes y servicios. Si el empleado recibe bienes personales tangibles como premio por la antigüedad en el servicio o por un logro en materia de seguridad, el valor del premio suele estar excluido de los ingresos, a menos que la compensación sea en efectivo, un certificado de regalo o algún artículo equivalente. El monto que puede excluirse está limitado a un máximo de $1,600 ($400 en el caso de los premios que son planes no cualificados) o el costo del premio para el empleador si es inferior al máximo. Consulte la Publicación 525.

Descuentos gubernamentales por el costo de la vida

Los descuentos por el costo de la vida suelen incluirse en los ingresos si el empleado era un civil federal o un empleado de los tribunales federales. Los descuentos y diferenciales que aumentan el salario base como incentivo por aceptar un puesto menos deseable se incluyen como compensación y deben incluirse en los ingresos. Consulte la Publicación 516 para encontrar los tratamientos tributarios.

Traslado por trabajo temporal

Si un empleado se encuentra fuera de su lugar de trabajo habitual por una misión de trabajo temporal, determinados gastos de viaje reembolsados o pagados directamente por el empleador con un plan contable pueden quedar excluidos del salario. Por lo general, un trabajo temporal se realiza en un solo lugar y dura un año o menos.

Premios de becas

Si una beca se ganó en un concurso y no se utilizó con fines educativos, no se considera beca. Los premios son reportados como ingresos en el Formulario 1040, Anexo 1, línea 8i. Consulte la Publicación 525.

Indemnización por despido

Cuando un empleado recibe una indemnización por despido, cualquier pago por la cancelación del contrato de trabajo se incluye en los ingresos del empleado. Una indemnización por despido se considera salario y está sujeta a los impuestos del Seguro Social y Medicare. Consulte la Publicación 525.

Pago por enfermedad

El pago recibido de parte de un empleador mientras el empleado está enfermo o lesionado forma parte del salario o sueldo del empleado. Los contribuyentes deben incluir en sus ingresos los beneficios de pago por enfermedad que reciban de cualquiera de las siguientes fuentes:

- Un fondo de bienestar.
- Fondo estatal de enfermedad o incapacidad.
- Asociación de empleadores o empleados.
- Una compañía de seguros si el empleador pagó el plan.
- Indemnización por enfermedad ferroviaria.

Si el empleado ha pagado las primas de una póliza de seguro de accidente o enfermedad, los beneficios recibidos en virtud de la póliza no están sujetos a impuestos.

El pago por enfermedad está destinado a sustituir el salario regular mientras el empleado no puede trabajar por lesión o enfermedad. Los pagos recibidos del empleador o de un agente del empleador que califiquen como pago por enfermedad deben estar sujetos a retención federal, al igual que cualquier otra compensación salarial. Los pagos en virtud de un plan en el que no participa el empleador (es decir, el contribuyente pagó todas las primas) no se consideran pago por enfermedad y no están sujetos a impuestos.

El pago por enfermedad no incluye ninguno de los siguientes pagos:

- Pagos de jubilación por incapacidad.

- Compensación para trabajadores.
- Pagos a empleados públicos en concepto de compensación para trabajadores.
- Pago de gastos médicos.
- Pagos no relacionados con ausencias del trabajo.
- Pagos de beneficios por pulmón negro.

El Señor 1040 dice: No declare ingresos los montos reembolsados por gastos médicos efectuados después de la creación del plan.

Consulte la Publicación 525 y la Sección 61(a)(1) del IRC.

Consejos

Todas las propinas recibidas son ingresos, sujetos al impuesto federal sobre los ingresos, y deben declararse a los empleadores independientemente de que se hayan recibido directa o indirectamente. Existen varias formas de recibir propinas, como el reparto de propinas, un acuerdo para compartir propinas o cualquier otro método. Las propinas que no son en efectivo, como entradas, pases u otros objetos de valor, también se declaran al empleador. El valor de mercado del artículo se calcula como ingreso y está sujeto a impuestos, aunque el contribuyente no paga impuestos del Seguro Social o Medicare por ellos. El IRS establece que todas las propinas recibidas de los clientes deben incluirse como ingresos, independientemente de lo que el empleador considere propina; la caracterización por parte del empleador de un pago como "propina" no es determinante a efectos de retención.

Los empleados que reciben propinas deben llevar un registro diario de las propinas recibidas. Un informe diario ayudará al empleado a la hora de presentar su declaración de impuestos. Los empleados deben hacer lo siguiente:

- Reportarle las propinas con exactitud a su empleador.
- Reportar todas las propinas con exactitud en su declaración de impuestos.
- Llevar un informe diario de las propinas recibidas y las pagadas.
- Facilitar su reporte de ingresos por propinas si alguna vez se audita su declaración de impuestos.

Si el mesero pagó propinas, ese monto debe documentarse en la Publicación 1244. El monto pagado no se declara en la declaración de la renta del pagador y luego se resta. Hay dos formas de llevar un registro diario de propinas. Los empleados deben:

- Escribir información sobre sus propinas en un diario de propinas.
- Conservar copias de los documentos que muestren las propinas.

El Señor 1040 dice: El contribuyente puede utilizar la Publicación 1244 para controlar el total de sus propinas diarias y la cantidad declarada a su empleador. El contribuyente puede descargar la publicación en https://www.irs.gov/forms-pubs/about-publication-1244

Este registro diario debe conservarse junto con los registros tributarios y otros registros personales. El reporte diario de propinas debe incluir:

- Fecha y hora del trabajo.
- Propinas en efectivo recibidas directamente de clientes u otros empleados.
- Cargos de tarjetas de crédito y débito que los clientes le pagaron directamente al empleador.
- El total de propinas pagadas a otros empleados a través de propinas compartidas o reparto de propinas.
- El valor de las propinas recibidas que no son en efectivo, como entradas, pases, etc.

Si se reciben más de $20 de propinas al mes de un empleador, deben declararse al empleador del contribuyente en el Formulario 4070: *Reporte de propinas del empleado al empleador.* El empleador retendrá los impuestos del Seguro Social, Medicare, federales y estatales de las propinas declaradas por el empleado en función del monto total del salario normal del empleado y de las propinas declaradas. El Formulario 4070 debe presentarse al empleador a más tardar el día 10 de cada mes. Si el día 10 del mes cae en sábado, domingo o día festivo legal, la fecha límite para reportar las propinas pasa a ser el siguiente día hábil.

Las propinas no declaradas al empleador aún deben declararse como ingresos en el Formulario 1040. Si el contribuyente no declara las propinas, puede ser objeto de una sanción equivalente al 50% de los impuestos del Seguro Social y Medicare o del impuesto de jubilación ferroviaria adeudados por las propinas no declaradas. Este monto de la sanción es un impuesto adicional adeudado, aunque el contribuyente podría intentar evitar la sanción adjuntando a la declaración una declaración que demuestre la causa razonable por la que no declaró las propinas. El contribuyente utilizaría el Formulario 4137: *Impuesto del Seguro Social sobre ingresos por propinas no reportadas*, para declararle al IRS las propinas no declaradas.

No incluya los gastos de servicio en el diario de propinas. Los cargos por servicio que se añaden a la factura del cliente y se pagan al empleado se consideran salario, no propina. La ausencia de cualquiera de los siguientes factores crea dudas sobre si un pago es una propina e indica que el pago puede ser un cargo por servicio:

- El pago debe efectuarse libre de compromiso.
- El cliente debe tener un derecho ilimitado a determinar el monto.
- El pago no debe ser objeto de discusión ni estar definido por la política del empleador.
- El cliente tiene derecho a determinar quién recibe el pago.

Ejemplo: Fish 'n' Chips for You especifica que se añadirá un 18% en concepto de servicio a las facturas de grupos de seis o más personas. La factura de Julio incluía el cargo por servicio de comida y bebida para el grupo de ocho personas al que sirvió. En estas circunstancias, Julio no tenía un derecho ilimitado a determinar el monto del pago porque se lo dictaba Fish 'n' Chips for You. La tasa del 18% no es una propina; se distribuye a los empleados como salario. Julio no incluyó esa cantidad en su diario de propinas.

Los empleados que trabajan en un establecimiento que debe asignar propinas a sus empleados o que no ganan o declaran una cantidad de propinas que equivale al menos al 8% del monto total de sus ingresos brutos están sujetos a "propinas asignadas". En este caso, el empleador les "asignará" propinas adicionales para garantizar que alcanzan el mínimo del 8%. Las propinas asignadas se calculan sumando las propinas declaradas por todos los empleados procedentes de las ventas de comida y bebida (no se incluyen las ventas para llevar ni las ventas con un cargo por servicio igual o superior al 10%). A continuación, se determina la parte correspondiente al empleado utilizando las ventas basadas en las horas trabajadas.

Las propinas asignadas se indican por separado en la casilla 8 del Formulario W-2 y se declaran como salario en la línea 1c del Formulario 1040. Los impuestos del Seguro Social y Medicare no se han deducido de las propinas asignadas, pero siguen estando sujetos a ellos, deben declararse en el Formulario 4137: *Impuesto del Seguro Social sobre los ingresos por propinas no declarados.* Los empleadores también deben declararlas presentando el Formulario 8027: *Declaración informativa anual del empleador de ingresos por propinas y propinas asignadas.* La finalidad del Formulario 4137 es calcular el impuesto del Seguro Social y Medicare sobre las propinas que no se declararon al empleador del contribuyente. Una vez calculado, declare el monto de los impuestos de Seguro Social y Medicare no declarados en el Formulario 1040, Anexo 2, línea 5. Consulte la Publicación 525.

Ingresos por incapacidad

El ingreso por incapacidad es el monto pagado a un empleado en virtud del seguro o plan de pensiones del empleado o del empleador (en algunos planes, los empleados también pueden contribuir) mientras el empleado está ausente del trabajo debido a una incapacidad. Los ingresos por incapacidad declarados como salario en el Formulario W-2 están sujetos a impuestos, pero los ingresos atribuibles a las contribuciones del empleado no estarían sujetos a impuestos. Si el empleado paga la totalidad del costo del plan de accidentes o médico, no debe incluir ninguna cantidad recibida como ingreso. Si las primas de un plan médico o de accidentes se pagaron a través de un plan cafetería, y el monto de la prima no se incluyó como ingreso sujeto a impuestos, entonces se supone que el empleador pagó las primas, y los beneficios por incapacidad son sujetos a impuestos.

Si un contribuyente se jubila utilizando los pagos por incapacidad antes de alcanzar la edad mínima de jubilación de 59½ años, los pagos se tratarán como salarios hasta que el contribuyente alcance la edad mínima de jubilación. Una vez que el contribuyente supera la edad de 59½ años, sus pagos por incapacidad tributarán como pensión y no como ingresos ordinarios. Los profesionales de impuestos no deben confundir los ingresos por incapacidad (que pueden estar sujetos a impuestos) con las compensaciones para trabajadores (que pueden no estar sujetas a impuestos) para quienes se lesionan en el trabajo.

El Señor 1040 dice: La edad mínima de jubilación es de 59½ años o la edad a la que el contribuyente podría recibir por primera vez una anualidad o pensión si no estuviera incapacitado. El contribuyente debe declarar todos sus pagos de incapacidad sujetos a impuestos hasta que el contribuyente alcance la edad mínima de jubilación.

Clero

Los clérigos son los líderes formales de ciertos grupos religiosos. Los papeles y funciones de los miembros del clero varían según las tradiciones religiosas, pero suelen consistir en presidir ceremonias específicas y enseñar doctrinas y prácticas religiosas.

Si el contribuyente es un miembro del clero, las ofrendas y tarifas recibidas de los matrimonios, bautizos, funerales, misas, etc., son incluidas como ingresos además de su salario. Si la ofrenda es hecha a una institución religiosa, no es imponible para el miembro del clero. Si es miembro de una organización religiosa y dona sus ganancias externas a la organización, debe incluirlas en sus ingresos. Sin embargo, puede tener derecho a una deducción por contribución a una beneficencia por el monto que le pagó a la organización.

A los miembros del clero se les aplican normas especiales en materia de descuentos de vivienda. Bajo estas reglas, el contribuyente no incluye en sus ingresos el valor del alquiler de una vivienda (incluyendo los servicios públicos), ni un descuento por vivienda que se le proporcione como parte de su salario. No obstante, la exclusión no puede superar el menor de los siguientes montos:

- El monto exacto utilizado para proporcionar o alquilar una vivienda.
- El valor justo de alquiler de la vivienda en el mercado (incluyendo el mobiliario, los servicios públicos, etc.).
- El monto designado oficialmente (antes del pago) como descuento por alquiler o vivienda.
- Una cantidad que representa un pago razonable por los servicios.

El hogar o el descuento deben proporcionarse como compensación por los deberes del contribuyente como ministro ordenado, licenciado o comisionado. No obstante, el valor del alquiler de la vivienda o el descuento para vivienda como ganancias del trabajo por cuenta propia se incluye en el Anexo SE (Formulario 1040), *Impuesto sobre el trabajo por cuenta propia.* Consulte la Publicación 517.

Parte 5 Preguntas de repaso

Para obtener el máximo provecho de este capítulo, LTP recomienda que complete cada una de las siguientes preguntas y luego las compare con las respuestas con comentarios que siguen inmediatamente. Según las normas de autoaprendizaje vigentes, los vendedores deben presentar preguntas de repaso de forma intermitente a lo largo de cada curso de autoaprendizaje.

Estas preguntas y explicaciones no son parte del examen final y no serán calificadas por LTP.

IP5.1
El reverendo Alex lleva a cabo ceremonias de matrimonio y su pago proviene de la ofrenda ofrecida durante el servicio. ¿Las ofrendas están sujetas a impuestos para Alex?

a. Sí, porque todas las ofrendas están sujetas a impuestos.
b. No, porque fue dado por los miembros de la iglesia y no de las ofrendas.
c. Sí, porque él realizó la ceremonia y recibió la ofrenda.
d. No, porque él es un miembro del clero.

IP5.2
¿Cuál de los siguientes es un ingreso sujeto a impuestos?

a. Compensación para trabajadores
b. Beneficios de bienestar social.
c. Beneficios para veteranos
d. Incapacidad declarada en el Formulario W-2

IP5.3
Las propinas recibidas por un monto superior a _____ al mes, por empleado, deben declararse al empleador en el Formulario 4070.

a. $5.00
b. $10.00
c. $15.00
d. $20.00

IP5.4
Las propinas asignadas son las propinas que el empleador asigna al empleado por declarar propinas diarias inferiores al ___ de sus ingresos brutos totales.

a. 8%
b. 10%
c. 15%
d. 12%

IP5.5
¿Cuál de los siguientes **no** es reportado en la línea 8 del Anexo 1?

a. Ingresos por pasatiempos
b. Premios
c. Ganancias de apuestas
d. Ingresos por propinas

IP5.6
Los salarios se reportan en la línea 7 del Formulario 1040. Los salarios no incluyen:

a. Sueldos
b. Descuentos por vacaciones
c. Pagos por incapacidad
d. Comisiones

IP5.7
Manuel recibía de su empleador un pago por enfermedad que se consideraba salario. ¿Cuál de los siguientes no estaría incluido en los salarios del empleado?

1. Un fondo de bienestar.
2. Fondo estatal de enfermedad o incapacidad.
3. Póliza de seguro médico cuyas primas paga el empleado.
4. Una compañía de seguros, si el empleador pagó el plan.

a. Solo 3
b. Solo 4
c. 1, 2 y 4
d. 3 y 4

IP5.8
La pensión para cónyuges divorciados que se haya recibido se declara en el Anexo 1, línea ____.

a. Anexo 1, línea 2a
b. Anexo 1, línea 2b
c. Anexo 1, línea 1
d. Anexo 1, línea 8

IP5.9
Francisco tiene todas las fuentes de ingresos siguientes. ¿Cuál de los siguientes no es un tipo de ingreso por compensación?

1. Sueldos
2. Compensación para trabajadores
3. Descuentos por vacaciones
4. Bonos

a. 1, 2 y 3
b. 3 y 4
c. Solo 2
d. 1, 2, 3 y 4

IP5.10
El trueque es una forma de ingreso y el __________ debe incluirse en los ingresos.

a. valor comercial
b. valor justo de mercado
c. valor mínimo del artículo
d. valor máximo del artículo

IP5.11
Pedro fue liberado de su contrato de trabajo. Recibió una indemnización de su empleador anterior. ¿Qué tendrá que hacer Pedro con su indemnización?

1. Declarar el monto completo como ingreso.
2. Declarar como ingresos únicamente la cantidad que ahorró.
3. Declarar como ingresos únicamente el incremento de su salario.
4. Reportar la cantidad que utilizó para comprar regalos.

a. 1, 2 y 4
b. Solo 1
c. Solo 4
d. 2, 3 y 4

Parte 5 Respuestas a las preguntas de repaso

IP5.1
El reverendo Alex lleva a cabo ceremonias de matrimonio y su pago proviene de la ofrenda ofrecida durante el servicio. ¿Las ofrendas son imponibles para Alex?

a. Sí, porque todas las ofrendas están sujetas a impuestos.
b. No, porque fue dado por los miembros de la iglesia y no de las ofrendas.
c. Sí, porque él realizó la ceremonia y recibió la ofrenda.
d. No, porque él es un miembro del clero.

Comentarios: Consulte la sección *Clero.*

IP5.2
¿Cuál de los siguientes es un ingreso sujeto a impuestos?

a. Compensación para trabajadores
b. Beneficios de bienestar social.
c. Beneficios para veteranos
d. Incapacidad declarada en el Formulario W-2

Comentarios: Consulte la sección *Ingresos por incapacidad.*

IP5.3
Las propinas recibidas por un monto superior a _____ al mes, por empleado, deben declararse al empleador en el Formulario 4070.

a. $5.00
b. $10.00
c. $15.00
d. $20.00

Comentarios: Consulte la sección *Propinas.*

IP5.4
Las propinas asignadas son las propinas que el empleador asigna al empleado por declarar propinas diarias inferiores al ___ de sus ingresos brutos totales.

a. 8%
b. 10%
c. 15%
d. 12%

Comentarios: Consulte la sección *Propinas.*

IP5.5
¿Cuál de los siguientes **no** es reportado en la línea 8 del Anexo 1?

a. Ingresos por pasatiempos
b. Premios
c. Ganancias de apuestas
d. Ingresos por propinas

Comentarios: Consulte la sección *Propinas.*

IP5.6
Los salarios se reportan en la línea 7 del Formulario 1040. Los salarios no incluyen:

a. Sueldos
b. Descuentos por vacaciones
c. Pagos por incapacidad
d. Comisiones

Comentarios: Consulte la sección *Ingresos por incapacidad.*

IP5.7

Manuel recibía de su empleador un pago por enfermedad que se consideraba salario. ¿Cuál de los siguientes no estaría incluido en los salarios del empleado?

1. Un fondo de bienestar.
2. Fondo estatal de enfermedad o incapacidad.
3. Póliza de seguro médico cuyas primas paga el empleado.
4. Una compañía de seguros, si el empleador pagó el plan.

a. Solo 3
b. Solo 4
c. 1, 2 y 4
d. 3 y 4

Comentarios: Consulte la sección *Pago por enfermedad.*

IP5.8

La pensión para cónyuges divorciados que se haya recibido se declara en el Anexo 1, línea ____.

a. Anexo 1, línea 2a
b. Anexo 1, línea 2b
c. Anexo 1, línea 1
d. Anexo 1, línea 8

Comentarios: Consulte la sección *Anexo 1, línea 2: Pensión para cónyuges divorciados recibida.*

IP5.9

Francisco tiene todas las fuentes de ingresos siguientes. ¿Cuál de los siguientes no es un tipo de ingreso por compensación?

1. Sueldos
2. Compensación para trabajadores
3. Descuentos por vacaciones
4. Bonos

a. 1, 2 y 3
b. 3 y 4
c. **Solo 2**
d. 1, 2, 3 y 4

Comentarios: Consulte la sección *Ingresos por incapacidad.*

IP5.10

El trueque es una forma de ingreso y el __________ debe incluirse en los ingresos.

a. valor comercial
b. valor justo de mercado
c. valor mínimo del artículo
d. valor máximo del artículo

Comentarios: Consulte la sección *Trueques.*

IP5.11
Pedro fue liberado de su contrato de trabajo. Recibió una indemnización de su empleador anterior. ¿Qué tendrá que hacer Pedro con su indemnización?

1. Declarar el monto completo como ingreso.
2. Declarar como ingresos únicamente la cantidad que ahorró.
3. Declarar como ingresos únicamente el incremento de su salario.
4. Reportar la cantidad que utilizó para comprar regalos.

a. 1, 2 y 4
b. Solo 1
c. Solo 4
d. 2, 3 y 4

Comentarios: Consulte la sección *Indemnización por despido.*

Parte 6 Prestaciones suplementarias

Una prestación suplementaria es un beneficio proporcionado por un empleador a individuos además de su compensación normal. Una persona que desempeña servicios para el empleador no necesita ser un empleado. La persona puede ser un contratista independiente, socio o director. El empleador es quien proporciona la prestación suplementaria si es proporcionado por servicios realizados por el empleador y la persona que realiza los servicios para el empleador es el receptor de la prestación suplementaria.

Las prestaciones suplementarias recibidas de un empleador se consideran compensación. Están sujetas a impuestos y deben incluirse en los ingresos a menos que la legislación tributaria excluya específicamente las prestaciones, o que el contribuyente haya pagado el valor justo de mercado por la prestación (en cuyo caso dejaría de ser una prestación del empleador o una prestación suplementaria). Por lo general, el empleador determina el monto de las prestaciones suplementarias y lo incluye en el W-2 del empleado. El valor total de las prestaciones suplementarias debe indicarse en la casilla 12. El empleador es el proveedor de la prestación, aunque haya sido un cliente del empleador quien haya prestado los servicios. El empleado que se beneficia de la prestación suplementaria declara la prestación como ingreso.

Los empleadores pueden declarar las prestaciones suplementarias que no están en efectivo en la casilla 1 del W-2 (con una anotación en la casilla 14) utilizando uno de los dos periodos contables siguientes:

- La regla general, según la cual las prestaciones se declaran por un año calendario completo (del 1 de enero al 31 de diciembre).
- La regla del periodo contable especial, en virtud de la cual las prestaciones abonadas durante los dos últimos meses del año calendario (o cualquier periodo más breve) se consideran pagadas durante el año calendario siguiente.

Ejemplo 1: Smith's Enterprises le ha proporcionado a Frank Jones y Courtney Keys prestaciones suplementarias que no están en efectivo desde 2020 y declara algunas de ellas al IRS utilizando la regla del periodo contable especial. Para declarar el valor de las prestaciones proporcionadas en sus W-2, Smith's Enterprises contará los meses de noviembre y diciembre de 2021 y de enero a octubre de 2022 como un año calendario.

Los empleadores no tienen que utilizar el mismo período contable para cada prestación suplementaria que concedan, pero deben utilizar el período contable que elijan para cada persona que reciba la prestación. El empleado debe utilizar el mismo período contable que el empleador para declarar las prestaciones suplementarias que no sean efectivo y estén sujetas a impuestos.

Ejemplo 2: Smith's Enterprises ofrecía descuentos para empleados e instalaciones deportivas como prestaciones suplementarias tanto a Frank Jones como a Courtney Keys. La empresa puede declarar cada prestación suplementaria utilizando una regla contable diferente, pero independientemente de la regla que utilice para cada prestación, la prestación suplementaria debe declararse de la misma manera tanto para Frank como para Courtney. En otras palabras, la empresa puede declarar los descuentos a los empleados usando la regla general y las instalaciones deportivas usando la regla del período contable especial, pero no puede declarar las instalaciones deportivas bajo la regla general para Courtney y luego declararlas bajo la regla del período contable especial para Frank.

Planes cafetería

Los planes tipo cafetería son un tipo de paquete de beneficios que consiste de prestaciones suplementarias. La mayoría son planes escritos de acuerdos de gastos flexibles que les permiten a los empleados escoger entre recibir efectivo o beneficios sujetos a impuestos en lugar de ciertos beneficios calificados que son excluidos del salario. Generalmente, un plan cafetería no incluye ningún plan que ofrezca una prestación que difiera el pago, pero un plan cafetería puede incluir un plan 401(k) cualificado como prestación. Los beneficios calificados bajo un plan tipo cafetería pueden incluir lo siguiente:

- Beneficios médicos y de accidentes (pero no cuentas de ahorros para la salud Archer o seguros de cuidado a largo plazo).
- Asistencia de adopción.
- Asistencia en cuidado para dependientes.
- Cobertura del seguro de vida colectivo a término fijo.
- Cuentas de ahorros para la salud (HSA). Las distribuciones de una HSA pueden ser usadas para pagar primas de seguro de cuidado a largo plazo elegible además de gastos médicos no reembolsados.

Las prestaciones complementarias excluidas no están sujetas a retención del impuesto federal sobre los ingresos; en la mayoría de los casos, no están sujetas al Seguro Social, Medicare ni al impuesto federal de desempleo (FUTA) y no se declaran en el Formulario W-2. Un plan cafetería no puede incluir los siguientes beneficios:

- Cuentas de ahorros para la salud Archer (MSA).
- Instalaciones deportivas.
- Beneficios *de minimis* (mínimos).
- Ayudas a la educación (incluyendo becas de estudios; Consulte la Publicación 970, *Beneficios tributarios para la educación*).
- Descuentos para empleados.
- Teléfonos móviles proporcionados por el empleador.
- Alojamiento en las instalaciones de la empresa.
- Alimentos.
- Servicios sin costo adicional.
- Servicios de planificación de jubilación.
- Beneficios de transporte (desplazamientos).
- Reducción de la matrícula.
- Beneficios de condiciones de trabajo.

A continuación, se enumeran algunas de las posibles prestaciones suplementarias que pueden incluirse en el plan cafetería.

Asistencia de adopción

La asistencia con la adopción se considera un beneficio cuando cumple los siguientes requisitos:

- El plan debe beneficiar a los empleados que reúnan los requisitos establecidos por el empleador, y las reglas no pueden dar un trato especial o ventajas a los empleados altamente remunerados o a sus dependientes.
- El plan no paga más del 5% de sus pagos durante el año a los accionistas, propietarios, sus cónyuges o sus dependientes.
- El empleador notifica el plan de adopción a todos los empleados con derecho a ello.
- Los empleados justifican que los pagos o reembolsos se utilizan para gastos que cumplen los requisitos.

Un empleado altamente remunerado es un empleado que cumple alguna de las siguientes pruebas:

- El empleado era propietario del 5% en cualquier momento del año o del año anterior.
- El empleado recibió más de $130,000 de pago el año anterior.

La segunda prueba mencionada anteriormente puede obviarse si el empleado no se encontraba en el 20% superior de la clasificación salarial de los empleados del año anterior. Todos los pagos o reembolsos efectuados en el marco del programa de asistencia con la adopción están excluidos de los salarios sujetos a retención del impuesto federal sobre los ingresos.

Todos los gastos de asistencia con la adopción que reúnen los requisitos y son pagados o reembolsados por el empleador se declaran en la casilla 12 del Formulario W-2 del empleado. El código T se utiliza para identificar el monto del crédito no reembolsable. Los créditos no reembolsables por debajo de la obligación fiscal del contribuyente. Consulte la Publicación 15-B y la Sección 137 del IRC.

Asistencia en cuidado para dependientes

Si el empleador proporciona asistencia para el cuidado de dependientes en el marco de un plan cualificado, el contribuyente puede excluir el monto de los ingresos. Los beneficios de cuidado de dependientes incluyen lo siguiente:

- Montos que el empleador ha pagado directamente al prestador de asistencia.
- El valor justo de mercado del cuidado en una guardería proporcionada o patrocinada por el empleador.

Los montos pagados son reportados en el Formulario W-2, casilla 10. Para solicitar la exclusión, el contribuyente debe llenar la parte III del Formulario 2441: *Gastos para el cuidado de hijos y dependientes*. Consulte la Publicación 503.

El Señor 1040 dice: Las personas que prestan servicios de guardería en su propia casa se consideran trabajadores por cuenta propia y deben declarar sus ingresos en el Anexo C. Si la guardería se presta en casa del niño, se consideran empleados y deben recibir un W-2 del padre o tutor del niño, que debe declarar los ingresos del cuidador en el Anexo H.

Seguro de vida colectivo a término fijo

Por lo general, la cobertura del seguro de vida colectivo a término fijo proporcionada por un empleador (actual o anterior) a los empleados no se incluye como ingreso hasta el costo de $50,000, una vez deducida cualquier cantidad que el empleado haya pagado para la compra del seguro.

Si el valor de la cobertura es superior a $50,000, el empleado debe incluir la cantidad de dinero que el seguro proporcionado por el empleador le está costando como ingresos personales del empleado. Si el empleador proporcionó más de $50,000 de cobertura, el monto incluible se declara como parte del salario del empleado en las casillas 1, 3 y 5 del Formulario W-2. También aparece por separado en la casilla 12 con el código C del W-2. La cobertura del seguro de vida debe cumplir las siguientes condiciones:

- El empleador ha concedido un beneficio general por defunción que no se incluye en los ingresos.
- El empleador lo ha proporcionado a un grupo de empleados (normalmente 10 o más).
- El empleador proporciona un monto del seguro a cada empleado en función de una fórmula que impide la selección individual.
- El empleador proporcionó el seguro en virtud de una póliza suscrita directa o indirectamente. Aunque el empleador no haya pagado nada del costo, se considera que lo ha asumido, ya que ha organizado el pago de su costo por los empleados y le ha cobrado al menos a un empleado menos y a otro más del costo de su seguro.

El seguro de vida colectivo a término fijo que es pagadero en caso de fallecimiento del empleado, de su cónyuge o de uno de sus dependientes, y con un importe de pago inferior a $2,000, se considera un beneficio *de minimis*.

Los siguientes tipos de planes de seguro no son seguros colectivos a término fijo:

- Seguro que no proporciona beneficios generales por fallecimiento, como el seguro de viaje, o que solo proporciona beneficios por fallecimiento accidental.
- Seguro de vida para el cónyuge o dependiente del empleado.
- Seguro proporcionado en virtud de una póliza que ofrece un beneficio permanente (un valor económico que se prolonga más de 1 año a menos que se cumplan determinados requisitos). Para obtener más información, consulte la Sección 1.79-1 del Código de Impuestos Internos (IRC).

Cuentas de ahorros para la salud (HSA)

Una Cuenta de Ahorros para la Salud (HSA) es una forma de cuenta de ahorros antes de impuestos creada para ayudar a reservar dinero para pagar futuros gastos médicos. Si el contribuyente es una persona que cumple los requisitos, las contribuciones a la HSA pueden ser realizadas por el empleador, el contribuyente o cualquiera de los familiares del contribuyente. Los gastos médicos no deben ser reembolsables por el seguro u otras fuentes, el contribuyente debe estar cubierto por un plan médico con deducible alto (HDHP) y no estar cubierto por otro plan médico.

Las contribuciones efectuadas por el empleador no se incluyen en los ingresos. Las distribuciones de la HSA que se utilizan para pagar gastos médicos cualificados se incluyen en los ingresos. Las contribuciones a la cuenta se utilizan para pagar los gastos médicos actuales o futuros del titular de la cuenta, su cónyuge y cualquier persona dependiente que cumpla los requisitos.

Las contribuciones de una sociedad colectiva a la HSA de un socio de buena fe no se consideran contribuciones de un empleador. Las contribuciones se consideran una distribución y no se incluyen en el ingreso bruto del socio.

Si las contribuciones de la sociedad colectiva son por los servicios prestados por el socio, se tratan como pagos garantizados que se incluyen en los ingresos brutos del socio.

Las contribuciones de una sociedad anónima de tipo S a la HSA de un socio-empleado del 2% por los servicios prestados se consideran pagos garantizados y se incluyen en los ingresos brutos del socio-empleado. El socio-empleado podrá deducir la contribución realizada a la HSA del socio-empleado. Consulte la Publicación 969.

Regalos en los días festivos

Si el empleador ofrece regalos de valor nominal, como un pavo o un jamón, no es necesario incluirlos en los ingresos del empleado. Si el empleador le da al empleado dinero en efectivo, un certificado de regalo o un artículo similar que pueda canjearse por dinero en efectivo, el regalo es una compensación y debe incluirse en los ingresos del empleado.

Transporte

Si un empleador proporciona un beneficio adicional de transporte que cumpla los requisitos, puede excluirse de los ingresos una determinada cantidad. La prestación de cualquiera de los siguientes servicios puede constituir una prestación suplementaria de transporte que cumple los requisitos:

- Un pase de transporte.
- Estacionamiento que cumpla los requisitos.
- Transporte en un vehículo de autopista (debe tener capacidad para al menos 6 adultos) entre el domicilio del contribuyente y su lugar de trabajo.

También son excluibles los reembolsos en efectivo efectuados por un empleador por estos gastos en virtud de un acuerdo de reembolso de buena fe. No obstante, el reembolso en efectivo de un pase de transporte solo puede excluirse si no se dispone de un vale o artículo similar que solo pueda canjearse por un pase de transporte para su distribución directa al contribuyente.

La exclusión de las prestaciones suplementarias de transporte en vehículos de carretera y pases de transporte no puede superar un total de $280 al mes, independientemente del valor total de ambas prestaciones.

La exclusión de la prestación suplementaria de estacionamiento no puede ser superior a $280 al mes, independientemente de su valor. En el caso de las prestaciones con un valor superior al límite, el exceso debe incluirse como ingreso. Si las prestaciones tienen un valor superior a estos límites, el exceso se incluye como ingreso. Consulte la Sección 132(f) del IRC.

Otras prestaciones suplementarias

Las siguientes prestaciones suplementarias no están incluidas en el plan cafetería.

Instalaciones deportivas

El valor del uso por parte de un empleado de un gimnasio u otra instalación deportiva gestionada por el empleador puede excluirse de los ingresos del empleado. El gimnasio debe ser utilizado principalmente por los empleados, sus cónyuges y sus hijos dependientes. No obstante, si el empleador paga un programa de gimnasia ofrecido al empleado fuera de las instalaciones de un hotel o club deportivo, el valor del programa se incluye como ingreso. Se aplican algunas excepciones.

Prestaciones suplementarias de minimis

Si un empleador les proporciona a sus empleados un producto o servicio, y el costo del mismo es tan pequeño que no sería razonable que el empleador lo contabilizara, el valor no se incluye en los ingresos del empleado. Este se trata de una prestación suplementaria *de minimis*. Por lo general, el valor de estas prestaciones, como los descuentos en las cafeterías de la empresa, el pago de taxi cuando se hacen horas extras y los picnics de empresa, no se incluyen en los ingresos del empleado.

Aunque muchas de las prestaciones suplementarias *de minimis* no suelen incluirse en los ingresos brutos del empleado, en la mayoría de los casos se permite al empleador deducir los costos incurridos. Cualquier beneficio en efectivo o su equivalente (como el uso de una tarjeta de crédito de la empresa) no puede excluirse como beneficio *de minimis* bajo ninguna circunstancia.

Asistencia educativa

Si el contribuyente recibió prestaciones de asistencia educativa de su empleador en el marco de un programa cualificado de asistencia educativa, puede excluir anualmente hasta $5,250 de dicha asistencia, en cuyo caso no se incluiría en el W-2 ni formaría parte de la declaración. Sin embargo, si la educación no estaba relacionada con el trabajo o si el contribuyente es un empleado altamente remunerado, la ayuda del empleador puede estar sujeta a impuestos. Consulte la Publicación 970.

Un empleado que cumple cualquiera de las siguientes pruebas es un empleado altamente remunerado:

- El empleado era propietario del 5% en cualquier momento del año o del año anterior.
- El empleado recibió más de $130,000 de pago el año anterior.

La segunda prueba mencionada puede ignorarse si el empleado no se encontraba en el 20% superior de la clasificación salarial de los empleados del año anterior. Todos los pagos o reembolsos efectuados en el marco del programa de asistencia con la adopción deben excluirse de los salarios sujetos a retención del impuesto federal sobre los ingresos.

Un estudiante que curse estudios universitarios puede excluir los montos recibidos de una beca o subvención que cumpla los requisitos. Los ingresos excluibles procedentes de una beca que cumpla los requisitos son las cantidades recibidas que se destinan a los siguientes fines:

- Matrícula y tasas para matricularse o asistir a una institución educativa elegible.
- Cuotas, libros y equipo necesario para los cursos en la institución educativa elegible.

Los pagos recibidos por servicios exigidos como condición para recibir una beca o subvención deben incluirse en los ingresos del contribuyente, aunque los servicios se exijan a todos los estudiantes de la carrera. Los montos utilizados para alojamiento y manutención no califican para la exclusión. Esto incluye las cantidades recibidas por docencia e investigación. Incluya estos pagos en el Formulario 1040, línea 1.

Descuentos para empleados

La exclusión se aplica a una reducción de precio concedida al empleado por bienes o servicios ofrecidos al cliente en el curso ordinario de la actividad empresarial. El descuento no se aplica a los descuentos concedidos sobre bienes inmuebles ni a los descuentos sobre bienes personales de un tipo comúnmente mantenido para inversión, como acciones y bonos.

Teléfonos móviles proporcionados por el empleador

El valor de un teléfono móvil proporcionado por el empleador que se facilita principalmente por motivos profesionales no compensatorios es excluible de los ingresos del empleado como condición de trabajo. El uso personal de un teléfono móvil proporcionado por el empleador puede excluirse de los ingresos del empleado como prestación suplementaria *de minimis*.

Alojamiento y comidas proporcionadas por el empleador

No incluya como ingresos el valor de las comidas y el alojamiento que el empleador proporcionó gratuitamente al contribuyente y a su familia, si se cumplen las siguientes condiciones:

Las comidas son:

- Suministrados en los locales comerciales del empleador.
- Proporcionadas para comodidad del empleador.

El alojamiento es:

- Suministrado en los locales comerciales del empleador.
- Proporcionado para comodidad del empleador.
- Condición de empleo para el empleado.

Servicios sin costo adicional

No se incluye en los ingresos del contribuyente el valor de los servicios recibidos del empleador de forma gratuita, sin costo alguno o por un precio reducido. Si el empleador ofrece el mismo servicio a la venta a los clientes en el curso ordinario de la actividad y no tiene un costo adicional sustancial para prestar al empleado el mismo servicio.

Los servicios sin costo adicional son servicios de capacidad excedentaria, como billetes de avión, autobús o tren, habitaciones de hotel o servicios telefónicos prestados gratuitamente o a precio reducido a los empleados que trabajan en esa línea de servicio.

Ejemplo: Amanda trabaja como azafata en una empresa que posee una aerolínea y una cadena hotelera. La empresa le permite a Amanda tomar vuelos personales gratis si hay un asiento libre y alojarse en cualquiera de los hoteles de la empresa de forma gratuita si hay una habitación libre. ¿Qué se incluiría y qué no se incluiría como ingresos?

Explicación: El valor del vuelo personal no se incluye en sus ingresos porque no supone ningún costo dejarle ocupar un asiento que de todos modos habría quedado desocupado. Sin embargo, si la empresa le permitiera a Amanda reservar su asiento, entonces el valor del billete se incluiría como ingreso porque la empresa ya no puede vender ese asiento y ha perdido los ingresos potenciales que podría haber obtenido de él. Sin embargo, esta pérdida o ganancia potencial no es un factor con la habitación de hotel; puesto que Amanda no trabaja en la parte hotelera del negocio, el valor de la habitación de hotel se incluiría como ingreso de cualquier manera.

Ingresos no sujetos a impuestos

Si bien podría parecer que los impuestos son cobrados sobre todos los ingresos, hay varios tipos de ingresos que están exentos de ser gravados debido a la naturaleza de la razón del pago.

Manutención de menores

Los contribuyentes que reciben manutención de menores no las declaran como ingresos. Los pagos destinados a la manutención de los hijos deben definirse en documentos legales como los acuerdos de divorcio o separación o la documentación sobre la custodia de los hijos.

Compensación para trabajadores

Las cantidades recibidas en concepto de indemnización por una enfermedad o lesión profesional están totalmente exentas de impuestos si se abonan en virtud de una ley de compensación para trabajadores o de algún estatuto similar. La exención también se aplica a los supervivientes del contribuyente. Esta excepción no se aplica a los beneficios del plan de jubilación recibidas en función de la edad, la antigüedad en el servicio o las contribuciones anteriores al plan, incluso si el contribuyente se jubiló a causa de una enfermedad o lesión profesional.

Si el contribuyente se reincorpora al trabajo después de haber cumplido los requisitos para recibir la compensación para trabajadores, los pagos recibidos mientras se le asignan tareas ligeras están sujetos a impuestos. Reporte estos pagos como salario en la línea 1 del Formulario 1040.

Los ingresos pagados en virtud de un estatuto que solo concede beneficios a los empleados con discapacidades relacionadas con el servicio podrían considerarse compensaciones para trabajadores o discapacidad para recibir una pensión. El resto está sujeto a impuestos como una anualidad o ingresos por pensión. Si un contribuyente fallece y su superviviente se beneficia de la pensión, la compensación para trabajadores sigue estando exenta de impuestos.

Beneficios de bienestar social y otra asistencia pública

Los pagos de prestaciones realizados por un fondo de bienestar público a personas con discapacidades (como la ceguera) no deben incluirse como ingresos. Los pagos de asistencia social o pública procedentes de un fondo estatal para las víctimas de un delito no deben incluirse en los ingresos de las víctimas. No deduzca los gastos médicos reembolsados por dicho fondo. Las ayudas sociales obtenidas fraudulentamente no están exentas de impuestos y deben incluirse como ingresos.

Beneficios de veteranos

Los beneficios de veteranos pagados en virtud de cualquier ley, reglamento o práctica administrativa administrada por el Departamento de Asuntos de Veteranos (VA) no deben incluirse como ingresos.

Para los veteranos y sus familias, las siguientes prestaciones no están sujetas a impuestos:

- Educación, capacitación y descuentos de subsistencia.
- Pagos de compensación por incapacidad y pensión por discapacidad pagados a los veteranos o a sus familias.
- Subvenciones para viviendas diseñadas para vivir en silla de ruedas.
- Subvenciones para vehículos motorizados destinados a veteranos que hayan perdido la vista o el uso de sus extremidades.
- Ingresos y dividendos de seguros de veteranos pagados a veteranos o a sus beneficiarios, incluyendo el producto de una póliza de seguro de vida de veteranos pagada antes del fallecimiento.
- Intereses de dividendos de seguros dejados en depósito en Asuntos de Veteranos.
- Beneficios de un programa de asistencia con el cuidado de dependientes.
- Gratificación por defunción abonada al superviviente de un miembro de las fuerzas armadas fallecido después del 10 de septiembre de 2001.
- Pagos efectuados en el marco del programa compensado de terapia de trabajo.
- Cualquier bonificación pagada por un estado o subdivisión política por haber prestado servicios en una zona de combate.

Cómo leer las tablas de impuestos

Las tablas de impuestos son gráficos que muestran cuánto impuesto se cobra por la cantidad de ingresos para cada uno de los estados de declaración federal. Las tablas de impuestos aplican para los ingresos que son de menos de $100,000 y cada estado de presentación tiene una tabla separada. Si los ingresos del contribuyente son de más de $100,000, los impuestos son calculados de forma diferente.

Para leer la tabla de impuestos, debe encontrar el intervalo de ingresos en el que se encuentran los ingresos de su cliente y, a continuación, mirar a lo largo de la línea hasta llegar al estado de declaración de su cliente. Si los ingresos de un cliente coinciden exactamente con uno de los intervalos, redondee siempre hacia arriba y utilice el monto tributario más elevado. Las tablas de impuestos se encuentran en las Instrucciones del Formulario 1040. Las tablas de impuestos también pueden ser consultadas en el sitio web del IRS.

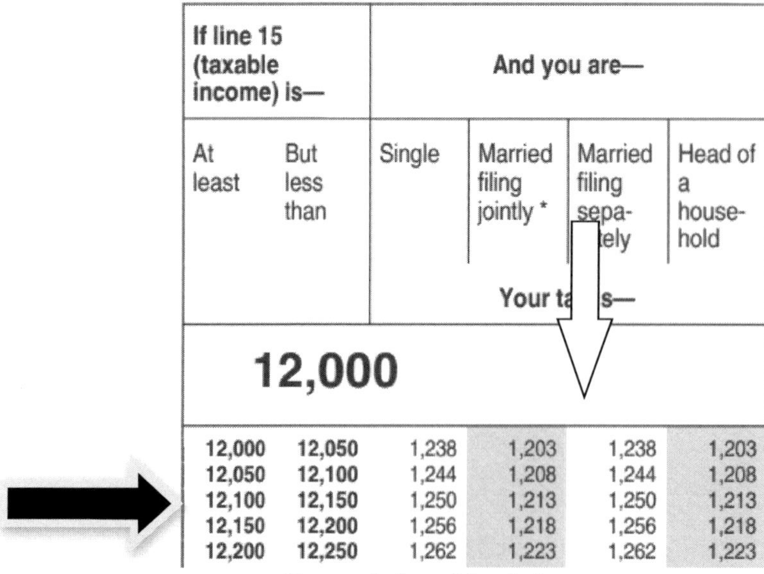

If line 15 (taxable income) is—		And you are—			
At least	But less than	Single	Married filing jointly *	Married filing sepa-[illegible]ely	Head of a house-hold
		Your t[illegible]s—			
12,000					
12,000	**12,050**	1,238	1,203	1,238	1,203
12,050	**12,100**	1,244	1,208	1,244	1,208
12,100	**12,150**	1,250	1,213	1,250	1,213
12,150	**12,200**	1,256	1,218	1,256	1,218
12,200	**12,250**	1,262	1,223	1,262	1,223

Parte de la tabla de impuestos

Las tablas de impuestos no son utilizadas por los siguientes:

- Patrimonios o fideicomisos.
- Individuos que reclaman la exclusión por créditos fiscales extranjeros.
- Contribuyentes que presentan una declaración de impuestos por un período corto de tiempo.
- Contribuyentes cuyos ingresos exceden los $100,000.

Parte 6 Preguntas de repaso

Para obtener el máximo provecho de este capítulo, LTP recomienda que complete cada una de las siguientes preguntas y luego las compare con las respuestas con comentarios que siguen inmediatamente. Según las normas de autoaprendizaje vigentes, los vendedores deben presentar preguntas de repaso de forma intermitente a lo largo de cada curso de autoaprendizaje.

Estas preguntas y explicaciones no son parte del examen final y no serán calificadas por LTP.

IP6.1
¿Cuál de las siguientes opciones describe mejor las prestaciones suplementarias?

a. El empleador le proporcionó un almuerzo de cumpleaños a un empleado.
b. El empleador les proporcionó una placa por el servicio continuo a sus empleados fieles.
c. El empleador proporcionó boletos aéreos para que sus empleados trabajaran en un lugar diferente por 3 días.
d. El empleador les proporcionó beneficios a sus empleados además de su compensación normal.

IP6.2
¿Cuál de los siguientes no está incluido en un plan cafetería?

a. Cuentas de ahorros para la salud Archer
b. Asistencia con la adopción
c. Seguro de vida colectivo a término fijo
d. Asistencia con el cuidado para dependientes

IP6.3
¿Cuál de los siguientes es un ingreso no sujeto a impuestos?

a. Manutención de menores
b. Beneficios del Seguro Social
c. Prestaciones suplementarias
d. Ingresos del trabajo

IP6.4
Un plan cafetería que incluya un __________________ permite a los empleados elegir entre recibir beneficios en efectivo o sujetos a impuestos.

a. Plan de gastos flexibles
b. Acuerdo de gastos flexibles
c. Plan de adopción flexible
d. Alineación de gastos flexibles

IP6.5
¿Qué beneficio *de minimis* se incluye en el salario del empleado?

a. Un pase de transporte
b. Un seguro de vida colectivo a término fijo
c. Pavo y jamón para las festividades
d. Boletos para el Super Bowl

IP6.6
El seguro de vida colectivo a término fijo que es pagadero en caso del fallecimiento de un empleado, de su cónyuge o de uno de sus dependientes que sea inferior a_____ se considera un beneficio *de minimis*.

a. $5,000
b. $2,500
c. $2,000
d. $900

IP6.7
¿Cuál de los siguientes no está sujeto a impuestos en la declaración de impuestos federal?

a. Manutención de menores
b. Ingresos por desempleo
c. Licencia médica y familiar remunerada
d. Beneficios del Seguro Social

IP6.8
Cuando los ingresos por incapacidad se declaran en el formulario W-2, el monto ________.

a. no está sujeto a impuestos
b. está sujeto a impuestos
c. es el mismo que la compensación para trabajadores
d. es el mismo que los beneficios del Seguro Social

IP6.9
¿Qué beneficio *de minimis* se incluye en el salario del empleado?

a. Tarjeta regalo de $500
b. Bonificación en efectivo por días festivos de $250
c. Pavo y jamón para las festividades
d. Seguro de vida colectivo a término fijo

IP6.10
Verónica recibía beneficios de asistencia educativa de su empleador en el marco del programa de asistencia educativa cualificada. El empleador de Verónica puede excluir de su salario hasta ______ de los beneficios elegibles.

a. $5,000
b. $5,250
c. $5,500
d. $5,750

Parte 6 Respuestas a las preguntas de repaso

IP6.1
¿Cuál de las siguientes opciones describe mejor las prestaciones suplementarias?

a. El empleador le proporcionó un almuerzo de cumpleaños a un empleado.
b. El empleador les proporcionó una placa por el servicio continuo a sus empleados fieles.
c. El empleador proporcionó boletos aéreos para que sus empleados trabajaran en un lugar diferente por 3 días.
d. El empleador les proporcionó beneficios a sus empleados además de su compensación normal.

Comentarios: Consulte la sección *Prestaciones suplementarias.*

IP6.2
¿Cuál de los siguientes no está incluido en un plan cafetería?

a. Cuentas de ahorros para la salud Archer
b. Asistencia de adopción
c. Seguro de vida colectivo a término fijo
d. Asistencia en cuidado para dependientes

Comentarios: Consulte la sección *Plan cafetería.*

IP6.3
¿Cuál de los siguientes es un ingreso no sujeto a impuestos?

a. Manutención de menores
b. Beneficios del Seguro Social
c. Prestaciones suplementarias
d. Ingresos del trabajo

Comentarios: Consulte la sección *Ingresos no sujetos a impuestos.*

IP6.4
Un plan cafetería que incluya un ___________________ permite a los empleados elegir entre recibir beneficios en efectivo o sujetos a impuestos.

a. Plan de gastos flexibles
b. Acuerdo de gastos flexibles
c. Plan de adopción flexible
d. Alineación de gastos flexibles

Comentarios: Consulte la sección *Planes cafetería.*

IP6.5
¿Qué beneficio *de minimis* se incluye en el salario del empleado?

a. Un pase de transporte
b. Un seguro de vida colectivo a término fijo
c. Pavo y jamón para las festividades
d. Boletos para el Super Bowl

Comentarios: Consulte la sección *Ingresos no sujetos a impuestos.*

IP6.6
El seguro de vida colectivo a término fijo que es pagadero en caso del fallecimiento de un empleado, de su cónyuge o de uno de sus dependientes que sea inferior a_____ se considera un beneficio *de minimis*.

a. $5,000
b. $2,500
c. $2,000
d. $900

Comentarios: Consulte la sección *Prestaciones suplementarias.*

IP6.7
¿Cuál de los siguientes no está sujeto a impuestos en la declaración de impuestos federal?

a. Manutención de menores
b. Ingresos por desempleo
c. Licencia médica y familiar remunerada
d. Beneficios del Seguro Social

Comentarios: Consulte la sección *Ingresos no sujetos a impuestos.*

IP6.8
Cuando los ingresos por incapacidad se declaran en el formulario W-2, el monto ________.

a. no está sujeto a impuestos
b. está sujeto a impuestos
c. es el mismo que la compensación para trabajadores
d. es el mismo que los beneficios del Seguro Social

Comentarios: Consulte la sección *Ingresos no sujetos a impuestos.*

IP6.9
¿Qué beneficio *de minimis* se incluye en el salario del empleado?

a. Tarjeta regalo de $500
b. Bonificación en efectivo por días festivos de $250
c. Pavo y jamón para las festividades
d. Boletos para el Super Bowl

Comentarios: Consulte la sección *Prestaciones suplementarias.*

IP6.10
Verónica recibía beneficios de asistencia educativa de su empleador en el marco del programa de asistencia educativa cualificada. El empleador de Verónica puede excluir de su salario hasta ______ de los beneficios elegibles.

a. $5,000
b. $5,250
c. $5,500
d. $5,750

Comentarios: Consulte la sección *Otras prestaciones suplementarias.*

Aportes

Los ingresos brutos o "ingresos mundiales", incluyen todos los ingresos recibidos por cualquier concepto. En este capítulo se han tratado los tipos de ingresos más comunes, provenientes y no provenientes del trabajo. En capítulos posteriores se profundizará en los ingresos más comunes que se declaran en los Anexos A, B, C, D, E y F.

Si el contribuyente reembolsa una cantidad que se incluyó en un año anterior como ingreso, el contribuyente puede deducir la cantidad reembolsada de los ingresos del año en que se reembolsó. Si el monto reembolsado es superior a $3,000, el contribuyente podrá deducirlo del impuesto del año en que lo haya reembolsado. Este crédito se toma en el Anexo A. El Anexo A se analizará en un capítulo posterior. Por lo general, el contribuyente solo puede reclamar una deducción o un crédito si el reembolso puede considerarse un gasto o una pérdida incurridos en la actividad del contribuyente o en una transacción con ánimo de lucro.

Cualquier persona con una compensación sujeta a impuestos puede optar a contribuir a una cuenta IRA tradicional. La persona puede contribuir a una cuenta IRA Roth, establecer una nueva cuenta IRA tradicional o financiar la nueva cuenta IRA con fondos transferidos de otra cuenta IRA tradicional o de un plan de jubilación cualificado patrocinado por el empleador. En el año tributario en el que una persona cumple 72 años, el contribuyente no puede realizar contribuciones futuras a una cuenta IRA tradicional.

¡PON A PRUEBA TUS CONOCIMIENTOS!
Ve en línea para tomar una prueba de práctica.

Capítulo 5 Ajustes al ingreso

Introducción

Los estudiantes aprenderán cómo varios gastos afectan los ingresos del contribuyente para llegar a su ingreso bruto ajustado (AGI). La Ley de Reducción de Impuestos y Empleos (TCJA) ha afectado los ajustes a nivel federal y algunos estados no se adhieren a la TCJA. El estado que no se adhiere a esta ley tendrá diferencias en la declaración estatal si aplica. En el caso de las declaraciones anteriores a la TCJA, es posible que el profesional de impuestos tenga que investigar más para presentar una declaración correcta. Los mandatos de la TCJA afectan el Anexo A, que se analizará en un capítulo posterior.

Objetivos

Al final de esta lección, el estudiante:

- Comprenderá cómo un ajuste a los ingresos puede disminuir el AGI del contribuyente.
- Explicará las diferencias entre los créditos educativos.
- Definirá quién califica para usar el Formulario 2106.
- Conocerá los diferentes tipos de Cuenta de Ahorro para la Salud.

Fuentes

Formulario 1040	Publicación 17	Formulario de instrucciones 1040
Formulario 1098-E	Publicación 504	Formulario de Instrucciones 1098-E
Formulario 2106	Publicación 521	Formulario de Instrucciones 2106
Formulario 3903	Publicación 560	Formulario de Instrucciones 3903
Formulario 8889	Publicación 969	Formulario de Instrucciones 8889
Formulario 8917	Publicación 4334	Formulario de Instrucciones 8917
Anexo SE	Temas fiscales 450, 451, 452,	Anexo de instrucciones SE
Anexo 1	455, 456, 458	

Parte 1 - Ajustes al ingreso

Los ajustes son ciertos gastos que reducen directamente el ingreso total del contribuyente y se conocen en la industria como deducciones de impuestos "por encima de la línea". Los ajustes reducen el ingreso total para llegar al ingreso bruto ajustado (AGI), que es el ingreso total de todas las fuentes menos cualquier ajuste en el ingreso. Los ajustes se calculan y declaran utilizando el Formulario 1040, Anexo 1, líneas 11 a 24z.

Contenido

Anexo 1 (Formulario 1040) 2022

Anexo 1 (Formulario 1040(SP)) 2022 Página 2

Parte II Ajustes al Ingreso

11	Gastos del educador	11	
12	Ciertos gastos de negocio de reservistas de las Fuerzas Armadas, artistas escénicos y funcionarios del gobierno que prestan servicios a base de honorarios fijos. Adjunte el Formulario 2106	12	
13	Deducción por cuentas de ahorros médicos. Adjunte el Formulario 8889	13	
14	Gastos de mudanza para miembros de las Fuerzas Armadas. Adjunte el Formulario 3903	14	
15	Parte deducible del impuesto sobre el trabajo por cuenta propia. Adjunte el Anexo SE	15	
16	Planes *SEP*, *SIMPLE* y planes calificados para personas que trabajan por cuenta propia	16	
17	Deducción del seguro médico para personas que trabajan por cuenta propia	17	
18	Multa por retiro prematuro de ahorros	18	
19a	Pensión para el cónyuge divorciado pagada	19a	
b	Número de Seguro Social del beneficiario de la pensión		
c	Fecha del documento original de divorcio o acuerdo de separación (vea las instrucciones):		

Parte del Anexo 1

Cambios hechos por la ley de reducción de impuestos y de empleos

Debido a la Ley de Reducción de Impuestos y de Empleos (TCJA), los ajustes se suspendieron desde el 31 de diciembre de 2017 hasta el 31 de diciembre de 2025. No todos los estados se ajustaron a la TCJA.

La TCJA eliminó el formulario 1040A y 1040EZ de 2018 a 2025. Aquí hay algunos ajustes que serán discutidos:

- Gastos del educador.
- Deducciones de IRA.
- Deducciones de intereses de préstamos estudiantiles.
- Matrícula y tarifas.

Gastos del educador

Si el contribuyente era un educador elegible, puede deducir hasta $300 de los gastos calificados pagados en 2022. Un educador elegible se define como un maestro para jardín de infancia hasta el 12º grado o un instructor, consejero, director o ayudante que trabaja en una escuela por al menos 900 horas durante el año escolar. Si el contribuyente y su cónyuge presentan una declaración conjunta y ambos son educadores elegibles, la deducción máxima es de $600. Ninguno de los cónyuges puede deducir más de $300 de gastos calificados en la línea 11 del Formulario 1040, Anexo 1. La ley PATH hizo este ajuste permanente.

Los gastos calificados incluyen los gastos ordinarios y necesarios pagados en relación con libros, suministros, equipos (incluyendo los equipos de computación, software y servicios) y otros materiales utilizados en su salón de clases. Un gasto ordinario es un gasto común y aceptado en el campo de la educación del contribuyente; mientras que un gasto necesario es un gasto útil y apropiado para la profesión del contribuyente como educador. Un gasto no tiene por qué ser obligatorio para considerarse necesario.

Los gastos calificados no incluyen los gastos de educación en el hogar o de suministros no deportivos para cursos de salud o educación física. El monto del ajuste de ingresos debe reducirse si el educador tiene alguno de los siguientes:

- Los intereses excluibles en bonos de ahorro calificados de los EE. UU., de las series EE e I se informan en el formulario 8815.
- Cualquier distribución de un programa de matrícula calificado que fue excluido de los ingresos.
- Cualquier retiro libre de impuestos de la(s) cuenta(s) de ahorros para la educación de Coverdell.
- Cualquier reembolso recibido por gastos que no se declararon la casilla 1 del formulario W-2.

Formulario 2106: Gastos comerciales no reembolsados del empleado

Debido a la suspensión del Formulario 2106 para los años fiscales 2018 a 2025, la mayoría de los empleados no pueden usar el formulario. Las personas que aún pueden presentar el Formulario 2106 incluyen reservistas de las Fuerzas Armadas, artistas calificados, funcionarios estatales o locales de gobierno con cargo a honorarios o personas con discapacidades que reclaman gastos de trabajo relacionados con discapacidades. Estas personas pueden calificar para deducir gastos comerciales reembolsados de los empleados como un ajuste a los ingresos brutos. Esto sucede al calcular el ajuste utilizando el Formulario 2106 y luego transferir la cantidad calculada al Formulario 1040, Anexo 1, línea 12. Para calificar, el contribuyente debe cumplir con los siguientes requisitos:

1. Durante el año fiscal, los artistas escénicos actuaron para al menos dos empleadores.
2. El contribuyente recibió al menos $200 de cada uno de al menos dos de estos empleadores.
3. Los gastos comerciales relacionados con las artes escénicas del contribuyente son más del 10% del ingreso bruto del desempeño de esos servicios.
4. El ingreso bruto ajustado del contribuyente no es más de $16,000 antes de deducir estos gastos comerciales.

Si el contribuyente cumple con todos los requisitos anteriores, debe completar el Formulario 2106. Si el contribuyente está casado, debe presentar una declaración conjunta para reclamar el ajuste a menos que hayan vivido separados durante el año fiscal. Al presentar una declaración conjunta, la pareja debe calcular los requisitos 1, 2 y 3 por separado para cada uno de ellos. Sin embargo, el requisito 4 se aplica a su AGI combinado. Si se cumplen todos los requisitos, la cantidad en el Formulario 2106, línea 10, se coloca en el Formulario 1040, Anexo 1, línea 12.

Reservistas de las Fuerzas Armadas

Si el contribuyente es miembro de la reserva militar, Guardia Nacional o miembro del Cuerpo de Reserva del Servicio de Salud Pública de los EE. UU., el gasto por viajar a más de 100 millas de su hogar principal es deducible. Los gastos deducibles están limitados a las tarifas de viáticos federales para la ciudad a la que viaja el contribuyente.

Los reservistas de las Fuerzas Armadas son miembros de un componente de reserva de las siguientes organizaciones:

- El Ejército, la Armada, la Infantería de Marina o la Fuerza Aérea de los Estados Unidos.
- La Reserva de la Guardia Costera.
- La Guardia Nacional del Ejército de los Estados Unidos.
- La Guardia Nacional Aérea de los Estados Unidos.
- El Cuerpo de Reserva del Servicio de Salud Pública.

Funcionarios públicos estatales o locales a base de honorarios

Los funcionarios públicos estatales o locales en base a honorarios califican si están empleados por un estado o una subdivisión política de un estado y son compensados en su totalidad o en parte por honorarios. Según la Ley de Normas Justas de Trabajo (FLSA), una "base de honorarios" se define de la siguiente manera:

> Los empleados administrativos y profesionales pueden recibir pagos en base a honorarios. Se considerará que un empleado recibe un pago en base a "honorarios" en el sentido de estas regulaciones si al empleado se le paga una suma acordada por un solo trabajo, independientemente del tiempo requerido para su finalización. Estos pagos se asemejan a los pagos por trabajo a destajo con la importante distinción de que generalmente se paga una "tarifa" por el tipo de trabajo que es único en lugar de por una serie de trabajos repetidos un número indefinido de veces y por los cuales se paga sobre una base idéntica una y otra vez. Los pagos basados en la cantidad de horas de días trabajados y no en el cumplimiento de una tarea determinada no se consideran pagos a comisión (Sección 541.605).

Cuenta de ahorros para la salud

Las contribuciones de las cuentas de ahorro para la salud tanto del empleador como del empleado se declaran en el Formulario 8889 y pueden reclamarse como un ajuste a los ingresos en el Formulario 1040, Anexo 1, Línea 13. Las distribuciones hechas desde la HSA que se pagaron por gastos médicos que califican se pueden excluir de los ingresos. Si se aportó el monto máximo posible de la HSA, entonces ese monto pasará a estar sujeto a impuestos en la declaración de impuestos.

Una cuenta de ahorros para la salud (HSA) es un fideicomiso exento de impuestos o una cuenta de custodia que se configura con un fideicomisario HSA calificado para pagar o reembolsar ciertos gastos médicos incurridos. Si bien esta cuenta siempre está asociada a un plan de seguro médico, una HSA no es un seguro médico. Lo que separa a este tipo de cuenta de una cuenta de ahorro regular son las ventajas fiscales asociadas a la misma. El contribuyente recibirá un formulario de impuestos indicando la cantidad exacta depositada en la cuenta al final del año, y esa cantidad es deducible de impuestos.

A fin de calificar para contribuir a una HSA como persona elegible, el contribuyente debe cumplir con los siguientes requisitos:

- Tener un plan de salud con deducible alto (HDHP) como se explica más adelante en este capítulo.
- No tener otra cobertura de salud, excepto la cobertura permitida.
- No estar inscrito en Medicare.
- No se podrá reclamar como dependiente en otra declaración.

Cualquier persona puede contribuir al plan para el contribuyente, y no se necesita un permiso o autorización del IRS para establecer una HSA. Cuando se establece una HSA, el contribuyente tendrá que trabajar con un fideicomisario HSA calificado, que puede ser un banco, una compañía de seguros o cualquier persona que ya haya sido aprobada por el IRS como fiduciaria de cuentas de jubilación individuales (IRA) Archer o Cuentas de Ahorro para la Salud (MSA) Archer. La HSA se puede establecer a través de un fiduciario que no es un proveedor del plan de salud.

Regla del último mes

Si el contribuyente es una persona elegible el primer día del último mes del año fiscal del contribuyente, se considera que es una persona elegible durante todo el año. El contribuyente debe seguir siendo una persona elegible durante el año fiscal. Para la mayoría de los contribuyentes, esto sería del 1 de enero al 31 de diciembre, lo que significa que la regla del último mes entraría en vigor a partir del 1 de diciembre. Si el contribuyente no es elegible además de convertirse en discapacitado o fallecido, las contribuciones que se hicieron durante el año fiscal pasarán a ser gravables para el contribuyente. Esta cantidad también está sujeta a un impuesto adicional del 10%.

Límites de contribución de la HSA de 2022 con un HDHP:

Tipo de cobertura	Límite de contribución
Individual solamente	$3,650
Familiar	$7,300

Límites de contribución de la HSA de 2023 con un HDHP:

Tipo de cobertura	Límite de contribución
Individual solamente	$3,850
Familiar	$7,750

Límites deducibles anuales de 2022:

Tipo de cobertura	Deducción mínima anual	Deducción máxima anual
Individual solamente	$1,400	$7,050
Familiar	$2,800	$14,100

Límites deducibles anuales de 2023:

Tipo de cobertura	Deducción mínima anual	Deducción máxima anual
Individual solamente	$1,500	$7,050
Familiar	$3,000	$14,100

El límite máximo anual de desembolso no se aplica a los deducibles ni a los gastos por servicios que no pertenecen a la red, si el plan utiliza una red de proveedores. Solo se deben usar los deducibles y los gastos de desembolso de los servicios dentro de la red para determinar si se alcanza el límite.

Contribuciones a una HSA

Las contribuciones hechas a la HSA en nombre del empleado por el empleador no se incluyen en los ingresos del contribuyente. Las contribuciones a la cuenta de un empleado por parte de un empleador que utiliza una reducción de salario a través de un plan de cafetería se consideran una contribución del empleador. Todas las contribuciones se declaran en el Formulario 8889 y deben presentarse con el Formulario 1040.

Distribuciones de una HSA

Generalmente, los gastos médicos que se han pagado durante el año no son reembolsados por el plan hasta que el contribuyente haya alcanzado el deducible. El contribuyente puede recibir una distribución libre de impuestos de la HSA para pagar o reembolsar los gastos médicos calificados después de que el contribuyente haya establecido una HSA. Las distribuciones recibidas por cualquier otro motivo están sujetas a un impuesto adicional.

Los tres tipos principales de HSA

1. Plan de salud de alto deducible (HDHP)

Un HDHP tiene:

- Un deducible anual más alto que los planes de salud típicos.
- Un límite máximo en la cantidad total anual deducible y los gastos médicos de desembolso.

Un HDHP puede proporcionar atención preventiva y otros beneficios sin deducible o con un deducible por debajo del mínimo anual. El cuidado preventivo puede incluir lo siguiente:

- Exámenes de rutina y evaluaciones periódicas de salud
- Atención prenatal de rutina y bienestar infantil
- Vacunas de niños y adultos
- Programas para dejar de fumar
- Programas de pérdida de peso

Consulte el Aviso 2019-45 del IRS para conocer más afecciones crónicas específicas preventivas que figuran como atención preventiva. https://www.irs.gov/pub/irs-drop/n-19-45.pdf

2. Cuenta de Ahorros para la Salud (MSA) Archer

Las MSA Archer son cuentas de ahorro de tipo IRA para ser utilizadas cuando el contribuyente tiene gastos médicos. Fueron creados para ayudar a los trabajadores independientes y a los empleados de ciertos pequeños empleadores a cubrir los costos médicos del titular de la cuenta, el cónyuge del titular de la cuenta o los dependientes del titular de la cuenta. Los MSA se pueden usar cuando el contribuyente tiene un seguro médico de bajo costo con un plan de salud de deducible alto (HDHP). Las contribuciones de la MSA son deducibles de impuestos.

La parte del gasto médico no cubierta por el seguro se puede retirar libre de impuestos de la MSA. El participante no puede pagar sus primas de seguro utilizando fondos en la MSA. Los contribuyentes que usan Medicare, que cuenta como seguro médico, no pueden usar ninguna MSA que tengan, a menos que sea una MSA de Medicare. Si el contribuyente no tiene gastos médicos en un año, las contribuciones permanecerán en la cuenta que se utilizará en el futuro. El máximo que el contribuyente puede aportar es el 65% del deducible del plan de salud para personas individuales (plan individual) y el 75% para familias.

3. Acuerdos de Gastos Flexibles (FSA) de Salud

Un FSA de salud generalmente se financia a través de una reducción salarial voluntaria y el reembolso de los gastos médicos a los empleados. No se informa un FSA en la declaración de impuestos y el límite de contribución de reducción de salario es de $2,850 y $3,050 para 2023. Independientemente de la cantidad aportada, el contribuyente puede recibir la cantidad de distribución libre de impuestos utilizada para pagar los gastos médicos calificados. Los trabajadores independientes no califican para esta reducción.

Parte 1 Preguntas de repaso

Para obtener el máximo beneficio de este capítulo, LTP recomienda que complete cada una de las preguntas a continuación y luego las compare con las respuestas de los comentarios que se proporcionan posteriormente. Según la normativa reguladora del autoaprendizaje, los proveedores deben presentar preguntas de repaso de manera intermitente a lo largo de cada curso de autoaprendizaje.

Estas preguntas y explicaciones no son parte del examen final y no serán calificadas por LTP.

ATIP1.1
¿Cuál de las siguientes opciones no es un ajuste a los ingresos?

a. Gastos del educador
b. Retiro anticipado de la multa
c. Pensión alimenticia
d. Deducciones detalladas

ATIP1.2
Julie es maestra de escuela secundaria y gastó $1,200 en su salón de clases. ¿Cuál sería el total de los gastos del educador calificado?

a. $1,200
b. $1,450
c. $300
d. $500

ATIP1.3
¿Cuáles son los límites de contribución familiar de la HSA para 2022 con un Plan de Salud con Deducible Alto?

a. $3,650
b. $7,300
c. $7,350
d. $7,050

ATIP1.4
La MSA Archer tiene grandes beneficios. ¿Cuál de las siguientes opciones no es un beneficio de la MSA Archer?

a. Los intereses u otras ganancias sobre el activo en la MSA Archer son libres de impuestos.
b. El contribuyente puede reclamar una deducción fiscal por contribuciones incluso si no detalla sus deducciones en el Formulario 1040.
c. Las contribuciones no pueden permanecer en la MSA Archer de un año a otro.
d. Todas las respuestas son correctas.

ATIP1.5

Heather acaba de convertirse en maestra de tercer grado. ¿Cuántas horas necesita trabajar Heather para calificar para el gasto del educador?

a. 250
b. 500
c. 900
d. 1,200

ATIP1.6

Joaquín, un maestro de séptimo grado que califica, compró artículos para su salón de clases y quiere saber cuáles de los siguientes califican para los gastos del educador.

1. Lápices de colores para su salón de clases para proyectos de arte.
2. Programa informático sobre estudios sociales para que los estudiantes hagan informes.
3. Libros de texto de ciencias que no son proporcionados por la escuela y que son necesarios para la investigación.
4. Suministros de papel para su uso personal.

a. 1, 2, y 3
b. Solo 4
c. 1 y 3
d. 1 y 2

ATIP1.7

¿Cuál de las siguientes opciones no define a un artista?

a. Un artista que prestó servicios en las artes escénicas como empleado de al menos dos empleadores durante el año fiscal.
b. Se recibieron salarios de $200 o más por empleador de al menos dos empleadores/.
c. Tenía gastos comerciales permitidos atribuibles a más del 10% de los ingresos brutos de las artes escénicas.
d. Había ajustado un ingreso bruto de $36,000 o más antes de deducir los gastos como artista intérprete o ejecutante.

ATIP1.8

Fernando enseña derecho tributario en dos colegios comunitarios diferentes y tiene gastos de negocios de empleados que no están cubiertos por sus empleadores. ¿Cuál de las siguientes personas ya no puede reclamar los gastos comerciales de los empleados?

1. Reservista de las Fuerzas Armadas.
2. Artista calificado.
3. Funcionarios públicos estatales o locales a base de honorarios.
4. Personas con discapacidades que reclaman gastos de trabajo relacionados con una discapacidad.
5. Maestros y funcionarios penitenciarios.

a. 1, 3, y 5
b. 2 y 4
c. 3, 4, y 5
d. 5

Parte 1 Respuestas a las preguntas de repaso

ATIP1.1
¿Cuál de las siguientes opciones no es un ajuste a los ingresos?

a. Gastos del educador
b. Retiro anticipado de la multa
c. Pensión alimenticia
d. Deducciones detalladas

Comentarios: Revise la sección *Ajustes a los ingresos.*

ATIP1.2
Julie es maestra de escuela secundaria y gastó $1,200 en su salón de clases. ¿Cuál sería el total de los gastos del educador calificado?

a. $1,200
b. $1,450
c. $300
d. $500

Comentarios: Revise la sección *Gastos del educador.*

ATIP1.3
¿Cuáles son los límites de contribución familiar de la HSA para 2022 con un Plan de Salud con Deducible Alto?

a. $3,650
b. $7,300
c. $7,350
d. $7,050

Comentarios: Revise la sección *Cuenta de Ahorro para la Salud.*

ATIP1.4
La MSA Archer tiene grandes beneficios. ¿Cuál de las siguientes opciones no es un beneficio de la MSA Archer?

a. Los intereses u otras ganancias sobre el activo en la MSA Archer son libres de impuestos.
b. El contribuyente puede reclamar una deducción fiscal por contribuciones incluso si no detalla sus deducciones en el Formulario 1040.
c. Las contribuciones no pueden permanecer en la MSA Archer de un año a otro.
d. Todas las respuestas son correctas.

Comentarios: Revise la sección *Cuenta de Ahorro para la Salud.*

ATIP1.5
Heather acaba de convertirse en maestra de tercer grado. ¿Cuántas horas necesita trabajar Heather para calificar para el gasto del educador?

a. 250
b. 500
c. 900
d. 1,200

Comentarios: Revise la sección *Gastos del educador*.

ATIP1.6
Joaquín, un maestro de séptimo grado que califica, compró artículos para su salón de clases y quiere saber cuáles de los siguientes califican para los gastos del educador.

1. Lápices de colores para su salón de clases para proyectos de arte.
2. Programa informático sobre estudios sociales para que los estudiantes hagan informes.
3. Libros de texto de ciencias que no son proporcionados por la escuela y que son necesarios para la investigación.
4. Suministros de papel para su uso personal.

a. 1, 2, y 3
b. Solo 4
c. 1 y 3
a. 1 y 2

Comentarios: Revise la sección *Gastos del educador*.

ATIP1.7
¿Cuál de las siguientes opciones no define a un artista?

a. Un artista que prestó servicios en las artes escénicas como empleado de al menos dos empleadores durante el año fiscal.
b. Se recibieron salarios de $200 o más por empleador de al menos dos empleadores.
c. Tenía gastos comerciales permitidos atribuibles a más del 10% de los ingresos brutos de las artes escénicas.
d. Había ajustado un ingreso bruto de $36,000 o más antes de deducir los gastos como artista intérprete o ejecutante.

Comentarios: Revise la sección *Formulario 2106: Gastos comerciales no reembolsados del empleado.*

ATIP1.8
Fernando enseña derecho tributario en dos colegios comunitarios diferentes y tiene gastos de negocios de empleados que no están cubiertos por sus empleadores. ¿Cuál de las siguientes personas ya no puede reclamar los gastos comerciales de los empleados?

1. Reservista de las Fuerzas Armadas.
2. Artista calificado.
3. Funcionarios públicos estatales o locales a base de honorarios.
4. Personas con discapacidades que reclaman gastos de trabajo relacionados con una discapacidad.
5. Maestros y funcionarios penitenciarios.

a. 1, 3, y 5
b. 2 y 4
c. 3, 4, y 5
d. 5

Comentarios: Revise la sección *Formulario 2106: Gastos comerciales no reembolsados del empleado.*

Parte 2 - Otros ajustes a los ingresos

Esta parte cubre otros ajustes que han sido modificados debido a la Ley de Reducción de Impuestos y Empleos. Los dos con más cambios son los gastos de mudanza y la pensión alimenticia.

Formulario 3903: Gastos de mudanza

Bajo ciertas circunstancias, los gastos de mudanza pueden reclamarse como ajustes a los ingresos. Los gastos de mudanza se declaran en el Formulario 1040, Anexo 1, línea 14. Complete y adjunte el Formulario 3903, *Gastos de mudanza*, a la declaración de impuestos para reclamar este ajuste. El contribuyente no tiene que detallar las deducciones para reclamar el ajuste. Si bien la Ley de Empleos y Reducción de Impuestos ha hecho varios cambios a los gastos de mudanza, todavía es importante que el profesional de impuestos sepa cómo funcionaron los ajustes de gastos de mudanza antes y después de la TCJA.

Gastos de mudanza antes de la TCJA

Para reclamar gastos de mudanza como ajustes a los ingresos, el contribuyente debe cumplir con los siguientes requisitos:

- La mudanza está estrechamente relacionada con el inicio del trabajo.
- El contribuyente cumple con la prueba de distancia.
- El contribuyente cumple con la prueba de tiempo.

El Señor 1040 dice: El mantenimiento de registros es vital para mantener un registro preciso de los gastos de una mudanza. El contribuyente debe guardar recibos, facturas, cheques cancelados, estados de cuenta de tarjetas de crédito y registros de distancia en millas para poder declarar correctamente el monto de los gastos de mudanza.

Antes de que se promulgara la Ley de Empleos y Reducción de Impuestos, los gastos de mudanza se reclamaban en función de si la mudanza se realizó junto con el trabajo o negocio del contribuyente. La distancia entre la antigua residencia y el nuevo lugar de trabajo debe ser por lo menos 50 millas más que la distancia entre la antigua residencia y el antiguo lugar de trabajo. Además, si al contribuyente no se le reembolsó ningún gasto de mudanza, podría declarar los gastos en el año en que fueron incurridos o cuando fueron pagados en su totalidad. Los siguientes gastos de mudanza podrían reclamarse como ajustes a los ingresos antes de la TCJA:

- El costo de embalaje y mudanza de artículos del hogar y efectos personales.
- El costo de almacenar y asegurar los artículos del hogar una vez transcurridos 30 días.
- El costo de conectar y desconectar los servicios públicos.
- El costo de un viaje, incluyendo el alojamiento, pero no las comidas, a la nueva residencia.
- El costo de los peajes y las tarifas de estacionamiento.

El contribuyente primero declararía los gastos de mudanza en el Formulario 3903 y luego en la línea 14 del Formulario 1040, Anexo 1. Si el contribuyente hubiera reembolsado los gastos de mudanza conforme a un *plan de expendios*, los gastos se declararían en el Formulario W-2 del contribuyente en la casilla 12 y se designarían con el código *P*. Los gastos reembolsados declarados con el código *P* no tienen que informarse en la declaración de impuestos. Si un contribuyente recibió un reembolso por los gastos de mudanza, no puede duplicar ni reclamar los gastos de mudanza como ajustes a los ingresos en su declaración de impuestos.

Para que un plan responsable sea considerado, el acuerdo de reembolso o asignación del empleador debe incluir las siguientes reglas:

- Los gastos deben tener una conexión comercial, lo que significa que el contribuyente debe haber pagado o incurrido en gastos deducibles mientras realiza servicios como empleado.
- El contribuyente debe contabilizar adecuadamente al empleador por estos gastos dentro de un período de tiempo razonable.
- El contribuyente debe devolver cualquier exceso de reembolso o asignación dentro de un período de tiempo razonable.

Ejemplo: Donald vive en Seattle, WA y aceptó un trabajo en Portland, ME. El nuevo empleador de Donald le reembolsó los gastos de viaje de Seattle a Portland utilizando su plan responsable. El empleador de Donald informaría el reembolso con el código *P* en su Formulario W-2, casilla 12.

Prueba de distancia

La distancia entre la ubicación de un trabajo y la residencia principal del contribuyente es la más corta de las rutas más comúnmente recorridas entre ellos. La prueba de distancia considera solo la ubicación de la residencia anterior, y no tiene en cuenta la ubicación de ninguna residencia nueva. Si el contribuyente tuvo más de un trabajo durante el año, solo use la ubicación del "trabajo principal" para calcular la distancia para esta prueba. Para determinar qué trabajo fue el "trabajo principal, evalúe los siguientes factores:

- El tiempo total empleado en cada trabajo.
- La cantidad de trabajo completado en cada trabajo.
- La cantidad de dinero ganado en cada trabajo.

Cualquiera que sea el trabajo que haya tenido el más alto o la mayoría de las opciones anteriores, es el trabajo principal.

Prueba de tiempo

El contribuyente también debe cumplir con una prueba de tiempo para calificar para los gastos de mudanza. De acuerdo con la prueba de tiempo, si un contribuyente se muda a otra ubicación y asegura que estaba relacionado con su trabajo, debe trabajar en la nueva ubicación durante al menos 39 semanas por los primeros 12 meses de su estadía a fin de reclamar los gastos de mudanza como ajustes a los ingresos.

El contribuyente necesitaría trabajar 39 semanas de las 52 semanas posteriores a la mudanza para calcular el trabajo a tiempo completo como empleado.

Gastos de mudanza durante la TCJA

Uno de los muchos cambios realizados por la TCJA fue suspender los ajustes por gastos de mudanza con una excepción: Los miembros activos de las Fuerzas Armadas que tengan una orden militar para mudarse o cambiar permanentemente su estación podrán reclamar gastos de mudanza si cumplen con los requisitos regulares. Para 2022, la tarifa estándar por milla es de 18 céntimos por milla de enero a junio y de 22 céntimos por milla de julio a diciembre. Para 2023, la tasa de kilometraje es de 22 céntimos por milla. Si el contribuyente ha realizado varias mudanzas en un año fiscal, entonces se utilizará un Formulario 3903 diferente para cada mudanza.

Un cambio de estación permanente puede ser cualquiera de las siguientes opciones:

- Un cambio de la residencia actual del contribuyente a su primer puesto de servicio.
- Una transferencia de un puesto permanente a otro.
- Un cambio de la última publicación permanente del contribuyente a un nuevo hogar en los Estados Unidos. La mudanza debe ocurrir dentro de un año a partir del final del servicio activo o dentro del período permitido designado por el Reglamento de Viaje Conjunto, que está fuera del alcance de este curso.

Multa por retiro anticipado de ahorros

Si un contribuyente retira dinero de un programa de ahorro e incurre en una multa, la multa es un ajuste permisible a los ingresos brutos. Esta multa se declara al contribuyente en el Formulario 1099-INT o el Formulario 1099-OID. El banco u otra institución privada impone la sanción por retiro anticipado. Declare la multa por retiro anticipado en el Formulario 1040, Anexo 1, línea 18 como un ajuste a los ingresos.

Pensión alimenticia pagada

La pensión alimenticia es un pago o una serie de pagos a un cónyuge o excónyuge requerido en virtud de un divorcio o en virtud de un acuerdo de separación que cumpla con ciertos requisitos. Cualquier pensión alimenticia que reciba un contribuyente debe ser declarada en el Formulario 1040, Anexo 1, Línea 2a. El monto de la pensión alimenticia que se pagó debe declararse en el Formulario 1040, Anexo 1, Línea 19a como un ajuste a los ingresos. El cónyuge que paga debe declarar el número de seguro social del destinatario en la Línea 19b. No todos los pagos recibidos de un cónyuge se consideran pensión alimenticia. Para obtener una descripción de lo que se considera pensión alimenticia, consulte la Publicación 504.

El término "instrumento de divorcio o separación" se refiere a lo siguiente:

- Un decreto de divorcio o mantenimiento separado o un "incidente de instrumento escrito" (consulte la Publicación 504 del IRS) de ese decreto.
- Un acuerdo de separación por escrito.
- Un decreto o un tipo de orden judicial que requiera que un cónyuge realice pagos por la manutención o el mantenimiento del otro cónyuge.

Los pagos que no son pensión alimenticia son los siguientes:

- Manutención de menores
- Asentamiento de bienes no en efectivo
- Pagos que son parte del ingreso de la sociedad conyugal del cónyuge del contribuyente
- Pagos para mantener la propiedad del pagador
- Uso de los bienes del pagador
- Liquidaciones de propiedades que no sean en efectivo, ya sea en una suma global o en cuotas
- Pagos voluntarios

Acuerdo de divorcio posterior a 2018

La pensión alimenticia ya no será un ajuste a los ingresos o una fuente de ingresos si el acuerdo de divorcio o separación se completa después del 31 de diciembre de 2018. La nueva ley se aplica si un acuerdo se firmó el 31 de diciembre de 2018 o antes y luego se modificó después de esa fecha. La nueva ley se aplica si la modificación hace estas dos cosas:

- Cambia los términos de la pensión alimenticia o los pagos de mantenimiento separados.
- Dice explícitamente que los pagos de pensión alimenticia o manutención separada no son deducibles por el cónyuge pagador ni se pueden incluir en los ingresos del cónyuge receptor.

Los acuerdos celebrados el 31 de diciembre de 2018 o antes, siguen las reglas anteriores. Si un acuerdo se modificó después del 1 de enero de 2019, el nuevo acuerdo debe indicar que están siguiendo las leyes de 2018, si las modificaciones no cambiaron lo que se describe anteriormente.

Las leyes de bienes gananciales pueden no aplicarse a una partida de ingresos de bienes gananciales, y pueden aplicarse normas especiales a los estados de bienes gananciales.

Ejemplo: Kathy y Lloyd viven en Arizona y son una pareja casada. El padre de Kathy falleció en 1995. Su madre vendió su residencia en el campo y se mudó a la ciudad para estar más cerca de sus amigos y de la iglesia. Su madre tenía un fideicomiso y falleció en 2019. Kathy fue beneficiaria del fideicomiso y recibió $75,000 como herencia. Dado que Kathy y Lloyd viven en un estado de bienes gananciales, tendría que depositar el dinero heredado en una cuenta bancaria separada para preservar su herencia. Si el dinero se depositó en una cuenta conjunta, la herencia pasa a ser de ambos. Consulte la publicación 504.

Deducción de Cuenta Individual de Jubilación (IRA)

Los contribuyentes pueden participar en un plan de ahorro personal que ofrece ventajas fiscales para reservar dinero para gastos de jubilación o educación. Este plan de ahorro personal se conoce como cuenta de jubilación individual o IRA. Hay diferentes tipos de IRA: tradicional, Roth, SIMPLE o de educación.

Es necesario comprender la diferencia entre una contribución y una deducción. Las contribuciones son los montos pagados al plan de un contribuyente, mientras que las deducciones son el monto real por el cual el contribuyente puede reducir su ingreso gravable.

Las personas que no hayan cumplido los 72 años con remuneración gravable pueden aportar a una IRA (con ciertas otras condiciones). La compensación para propósitos de la IRA incluye sueldos, salarios, comisiones, propinas, honorarios profesionales, bonificaciones y otras cantidades recibidas por servicios personales. También se incluye pensión alimenticia gravable y pagos de mantenimiento separados.

El monto deducible de las contribuciones de IRA puede ser limitado dependiendo de los siguientes dos factores:

- Si el contribuyente o cónyuge tenía un plan de pensión provisto por el empleador.
- El importe del ingreso bruto ajustado modificado.

El máximo que puede aportar un solo contribuyente es $6,000 o la compensación tributable del contribuyente, la que sea la más baja. Si los contribuyentes están casados y solo un cónyuge tiene una compensación sujeta a impuestos, la contribución máxima que puede hacer la pareja es de $12,000. El máximo monto que se puede aportar a una cuenta es de $6,000. Si los cónyuges casados tienen una remuneración de más de $6,000 cada uno, ambos pueden contribuir con $6,000.

Si el contribuyente tiene 50 años o más, puede hacer una contribución de "recuperación" a su cuenta IRA por un monto de $1,000. Los contribuyentes no pueden aportar más de $7,000 a su cuenta IRA durante el año fiscal. Las contribuciones deben ser en forma de dinero y la propiedad no puede ser aportada a una cuenta IRA.

Suponga que un contribuyente aporta más de $6,000 ($7,000 si tiene 50 años o más) en un año a una cuenta IRA. En ese caso, el contribuyente será multado con un impuesto sobre el exceso de aporte y utilidades cada año hasta que retire el exceso de aporte. Esta multa no se limita al año en que se realiza la contribución en exceso. El exceso de contribuciones debe declararse en el Formulario 5329, *Impuestos adicionales atribuibles a las IRA, otros planes de jubilación calificados, rentas vitalicias, contratos de dotación modificados y MSA,* Parte II.

Para el año fiscal 2023, el monto de la contribución es de $ 6,500 ($ 7,500 de 50 años o más).

Además del ajuste al ingreso bruto del contribuyente, el interés ganado en una cuenta IRA tradicional se acumula con impuestos diferidos hasta que se retira, lo que beneficia al contribuyente.

IRA conyugal

Un cónyuge que no trabaja puede aportar a una IRA tradicional las mismas cantidades que una persona que trabaja, $6,000 o $7,000 si es mayor de 50 años.

Formulario 1098-E: Préstamos para estudiantes calificados

Los proveedores de préstamos estudiantiles enviarán el Formulario 1098-E a sus prestatarios que tengan $600 o más de interés. Para que el contribuyente declare los intereses de su préstamo estudiantil, debe darse una de las siguientes circunstancias:

- El préstamo ha sido subsidiado, garantizado, financiado o tratado como un préstamo estudiantil bajo un programa del gobierno federal, estatal o local o una institución de educación postsecundaria.
- El préstamo está certificado por el prestatario como un préstamo estudiantil incurrido únicamente para pagar gastos de educación superior calificados.

Formulario de lectura 1098-E

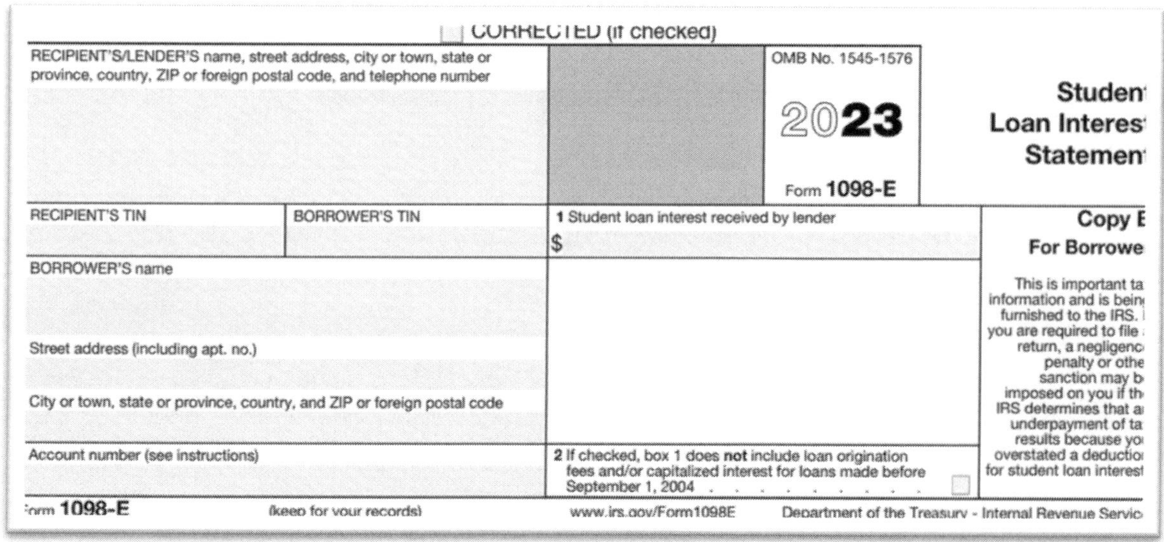
CORRECTED (if checked)

RECIPIENT'S/LENDER'S name, street address, city or town, state or province, country, ZIP or foreign postal code, and telephone number

OMB No. 1545-1576

2023

Form 1098-E

Student Loan Interest Statement

RECIPIENT'S TIN | BORROWER'S TIN

1 Student loan interest received by lender
$

Copy B
For Borrower

BORROWER'S name

Street address (including apt. no.)

City or town, state or province, country, and ZIP or foreign postal code

Account number (see instructions)

2 If checked, box 1 does **not** include loan origination fees and/or capitalized interest for loans made before September 1, 2004

This is important tax information and is being furnished to the IRS. If you are required to file a return, a negligence penalty or other sanction may be imposed on you if the IRS determines that an underpayment of tax results because you overstated a deduction for student loan interest.

Form 1098-E (keep for your records) www.irs.gov/Form1098E Department of the Treasury - Internal Revenue Service

Formulario 1098-E de 2023

Casilla 1: El interés recibido por el contribuyente por su préstamo estudiantil se muestra aquí, incluyendo los intereses capitalizados, así como las comisiones de creación del préstamo.

Casilla 2: Esta casilla está marcada si la casilla 1 tiene comisiones de creación de préstamos o intereses capitalizados que, por alguna razón, no se incluyeron en la casilla 1.

Período Académico

Un período académico incluye un semestre, trimestre u otro período de estudio (como una sesión de escuela de verano) según lo determine razonablemente una institución educativa. En el caso de una institución educativa que utiliza horas de crédito u horas de reloj y no tiene términos académicos, cada período de pago puede tratarse como un período académico.

Deducción de intereses de préstamos estudiantiles

Los contribuyentes con préstamos educativos pueden reclamar hasta $2,500 de intereses de préstamos educativos pagados en 2022 como ajustes a los ingresos. Aunque los intereses de préstamos estudiantiles del año anterior se declaran en la línea 33 del Formulario 1040 o en la línea 18 del Formulario 1040A, la deducción ahora se toma como un ajuste a los ingresos en el Formulario 1040, Anexo 1, Línea 21. El ajuste se permite en préstamos que califiquen para el beneficio del contribuyente o del cónyuge o dependiente del contribuyente cuando se incurrió en la deuda. El ajuste comienza a disminuir gradualmente a ingresos de $85,000 ($175,000 para MFJ). Las personas que declaren como MFS no pueden ajustar los intereses de los préstamos estudiantiles. Si se pagaron más de $600 en intereses sobre el préstamo estudiantil, se recibiría el Formulario 1098-E.

La persona por quien se pagaron los gastos debe haber sido un estudiante elegible; sin embargo, un préstamo no es un préstamo estudiantil calificado si se cumplen las dos condiciones siguientes:

- Cualquiera de los ingresos fue utilizado para otros fines.
- El préstamo fue otorgado por una persona relacionada, una persona que tomó prestado el producto de un plan de empleador calificado o un contrato adquirido bajo dicho plan.

Un estudiante elegible es una persona que cumple con las siguientes condiciones:

- Estaba matriculado en un título, certificado u otro programa (incluido un programa de estudios en el extranjero aprobado para crédito por la institución en la que está registrado el estudiante), que conduce a una credencial educativa reconocida en una institución educativa elegible.
- Llevó al menos la mitad de la carga de trabajo normal a tiempo completo para el curso de estudio que el estudiante está realizando.

Consulte la Publicación 970, *Beneficios fiscales para la educación.*

Parte 2 Preguntas de repaso

Para obtener el máximo beneficio de este curso, LTPA recomienda que complete cada una de las preguntas a continuación, y luego las compare con las respuestas de los comentarios que se proporcionan posteriormente. Según la normativa reguladora del autoaprendizaje, los proveedores deben presentar preguntas de repaso de manera intermitente a lo largo de cada curso de autoaprendizaje.

Estas preguntas y explicaciones no son parte del examen final y no serán calificadas por LTP.

ATIP2.1
Antes de que la TCJA se convirtiera en ley, ¿qué contribuyente podía reclamar los gastos de mudanza?

a. Daniel, un electricista, se mudó a Idaho por un nuevo trabajo.
b. Dennis, quien se jubiló y se mudó a Florida.
c. Danelle, quien se mudó para asistir a la universidad.
d. Debbie ha vivido en la misma ciudad y recientemente se casó y se mudó con su esposo.

ATIP2.2
¿Qué persona puede reclamar los gastos de mudanza después de la TCJA?

a. David es un electricista militar activo que se muda a Idaho por un nuevo trabajo.
b. Damon se retiró y se mudó a Florida.
c. Diana, quien se mudó para asistir a la universidad.
d. Domingo, quien recientemente se casó y se mudó con su cónyuge.

ATIP2.3
Sergio y Faith se divorciaron el 2 de enero de 2020. Sergio debe pagar una pensión alimenticia de Faith de $1,500 por mes. ¿Qué escenario describe mejor cómo reclamar su pensión alimenticia?

a. Sergio podrá reclamar el ajuste y Faith reclamará la pensión alimenticia como ingreso.
b. Sergio no podrá reclamar el ajuste y Faith no reclamará la pensión alimenticia como ingreso.
c. Faith podrá reclamar el ajuste y Sergio reclamará la pensión alimenticia como ingreso.
d. Faith no reclamará el ajuste, y Sergio no puede reclamar el ajuste a los ingresos.

ATIP2.4
Conner es un empleado y quiere saber si puede deducir los gastos de mudanza. ¿Cuál de las siguientes pruebas de tiempo debe cumplir Conner para deducir los gastos de mudanza antes de la TCJA?

a. Conner debe trabajar a tiempo completo al menos por 39 semanas durante los primeros 12 meses.
b. Conner debe trabajar al menos medio tiempo por 39 semanas como mínimo durante los primeros 12 meses.
c. Conner debe trabajar a tiempo completo por al menos 21 semanas durante los primeros 6 meses.
d. Conner debe trabajar al menos medio tiempo durante el primer año.

ATIP2.5
¿Cuál de los siguientes puede reclamar gastos de mudanza durante la TCJA?

a. Bonita, quien se mudó de Florida a California por su nuevo trabajo.
b. Diego, quien se mudó de California a Nevada para recibir entrenamiento en la Marina.
c. Roberto, quien se mudó a una nueva casa en la misma ciudad.
d. Vicente, quien compró una casa nueva a 100 millas de distancia.

ATIP2.6
Rita se graduó de la universidad local hace cinco años. ¿Qué formulario recibiría para poder reclamar los intereses de su préstamo estudiantil?

a. Formulario 1098-T
b. Formulario 1098
c. Formulario 1098-E
d. Formulario 1099-A

ATIP2.7
¿Cuál de los siguientes escenarios describe mejor cuándo Gilbert puede reclamar su préstamo estudiantil?

a. Un programa de préstamos para estudiantes sin garantía subsidia el préstamo para estudiantes de Gilbert.
b. El préstamo estudiantil de Gilbert está garantizado como un préstamo estudiantil únicamente para pagar los gastos de educación superior.
c. Gilbert no asiste a una escuela de educación superior calificada.
d. Gilbert asiste a una escuela secundaria privada y sus padres sacaron un préstamo para su casa.

Parte 2 Respuestas a las preguntas de repaso

ATIP2.1
Antes de que la TCJA se convirtiera en ley, ¿qué contribuyente podía reclamar los gastos de mudanza?

a. Daniel, un electricista, se mudó a Idaho por un nuevo trabajo.
b. Dennis, quien se jubiló y se mudó a Florida.
c. Danelle, quien se mudó para asistir a la universidad.
d. Debbie ha vivido en la misma ciudad y recientemente se casó y se mudó con su esposo.

Comentarios: Revise la sección *Formulario 2106: Gastos de empleados no reembolsados.*

ATIP2.2
¿Qué persona puede reclamar los gastos de mudanza después de la TCJA?

a. **David es un electricista militar activo que se muda a Idaho por un nuevo trabajo.**
b. Damon se retiró y se mudó a Florida.
c. Diana, quien se mudó para asistir a la universidad.
d. Domingo, quien recientemente se casó y se mudó con su cónyuge.

Comentarios: Revise la sección *Reservista de las Fuerzas Armadas*.

ATIP2.3
Sergio y Faith se divorciaron el 2 de enero de 2020. Sergio debe pagar una pensión alimenticia de Faith de $1,500 por mes. ¿Qué escenario describe mejor cómo reclamar su pensión alimenticia?

a. Sergio podrá reclamar el ajuste y Faith reclamará la pensión alimenticia como ingreso.
b. **Sergio no podrá reclamar el ajuste y Faith no reclamará la pensión alimenticia como ingreso.**
c. Faith podrá reclamar el ajuste y Sergio reclamará la pensión alimenticia como ingreso.
d. Faith no reclamará el ajuste, y Sergio no puede reclamar el ajuste a los ingresos.

Comentarios: Revise la sección *Pensión alimenticia pagada.*

ATIP2.4
Conner es un empleado y quiere saber si puede deducir los gastos de mudanza. ¿Cuál de las siguientes pruebas de tiempo debe cumplir Conner para deducir los gastos de mudanza antes de la TCJA?

a. **Conner debe trabajar a tiempo completo al menos por 39 semanas durante los primeros 12 meses.**
b. Conner debe trabajar al menos medio tiempo por 39 semanas como mínimo durante los primeros 12 meses.
c. Conner debe trabajar a tiempo completo por al menos 21 semanas durante los primeros 6 meses.
d. Conner debe trabajar al menos medio tiempo durante el primer año.

Comentarios: Revise la sección *Gastos de mudanza antes de la TCJA*.

ATIP2.5
¿Cuál de los siguientes puede reclamar gastos de mudanza durante la TCJA?

a. Bonita, quien se mudó de Florida a California por su nuevo trabajo.
b. **Diego, quien se mudó de California a Nevada para recibir entrenamiento en la Marina.**
c. Roberto, quien se mudó a una nueva casa en la misma ciudad.
d. Vicente, quien compró una casa nueva a 100 millas de distancia.

Comentarios: Revise la sección *Gastos de mudanza durante la TCJA*.

ATIP2.6
Rita se graduó de la universidad local hace cinco años. ¿Qué formulario recibiría para poder reclamar los intereses de su préstamo estudiantil?

a. Formulario 1098-T
b. Formulario 1098
c. **Formulario 1098-E**
d. Formulario 1099-A

Comentarios: Revise la sección *Lectura del Formulario 1098-E*.

ATIP2.7
¿Cuál de los siguientes escenarios describe mejor cuándo Gilbert puede reclamar su préstamo estudiantil?

a. Un programa de préstamos para estudiantes sin garantía subsidia el préstamo para estudiantes de Gilbert.
b. El préstamo estudiantil de Gilbert está garantizado como un préstamo estudiantil únicamente para pagar los gastos de educación superior.
c. Gilbert no asiste a una escuela de educación superior calificada.
d. Gilbert asiste a una escuela secundaria privada y sus padres sacaron un préstamo para su casa.

Comentarios: Revise la sección *¿Qué gastos califican para las deducciones de matrícula y cuotas?*

Parte 3 Ajustes de trabajo independiente

Los contribuyentes que trabajan de forma independiente deben pagar las porciones de los impuestos de Medicare y de seguro social tanto al empleador como al empleado. Debido a que el trabajador independiente paga la cantidad total, puede reclamar un ajuste a los ingresos equivalente a la mitad del impuesto sobre el trabajo independiente. Este impuesto se calcula en el Anexo SE, y luego el ajuste se lleva al Formulario 1040, Anexo 1, Línea 15. Si el contribuyente tiene salarios W-2, las ganancias netas de trabajo independiente del contribuyente se combinan con su salario al determinar el límite de ingresos para el impuesto sobre el trabajo independiente.

Impuesto sobre el trabajo independiente

El impuesto sobre el trabajo independiente no se aplica a los ingresos obtenidos como accionista de una sociedad anónima S o como socio limitado de una sociedad (excepto para pagos garantizados). El impuesto sobre el trabajo independiente se calcula en el Anexo SE y debe pagarse si se aplica lo siguiente:

- Las ganancias netas del año por trabajo independiente (excluyendo los ingresos como empleado de la iglesia) fueron de $400 o más.
- Los ingresos anuales de los empleados de la Iglesia superan los $108.28.

Las reglas del impuesto sobre el trabajo independiente se aplican incluso si el contribuyente recibe beneficios del Seguro Social y Medicare. Se aplican reglas especiales a los trabajadores que realizan servicios en el hogar para personas mayores o discapacitadas. Los cuidadores generalmente se clasifican como empleados de las personas a las que cuidan. Los trabajadores independientes pueden tener que hacer pagos trimestrales estimados al IRS. Consulte la Sección 6017 del IRC y las Instrucciones del Anexo SE.

Planes de jubilación para trabajo independiente

Esta partida para ajustes se asigna a los contribuyentes que son trabajadores independientes y que proporcionan planes de jubilación para ellos mismos y sus empleados.

Los planes que se pueden deducir en esta línea son los siguientes:

- Planes de pensiones para empleados simplificados (SEP).
- Plan de contribución de incentivos de ahorros para empleados (SIMPLE).

- Planes calificados, incluidos los planes de recursos humanos (10) o Keogh, que están más allá del alcance de este curso.

SEP (Pensión de Empleado Simplificada)

Una empresa de cualquier tamaño puede establecer un tipo específico de IRA tradicional para sus empleados llamada Pensión de Empleado Simplificada (SEP), también conocida como SEP-IRA. Un trabajador independiente también es elegible para participar en este plan. Hay tres pasos básicos para comenzar una SEP:

- Debe tener un acuerdo formal por escrito para proporcionar beneficios a todos los empleados elegibles.
- Debe proporcionar cierta información a cada empleado elegible.
- Se debe establecer una SEP-IRA para cada empleado.

El acuerdo formal por escrito debe indicar que el empleador proporcionará beneficios a todos los empleados elegibles bajo la SEP. El empleador puede adoptar un modelo provisto por el IRS al presentar el Formulario 5305-SEP. Se debe buscar asesoramiento profesional al establecer la SEP. El formulario 5305-SEP no se puede presentar si se cumple alguna de las siguientes condiciones:

- La compañía ya tiene un plan de jubilación calificado que no sea una SEP.
- La compañía tiene empleados elegibles cuyas IRA no se han establecido.
- La compañía utiliza el servicio de empleados arrendados que no son empleados de hecho.
- La compañía es miembro de uno de los siguientes actividades o negocios:
    - Un grupo de servicio afiliado descrito en la sección 414(m).
    - Un grupo controlado de sociedades anónimas descrito en la sección 414(b).
    - Un comercio o negocio bajo control común como se describe en la sección 414(c).
- La compañía no paga el costo de las contribuciones de la SEP.

Las contribuciones se hacen a las IRA (SEP-IRA) de los participantes elegibles en ese plan. El interés se acumula libre de impuestos hasta que el participante comienza a hacer retiros. Los límites de contribución se basan en las ganancias netas.

Un contribuyente es elegible para una SEP si cumple con los siguientes requisitos:

- Ha cumplido 21 años.
- Ha trabajado para el empleador durante al menos 3 de los últimos cinco años.
- ha recibido al menos $600 en compensación del empleador durante cada uno de los últimos tres años fiscales.

El menor de los siguientes montos es el monto máximo que un empleador puede contribuir anualmente a la IRA de un empleado:

- $61,000 (para 2022).
- $66,000 (para 2023).
- 25% de la remuneración del empleado, o 20% para el contribuyente que trabaja de forma independiente.

Las contribuciones hechas por el empleador no son declaradas como ingresos por el empleado, ni pueden ser deducidas como una contribución IRA. El exceso de contribuciones se incluye en los ingresos del empleado para el año y se tratan como contribuciones. No incluya las a contribuciones de la SEP en el Formulario W-2 del empleado a menos que las contribuciones sean contribuciones antes de impuestos.

Ejemplo: Susan Plant ganó $21,000 en 2022. Debido a que la contribución máxima del empleador para 2022 es el 25% de la remuneración del empleado, el empleador puede aportar solo $5,250 a su SEP-IRA (25% x $21,000).

Plan de jubilación SIMPLE

Un plan de jubilación SIMPLE es un plan de jubilación con ventajas impositivas que ciertos pequeños empleadores (incluidos los trabajadores independientes) pueden establecer para beneficiar a sus empleados.

Se puede establecer un plan SIMPLE para cualquier empleado que recibió al menos $5,000 en remuneración durante los dos años anteriores al año calendario actual y se espera razonablemente que reciba al menos $5,000 durante el año calendario actual. Los trabajadores independientes también son elegibles. El plan también puede usar directrices menos restrictivas, pero puede que no sean más estrictas.

Los aplazamientos electivos del empleado de la reducción del salario se limitan a $14,000 o $17,000 ($3,000 adicionales) si tienen 50 años o más (para 2022). Para 2023 el límite es de $15,500. Las contribuciones para la reducción del salario no se tratan como contribuciones de actualización. El empleador puede igualar los diferimientos del empleado por dólar hasta el 3% de la compensación del empleado.

IRA SIMPLE

Una IRA SIMPLE es un plan que usa cuentas IRA separadas para cada empleado elegible. Un plan SIMPLE es un acuerdo escrito (acuerdo de reducción de salario) entre el contribuyente y su empleador que le permite al contribuyente optar por realizar una de las siguientes acciones:

- Reducir la compensación del contribuyente en un cierto porcentaje en cada período de pago.
- Hacer que el empleador aporte las reducciones de salario a una IRA SIMPLE en nombre del contribuyente. Estas contribuciones se llaman " contribuciones de reducción de salario".

Todas las contribuciones bajo un plan IRA SIMPLE deben hacerse a las IRA SIMPLE, no a otro tipo de IRA. La IRA SIMPLE puede ser una cuenta de jubilación individual o una renta vitalicias de jubilación individual. Además de las contribuciones de reducción de salario, el empleador debe hacer contribuciones equivalentes o contribuciones no electivas. El contribuyente es elegible para participar en el plan SIMPLE de su empleador si cumple con los siguientes requisitos:

- Recibieron una compensación de su empleador dos años antes del año en curso.
- Se espera razonablemente que reciban al menos $5,000 en compensación durante el año calendario en el que se realizaron las contribuciones.

La diferencia entre el plan de jubilación SIMPLE y la IRA SIMPLE es que el plan de jubilación es parte de un plan 401(k), y el plan IRA utiliza IRA individuales para cada empleado. Consulte la Publicación 560.

Deducción del seguro médico de trabajadores independientes

Los contribuyentes que son trabajadores independientes pueden reclamar (como ajustes a los ingresos en el Formulario 1040, Anexo 1, línea 17) el 100% de la cantidad pagada en 2022 por seguro médico y seguro de cuidado a largo plazo calificado para el contribuyente y la familia del contribuyente si se aplica alguna de las siguientes condiciones:

- El contribuyente es un trabajador independiente.
- El contribuyente es un socio general (o socio limitado que recibe pagos garantizados) en una sociedad.
- El accionista posee más del 2% de las acciones en circulación de una sociedad anónima S.

Las primas no son deducibles en ningún mes en que el contribuyente o cónyuge fuera elegible para participar en un plan de salud subsidiado por el empleador. El ingreso ganado también limita la deducción. El Anexo C sería la utilidad neta menos la deducción contributiva SE (Anexo 2, línea 4) y las deducciones SEP (Anexo 1, línea 16). Los trabajadores independientes deben tener una utilidad neta del año para deducir sus primas pagadas como ajustes a los ingresos.

La deducción del seguro médico de trabajador independiente debe calcularse usando la *Hoja de trabajo* para la *deducción del seguro médico* que se encuentra en la Publicación 535.

Si se aplica alguna de las siguientes excepciones, la hoja de cálculo anterior no se puede usar:

- El contribuyente tenía más de una fuente de ingresos sujeta al trabajo como independiente.
- El contribuyente presentó el Formulario 2555.
- El contribuyente incluyó su seguro calificado de cuidado a largo plazo para calcular la deducción.

Parte 3 Preguntas de repaso

Para obtener el máximo beneficio de este curso, LTPA recomienda que complete cada una de las preguntas a continuación, y luego las compare con las respuestas de los comentarios que se proporcionan posteriormente. Según la normativa reguladora del autoaprendizaje, los proveedores deben presentar preguntas de repaso de manera intermitente a lo largo de cada curso de autoaprendizaje.

Estas preguntas y explicaciones no son parte del examen final y no serán calificadas por LTP.

ATIP3.1
¿Cuál de las siguientes opciones no es un plan de jubilación de trabajador independiente?

a. Plan de Pensiones para Empleados Simplificados (SEP)
b. Plan de Compensación de Incentivos para Ahorros para Empleados (SIMPLE)
c. Plan HR 10 o Keogh
d. Plan 401(k)

ATIP3.2
¿Cuál de las siguientes opciones es un ajuste a los ingresos?

a. Gastos de mudanza para todos excepto para militares activos
b. Gastos de matrícula calificados
c. Seguro médico del empleado
d. Parte deducible del trabajo independiente

ATIP3.3
¿Cuál de las siguientes opciones declara el seguro médico del trabajador independiente?

a. Anexo A
b. Anexo SE
c. Anexo 1, Parte II
d. Anexo C

ATIP3.4
El impuesto sobre el trabajo independiente se aplica a todas las personas que tienen ganancias netas de ____ o más.

a. $600
b. $400
c. $1,200
d. $2,100

Parte 3 Respuestas a las preguntas de repaso

ATIP3.1
¿Cuál de las siguientes opciones no es un plan de jubilación de trabajador independiente?

a. Plan de Pensiones para Empleados Simplificados (SEP)
b. Plan de Compensación de Incentivos para Ahorros para Empleados (SIMPLE)
c. Plan HR 10 o Keogh
d. Plan 401(k)

Comentarios: Revise la sección *Planes de jubilación para trabajo independiente.*

ATIP3.2
¿Cuál de las siguientes opciones es un ajuste a los ingresos?

a. Gastos de mudanza para todos excepto para militares activos
b. Gastos de matrícula calificados
c. Seguro médico del empleado
d. Parte deducible del trabajo independiente

Comentarios: Revise la sección *Impuesto sobre el trabajo independiente.*

ATIP3.3
¿Cuál de las siguientes opciones declara el seguro médico del trabajador independiente?

a. Anexo A
b. Anexo SE
c. Anexo 1, Parte II
d. Anexo C

Comentarios: Revise la sección *Deducción del seguro médico de trabajadores independientes.*

ATIP3.4
El impuesto sobre el trabajo independiente se aplica a todas las personas que tienen ganancias netas de ____ o más.

a. $600
b. $400
c. $1,200
d. $2,100

Comentarios: Revise la sección *Impuesto sobre el trabajo independiente.*

Aportes

Los contribuyentes pueden tomar varias "deducciones" directamente en la declaración de impuestos. Estas "deducciones", sin embargo, no son deducciones detalladas o estandarizadas (se analizan más adelante), sino que se denominan ajustes a los ingresos, ya que "ajustan" los ingresos brutos del contribuyente. Los ajustes también se conocen como "por encima de la línea", lo que significa que aparecen por encima de la línea en el formulario de impuestos para el ingreso bruto ajustado.

Una HSA es una cuenta de ahorros para la salud que se configura exclusivamente para pagar los gastos médicos calificados del beneficiario de la cuenta o del cónyuge o dependientes del beneficiario de la cuenta. Otros ajustes a los ingresos que se pueden reclamar son partes deducibles del impuesto sobre el trabajo independiente, las deducciones de la IRA, el seguro médico de trabajadores independientes y los intereses de préstamos estudiantiles de más de $600 y menos de $2,500.

¡PON A PRUEBA TUS CONOCIMIENTOS!
Ve en línea para tomar una prueba de práctica.

Capítulo 6 Otros impuestos y sanciones al contribuyente

Introducción

Este capítulo ofrece una visión general de los impuestos declarados en el Anexo 2. Algunos otros impuestos comunes que un preparador de impuestos verá son:

- Impuesto mínimo alternativo (AMT)
- Impuestos adicionales sobre las cuentas individuales
- Impuesto adicional de Medicare
- Impuesto adicional sobre las cuentas IRA
- Exceso de impuestos del Seguro Social
- Impuestos sobre el empleo doméstico
- Impuesto sobre los rendimientos netos de las inversiones (NIIT)
- Impuesto sobre los trabajadores independientes (se tratará en un capítulo posterior)
- Ingresos por propinas no declarados

Objetivos

Al final de este capítulo, el alumno:

- Completará el formulario 1040, Anexo 2.
- Explicará cuándo un contribuyente debe devolver la bonificación fiscal por primas.
- Comprenderá la imponibilidad del exceso de Seguro Social.
- Identificará cuándo un contribuyente debe pagar un impuesto adicional sobre las cuentas IRA de jubilación.
- Aclarará cuándo utilizar el Anexo H.

Recursos

Formulario 1040	Publicación 17	Formulario de Instrucciones 1040
Formulario 4137	Publicación 334	Formulario de Instrucciones 4137
Formulario 5329	Publicación 560	Formulario de Instrucciones 5329
Formulario 5405	Publicación 575	Formulario de Instrucciones 5405
Formulario 6251	Publicación 590-B	Formulario de Instrucciones 6251
Formulario 8919	Publicación 594	Formulario de Instrucciones 8919
Formulario 8959	Publicación 721	Formulario de Instrucciones 8959
Formulario 8962	Publicación 939	Formulario de Instrucciones 8962
Formulario 8965	Publicación 974	Formulario de Instrucciones 8965
Anexo 2	Tema tributario 410, 554,	Instrucciones del Anexo 2
Anexo H	556, 557, 558, 560, 561,	Instrucciones para el Anexo H
Anexo SE	611, 612, 653	Instrucciones para el Anexo SE

Contenido

Parte 1 Impuestos adicionales del Anexo 2

ANEXO 2
(Formulario 1040(SP))
Department of the Treasury
Internal Revenue Service

Impuestos Adicionales

Adjunte al Formulario 1040(SP), 1040-SR(SP) o 1040-NR(SP).
Visite *www.irs.gov/Form1040SP* para obtener las instrucciones y la información más reciente.

OMB No. 1545-0074
2022
Attachment Sequence No. 02

Nombre(s) que aparece(n) en el Formulario 1040(SP), 1040-SR(SP) o 1040-NR(SP)	Su número de Seguro Socia

Parte I **Impuestos**

1	Impuesto mínimo alternativo. Adjunte el Formulario 6251	1	
2	Reintegro del excedente del crédito tributario de prima de seguro médico pagado por adelantado. Adjunte el Formulario 8962	2	
3	Sume las líneas **1** y **2**. Anote aquí y en la línea **17** del Formulario 1040(SP), 1040-SR(SP) o 1040-NR(SP)	3	

Porción del anexo 2

Línea 1 Impuesto mínimo alternativo (formulario 6251)

El impuesto mínimo alternativo (AMT) se aplica a los contribuyentes que pueden acogerse a determinadas deducciones en virtud de la legislación fiscal. El impuesto adicional grava las partidas preferentes, que normalmente son ingresos exentos de impuestos o una cantidad elevada de deducciones detalladas. Si el contribuyente ha deducido partidas preferentes y sus ingresos superan una determinada cantidad, el AMT recalcula el impuesto sobre la renta tras añadir de nuevo las partidas preferentes al ingreso bruto ajustado. Como su nombre indica, el AMT es el impuesto mínimo posible para que los contribuyentes no puedan quedarse sin pagar impuestos, a pesar de las exclusiones, créditos o deducciones que se hayan podido aplicar. Si una cantidad adecuada de los ingresos de un contribuyente procede de los conceptos preferentes, y esos ingresos superan las cantidades preestablecidas que se comentan a continuación, tendrá que pagar el AMT aunque de otro modo hubiera reducido su cuota tributaria por debajo de cero. El formulario 6251 calcula el AMT y lo declara en el Anexo 2, línea 1. El AMT podría compensar los impuestos personales y empresariales.

El AMT se determina en función de los ingresos del contribuyente. Si un contribuyente con un exceso de deducciones recibe una cantidad de ingresos que exceda de $75,900 (2022) (para soltero y cabeza de familia), y $118,100 (2022) (para viudo(a) calificado o casado que presenta una declaración conjunta), y $59,050 (para contribuyentes que presentan una declaración por separado), entonces se activará y aplicará el AMT. El tipo del AMT de 2022 era del 26% sobre los primeros $206,100 de ingresos. Si los ingresos del contribuyente superan los $199,900, el tipo impositivo es del 28%. El umbral AMT de los contribuyentes casados que declaran por separado es de $103,050. Para 2023, la cantidad AMT es de $81,300 para solteros y $126,500 para parejas casadas. El 2023 comienza a eliminar gradualmente como un solo declarante en $578,150 y para casados conjuntamente $1,079,800.

El AMT se calcula utilizando el ingreso tributario mínimo alternativo (AMTI) en lugar del ingreso bruto ajustado (AGI). Si la cantidad de AMTI es cero, entonces el contribuyente utilizaría su AGI para calcular el AMT después de reducir la cantidad de AGI por su deducción detallada o estándar y la deducción de ingresos empresariales cualificados. El AMTI no puede ser reducido por la deducción estándar o la pérdida neta calificada por desastre que incrementó la deducción estándar. Esta cantidad se añadirá de nuevo en el cálculo AMT más tarde. Para 2022 el exceso de AMTI es de $206,100 para todos los contribuyentes. Para 2023 el AMTI es de $220,700 para todos los contribuyentes, excepto los casados que declaran por separado, y ese exceso es de $110,350.

Los siguientes contribuyentes deben presentar el Formulario 6251:

1. Si la línea 7 del formulario 6251 es mayor que la línea 10.
2. El contribuyente solicitó un crédito empresarial general, y cualquiera de las líneas 6 o 25 de la Parte I del Formulario 3800 es superior a cero.
1. El contribuyente solicitó la deducción por vehículo eléctrico cualificado en el formulario 8834, utilizando la parte personal de la deducción por propiedad para repostaje de vehículos de combustible alternativo en el formulario 8911 o el impuesto mínimo del año anterior en el formulario 8801.
2. El total de las líneas 2c a 3 del formulario 6251 es negativo y la línea 7 es mayor que la línea 10, si no se han tenido en cuenta las líneas 2c a 3.

La exención comienza a reducirse progresivamente cuando la renta individual alcanza los $539,600 y los $1,079,800 para los contribuyentes casados que presentan una declaración conjunta. Véanse las instrucciones del formulario 6251.

Los contribuyentes que necesitan presentar el Formulario 8801, *Crédito por impuesto mínimo del año anterior*, pueden ser personas físicas, sucesiones o fideicomisos. Este formulario se utiliza cuando el contribuyente tiene un crédito trasladable al año siguiente. El contribuyente había solicitado un crédito de vehículo calificado que no fue permitido. Otra causa podría ser el pasivo AMT y ajustes o preferencias que no eran un elemento de exclusión. Véase la Sección 53 del Código IRC.

Línea 2 Crédito fiscal por exceso de prima anticipada (formulario 8962)

Aunque no hay penalización por no tener seguro médico, si el contribuyente adquirió asistencia médica a través del Mercado, el particular debe completar el formulario 8962 para calcular si necesita devolver el reembolso del crédito fiscal de la prima.

Form **8962** Department of the Treasury Internal Revenue Service

Premium Tax Credit (PTC)

Attach to Form 1040, 1040-SR, or 1040-NR.
Go to *www.irs.gov/Form8962* for instructions and the latest information.

OMB No. 1545-0074 **2022** Attachment Sequence No. **73**

Name shown on your return | Your social security number

A. You cannot take the PTC if your filing status is married filing separately unless you qualify for an exception. See instructions. If you qualify, check the box

Porción del formulario 8962

Mediante el formulario 8962, el Crédito Fiscal para Primas (PTC) es un crédito que puede ayudar a las personas y a sus familias a pagar su seguro médico si se han inscrito en un plan de salud calificado a través del Mercado. El Mercado es un intercambio para aquellos que necesitan atención médica calificada para comprar planes calificados, y un contribuyente puede ser capaz de reclamar el Crédito Tributario de Prima si un individuo y su familia fiscal (como se define a continuación) se inscribieron a través del Mercado para un plan de salud calificado. Para más información, consulte la Publicación 974 y las Instrucciones del Formulario 8962. El Crédito Fiscal de la Prima se declara tanto en el Formulario 1040 como en el Formulario 1040NR.

Términos que debe conocer a efectos del PTC:

- ***Familia fiscal***: La familia fiscal está compuesta por el contribuyente y/o su cónyuge y la(s) persona(s) que reúne(n) los requisitos. El tamaño de la familia es el número de personas que cumplen los requisitos declarados en la declaración de la renta, a menos que el contribuyente y su cónyuge sean declarados como dependientes en otra declaración de la renta.
- ***Renta familiar***: Los ingresos del hogar son los ingresos brutos modificados del contribuyente y su cónyuge si presentan declaración conjunta. Añada el AGI modificado de todas las personas declaradas como dependientes y obligadas a presentar una declaración de la renta debido al umbral. Los ingresos del hogar no incluyen el AGI modificado de los dependientes que presentan la declaración sólo para recibir su reembolso.
- ***AGI modificado***: El AGI modificado es el AGI más los ingresos específicos no sujetos a impuestos. Estos ingresos son las rentas del trabajo en el extranjero, los intereses exentos de impuestos y la parte de las prestaciones del Seguro Social no imponibles.
- ***Cobertura de familia***: La cobertura de familia incluye a todas las personas de la familia fiscal que están inscritas en un plan de salud calificado y no son elegibles para la cobertura mínima esencial (MEC) más allá de la cobertura en el mercado individual. Los individuos incluidos en la cobertura familiar pueden cambiar de un mes a otro. Si un individuo de la familia fiscal no está inscrito en un plan de salud calificado o está inscrito en un plan de salud calificado, pero es elegible para la cobertura esencial mínima, no está incluido en la cobertura de la familia. El crédito fiscal para primas está disponible para pagar la cobertura de las personas incluidas en la cobertura de familia.
- ***Importe mensual del crédito***: Importe del crédito fiscal de un mes. El PTC del año es la suma de todos los importes de crédito mensuales. El importe del crédito mensual es el menor de los siguientes:
  - Las primas de inscripción del mes para uno o más planes de salud calificados en los que se inscribió cualquier individuo de la familia fiscal.
  - El importe mensual aplicable de la Prima del Segundo Plan Plata de Costo Más Bajo (SLCSP) una vez deducido el importe de la aportación mensual.

- Para tener derecho al importe del crédito mensual, al menos un miembro de la familia fiscal debe estar inscrito en un plan de salud calificado el primer día del mes. El crédito mensual no se aplicará si la familia fiscal no estaba inscrita en un plan de salud calificado el día 1 del mes. Véase las instrucciones del formulario 8962.

- ***Primas de inscripción*:** Total de las primas mensuales de uno o más planes de salud calificados en los que se inscribió cualquier miembro de la familia fiscal. El formulario 1095-A informa de las primas de inscripción. El profesional fiscal debe pedir ver todos los formularios relacionados con la cobertura médica.
- ***El segundo plan de seguro médico con el precio más bajo en la categoría Plata aplicable (SLCSP)*:** El segundo plan más barato de la categoría plata es, como su nombre indica, el segundo plan más barato de la categoría plata (de la que hablamos en el apartado "Niveles de los planes del mercado"). No es el más barato, sino el segundo más barato. Es importante conocer la prima del SLCSP que se ofrece en su zona, porque esa prima es uno de los elementos que se utilizan para calcular el PTC. La prima del SLCSP es una prima distinta de la prima de afiliación descrita anteriormente.
- ***Importe de la contribución mensual*:** El importe de la cotización mensual es también uno de los elementos que se utilizan para calcular el importe de la bonificación fiscal por primas. La cuota mensual es el importe de los ingresos que el contribuyente debe abonar en concepto de primas mensuales.
- ***Plan de Salud Calificado*:** Un plan de seguro médico calificado adquirido a través del Mercado. Los planes de salud catastróficos y los planes dentales independientes adquiridos a través del Mercado, así como todos los planes adquiridos a través de los Programas de Opciones de Salud para Pequeñas Empresas, no son planes de salud calificados.

Cobertura mínima esencial (MEC)

La cobertura mínima esencial incluye programas patrocinados por el gobierno, planes elegibles patrocinados por la empresa, planes del mercado individual y cualquier otra cobertura que el Departamento de Salud y Servicios Humanos designe como cobertura mínima esencial:

- Planes de salud ofrecidos en el mercado individual.
- Planes de salud con derechos adquiridos.
- Programas patrocinados por el Gobierno.
- Planes patrocinados por la empresa.
- Otros planes de cobertura de salud designados como cobertura esencial mínima por el Departamento de Salud y Servicios Humanos.

Señor 1040 dice: La cobertura mínima esencial no incluye la cobertura consistente únicamente en prestaciones exceptuadas. Entre las prestaciones exceptuadas se incluyen los planes oftalmológicos y dentales independientes (excepto la cobertura dental pediátrica), la cobertura de compensación de los trabajadores y la cobertura limitada a una enfermedad o dolencia específica. Un contribuyente puede tener cualquiera de estos tipos de cobertura y seguir teniendo derecho a la PTC en su plan de salud calificado.

La disposición sobre la responsabilidad individual compartida obliga al contribuyente y a cada miembro de su familia a realizar una de las siguientes acciones:

- Tener cobertura de salud calificada.
- Cumplir los requisitos para una exención de cobertura médica.

- Realizar un pago de responsabilidad compartida al presentar su declaración federal de la renta.

Muchas personas ya tienen una cobertura esencial mínima y no tienen que hacer nada más que mantener la cobertura e informar de ella cuando presentan su declaración de la renta. Si el contribuyente está cubierto por alguno de los siguientes tipos de planes, se considera cubierto por la ley de asistencia médica y no pagará una multa ni obtendrá una exención de cobertura médica:

- Cualquier plan del Mercado o cualquier plan de seguro individual ya establecido.
- Cualquier plan basado en el trabajo, incluidos los planes para jubilados y la cobertura COBRA.
- Medicare Parte A o Parte C.
- La mayor parte de la cobertura de Medicaid.
- El Programa de Seguro Médico Infantil (CHIP).
- La mayoría de los planes de salud individuales comprados fuera del Mercado, incluidos los planes "con derechos adquiridos" (no todos los planes vendidos fuera del Mercado califican como cobertura esencial mínima).
- Dependientes menores de 24 años cubiertos por el seguro de sus padres.
- Cobertura médica autofinanciada ofrecida a los estudiantes por las universidades para los años de plan o póliza que comenzaron el 31 de diciembre de 2014 o antes. El contribuyente debe consultar con la universidad para confirmar que su plan es una cobertura esencial mínima.
- Cobertura médica para los voluntarios del Cuerpo de Paz.
- Ciertos tipos de cobertura médica para veteranos a través del Departamento de Asuntos de Veteranos.
- Programa de Prestaciones de Salud del Fondo No Asignado del Departamento de Defensa.
- Asistencia Médica a los Refugiados.
- Grupos estatales de alto riesgo para los años de plan o póliza que comenzaron el 31 de diciembre de 2014 o antes. El contribuyente debe consultar con la agrupación de alto riesgo para confirmar que su plan es una cobertura esencial mínima.

Para obtener una lista más detallada de los tipos de planes que pueden o no constituir una cobertura mínima esencial. Consulte las instrucciones del formulario 8965, *Exenciones de la cobertura de salud.*

Niveles del Plan del Mercado

La ACA exige que todas las pólizas nuevas, incluidos los planes que se vendan en el mercado (excepto los planes independientes dentales, oftalmológicos y de atención a largo plazo), se ajusten a una de las cuatro categorías de prestaciones establecidas por la Ley de Protección al Paciente y Atención Médica Asequible (PPACA). La PPACA estableció cuatro niveles de cobertura basados en el concepto de "valor actuarial", que es la parte de los gastos de salud que el plan cubre para un grupo típico de afiliados. A medida que los planes aumenten su valor actuarial, cubrirán una mayor parte de los gastos médicos generales de los afiliados, aunque los detalles podrían variar según los distintos planes. Los niveles de cobertura previstos en la PPACA son fundamentales para la cobertura que obtendrán los particulares y la forma en que cada uno percibirá en última instancia los efectos de la ley de reforma de la salud.

Los cuatro niveles del Mercado son:

Bronce 60%
Plata 70%
Oro 80%
Platino 90%

La ACA prevé una reducción de la participación en los gastos para los afiliados que elijan un plan de la categoría plata en el mercado federal o estatal. Las reducciones de la participación en los gastos se consiguen exigiendo a las aseguradoras que creen variantes de cada plan plata estándar, y que cada variante cumpla un valor actuarial sucesivamente más alto. El gobierno federal reembolsa a las compañías de seguros la pérdida de beneficios resultante de reducir los costos para sus clientes. El reembolso se conoce como "subvención".

Cobertura a través del empleador

Si el contribuyente y otros miembros de su familia tuvieron la oportunidad de afiliarse a un plan ofrecido por su compañía para 2023, se considera que el contribuyente tiene derecho a la MEC. Incluso si la cobertura ofrecida cumplía un nivel mínimo de asequibilidad y proporcionaba un nivel mínimo de prestaciones. Por lo general, la cobertura ofrecida por un empleador se considera asequible para el contribuyente y los miembros de la familia que reúnan los requisitos y puedan afiliarse a la cobertura. La parte del coste anual de la cobertura individual, que a veces se denomina contribución obligatoria del empleado, no supera el 9.78% de los ingresos familiares.

Ejemplo: Don tenía derecho a inscribirse en la cobertura de su empleador para 2023, pero en su lugar solicitó cobertura en un plan de salud autorizado a cargo del Mercado de Seguros. Don proporcionó información precisa sobre la cobertura de su empleador al Mercado de Seguro, y el Mercado de Seguro determinó que la oferta de cobertura no era asequible, y que Don era elegible para APTC. Don se inscribió en el plan de salud cualificado para 2023. Don consiguió un nuevo empleo con cobertura del empleador en el que podría haberse inscrito a partir del 1 de septiembre de 2023, pero decidió no hacerlo. Don no volvió al Mercado de Seguro para determinar si era elegible para el APTC para los meses de septiembre a diciembre de 2023, y permaneció inscrito en el plan de salud autorizado. Don no se considera elegible para la cobertura patrocinada por el empleador para los meses de enero a agosto de 2023 porque dio información precisa al Intercambio de Seguros sobre la disponibilidad de cobertura del empleador, y el Mercado de Seguros determinó que era elegible para APTC para la cobertura en un plan de salud autorizado. Sin embargo, la determinación del mercado no se aplica a los meses de septiembre a diciembre de 2023. Esto se debe a que Don no proporcionó información al Mercado de Seguros sobre la oferta de cobertura de su nuevo empleador. Si Don es considerado elegible para la cobertura patrocinada por el empleador y no elegible para el PTC para los meses de septiembre a diciembre de 2023 se determina bajo las reglas de elegibilidad descritas en Planes Patrocinados por el Empleador. Si el contribuyente no puede obtener beneficios bajo un plan patrocinado por el empleador hasta después de que un período de espera haya expirado, el contribuyente no es tratado como elegible para esa cobertura durante el período de espera. Véase la Publicación 974.

Pagos anticipados del crédito fiscal para el pago de primas

Si el contribuyente compró un seguro a través del Mercado de Seguros Médicos, puede ser elegible para un Crédito Fiscal Anticipado para Primas (APTC) para ayudar a pagar la cobertura del seguro. Recibir demasiado poco o demasiado por adelantado afectará el reembolso del contribuyente o el saldo adeudado. Para evitar tener que pagar un anticipo, el contribuyente debe ponerse en contacto con el proveedor de seguros para informar al Mercado de Seguro lo antes posible de los cambios en los ingresos o en el tamaño de la familia.

Si el contribuyente y los miembros de su familia están inscritos en la cobertura del Mercado de Seguros, se debe recibir el Formulario 1095-A del Mercado con los meses de cobertura y las cantidades de APTC pagadas. Si el contribuyente ha recibido un formulario 1095-A en el que figura el APTC, deberá presentar el formulario 8962, aunque no esté obligado a hacerlo de otro modo. La bonificación fiscal por prima del contribuyente se determina en función del importe de la prima del segundo plan plateado de menor costo ofrecido por un intercambio en la circunscripción en la que resida el contribuyente.

La compensación fiscal por primas se limita al importe de la prima pagada por el plan elegido. La compensación puede pagarse por adelantado, directamente a la Compañía de Seguros. El contribuyente que tenga derecho al pago anticipado de la ayuda puede rechazarlo y recibir el importe íntegro del crédito en la declaración de la renta. Los requisitos y la cuantía del crédito dependen del tamaño de la familia y de los ingresos familiares. Una pareja casada debe presentar una declaración conjunta para solicitar el crédito. Si una pareja casada presenta la declaración por separado, no tiene derecho al crédito. Si los contribuyentes presentan la declaración por separado porque son víctimas de maltrato doméstico, consulte la Notificación 2014-23 para conocer los criterios.

Un contribuyente se le permite un crédito reembolsable y por adelantado para ayudar a subvencionar la compra de un seguro de salud. El contribuyente debe tener unos ingresos familiares de al menos el 100% pero no más del 400% del umbral federal de pobreza para el tamaño de su familia. El contribuyente no debe ser beneficiario de un seguro médico patrocinado por el empleador (incluido COBRA) o de determinados planes gubernamentales, como Medicare.

Las personas que adquieran un seguro médico a través del Mercado de Seguros pueden optar por recibir el crédito por adelantado. Con esta opción, el gobierno haría los pagos al seguro médico por el contribuyente. La diferencia entre el crédito anticipado y el crédito permitido puede reclamarse o pagarse cuando el contribuyente presente su declaración de la declaración actual.

Por ingresos familiares se entiende una cantidad igual a la suma de las siguientes cantidades:

- El Ingreso Ajustado Modificado (MAGI) del contribuyente.
- El MAGI de todas las demás personas físicas que se encuentren en alguna de las siguientes situaciones:
    - Se tiene en cuenta en el tamaño de la familia.
    - Está obligado a presentar una declaración de la renta para el año conforme al artículo 1 del IRC sin tener en cuenta la excepción para un hijo cuyos padres opten por acogerse al artículo 1(g)(7) del IRC.

Recuerde que el Ingreso Bruto Ajustado Modificado (MAGI) es el ingreso bruto ajustado, más todo lo siguiente:

- El importe excluido en virtud del IRC §911, *Exclusión de los ingresos procedentes del extranjero.*
- Ingresos por intereses exentos de impuestos.
- La parte excluida de las prestaciones del Seguro Social.

Reembolso del excedente del crédito fiscal por primas anticipadas

El Crédito fiscal para primas ayuda a pagar las primas de seguros de salud que se adquirieron a través del Mercado de Seguros de Salud. Si los pagos anticipados de este crédito se hicieron para la cobertura del contribuyente, cónyuge o dependientes, se utilizaría el Formulario 8962. Si los pagos adelantados fueron superiores al Crédito Fiscal para Primas, el contribuyente tiene un excedente a devolver, que se declara en el Anexo 2, línea 46, y se añade a su obligación tributaria, lo que significa que pagando sus impuestos también devolverá ese excedente. Una obligación tributaria adicional podría deberse a que el contribuyente o su cónyuge tuvieran un aumento de ingresos y no informaran del cambio al Mercado de Seguros. Si los pagos adelantados superan el crédito permitido, la deuda tributaria impuesta para el ejercicio fiscal se incrementa en la diferencia.

Asignación de políticas compartidas

Por cada mes del año en que el contribuyente, su cónyuge o las personas a su cargo no hayan disfrutado de una cobertura mínima esencial y no tengan una exención de cobertura, es posible que el contribuyente tenga que efectuar un pago individual de responsabilidad compartida en la declaración de la renta. El importe del pago anual es un porcentaje de los ingresos familiares del contribuyente o una cantidad fija en dólares, según cuál sea mayor. La prima media nacional está limitada para un plan de salud de nivel bronce en el Mercado de Salud.

Parte 1 Preguntas de repaso

Para obtener el máximo beneficio de este capítulo, LTP recomienda que completes cada una de las siguientes preguntas, y luego las compares con las respuestas con comentarios que siguen en forma inmediata. De acuerdo con las normas de autoaprendizaje vigentes, los proveedores deben presentar preguntas de repaso de manera intermitente a lo largo de cada curso de formación autodidacta.

Estas preguntas y explicaciones no forman parte del examen final y no serán calificadas por el LTP.

OTTPP1.1
Betty está sujeta al impuesto mínimo alternativo (AMT). ¿Qué formulario se utiliza para calcular su AMT?

a. Formulario 6251
b. Formulario 4868
c. Formulario 8863
d. Formulario 8801

OTTPP1.2
Un contribuyente puede acogerse a una exención para solicitar la exclusión de la "responsabilidad compartida". ¿Qué formulario debe utilizar el contribuyente para declarar la exclusión?

a. Formulario 8611
b. Formulario 8965
c. Formulario 8828
d. Formulario 8834

OTTPP1.3
¿Cuál de las siguientes afirmaciones no es cierta en relación con el formulario 8962, *Crédito fiscal para Primas*?

a. Es un crédito que puede ayudar a las personas y a sus familias a pagar su seguro médico.
b. Se declara en el Anexo 2, línea 2, y se calcula mediante el formulario 8962.
c. Es un crédito que proporciona seguro médico para el contribuyente y su familia.
d. El contribuyente puede ser capaz de reclamar el crédito fiscal de primas si un individuo y su familia fiscal inscrito a través del Mercado de Seguro para un plan de salud calificado.

OTTP1.4
¿Cuál de las siguientes afirmaciones no es cierta en relación con la bonificación fiscal anticipada de la prima (APTC)?

a. Ayuda a pagar la cobertura del seguro.
b. Recibir demasiado poco o demasiado por adelantado afectará al reembolso del contribuyente o al saldo adeudado.
c. Para evitar un saldo adeudado, comunique los cambios en los ingresos o en el tamaño de la familia al Mercado de Seguro lo antes posible.
d. El Crédito Fiscal Anticipado para Primas se considera un crédito reembolsable.

OTTPP1.5
¿Cuál es el importe de la exención del impuesto mínimo alternativo (AMT) para los casados que presentan una declaración conjunta?

a. $75,900
b. $118,100
c. $59,050
d. $578,150

OTTPP1.6
¿Cuál es el importe de la exención del impuesto mínimo alternativo (AMT) para los casados que declaran por separado?

a. $75,900
b. $118,100
c. $59,050
d. $578,150

OTTPP1.7
¿Cuál de los siguientes contribuyentes no utilizaría el Formulario 8801, *Crédito por Impuesto Mínimo del Año Anterior*?

a. Individual
b. Patrimonio
c. Fideicomiso
d. Sociedad

Parte 1 Respuestas a las preguntas de repaso

OTTPP1.1
Betty está sujeta al impuesto mínimo alternativo (AMT). ¿Qué formulario se utiliza para calcular su AMT?

a. Formulario 6251
b. Formulario 4868
c. Formulario 8863
d. Formulario 8801

Comentario: Revise la sección *Línea 1 Impuesto Mínimo Alternativo.*

OTTPP1.2
Un contribuyente puede acogerse a una exención para solicitar la exclusión de la "responsabilidad compartida". ¿Qué formulario debe utilizar el contribuyente para declarar la exclusión?

a. Formulario 8611
b. Formulario 8965
c. Formulario 8828
d. Formulario 8834

Comentario: Revise la sección *Asignación de Políticas Compartidas.*

OTTPP1.3
¿Cuál de las siguientes afirmaciones no es cierta en relación con el formulario 8962, *Crédito fiscal para Primas*?

a. Es un crédito que puede ayudar a las personas y a sus familias a pagar su seguro médico.
b. Se declara en el Anexo 2, línea 2, y se calcula mediante el formulario 8962.
c. Es un crédito que proporciona seguro médico para el contribuyente y su familia.
d. El contribuyente puede ser capaz de reclamar el crédito fiscal de primas si un individuo y su familia fiscal inscrito a través del Mercado de Seguro para un plan de salud calificado.

Comentario: Revisar la sección *Línea 2, Formulario 8962: Crédito fiscal para primas.*

OTTPP1.4

¿Cuál de las siguientes afirmaciones no es cierta en relación con la bonificación fiscal anticipada de la prima (APTC)?

a. Ayuda a pagar la cobertura del seguro.
b. Recibir demasiado poco o demasiado por adelantado afectará al reembolso del contribuyente o al saldo adeudado.
c. Para evitar un saldo adeudado, comunique los cambios en los ingresos o en el tamaño de la familia al Mercado de Seguro lo antes posible.
d. El Crédito Fiscal Anticipado para Primas se considera un crédito reembolsable.

Comentario: Revisar la sección *Pagos Anticipados del Crédito Fiscal para Primas.*

OTTPP1.5
¿Cuál es el importe de la exención del impuesto mínimo alternativo (AMT) para los casados que presentan una declaración conjunta?

a. $75,900
b. $118,100
c. $59,050
d. $578,150

Comentario: *Revisar la sección Línea 1 Impuesto Mínimo Alternativo.*

OTTPP1.6
¿Cuál es el importe de la exención del impuesto mínimo alternativo (AMT) para los casados que declaran por separado?

a. $75,900
b. $118,100
c. $59,050
d. $578,150

Comentario: Revisar la sección *Línea 1 Impuesto Mínimo Alternativo.*

OTTPP1.7
¿Cuál de los siguientes contribuyentes no utilizaría el Formulario 8801, *Crédito por Impuesto Mínimo del Año Anterior*?

a. Individual
b. Patrimonio
c. Fideicomiso
d. Sociedad

Comentario: Revisar la sección *Línea 1 Impuesto Mínimo Alternativo.*

Parte 2: Impuestos para Trabajadores Independientes

El trabajador independiente paga tanto el impuesto del empleador como el del empleado. En esta parte se tratarán los impuestos que debe pagar el trabajador independiente, así como la forma de pagar sus impuestos del Seguro Social y Medicare. Los demás impuestos se declaran en la Parte II del Anexo 2.

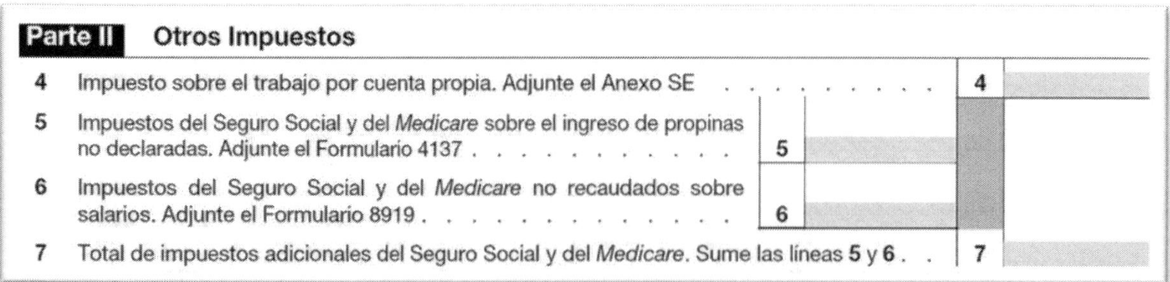

Parte II **Otros Impuestos**

4	Impuesto sobre el trabajo por cuenta propia. Adjunte el Anexo SE			4	
5	Impuestos del Seguro Social y del *Medicare* sobre el ingreso de propinas no declaradas. Adjunte el Formulario 4137	5			
6	Impuestos del Seguro Social y del *Medicare* no recaudados sobre salarios. Adjunte el Formulario 8919	6			
7	Total de impuestos adicionales del Seguro Social y del *Medicare*. Sume las líneas **5** y **6**			7	

Porción del Anexo 2

Línea 4: Impuesto sobre el Trabajo Independiente. Adjunte el Anexo SE

Esto se tratará en el capítulo "*Anexo federal C*".

Línea 5: Impuesto del Seguro Social y Medicare sobre los ingresos por propinas no declarados (Formulario 4137)

El formulario 4137 se utiliza para calcular el impuesto del Seguro Social y Medicare sobre las propinas no declaradas al empleador del contribuyente. Las propinas no declaradas se trataron en el capítulo 4, "Ingresos federales".

Línea 6: Impuesto del Seguro Social y Medicare no cobrado (Formulario 8919)

Si el contribuyente era un empleado, pero fue tratado como un contratista independiente por el empleador, el formulario 8919, Imp*uestos no cobrados del Seguro Social y Medicare sobre los salarios*, se utiliza para calcular y declarar la parte del contribuyente de los impuestos no cobrados del Seguro Social y Medicare adeudados sobre la remuneración. La presentación de este formulario garantiza que los impuestos del Seguro Social y Medicare se abonarán en el registro correcto del Seguro Social.

Línea 8: Impuesto adicional sobre cuentas IRA y otras cuentas con ventajas fiscales

La cantidad calculada del Formulario 5329 se declara en la Línea 8 del Anexo 2. El Formulario 5329 se utiliza para declarar los impuestos adicionales sobre los siguientes conceptos:

- Distribuciones anticipadas de una cuenta IRA.
- Distribuciones anticipadas de planes de jubilación calificados.
- Aportaciones excedentes realizadas a una cuenta IRA y a otras cuentas como:
  - Archer MSA
  - Cuenta de ahorros para gastos médicos
  - Cuenta ABLE
  - Cuenta de ahorro para educación Coverdell.
- El contribuyente no tributó por su distribución mínima obligatoria.

El impuesto adicional sobre un reembolso anticipado se incluye en el ingreso bruto del contribuyente y asciende a un 10% adicional, aunque existen algunas excepciones a la regla. El impuesto adicional del 10% sobre un reparto anticipado no se aplica a ninguno de los siguientes casos:

- Una distribución calificada en caso de catástrofe.
- Distribución de fondos de una cuenta IRA a una cuenta HSA calificada.
- Una distribución de una cuenta IRA tradicional o SIMPLE que se convirtió en una cuenta IRA Roth.
- Una transferencia Roth dentro del plan.
- Una distribución de determinadas aportaciones excesivas a la cuenta IRA.

Distribuciones Mínimas Obligatorias

Los custodios de la cuenta IRA, los fideicomisarios o el emisor de la cuenta IRA están obligados a proporcionar a los titulares de la cuenta IRA una declaración RMD en la que se indique la necesidad de efectuar la distribución. El contribuyente debe retirar el importe antes del 1 de abril del año siguiente a cumplir los 72 años. Si no retira la RMD antes de la fecha límite, puede tener que pagar un impuesto adicional del 50% del exceso acumulado. El contribuyente puede solicitar una exención de la tasa al IRS con un motivo razonable incluyendo una carta explicativa con el formulario 5329 junto con la declaración de la renta.

El excedente de acumulación relativo a las cuentas IRA tradicionales, Pensiones Simplificadas de Empleados (SEP), Planes de Ahorro de Incentivos para Empleados de Pequeñas Empresas (SIMPLE) y Cuentas de Jubilación Individuales (IRA) de beneficiarios se define como el importe que permanece en la cuenta IRA debido a que el titular o beneficiario de la cuenta no ha cumplido con un RMD.

Línea 9: Impuestos sobre el Empleo Doméstico

Los contribuyentes que contratan trabajadores domésticos pueden estar obligados a pagar y retener impuestos sobre el empleo a sus empleados. Los impuestos sobre el empleo incluyen el impuesto del Seguro Social, el impuesto de Medicare, el impuesto federal de desempleo, la retención del impuesto federal sobre la renta y los impuestos estatales sobre el empleo. Para determinar si el trabajador es independiente, debe proporcionar sus propias utilidades y ofrecer servicios al público en general en un negocio independiente.

Algunos ejemplos de trabajadores domésticos son: niñeras, cuidadores, personal de limpieza, trabajadores domésticos, conductores, auxiliares médicos, amas de llaves, criadas, niñeras, enfermeros privados, cocineros privados y trabajadores de jardinería. Un trabajador que presta servicios de guardería en su domicilio no suele ser empleado del contribuyente. Los trabajadores domésticos no se consideran empleados del contribuyente, sino trabajadores independientes si sus servicios se ofrecen al público en general en un negocio independiente.

Ejemplo: Melchor ha llegado a un acuerdo con Jess para que le cuide el césped. Melchior tiene un negocio de cuidado del césped y ofrece sus servicios al público en general. Melchior proporciona sus propias herramientas y suministros, y contrata y paga a sus empleados. Ni Melchior ni sus empleados son empleados del hogar de Jess.

El formulario 1040, Anexo H, *Impuestos sobre el Empleo Doméstico*, debe utilizarse para declarar los impuestos sobre el empleo doméstico si el contribuyente paga alguno de los siguientes salarios al empleado:

- Salarios del Seguro Social y Medicare iguales o superiores a $2400.
- Salarios de la Ley Federal de Impuestos de Desempleo (FUTA).
- Salarios de los que se retuvieron impuestos federales sobre la renta.

Si el contribuyente paga más de $2,400 en un año calendario a un empleado doméstico, debe pagar los impuestos del Seguro Social y Medicare de ese empleado y retener (o pagar) la parte de esos impuestos que le corresponde al empleado.

El contribuyente, que es el empleador, no está obligado a retener los impuestos federales sobre la renta de los empleados del hogar, a menos que el empleado solicite que se le practiquen retenciones y el empleador acceda a retener. El empleador debe hacer que su(s) empleado(s) complete(n) el formulario W-4, *Certificado de retenciones a cuenta del empleado.* Al igual que con los demás impuestos laborales, los impuestos federales sobre la renta retenidos pueden declararse en el Anexo H. El Anexo H se declara en el Formulario 1040, Anexo 2, línea 9. El Anexo H puede ser un formulario independiente si el contribuyente no presenta una declaración de impuestos anual. Si un preparador de impuestos pagado completó el formulario para el contribuyente, entonces ellos completarían la sección Uso Exclusivo del Preparador Pagado en el Anexo H.

Línea 10: Reembolso del crédito para compradores de su primera vivienda (Formulario 5405)

Si el contribuyente compró su residencia principal en 2008 y cumplió los requisitos para obtener el crédito para compradores de su primera vivienda, el contribuyente tiene que devolver el crédito que recibió en la declaración de la renta de 2008. El crédito que se recibió en 2008 fue un préstamo sin intereses para el contribuyente y debe devolverse en un plazo de 15 años. Si el contribuyente compró una vivienda antes del 8 de abril de 2008 y no fue propietario de otra vivienda principal durante los 36 meses anteriores a la fecha de compra y recibió el crédito, deberá reembolsar el préstamo.

Si el contribuyente vendió o remodeló la vivienda principal antes de reembolsar el crédito para compradores de su primera vivienda, la parte restante del préstamo debe reembolsarse en el año en que el contribuyente venda o remodele la propiedad. Este reembolso se declara mediante el formulario 5405 en el formulario 1040, anexo 2, línea 10.

Ejemplo: En junio de 2008, Watson compró su vivienda principal. Watson se mudó y convirtió su casa en un alquiler en 2022; Watson tendrá que devolver la parte restante del crédito de comprador de primera vivienda en su declaración de impuestos de 2022 porque la vendió antes de que finalizara el período de devolución de 15 años.

Línea 11: Impuesto adicional de Medicare (Formulario 8959)

El contribuyente puede estar sujeto a un impuesto adicional de Medicare del 0.9% que se aplica a los salarios de Medicare, a la compensación de la Ley de Jubilación Ferroviaria y a los ingresos por trabajo independiente que superen el umbral de declaración. Este impuesto es un impuesto del empleado, no del empleador. El empleador es responsable de retener el impuesto adicional una vez que la remuneración del contribuyente supere los $200,000 (independientemente de su estado civil) en un año calendario. El contribuyente no puede solicitar a su empleador que suspenda la retención del impuesto adicional. Si el contribuyente tiene ingresos salariales además de independientes, el umbral se reduce sobre los ingresos independientes, pero no se reduce a cero.

Estado de la solicitud	Umbrales de Importe
Casado con declaración conjunta	$250,000
Casado con declaración separada	$125,000
Soltero	$200,000
Cabeza de familia	$200,000
Cónyuge superviviente con hijo que reúne los requisitos	$200,000

Los umbrales arriba indicados no están indexados en función de la inflación.

Ejemplo: Terri, declarante soltera, tiene $130,000 en ingresos de trabajo independiente y $0 en salarios. Terri no está sujeta al impuesto adicional de Medicare y no tiene que presentar el formulario 8959.

Ejemplo: George y Jean están casados y presentan una declaración conjunta. George tiene $190,000 en salarios y Jean tiene $150,000 en compensación sujeta a impuestos de jubilación ferroviaria. Ni George ni Jean tienen salarios o compensaciones que superen los $200,000 porque sus empleadores no combinan los salarios y las compensaciones por jubilación ferroviaria para determinar si superan el umbral de $250,000 para una declaración conjunta. George y Jean no están sujetos al impuesto adicional.

Ejemplo: Carl, un declarante soltero, tiene $220,000 en ingresos de trabajo independiente y $0 en salarios. Carl debe presentar el formulario 8959, ya que está obligado a pagar el impuesto adicional de Medicare sobre $20,000 de sus ingresos de $220,000 ($220,000 menos el umbral de $200,000).

Línea 12: Impuesto sobre los Rendimientos Netos de las Inversiones (NIIT)

Declarado mediante el formulario 8960, el NIIT es un impuesto del 3.8% sobre la menor de las rentas netas de inversión o el exceso del importe de la renta bruta ajustada modificada del contribuyente que supere el umbral del estado civil. Por lo general, el NIIT incluye los ingresos y ganancias procedentes de actividades pasivas. A efectos del NIIT, una actividad pasiva, tal como se define en el artículo 469 del Código de Impuestos Internos, incluye la actividad de alquiler, independientemente de que el contribuyente haya participado materialmente o no. La actividad también debe ser un comercio o negocio según lo definido en §162 del Código de Rentas Internas y ser no pasiva antes de que el ingreso pueda ser excluido de NIIT. Las personas físicas que tengan NIIT e ingresos brutos ajustados modificados (MAGI) superiores a los siguientes umbrales deberán pagar el 3.8%:

Estado de declaración	Umbral de importe
Casado con declaración conjunta	$250,000
Casado que presenta la declaración por separado	$125,000
Soltero	$200,000
Cabeza de familia (con persona que reúne los requisitos)	$200,000
Cónyuge con hijos a cargo	$250,000

Los contribuyentes deben tener en cuenta que estos umbrales no están indexados en función de la inflación. Si una persona está exenta de los impuestos de Medicare, puede estar sujeta al NIIT si sus ingresos brutos ajustados modificados superan los umbrales.

El NIIT incluye los ingresos brutos procedentes de intereses, dividendos, ganancias de capital, rentas de alquiler y regalías, y rentas vitalicias, a menos que se obtengan en el curso ordinario de una actividad comercial o empresarial que sea:

1. No es una actividad pasiva,
2. Un comercio o negocio de instrumentos financieros o materias primas.

El impuesto sobre los rendimientos netos de las inversiones no se aplicará a ningún importe de ganancia que esté excluido de los ingresos brutos a efectos del impuesto sobre la renta ordinario. La exclusión legal preexistente en IRC §121 exime los primeros $250,000 (o $500,000 en el caso de una pareja casada que presenta una declaración conjunta) de la ganancia reconocida en la venta de una residencia principal de los ingresos brutos a efectos del impuesto sobre la renta regular y, por lo tanto, del NIIT. Para más información sobre el NIIT, visite www.irs.gov y consulte las preguntas frecuentes sobre el NIIT.

Las siguientes ganancias son ejemplos de partidas que se tienen en cuenta a la hora de calcular el NIIT:

- Ganancias por venta de acciones, bonos y fondos de inversión.
- Distribuciones de plusvalías procedentes de fondos de inversión.
  Ganancia por la venta de bienes inmuebles de inversión, incluida la ganancia por la venta de una segunda vivienda que no sea la residencia principal del contribuyente.
- Una ganancia procedente de la venta de participaciones en sociedades colectivas y sociedades de tipo S (en la medida en que el socio o accionista fuera un propietario pasivo).

Las distribuciones se tienen en cuenta a la hora de determinar el umbral de ingreso bruto ajustado modificado. Las distribuciones de un plan de jubilación no calificado se incluyen en las rentas netas de inversión. Se presentará el formulario 8960 si el contribuyente tributa por los rendimientos netos de las inversiones. Para más información, consulte las Secciones 1.1411-1 a 1.1411-10 del Reglamento del IRS.

El Fondo Permanente de Alaska es un dividendo que se paga a todos los residentes de Alaska que cumplan los requisitos. El dividendo se basa en una media de cinco años del rendimiento del Fondo Permanente, que se basa en el mercado de valores y otros factores. El dividendo es imponible en la declaración de la renta federal de los beneficiarios.

Impuestos adicionales

Los siguientes son otros impuestos declarados en el Formulario 1040, Anexo 2, línea 17:

- Formulario 8611 *Recuperación del crédito para viviendas de ingresos bajos*
- Formulario 8828 *Recuperación de la subvención hipotecaria federal*
- Formulario 8853 *Archer MSA y contratos de seguro de dependencia*
- Formulario 4255 *Recuperación del crédito a la inversión*
- Formulario 8889 *Cuenta de ahorros para gastos médicos*

Línea 18 Total impuestos adicionales

Sume los importes de 17a - z e indique el total en la línea 18. Esta es la cantidad total de Impuestos Adicionales. Reporte esta cantidad en el Formulario 1040, línea 23, para sumar la cantidad a la obligación tributaria total del contribuyente.

Línea 20 Cuota neta de la deuda tributaria

En esta línea figura el importe calculado a partir del formulario 965-A. Véanse las instrucciones del formulario 965-A.

Impuesto por hijos (formulario 8615)

Aunque el formulario 8615 no se incluye en el Anexo 2 como impuesto adicional, sí lo es para el progenitor. Si el progenitor reclama los ingresos no derivados del trabajo de su hijo, éste no presentará declaración de la renta. La reclamación de los ingresos no derivados del trabajo del hijo modificaría la obligación tributaria de los padres y podría afectar a los ingresos brutos ajustados (AGI) de los contribuyentes. La elección se hace anualmente. El progenitor puede reclamar los ingresos no derivados del trabajo de su hijo si éste cumple los siguientes requisitos:

1. El hijo obtuvo $2,300 o más de ingresos no procedentes del trabajo.
2. El hijo está obligado a presentar una declaración de la renta.
3. El hijo:
    a. Era menor de 18 años a finales de 2022.
    b. Tenía 18 años a finales de 2022 y no percibía ingresos superiores a la mitad de su manutención.
    c. Era un estudiante a tiempo completo de al menos 19 años y menor de 24 años a finales de 2022 y no tenía ingresos de trabajo que fueran más de la mitad de su manutención.
4. Al menos uno de los padres del hijo estaba vivo a finales de 2022.
5. El hijo no necesita presentar declaración conjunta para 2022.

Un "hijo", en lo que respecta a las normas del impuesto por hijos, incluye a los hijos legalmente adoptados y a los hijastros. Estas normas se aplican independientemente de que el hijo sea o no dependiente. Si ninguno de los progenitores del niño vivía al final del año, no se aplica ninguna de las normas.

La manutención incluye todas las cantidades gastadas para proporcionar al hijo alimentos, alojamiento, ropa, educación, atención médica y dental, ocio, transporte y necesidades similares. Para calcular la manutención del hijo, se contabiliza la manutención proporcionada por los padres y su hijo, y por otras personas que mantengan al hijo. Las becas recibidas no se consideran manutención si el hijo es estudiante a tiempo completo.

La Ley de Adaptación de cada Comunidad a la Jubilación (LEY SECURE) de 2019 derogó los cambios de la TCJA realizados para el impuesto por hijos. Para el año fiscal 2020 y más allá, la ley devuelve el impuesto por hijos a la tasa impositiva marginal del padre. Consulte la Publicación 919 y la Sección 1(g) del IRC.

Parte 2 Preguntas de repaso

Para obtener el máximo beneficio de este capítulo, LTP recomienda que complete cada una de las siguientes preguntas, y luego las compare con las respuestas con comentarios que siguen en forma inmediata. De acuerdo con las normas de autoaprendizaje vigentes, los proveedores deben presentar preguntas de repaso de manera intermitente a lo largo de cada curso de formación autodidacta.

Estas preguntas y explicaciones no forman parte del examen final y no serán calificadas por LTP.

OTTPP2.1
César paga a Rosa $200 semanales por limpiar su casa. Rosa no vive con César, pero también limpia las casas de otras personas. ¿Cuál de las siguientes situaciones describe mejor la responsabilidad fiscal de César?

a. César está obligado a retener los impuestos sobre el trabajo de Rosa.
b. César está obligado a pagar retenciones a cuenta a Rosa.
c. César no está obligado a retener impuestos sobre el trabajo a Rosa.
d. César no está obligado a pagar ni retener impuestos sobre el trabajo para Rosa.

OTTPP2.2
¿Cuál de los siguientes contribuyentes declararía otros impuestos en la línea 1 del Anexo 2?

a. Yesenia, que ganó $75,000 como salario bruto.
b. Paul, que ganó $12,000 como salario bruto y $75,000 de trabajo independiente.
c. Jim, que ganó $10,000 en intereses y $360,000 como salario bruto.
d. Kathy, que sólo tenía prestaciones del Seguro Social.

OTTPP2.3
Ezequiel, un declarante soltero, tiene $220,000 en ingresos de trabajo independiente y $0 en salarios. Ezequiel debe presentar el Formulario 8959 ya que está obligado a pagar el 0.9% del Impuesto Adicional de Medicare. ¿Cuál es el umbral del Impuesto Adicional de Medicare para los contribuyentes solteros?

a. $230,000
b. $250,000
c. $200,000
d. $125,000

OTTPP2.4
Jerimiah, un declarante soltero, tiene $420,000 en ingresos de trabajo independiente y $0 en salarios. Jerimiah debe presentar el Formulario 8959 ya que está obligado a pagar el 0.9% de Impuesto Adicional de Medicare. ¿Cuál es el umbral del Impuesto Adicional de Medicare para los contribuyentes solteros?

a. $230,000
b. $250,000
c. $200,000
d. $125,000

OTTPP2.5
Esther tiene 4 años y vive con sus padres. Quieren reclamar los ingresos que obtuvo como estrella de cine para una cadena de televisión local. Los ingresos obtenidos fueron de $2,310.45. ¿Cuál de las siguientes opciones describiría lo que Esther y sus padres necesitan hacer?

a. Los padres de Esther no deben reclamar sus ingresos por trabajo.
b. Esther necesitaría presentar su propia declaración de la renta como dependiente en otra declaración.
c. Esther no necesita presentar declaración, ya que no llega a la cantidad declarada.
d. Esther no puede ser declarada como dependiente en la declaración de sus padres.

OTTPP2.6

Stephen desea incluir los intereses y dividendos de su hijo Richard (incluidas las distribuciones de plusvalías) en su declaración del impuesto sobre la renta de las personas físicas. ¿Cuál de las siguientes opciones no permitiría a Stephen declarar los ingresos?

a. Richard tiene 18 años.
b. La renta bruta de Richard es de $7,500.
c. Richard sólo tenía ingresos por intereses y dividendos.
d. Richard tiene 22 años y es estudiante a tiempo parcial.

Parte 2 Respuestas a las preguntas de repaso

OTTPP2.1

César paga a Rosa $200 semanales por limpiar su casa. Rosa no vive con César, pero también limpia las casas de otras personas. ¿Cuál de las siguientes situaciones describe mejor la responsabilidad fiscal de César?

a. César está obligado a retener los impuestos sobre el trabajo de Rosa.
b. César está obligado a practicar retenciones a cuenta a Rosa.
c. César no está obligado a retener impuestos sobre el trabajo a Rosa.
d. César no está obligado a pagar ni retener impuestos sobre el trabajo por Rosa.

Comentario: Revisar sección *Línea 7a – Impuestos sobre el empleo doméstico.*

OTTPP2.2

¿Cuál de los siguientes contribuyentes declararía otros impuestos en la línea 1 del Anexo 2?

a. Yesenia, que ganó $75,000 como salario bruto.
b. Paul, que ganó $12,000 como salario bruto y $75,000 de trabajo independiente.
c. Jim, que ganó $10,000 en intereses y $360,000 como salario bruto.
d. Kathy, que sólo tenía prestaciones del Seguro Social.

Comentario: Revisar sección *Línea 8: Impuestos de otros formularios del IRS.*

OTTPP2.3

Ezequiel, un declarante soltero, tiene $220,000 en ingresos de trabajo independiente y $0 en salarios. Ezequiel debe presentar el Formulario 8959 ya que está obligado a pagar el 0.9% del Impuesto Adicional de Medicare. ¿Cuál es el umbral del Impuesto Adicional de Medicare para los contribuyentes solteros?

a. $230,000
b. $250,000
c. $200,000
d. $125,000

Comentario: Revisar la sección *Formulario 8959: Impuesto adicional de Medicare.*

OTTPP2.4
Jerimiah, está casado y presenta la declaración por separado, tiene $420,000 en ingresos de trabajo independiente y $0 en salarios. Jerimiah debe presentar el Formulario 8959 ya que está obligado a pagar el 0.9% del Impuesto Adicional de Medicare. ¿Cuál es el umbral del Impuesto Adicional de Medicare para los casados que declaran por separado?

a. $230,000
b. $250,000
c. $200,000
d. $125,000

Comentario: Revisar la sección *Formulario 8959: Impuesto adicional de Medicare.*

OTTPP2.5
Esther tiene 4 años y vive con sus padres. Quieren reclamar los ingresos que obtuvo como estrella de cine en la televisión local. Los ingresos obtenidos fueron de $2,310.45. ¿Cuál de las siguientes opciones describiría lo que Esther y sus padres necesitan hacer?

a. Los padres de Esther no deben reclamar sus ingresos por trabajo.
b. Esther necesitaría presentar su propia declaración de la renta como dependiente en otra declaración.
c. Esther no necesita presentar declaración, ya que no llega a la cantidad declarada.
d. Esther no puede ser declarada como dependiente en la declaración de sus padres.

Comentario: Revisar la sección *Impuesto por hijos.*

OTTPP2.6
Stephen desea incluir los intereses y dividendos de su hijo Richard (incluidas las distribuciones de plusvalías) en su declaración del impuesto sobre la renta de las personas físicas. ¿Cuál de las siguientes opciones no permitiría a Stephen declarar los ingresos?

a. Richard tiene 18 años.
b. Los ingresos brutos de Richard son de $7,500.
c. Richard sólo tuvo ingresos por intereses y dividendos.
d. Richard tiene 22 años y es estudiante a tiempo parcial.

Comentario: Revisar la sección *Impuestos sobre los hijos.*

Parte 3 Sanción al contribuyente

Sanciones e intereses

Las sanciones a los preparadores son aplicadas por el IRS bajo el Código de Ingresos §6694, y en §6695 *"Subestimación de la responsabilidad del contribuyente por el preparador de la declaración de impuestos", "Otras sanciones imponibles con respecto a la preparación de declaraciones de impuestos para otras personas"*. Estas sanciones por diligencia debida afectan tanto al contribuyente como al preparador fiscal. Los profesionales de la fiscalidad también pueden recibir sanciones en función de cómo preparen las declaraciones de sus clientes. Las sanciones a los preparadores se trataron en el Capítulo 1.

La legislación fiscal impone sanciones para garantizar que todos los contribuyentes paguen sus impuestos. Si los contribuyentes pagan de menos debido a un fraude, pueden ser objeto de una sanción civil por fraude. En esos casos, el contribuyente puede ser objeto de un proceso penal.

Las sanciones se tratan como adiciones a los impuestos y no son deducibles a efectos del impuesto federal sobre la renta. Los contribuyentes pueden recibir sanciones en función de si han presentado o no la declaración de la renta. La diligencia debida es responsabilidad tanto del contribuyente como del profesional fiscal. Se pueden imponer sanciones e intereses a un contribuyente por no presentar una declaración de la renta o por presentar una declaración incorrecta. Una declaración incorrecta podría ser cuando el contribuyente infravalora sus ingresos y sobrevalora sus gastos.

Si el contribuyente y el profesional fiscal preparan una declaración de impuestos con una infravaloración de la obligación tributaria, ambos podrían estar adoptando una postura frívola en la que no existe ninguna posibilidad creíble de que la declaración de impuestos sobreviva a una auditoría. En este caso, la sanción sería la mayor de $1,000 o el 50% de los ingresos obtenidos por el preparador de la declaración de impuestos con respecto a la declaración de impuestos. El preparador de la declaración de la renta puede enfrentarse a una sanción de $5,000 o el 50% de los ingresos derivados de la declaración de la renta si el intento de infravalorar la deuda tributaria es intencionado (IRC, §6695(a)).

Si una persona debe impuestos, el IRS calculará las multas y los intereses sobre la cantidad adeudada. Las sanciones se calculan sobre el saldo adeudado. Existen varios tipos de sanciones:

- No presentar la declaración.
- Impago.
- No pagar el impuesto estimado adecuado.
- Cheque rechazado.

Los intereses se acumulan hasta que el impuesto adeudado se paga en su totalidad. También puede cobrarse una multa por pago tardío, pero si el contribuyente demuestra un motivo razonable para no pagar a tiempo, puede que se le apliquen sanciones menores. El contribuyente debe hacer un buen esfuerzo para calcular correctamente y pagar el impuesto adeudado en la fecha de vencimiento.

Sanciones a los contribuyentes

Las siguientes sanciones son las más comunes para los contribuyentes.

Sanción por no presentar la declaración

La sanción por no presentar la declaración en la fecha de vencimiento es del 5% del importe del impuesto adeudado si el incumplimiento no es superior a un mes, con un 5% adicional por cada mes adicional o fracción del mismo, pero sin superar el 25% en total del impuesto. La multa por impago se reduce por cada mes en que se apliquen ambas sanciones. Sin embargo, si la declaración se presenta con más de 60 días de retraso, la multa no será inferior a $435 o al 100% del saldo de impuestos, la cantidad que sea menor. El contribuyente no tendrá que pagar la multa si demuestra un motivo razonable para no haber presentado la declaración a tiempo.

Si el contribuyente presenta una prórroga, el impuesto sigue siendo exigible en la fecha de presentación, normalmente el 15 de abril. Un profesional fiscal debe entender y comunicar a sus clientes que deben el impuesto y que se acumularán multas e intereses sobre el impuesto impagado. Un contribuyente puede solicitar un acuerdo de pago a plazos. Véase la Sección 6651 del Código 26 de los EE.UU. y la Sección 301.665-1 del Código 26 de Regulaciones Federales.

Sanción por impago

El IRS calculará la multa por impago en función del retraso de la declaración de la renta con respecto a la fecha de vencimiento y del importe de los impuestos impagados. Esta multa no puede ser superior al 25% del impuesto impagado. El contribuyente no tendrá que pagar la multa si demuestra una buena razón para no pagar el impuesto a tiempo. Añada la multa por impago a los intereses de demora. El tipo mensual o mensual parcial es la mitad del tipo habitual -25% en lugar del 50%- si está en vigor un acuerdo de pago a plazos para ese mes.

Cuando el IRS emite una intención de embargo, el tipo impositivo aumenta al 1% si el contribuyente no paga el importe en los 10 días siguientes a la notificación. Cuando el IRS emite una notificación y exige el pago inmediato, el tipo aumentará al 1% al inicio del primer mes, a partir de la emisión de la notificación y la demanda. Véase la sección 6651 del Código 26 de los EE.UU. y la sección 301.665-1 del Código 26 de Reglamentos Federales.

Sanciones combinadas

Si en un mismo mes se aplican tanto la sanción por no presentar la declaración como la sanción por impago, a la sanción por no presentar la declaración del 5% (o del 15%) se le resta la sanción por impago. Sin embargo, si el contribuyente presentó la declaración más de 60 días después de la fecha de vencimiento o de la fecha de vencimiento prorrogada, la multa mínima es la menor de entre $435 (para las declaraciones de impuestos de 2020, 2021 y 2022) o el 100% del impuesto impagado.

Sanción por pago incompleto del impuesto estimado por particulares

El IRS incurre en que todos los ingresos están en el "pago según se recibe". En otras palabras, los contribuyentes autónomos deben hacer pagos estimados trimestrales. Los contribuyentes que deben pagos adicionales de impuestos para el año fiscal 2022 pueden necesitar hacer pagos estimados para el año fiscal 2023.

El contribuyente puede adeudar una multa si el total de la retención se presentó a tiempo, pero los pagos estimados, no fue igual a la menor de:

1. El 90% del impuesto adeudado en la declaración de la renta de 2023.
2. El 100% del impuesto del contribuyente de 2022. La declaración de la renta abarca un período de 12 meses.

La multa se calcula en el Formulario 2210 o en el Formulario 2210-F para agricultores o pescadores. Consulte las instrucciones del Formulario 2210 y la Publicación 505.

Cheque sin fondos

Si el contribuyente extiende un cheque para pagar el importe adeudado y el cheque no tiene fondos (es rechazado), el IRS puede imponer una multa. También se impondrá una multa si el contribuyente no tiene fondos suficientes en la cuenta bancaria para pagar el saldo adeudado. La multa será la que sea menor: el 2% del importe del cheque o $25 si el cheque es inferior a $1,250. Véase *IRC §6695(f)*.

Si el contribuyente está obligado a efectuar un pago mediante transferencia electrónica de fondos (EFT) y efectúa el pago por otro medio, la sanción es del 10% de la cantidad pagada a través de un medio distinto de EFT. Una causa razonable y no negligencia intencionada podría ser una excepción.

Pago o cobro de intereses

Si los contribuyentes tienen un saldo pendiente de pago en su declaración de impuestos del año en curso o deben impuestos al IRS por años anteriores y no pagan la cantidad adeudada en la fecha de vencimiento, se adeudarán intereses sobre el saldo impagado. Los contribuyentes no pueden deducir los intereses pagados al IRS en su declaración. Cuando el contribuyente recibe intereses por un reembolso retrasado o una declaración enmendada, esa cantidad se considera renta del trabajo en el año en que se recibe.

Sanciones por comunicación de información

Si una persona presenta declaraciones informativas y no las presenta a tiempo, podría recibir sanciones. Una declaración informativa se utiliza más en los negocios, como la presentación de W-2s o 1099s. El IRS cobra multas basadas en la fecha de vencimiento de la declaración informativa. Por ejemplo, Diego prepara W-2s para la compañía de su cliente comercial. Para el año fiscal 2023 hasta 30 días de retraso la multa es de $50 por declaración informativa o declaración del beneficiario; 31 días hasta el 1 de agosto, la multa es de $110 por declaración. Después del 1 de agosto o no presentada, el importe de la multa es de $280 por artículo. Si el contribuyente o Diego hacen caso omiso intencionalmente de las fechas de pago, el monto de la multa es de $580 por omisión de presentación. Para el año fiscal 2024, los montos son $60, $120, $310 y $630 por falta de presentación.

Presentación tardía

Los contribuyentes que no presenten sus declaraciones antes de la fecha de vencimiento (incluidas las prórrogas) podrían tener que pagar una multa por no presentar la declaración. La sanción se basa en el impuesto adeudado en la fecha de vencimiento (sin tener en cuenta las prórrogas). La multa suele ser del ½% del saldo adeudado por cada mes o parte de mes de retraso, pero no superior al 25%. Véase el código IRC 6651.

Declaración presentada fuera de plazo con devolución

Si al contribuyente se le debía una devolución, pero no presentó la declaración, por lo general debe presentarla en un plazo de tres años a partir de la fecha de vencimiento de la declaración original. Si el contribuyente presenta la declaración fuera de plazo, más de 60 días después de la fecha de vencimiento o de la fecha de vencimiento prorrogada, la multa mínima es la menor de $135 o el 100% del impuesto no pagado.

Si el contribuyente puede demostrar un motivo razonable para no presentar la declaración a tiempo, no se le podrá imponer la sanción.

Reembolso reducido

El reembolso del contribuyente puede verse reducido por una deuda tributaria adicional que haya sido evaluada. El reembolso también puede reducirse por deudas de manutención de los hijos, deudas con otra agencia federal, préstamos estudiantiles en mora o impuestos estatales.

Sanción por no declarar ingresos en el extranjero

Las sanciones por no declarar un informe de cuentas bancarias en el extranjero (FBAR) pueden ser penales o civiles. Las sanciones penales se aplicarían si el contribuyente no declara un activo o tiene un pago de impuestos insuficiente. Si el contribuyente está obligado a presentar el Formulario 8938 antes de la fecha de vencimiento, la sanción sería de $10,000 o hasta $50,000 dependiendo de las circunstancias.

Además de la sanción por no presentar el Formulario 8938, el IRS podría imponer una sanción adicional en virtud del IRC §6662 por no declarar los ingresos atribuibles a un activo financiero extranjero no declarado. La sanción adicional máxima por no presentar el Formulario 8938 es de $50,000. Véanse las instrucciones del Formulario 8938.

Política de reducción por primera vez

El IRS tiene una política para el alivio de sanciones llamada reducción por primera vez (FTA). Bajo ciertas condiciones, la opción de reducción de multas por no presentar y no pagar no se aplica si el contribuyente no ha presentado todas las declaraciones y pagado o acordado pagar todos los impuestos adeudados. Se considera que el contribuyente está al corriente con un acuerdo de pago a plazos abierto y si los pagos a plazos actuales están al día.

Se imponen sanciones a los contribuyentes que presentan la declaración fuera de plazo y que no pagan a tiempo la totalidad del impuesto. La multa por retraso es del 5% de los impuestos no pagados por cada mes o parte de mes de retraso, hasta el 25%. Para recompensar el cumplimiento de las obligaciones fiscales en el pasado y promover el cumplimiento en el futuro, el IRS exime de estas sanciones a los contribuyentes que hayan demostrado un cumplimiento total en los tres años anteriores.

No facilitar el número del Seguro Social

Si el contribuyente no incluye un número del Seguro Social (NSS) o el NSS de otra persona donde se requiera en una declaración, extracto u otro documento, el contribuyente estará sujeto a una multa de $50 por cada falta. El contribuyente también puede estar sujeto a una multa de $50 si no le da su NSS a otra persona cuando se requiere en una declaración u otro documento. El contribuyente no tendrá que pagar la multa si puede demostrar que el incumplimiento se debió a una causa razonable y no a una negligencia intencionada.

Ejemplo: Lauren tiene una cuenta bancaria que genera intereses. Lauren debe dar su NSS al banco. El número debe aparecer en el Formulario 1099-INT u otro estado de cuenta que el banco envíe a Lauren. Si Lauren no le da al banco su NSS, estará sujeta a la multa de $50. Lauren también podría estar sujeto a "copia de seguridad" de retención de impuestos sobre la renta.

No presentar declaraciones correctas del beneficiario

Toda persona que no proporcione a un particular una copia completa y correcta de una declaración informativa (declaración del beneficiario) antes de la fecha de vencimiento está sujeta a una multa de $250 por cada declaración. Si el incumplimiento se corrige en un plazo de 30 días a partir de la fecha de vencimiento, la multa podría ser de $50. Véase el Código 6722 del IRC.

Cargos por intereses

El 15 de abril es normalmente la fecha límite para que los contribuyentes presenten y paguen cualquier cantidad adeudada en su declaración individual. Por lo general, se cobran intereses sobre el impuesto impagado desde la fecha de vencimiento hasta que el importe se paga en su totalidad. Si el contribuyente no paga el saldo adeudado, el IRS le cobrará una multa por pago tardío. El contribuyente puede tener que pagar la multa por subestimar los ingresos, subestimar una transacción declarable o presentar una solicitud errónea de reembolso o crédito. Existen dos tipos de sanciones por declarar menos de lo debido: civiles y penales.

El contribuyente puede tener que pagar la multa si infravalora sustancialmente el impuesto, presenta una declaración frívola o no facilita un número del Seguro Social. Si el contribuyente facilita información fraudulenta en la declaración de la renta, puede tener que pagar una multa civil por fraude.

Sanciones penales

El contribuyente puede ser enjuiciado penalmente por las siguientes acciones:

- Evasión fiscal.
- Incumplimiento intencionado de la obligación de presentar una declaración, facilitar información o pagar cualquier impuesto adeudado.
- Fraude y declaraciones falsas.
- Preparación y presentación de una declaración fraudulenta.
- Robo de identidad.

Un contribuyente condenado por fraude penal está sujeto a una multa de hasta $100,000 o encarcelamiento de hasta 5 años, o ambos, junto con el costo del proceso. Para más información, consulte la sección 7201 del código.

Evasión fiscal

La evasión fiscal consiste en eludir ilegalmente el pago de impuestos, no declarar o declarar erróneamente ingresos y gastos. El gobierno impone sanciones estrictas y graves por evasión fiscal. Las siguientes son algunas contradicciones comunes que el IRS busca para validar la evasión fiscal:

- Subestimación de ingresos.
- Declaración de deducciones ficticias o indebidas.
- Irregularidades contables.
- Imputación de rentas.
- Actos y conducta del contribuyente.

Fraude y evasión fiscal

Si la falta de declaración del contribuyente se debe a fraude, la multa máxima es de $250,000 para las personas físicas y de $500,000 para las personas jurídicas. Por fraude y evasión fiscal, el individuo podría ser encarcelado hasta cinco años.

Elusión fiscal

La elusión fiscal es diferente de la evasión fiscal. La elusión fiscal consiste en utilizar métodos legales para minimizar el importe del impuesto sobre la renta adeudado por un contribuyente o una empresa. Lo que distingue la elusión fiscal de la evasión fiscal es la intención del contribuyente. La intención de evadir impuestos se produce cuando un contribuyente tergiversa los hechos a sabiendas. La intención es un estado mental. La intención de un contribuyente es juzgada por otros, y otros juzgan la intención de un contribuyente.

Negligencia o desatención

El término "negligencia" se refiere a la falta de un intento razonable de cumplir con la legislación fiscal o de ejercer un cuidado ordinario y razonable en la preparación de una declaración. La negligencia también incluye el hecho de no llevar libros y registros adecuados. El contribuyente no tendrá que pagar una sanción por negligencia si tiene una base razonable para la postura adoptada. "Desatención" incluye cualquier desatención descuidada, imprudente o intencionada de las normas o reglamentos. La negligencia o el desconocimiento de la ley no constituyen fraude.

Sanciones civiles, penales y por fraude

Si el contribuyente no presenta la declaración de la renta y no paga el impuesto en la fecha prevista, es posible que tenga que pagar una multa. La ley prevé sanciones por no presentar las declaraciones o no pagar los impuestos como es debido.

Si los examinadores del IRS encuentran pruebas sólidas de fraude, remitirán el caso a la División de Investigación Criminal (CID) para su enjuiciamiento. Pueden imponer tanto sanciones civiles como acciones penales.

Declaración conjunta

La multa por fraude en una declaración conjunta puede no aplicarse a un cónyuge a menos que parte del pago incompleto se deba al fraude del cónyuge. Es posible que el cónyuge tenga que presentar una declaración por separado.

La Sección 7201 establece que "cualquier persona que intencionalmente intente de cualquier manera evadir o derrotar cualquier impuesto por este título o el pago del mismo será, además de otras penas previstas por la ley, culpable de un delito grave". Además de las sanciones penales, cualquier persona puede ser culpable de un delito grave y, en caso de condena, se les impondrá una multa no superior a 100.000 dólares o una pena de prisión no superior a 5 años, o ambas cosas, y la persona pagará los gastos de enjuiciamiento.

Divulgación adecuada

El contribuyente puede evitar la sanción por desatender normas o reglamentos si divulgó adecuadamente en la declaración una posición que tiene al menos una base razonable. La excepción no se aplicará si el contribuyente no llevó libros contables adecuados o si la posición está relacionada con un paraíso fiscal.

Sanción por infravaloración sustancial del impuesto sobre la renta

El contribuyente infravalora el impuesto si el impuesto que figura en la declaración es inferior al correcto. La infravaloración es sustancial si es superior al 10% del impuesto correcto o a $5,000, lo que sea mayor.

No obstante, reduzca el importe de la infravaloración en la medida en que la infravaloración se deba a:

- Autoridad sustancial.
- Divulgación adecuada y base razonable.

El hecho de que exista o haya existido una autoridad sustancial para el tratamiento fiscal de un elemento depende de los hechos y las circunstancias - considere las opiniones de los tribunales, los reglamentos del Tesoro, las resoluciones de ingresos, los procedimientos de ingresos y los avisos. También se tendrán en cuenta los anuncios emitidos por el IRS y publicados en el Boletín de Impuestos Internos que impliquen circunstancias iguales o similares a las del contribuyente.

Presentación de una solicitud de reembolso o crédito errónea

El contribuyente puede tener que pagar la multa si presentó una solicitud errónea de reembolso o crédito en su declaración de la renta. La multa asciende al 20% del importe en exceso de la reclamación, a menos que el contribuyente pueda demostrar una base racional para la reclamación. Véase la sección 6676(b) del Código.

Sanción por declaración de la renta frívola

El contribuyente puede tener que pagar una multa de $5,000 por presentar una "declaración frívola". Una declaración frívola no incluye suficiente información para calcular el impuesto correcto o contiene información que demuestra claramente que el impuesto declarado es sustancialmente incorrecto.

El contribuyente tendría que pagar la multa si presentara este tipo de declaración debido a una necesidad de retrasar o interferir con la administración de las leyes federales del impuesto sobre la renta. Esta acción incluye alterar o tachar el lenguaje preimpreso encima del espacio previsto para la firma del contribuyente. Esta sanción se añade a cualquier otra prevista por la ley.

Parte 3 Preguntas de repaso

Para obtener el máximo beneficio de este capítulo, LTP recomienda que completes cada una de las siguientes preguntas, y luego las compares con las respuestas con comentarios que siguen inmediatamente. Según las normas de autoaprendizaje vigentes, los proveedores deben presentar preguntas de repaso de forma intermitente a lo largo de cada curso de autoaprendizaje.

Estas preguntas y explicaciones no forman parte del examen final y no serán calificadas por LTP.

OTTPP3.1
¿Cuál de las siguientes no es una sanción individual?

a. No presentar la declaración
b. Cheque sin fondos
c. Reducción por primera vez
d. Incumplimiento de pago

OTTPP3.2
Hamilton ha presentado declaraciones de impuestos fraudulentas que han dado lugar a un pago insuficiente de los impuestos adeudados. Hamilton ha sido acusado de fraude civil. ¿Qué multa adicional podría pagar Hamilton por el pago indebido fraudulento?

a. Multa adicional del 75% de lo pagado de menos.
b. Multa adicional del 100% de lo pagado de menos.
c. Multa adicional del 50% de lo pagado de menos.
d. Multa adicional del 25% de lo pagado de menos.

OTTPP3.3
El contribuyente puede deber una multa si el total de su retención y sus pagos estimados presentados a tiempo, a veces llamados trimestrales, no es igual al menor de ¿qué?

a. 100% del impuesto del contribuyente 2019.
b. 95% del impuesto adeudado en su declaración de 2022.
c. 90% del impuesto adeudado en su declaración de 2021.
d. Ninguna multa por pagos estimados insuficientes.

OTTPP3.4
Una declaración frívola no incluye suficiente información para calcular el impuesto correcto o contiene información que demuestra claramente que el impuesto declarado es sustancialmente incorrecto. El contribuyente puede tener que pagar una multa de ¿cuánto por presentar una "declaración frívola"?

a. $1,000
b. $5,000
c. 5% del saldo adeudado
d. $570

OTTPP3.5
Es posible que el contribuyente tenga que pagar la multa si presentó una solicitud de reembolso o crédito errónea en su declaración de la renta. ¿Qué porcentaje de la cantidad reclamada en exceso corresponde a la sanción?

a. 10%
b. 20%
c. 25%
d. 50%

Parte 3 Respuestas a las preguntas de repaso

OTTPP3.1
¿Cuál de las siguientes no es una sanción individual?

a. No presentar la declaración
b. Cheque sin fondos
c. Reducción por primera vez
d. Incumplimiento de pago

Comentario: Revise la sección *Sanciones al Contribuyente.*

OTTPP3.2
Hamilton ha presentado declaraciones de impuestos fraudulentas que han dado lugar a un pago insuficiente de los impuestos adeudados. Hamilton ha sido acusado de fraude civil. ¿Qué multa adicional podría pagar Hamilton por el pago indebido fraudulento?

a. Multa adicional del 75% de lo pagado de menos.
b. Multa adicional del 100% de lo pagado de menos.
c. Multa adicional del 50% de lo pagado de menos.
d. Multa adicional del 25% de lo pagado de menos.

Comentario: Revise la sección *Sanciones al Contribuyente.*

OTTPP3.3
El contribuyente puede deber una multa si el total de su retención y sus pagos estimados presentados a tiempo, a veces llamados trimestrales, no es igual al menor de ¿qué?

a. 100% del impuesto del contribuyente 2019.
b. 95% del impuesto adeudado en su declaración de 2022.
c. 90% del impuesto adeudado en su declaración de 2021.
d. Ninguna multa por pagos estimados insuficientes.

Comentario: Revise la sección *Sanciones al Contribuyente.*

OTTPP3.4
Una declaración frívola no incluye suficiente información para calcular el impuesto correcto o contiene información que demuestra claramente que el impuesto declarado es sustancialmente incorrecto. El contribuyente puede tener que pagar una multa de ¿cuánto por presentar una "declaración frívola"?

a. $1,000
b. $5,000
c. 5% del saldo adeudado
d. $570

Comentario: Revise la sección *Sanciones al Contribuyente.*

OTTPP3.5
Es posible que el contribuyente tenga que pagar la multa si presentó una solicitud de reembolso o crédito errónea en su declaración de la renta. ¿Qué porcentaje de la cantidad reclamada en exceso corresponde a la sanción?

a. 10%
b. 20%
c. 25%
d. 50%

Comentario: Revise la sección *Sanciones al Contribuyente.*

Aportes

"Otros impuestos" consiste en diferentes tipos de impuestos. Algunos impuestos tienen formularios que se adjuntan al Formulario 1040, mientras que otros se declaran en el Formulario 1040, Anexo 2. El IRS ha ampliado el Anexo 2 detallando ciertos impuestos adicionales, que tienen su propia línea en el Anexo 2. Por ejemplo, en la página 2 del Anexo 2, la línea 17 corresponde a conceptos fiscales adicionales como la Cuenta de Ahorro para la Salud, la Cuenta de Ahorro Médico Archer y la recuperación de créditos deducibles.

El AMT es un impuesto independiente que se añade al impuesto sobre la renta. En virtud de la legislación fiscal, determinadas deducciones pueden dar a los contribuyentes un trato beneficioso para quienes reúnan los requisitos para acogerse a la deducción fiscal. El objetivo de la deducción mínima es evitar la doble imposición de los ajustes por preferencia de aplazamiento. El AMT es un impuesto que se añade al impuesto sobre la renta ordinario para recuperar las reducciones resultantes de la utilización de las disposiciones especiales de desgravación fiscal de la ley tributaria. La devolución de la bonificación fiscal de la prima se basa en el importe de la prima pagada y en los ingresos del contribuyente.

¡PONGA A PRUEBA SUS CONOCIMIENTOS!
Realice un cuestionario de práctica en línea.

Capítulo 7 Pagos y créditos fiscales

Introducción

Un crédito fiscal no reembolsable reduce la obligación tributaria del contribuyente. A diferencia de una deducción, que reduce el monto de la renta sujeta a tributación, un crédito reduce directamente el propio impuesto. Existen dos tipos de créditos: reembolsables y no reembolsables, que pueden reducir la obligación tributaria por debajo de cero. El crédito reembolsable podría reducir la obligación tributaria por debajo de cero, lo que podría dar lugar a un reembolso.

Objetivos

Al final de este capítulo, el alumno podrá:

- Explicar cómo afecta un crédito no reembolsable a la obligación tributaria del contribuyente.
- Nombrar los créditos reembolsables.
- Reconocer los requisitos del Crédito por Ingreso del Trabajo (EIC).
- Identificar quién califica para el crédito tributario adicional por hijos.
- Conocer las reglas para la porción reembolsable del crédito por oportunidad americana (AOC).
- Reconocer cuando un dependiente califica para el crédito por otro dependiente (ODC).

Recursos

Formulario 1040	Publicación 17	Instrucciones Formulario 1040
Formulario 1098-T	Publicación 503	Instrucciones Formulario 1098-T
Formulario 1116	Publicación 505	Instrucciones Formulario 1116
Formulario 2441	Publicación 514	Instrucciones Formulario 2441
Formulario 8396	Publicación 524	Instrucciones Formulario 8396
Formulario 8801	Publicación 596	Instrucciones Formulario 8801
Formulario 8812	Publicación 972	Instrucciones Formulario 8812
Formulario 8863	Publicación 4933	Instrucciones Formulario 8863
Formulario 8867	Publicación 4935	Instrucciones Formulario 8867
Formulario 8880	Tema fiscal 601, 602, 607, 608, 610	Instrucciones Formulario 8880
Formulario 8959	Anexo 3	Instrucciones Formulario 8959
Anexo EIC	Instrucciones Anexo 3	Instrucciones Anexo EIC
Anexo R		Instrucciones Anexo R

Parte 1 Créditos no reembolsables

Los créditos no reembolsables reducen el impuesto sobre la renta del contribuyente. Los créditos se calculan según el orden que figura en el Formulario 1040, Anexo 3, Parte I.

Contenido

Crédito fiscal extranjero

El crédito por impuestos en el extranjero pretende reducir la doble carga fiscal que podría producirse a una fuente extranjera de ingresos gravados por el país extranjero y por los Estados Unidos. Por lo general, el crédito por impuestos extranjeros pagados o devengados a un país extranjero o a una posesión estadounidense dará derecho al crédito fiscal declarado en el Formulario 1040, Anexo 3, línea 1. Si el contribuyente solicita un crédito fiscal extranjero utilizando el Anexo 3, Formulario 1116, Crédito fiscal extranjero, deberá adjuntarlo a la declaración de impuestos. La otra forma en que el contribuyente podría reclamar el crédito es como una deducción detallada en el Anexo A bajo "otros impuestos".

No cumplimente el Formulario 1116 si el contribuyente cumple alguno de los requisitos siguientes:

- Todos los ingresos brutos extranjeros proceden de intereses y dividendos y se declaran en el Formulario 1099-INT, 1099-DIV o en el Anexo K-1.

- El total de impuestos en el extranjero no fue superior a $300 ($600 si el contribuyente está casado y presenta una declaración conjunta).
- Todos los ingresos brutos de fuente extranjera fueron "ingresos de categoría pasiva".

SCHEDULE 3 (Form 1040) — Department of the Treasury, Internal Revenue Service

Additional Credits and Payments

Attach to Form 1040, 1040-SR, or 1040-NR.
Go to *www.irs.gov/Form1040* for instructions and the latest information.

OMB No. 1545-0074 — 2022 — Attachment Sequence No. 03

Name(s) shown on Form 1040, 1040-SR, or 1040-NR | Your social security number

Part I Nonrefundable Credits

1	Foreign tax credit. Attach Form 1116 if required	1	
2	Credit for child and dependent care expenses from Form 2441, line 11. Attach Form 2441	2	
3	Education credits from Form 8863, line 19	3	
4	Retirement savings contributions credit. Attach Form 8880	4	
5	Residential energy credits. Attach Form 5695	5	
6	Other nonrefundable credits:		

Anexo 3

Formulario 2441: Cuidado de hijos y dependientes

Los beneficios por cuidado de dependientes son pagos que el empleador abonó directamente al contribuyente o al proveedor de cuidados por cuidar del dependiente o dependientes que reúnen los requisitos mientras el contribuyente trabajaba. Los beneficios por cuidado de dependientes son contribuciones antes de impuestos realizadas en función del valor justo de mercado del cuidado en una guardería proporcionada o patrocinada por el empleador en virtud de un Acuerdo de Gastos Flexibles (FSA).

"Cuidado" es el costo de asistir a una instalación a persona(s) que reúnan los requisitos fuera del domicilio del contribuyente. No incluye comida, alojamiento, educación, ropa o entretenimiento. Si un centro de atención a dependientes proporciona la atención, el centro debe cumplir todas las normativas estatales y locales aplicables. Un centro de atención a personas dependientes es un lugar que ofrece atención a más de seis personas que no viven en él y recibe una cuota, pago o subvención por prestar esos servicios a cualquier persona. Incluye el costo de un campamento diurno, pero no el de un campamento nocturno, escuela de verano o programa de tutoría.

El contribuyente puede obtener un crédito no reembolsable de hasta el 50% de los gastos subvencionables para el cuidado de un dependiente cualificado cuando los gastos estén relacionados con el trabajo. El porcentaje del crédito disminuye a medida que aumentan los ingresos, siendo el 20% de los gastos admisibles la cantidad mínima permitida. Los gastos están limitados a $6.000 por dos o más dependientes que reúnan los requisitos. Los gastos de cuidado de hijos y dependientes se declaran en el Formulario 2441 y pasan al Formulario 1040, Anexo 3, línea 2.

Una persona que reúne los requisitos es:

- Un hijo menor de 13 años que reúne los requisitos y que se reclama como dependiente. Si un hijo cumple 13 años durante el año fiscal, aún puede prorratear su cuidado por la parte del año en que el hijo no tenía 13 años.
- Un cónyuge discapacitado que no era capaz física o mentalmente de cuidar de sí mismo.

- Cualquier persona discapacitada que no fuera capaz física o mentalmente de cuidar de sí misma y a la que el contribuyente pueda reclamar como dependiente, a menos que se cumpla una de las siguientes condiciones:
  - La persona discapacitada tenía unos ingresos brutos de $4.400 o más.
  - La persona discapacitada presentó una declaración conjunta.
  - La persona discapacitada o su cónyuge, si presentan una declaración conjunta de impuestos, pueden ser declarados como dependientes en la declaración de impuestos 2022 de otra persona.

Para poder reclamar los gastos de cuidado de hijos y dependientes, el contribuyente debe cumplir todos los requisitos siguientes:

- El cuidado debe ser para una o más personas que reúnan los requisitos y que estén identificadas en el Formulario 2441.
- Si presenta una declaración conjunta, el contribuyente (y su cónyuge si presenta una declaración conjunta) debe haber obtenido ingresos durante el año.
- El contribuyente debe pagar los gastos de cuidado de hijos y dependientes para que el contribuyente y su cónyuge puedan trabajar o buscar trabajo.
- El contribuyente debe realizar pagos por el cuidado de hijos y dependientes a alguien que no pueda declararse como dependiente en la declaración del contribuyente.
- El estado civil puede ser Soltero, Cabeza de familia o Cónyuge supérstite con un hijo a cargo. Si están casados, deben presentar una declaración conjunta (salvo que se aplique una excepción).
- El contribuyente debe rellenar el Formulario 2441 para identificar el nombre del proveedor, el NIF, el costo de la atención y la dirección del lugar donde se prestó la atención y adjuntar el Formulario a su declaración de impuestos.
- Si el contribuyente excluye o deduce los beneficios por cuidado de dependientes proporcionadas por un plan de beneficios por cuidado de dependientes, el monto total excluido o deducido debe ser inferior al límite en dólares de los gastos que reúnen los requisitos ($3.000 por hijo hasta $6.000).

A continuación, figura la parte de la tabla actual utilizada para calcular el crédito por cuidado de hijos y dependientes. Calcule la cantidad del crédito multiplicando el porcentaje a la derecha contra el límite monetario del crédito ($3.000-$6.000) y qué porcentaje, basado en los ingresos combinados del contribuyente(s). Para el año fiscal 2022, el aumento de los ingresos fue parte de la Ley del Plan de Rescate de América. El porcentaje es del 35% al 20%. Lo siguiente es sólo una instantánea de ciertas partes de la tabla de porcentajes.

Ingresos	Porcentaje
$0 – $15,000	35%
$23,001 – $25,000	30%
$33,001 – $35,000	25%
$43,001 – Sin límite	20%

Por ejemplo, un contribuyente y su cónyuge ganan $50.000 cada uno, lo que supone una renta conjunta de $100.000, y pagan $8.500 por el cuidado de un hijo. Como pagaron $8.500 por la guardería y sólo por un hijo, podrán utilizar $3.000 de ese gasto para calcular el monto de su crédito. Esto se debe a que ese es el límite de crédito, independientemente de cuánto hayan pagado por la guardería. Como sus ingresos combinados eran inferiores a $125.000, calcularán el monto de su crédito utilizando la sección del 20% de la tabla. Por lo tanto, la deducción del 20% se calcula de la siguiente manera: $3,000 × .20 = $600. El monto de su crédito es de $600.

Si todos los demás detalles fueran iguales, pero sólo hubieran gastado $2.000 en guardería, el monto de su crédito sería el 20% de esos 2.000, no el triple. Esto se debe a que no gastaron lo suficiente para alcanzar el límite de crédito, lo que significa que el monto de su crédito sería de $1,000 ($2,000 × .20 = $400).

Hijo de padres divorciados o separados

Además de cumplir los requisitos de las personas que reúnen los requisitos, se aplican normas adicionales en el caso de padres divorciados o separados. El progenitor que tenga la custodia física del hijo durante la mayor parte del año es el único que puede solicitar el crédito, independientemente de la manutención que proporcione el otro progenitor o de si se libera la exención por dependencia.

Prueba de los rendimientos del trabajo

El contribuyente y su cónyuge (si presentan una declaración conjunta) deben tener ingresos salariales para poder solicitar la desgravación. Los ingresos procedentes del trabajo incluyen sueldos, salarios, propinas, otras retribuciones imponibles a los empleados y los ingresos netos del trabajo por cuenta propia. Las pérdidas derivadas del trabajo por cuenta propia reducen los ingresos. Si el contribuyente tiene una remuneración no imponible por combate que no se incluye en los ingresos procedentes del trabajo, puede incluir los ingresos para calcular el crédito por hijos y dependientes. Si tanto el contribuyente como su cónyuge tienen una paga de combate no imponible, ambos tendrán que hacer la elección. Un buen profesional de impuestos debe calcular el crédito de ambas maneras para el contribuyente y ver cuál resulta en la cantidad de crédito más alta.

Señor 1040 dice: Recuerde que los gastos de cuidado de niños y dependientes son un crédito diferente al crédito tributario adicional por hijo.

Requisito de gastos relacionados con el trabajo

Los gastos de cuidado de hijos y dependientes deben estar relacionados con el trabajo para tener derecho a la desgravación. Sólo se pueden considerar gastos relacionados con el trabajo si se cumple lo siguiente:

- El cuidado de dependientes permite al contribuyente o contribuyentes trabajar o buscar trabajo.
- Los gastos son para el cuidado de una persona que reúne los requisitos.

Ejemplo 1: Darlene trabaja durante el día y su cónyuge, Craig, trabaja por la noche y duerme mientras Darlene trabaja. Su hijo de cinco años, Trevor, va a la guardería para que Craig pueda dormir. Sus gastos están relacionados con el trabajo porque los cuidados permiten a Craig dormir para desempeñar adecuadamente su trabajo.

Ejemplo 2: Darlene y Craig contratan a una canguro en la noche libre de Craig, para que puedan salir a comer y pasar un rato juntos. Este gasto no está relacionado con el trabajo porque el cuidado no facilita directamente la capacidad de Darlene o Craig para trabajar o buscar trabajo.

Contribuyente casado que declara por separado

Normalmente, los matrimonios presentan una declaración conjunta para acogerse a la desgravación por cuidado de hijos y dependientes. Sin embargo, si el contribuyente y su cónyuge están legalmente separados o viven separados, pueden solicitar la desgravación. Si se cumplen los siguientes requisitos, el contribuyente podrá solicitar la desgravación:

- La vivienda del contribuyente fue la vivienda de la persona que reúne los requisitos durante más de la mitad del año.
- El contribuyente pagó más de la mitad de los gastos de mantenimiento de la vivienda durante el año.
- El cónyuge del contribuyente no vivió en su casa durante los últimos seis meses del año.

Normas para los cónyuges de estudiantes que no pueden valerse por sí mismos

Se considera que un matrimonio ha obtenido ingresos por los meses en que uno de los cónyuges ha estudiado a tiempo completo o ha asistido a un centro de enseñanza durante cinco meses cualesquiera del ejercicio fiscal (no es necesario que los meses sean consecutivos) o ha quedado física o mentalmente incapacitado o incapaz de cuidar de sí mismo. La definición de "escuela" no incluye las escuelas nocturnas o por correspondencia.

Si el contribuyente o su cónyuge fueron estudiantes a tiempo completo durante al menos cinco meses o estaban incapacitados, se considera que obtuvieron unos ingresos de $250 al mes (o $500 si se cuidó a más de una persona que cumplía los requisitos durante el ejercicio fiscal). Esto se hace para ayudar a los contribuyentes que tienen pocos o ningún ingreso a optar al Crédito por Cuidado de Hijos y Dependientes, ya que los créditos sólo pueden solicitarse si el contribuyente o su cónyuge tienen ingresos.

Ayudas para el cuidado de personas dependientes a cargo del empleador

Si el empleador proporciona beneficios para el cuidado de personas dependientes excluidas de los ingresos (como las percibidas en virtud de un plan de cafetería), el contribuyente debe restar ese monto del límite aplicable en dólares del Crédito por cuidado de hijos y personas dependientes. Entre los beneficios por cuidado de dependientes se incluyen las siguientes:

- Cantidades que el empleador pagó directamente al contribuyente o al proveedor del contribuyente mientras éste trabajaba.
- El valor justo de mercado del cuidado en una guardería proporcionada o patrocinada por el empleador.
- Contribuciones antes de impuestos realizadas en virtud de un acuerdo de gastos flexibles para dependientes.

La casilla 10 declara los beneficios por cuidado de dependientes en el W-2 del contribuyente. Si un miembro de la pareja recibiera beneficios, éstas figurarían en la casilla 13 del K-1, Formulario 1065 con el código O.

El monto excluido de la renta se limita al menor de los siguientes:

- El monto total de los beneficios por cuidado de dependientes recibidas durante el año.
- El monto total de los gastos cualificados incurridos durante el año.
- Los rendimientos del trabajo del contribuyente.
- Las rentas del trabajo del cónyuge.
- $5.000 o $2.500 si está casado y presenta la declaración por separado.

Señor 1040 dice: Asegúrese de comprobar siempre si hay una cantidad en la casilla 10 de la W-2 para los pagos de cuidado de dependientes.

Si la ayuda para el cuidado de dependientes supera la cantidad pagada por el cuidado de dependientes, la cantidad en exceso se convierte en ingresos para el contribuyente y se declara en la línea 1 del Formulario 1040. Las letras "DCB" (beneficio por cuidado de dependientes) deben escribirse en la línea de puntos en el espacio que precede al bloque de entrada de la línea 1.

El contribuyente también puede pagar los cuidados prestados en el hogar con los beneficios por cuidado de dependientes. El contribuyente puede tener que retener impuestos (FICA y FUTA) para el proveedor del cuidado de dependientes si el cuidado de dependientes se realiza en el domicilio del contribuyente. El contribuyente no está obligado a retener impuestos si el proveedor de cuidado de dependientes trabaja por cuenta propia.

Debido a la pandemia de COVID-19, la Ley de Certeza del Contribuyente y Alivio de Desastres de 2020 permite a los Planes de Cafetería permitir un traspaso de los fondos no utilizados de los beneficios por cuidado de dependientes. El cuidado de dependientes no utilizado para 2020 y 2021 se combina y se trasladaría a 2022. Consulte el Aviso 2021-15.

Gastos no relacionados con la asistencia

Los gastos de cuidado no incluyen el dinero del contribuyente para comida, alojamiento, ropa, educación o entretenimiento. Los gastos de un hijo en guardería, preescolar o programas similares para niños por debajo del nivel de jardín de infancia se consideran gastos de guardería. Los gastos de asistencia al jardín de infancia o a un centro de enseñanza superior no se consideran gastos de guardería. En determinadas situaciones, los gastos de cuidado antes o después de la escuela son gastos de cuidado; hay excepciones. No utilice la escuela de verano y los programas de tutoría como gastos de cuidado de dependientes. El costo de enviar al dependiente a un campamento nocturno no se considera relacionado con el trabajo; sin embargo, el costo de un campamento diurno podría ser un gasto relacionado con el trabajo.

Pagos a familiares o dependientes

Los pagos efectuados a familiares para el cuidado de dependientes, que permiten al contribuyente trabajar cuando el familiar vive en el domicilio del contribuyente y no es un dependiente. Sin embargo, si se da alguna de las siguientes circunstancias, los pagos no pueden computarse como pago por cuidado de dependientes:

- El individuo es reclamado como dependiente del contribuyente (o cónyuge que presenta declaración conjunta).
- El hijo tenía menos de 19 años al final del año, aunque no fuera dependiente del contribuyente.
- La persona era el cónyuge del contribuyente durante el año.
- El progenitor de la persona que reúne los requisitos, si ésta es el hijo, y menor de 13 años.

Información sobre el proveedor de cuidado de dependientes

La siguiente información es necesaria para cumplimentar el Formulario 2441 sobre el individuo u organización que proporciona cuidados a la persona que reúne los requisitos:

- Nombre de la persona u organización proveedora.
- Dirección de la persona u organización proveedora.
- El número de identificación del proveedor individual u organización (EIN o SSN).

El contribuyente debe mostrar la diligencia debida guardando y conservando el Formulario W-10, *Identificación y certificación del proveedor de cuidado de dependientes*, cumplimentado por el proveedor. El contribuyente puede presentar una declaración del empleador si el proveedor es el plan de atención a dependientes del empleador. La declaración podría ser una factura de fin de año que proporcione la información necesaria mencionada anteriormente.

Señor 1040 dice: Anime al contribuyente a mantener registros en relación con su proveedor de servicios de guardería y a guardar los documentos junto con su declaración de la renta.

Sugerencia fiscal: Si el proveedor de cuidado de dependientes cuida al dependiente en el domicilio del contribuyente, el proveedor puede ser considerado un empleado del hogar. Como profesional de impuestos, haga preguntas sobre el cuidado de dependientes y documente sus preguntas y las respuestas del contribuyente.

Formulario 8863: Créditos de educación

Los créditos de educación están disponibles para los contribuyentes que pagan gastos de educación postsecundaria. Para reclamar el crédito educativo, el estudiante debe recibir el Formulario 1098-T de la escuela del estudiante y proporcionar ese Formulario al preparador de impuestos. Los dos créditos educativos son el crédito por oportunidad americana (AOC) y el crédito por aprendizaje permanente; ambos se declaran en el Formulario 8863, *Créditos de educación*. El crédito por aprendizaje permanente es un crédito no reembolsable y el crédito por oportunidad americana es un crédito parcialmente reembolsable. El estudiante debe cumplir los siguientes requisitos para poder optar a los créditos de educación:

- Los gastos de educación calificados fueron para la educación superior.
- Pagó gastos de educación calificados para el estudiante elegible.
- El estudiante es contribuyente, cónyuge o persona a cargo que reúne los requisitos.

Sugerencia fiscal: Si el dependiente que reúne los requisitos paga su propia matrícula, se considera pagada por el contribuyente.

Crédito por oportunidad americana (AOC)

El crédito por oportunidad americana (AOC) es un crédito de hasta $2.500, del que puede reembolsarse hasta el 40%. Basa el crédito en el 100% de los primeros $2.000 y en el 25% de los siguientes $2.000. Para tener derecho a la AOC, el MAGI del contribuyente debe ser inferior a $180.000 para los contribuyentes que declaran MFJ y $90.000 para todos los demás.

Los gastos subvencionables incluyen la matrícula y las tasas de inscripción en un programa postsecundario subvencionable y los gastos de libros, material y equipo necesarios para un curso de estudios, independientemente de que el estudiante adquiera o no el material en la institución educativa. El estudiante debe llevar al menos la mitad de la carga de trabajo normal a tiempo completo para el curso de estudio en el que se matriculó. El estudiante también debe estar libre de delitos graves federales o estatales consistentes en la posesión o distribución de una sustancia controlada. La parte reembolsable del crédito por educación se declara en la línea 8 del Formulario 8863 y en la línea 29 de la página 2 del Formulario 1040.

Por ejemplo, Donna y Doug son estudiantes de primer año en un programa postsecundario que reúne los requisitos. Deben tener ciertos libros y otros materiales de lectura para utilizarlos en sus clases obligatorias de primer año. Doug compró sus libros directamente a un amigo y Donna compró los suyos en la librería de la universidad. Aunque Donna y Doug compraron sus libros por vías distintas, el costo de ambas compras constituye un gasto educativo subvencionable, ya que los libros pueden acogerse al crédito por oportunidad americana.

El crédito por oportunidad americana puede solicitarse para un estudiante que no haya completado sus cuatro primeros años de educación postsecundaria determinados por el programa postsecundario. Los requisitos del estudiante para reclamar el AOC son todos los siguientes:

- El estudiante no completó los primeros 4 años de educación postsecundaria.
- Durante al menos un período académico a partir de 2022, el estudiante:
  - Estuvo matriculado en un programa conducente a un título, certificado u otra credencial reconocida.
  - Realizó al menos la mitad de la carga de trabajo normal a tiempo completo para su curso de estudio.
- El estudiante no tenía una condena por delito grave por posesión o distribución de una sustancia controlada. \

Sugerencia fiscal: Cuando entreviste al contribuyente para determinar si tiene derecho al crédito por oportunidad americana, asegúrese de hacer las siguientes preguntas:

- ¿Recibió el estudiante el Formulario 1098-T?
- ¿Se ha solicitado el crédito por oportunidad americana para este estudiante durante cuatro ejercicios fiscales antes de 2022?
- ¿Estuvo el estudiante matriculado al menos a media jornada durante al menos un período académico que comenzó (o se consideró que comenzó) en 2022 en una institución educativa elegible en un programa conducente a un título postsecundario, certificado u otra credencial de educación postsecundaria reconocida?
- ¿Completó el estudiante los cuatro primeros años de educación postsecundaria antes de 2022?
- ¿Fue el estudiante condenado por un delito grave por posesión o distribución de una sustancia controlada antes de finales de 2022?

Hacer y documentar estas preguntas forma parte de la diligencia debida del profesional de impuestos.

Crédito de aprendizaje permanente

El crédito de aprendizaje de por vida está disponible en cualquier momento para el contribuyente, el cónyuge del contribuyente o el dependiente del contribuyente. El crédito máximo permitido es de $2.000 por declaración de impuestos. Entre los gastos subvencionables se incluyen la matrícula y las tasas necesarias para la inscripción en un programa postsecundario subvencionable. Los gastos incurridos para adquirir o mejorar las aptitudes laborales del contribuyente son gastos admisibles.

Un gasto relacionado con un curso que implique deportes, juegos o aficiones no es un gasto cualificado a menos que forme parte del programa de estudios del estudiante. Los contribuyentes deben reducir su gasto cualificado por cualquier ayuda educativa del programa postsecundario, becas o cantidades para computar el crédito de aprendizaje permanente.

El crédito de aprendizaje permanente no se basa en la carga de trabajo del estudiante. Los gastos de cursos de postgrado son subvencionables. El monto del crédito que puede reclamar un contribuyente no aumenta en función del número de estudiantes por los que el contribuyente pagó gastos cualificados. No es necesario que el estudiante esté matriculado al menos a media jornada en el curso de estudios para tener derecho al crédito. La parte no reembolsable de los créditos de educación se declara en la línea 19 del Formulario 8863 y se traslada a la línea 3 del Anexo 3 del Formulario 1040. Para tener derecho al crédito por aprendizaje permanente, el ingreso bruto ajustado modificado (MAGI) del contribuyente debe ser inferior a $180.000 para los contribuyentes que declaran MFJ o inferior a $90.000 para todos los demás.

Recuerde, el ingreso bruto ajustado modificado (MAGI) es el ingreso bruto ajustado, más todo lo siguiente:

- La cantidad excluida bajo IRC §911, *Exclusión de ingresos procedentes del extranjero*.
    - Exclusión por vivienda en el extranjero
    - Deducción por vivienda en el extranjero
- Exclusión de ingresos para residentes de Samoa Americana y Puerto Rico.

No se permite el doble beneficio

El contribuyente no puede hacer nada de lo siguiente: \

- Deducir gastos de educación superior en su declaración de la renta y solicitar un crédito educativo basado en los mismos gastos.
- Solicitar más de un crédito basado en los mismos gastos de educación cualificada.
- Solicitar un crédito basado en los gastos pagados con una beca libre de impuestos, subvención o ayuda a la educación proporcionada por el empleador.
- Solicite un crédito basado en los mismos gastos utilizados para calcular la parte libre de impuestos de una distribución de una cuenta de ahorro para la educación Coverdell (ESA) o un programa de matrícula cualificado (QTP).

Ajuste de los gastos de educación cualificados

Si los contribuyentes pagan gastos de educación calificados con ciertos fondos libres de impuestos, no pueden reclamar un crédito por esas cantidades. Los contribuyentes deben reducir los gastos de educación cualificados por el monto de cualquier ayuda a la educación libre de impuestos.

Entre las ayudas a la educación libres de impuestos se incluyen las siguientes:

- Las partes libres de impuestos de becas y becas de investigación.
- La parte exenta de impuestos de las becas Pell.
- Ayuda a la formación proporcionada por el empleador.
- Ayuda para estudios de veteranos.
- Recibió otros pagos no imponibles (exentos de impuestos) (distintos de regalos o herencias) como ayuda a la educación.

Becas y subvenciones

Una beca es generalmente una cantidad pagada o permitida en beneficio de un estudiante para asistir a un programa postsecundario. El estudiante puede ser universitario o graduado. Una beca se paga en beneficio de una persona para ayudarla a realizar estudios o investigaciones. La forma en que el estudiante paga sus gastos con el dinero de la beca determina la parte imponible. Una beca o subvención puede estar exenta de impuestos si se cumplen las siguientes condiciones:

- La beca o ayuda no supera los gastos subvencionables.
- Los fondos no se destinan a otros fines, como alojamiento y manutención, y no pueden utilizarse para gastos de educación cualificados.
- No representa un pago por docencia, investigación u otros servicios exigidos como condición para recibir la beca.

Señor 1040 dice: Cuando un estudiante recibe una beca, asegúrese de que no está sujeta a impuestos. Averigüe cómo utilizó los fondos el estudiante. Si no se utilizaron para gastos subvencionables, podrían estar sujetos a impuestos.

¿Quién reclama los gastos?

Si existen gastos de educación calificados para el dependiente del contribuyente durante un año, el contribuyente puede reclamar un crédito de educación para los gastos del dependiente para el año en curso. Para que el contribuyente pueda reclamar un crédito de educación por los gastos de su dependiente, el estudiante debe ser su dependiente. Para ello, el contribuyente debe indicar el nombre del dependiente y otros datos necesarios en el Formulario 1040.

Gastos pagados por el dependiente

Si el contribuyente solicita una exención en su declaración de impuestos para un estudiante que reúne los requisitos y que es dependiente del contribuyente, los gastos pagados o considerados pagados por el dependiente son como si los hubiera pagado el contribuyente. Incluya estos gastos cuando calcule el monto del crédito educativo del contribuyente.

Gastos pagados por el contribuyente

Si el contribuyente solicitó una exención para un dependiente que es un estudiante que cumple los requisitos, sólo él puede incluir los gastos pagados al calcular el monto del crédito por estudios. Si ni el contribuyente ni ninguna otra persona solicitan una exención para el dependiente, éste puede incluir cualquier gasto pagado al calcular el crédito por gastos de educación.

Gastos pagados por terceros

Una persona que no sea el contribuyente, su cónyuge o la persona a su cargo (como un familiar o un excónyuge) puede efectuar un pago directamente a un programa de enseñanza postsecundaria subvencionable para sufragar los gastos de estudios de un estudiante que reúna los requisitos. En este caso, considere que el estudiante recibe el pago de la otra persona y, a su vez, paga a la universidad. El contribuyente pagó los gastos si solicitó una exención en su declaración para el estudiante.

Ejemplo: En 2022, Laura Hardy paga directamente a la universidad los gastos de educación cualificada de su nieto. Se considera que Thomas recibió el dinero como regalo de su abuela y, a su vez, pagó él mismo sus gastos de educación cualificados. A menos que otra persona reclame la exención de Thomas, sólo Thomas puede utilizar el pago para reclamar el crédito educativo. Si los padres de Thomas reclaman una exención para Thomas, pueden utilizar los gastos para reclamar un crédito de educación. Si cualquier otra persona reclama una exención para Thomas, Thomas no puede reclamar un crédito de educación.

Período académico

Un período académico incluye un semestre, trimestre, trimestre, u otro período de estudio determinado por el colegio o universidad.

Estudios elegibles

Un programa de educación postsecundaria elegible es cualquier colegio, universidad, escuela de formación profesional u otra institución de educación postsecundaria elegible para participar en un programa de ayuda estudiantil administrado por el Departamento de Educación. Incluye prácticamente todos los centros de enseñanza postsecundaria acreditados, públicos, sin fines de lucro y privados (con fines de lucro). La institución educativa debe comunicar al contribuyente si se trata de un colegio o universidad elegible. Algunos centros de enseñanza superior de fuera de Estados Unidos también participan en los programas de Ayuda Federal para Estudiantes (FSA) del Departamento de Educación.

Algunas escuelas superiores y universidades de fuera de Estados Unidos también participan en los programas de Ayuda Federal para Estudiantes (FSA) del Departamento de Educación de Estados Unidos. Puedes encontrar una lista de estas escuelas extranjeras en el sitio web del Departamento de Educación en www.fafsa.ed.gov/index.htm. Haga clic en "Find my school codes", complete los dos puntos de la primera página, haga clic en "Next" y, a continuación, siga las instrucciones restantes para buscar una escuela extranjera.

Tenga en cuenta que no todas las instituciones educativas que reúnen los requisitos tratan de la misma manera determinadas cuentas de ahorro para la educación Coverdell (Planes 529), ni tienen en cuenta las mismas cosas a la hora de determinar si una beca o subvención no está sujeta a impuestos. Para determinar si puede utilizar la cuenta de ahorro Coverdell para la educación en el colegio, la universidad, la escuela de formación profesional u otro instituto de enseñanza postsecundaria, el centro educativo en cuestión debe participar en un programa de ayudas estudiantiles administrado por el Departamento de Educación de EE.UU. La institución educativa puede ser una institución postsecundaria pública, sin fines de lucro o privada acreditada. A partir de 2018, esto incluye cualquier escuela privada, religiosa o pública desde el jardín de infancia hasta el grado 12, según lo determine la ley estatal. Para determinar si las becas y las subvenciones para becas están exentas de impuestos, la institución educativa debe mantener unas instalaciones y un plan de estudios regulares y contar normalmente con un cuerpo de estudiantes matriculados regularmente en el lugar donde lleva a cabo sus actividades educativas.

Solicitud de créditos para más de un estudiante elegible

El contribuyente sólo puede solicitar un crédito (por estudiante) por cada estudiante elegible, pero puede solicitar créditos distintos para estudiantes diferentes. Un contribuyente que paga gastos de educación calificados para más de un estudiante y cada dependiente califica para diferentes créditos; esto es aceptable.

El Formulario 8863, parte III, debe cumplimentarse para cada persona que solicite créditos de educación en la declaración de impuestos antes de cumplimentar la parte I y la parte II. El Formulario 1098-T debe entregarse al preparador de impuestos; asegurarse de recibir el Formulario forma parte de la diligencia debida del profesional de impuestos.

Formulario 1098-T

Para ayudar a calcular el crédito por educación declarado en el Formulario 8863, el estudiante debe recibir el Formulario 1098-T de su escuela. Generalmente, una institución educativa elegible (como un colegio o universidad) debe enviar el Formulario 1098-T (o un sustituto aceptable) a cada estudiante matriculado antes del 31 de enero de cada año. La institución declara los pagos recibidos (casilla 1) o facturados (casilla 2) en concepto de gastos de educación cualificados. El Formulario 1098-T debe proporcionar otra información de la institución, incluyendo los ajustes realizados para años anteriores, el monto de las becas, subvenciones, reembolsos o devoluciones proporcionadas, y si el estudiante estaba matriculado al menos a media jornada o era un estudiante de posgrado.

La institución educativa puede solicitar que se rellene el Formulario W-9S, *Solicitud del número de identificación fiscal y certificación del estudiante o prestatario*, o alguna declaración similar para obtener el nombre, la dirección y el número de identificación fiscal del estudiante.

Todos los declarantes del Formulario 1098-T pueden truncar el número de identificación del estudiante en las declaraciones de impuestos.

Al cumplimentar la declaración de impuestos, debe utilizar el EIN de la institución. Los preparadores de impuestos deben revisar el Formulario 1098-T de sus clientes y guardar una copia en el expediente de cada contribuyente.

☐ CORRECTED

FILER'S name, street address, city or town, state or province, country, ZIP or foreign postal code, and telephone number	1 Payments received for qualified tuition and related expenses $ 2	OMB No. 1545-1574 **2023** Form **1098-T**	**Tuition Statement**
FILER'S employer identification no. / STUDENT'S TIN	3		**Copy B** **For Student**
STUDENT'S name	4 Adjustments made for a prior year $	5 Scholarships or grants $	This is important tax information and is being furnished to the IRS. This form must be used to complete Form 8863 to claim education credits. Give it to the tax preparer or use it to prepare the tax return.
Street address (including apt. no.) City or town, state or province, country, and ZIP or foreign postal code	6 Adjustments to scholarships or grants for a prior year $	7 Checked if the amount in box 1 includes amounts for an academic period beginning January–March 2024 ☐	
Service Provider/Acct. No. (see instr.) / 8 Checked if at least half-time student ☐	9 Checked if a graduate student ☐	10 Ins. contract reimb./refund $	

Form **1098-T** (keep for your records) www.irs.gov/Form1098T Department of the Treasury - Internal Revenue Service

Casilla 1: La institución ingresa aquí el monto de la matrícula calificada y los gastos relacionados de todas las fuentes durante el año calendario. El monto de la casilla 1 es el monto total recibido por el contribuyente menos los reembolsos o devoluciones efectuados durante el año fiscal. No reduzca este monto por becas o subvenciones (declaradas por separado en la casilla 5).

Casilla 2: Reservada.

Casilla 3: Reservada.

Casilla 4: Ajustes efectuados en un ejercicio anterior. Anote los reembolsos o devoluciones de matrícula y gastos calificados hechos en 2023 relacionados con pagos recibidos por cualquier año anterior después de 2002. Consulte las instrucciones del Formulario 1098-T.

Casilla 5: Esta casilla muestra el monto total recibido en concepto de becas o subvenciones administradas y tramitadas durante el año natural. Recuerde, si la cantidad de la casilla 5 es mayor que la cantidad de la casilla 1, no reclame el crédito educativo para el contribuyente.

Casilla 6: Ajustes de becas o ayudas correspondientes a un año anterior. Introduzca el monto de cualquier reducción declarada para cualquier año anterior posterior a 2002.

Casilla 7: Si se marca esta casilla, el monto de las casillas 1 o 2 incluye las cantidades que el contribuyente pagó antes de finalizar el año en curso por la matrícula del año siguiente.

Casilla 8: Una marca de verificación en esta casilla indica que el estudiante fue al menos un estudiante a media jornada durante cualquier período académico que comenzó durante el año fiscal. Aunque cada universidad determina quién y qué se considera "estudiante a tiempo parcial", la carga de trabajo del estudiante a tiempo parcial debe ser igual o superior a las normas establecidas por el Departamento de Educación en virtud de la Ley de Educación Superior.

Casilla 9: Si se marca esta casilla, el contribuyente es un estudiante de posgrado. El estudiante de posgrado debe estar matriculado en un programa o programas conducentes a un título de posgrado, certificado de posgrado u otra credencial educativa reconocida de posgrado.

Casilla 10: Si el asegurador de la matrícula cualificada y los gastos relacionados realizó reembolsos al estudiante, introduzca la cantidad aquí.

Algunas instituciones educativas que cumplen los requisitos combinan todas las tasas de un periodo académico en un único monto. El estudiante debe ponerse en contacto con la institución si no recibe o no tiene acceso a un extracto en el que figuren los montos correspondientes a los gastos de educación admisibles y los gastos personales. La institución debe proporcionar esta información al contribuyente y declarar la cantidad pagada o facturada por gastos de educación calificados en el Formulario 1098-T.

Declaración de pagos de matrícula

Cuando una institución educativa que reúne los requisitos ofrece una reducción de la matrícula a un empleado de la institución o a un cónyuge o hijo dependiente de un empleado, el monto de la reducción puede estar sujeto a impuestos o no. Si está sujeta a impuestos, el empleado recibió un pago y, a su vez, pagó a la institución educativa en nombre del estudiante.

Formulario 8880: Crédito por aportaciones al ahorro para la jubilación

El crédito por aportaciones al ahorro para la jubilación se basa en los primeros $2.000 aportados a cuentas IRA, 401(k)s y algunos otros planes de jubilación. Utilice el Formulario 8880, *Crédito por aportaciones cualificadas de ahorro para la jubilación*, para calcular el crédito. El contribuyente puede realizar aportaciones hasta la fecha de vencimiento de la declaración de impuestos; la presentación de una prórroga no modifica la fecha de vencimiento para realizar estas aportaciones. Este crédito reduce dólar por dólar el impuesto sobre la renta del contribuyente y se declara en el Formulario 1040, Anexo 3, línea 4. Para reclamar este crédito para 2022, el MAGI del contribuyente debe ser inferior a $34.000 si es Soltero o MFS, $51.000 si presenta como cabeza de familia, o $68.000 si es casado que presenta una declaración conjunta o cónyuge sobreviviente con dependiente calificado.

Declare este crédito en el Formulario 1040, Anexo 3, línea 4. Si un contribuyente reclama el crédito, adjunte el Formulario 8880 al Formulario 1040. Los números de 2023 para el estado civil de soltero y MFS no es más de $36.500. Para HOH $54.750, y MFJ y SS es $73.000.

Formulario 5695: Créditos energéticos residenciales

Si los contribuyentes hicieron mejoras de ahorro de energía a su vivienda principal en los Estados Unidos, podrían reclamar el crédito de propiedad residencial de energía eficiente y declararlo en el Formulario 1040, Anexo 3, línea 5. El crédito y su capacidad para trasladar cualquier parte siguen estando disponibles de 2022 a 2032. Los siguientes créditos por propiedades residenciales energéticamente eficientes están disponibles para el ejercicio fiscal 2022 si el contribuyente realizó dichas mejoras en la vivienda principal situada en Estados Unidos:

- Costos cualificados de propiedad eléctrica solar.
- Costos de propiedad de calentamiento solar de agua cualificados.
- Costos cualificados de propiedad de pequeña energía eólica.
- Costos cualificados de propiedad de bomba de calor geotérmica.
- Costos de propiedad cualificados de combustible de biomasa.

Si el contribuyente es propietario de un condominio o inquilino-accionista de una cooperativa de viviendas sociedad anónima y ha pagado su parte proporcional del costo, podría optar a la bonificación. Existe una bonificación del 30% para la instalación de instalaciones solares para el calentamiento de agua, instalaciones solares eléctricas, bombas de calor geotérmicas y pequeñas instalaciones de energía eólica. El crédito se aplica a la propiedad puesta en servicio para 2022 y 2032.

El crédito para la mejora de la eficiencia energética en el hogar declarado en la Parte II del Formulario 5695 puede obtener un crédito igual a la suma de:

1. 10% de la cantidad pagada o incurrida por el contribuyente por mejoras cualificadas de eficiencia energética instaladas durante dicho ejercicio fiscal, y
2. cualquier gasto en bienes inmuebles de uso residencial en materia de energía pagado o incurrido por el contribuyente durante dicho ejercicio fiscal.

El crédito se limita a lo siguiente:

- Un total de $500 para todos los ejercicios fiscales posteriores a 2005.
- Un límite de crédito combinado de $200 para ventanas.

Cualquier financiación de energía subvencionada no puede utilizarse para calcular el crédito de energía. Consulte las instrucciones del Formulario 5695.

Parte 1 Preguntas de repaso

Para obtener el máximo beneficio de este capítulo, LTP recomienda que complete cada una de las siguientes preguntas y luego las compare con las respuestas con comentarios que siguen inmediatamente. De acuerdo con las normas de autoaprendizaje vigentes, los proveedores deben presentar preguntas de repaso de manera intermitente a lo largo de cada curso de autoaprendizaje.

Estas preguntas y explicaciones no forman parte del examen final y no serán calificadas por LTP.

PTC1.1

Jerry tiene tres hijos que reúnen los requisitos para el gasto federal por cuidado de dependientes. ¿Cuál es la cantidad máxima que Jerry puede reclamar?

a. $3,000
b. $1,500
c. $6,000
d. Sin límite

PTC1.2

Tiffany tiene dos hijos: Hunter, de 12 años, y Suzy, de 11 años. ¿A qué edad no podrá reclamar Tiffany el gasto por cuidado de hijos y dependientes?

a. 12
b. 13
c. 14
d. 18

PTC1.3

Jenny es casada y presenta la declaración por separado. ¿Cuánto podrá reclamar por su crédito educativo?

a. $0
b. $4,000
c. $1,500
d. $3,000

PTC1.4

Doug y su esposa Brittney son estudiantes a tiempo completo en una escuela que cumple los requisitos. Para efectos fiscales, ¿han obtenido ingresos si son estudiantes a tiempo completo durante cuántos meses?

a. 12
b. 7
c. 5
d. 4

PTC1.5
¿Cuál de los siguientes es un crédito fiscal no reembolsable?

a. Crédito por aprendizaje permanente
b. Crédito fiscal por rendimientos del trabajo
c. Crédito fiscal adicional por hijos
d. Impuesto sobre la renta federal retenido

PTC1.6
Ángel solicitará el crédito por oportunidad americana para 2022. ¿Qué Formulario federal utilizará para declarar el crédito?

a. Formulario 8855
b. Formulario 8863
c. Formulario 1116
d. Anexo D

PTC1.7
Brasilia va a presentar el MFS. ¿Cuál de las siguientes deducciones no podrá reclamar?

a. Crédito por educación
b. Pérdida por ganancia patrimonial igual o superior a $1,500
c. Aportación a una cuenta IRA
d. Brasilia puede reclamar todos los créditos

PTC1.8
Arturo tuvo algunos gastos universitarios y quiere solicitar el crédito por oportunidad americana. ¿Cuál de los siguientes gastos debe excluir Arturo en el Formulario 8863?

a. Matrícula y honorarios para inscribirse o asistir a una institución educativa
b. Montos utilizados para alojamiento y manutención
c. Gastos de cursos y libros
d. Suministros y equipos necesarios para los cursos en la institución educativa
e. Arturo puede incluir todos estos gastos

PTC1.9
Andrew está en su segundo año de universidad y es estudiante a tiempo completo. Andrew tiene derecho al crédito por oportunidad americana. ¿Cuál es el gasto máximo cualificado en educación que Andrew puede reclamar?

a. $1,500
b. $2,500
c. $5,000
d. $7,500

PTC1.10
Callie tiene 3 hijos y necesita saber qué información debe aportar para cumplimentar el Formulario 2441 para su declaración de impuestos del año en curso. ¿Cuál de los siguientes datos no debe presentar Callie para cumplimentar el Formulario Federal 2441?

a. El nombre del proveedor
b. La dirección del proveedor
c. Número de identificación del proveedor (EIN o SSN)
d. Edad del proveedor

Parte 1 Respuestas a las preguntas de repaso

PTC1.1
Jerry tiene tres hijos que reúnen los requisitos para el gasto federal por cuidado de dependientes. ¿Cuál es la cantidad máxima que Jerry puede reclamar?

a. $3,000
b. $1,500
c. $6,000
d. Sin límite

Comentarios: Repase la sección *Formulario 2441: Cuidado de hijos y dependientes.*

PTC1.2
Tiffany tiene dos hijos: Hunter, de 12 años, y Suzy, de 11 años. ¿A qué edad no podrá reclamar Tiffany el gasto por cuidado de hijos y dependientes?

a. 12
b. 13
c. 14
d. 18

Comentarios: Repase la sección *Formulario 2441: Cuidado de hijos y dependientes.*

PTC1.3
Jenny es casada y presenta la declaración por separado. ¿Cuánto podrá reclamar por su crédito educativo?

a. $0
b. $4,000
c. $1,500
d. $3,000

Comentarios: Repase la sección *Formulario 8863: Créditos de educación.*

PTC1.4
Doug y su esposa Brittney son estudiantes a tiempo completo en una escuela que cumple los requisitos. Para efectos fiscales, ¿han obtenido ingresos si son estudiantes a tiempo completo durante cuántos meses?

a. 12
b. 7
c. 5
d. 4

Comentarios: Repase la sección *Formulario 8863: Créditos de educación.*

PTC1.5
¿Cuál de los siguientes es un crédito fiscal no reembolsable?

a. Crédito por aprendizaje permanente
b. Crédito fiscal por rendimientos del trabajo
c. Crédito fiscal adicional por hijos
d. Impuesto sobre la renta federal retenido

Comentarios: Repase la sección *Parte 1: Créditos no reembolsables.*

PTC1.6
Ángel solicitará el crédito por oportunidad americana para 2022. ¿Qué Formulario federal utilizará para declarar el crédito?

a. Formulario 8855
b. Formulario 8863
c. Formulario 1116
d. Anexo D

Comentarios: Repase la sección *Parte 1: Créditos no reembolsables.*

PTC1.7
Brasilia va a presentar el MFS. ¿Cuál de las siguientes deducciones no podrá reclamar?

a. Crédito por educación
b. Pérdida por ganancia patrimonial igual o superior a $1,500
c. Aportación a una cuenta IRA
d. Brasilia puede reclamar todos los créditos

Comentarios: Repase la sección *Parte 1: Créditos no reembolsables.*

PTC1.8
Arturo tuvo algunos gastos universitarios y quiere solicitar el crédito por oportunidad americana. ¿Cuál de los siguientes gastos debe excluir Arturo en el Formulario 8863?

a. Matrícula y honorarios para inscribirse o asistir a una institución educativa
b. Montos utilizados para alojamiento y manutención
c. Gastos de cursos y libros
d. Suministros y equipos necesarios para los cursos en la institución educativa
e. Arturo puede incluir todos estos gastos

Comentarios: Repase la sección *Parte 1: Créditos no reembolsables.*

PTC1.9

Andrew está en su segundo año de universidad y es estudiante a tiempo completo. Andrew tiene derecho al crédito por oportunidad americana. ¿Cuál es el gasto máximo cualificado en educación que Andrew puede reclamar?

a. $1,500
b. $2,500
c. $5,000
d. $7,500

Comentarios: Repase la sección *Parte 1: Créditos no reembolsables.*

PTC1.10
Callie tiene 3 hijos y necesita saber qué información debe aportar para cumplimentar el Formulario 2441 para su declaración de impuestos del año en curso. ¿Cuál de los siguientes datos no debe presentar Callie para cumplimentar el Formulario Federal 2441?

a. El nombre del proveedor
b. La dirección del proveedor
c. Número de identificación del proveedor (EIN o SSN)
d. Edad del proveedor

Comentarios: Repase la sección *Parte 1: Créditos no reembolsables.*

Parte 2 Otros créditos no reembolsables

En la línea 6 a-z se declaran otros créditos actuales no reembolsables en el Formulario 1040, Anexo 3. LTP ha optado por cubrir los créditos más comunes.

Línea 6b: Crédito por impuesto mínimo del año anterior; adjunte el Formulario 8801.

Línea 6c: Crédito por adopción; adjunte el Formulario 8839.

Crédito o exclusión por adopción

La cantidad máxima de crédito por adopción que un contribuyente puede recibir de su empleador para 2022 es de $14.890. Supongamos que el ingreso bruto ajustado modificado (MAGI) del contribuyente se encuentra entre $223.410 y $263.4100; en ese caso, el crédito puede reducirse en función del ingreso. Un contribuyente puede utilizar el crédito de adopción para adopciones extranjeras y nacionales en la mayoría de las circunstancias. Algunos estados han determinado que, si un niño tiene necesidades especiales, el contribuyente puede recibir el monto máximo del crédito a menos que haya reclamado algunos gastos en un año anterior. La reducción progresiva del crédito fiscal para 2023 es de $239.230 y finaliza en $279.230.

Línea 6d: Crédito para personas mayores o discapacitadas

Anexo R: Crédito para personas mayores o discapacitadas

El crédito para personas mayores o discapacitadas es un crédito no reembolsable basado en el estado civil, la edad y los ingresos del contribuyente. Una persona está permanente y totalmente discapacitada si el contribuyente no puede realizar ninguna actividad lucrativa sustancial debido a una condición física o mental o si un médico cualificado determina que la condición ha durado o se puede esperar que dure continuamente durante al menos un año o hasta la muerte. Si el contribuyente es menor de 65 años, debe adjuntarse a la declaración de impuestos una declaración del médico. La declaración debe certificar que el contribuyente estaba incapacitado permanente y totalmente en la fecha de la jubilación.

Del monto base se deducen la mayoría de las pensiones y beneficios del Seguro Social no imponibles y la mitad de los ingresos brutos que excedan del monto base. Para solicitar este crédito, el contribuyente debe cumplir los siguientes criterios:

- Tener 65 años o más al final del ejercicio fiscal.
- Cumplir las siguientes condiciones si es menor de 65 años al final del ejercicio fiscal:
    - Haberse jubilado por discapacidad permanente y total: deben haber sufrido una discapacidad permanente y total el 1 de enero de 1976 o antes, o el 1 de enero de 1977, si el contribuyente se jubiló antes de 1977.
    - Haber percibido beneficios por discapacidad imponibles en el ejercicio fiscal en curso.
    - No haber alcanzado la edad de jubilación obligatoria del empleador (cuando el programa de jubilación del empleador exige que un empleado se jubile) el 1 de enero del ejercicio fiscal en cuestión o antes.

Si el contribuyente es menor de 65 años, debe tener una declaración de un médico que certifique que estaba permanente y totalmente incapacitado en la fecha de la jubilación. No presente la declaración con el Formulario 1040 del contribuyente; sin embargo, el contribuyente debe conservarla para sus archivos. Las instrucciones para el Anexo R incluyen una plantilla de declaración que los contribuyentes pueden proporcionar a sus médicos para que la cumplimenten y la conserven en sus archivos. Los ingresos del contribuyente no pueden superar los límites indicados a continuación para tener derecho al crédito, por lo que muchos contribuyentes no podrán aprovecharlo.

Señor 1040 dice: Tenga en cuenta que, al confeccionar el Anexo R para determinar si un contribuyente tiene derecho a la bonificación por ancianidad o discapacidad, también deben tenerse en cuenta los ingresos del Seguro Social, aunque no estén sujetos a tributación.

Límites de ingresos para el Anexo R

Si los ingresos del contribuyente superan los siguientes límites, el contribuyente no podrá solicitar el crédito.

Si el estado civil es:	**El contribuyente no puede obtener el crédito si la cantidad del Formulario 1040, o Formulario 1040-SR, línea 11, es:**	**O el contribuyente recibió:**
Soltero, Cabeza de familia, o Cónyuge supérstite con dependiente que reúne los requisitos	$17,500 o más	$5,000 o más del Seguro Social no imponible u otras pensiones, anualidades o ingresos por discapacidad no imponibles
Casado con declaración conjunta si sólo uno de los cónyuges reúne los requisitos	$20,000 o más	$5,000 o más del Seguro Social no imponible u otras pensiones, anualidades o ingresos por discapacidad no imponibles
Casado con declaración conjunta si ambos cónyuges reúnen los requisitos	$25,000 o más	$7,500 o más del Seguro Social no imponible u otras pensiones, anualidades o ingresos por discapacidad no imponibles
Casado que presenta la declaración por separado y el contribuyente no vivió con su cónyuge en ningún momento durante el año	$12,500 o más	$3,750 o más del Seguro Social no imponible u otras pensiones, anualidades o ingresos por discapacidad no imponibles

Ejemplo 1. Adam se jubiló por discapacidad como vendedor y ahora trabaja como auxiliar de guardería cobrando el salario mínimo. Aunque realiza un trabajo diferente, Adam es auxiliar de guardería en condiciones ordinarias por el salario mínimo. Por lo tanto, no puede beneficiarse del crédito porque ejerce una actividad lucrativa sustancial.

Ejemplo 2. Jess se jubiló por discapacidad y aceptó un trabajo con un antiguo empleador a modo de prueba. El período de prueba duró algún tiempo, durante el cual Jess recibió una remuneración equivalente al salario mínimo. Debido a su discapacidad, Jess realizaba tareas ligeras de carácter no productivo. A menos que la actividad sea a la vez sustancial y lucrativa, Jess no realiza una actividad sustancial y lucrativa. La actividad era lucrativa porque la remuneración de Jess era igual o superior al salario mínimo. Sin embargo, la actividad no era sustancial porque las tareas eran de naturaleza no productiva, de confección. Se necesita más información para determinar si Jess puede realizar una actividad lucrativa sustancial.

Cómo calcular el crédito

Si el contribuyente marcó la casilla 6, el monto total consignado en la línea 11 sería de $5.000. Si el contribuyente marcó las casillas 2, 4 o 9, anote el monto total de los ingresos por discapacidad recibidos. Si el contribuyente marcó la casilla 5, anote en la línea 11 el monto total de los ingresos por discapacidad recibidos del contribuyente y su cónyuge.

Línea 6f: Crédito por vehículo de motor enchufable cualificado; adjunte el Formulario 8936

Vehículo eléctrico enchufable de 2 ruedas

El contribuyente podría reunir los requisitos por la compra de un vehículo eléctrico de 2 ruedas cualificado que haya sido adquirido antes de 2022 y:

- Pueda recorrer más de 45 millas por hora.
- Esté propulsado por un motor eléctrico cuya batería no sea inferior a 2,5 kilovatios hora y pueda recargarse.
- Se fabrica principalmente para su uso en calles, carreteras y autopistas públicas.
- Tiene un peso bruto del vehículo inferior a 14.000 libras.
- Otros determinados requisitos adicionales. Consulte las instrucciones del Formulario 8936.

Vehículo de motor eléctrico enchufable de 4 ruedas cualificado (EV)

El contribuyente podría recibir un crédito por la compra de un vehículo de 4 ruedas (puesto en servicio antes de 2023), con un peso bruto inferior a 14.000 libras y la batería con al menos 4 kilovatios hora y es recargable. El motor eléctrico debe extraer la electricidad de una batería recargable con no menos de 4 kilovatios hora. El vehículo debe estar fabricado principalmente para ser utilizado en calles, carreteras y autopistas públicas. El propietario es el único que puede solicitar el crédito. Si el vehículo es alquilado, sólo el arrendador y no el arrendatario puede solicitar el crédito. El vehículo debe utilizarse principalmente en Estados Unidos y el montaje final del coche debe realizarse en Norteamérica. Consulte la sección 30D del Código del IRC.

Línea 6g: Crédito por intereses hipotecarios; adjunte el Formulario 8396.

Formulario 8396: Crédito por intereses hipotecarios

Si el contribuyente ha solicitado los siguientes créditos:

- Crédito para personas mayores o discapacitadas
- Crédito para vehículo de motor alternativo
- Crédito por vehículo de motor eléctrico enchufable cualificado

Estos créditos deben calcularse antes del crédito por intereses hipotecarios.

Los contribuyentes solicitan el crédito por intereses hipotecarios si un estado, una unidad gubernamental local o una agencia bajo un programa de certificado de crédito hipotecario cualificado les expide un Certificado de Crédito Hipotecario (MCC). Si la hipoteca es igual o inferior al monto de endeudamiento certificado (conocido como préstamo) que figura en el MCC, multiplique el tipo de crédito certificado que figura en el MCC por todos los intereses pagados por la hipoteca durante el año.

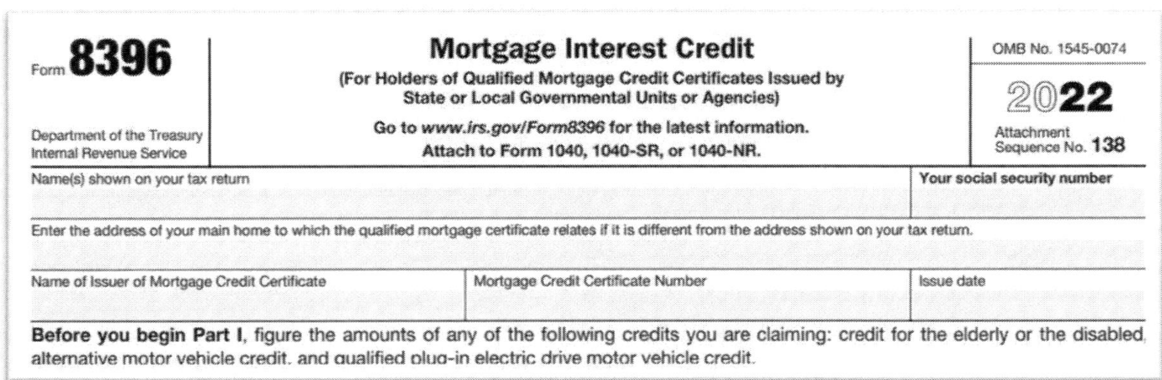

Form **8396**
Department of the Treasury
Internal Revenue Service

Mortgage Interest Credit
(For Holders of Qualified Mortgage Credit Certificates Issued by State or Local Governmental Units or Agencies)
Go to *www.irs.gov/Form8396* for the latest information.
Attach to Form 1040, 1040-SR, or 1040-NR.

OMB No. 1545-0074
2022
Attachment Sequence No. **138**

Name(s) shown on your tax return | **Your social security number**

Enter the address of your main home to which the qualified mortgage certificate relates if it is different from the address shown on your tax return.

Name of Issuer of Mortgage Credit Certificate | Mortgage Credit Certificate Number | Issue date

Before you begin Part I, figure the amounts of any of the following credits you are claiming: credit for the elderly or the disabled, alternative motor vehicle credit, and qualified plug-in electric drive motor vehicle credit.

Parte del Formulario 8396

Si el monto de la hipoteca es superior al monto del endeudamiento certificado que figura en el MCC, multiplique el porcentaje de crédito certificado que figura en el MCC por los intereses asignados al monto del endeudamiento certificado que figura en el MCC para calcular el crédito.

Señor 1040 dice: Los certificados expedidos por la Administración Federal de la Vivienda, el Departamento de Asuntos de Veteranos y la Administración de Viviendas para Granjeros (así como los certificados de exención del personal de la vivienda) no dan derecho al crédito.

La vivienda a la que se refiere el certificado debe ser la residencia principal del contribuyente, y la vivienda debe estar dentro de la jurisdicción de la agencia gubernamental que emitió el certificado. El contribuyente no puede solicitar el crédito si los intereses se pagan a una parte vinculada. Si el contribuyente refinancia la hipoteca, tenga en cuenta que los certificados deben volver a emitirse al contribuyente y cumplir todas las condiciones siguientes:

- El titular y la propiedad no pueden cambiar.
- El nuevo certificado debe sustituir íntegramente al existente. El titular no puede conservar ninguna parte del saldo pendiente del certificado anterior.
- El endeudamiento certificado en el nuevo certificado no puede superar el saldo pendiente que figura en el certificado.
- El tipo de crédito del nuevo certificado no puede superar el tipo de crédito del certificado anterior.
- El nuevo certificado no puede dar lugar a una cantidad mayor en la línea 3 de la que de otro modo habría sido admisible en virtud del certificado anterior para cualquier ejercicio fiscal.

El contribuyente puede disponer de un crédito hipotecario no utilizado hasta los tres ejercicios fiscales siguientes o hasta que lo utilice por completo, lo que ocurra primero. El contribuyente debe utilizar el crédito del año en curso antes de utilizar los créditos de ejercicios anteriores. Si se utilizan los créditos trasladables de más de un año, comience con el crédito trasladable del año anterior más antiguo (es decir, 2020 antes que 2019, 2019 antes que 2018). Si el crédito certificado es superior al 20%, no traslade montos superiores a $2.000. Para cumplimentar el Formulario 8396, *Crédito por intereses hipotecarios*, consulte las instrucciones del Formulario.

Calcule el crédito del año en curso y traslade cualquier exceso al año siguiente en el Formulario 8396, *Crédito por intereses hipotecarios*, y adjunte el Formulario 8396 al Formulario 1040. En el Formulario 8396, asegúrese de incluir cualquier crédito trasladado de los tres ejercicios fiscales anteriores. Utilice el crédito del año en curso antes de aplicar los créditos de años anteriores. Incluya el crédito en la cantidad total de otros créditos declarados en el Anexo 3, línea 6; marque la casilla c y escriba "Formulario 8396" para mostrar qué crédito no reembolsable se incluyó en esa línea. El profesional de impuestos debe guardar una copia del MCC en los archivos del contribuyente, ya que el IRS puede querer ver el certificado en un momento futuro.

El Formulario 1098, *Declaración de intereses hipotecarios*, debe incluir el monto del capital pendiente, la fecha de origen del préstamo y la dirección de la propiedad. El dueño de una propiedad heredada no puede tratar la propiedad como si tuviera una base diferente a la que fue declarada por el estado para propósitos del impuesto sobre el patrimonio. IRC §6035 exige que las sucesiones que presenten una declaración de impuestos sobre el patrimonio emitan declaraciones de beneficiario en las que se enumere el valor de los bienes declarado en la declaración de impuestos sobre el patrimonio a todas las personas que hereden bienes de la sucesión. Estos cambios se aplican a todas las declaraciones de impuestos patrimoniales presentadas después del 29 de febrero de 2016. Para obtener más información, consulte el Aviso 2015-57 y el IRC §6035.

Si el contribuyente compró y vendió la vivienda en un plazo de nueve años, el propietario puede recuperar parte del crédito. En este caso, se debe presentar el Formulario 8828, *Recaptura del subsidio hipotecario federal*; debe investigar más sobre este tema.

Formulario 1098-MA

Si el contribuyente ha recibido pagos de asistencia hipotecaria asignados por el Fondo de Innovación de la Agencia de Financiación de la Vivienda para los Mercados de Viviendas más Afectados (HFA Hardest Hit Housing Fund) o el Programa de Préstamos de Emergencia para Propietarios de Viviendas, declare el monto pagado por el propietario de la vivienda y los pagos de asistencia en el Formulario 1098-MA.

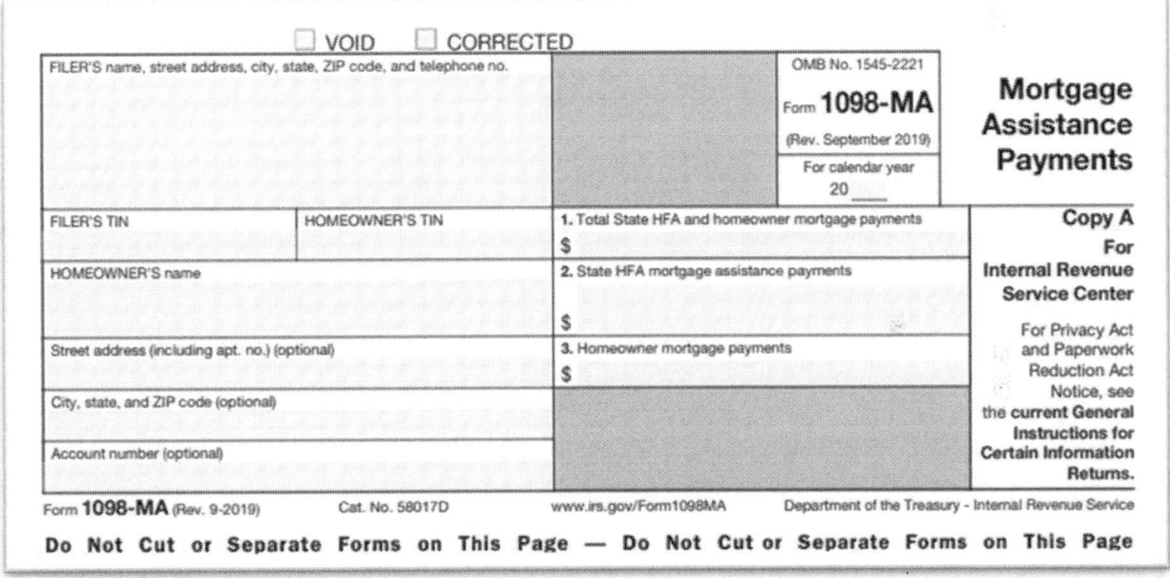

☐ VOID ☐ CORRECTED

FILER'S name, street address, city, state, ZIP code, and telephone no.			OMB No. 1545-2221 Form **1098-MA** (Rev. September 2019) For calendar year 20__	**Mortgage Assistance Payments**
FILER'S TIN	HOMEOWNER'S TIN	1. Total State HFA and homeowner mortgage payments $		**Copy A** **For Internal Revenue Service Center**
HOMEOWNER'S name		2. State HFA mortgage assistance payments $		For Privacy Act and Paperwork Reduction Act Notice, see the **current General Instructions for Certain Information Returns.**
Street address (including apt. no.) (optional)		3. Homeowner mortgage payments $		
City, state, and ZIP code (optional)				
Account number (optional)				

Form **1098-MA** (Rev. 9-2019) Cat. No. 58017D www.irs.gov/Form1098MA Department of the Treasury - Internal Revenue Service

Do Not Cut or Separate Forms on This Page — Do Not Cut or Separate Forms on This Page

Parte del Formulario 1098 MA

Señor 1040 dice: No confunda el crédito de intereses hipotecarios con la ayuda al pago de la hipoteca. No son el mismo crédito.

Créditos fiscales por hijos - Anexo 8812

El crédito fiscal por hijos (CTC) es un crédito no reembolsable para los contribuyentes que tengan un hijo que reúna los requisitos. Para el ejercicio fiscal 2022, el crédito volvió a ser de $2.000 por hijo menor de 17 años. La parte reembolsable es de $1.500.

Los montos máximos de reducción progresiva son de $400.000 para los contribuyentes casados que presenten una declaración conjunta y para todos los demás es de $200.000. La obligación tributaria del contribuyente y el AGI modificado limitan el crédito fiscal por hijos. Si el hijo no tuviera un número de Seguro Social válido, el contribuyente no tendría derecho a ninguno de los dos créditos. Este crédito se declara en el Formulario 1040, línea 19.

Para tener derecho al crédito fiscal por hijos, el hijo debe ser ciudadano, nacional o residente de los Estados Unidos. El hijo que reúne los requisitos debe tener un número de seguro social para que el contribuyente pueda solicitar el crédito fiscal por hijos y/o el crédito fiscal por hijos adelantado. Si el dependiente no reúne los requisitos para la desgravación fiscal por hijos, el contribuyente no podrá incluirlo en el cálculo de la desgravación. No obstante, el dependiente puede optar al crédito por otro familiar a cargo (ODC).

El crédito fiscal adicional por hijos (ACTC) es un crédito reembolsable disponible para los contribuyentes con hijos que reúnan los requisitos. Utilice el Anexo 8812, Partes II-III para calcular el crédito fiscal adicional por hijos. Este crédito se declara en el Formulario 1040, línea 27 y debe completarse el Anexo.

Hijo que reúne los requisitos para el crédito tributario por hijos

Para que un hijo tenga derecho al crédito fiscal por hijos, debe cumplir las siguientes condiciones:

- El menor es hijo, hija, hijastro, hijo adoptivo elegible, hermano, hermana, hermanastro, hermanastra, medio hermano, media hermana o descendiente de cualquiera de ellos.
- El hijo no aportaba más de la mitad de su manutención.
- El hijo convivió con el contribuyente durante más de la mitad del año 2022.
- El hijo figura como dependiente en la declaración del contribuyente.
- El hijo no presenta una declaración conjunta para el año o sólo la presenta para reclamar un reembolso del impuesto sobre la renta retenido o si el dependiente pagó pagos estimados.
- El hijo era ciudadano de EE.UU., nacional de EE.UU., extranjero residente en EE.UU. o adoptado por un ciudadano de EE.UU., nacional de EE.UU. o extranjero residente en EE.UU.

Persona que puede optar a la ODC

Una persona tiene derecho al crédito por otro familiar a cargo (ODC) si cumple las siguientes condiciones:

- El contribuyente declara al dependiente que reúne los requisitos en su declaración de impuestos.
- El dependiente no tiene derecho al CTC o al ACTC.

- El dependiente era ciudadano estadounidense, nacional estadounidense, extranjero residente en Estados Unidos o adoptado por un ciudadano estadounidense, nacional estadounidense o extranjero residente en Estados Unidos.
- Disponen de un NIF en la fecha de vencimiento de la declaración de impuestos de 2022 o antes.
- Los montos máximos de reducción progresiva son de $400.000 para los contribuyentes casados que presenten una declaración conjunta y de $200.000 para todos los demás.

Ejemplo: Levi reclama a su sobrino Fernando, de 10 años, que vive en México y reúne los requisitos para ser considerado dependiente de Levi. Dado que Fernando no es ciudadano estadounidense, nacional de EE.UU. o extranjero residente en EE.UU., Levi no puede utilizar a Fernando para reclamar el crédito por otro familiar a cargo (ODC) a menos que Levi lo adopte y Fernando venga a vivir con Levi a Estados Unidos.

Solicitud indebida de CTC, ODC o ACTC

Si el contribuyente ha solicitado alguno de estos créditos por error, se le puede prohibir solicitarlos durante dos años. Si se determina que el error es fraude, se le puede prohibir solicitar el crédito durante 10 años. El contribuyente también puede tener que pagar multas e intereses. Si el preparador de declaraciones cometió el error y el IRS determina que el error fue intencionado, se le cobrarán sanciones e intereses y se le podrá prohibir preparar declaraciones durante el tiempo que el IRS decida que es apropiado. La ODC se ha añadido tanto al cuestionario de diligencia debida como a la Parte III del Formulario 8862, *Información para solicitar determinados créditos después de la denegación*.

Parte 2 Preguntas de repaso

Para obtener el máximo beneficio de este capítulo, LTP recomienda que complete cada una de las siguientes preguntas y luego las compare con las respuestas con los comentarios que siguen inmediatamente. De acuerdo con las normas de autoaprendizaje vigentes, los proveedores deben presentar Preguntas de repaso de manera intermitente a lo largo de cada curso de autoaprendizaje.

Estas preguntas y explicaciones no forman parte del examen final y no serán calificadas por LTP.

PTC2.1
¿Cuál de los siguientes es un crédito no reembolsable?

a. Ley de oportunidades americanas
b. Crédito por intereses hipotecarios
c. Crédito fiscal por rendimientos del trabajo
d. Crédito energético residencial

PTC2.2
Olivia es soltera y quiere saber si tiene derecho al Crédito para personas mayores o discapacitadas. Para poder optar al crédito, los ingresos brutos ajustados de Olivia no pueden ser superiores a _____.

a. $17,000
a. $17,500
b. $20,000
c. $25,000

PTC2.3
¿Cuál es la cantidad máxima de gastos de guardería que se puede reclamar en el Formulario 2441?

a. $3,000
b. $6,000
c. Sin límite
d. $4,500

PTC2.4
Russel es padre soltero y tiene tres hijos de entre 7 y 17 años. Tiene otro hijo que vive en México, pero afirma que vive con él. Hacienda determinó que presentó una declaración de impuestos fraudulenta. ¿Cuál de las siguientes situaciones podría ocurrirle a Russel?

1. A Russel se le podría prohibir solicitar créditos durante dos años.
2. Se podría prohibir a Russel solicitar créditos durante diez años.
3. Russel deberá pagar sanciones e intereses.
4. A Russel se le podría prohibir solicitar créditos durante ocho años.
5. Russel tendrá que presentar el Formulario 8862 durante dos años.
6. Russel tendrá que presentar el Formulario 8862 durante diez años.

a. 1, 3 y 5
b. 1 – 4
c. 1, 2, 3, 5 y 6
d. 2, 4, y 6

PTC2.5
Jane tiene 3 hijos que tienen derecho al crédito fiscal por hijos. Jane no pudo reclamar la totalidad de los $3.000 del crédito fiscal por hijos debido a su obligación tributaria. Jane pudo reclamar $2.500 del crédito fiscal por hijos. ¿Cuál es el crédito fiscal por hijos adicional máximo que puede solicitar si cumple todos los requisitos?

a. $3,000
b. $250
c. No puede solicitar ninguna bonificación fiscal adicional por hijos
d. $500

PTC2.6
¿Cuál de las siguientes es una condición para tener derecho al crédito por intereses hipotecarios?

a. El propietario y la propiedad no pueden cambiar.
b. El propietario nunca puede refinanciar la propiedad.
c. El propietario debe vivir en la casa durante al menos 10 años.
d. El propietario debe tener un crédito no utilizado para solicitar la ayuda.

PTC2.7
Norman quiere saber si puede acogerse al Anexo R. ¿Qué cantidad de ingresos le permitirá a Norman acogerse al crédito?

a. $17,000
b. $18,000
c. $17,500
d. $18,500

PTC2.8

¿Cuál de los siguientes es un requisito de un vehículo eléctrico enchufable de 2 ruedas?

a. La velocidad máxima es de 45 mph.
b. Debe pesar menos de 14.000 libras.
c. No es legal en la calle.
d. Puede ser un vehículo híbrido.

PTC2.9
¿Cuál de los siguientes es un requisito de un vehículo eléctrico enchufable de 4 ruedas?

a. La velocidad mínima es de 45 mph.
b. Debe pesar menos de 15.000 libras.
c. Debe tener una batería recargable.
d. El kilovatio debe ser igual o superior a 6 horas.

PTC2.10
¿Cuál de los siguientes casos daría derecho al crédito por otras personas dependientes?

1. Francisca no puede optar a la deducción por hijo a cargo anticipada.
2. Diego vive en Estados Unidos, pero no tiene número de identificación fiscal.
3. Gloria es ciudadana estadounidense y vive en México.
4. Verónica declara a su hija como dependiente.

a. 1 y 4
b. 1, 2, y 4
c. 2
d. 3 y 4

Parte 2 Respuestas a las preguntas de repaso

PTC2.1
¿Cuál de los siguientes es un crédito no reembolsable?

a. Ley de oportunidades americanas
b. Crédito por intereses hipotecarios
c. Crédito fiscal por rendimientos del trabajo
d. Crédito energético residencial

Comentarios: Repase la sección *Parte 2: Otros créditos no reembolsables.*

PTC2.2
Olivia es soltera y quiere saber si tiene derecho al Crédito para personas mayores o discapacitadas. Para poder optar al crédito, los ingresos brutos ajustados de Olivia no pueden ser superiores a _______.

a. $17,000
b. $17,500
c. $20,000
d. $25,000

Comentarios: Repase la sección *Anexo R: Crédito para personas mayores o discapacitadas.*

PTC2.3

¿Cuál es la cantidad máxima de gastos de guardería que se puede reclamar en el Formulario 2441?

a. $3,000
b. $6,000
c. Sin límite
d. $4,500

Comentarios: Repase la sección *Parte 2: Otros créditos no reembolsables.*

PTC2.4
Russel es padre soltero y tiene tres hijos de entre 7 y 17 años. Tiene otro hijo que vive en México, pero afirma que vive con él. Hacienda determinó que presentó una declaración de impuestos fraudulenta. ¿Cuál de las siguientes situaciones podría ocurrirle a Russel?

1. A Russel se le podría prohibir solicitar créditos durante dos años.
2. Se podría prohibir a Russel solicitar créditos durante diez años.
3. Russel deberá pagar sanciones e intereses.
4. A Russel se le podría prohibir solicitar créditos durante ocho años.
5. Russel tendrá que presentar el Formulario 8862 durante dos años.
6. Russel tendrá que presentar el Formulario 8862 durante diez años.

a. 1, 3 y 5
b. 1 – 4
c. 1, 2, 3, 5 y 6
a. 2, 4, y 6

Comentarios: Repase la sección *Parte 2: Otros créditos no reembolsables.*

PTC2.5
Jane tiene 3 hijos que tienen derecho al crédito fiscal por hijos. Jane no pudo reclamar la totalidad de los $3.000 del crédito fiscal por hijos debido a su obligación tributaria. Jane pudo reclamar $2.500 del crédito fiscal por hijos. ¿Cuál es el crédito fiscal por hijos adicional máximo que puede solicitar si cumple todos los requisitos?

a. $3,000
b. $250
c. No puede solicitar ninguna bonificación fiscal adicional por hijos
d. $500

Comentarios: Repase la sección *Parte 2: Otros créditos no reembolsables.*

PTC2.6
¿Cuál de las siguientes es una condición para tener derecho al crédito por intereses hipotecarios?

a. El propietario y la propiedad no pueden cambiar.
b. El propietario nunca puede refinanciar la propiedad.
c. El propietario debe vivir en la casa durante al menos 10 años.
d. El propietario debe tener crédito no utilizado para aplicar.

Comentarios: Repase la sección *Parte 2: Otros créditos no reembolsables.*

PTC2.7

Norman quiere saber si puede acogerse al Anexo R. ¿Qué cantidad de ingresos le permitirá a Norman acogerse al crédito?

a. $17,000
b. $18,000
c. $17,500
d. $18,500

Comentarios: Repase la sección *Parte 2: Otros créditos no reembolsables.*

PTC2.8
¿Cuál de los siguientes es un requisito de un vehículo eléctrico enchufable de 2 ruedas?

a. La velocidad máxima es de 45 mph.
b. Debe pesar menos de 14.000 libras.
c. No es legal en la calle.
d. Puede ser un vehículo híbrido.

Comentarios: Repase la sección *Parte 2: Otros créditos no reembolsables.*

PTC2.9
¿Cuál de los siguientes es un requisito de un vehículo eléctrico enchufable de 4 ruedas?

a. La velocidad mínima es de 45 mph.
b. Debe pesar menos de 15.000 libras.
c. Debe tener una batería recargable.
d. El kilovatio debe ser igual o superior a 6 horas.

Comentarios: Repase la sección *Parte 2: Otros créditos no reembolsables.*

PTC2.10
¿Cuál de los siguientes casos daría derecho al crédito por otras personas dependientes?

1. Francisca no puede optar a la deducción por hijo a cargo anticipada.
2. Diego vive en Estados Unidos, pero no tiene número de identificación fiscal.
3. Gloria es ciudadana estadounidense y vive en México.
4. Verónica declara a su hija como dependiente.

a. 1 y 4
b. 1, 2, y 4
c. 2
d. 3 y 4

Comentarios: Repase la sección *Parte 2: Otros créditos no reembolsables.*

Parte 3 Pagos y créditos fiscales reembolsables

En el sector fiscal, el término "crédito reembolsable" se refiere a un crédito que permite al contribuyente reducir su obligación fiscal dólar por dólar hasta cero o menos, lo que da lugar a un reembolso. Cuando el crédito reembolsable supera el monto de los impuestos adeudados, podría dar lugar a un reembolso de impuestos.

Un crédito fiscal reembolsable es un crédito fiscal que se trata como un pago y puede ser reembolsado al contribuyente por el IRS. Los créditos fiscales reembolsables compensan ciertos impuestos que normalmente no se reducen. Los créditos pueden crear un reembolso de impuestos federales superior a la cantidad de dinero que una persona había retenido durante el año. Los créditos fiscales reembolsables se aplican a la obligación tributaria de una persona, y el pago en exceso podría devolverse al individuo. Las retenciones del impuesto federal sobre la renta y los impuestos estimados pueden ser reembolsables, ya que son pagos anticipados de la obligación tributaria anual de una persona que pueden ser devueltos al contribuyente si la retención fue pagada en exceso.

Impuesto federal sobre la renta retenido

El Formulario 1040, página 2, línea 25, declara del impuesto federal sobre la renta retenido de todos los ingresos declarados mediante Formularios como el W-2, W-2G, 1099-R, 1099-NEC, SSA-1099 y Anexo K. El monto del impuesto retenido figura en el Formulario W-2 en la Casilla 2 y en la serie de Formularios 1099 en la Casilla 4. Si al contribuyente se le retuvo el impuesto federal de los beneficios del Seguro Social, figura en la Casilla 6 del Formulario SSA-1099. Si el contribuyente tuvo un impuesto adicional de Medicare retenido por su empleador, esa cantidad aparece en el Formulario 1040, Anexo 2, línea 11. Calcule el impuesto adicional de Medicare en el Formulario 8959 y adjúntelo a la declaración.

Pagos de impuestos estimados

En el Formulario 1040, página 2, línea 26, se declaran los pagos de impuestos estimados efectuados en el ejercicio fiscal en curso y los pagos en exceso aplicados de la declaración de impuestos del año anterior. Si un contribuyente y su cónyuge se han divorciado durante el año fiscal en curso y han efectuado pagos estimados juntos, anote el número de Seguro Social del excónyuge en el espacio provisto en el anverso del Formulario 1040. El contribuyente debe adjuntar al Formulario 1040 una declaración en la que explique que la pareja divorciada efectuó los pagos conjuntamente; dicha declaración también debe contener la prueba de los pagos, el nombre y el NSS de la persona que efectúa los pagos.

Los pagos de impuestos estimados también se denominan trimestrales, ya que los pagos se realizan en cuatro cuotas iguales. Si las fechas de vencimiento caen en sábado, domingo o un feriado legal, los pagos estimados vencen el siguiente día hábil. Los pagos estimados vencen en las siguientes fechas:

- 15 de abril
- 15 de junio
- 15 de septiembre
- 15 de enero (del año siguiente)

Monto pagado en exceso

El contribuyente puede recibir su pago en exceso como un cheque en papel del Departamento del Tesoro de EE.UU. o a través de un depósito directo del Departamento del Tesoro de EE.UU. en una cuenta corriente o de ahorros. Después de presentar la declaración de impuestos electrónicamente, el contribuyente puede ir a www.irs.gov y hacer clic en "¿Dónde está mi reembolso?" para recibir la información disponible sobre su declaración en un plazo de 24 horas después de que el IRS la haya aceptado electrónicamente. Si el monto del pago en exceso es diferente de lo que el contribuyente esperaba, el contribuyente debería recibir una explicación del IRS en un plazo de dos semanas después de depositar el reembolso.

El Formulario 1040, página 2, línea 34, declara si hubo un pago en exceso de impuestos del año en curso e indica cómo desea el contribuyente recibir el reembolso del pago en exceso. Indique en la línea 35a el monto de reembolso que desea el contribuyente. Pueden seleccionar una parte de esa cantidad como reembolso y remitir el resto como pagos de impuestos estimados para el año fiscal siguiente. Utilice la línea 36 para introducir los pagos estimados deseados. El contribuyente también puede optar por trasladar el monto total de su reembolso. Si el contribuyente desea trasladar los pagos en exceso al año siguiente, introduzca la cantidad que desea que se aplique en el Formulario 1040, línea 36. Supongamos que una pareja presentó la declaración MFJ y el cónyuge del contribuyente desea que el pago en exceso se aplique a su cuenta. En ese caso, el monto del reembolso se divide entre la cuenta del contribuyente y la cuenta separada del cónyuge. El contribuyente puede incluir hasta tres cuentas bancarias en la Parte I del Formulario 8888. Utilice la Parte II para adquirir Bonos de Ahorro de la Serie I de EE.UU.

Sugerencia fiscal: Sugerencia fiscal: El IRS permitirá al contribuyente tener su depósito directo dividido entre varias cuentas, pero no todos los programas informáticos soportan el uso del Formulario 8888 para hacerlo.

Ejemplo: Pat hizo pagos estimados para el año fiscal actual de $11.000 y pagó de más sus trimestrales por $4.500. Pat desea que le devuelvan $2.000, por lo que debe anotar $2.000 en la línea 36. Pat desea que los $2.500 restantes se apliquen a los pagos estimados del próximo año, así que anote la cantidad de $2.500 en la Línea 35a.

Si el contribuyente desea depositar la totalidad del pago en exceso directamente, presente un número de ruta y un número de cuenta válidos. Un número de ruta es un número de nueve dígitos que indica qué institución financiera recibe el reembolso del depósito directo. El número de cuenta es específico del contribuyente. Las dos primeras cifras del número de ruta deben ser del 01 al 12 o del 21 al 32. Algunas instituciones financieras tienen un número de ruta distinto para los depósitos directos. Si no hay ninguna anotación en el Formulario 1040, Página 2, línea 35b o línea 35d, el contribuyente recibirá un cheque en papel.

El número de ruta que figura en el recibo de depósito puede diferir del número de ruta que figura en la parte inferior de un cheque personal. Si el preparador de impuestos está introduciendo los números de la parte inferior del cheque, asegúrese de no introducir el número de cheque al introducir el número de cuenta. En el Formulario 1040, asegúrese de indicar si la cuenta es una cuenta corriente o de ahorro.

ROBERT SAMPLE
JOAN SAMPLE
123 MAIN ST.
PORTLAND, ME 04101
9999
11/30/2011
Date
Pay to the Order of Sample Check
$ 158.00
one hundred and fifty eight 00/100 Dollars
TD Bank
America's Most Convenient Bank®
For SAMPLE
Joan Sample
⑆123454321⑆ 0123454321⑈ 9999
Routing Number
Account Number

Si ocurre cualquiera de los siguientes casos, la entidad financiera rechaza el depósito directo y Hacienda envía en su lugar un cheque en papel al contribuyente:

- Los números o letras de las líneas 35b o 35d están tachados o se ha utilizado algún tipo de material corrector (como cinta correctora o corrector líquido).
- La(s) institución(es) financiera(s) del contribuyente no permite(n) que una declaración conjunta se deposite en una cuenta individual; el Departamento del Tesoro de EE.UU. no es responsable si la institución financiera rechaza el depósito directo.
- Ya se han realizado tres depósitos directos en esa cuenta.
- El nombre de la cuenta no coincide con el del reembolso de impuestos.
- El nombre de la cuenta no coincide con el de la declaración de impuestos.

Señor 1040 dice: El IRS no es responsable de la pérdida de un reembolso si la información de la cuenta se introduce incorrectamente. El contribuyente es responsable de asegurarse de que su número de ruta y número de cuenta son correctos, y de que la institución financiera aceptará el depósito directo.

Declaraciones con devolución

Cuando los contribuyentes individuales tienen un pago en exceso en su declaración de impuestos del año en curso, tienen varias opciones para recibir el pago en exceso:

- Pueden aplicar el exceso de pago a la declaración de impuestos estimada del próximo año.
- Pueden recibir un cheque en papel.
- Puede recibir un ingreso directo.
- Pueden dividir el monto de la devolución en diferentes cuentas bancarias.

Depósito directo

Los contribuyentes pueden recibir las devoluciones en sus cuentas corrientes o de ahorro. El profesional de impuestos debe tener el número de cuenta del contribuyente, el número de ruta y el nombre de la institución financiera para depositar directamente el reembolso. La información se encuentra en la parte inferior del cheque del contribuyente. Tenga cuidado de no incluir el número de cheque.

El Formulario 8888, *Asignación de reembolso*, permite al contribuyente dividir y depositar las devoluciones en varias cuentas. Una cuenta cualificada puede ser una cuenta corriente o de ahorros u otras cuentas como una cuenta del mercado monetario o una cuenta IRA. El contribuyente no debe intentar ingresar directamente el dinero en una cuenta que no esté a su nombre. Este Formulario está limitado a tres cuentas y también puede utilizarse para adquirir Bonos de Ahorro de la Serie I de EE.UU.

Límites del depósito directo

El IRS ha impuesto un límite de tres depósitos directos que pueden ser depositados electrónicamente en una sola cuenta financiera o cargados en una tarjeta de débito prepagada. Cualquier otro depósito se convertirá en un cheque en papel y se enviará por correo al contribuyente en un plazo de cuatro semanas. Los contribuyentes recibirán por correo una notificación de que su cuenta ha superado el límite de depósito directo.

El IRS ha impuesto este límite de depósito directo para evitar que los delincuentes obtengan múltiples devoluciones. Las nuevas limitaciones también protegen a los contribuyentes de los preparadores de impuestos que obtienen ilegalmente sus honorarios de preparación de impuestos utilizando el Formulario 8888 para dividir el reembolso en múltiples cuentas. Los preparadores de impuestos que hagan esto están sujetos a una multa.

Señor 1040 dice: El IRS sólo enviará devoluciones inferiores a $1 si se solicitan por escrito.

Si el contribuyente presenta una declaración conjunta y el contribuyente o el cónyuge tiene una compensación de deudas incobrables que pagar, el otro cónyuge puede ser un cónyuge perjudicado. Si el IRS tomó el reembolso de uno de los cónyuges para pagar la obligación tributaria del otro cónyuge, el cónyuge perjudicado presentaría el Formulario 8379 para ver si cumple las condiciones para que el IRS le devuelva su parte del reembolso.

Cantidad pagada con solicitud de prórroga

Si el contribuyente utilizó el Formulario 4868 para presentar una prórroga y está efectuando un pago, declare el monto del pago con la prórroga en el Formulario 1040, Anexo 3, línea 10. No incluya los honorarios del contribuyente cuando el individuo paga con tarjeta de débito o crédito.

Señor 1040 dice: Si el contribuyente detalla sus deducciones y pagó con tarjeta de crédito o débito, las comisiones de conveniencia ya no son una deducción en el Anexo A.

Exceso de retención de impuestos del Seguro Social o Jubilación Ferroviaria

Cuando un contribuyente tiene más de un empleador, es posible que los empleadores retengan demasiado en concepto de beneficios del Seguro Social o de la Ley del Impuesto de Jubilación Ferroviaria (RRTA). En ese caso, el contribuyente puede reclamar el pago en exceso en el Formulario 1040, Anexo 3, línea 11, como crédito reembolsable. Sin embargo, si un empleador retiene demasiados impuestos para el Seguro Social o la Ley del Impuesto de Jubilación Ferroviaria (RRTA), el empleador realiza el ajuste por el empleado. Incluso si el empleador no reembolsa la retención adicional al empleado, el contribuyente no puede ajustar su Formulario del impuesto sobre la renta, sino que debe presentar el Formulario 843 para solicitar el reembolso.

El contribuyente tiene derecho al crédito si tuvo más de un empleador y excedió los límites de retención para 2022 de $147.000 en salarios sujetos a impuestos del Seguro Social y RRTA de nivel 1 de $9.114,00 o menos. Para 2023, la cantidad será de $160.200 al Seguro Social y los impuestos de retención RRTA de nivel 1 de $9.932,40 o menos. Todos los salarios están sujetos a la retención de impuestos de Medicare.

Crédito por rendimientos del trabajo (EIC)

El crédito por ingresos del trabajo (EIC), también denominado crédito fiscal por ingresos del trabajo (EITC), es un crédito fiscal reembolsable para las personas y familias trabajadoras con ingresos bajos o moderados. Cuando el EIC supera el monto de los impuestos adeudados, da lugar a un crédito reembolsable. Declare el EIC en el Formulario 1040, página 2, línea 27.

Veintiocho estados y el Distrito de Columbia tienen un programa EITC. La mayoría utiliza las normas federales de elegibilidad, y su versión del crédito es paralela a los principales elementos de la estructura federal. En la mayoría de los estados y localidades, el crédito es reembolsable (al igual que el federal), aunque, en algunas zonas, el EITC sólo se utiliza para compensar los impuestos adeudados. Para más información, visite www.irs.gov/eitc. El contribuyente debe haber obtenido ingresos durante el ejercicio fiscal para tener derecho al crédito fiscal por ingresos del trabajo. Si un matrimonio presenta una declaración conjunta y sólo uno de los cónyuges ha trabajado, ambos podrían cumplir el requisito de ingresos del trabajo.

Recuerde que los rendimientos del trabajo son los ingresos que el contribuyente percibió por trabajar e incluyen los siguientes tipos de ingresos:

- Sueldos, salarios, propinas y otros tipos de retribución imponible de los asalariados.
- Rendimientos netos del trabajo por cuenta propia.
- Ingresos brutos percibidos como asalariado estatutario.
- Beneficios sindicales por huelga.
- Beneficios por discapacidad de larga duración percibidas antes de alcanzar la edad mínima de jubilación.

Los ingresos no derivados del trabajo son los siguientes:

- Intereses y dividendos.
- Pensiones y rentas vitalicias.
- Beneficios del Seguro Social y de jubilación ferroviaria (incluyendo los beneficios por discapacidad).
- Pensión alimenticia y manutención de los hijos.
- Beneficios sociales.
- Beneficios de compensación laboral.
- Indemnización por desempleo.
- Ingresos durante la reclusión.
- Pagos de Workfare (consulte la Publicación 596).

Un contribuyente y su cónyuge, si presentan una declaración conjunta, deben tener un SSN válido para tener derecho al crédito fiscal por ingresos del trabajo. Si el SSN dice, “No válido para empleo”, y si el SSN fue emitido para que el contribuyente o su cónyuge pudieran recibir ayuda de un programa financiado por el gobierno federal, no califican para recibir el crédito por ingreso del trabajo. Si el SSN dice “Válido para trabajar sólo con autorización del INS” o “Válido sólo con autorización del DHS”, entonces el SSN es válido, pero sólo si la autorización no ha caducado.

Sociedad de bienes gananciales

Los contribuyentes que viven en un estado de sociedad de bienes gananciales podrían optar a la cabeza de familia si la pareja ha vivido separada durante al menos los últimos seis meses del año. Las rentas del trabajo de un contribuyente a efectos del EIC no incluyen ninguna cantidad ganada por su cónyuge, aunque los ingresos pertenezcan al cónyuge en virtud de las leyes de sociedad de bienes gananciales del estado y no sean rentas del trabajo a efectos del EIC. No obstante, el contribuyente debe incluirlo junto con todos sus rendimientos del trabajo en la declaración federal de impuestos. Las mismas normas se aplican a los contribuyentes residentes en Nevada, Washington y California que sean parejas de hecho registradas (RDP).

El IRS puede pedir al contribuyente que proporcione documentación adicional para demostrar que los dependientes que reúnen los requisitos pertenecen al contribuyente. El IRS puede pedir los siguientes documentos:

- Certificado de nacimiento
- Expedientes escolares
- Historial médico

Durante la entrevista inicial, profesional de impuestos debe informar a sus clientes lo que podrían necesitar si el IRS audita su solicitud de EIC. Si un contribuyente recibe una carta de auditoría, la carta incluirá el nombre del contribuyente, dirección, número de teléfono y el nombre del empleado del IRS responsable de la auditoría del contribuyente. Este proceso retrasará el reembolso del cliente. Si se descubre que el contribuyente reclama fraudulentamente el EIC, se le denegará el crédito para el año fiscal en curso y para los nueve años siguientes.

Vivienda para ministros

El subsidio de vivienda concedido a un ministro como parte de su retribución no suele estar sujeto al impuesto sobre la renta. No obstante, los rendimientos netos del trabajo por cuenta propia incluyen esta paga; por lo tanto, se trata de rendimientos del trabajo a efectos del EIC.

Reglas aplicables a los rendimientos del trabajo

Para tener derecho al EIC, los ingresos brutos ajustados (AGI) del contribuyente deben ser inferiores a una determinada cantidad, y el contribuyente (y su cónyuge si está casado y presenta una declaración conjunta) deben cumplir los siguientes requisitos:

- Tener un número del Seguro Social válido (si la declaración es conjunta, el cónyuge también debe tener un SSN válido).
- Tener ingresos por trabajo por cuenta ajena o por cuenta propia.
- No presentar la declaración como casado que presenta la declaración por separado (MFS).
- Presentar la MFJ como ciudadano estadounidense, como extranjero residente todo el año o como extranjero no residente casado con un ciudadano estadounidense.
- No presentar el Formulario 2555 o el Formulario 2555-EZ.
- No tener ingresos por inversiones superiores a $10.300.
- Tener un hijo que reúna los requisitos y cumpla las cuatro condiciones para ser considerado dependiente (edad, parentesco, residencia y declaración conjunta; consulte "Hijo que reúne los requisitos" más adelante).

  - Tener al menos 25 años y menos de 65 al final del año.
  - Vivir en Estados Unidos más de la mitad del año.
  - No ser dependiente de otra persona.
- El AGI de 2022 debe ser inferior a:
  - $53.057 ($59.187 MFJ) con tres o más hijos que califiquen.
  - $49.399 ($55.529 MFJ) con dos hijos que califiquen.
  - $43.492 ($49.662 MFJ) con un hijo que califique.
  - $16.480 ($22.610 MFJ) sin hijos que califiquen.

Número de Seguro Social válido

El hijo que reúne los requisitos debe tener un número de Seguro Social (SSN) válido emitido por la Administración del Seguro Social (SSA), a menos que el hijo haya fallecido en el mismo año en que nació. Las tarjetas del Seguro Social con la leyenda "no válida para el empleo" se expiden a extranjeros que no reúnen los requisitos para trabajar en Estados Unidos pero que necesitan un SSN para poder obtener un beneficio financiado con fondos federales, como Medicaid. Supongamos que el estatus migratorio de un contribuyente o de su cónyuge ha cambiado a ciudadano estadounidense o residente permanente. En ese caso, el contribuyente debe solicitar a la SSA una nueva tarjeta del Seguro Social sin la leyenda. Si el SSN dice "válido para trabajar sólo con autorización del INS o del DHS", se considera un SSN válido y el contribuyente puede tener derecho al crédito. Los contribuyentes con un ITIN no tienen derecho al EIC.

Definición uniforme de hijo que reúne los requisitos

La Ley de desgravación fiscal para familias trabajadoras de 2004, modificada en 2008, añadió la prueba de declaración conjunta y unificó la definición de hijo que reúne los requisitos para los cinco beneficios fiscales por hijos. La ley fiscal también definió excepciones y normas especiales para los dependientes con discapacidad, los hijos de padres divorciados y los hijos adoptados (siempre tratados como hijos del contribuyente), incluido un hijo entregado legalmente al contribuyente para su adopción.

Los contribuyentes que tienen hijos desaparecidos o secuestrados por una persona ajena a la familia pueden reclamarlos. El IRS considera que un niño secuestrado ha vivido con el contribuyente durante más de la mitad del año si el niño vivió con el contribuyente durante más de la mitad de la Parte del año anterior a la fecha del secuestro, incluso si ese período de tiempo no asciende a la mitad de un año. Por ejemplo, si secuestran a un hijo el 1 de marzo, el progenitor aún puede reclamar al hijo si vivió con el contribuyente al menos la mitad de los dos meses (enero y febrero) anteriores a la fecha del secuestro.

Aunque existen cinco pruebas para reclamar a un dependiente, un hijo que reúna los requisitos sólo debe cumplir cuatro de ellas para tener derecho al EIC:

- Parentesco
- Edad
- Residencia
- Declaración conjunta

Para revisar las normas y directrices de estas pruebas, consulte el capítulo "Estado civil, personas a cargo y deducciones".

Hijo acogido

Para recibir el EIC, una persona es el hijo de acogida del contribuyente si el niño es colocado con el contribuyente por una sentencia, decreto u otra orden de cualquier tribunal de jurisdicción competente, o por una agencia de colocación autorizada, como una agencia gubernamental estatal o local, una organización exenta de impuestos autorizada por un estado, un gobierno tribal indio o una organización autorizada por un gobierno tribal indio para colocar a niños indios.

Ejemplo: Allison, de 12 años, fue colocada al cuidado del contribuyente hace dos años por una agencia autorizada responsable de la colocación de niños en hogares de acogida. Allison es la hija adoptiva que reúne los requisitos del contribuyente porque fue colocada por una agencia autorizada.

Hijo acogido de más de una persona

A veces, un niño cumple las normas para ser hijo que reúne los requisitos de más de una persona. Sin embargo, sólo una persona puede utilizar un hijo que reúna los requisitos para solicitar el EIC. Si dos contribuyentes que reúnen los requisitos tienen el mismo hijo que reúne los requisitos, pueden decidir quién se beneficiará de todas las ventajas fiscales relacionadas a continuación:

- La exención por hijo.
- La desgravación fiscal por hijo.
- El estado civil de Cabeza de familia.
- El crédito por gastos de Cuidado de hijos y dependientes.
- La exclusión por beneficios de cuidado de dependientes.
- El crédito por rendimientos del trabajo.

Sólo un contribuyente puede solicitar estos beneficios, y debe solicitarlos todos o ninguno. No divida los beneficios entre los dos contribuyentes que compiten. La regla de desempate se aplica si el contribuyente y la(s) otra(s) persona(s) no se ponen de acuerdo y si más de una persona solicita el EIC u otros beneficios utilizando al mismo hijo. No obstante, la regla de desempate no se aplica si la otra persona es el cónyuge del contribuyente y presenta una declaración conjunta.

Si el contribuyente y otra persona tienen el mismo hijo que reúne los requisitos, pero la otra persona no puede solicitar el EIC porque el contribuyente no reúne los requisitos o porque sus ingresos del trabajo o su AGI eran demasiado elevados, el hijo constituye un hijo que reúne los requisitos para el contribuyente. Supongamos que se deniega el EIC a un contribuyente porque el hijo que reúne los requisitos es considerado hijo que reúne los requisitos de otra persona para el ejercicio fiscal en curso. En ese caso, se puede reclamar el EIC si existe otro hijo que reúne los requisitos por separado. Sin embargo, el contribuyente no puede acogerse al EIC utilizando el hijo calificado que otra persona reclamó.

Ejemplo: Pedro tiene dos hijos, Nora de su primer matrimonio con Darla y un hijo llamado Francisco de su actual cónyuge Martha. Aunque Pedro y Darla se pongan de acuerdo para que Darla reclame el EIC por Nora, Pedro puede reclamar el EIC por su hijo Francisco, y Pedro no tiene prohibido reclamar a Francisco simplemente porque haya decidido renunciar a su derecho sobre Nora.

Reglas de desempate

Las reglas de desempate descritas en el *Capítulo 4, Renta,* también se aplican al EIC.

Ejemplo: Jeannie, de 25 años, y su hijo Billy, de 5 años, vivieron todo el año con la madre de Jeannie, Sarah. Jeannie no está casada y su AGI es de $8.100. Su única fuente de ingresos es un trabajo a tiempo parcial. El AGI de Sarah era de $20.000 procedentes de su trabajo. El padre de Billy no vivía con Billy ni con Jeannie. Billy es hijo que reúne los requisitos tanto de Jeannie como de Sarah, ya que cumple los requisitos de parentesco, edad, residencia y declaración conjunta. Jeannie y Sarah deben decidir quién reclamará a Billy como dependiente. Si Jeannie no reclama a Billy como hijo que reúne los requisitos para el EIC o el estado civil de cabeza de familia, la madre de Jeannie puede reclamar a Billy como hijo que reúne los requisitos para cada uno de esos beneficios fiscales para los que ella reúne los requisitos. Recuerde que la prueba de dependencia para la manutención no se aplica a la EIC.

Regla especial para padres divorciados o separados

Las normas especiales del Capítulo 4 que se aplican a los padres divorciados o separados que intentan solicitar una exención para un dependiente no se aplican al EIC. Para más información, consulte Publicación 501 y Publicación 596.

El contribuyente como hijo calificado de otra persona

Para repasar cómo determinar si un contribuyente es hijo calificado de otra persona, consulte el capítulo sobre ingresos de este libro de texto. Si el contribuyente (o cónyuge que presenta una declaración conjunta) es hijo calificado de otra persona, el contribuyente o cónyuge no puede solicitar el EIC. Esta regla es válida incluso si la persona de la que el contribuyente o cónyuge es hijo calificado no reclama el EIC o cumple todas las reglas para reclamar el EIC. Escriba "No" junto a la línea 64a (Formulario 1040) para indicar que el contribuyente no cumple los requisitos.

Ejemplo: Max y su hija, Letty, vivieron todo el año con la madre de Max. Max tiene 22 años y asiste a tiempo completo a una escuela de oficios. Max tenía un trabajo a tiempo parcial, ganaba $5.100 y no tenía otros ingresos. Dado que Max cumple los requisitos de parentesco, edad y residencia, es hija que reúne los requisitos de su madre y ella puede solicitar el EIC si cumple todos los demás requisitos. Dado que el contribuyente es hijo calificado de su madre, no puede solicitar el EIC para su hija.

EIC para contribuyentes sin hijos que reúnan los requisitos

Los contribuyentes que no tengan hijos que reúnan los requisitos también pueden optar al EIC. Para tener derecho al EIC, el contribuyente debe cumplir las siguientes condiciones:

- El contribuyente debe tener al menos 25 años y menos de 65 años a finales de 2022. No obstante, si el contribuyente presenta una declaración conjunta, no es necesario que tanto el contribuyente como el cónyuge cumplan el requisito de edad.

- El contribuyente no debe estar a cargo de otra persona.
- El contribuyente no debe ser hijo calificado de otra persona.
- El contribuyente debe haber residido en los Estados Unidos durante más de la mitad del año.
- Los ingresos máximos deben ser superiores a $21.430 o $27.380 si se trata de un matrimonio que presenta una declaración conjunta.

Anexo Hojas de cálculo del EIC

Los contribuyentes con derecho al EIC con hijos que reúnan los requisitos deben cumplimentar el Anexo EIC. El Anexo EIC requiere incluir el nombre del hijo, el número del Seguro Social, el año de nacimiento, el número de meses vividos en el hogar situado en Estados Unidos y la relación del hijo con el contribuyente. El Anexo EIC debe adjuntarse al Formulario 1040 del contribuyente. Los ingresos del contribuyente deben ser inferiores a los umbrales establecidos para tener derecho al EIC. Existen hojas de cálculo que le ayudarán a calcular el EIC y la cumplimentación de las hojas de cálculo del EIC es esencial para determinar la cantidad de crédito que un contribuyente puede reclamar en su declaración. La hoja de cálculo cumplimentada debe guardarse en el expediente del cliente y no adjuntarse a la declaración federal de impuestos. El IRS tiene las hojas de cálculo del EIC en su sitio web. Si el contribuyente trabaja por cuenta propia, el contribuyente debe completar EIC Hoja de trabajo B, que se encuentra en Instrucciones Formulario 1040. Todos los demás contribuyentes calcularían su renta del trabajo utilizando la Hoja de Cálculo A de las Instrucciones del Formulario 1040.

Desestimación del EIC

Hay circunstancias en las que el IRS no permite el EIC. Algunas de las razones más comunes para la denegación de la EIC incluyen:

- Reclamar un hijo que no cumple todas las pruebas de hijo calificado.
- Los números del Seguro Social no coinciden o son incorrectos.
    - Ejemplo: Una pareja contrae matrimonio durante el año fiscal en curso y presenta su declaración de impuestos con el apellido de casada del cónyuge; sin embargo, la esposa no cambió su apellido en la Administración del Seguro Social, por lo que su número del Seguro Social está asignado con su apellido de soltera, lo que hace que la información de la declaración sea incorrecta.
- Declarar como soltero o cabeza de familia cuando el contribuyente está casado.
- Declarar ingresos en exceso o en defecto.

Si se ha denegado o reducido el EIC del contribuyente para cualquier año posterior a 1996 por cualquier motivo que no sea un error matemático, el contribuyente tendrá que rellenar el Formulario 8862, *Información para solicitar el crédito por ingresos del trabajo después de la denegación*, y adjuntarlo a su declaración de impuestos. Al entrevistar al contribuyente, el preparador de impuestos debe preguntarle si ha recibido alguna vez una notificación del IRS o si ha presentado el Formulario 8862 en cualquier año posterior a 1996. Si el contribuyente ha recibido un aviso de que el EIC fue denegado o reducido de un año fiscal anterior, el preparador debe completar el Formulario 8862 para reclamar el crédito de nuevo si el contribuyente es elegible.

La finalidad del Formulario 8862 es reclamar el EIC después de que se haya denegado o reducido en un ejercicio anterior. El Formulario 8862 debe adjuntarse a la declaración de impuestos si se cumplen todos los requisitos siguientes:

- El EIC fue reducido o desautorizado por cualquier motivo que no sea un error matemático o administrativo para un año posterior a 1996.
- El contribuyente desea solicitar el EIC y cumple todos los requisitos.

El contribuyente debe adjuntar el Anexo EIC y el Formulario 8862 a la declaración si tiene hijos que reúnan los requisitos. Es posible que se solicite al contribuyente información adicional antes de que se emita la reembolso. Si el IRS se pone en contacto con el contribuyente para solicitarle información adicional, y el contribuyente no proporciona la información o documentación necesaria, el contribuyente recibirá un aviso legal de deficiencia del IRS. En la notificación se explica que se realizará un ajuste a menos que el contribuyente presente una petición ante el tribunal fiscal en un plazo de 90 días. Si el contribuyente no responde al IRS o no presenta una petición en el plazo de 90 días, el IRS denegará su petición para el EIC y evaluará para determinar cuántos impuestos podría deber.

Sanciones al contribuyente del EIC

El IRS puede sancionar al contribuyente si determina que éste ha sido negligente o ha hecho caso omiso de las normas o reglamentos relativos al EIC. Se puede prohibir al contribuyente solicitar el EIC durante los dos años siguientes si se determina que ha sido negligente. Si el contribuyente ha solicitado fraudulentamente el crédito, se le prohibirá solicitarlo durante los 10 años siguientes.

El preparador fiscal puede ser sancionado por no haber actuado con la diligencia debida.

Ejemplo: Brittni reclamó el EIC en la declaración de impuestos de 2022 que presentó en febrero de 2023. El IRS determinó que no tenía derecho al EIC debido a fraude. En septiembre de 2023, Brittni recibió una notificación legal de deficiencia en la que se le explicaba el monto del ajuste que se le impondría a menos que presentara una petición ante el tribunal tributario en un plazo de 90 días. El IRS determinó que Brittni no presentó su petición, y se le prohibió reclamar el EIC en su declaración, durante 10 años, hasta 2033. En ese año, tendrá que rellenar y adjuntar el Formulario 8862 a su declaración para volver a reclamar el crédito.

Declarar a un hijo por error

El error más común consiste en declarar a un hijo que no reúne los requisitos y no cumple las condiciones. El requisito de conocimientos para los preparadores de declaraciones de impuestos asalariados establece que el preparador debe aplicar un criterio razonable (tal como se define en la Circular 230 y en las instrucciones del Formulario 8867) a la información recibida del cliente. Si la información proporcionada por el cliente parece ser incorrecta, incompleta o incoherente, el preparador remunerado debe hacer preguntas adicionales al cliente hasta que esté convencido de que ha recopilado la información correcta y completa.

Ejemplo 1: Cindy le dice a Jack, su preparador fiscal, que tiene 22 años y dos hijos de 10 y 11 años. Es posible que Jack tenga que hacerle a Cindy las siguientes preguntas:

- ¿Son hijos biológicos de Cindy, hijos de acogida o hijos adoptados?
- ¿Estuvo Cindy casada alguna vez con el padre de los niños?
- ¿Fueron los niños dados en adopción o en acogida en casa de Cindy?
- ¿Vivía el padre con Cindy?
- ¿Cuánto tiempo han vivido los niños con Cindy?
- ¿Tiene Cindy algún registro que demuestre que los niños vivieron con ella, como registros escolares o médicos?

Ejemplo 2: Maria le dice a Andres, su preparador de impuestos, que el año pasado presentó la declaración de soltera y solicitó el EIC para su hijo, pero que este año tiene dos hijos a los que solicitar el EIC. Es posible que Andres tenga que hacerle a Maria las siguientes preguntas:

- El año pasado declaraste un hijo. ¿Qué ha cambiado?
- ¿Cuántos meses vivieron los niños con usted?
- ¿Tiene algún documento que demuestre que los niños vivían con usted, como documentos escolares o médicos?

Elección de la paga de combate no imponible para el EIC

Las pagas de combate no imponibles de los miembros de las fuerzas armadas sólo se consideran rendimientos del trabajo a efectos del EIC si optan por incluir las pagas de combate no imponibles en los rendimientos del trabajo para aumentar o disminuir el EIC. Calcule el crédito con y sin la paga de combate no imponible antes de hacer la elección. Si el contribuyente hace la elección, debe incluir toda la paga de combate no imponible como ingresos del trabajo. Ejemplos de paga militar no imponible son la paga de combate, la asignación básica para vivienda (BAH) y la asignación básica de subsistencia (BAS). La paga de combate se declara en el Formulario W-2 en la Casilla 12 con el código Q.

Parte 3 Preguntas de repaso

Para obtener el máximo beneficio de este capítulo, LTP recomienda que complete cada una de las siguientes preguntas y luego las compare con las respuestas con Comentarios que siguen inmediatamente. De acuerdo con las normas de autoaprendizaje vigentes, los proveedores deben presentar Preguntas de repaso de manera intermitente a lo largo de cada curso de autoaprendizaje.

Estas preguntas y explicaciones no forman parte del examen final y no serán calificadas por LTP.

PTC3.1
Los créditos reembolsables se consideran pagos a cuenta de la obligación del contribuyente. ¿Cuál de los siguientes no disminuye la obligación del contribuyente?

a. Crédito fiscal por rendimientos del trabajo
b. Exceso de CASDI
c. Crédito fiscal adicional por hijos
d. Crédito de la oportunidad americana

PTC3.2
Los pagos estimados vencen en cuatro pagos iguales. ¿Cuál de las siguientes no es una fecha de vencimiento para los pagos de impuestos estimados?

a. 15 de abril
b. 15 de septiembre
c. 15 de junio
d. 15 de diciembre

PTC3.3
¿Cuál de los siguientes es un crédito fiscal reembolsable?

a. Crédito por aprendizaje permanente
b. Crédito fiscal por hijos
c. Crédito por contribución al ahorro para la jubilación
d. Crédito fiscal adicional por hijos

PTC3.4
¿Cuál de las siguientes situaciones podría dar derecho al contribuyente al EIC?

a. Un niño de 6 años con un ITIN
b. Niño de 12 años con un SSN y vive en México
c. 30 años y parcialmente discapacitado
d. Estudiante a tiempo completo de 23 años que asiste a una universidad que cumple los requisitos

PTC3.5
¿Qué contribuyente no tendría derecho al EIC?

a. Dependiente con un ITIN válido
b. No puede presentar MFS
c. Ingresos por inversiones inferiores a $3.400
d. Tiene rentas del trabajo

PTC3.6
¿Qué contribuyente podría optar al EIC?

a. Soltero de 68 años con una renta de $10.395
b. MFJ con dos hijos y un ingreso de $59.292
c. MFJ con tres hijos, un ingreso de $19.589, y los hijos que califican no viven con el contribuyente
d. HH con un hijo, de 23 años, y que estudia a tiempo completo, con unos ingresos de $17.422

PTC3.7
¿Qué Formulario permite a un contribuyente dividir su reembolso en varias cuentas bancarias?

a. Formulario 8812
b. Formulario 8962
c. Formulario 8888
d. Formulario 1040

PTC3.8
¿Qué forma de pago no se utiliza para recibir un reembolso del IRS?

a. Recibir un cheque en papel.
b. Recibir la devolución mediante ingreso directo en la cuenta corriente del contribuyente.
c. Recibir la devolución en varias cuentas.
d. Aplicar el exceso de pago a los pagos estimados del año siguiente.

PTC3.9
¿Qué Formulario permite al contribuyente presentar una prórroga?

a. Formulario 4868
b. Formulario 8962
c. Formulario 8812
d. Formulario 8888

PTC3.10
¿Qué declara el Formulario 843?

1. El exceso de Seguro Social.
2. Exceso de Jubilación Ferroviaria.
3. Impuestos pagados.
4. Crédito por rendimientos del trabajo.
5. Presentación y prórroga.

a. 1, 2, y 5
b. 1, 2, y 3
c. 1 y 2
d. 3, 4, y 5

Parte 3 Respuestas a las preguntas de repaso

PTC3.1
Los créditos reembolsables se consideran pagos a cuenta de la obligación del contribuyente. ¿Cuál de los siguientes no disminuye la obligación del contribuyente?

a. Crédito fiscal por rendimientos del trabajo
b. Exceso de CASDI
c. Crédito fiscal adicional por hijos
d. Crédito de la oportunidad americana

Comentarios: Repase la sección *Parte 3: Créditos fiscales reembolsables y pagos*.

PTC3.2
Los pagos estimados vencen en cuatro pagos iguales. ¿Cuál de las siguientes no es una fecha de vencimiento para los pagos de impuestos estimados?

a. 15 de abril
b. 15 de septiembre
c. 15 de junio
d. 15 de diciembre

Comentarios: Repase la sección *Pagos de impuestos estimados*.

PTC3.3
¿Cuál de los siguientes es un crédito fiscal reembolsable?

a. Crédito por aprendizaje permanente
b. Crédito fiscal por hijos
c. Crédito por contribución al ahorro para la jubilación
d. Crédito fiscal adicional por hijos

Comentarios: Repase la sección *Créditos por hijos y personas a cargo.*

PTC3.4
¿Cuál de las siguientes situaciones podría dar derecho al contribuyente al EIC?

a. Un niño de 6 años con un ITIN
b. Niño de 12 años con un SSN y vive en México
c. 30 años y parcialmente discapacitado
d. **Estudiante a tiempo completo de 23 años que asiste a una universidad que cumple los requisitos**

Comentarios: Repase la sección *Hijo que puede acogerse al crédito fiscal por hijos.*

PTC3.5
¿Qué contribuyente no tendría derecho al EIC?

a. Dependiente con un ITIN válido
b. No puede presentar MFS
c. Ingresos por inversiones inferiores a $3.400
d. Tiene rentas del trabajo

Comentarios: Repase la sección *Créditos por hijos y personas a cargo.*

PTC3.6
¿Qué contribuyente podría optar al EIC?

a. Soltero de 68 años con una renta de $10.395
b. MFJ con dos hijos y un ingreso de $59.292
c. MFJ con tres hijos, un ingreso de $19.589, y los hijos que califican no viven con el contribuyente
d. HH con un hijo, de 23 años, y que estudia a tiempo completo, con unos ingresos de $17.422

Comentarios: Repase la sección *Reglas de ingresos ganados.*

PTC3.7
¿Qué Formulario permite a un contribuyente dividir su devolución en varias cuentas bancarias?

a. Formulario 8812
b. Formulario 8962
c. Formulario 8888
d. Formulario 1040

Comentarios: Repase la sección *Depósito directo.*

PTC3.8
¿Qué forma de pago no se utiliza para recibir una devolución del IRS?

a. Recibir un cheque en papel.
b. Recibir la devolución mediante ingreso directo en la cuenta corriente del contribuyente.
c. Recibir la devolución en varias cuentas.
d. Aplicar el exceso de pago a los pagos estimados del año siguiente.

Comentarios: Repase la sección *Depósito directo.*

PTC3.9
¿Qué Formulario permite al contribuyente presentar una prórroga?

a. Formulario 4868
b. Formulario 8962
c. Formulario 8812
d. Formulario 8888

Comentarios: Repase la sección *Monto pagado con una solicitud de prórroga.*

PTC3.10
¿Qué declara el Formulario 843?

1. El exceso de Seguro Social.
2. Exceso de Jubilación Ferroviaria.
3. Impuestos pagados.
4. Crédito por rendimientos del trabajo.
5. Presentación y prórroga.

a. 1, 2, y 5
b. 1, 2, y 3
c. 1 y 2
d. 3, 4, y 5

Comentarios: Repase la sección *Exceso de retención de impuestos de Seguro Social o de Jubilación Ferroviaria.*

Aportes

Un crédito fiscal reduce la cantidad de impuestos que debe pagar el contribuyente. A diferencia de una deducción, que reduce la cantidad de ingresos sujetos a impuestos, un crédito fiscal reduce directamente la obligación del contribuyente. Un crédito fiscal es una cantidad que se deduce del monto total que debe el contribuyente. Hay dos categorías de créditos fiscales: no reembolsables y reembolsables.

Existe una gran variedad de créditos y deducciones para el contribuyente. En esta lección se han tratado algunos créditos que permiten a los contribuyentes reducir su obligación tributaria a cero o menos y posiblemente recibir un reembolso de los créditos. Un crédito reembolsable es un crédito fiscal tratado como un pago y por lo tanto puede ser reembolsado al contribuyente por el IRS. Los créditos reembolsables pueden ayudar a compensar ciertos tipos de impuestos que normalmente no se pueden reducir e incluso pueden producir un reembolso federal.

¡PON A PRUEBA TUS CONOCIMIENTOS!
Ve en línea para tomar una prueba de práctica.

Capítulo 8 Deducciones detalladas

Introducción

Existen dos deducciones personales: Deducciones estándar y deducciones detalladas Una *deducción estándar* es una cantidad fija que el contribuyente puede reclamar en función de su estado civil de declaración. Las deducciones detalladas son determinados gastos personales que Hacienda permite deducir a los contribuyentes. Las deducciones detalladas se calculan en la declaración de impuestos utilizando el Anexo A, *Deducciones detalladas*. El contribuyente debe elegir la opción que mejor se adapte a su situación fiscal.

Las deducciones detalladas son beneficiosas si el monto total excede que la deducción estándar. Algunos contribuyentes deben detallar las deducciones porque no califican para la deducción estándar. Los contribuyentes que no son elegibles para la deducción estándar incluyen a los extranjeros no residentes y las personas naturales que presentan una declaración de impuestos por un período de menos de 12 meses. Cuando una pareja casada presenta declaraciones individuales, si un cónyuge detalla las deducciones, el otro también debe detallar las deducciones. Incluso si las deducciones estándar ofrecen la mejor opción para ellos. Para obtener información adicional, *consulte la Publicación 501*, *Exenciones, Deducción Estándar e Información de Declaración.*

Objetivos

Al final de este capítulo, el estudiante será capaz de:

- Explicar qué deducciones se limitan al piso del 7.5%.
- Identificar qué contribuyente es elegible para utilizar el Formulario 2106 después del 31 de diciembre de 2017 y hasta el 31 de diciembre de 2025.
- Clasificar qué contribuyente puede utilizar el Formulario 3903 después del 31 de diciembre de 2017 hasta el 31 de diciembre de 2025.

Fuentes

Formulario 1040 Formulario 2106 Formulario 4684 Formulario 4952 Formulario 8283 Anexo A Publicación 1771 Publicación 597	Publicación 17 Publicación 463 Publicación 502 Publicación 526 Publicación 529 Publicación 530 Publicación 936	Formulario de instrucciones 1040 Formulario de Instrucciones 2106 Formulario de Instrucciones 4684 Formulario de Instrucciones 4952 Formulario de Instrucciones 8283 Instrucciones para el Anexo A Temas fiscales 501–506, 508–515

Contenido

Parte 1 Deducciones detalladas

TCJA y deducciones detalladas

La Ley Reducción de Impuestos y Empleos (TCJA) ha eliminado la limitación general de las deducciones detalladas basadas en el ingreso bruto ajustado del contribuyente. La TCJA también modificó las limitaciones que pueden afectar el monto total de la deducción detallada; por ejemplo, la cantidad total que se puede deducir del impuesto a la renta estatal y local en el Anexo A, línea 5 ahora tiene un límite máximo de $10,000 ($5,000 para MFS); los contribuyentes ya no pueden incluir todos sus gastos como deducciones.

Por ejemplo, en 2017, la deducción detallada de George para sus impuestos estatales y locales fue de $17,000. La situación financiera de George no cambió, y esperaba poder deducir la misma cantidad en 2018. Sin embargo, a pesar de que George todavía habría calificado para una deducción detallada de $17,000 según las reglas antiguas, George solo puede recibir una deducción de $10,000 en la línea 5 de la TCJA. Su monto de deducción está limitado. Los contribuyentes deben detallar o considerar detallar si cumplen con los siguientes criterios:

- El contribuyente obtendría una mayor cantidad de deducciones por detallar.
- El contribuyente tenía grandes gastos médicos u odontológicos no reembolsados que representaban más del 7.5% de su ingreso bruto ajustado.
- El contribuyente pagó intereses hipotecarios.
- El contribuyente pagó puntos para descontar la tasa de interés.
- El contribuyente tuvo pérdidas por siniestros o robos que fueron declaradas durante una catástrofe federal.
- El contribuyente hizo contribuciones a organizaciones benéficas calificadas y tiene recibos para el mantenimiento de registros.
- El total de las deducciones detalladas del contribuyente es mayor que la deducción estándar a la que tiene derecho el contribuyente.
- El contribuyente pagó impuestos estatales y locales (puede tener un límite).
- El contribuyente pagó impuestos a la propiedad (puede tener un límite).

Detallar al declarar como casado por separado

Si los contribuyentes son casados declarando por separado y un cónyuge debe declarar de forma detallada. Esto es cierto incluso si las deducciones totales del cónyuge pueden ser inferiores a la deducción estándar a la que la persona natural tendría derecho. Si un cónyuge luego modifica la declaración, el otro cónyuge también debe enmendar su declaración. Para aceptar formalmente las enmiendas, ambos contribuyentes deben presentar un "consentimiento para la evaluación" para cualquier impuesto adicional que se pueda adeudar como resultado de la enmienda. En el caso de un cónyuge que reúna los requisitos para declarar como cabeza de familia, esta regla no se aplicará. El cónyuge que califica como cabeza de familia no está obligado a detallar las deducciones, incluso si el cónyuge que debe presenta como MFS decide detallar sus deducciones. Sin embargo, si el cónyuge que declara como cabeza de familia decide detallar las deducciones, el cónyuge que declara como MFS debe detallar las deducciones.

> *El Señor 1040 dice:* Si el contribuyente declara como MFS y tanto el cónyuge como el contribuyente eligen deducir el impuesto sobre las ventas y su cónyuge elige usar las tablas opcionales del impuesto sobre las ventas, el contribuyente debe usar esa tabla para calcular la deducción del impuesto general y estatal sobre la venta (SALT).

Gastos médicos y dentales

Los gastos de atención médica pueden deducirse si se pagan montos para el diagnóstico, la cura, el tratamiento o la prevención de una enfermedad o afección que afecte alguna parte o función del cuerpo. Los procedimientos tales como estiramientos faciales, trasplantes de cabello, depilación y liposucción generalmente no son deducibles. La cirugía estética solo es deducible si se trata de mejorar una deformidad derivada directa o indirectamente de una anomalía congénita, una lesión personal debida a un accidente o trauma o una enfermedad desfigurante. Los medicamentos solo son deducibles si los receta un médico. El contribuyente puede deducir cualquier gasto médico u odontológico que exceda el 7.5% del AGI del contribuyente como se muestra en el Formulario 1040, página 1, línea 10. El 7.5% ha sido asignado como un piso permanente.

Ejemplos de gastos médicos deducibles incluyen los siguientes:

- Equipo de protección personal (EPP)
    - Mascarillas
    - Desinfectante para manos
    - Toallitas
- Primas de seguro médico
- Medicare
- Tratamiento dental
- Medicamentos recetados
- Gastos por servicios médicos
- Distancia en millas para fines médicos
- Taxi
- Ambulancia
- Costo de otro transporte necesario
- Atención médica
- Acupuntura
- Costo del cuidado de los perros guía
- Exámenes de la vista
- Anteojos
- Lentes de contacto
- Soluciones para limpiar lentes de contacto
- Cirugía ocular para la miopía
- Honorarios hospitalarios
- Tarifas de laboratorio
- Rayos X
- Atención psiquiátrica
- Audífonos y baterías
- Otras ayudas médicas
- Cuidado de enfermería
- Extremidades y dientes artificiales
- Pastillas anticonceptivas
- Servicios quiroprácticos

- Comidas para pacientes hospitalizados
- Alojamiento durante los tratamientos hospitalarios mientras se encuentra lejos de casa para la atención ambulatoria y hospitalaria.
- Gastos de capital para equipos médicos.

Algunas mejoras en el hogar pueden deducirse si su finalidad principal es proporcionar un beneficio médico. La deducción se limita a la diferencia entre el aumento en el valor justo del mercado de la vivienda y el costo de las mejoras.

Los ejemplos de gastos médicos no deducibles incluyen medicamentos de venta libre, agua embotellada, servicios de pañales, gastos por artículos de salud general, cuotas del club de salud (a menos que estén relacionadas con una condición médica específica), gastos funerarios, operaciones y tratamientos ilegales, programas de pérdida de peso (a menos que lo recomiende un médico para una afección médica específica), y las cuotas de la piscina. Sin embargo, los costos de natación terapéutica prescritos son deducibles.

Tampoco son deducibles las primas de seguro pagadas por el seguro de vida; pérdida de beneficios, extremidades o vista; pagos garantizados por los días en que el contribuyente está hospitalizado por enfermedad o lesión; y la parte de cobertura de seguro médico del seguro de automóvil del contribuyente. Los planes de cafetería no son deducibles a menos que las primas se incluyan en la casilla 1 del Formulario W-2.

La tarifa de distancia por milla para 2022 es de 18 céntimos por milla de enero a junio y 22 céntimos por milla de julio a diciembre. Para 2023, la tarifa es la misma: 22 céntimos por milla.

Gastos médicos del cónyuge y dependientes

El contribuyente puede reclamar los gastos médicos que se pagaron por cualquier cónyuge. Para reclamar los gastos, deben haber estado casados en el momento en que el cónyuge recibió el tratamiento médico. Si el contribuyente y su cónyuge no viven en un estado de bienes gananciales y presentan declaraciones por separado, cada uno reclamaría solo los gastos médicos que pagaron. Si el contribuyente y el cónyuge viven en un estado de bienes gananciales y presentan declaraciones por separado, los gastos médicos deben dividirse en partes iguales si se pagaron con fondos de los bienes gananciales.

El contribuyente puede reclamar los gastos médicos pagados por sus dependientes. Para reclamar estos gastos, la persona natural debe haber sido dependiente al momento en que se completó el tratamiento médico o cuando se pagaron los gastos. Una persona natural puede ser considerada dependiente si se cumplen todas las condiciones siguientes:

- La persona natural era un hijo o pariente calificado.
- La persona natural era ciudadano o residente de los Estados Unidos, Canadá o México.
- El ingreso bruto del dependiente fue $4,400 o más.

Los gastos médicos pueden deducirse para cualquier persona natural que sea dependiente del contribuyente, incluso si el contribuyente no puede reclamar la exención para la persona natural en su declaración.

Ejemplo: James, de 66 años, tiene un AGI de $35,000; El 7.5% de $35,000 es $2,625.00, y James tuvo gastos médicos de $2,700; por lo tanto, James podría deducir $75.00 para gastos médicos. Los $75.00 son la diferencia entre sus gastos y el "piso" del 7.5% necesario para deducir los gastos médicos.

Ejemplo: Ryan, de 35 años, tiene un AGI de $40,000; El 7.5% de $40,000 es $3,000 y Ryan tuvo gastos médicos de $2,500; por lo tanto, Ryan no podrá deducir sus gastos médicos ya que no superan los $3,000.

Reembolso de gastos médicos

Los contribuyentes pueden deducir únicamente las cantidades médicas pagadas durante el año fiscal. Si el contribuyente recibe un reembolso por un gasto médico, el contribuyente debe reducir su deducción médica total para el año. Si a los contribuyentes se les reembolsa más que sus gastos médicos, es posible que tengan que incluir el exceso como ingreso. Si el contribuyente pagó la prima completa del seguro médico, el contribuyente no incluiría el reembolso en exceso como ingreso bruto.

Las primas pagadas por los contratos de seguro médico a largo plazo calificados se pueden deducir dentro de los límites de los seguros de atención a largo plazo.

Las primas de atención a largo plazo calificadas se limitan a lo siguiente y se declaran en el Anexo A para 2022:

40 años o menos	$450
41–50 años	$850
51–60 años	$1,690
61–70 años	$4,510
71 años o más	$5,640

Las tarifas de atención a largo plazo para 2023 son.

40 años o menos	$480
41–50 años	$890
51–60 años	$1,790
61–70 años	$4,770
71 años o más	$5,940

Los cargos pagados a los hogares para jubilados o residencias para la tercera edad diseñados para atención médica y/o atención psiquiátrica son deducibles. Las comidas, el alojamiento y las recetas son deducibles solo si la persona se encuentra en el hogar principalmente para recibir atención médica. Si la razón principal por la que la persona está en el hogar es personal, las comidas y el alojamiento no son deducibles.

Las mejoras hechas a la vivienda del contribuyente debido a una condición médica pueden aumentar el valor justo del mercado de la vivienda. Algunos ejemplos son:

- Construcción de rampas de entrada o salida
- Ampliación de puertas o pasillos
- Bajar armarios y encimeras
- Instalación de ascensores
- Modificación de escaleras
- Agregar pasamanos o barras de apoyo en la vivienda

Si el costo de la mejora es mayor que el nuevo valor justo del mercado, entonces la diferencia es un gasto médico.

Ejemplo: Caroline tenía un ascensor instalado en su casa de dos pisos por razones médicas. El costo del ascensor fue de $12,000. El aumento en su valor justo del mercado fue de $10,000. Por lo tanto, ella puede deducir $2,000 como un gasto médico.

Impuestos pagados

El contribuyente puede deducir ciertos impuestos, como los impuestos estatales, locales o extranjeros, los impuestos sobre bienes inmuebles y los impuestos sobre bienes muebles. Los impuestos a la propiedad solo pueden ser deducidos por el dueño de la propiedad. Los impuestos sobre bienes inmuebles son deducibles en el Anexo A para todos los bienes que son propiedad del contribuyente; no se limita a residencias personales como intereses hipotecarios. Las propiedades a tiempo compartido escrituradas también pueden tener un impuesto sobre bienes raíces deducible.

Impuesto general de ventas estatal y local (SALT)

Los montos de impuestos estatales y locales retenidos de los salarios se declaran en la línea 5 del Anexo A, y el contribuyente puede deducir los montos de los siguientes impuestos estatales y locales para reducir la obligación tributaria federal del contribuyente:

- Impuestos estatales y locales retenidos de los salarios durante el año fiscal en curso.
- Estimación de los pagos de impuestos estatales realizados durante el año en curso.
- Impuestos estatales y locales pagados en el año fiscal en curso para un año fiscal anterior.
- Contribuciones obligatorias hechas al Fondo de Beneficios por Discapacidad No Ocupacional de California, Nueva Jersey o Nueva York.
- Contribuciones obligatorias hechas al Fondo de Discapacidad Temporal de Rhode Island o al Fondo de Compensación para Trabajadores Suplementarios del Estado de Washington.
- Contribuciones obligatorias a los fondos de desempleo estatales de Alaska, California, Nueva Jersey o Pensilvania.
- Contribuciones obligatorias a programas estatales de licencia familiar, como el programa de Seguro de Licencia Familiar (FLI) de Nueva Jersey y el programa de Licencia Familiar Remunerada de California.

Los intereses y multas por pagar impuestos fuera de plazo nunca son una deducción. Para declaraciones de impuestos después del 31 de diciembre de 2017 y antes del 1 de enero de 2026, el impuesto estatal y local (SALT) tiene un límite máximo de $10,000 o $5,000 si el contribuyente está casado y presenta una declaración por separado.

Impuesto general sobre las ventas

Si el contribuyente elige deducir el impuesto estatal y local sobre las ventas, marcará la casilla 5a en el Anexo A. El contribuyente puede deducir los gastos reales o una cantidad calculada utilizando las tablas opcionales de impuestos estatales sobre las ventas. Si elige las tablas de impuestos sobre las ventas estatales opcionales, el contribuyente debe consultar las tablas de impuestos sobre las ventas de sus jurisdicciones locales y seguir las instrucciones de cálculo que se encuentran en www.irs.gov/individuals/sales-tax-deduction-calculator. Si el estado civil de declaración es MFS y un cónyuge elige usar el impuesto a las ventas, el otro cónyuge también debe usar el método del impuesto a las ventas. Los recibos reales que muestran los impuestos de ventas generales pagados deben mantenerse. Consulte las instrucciones del Anexo A.

El Señor 1040 dice: El contribuyente puede deducir los impuestos estatales y locales sobre las ventas generales o los impuestos estatales y locales sobre la renta.

Impuestos sobre bienes inmuebles

Los impuestos estatales, locales o extranjeros sobre bienes inmuebles pagados por los bienes inmuebles que son propiedad del contribuyente se deducen en la línea 5b en el Anexo A, solo si los impuestos se basan en el valor tasado de la propiedad. Si los impuestos sobre bienes inmuebles del contribuyente están incluidos en la hipoteca y se pagan con una cuenta de depósito en garantía, el monto que paga la compañía hipotecaria es el monto que se puede deducir.

Después del 31 de diciembre de 2017, el contribuyente ya no puede deducir los impuestos a bienes muebles o inmuebles extranjeros. Si los impuestos se basan en el valor tasado de la propiedad, los impuestos estatales y locales sobre bienes inmuebles que se pagan sobre los bienes inmuebles que son propiedad del contribuyente se deducen en la línea 5b del Anexo A. Elementos tales como el alquiler de equipos solares que se agregaron a la factura de impuestos a la propiedad del contribuyente no es una deducción de impuestos sobre los bienes inmuebles.

Si el pago mensual de la hipoteca incluye un monto colocado en una cuenta de depósito en garantía para impuestos sobre bienes inmuebles, el contribuyente no podrá deducir el monto total colocado en garantía. Solo deduzca los impuestos sobre bienes inmuebles que el tercero pagó a la autoridad fiscal. Si el tercero no notifica al contribuyente la cantidad del impuesto sobre los bienes inmuebles que se pagó, el contribuyente debe comunicarse con el tercero o la autoridad fiscal para incluir la cantidad correcta en la declaración. Si el contribuyente compró o vendió bienes inmuebles durante el año, los impuestos sobre los bienes inmuebles cargados al comprador deben informarse en la declaración de liquidación y en la casilla 5 del Formulario 1099-S.

Impuestos sobre bienes muebles

Los impuestos sobre los bienes muebles se deducen en la línea 5c del Anexo A. El contribuyente debe deducir el impuesto estatal o local que se impuso anualmente según el valor de la propiedad. Después del 31 de diciembre de 2017, el contribuyente debe deducir los impuestos sobre los bienes muebles en la línea 5c del Anexo A. El contribuyente debe tener cuidado de no incluir reembolsos, descuentos, intereses o multas como impuestos pagados.

Ejemplo: Lourdes paga una tarifa de registro anual por su automóvil. Parte de su cuota se basa en el valor y la otra parte se basa en el peso del automóvil. Lourdes solo puede deducir la parte de la tarifa que se basó en el valor del automóvil, no la parte en función del peso del vehículo.

Otros impuestos

El contribuyente puede reclamar un crédito por impuestos extranjeros como crédito no reembolsable en el Formulario 1040, Anexo 3, línea 1, o tomarlo como una deducción detallada en el Anexo A bajo "otros impuestos". El contribuyente puede o no tener que completar el Formulario 1116, *Créditos fiscales extranjeros.* Después del 31 de diciembre de 2017, el contribuyente debe deducir otros impuestos en la línea 6 del Anexo A. Otros impuestos consisten en impuestos extranjeros provenientes de inversiones en el extranjero y no de bienes inmuebles en el extranjero.

Impuestos y aranceles no deducibles

Impuestos y cargos misceláneos no deducibles:

- Impuesto sobre la renta federal y la mayoría de los impuestos sobre consumos o ventas.
- Impuesto sobre el empleo, como los impuestos de seguro social, Medicare, desempleo federal y jubilación ferroviaria.
- Impuesto federal y estatal.
- Multas y sanciones.
- Impuesto sobre donaciones.
- Cargos de licencia (por ejemplo, para un matrimonio o licencia de conducir).
- Ciertos impuestos estatales y locales, como el impuesto a la gasolina, las inspecciones de automóviles y otras mejoras a los bienes personales.

Intereses y puntos de préstamos hipotecarios

La deuda por adquisición de vivienda es una hipoteca que un contribuyente solicitó para comprar, construir o mejorar sustancialmente una vivienda calificada. Un préstamo calificado es un préstamo utilizado para adquirir la residencia principal del contribuyente o una segunda vivienda, y el préstamo debe estar garantizado por la propiedad individual.
Una hipoteca de vivienda es un préstamo que está garantizado para la vivienda principal o la segunda vivienda del contribuyente. Para hacer deducible el interés de la hipoteca, el préstamo debe estar garantizado y puede ser una primera o segunda hipoteca, un préstamo para mejoras de la vivienda o un préstamo con garantía hipotecaria. La deducibilidad del gasto por intereses se determina en función de cómo se utilizan los fondos del préstamo, lo que también se conoce como seguimiento de intereses. Para los préstamos adquiridos antes de que la TCJA entrara en vigencia el 15 de diciembre de 2017, los intereses de hasta $1 millón de deuda ($500,000 para casados declarando por separado) que se usó para adquirir, construir o mejorar sustancialmente la residencia son deducibles.

Si el contribuyente tiene una vivienda principal y una segunda vivienda, la adquisición de la vivienda y el límite en dólares de la deuda con garantía hipotecaria se aplican a la hipoteca total de ambas viviendas.

Para los préstamos hipotecarios garantizados después del 15 de diciembre de 2017, la cantidad deducible se limita a $750,000 ($375,000 para casados declarando por separado). Los contribuyentes pueden usar las cantidades límite de 2017 si se cumplen todas las siguientes condiciones:

- si la deuda de adquisición de vivienda se asumió antes del 16 de diciembre de 2017.
- si celebraron un contrato vinculante por escrito el 15 de diciembre de 2017 o antes para cerrar una residencia principal antes del 1 de enero de 2018.
- si compró la propiedad antes del 1 de abril de 2018.

Si un contribuyente refinancia un préstamo de adquisición de vivienda que se adquirió antes de que TCJA entrara en vigencia, el préstamo refinanciado está sujeto a las mismas disposiciones que el préstamo original, anterior a TCJA, pero solo hasta el monto del saldo del préstamo original. Cualquier deuda adicional que no se utilice para comprar, construir o mejorar sustancialmente la vivienda no es una deuda de adquisición de vivienda. Por ejemplo, Cheryl sacó una línea de crédito hipotecario por $100,000. Usó $10,000 para rehacer el dormitorio principal y luego usó el resto para ir a un crucero mundial. Los $10,000 podrían usarse como deuda de adquisición de vivienda, pero ella no puede usar el crucero mundial como deuda de adquisición de vivienda. Eso podría considerarse como ingreso para Cheryl. Consulte la Publicación 936.

Deuda protegida

Si el contribuyente aplicó una hipoteca sobre su casa antes del 14 de octubre de 1987 o refinanció el préstamo, puede calificar como deuda adquirida. La deuda protegida no limita la cantidad de intereses que se pueden deducir. Todos los intereses pagados en este préstamo son intereses de la hipoteca de la vivienda totalmente deducibles. Sin embargo, el monto de la deuda protegida podría limitar la deuda de adquisición de vivienda. Por ejemplo, Sergio solicitó una primera hipoteca de $200,000 para comprar una casa en 1986. La hipoteca era una nota global de 7 años, y el saldo total de la nota vencía en 1993. Sergio refinanció la deuda en 1993 con una nueva hipoteca a 30 años. La deuda refinanciada se trata como deuda protegida durante los 30 años completos del préstamo.

La vivienda principal es el inmueble donde el contribuyente vive la mayor parte del tiempo. La segunda casa es una propiedad similar. La vivienda principal o secundario puede ser un bote o un vehículo recreativo, ambos deben proporcionar alojamiento básico, que incluye un espacio para dormir, un baño y utensilios para cocinar. El interés y los puntos de la hipoteca se informan al contribuyente en el Formulario 1098 y se ingresan en la línea 8 del Anexo A.

El Formulario 1098, *Declaración de intereses hipotecarios*, generalmente incluye los montos pagados de intereses hipotecarios, impuesto sobre los bienes inmuebles y puntos (que se definen a continuación). Las compañías hipotecarias a menudo “venderán” hipotecas durante el año. Si esto ocurre, el contribuyente podría recibir un Formulario 1098 de cada compañía hipotecaria.

El señor 1040 dice: Recuerde preguntar a sus clientes si pagaron a más de una compañía hipotecaria. Si tienen más de un Formulario 1098, pregunte si esto fue para una segunda hipoteca o si compraron y vendieron casas durante el año.

Los intereses hipotecarios pagados a una persona natural que no se haya emitido en el Formulario 1098 deben informarse en la línea 8b del Anexo A. El nombre del destinatario y el número de seguro social o el número de identificación del empleador son obligatorios. Si no proporciona esta información, el contribuyente puede ser multado con $50.

Los puntos, a menudo llamados comisiones de creación de préstamos, cargos máximos de préstamos, descuentos de préstamos, aranceles de colocación de préstamos o puntos de descuento, son intereses pagados por adelantado. Los puntos que paga el vendedor en nombre del prestatario se consideran pagados por el prestatario. Esto permite que el prestatario, no el vendedor, deduzca estos puntos como interés.

El monto total de los puntos pagados no se puede deducir al 100% en el año de compra o refinanciamiento. Los puntos se consideran intereses pagados por adelantado y, por lo general, se deducen anualmente durante la vida de la hipoteca. Los puntos del Formulario 1098 deben cumplir las siguientes condiciones:

1. Los puntos están claramente designados en HUD-1 o puntos de liquidación de cierre de HUD con títulos
   a. descuento de préstamo
   b. puntos de descuento
   c. puntos
2. Los puntos se calcularon como un porcentaje del monto principal del préstamo especificado
3. Cobrado bajo una práctica comercial de puntos de cobro donde se emitió el préstamo y no excede el cobro general en el área

4. Se abonaron puntos por la adquisición de la vivienda habitual del contribuyente
5. Los puntos fueron pagados directamente por el contribuyente. Los puntos se pagaron directamente si se aplica cualquiera de los siguientes dos:
   a. Los fondos no fueron tomados prestados del prestamista por el contribuyente
   b. El vendedor pagó los puntos en nombre del contribuyente.

Los puntos pagados cuando se pide dinero prestado para un refinanciamiento normalmente son deducibles durante la vigencia del préstamo. Si el contribuyente cancela una hipoteca antes de tiempo, puede deducir los puntos restantes en el año en que pagó el préstamo. Los puntos son actualmente deducibles solo si se pagan con los fondos del contribuyente. Los puntos financiados deben deducirse durante la vida del préstamo. Si el contribuyente refinancia y finaliza el préstamo, los puntos restantes se deducen cuando finaliza la vida del préstamo.

Primas de seguro hipotecario

A partir del 1 de enero de 2022, las primas de seguros hipotecarios ya no son una deducción.

Formulario 1098

El IRS ha hecho que la declaración de intereses hipotecarios sea perenne.

☐ CORRECTED (if checked)

RECIPIENT'S/LENDER'S name, street address, city or town, state or province, country, ZIP or foreign postal code, and telephone no.

*Caution: The amount shown may not be fully deductible by you. Limits based on the loan amount and the cost and value of the secured property may apply. Also, you may only deduct interest to the extent it was incurred by you, actually paid by you, and not reimbursed by another person.

OMB No. 1545-1380

Form 1098

(Rev. January 2022)

For calendar year 20__

Mortgage Interest Statement

1 Mortgage interest received from payer(s)/borrower(s)* $

Copy B For Payer/ Borrower

RECIPIENT'S/LENDER'S TIN | PAYER'S/BORROWER'S TIN

2 Outstanding mortgage principal $

3 Mortgage origination date

4 Refund of overpaid interest $

5 Mortgage insurance premiums $

PAYER'S/BORROWER'S name

6 Points paid on purchase of principal residence $

The information in boxes 1 through 9 and 11 is important tax information and is being furnished to the IRS. If you are required to file a return, a negligence penalty or other sanction may be imposed on you if

Formulario 1098

Parte 1 Preguntas de repaso

Para obtener el máximo beneficio de este curso, LTPA recomienda que complete cada una de las preguntas a continuación, y luego las compare con las respuestas de los comentarios que se proporcionan posteriormente. Según los estándares reguladores de autoaprendizaje, los proveedores deben presentar preguntas de repaso de manera intermitente a lo largo de cada curso de autoaprendizaje.

Estas preguntas y explicaciones no son parte del examen final y no serán calificadas por LTP.

IDP1.1

Pam tiene 65 años; ¿en qué porcentaje puede comenzar a deducir sus gastos médicos federales?

a. Más del 10% de su ingreso bruto ajustado.
b. Más del 8% de su ingreso bruto ajustado.
c. Ella no puede reclamar gastos médicos debido a su edad.
d. 7.5% de su ingreso bruto ajustado.

IDP1.2
¿Cuál de las siguientes opciones no es un gasto médico deducible o dental?

a. Extremidades artificiales
b. Dientes postizos
c. Anteojos
d. Ropa de maternidad

IDP1.3
John y su esposa, Cynthia, están declarando como MFS. John detalla sus deducciones. ¿Cuál de las siguientes opciones es verdadera?

a. Cynthia debe presentar una declaración individual y tomar la deducción estándar.
b. Cynthia debe declarar como cabeza de familia.
c. Cynthia debe detallar sus deducciones.
d. Cynthia debe detallar solo si tiene suficientes deducciones.

IDP1.4
¿Cuál de los siguientes impuestos se puede deducir en el Anexo federal A, líneas 5 a 7?

a. Multas y sanciones.
b. Impuestos sobre bienes inmuebles.
c. Retención de impuestos federales.
d. Eliminación de tatuajes.

IDP1.5
Los impuestos totales de Catherine pagados en el Anexo A, línea 5e, son $14,500. ¿Cuánto deducirá?

a. $10,000
b. $14,500
c. $12,200
d. $24,400

IDP1.6
¿Cuál de los siguientes se puede reclamar como gasto médico? (Siempre que el contribuyente califique para detallar sus deducciones médicas).

a. Marihuana recreativa
b. Cirugía cosmética
c. Depilación
d. Distancia en millas para fines médicos

IDP1.7
Los impuestos estatales y locales retenidos del salario del contribuyente se pueden deducir el _____.

a. Anexo A, línea 11
b. Anexo A, línea 6
c. Formulario W2, casilla 17
d. Anexo A, línea 5a

IDP1.8
¿Qué pago de intereses se puede deducir en su totalidad en el año fiscal en curso en la línea 11 en el Anexo A del Formulario 1040?

1. Multa por pago anticipado de hipoteca.
2. Intereses relacionados con los ingresos por intereses exentos de impuestos.
3. Intereses del plan de cuotas para compras de ropa de trabajo.
4. Intereses hipotecarios.
5. Tarifas de investigación crediticia.

a. 3 y 4
b. 1 y 4
c. 2, 4, y 5
d. 1, 3, y 4

IDP1.9
¿Cuál de los siguientes impuestos se puede deducir en el Formulario 1040, Anexo A?

a. Un impuesto sobre un vehículo de motor basado en el peso del vehículo.
b. Impuestos inmobiliarios de residencia principal.
c. Transferencia de impuestos sobre la venta de una residencia.
d. Todas las respuestas son correctas.

IDP1.10
¿Cuáles de los siguientes costos son deducibles como impuestos en el Anexo A del Formulario 1040 en 2015?

1. Impuesto sobre los bienes muebles en una vivienda principal.
2. Recolección de basura detallada en la factura de bienes raíces.
3. Impuestos por beneficios locales.
4. Impuesto sobre bienes inmuebles en propiedad en Canadá.

a. 1, 2, y 4
b. 1,2, 3, y 4
c. 1 y 4
d. 2 y 3

Parte 1 Respuestas a las preguntas de repaso

IDP1.1
Pam tiene 65 años; ¿en qué porcentaje puede comenzar a deducir sus gastos médicos federales?

a. Más del 10% de su ingreso bruto ajustado.
b. Más del 8% de su ingreso bruto ajustado.
c. Ella no puede reclamar gastos médicos debido a su edad.
d. 7.5% de su ingreso bruto ajustado.

Comentarios: Revise la sección *Gastos médicos y dentales.*

IDP1.2
¿Cuál de las siguientes opciones no es un gasto médico deducible o dental?

a. Extremidades artificiales
b. Dientes postizos
c. Anteojos
d. Ropa de maternidad

Comentarios: Revise la sección *Gastos médicos y dentales.*

IDP1.3
John y su esposa, Cynthia, están declarando como MFS. John detalla sus deducciones. ¿Cuál de las siguientes opciones es verdadera?

a. Cynthia debe presentar una declaración individual y tomar la deducción estándar.
b. Cynthia debe declarar como cabeza de familia.
c. Cynthia debe detallar sus deducciones.
d. Cynthia debe detallar solo si tiene suficientes deducciones.

Comentarios: Revise la sección *Detallar al declarar como casado por separado.*

IDP1.4
¿Cuál de los siguientes impuestos se puede deducir en el Anexo federal A, líneas 5 a 7?

a. Multas y sanciones
b. Impuestos sobre bienes inmuebles
c. Retención de impuestos federales
d. Eliminación de tatuajes

Comentarios: Revise la sección *Impuestos sobre bienes inmuebles.*

IDP1.5
Los impuestos totales de Catherine pagados en el Anexo A, línea 5e, son $14,500. ¿Cuánto deducirá?

a. **$10,000**
b. $14,500
c. $12,200
d. $24,400

Comentarios: Revise la sección *Impuesto general estatal y local de ventas (SALT)*

IDP1.6
¿Cuál de los siguientes se puede reclamar como gasto médico? (Siempre que el contribuyente califique para detallar sus deducciones médicas).

a. Marihuana recreativa
b. Cirugía cosmética
c. Depilación
d. Distancia en millas para fines médicos

Comentarios: Revise la sección *Reembolso de gastos médicos*

IDP1.7
Los impuestos estatales y locales retenidos del salario del contribuyente se pueden deducir el ____.

a. Anexo A, línea 11
b. Anexo A, línea 6
c. Formulario W2, casilla 17
d. Anexo A, línea 5a

Comentarios: Revise la sección *Impuesto general estatal y local de ventas (SALT)*

IDP1.8
¿Qué pago de intereses se puede deducir en su totalidad en el año fiscal en curso en la línea 11 en el Anexo A del Formulario 1040?

1. Multa por pago anticipado de hipoteca.
2. Intereses relacionados con los ingresos por intereses exentos de impuestos.
3. Intereses del plan de cuotas para compras de ropa de trabajo.
4. Intereses hipotecarios.
5. Tarifas de investigación crediticia.

a. 3 y 4
b. 1 y 4
c. 2, 4, y 5
d. 1, 3, y 4

Comentarios: Revise la sección *Intereses y puntos de préstamos hipotecarios*

IDP1.9
¿Cuál de los siguientes impuestos se puede deducir en el Formulario 1040, Anexo A?

a. Un impuesto sobre un vehículo de motor basado en el peso del vehículo.
b. **Impuestos inmobiliarios de residencia principal.**
c. Transferencia de impuestos sobre la venta de una residencia.
d. Todas las respuestas son correctas.

Comentarios: Revise la sección *Impuestos sobre bienes inmuebles.*

IDP1.10
¿Cuáles de los siguientes costos son deducibles como impuestos en el Anexo A del Formulario 1040 en 2015?

1. Impuesto sobre los bienes muebles en una vivienda principal.
2. Recolección de basura detallada en la factura de bienes raíces.
3. Impuestos por beneficios locales.
4. Impuesto sobre bienes inmuebles en propiedad en Canadá.

a. 1, 2, y 4
b. 1,2, 3, y 4
c. 1 y 4
d. 2 y 3

Comentarios: Revise la sección *Impuestos sobre bienes inmuebles.*

Parte 2 Caridad y pérdidas por siniestros y robos

Hay dos formas de donar a una organización calificada: en efectivo y no en efectivo. El contribuyente podría recibir un beneficio fiscal en función del monto de la contribución y los ingresos brutos ajustados del contribuyente. El siniestro es cuando el contribuyente ha perdido la propiedad por destrucción repentina o inesperada. El robo es cuando una persona toma las pertenencias de otra persona con la intención de despojar al propietario.

Donación a una organización caritativa

Las contribuciones hechas a "organizaciones nacionales calificadas" por personas naturales y sociedades anónimas son deducibles como contribuciones caritativas. Las contribuciones de dinero o propiedad, como ropa, a organizaciones calificadas se pueden deducir. Las cuotas, aranceles o facturas a clubes, logias, órdenes fraternales, ligas cívicas, grupos políticos, organizaciones con fines de lucro o grupos similares no son deducibles. Las donaciones de dinero o propiedad entregadas a una persona natural tampoco son deducibles, incluso si se otorgaron por razones altruistas. Los boletos de rifa o los juegos de bingo de la iglesia no serían un gasto deducible (pueden contar como gastos de apuestas). Otro elemento no deducible son las plazas de Super Bowl por parte de organizaciones nacionales calificadas. Si el contribuyente recibió un beneficio (por ejemplo, una donación de $60) de la donación, el monto de esta debe reducirse por el valor del beneficio.

Contribuciones en efectivo

Las contribuciones en efectivo incluyen aquellas que se pagan en efectivo, cheques, transferencia electrónica de fondos, tarjeta de débito, tarjeta de crédito o deducción de nómina. Las contribuciones en efectivo no son deducibles, independientemente de la cantidad, a menos que el contribuyente conserve uno de los siguientes:

- Un registro bancario que muestre el nombre de la organización elegible, la fecha de la contribución y el monto de la contribución. Los registros bancarios pueden incluir:
  - Un cheque cancelado.
  - Un estado de cuenta bancario o cooperativa de crédito.
  - Un extracto de la tarjeta de crédito.
- Un recibo o una carta u otra comunicación escrita de la organización calificada que muestre el nombre de la organización, la fecha de la contribución y el monto de la contribución.
- Los registros de deducción de nómina o una tarjeta de compromiso u otro documento preparado por la organización. El documento de la organización debe mostrar el nombre de la organización.

El profesional de impuestos no debe pasar por alto las contribuciones caritativas realizadas a través de deducciones de nómina; aparecerían en el último talón de cheque o en el Formulario W-2 del contribuyente. Asegúrese de que las deducciones de nómina no sean contribuciones antes de impuestos. Las contribuciones antes de impuestos no son deducibles. Aconseje a sus clientes que hagan donaciones con cheques, no en efectivo. Asegúrese de que reciban un recibo por todas las donaciones en efectivo.

Para las contribuciones de deducción de nómina, debe conservar lo siguiente:

- Un talón de pago, el Formulario W-2 u otro documento proporcionado por el empleador del contribuyente que muestre la fecha y el monto de la contribución.
- Una tarjeta de compromiso u otro documento preparado por o para la organización calificada que muestre el nombre de la organización.

La comunicación escrita debe incluir el nombre de la organización benéfica, la fecha de la contribución y el monto de la contribución. Si la contribución supera los $250, el contribuyente debe recibir una declaración de la organización caritativa. Al calcular $250 o más, no sume las donaciones separadas. La organización caritativa debe incluir lo siguiente en la carta o declaración:

- La cantidad de dinero que se contribuyó y una descripción de cualquier bien que fue donado.
- Ya sea que la organización haya proporcionado o no bienes o servicios al contribuyente a cambio, se debe incluir una descripción y un valor estimado de la contribución del contribuyente.

Si el contribuyente sobreestima sus deducciones caritativas y eso resulta en una infravaloración de su obligación tributaria, el contribuyente podría recibir una multa del 20% del monto total de la deducción si se adeuda más del 10% del monto. El contribuyente también podría tener que pagar la multa por infravaloración del importe si es superior a $5,000.

Otras formas de pago además de efectivo o cheque

Si el contribuyente entrega artículos tales como ropa o muebles, el contribuyente podrá deducir el valor justo del mercado (FMV) al momento de la donación. El valor razonable de mercado es lo que pagaría un comprador dispuesto para comprar cuando tanto el comprador como el vendedor son conscientes de la condición de la venta. Si el monto de la deducción no en efectivo es superior a $500, el contribuyente debe completar el Formulario 8283. Si la contribución es un vehículo motorizado, bote o avión, la organización que acepta la donación debe emitir el Formulario 1098-C del contribuyente con la información requerida para que el contribuyente la adjunte al Formulario 8283. Si la deducción es superior a $5,000, por un artículo, el contribuyente debe obtener un avalúo del bien donado. El número de identificación del vehículo (VIN) debe informarse en el Formulario 8283 y, si el automóvil se vendió en una subasta, el monto de la contribución es por lo que se vendió el vehículo. Consulte el formulario de instrucciones 8283.

Cuando los contribuyentes donan artículos que no son en efectivo, deben mantener una lista de los artículos donados y obtener y conservar el recibo. Los artículos donados tienen un precio de acuerdo con su valor de reventa, no el precio del artículo cuando se compró. Consulte el Anexo de instrucciones A.

Si las contribuciones caritativas no en efectivo se realizan con un valor de más de $500, el contribuyente debe completar el Formulario 8283, *Contribuciones caritativas no en efectivo*, y adjuntarlo a la declaración. Use la Sección A del Formulario 8283 para declarar las contribuciones que no sean en efectivo por las cuales el contribuyente reclamó una deducción de $5,000 o menos por artículo (o grupo de artículos similares). Además, use la Sección A para declarar las contribuciones de valores negociados públicamente. Complete la Sección B, Formulario 8283 para cada deducción de más de $5,000 reclamados por un artículo o grupo de artículos similares. Se debe presentar un Formulario 8283 por separado para contribuciones separadas de más de $5,000 a diferentes organizaciones. La organización que recibió la propiedad debe completar y firmar la Parte IV de la Sección B.

El IRS puede rechazar las deducciones por contribuciones caritativas que no sean en efectivo si son más de $500 y si el Formulario 8283 no se presenta con la declaración. Consulte la Publicación 526 y las Instrucciones del Anexo A.

Contribuciones de bienes fideicomitidos

Cuando el bien se ha colocado en un fideicomiso y los fideicomisarios hacen una deducción caritativa del fideicomiso, la deducción no está permitida. Si el bien se colocó en un fideicomiso restante, entonces se permitiría la deducción. Consulte la Sección 170(f)(13) del Código IRC.

Gastos del vehículo

Si el contribuyente reclama gastos directamente relacionados con el uso de su automóvil al prestar servicios a una organización calificada, el contribuyente debe llevar registros escritos fehacientes de los gastos. Por ejemplo, los registros del contribuyente pueden mostrar el nombre de la organización a la que el contribuyente estaba prestando servicios y las fechas en que se usó el automóvil con fines benéficos. El contribuyente usaría la tarifa de distancia en millas estándar de 14 centavos por milla; los registros deben mostrar la distancia en millas recorridas con fines benéficos.

Organizaciones benéficas canadienses, israelíes y mexicanas

El contribuyente puede deducir contribuciones a ciertas organizaciones caritativas bajo el tratado de impuesto sobre la renta que Estados Unidos tiene con México, Canadá e Israel. Estas organizaciones deben cumplir con los exámenes similares a los utilizados para calificar a las organizaciones de Estados Unidos a fin de recibir contribuciones deducibles. La organización podría decirle al contribuyente si cumple con la prueba necesaria. Consulte la Publicación 526.

El contribuyente debe mantener registros

Los registros demuestran el monto de las contribuciones que se hacen durante el año. Los tipos de registros a llevar dependen del monto de las contribuciones y si incluyen alguno de los siguientes:

- Contribuciones en efectivo.
- Contribuciones no monetarias.
- Gastos de desembolso al ser voluntario

Por lo general, las organizaciones deben presentar una declaración escrita si reciben un pago de más de $75 y es en parte una contribución y en parte un pago realizado a cambio de bienes o servicios. La declaración debe mantenerse con los registros del contribuyente. Consulte el Procedimiento de la Renta 2006-50, 2006-47 I.R.B. 944.

Los ajustes por contribuciones caritativas en efectivo no desglosadas no se han extendido.

La contribución caritativa de la línea anterior no se ha extendido para 2022 para los contribuyentes que no pudieron detallar sus deducciones. La cantidad caritativa fue de $300 para solteros y $600 para casados declarando conjuntamente.

Otras deducciones detalladas

Los siguientes artículos se pueden reclamar en el Anexo A, línea 16:

- Pérdidas de juego hasta la cantidad de ganancias de apuestas.
- Pérdidas por siniestros y robos de propiedades que generan ingresos.
- Una pérdida ordinaria atribuible a un instrumento de deuda de pago contingente o un instrumento de deuda indexado a la inflación.

- Primas amortizables sobre bonos imponibles adquiridos antes del 23 de octubre de 1986.
- Ciertas inversiones no recuperadas en una pensión.
- Experiencia laboral relacionada con la discapacidad de personas con discapacidad.
- Impuesto sucesorio federal sobre la renta con respecto a un finado.
- Deducciones por reembolso de montos conforme a una reclamación de derecho si supera los $3,000. Consulte la publicación 525.

Consulte el Anexo de instrucciones A.

Pérdidas de apuestas

El contribuyente debe declarar el monto total de cualquier ganancia de apuestas para el año. El contribuyente deducirá las pérdidas por apuestas del año en la línea 16, Anexo A (Formulario 1040). El contribuyente puede reclamar pérdidas de apuestas hasta la cantidad de ganancias de juego. Los contribuyentes no pueden reducir las ganancias de apuestas por pérdidas de juego ni declarar la diferencia, pero deben declarar el monto total de sus ganancias como ingresos y reclamar sus pérdidas hasta la cantidad de ganancias como una deducción detallada. Por lo tanto, los registros del contribuyente deben mostrar las ganancias por separado de las pérdidas. El contribuyente debe mantener un diario preciso o un registro similar de pérdidas y ganancias. El diario debe contener al menos la siguiente información:

- La fecha y el tipo de salario específico o actividad de apuestas.
- El nombre y la dirección o ubicación del establecimiento de apuestas.
- Los nombres de otras personas presentes con el contribuyente en el establecimiento de apuestas.
- La cantidad ganada o perdida.

Pérdidas por siniestros y robos

Un siniestro es el daño, la destrucción o la pérdida de propiedad que resulta de un evento identificable que es repentino, inesperado o inusual. Una pérdida en los depósitos puede ocurrir cuando un banco, cooperativa de crédito u otra institución financiera se declara insolvente o en bancarrota. Cuando la propiedad se daña o se destruye como resultado de huracanes, terremotos, tornados, incendios, vandalismo, accidentes automovilísticos y eventos similares, se denomina pérdida por siniestro. Una pérdida por siniestro debe ser repentina e inesperada, por lo que los daños que ocurren con el tiempo no califican. El robo es la toma y retiro ilegal de dinero o propiedad con la intención de privar al propietario.

Antes del 1 de enero de 2018, si ocurrió un robo, el contribuyente llenó el Formulario 4684, *Siniestro y robo,* y lo adjuntó a la declaración. La pérdida calculada en el Formulario 4684 se transfiere a la línea 15 del Anexo A. El IRS permitió a los contribuyentes que usan el Anexo A para deducir estas pérdidas con una cobertura limitada.

Una cantidad de pérdida por siniestro es igual a la menor de las siguientes:

- La disminución en el valor justo del mercado (FMV) de la propiedad como resultado del evento (en otras palabras, la diferencia entre el valor razonable de mercado de la propiedad inmediatamente antes y después del siniestro).
- La base ajustada en la propiedad antes de la pérdida por siniestro, menos cualquier reembolso de seguro.

Después de calcular una pérdida por siniestro o robo y restar cualquier reembolso, debe calcular la cantidad de la pérdida es deducible. Para reclamar una pérdida como deducción, cada cantidad de pérdida debe ser superior a $100 o superior al 10% de la cantidad en el Formulario 1040, línea 8b, reducido en $100.

Después del 31 de diciembre de 2017, las pérdidas por robo ya no se pueden reclamar y las pérdidas por siniestros solo se pueden reclamar si son el resultado de un evento que haya sido declarado oficialmente como un desastre federal por el Presidente de los Estados Unidos. Además, las pérdidas por siniestros aún se calculan utilizando los mismos métodos explicados anteriormente. El Formulario 4684, *Siniestros y robo*, todavía debe adjuntarse a la declaración de impuestos. Si el contribuyente tiene una pérdida neta por desastre calificada en el Formulario 4684, línea 15 y no ha detallado sus deducciones, puede calificar para una mayor deducción estándar.

Desastres y siniestros

Si los daños causados por siniestros son a la propiedad comercial o de renta, los contribuyentes pueden reclamar una deducción por pérdida de siniestros en su declaración de impuestos. Los contribuyentes generalmente deben deducir una pérdida por siniestro en el año en que ocurrió. Sin embargo, si la propiedad sufrió un daño como resultado de un desastre declarado por el gobierno federal, los contribuyentes pueden optar por deducir esa pérdida en su declaración del año fiscal inmediatamente anterior al año en que ocurrió el desastre. Un desastre declarado por el gobierno federal es un desastre que tuvo lugar en un área declarada por el Presidente como elegible para recibir asistencia federal. Los contribuyentes pueden enmendar una declaración de impuestos presentando un Formulario 1040X, *Declaración de impuestos sobre la renta de persona natural de los estados unidos enmendada.*

Alivio en caso de desastres

El siguiente sitio web es donde un contribuyente y un profesional de impuestos pueden encontrar la lista de áreas de desastre declaradas por el presidente: https://www.irs.gov/newsroom/tax-relief-in-disaster-situations.

Consejos para la reconstrucción de registros en caso de desastre

La reconstrucción de registros después de un desastre puede ser esencial para fines tributarios y para obtener asistencia federal o reembolso de seguros. Después de un desastre, los contribuyentes pueden necesitar ciertos registros para probar su pérdida. Cuanto más precisa sea la estimación de una pérdida, mayor será el dinero disponible para préstamos y subvenciones.

A continuación, se indican algunos consejos para ayudar al contribuyente a recopilar la información necesaria para reconstruir sus registros con respecto a su residencia personal y bienes inmuebles. Una parte de los bienes raíces no es solo la tierra sino también lo que se construye, crece o se une a esa tierra.

- Tome fotografías o videos tan pronto como sea posible después del desastre. Esto establece la extensión del daño.
- Comuníquese con la compañía de títulos, la compañía de depósito en garantía o el banco que manejó la compra de la vivienda para obtener copias de los documentos originales. Los corredores de bienes raíces también pueden ayudar.
- Use la declaración actual del impuesto a la propiedad para las proporciones de tierra contra construcción, si está disponible. Si no están disponibles, los propietarios pueden obtener copias de la oficina del asesor del condado.
- Es necesario establecer la base o el valor justo de mercado de la vivienda. Para ello, se pueden examinar las ventas comparables en el vecindario o ponerse en contacto con una empresa de avalúos o visitar un sitio web que ofrezca valoraciones de viviendas.

- Las copias de avalúos de la compañía hipotecaria u otra información necesaria con respecto al costo o valor justo de mercado en el área.
- Las pólizas de seguro indican el valor de la construcción, lo que inicia una cifra base para el seguro de valor de reposición.
- Si se realizaron mejoras en el hogar, comuníquese con los contratistas que hicieron el trabajo para ver si hay registros disponibles. Obtenga declaraciones de los contratistas que indiquen su trabajo y su costo.
    - Obtenga cuentas escritas de amigos y parientes que vieron la casa antes y después de cualquier mejora. Vea si alguno de ellos tiene fotos tomadas en reuniones.
    - Si hay un préstamo para mejoras de la vivienda, obtenga los documentos de la institución que emitió el préstamo. El monto del préstamo puede ayudar a establecer el costo de las mejoras.
- Para los bienes heredados, verifique los registros judiciales para los valores de sucesión. Si existía un fideicomiso o patrimonio, comuníquese con el abogado que manejó el patrimonio o fideicomiso.
- Si no hay otros registros disponibles, verifique en la oficina del asesor del condado los registros antiguos que podrían abordar el valor de la propiedad.

Registros de negocios

- Para crear una lista de inventarios perdidos, obtenga copias de las facturas de los proveedores. Siempre que sea posible, las facturas deben tener una fecha de al menos un año calendario.
- Compruebe si hay fotos en teléfonos móviles, cámaras y vídeos de edificios, equipos e inventario.
- Recopile información sobre los ingresos, obtener copias de los extractos bancarios. Los depósitos deben reflejar cuáles fueron las ventas durante el período de tiempo dado.
    - Obtenga copias de las declaraciones de impuestos federales, estatales y locales del año pasado. Esto incluye informes de impuesto a las ventas, declaraciones de impuestos de nómina y licencias comerciales de la ciudad o el condado. Estos deben reflejar las ventas brutas durante un período determinado.
- Si no dispone de fotografías o videos, haga un boceto del interior y el exterior de la ubicación comercial y luego comience a completar los detalles de los bocetos. Por ejemplo, para el interior del edificio, registre dónde se ubicaron los equipos y el inventario. Para el exterior del edificio, haga un mapa de las ubicaciones de elementos tales como arbustos, estacionamientos, letreros y toldos.
    - Si el negocio era preexistente, regrese al corredor para obtener una copia del acuerdo de compra. Esto debería detallar lo que se adquirió.
    - Si el edificio se construyó recientemente, comuníquese con el contratista o con una comisión de planificación para los planos del edificio.

Otras agencias útiles

Hay varias agencias que pueden ayudar a determinar el valor justo del mercado de la mayoría de los automóviles en la carretera. Los siguientes son recursos en línea disponibles:

- Kelley Blue Book: www.kbb.com.
- Asociación Nacional de Comerciantes de Automóviles: www.nadaguides.com.
- Edmunds: www.edmunds.com.

Llame al concesionario donde compró el automóvil y solicite una copia del contrato. Si esto no está disponible, proporcione al concesionario todos los datos y detalles y solicite un precio comparable. Si el contribuyente está haciendo pagos por el automóvil, otra fuente es el titular del gravamen.

Puede ser difícil reconstruir registros que muestren el valor justo del mercado de algunos tipos de bienes muebles. Aquí hay algunas cosas a considerar al categorizar artículos perdidos y sus valores:

- Busque en los teléfonos móviles las fotos que se tomaron en el hogar que podrían mostrar la propiedad dañada en el fondo antes del desastre.
- Consulte los sitios web que puedan establecer el costo y el valor justo de mercado de los artículos perdidos.
- Respalde la valoración con fotografías, videos, cheques cancelados, recibos u otra evidencia.
- Si los artículos se compraron con una tarjeta de crédito o débito, comuníquese con la compañía de la tarjeta de crédito o con el banco para obtener los estados de cuenta anteriores.

Si no hay fotos ni videos de la propiedad, un método simple para ayudar a recordar qué elementos se perdieron es hacer un dibujo de cada habitación afectada:

- Dibuje un plano que muestre dónde se colocó cada mueble, incluyendo los cajones, los aparadores y los estantes.
- Haga un dibujo de la habitación mirando hacia los estantes o mesas que muestran su contenido.
- Estos no tienen que ser dibujados profesionalmente, solo de manera funcional.
- Tómese el tiempo para dibujar estantes con recuerdos de ellos.
- Asegúrese de incluir garajes, áticos, armarios, sótanos y artículos en las paredes.

Pérdida de cálculo

Los contribuyentes pueden tener que reconstruir sus registros para demostrar una pérdida y la cantidad de los mismos. Para calcular la pérdida, determine la disminución en el FMV de la propiedad como resultado de los siniestros o desastres o determine la base ajustada de la propiedad; esta es generalmente la cantidad que la propiedad ahora vale después de que los eventos hayan agregado o disminuido el valor de la cantidad que originalmente se pagó por la propiedad.

Los contribuyentes pueden deducir cuál de estos dos montos es menor después de restar el monto de cualquier reembolso proporcionado al contribuyente. Si el reembolso es mayor que la base ajustada de la pérdida, entonces el contribuyente tendrá una ganancia y no una resta. Se aplican ciertos límites de deducción. Consulte la Publicación 547, *Siniestros, desastres y robos,* para obtener detalles sobre estos límites, y la Publicación 551, *Bases de activos,* para obtener información adicional sobre la base.

Si la deducción por pérdida por siniestro causa que las deducciones de un contribuyente para el año sean más que sus ingresos para el año, puede haber una pérdida operativa neta. Para obtener más información, consulte la Publicación 536, *Pérdidas operativas netas (NOL) para personas naturales, patrimonios y fideicomisos*.

Determinación de la disminución en el valor justo del mercado

El valor justo de mercado (FMV) es generalmente el precio por el cual la propiedad podría venderse a un comprador. La disminución del FMV utilizado para calcular el monto de una pérdida por siniestros es la diferencia entre el valor justo del mercado de la propiedad inmediatamente antes y después del siniestro. El FMV generalmente se determina a través de un avalúo.

Pérdidas por siniestros y robos de bienes que generan ingresos

Los contribuyentes ya no pueden reclamar una pérdida por daños a la propiedad comercial que generan ingresos como una deducción detallada. Si prepara una declaración de impuestos antes de 2018, use la siguiente información para completar el Formulario 4684:

- Pérdida de otras actividades del Anexo K-1 (Formulario 1065-B), casilla 2.
- Impuesto sucesorio federal sobre la renta con respecto a un finado.
- Prima de bonos amortizables en bonos adquiridos antes del 23 de octubre de 1986.
- Deducción por reembolso de montos conforme a una reclamación de derecho si supera los $3,000 (consulte la Publicación 525).
- Ciertas inversiones no recuperadas en una pensión.
- Gastos de trabajo relacionados con la discapacidad para una persona discapacitada (consulte la Publicación 529).

La pérdida de propiedad generadora de ingresos, como un alquiler, se calcula dependiendo de si la propiedad fue robada o destruida. La pérdida menos la base ajustada de la propiedad, cualquier valor de salvamento y los reembolsos del seguro que se espera recibir.

Pagos de seguros

Si un contribuyente recibe fondos de un contrato de seguro para gastos de la vida diaria debido a daños, destrucción o denegación de acceso a su residencia principal; las cantidades recibidas son para compensar o reembolsar los gastos de manutención del contribuyente y su hogar. Consulte la Sección 123 del Código IRC.

Formulario 4952: Intereses de inversión

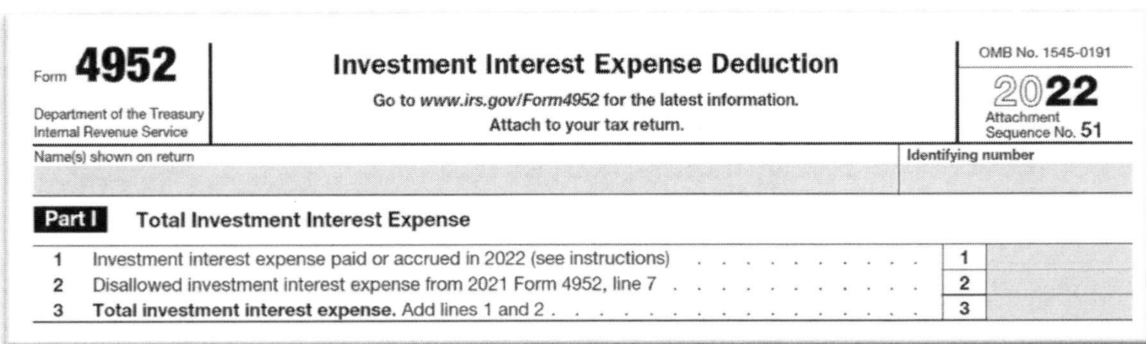

Form **4952**
Department of the Treasury
Internal Revenue Service

Investment Interest Expense Deduction
Go to *www.irs.gov/Form4952* for the latest information.
Attach to your tax return.

OMB No. 1545-0191
2022
Attachment Sequence No. 51

Name(s) shown on return | Identifying number

Part I **Total Investment Interest Expense**

1	Investment interest expense paid or accrued in 2022 (see instructions)	1	
2	Disallowed investment interest expense from 2021 Form 4952, line 7	2	
3	**Total investment interest expense.** Add lines 1 and 2	3	

Parte del Formulario 4952

Los ingresos por inversiones son ingresos que provienen de pagos de intereses, dividendos y ganancias de capital recolectadas por la venta de un valor u otros activos, y cualquier otra ganancia obtenida a través de un vehículo de inversión de cualquier tipo. Generalmente, las personas obtienen la mayor parte de sus ingresos netos totales cada año a través de ingresos laborales regulares.

Un gasto por intereses de inversión es cualquier monto de interés que se paga sobre los fondos del préstamo utilizados para comprar inversiones o valores. Los gastos por intereses de inversión incluyen el interés de margen utilizado para apalancar valores en una cuenta de corretaje e intereses sobre un préstamo utilizado para comprar propiedades mantenidas para inversión.

Las deducciones por gastos de inversión podrían estar limitadas por las reglas de riesgo y los límites de pérdida de actividad pasiva. No incluye ningún interés relacionado con actividades pasivas o valores que generen ingresos exentos de impuestos. La deducción de gastos de inversión se limita a los ingresos por inversiones. Un ejemplo de los ingresos por inversiones son los intereses y los dividendos ordinarios. La propiedad mantenida con fines de inversión incluye la propiedad que produce intereses, dividendos, rentas vitalicias o regalías que no se obtuvieron en el curso ordinario de una actividad o negocio. Los dividendos del Fondo Permanente de Alaska no son ingresos por inversiones.

El interés de inversión no incluye ningún interés hipotecario calificado ni ningún interés que se tenga en cuenta al calcular el ingreso o la pérdida de una actividad pasiva. La deducción por gastos de intereses de inversión se limita al monto de los ingresos netos de inversión.

Ejemplo: Sandy tenía ingresos de intereses por un monto de $800. Ella también tenía ingresos ordinarios por dividendos de $325. El gasto de intereses de inversión de Sandy para el año fue de $695. Se le permitirá a Sandy deducir el monto total del gasto por intereses de inversión en su Anexo A, ya que sus ingresos por inversiones superan los gastos por intereses de inversión.

Al reclamar intereses de inversión, se debe completar el Formulario 4952 y adjuntarlo a la declaración de impuestos. El Formulario 4952 no tiene que completarse si se aplica lo siguiente:

- El gasto de interés del contribuyente no es más que el ingreso de la inversión de intereses y dividendos ordinarios menos los dividendos calificados.
- El contribuyente no tiene otros gastos de inversión deducibles.
- El contribuyente tuvo gastos por intereses no rechazados para el año.

Declare el interés de Inversión en el Anexo A, línea 9. Consulte la Publicación 550.

El señor 1040 dice: Los dividendos del Fondo Permanente de Alaska, incluyendo los que se declara en el Formulario 8814, no son ingresos por inversiones.

Multas o sanciones

El contribuyente no puede deducir multas o sanciones pagadas a una unidad gubernamental por infringir una ley. Esto incluye todas las multas y sanciones pagadas en un acuerdo real o una posible responsabilidad. Las multas o sanciones incluyen multas de estacionamiento, multas por impuestos y multas deducidas de los cheques de pago de los maestros después de una huelga ilegal.

Parte 2 Preguntas de repaso

Para obtener el máximo beneficio de este curso, LTPA recomienda que complete cada una de las preguntas a continuación, y luego las compare con las respuestas de los comentarios que se proporcionan posteriormente. Según los estándares reguladores de autoaprendizaje, los proveedores deben presentar preguntas de repaso de manera intermitente a lo largo de cada curso de autoaprendizaje.

Estas preguntas y explicaciones no son parte del examen final y no serán calificadas por LTP.

IDP2.1
Alberta tiene los siguientes registros de contribuciones caritativas: cheque de $1,200 para su iglesia; $600 dólares de nómina después de impuestos para organizaciones benéficas locales; y $400 del valor justo de mercado de artículos domésticos para un refugio calificado para personas sin hogar. ¿Cuánto puede deducir por sus contribuciones en efectivo en el Anexo A, Deducciones detalladas?

a. $1,200
b. $400
c. $1,800
d. $2,200

IDP2.2
¿Cuál de las siguientes opciones no es un tipo de ingresos por inversiones?

a. Interés obtenido
b. Distribuciones de dividendos
c. Ganancias de capital
d. Intereses pagados por un préstamo

IDP2.3
Alyssa ha recibido varios formularios W-2G por un total de $10,500. Alyssa muestra constancias de sus pérdidas de apuestas por un total de más de $22,000. ¿Qué cantidad de su pérdida de apuestas puede deducir Alyssa?

a. Puede deducir todas sus pérdidas.
b. Puede deducir hasta el monto de las ganancias.
c. No puede deducir ninguna de sus pérdidas
d. No necesita declarar ninguna ganancia ni pérdida de apuestas.

IDP2.4
¿Qué formulario debe completarse y adjuntarse a la declaración de impuestos cuando se reclama una "pérdida por siniestro y robo"?

a. Formulario 2106
b. Formulario 8889
c. Formulario 4684
d. Formulario 3903

IDP2.5
Matthew ha recibido varios formularios W-2G por un total de $17,000. Matthew muestra constancias de sus pérdidas de apuestas por encima de $22,000. ¿Qué cantidad de su pérdida de apuestas puede deducir Matthew?

a. Puede deducir $22,000 en su declaración de impuestos del año en curso.
b. Puede deducir $17,000 en su declaración de impuestos del año en curso.
c. Puede deducir $17,000 en su declaración de impuestos del año en curso y los $5,000 restantes el año siguiente.
d. No tiene que informar las ganancias o las pérdidas.

IDP2.6
Bob y Alice están casados y presentan una declaración conjunta. Ambos tienen elementos para incluir como deducciones detalladas. ¿Cuál de las siguientes opciones ***no se puede*** deducir en el Anexo A, línea 16?

a. Cuotas de asociaciones de enfermería
b. Se requiere casco para el trabajo
c. Multas o sanciones
d. Gastos de oficina en el domicilio

IDP2.7
En caso de siniestro o catástrofe, los registros de los clientes deben reconstruirse. ¿Cuál de las siguientes empresas podría ayudar con la información del contribuyente?

1. Compañía de títulos
2. Compañía hipotecaria
3. Declaración de impuestos a la propiedad
4. Vecino

a. 1, 2, y 4
b. 4
c. 1, 2, y 3
d. 2 y 3

IDP2.8
Anet tiene los siguientes registros de contribuciones caritativas que realizó en 2022. ¿Cuánto puede deducir de su Anexo A, Deducciones detalladas?

- Cheque de $200 a la iglesia local.
- Deducción de nómina de $600 no imponible de $50 al mes a United Way.
- $400 valor justo de mercado de los muebles para un refugio que califique.

a. $200
b. $400
c. $600
d. $1,200

IDP2.9
¿Qué contribución caritativa no es deducible?

a. Una donación a su iglesia local.
b. Una donación al Boys & Girls Club of America.
c. Una donación a la Asociación de Propietarios.
d. Todas las respuestas son correctas.

IDP2.10
¿Qué formulario informa el interés de inversión?

a. Formulario 1098
b. Formulario 2106
c. Formulario 4952
d. Formulario 1098-T

Parte 2 Respuestas a las preguntas de repaso

IDP2.1
Alberta tiene los siguientes registros de contribuciones caritativas: cheque de $1,200 para su iglesia; $600 dólares de nómina después de impuestos para organizaciones benéficas locales; y $400 del valor justo de mercado de artículos domésticos para un refugio calificado para personas sin hogar. ¿Cuánto puede deducir por sus contribuciones en efectivo en el Anexo A, Deducciones detalladas?

a. $1,200
b. $400
c. $1,800
d. $2,200

Comentarios: Revise la sección *Donación a una organización caritativa*

IDP2.2
¿Cuál de las siguientes opciones no es un tipo de ingresos por inversiones?

a. Interés obtenido
b. Distribuciones de dividendos
c. Ganancias de capital
d. Intereses pagados por un préstamo

Comentarios: Revise la sección *Intereses de inversión.*

IDP2.3
Alyssa ha recibido varios formularios W-2G por un total de $10,500. Alyssa muestra constancias de sus pérdidas de apuestas por un total de más de $22,000. ¿Qué cantidad de su pérdida de apuestas puede deducir Alyssa?

a. Puede deducir todas sus pérdidas.
b. Puede deducir hasta el monto de las ganancias.
c. No puede deducir ninguna de sus pérdidas.
d. No necesita declarar ninguna ganancia ni pérdida de apuestas.

Comentarios: Revise la sección *Pérdidas de apuestas.*

IDP2.4
¿Qué formulario debe completarse y adjuntarse a la declaración de impuestos cuando se reclama una "pérdida por siniestro y robo"?

a. Formulario 2106
b. Formulario 8889
c. Formulario 4684
d. Formulario 3903

Comentarios: Revise la sección Pérdidas por *siniestros* y robos

IDP2.5
Matthew ha recibido varios formularios W-2G por un total de $17,000. Matthew muestra constancias de sus pérdidas de apuestas por encima de $22,000. ¿Qué cantidad de su pérdida de apuestas puede deducir Matthew?

a. Puede deducir $22,000 en su declaración de impuestos del año en curso.
b. Puede deducir $17,000 en su declaración de impuestos del año actual.
c. Puede deducir $17,000 en su declaración de impuestos del año en curso y los $5,000 restantes el año siguiente.
d. No tiene que informar las ganancias o las pérdidas.

Comentarios: Revise la sección *Pérdidas de apuestas.*

IDP2.6
Bob y Alice están casados y presentan una declaración conjunta. Ambos tienen elementos para incluir como deducciones detalladas. ¿Cuál de las siguientes opciones ***no se puede*** deducir en el Anexo A, línea 16?

a. Cuotas de asociaciones de enfermería.
b. Se requiere casco para el trabajo.
c. Multas o sanciones.
d. Gastos de oficina en el domicilio.

Comentarios: Revise la sección *Multas o Sanciones.*

IDP2.7
En caso de siniestro o catástrofe, los registros de los clientes deben reconstruirse. ¿Cuál de las siguientes empresas podría ayudar con la información del contribuyente?

1. Compañía de títulos
2. Compañía hipotecaria
3. Declaración de impuestos a la propiedad
4. Vecino

a. 1, 2, y 4
b. 4
c. 1, 2, y 3
d. 2 y 3

Comentarios: Revise la sección *Consejos para la reconstrucción de registros en caso de desastre.*

IDP2.8
Anet tiene los siguientes registros de contribuciones caritativas que realizó en 2022. ¿Cuánto puede deducir de su Anexo A, Deducciones detalladas?

- Cheque de $200 a la iglesia local.
- Deducción de nómina de $600 no imponible de $50 al mes a United Way.
- $400 valor justo de mercado de los muebles para un refugio que califique.

a. $200
b. $400
c. $600
d. $1,200

Comentarios: Revise la sección *Donación a una organización caritativa*

IDP2.9
¿Qué contribución caritativa no es deducible?

a. Una donación a su iglesia local.
b. Una donación al Boys & Girls Club of America.
c. Una donación a la Asociación de Propietarios.
d. Todas las respuestas son correctas.

Comentarios: Revise la sección *Donación a una organización caritativa*

IDP2.10
¿Qué formulario informa el interés de inversión?

a. Formulario 1098
b. Formulario 2106
c. Formulario 4952
d. Formulario 1098-T

Comentarios: Revise la sección *Intereses de inversión.*

Parte 3 Formulario 2106: Gastos comerciales de los empleados y otros gastos

Antes del 1 de enero de 2018, la siguiente sección ya no se informa en la declaración federal. Esta sección es para ayudar a aquellos que preparan declaraciones donde los estados no se ajustaron a la Ley Reducción de Impuestos y Empleos. El Anexo A todavía se usa para calcular el monto de la deducción estatal. Los siguientes estados no se ajustaron a la ley:

- Alaska
- Arkansas
- California
- Georgia
- Hawái
- Iowa
- Minnesota
- Montana
- Nueva York

El formulario 2106 todavía lo utilizan los reservistas de las Fuerzas Armadas, artistas calificados, funcionarios del gobierno estatal o local en base a honorarios y empleados que reclamarán gastos de trabajo relacionados con el impedimento, como viajar a más de 100 millas de su hogar para realizar sus servicios. Consulte el formulario de instrucciones 2106.

La suspensión de deducciones detalladas diversas en virtud de la sección 67(a), los empleados que no encajan en las categorías anteriores no pueden usar el Formulario 2106. La información en la siguiente sección se proporcionó para ayudar a quienes preparan los impuestos en los estados que no se ajustan a la sección 67(a) y aún deberán calcular la deducción en el formulario federal para llegar a la deducción estatal.

Un empleado puede deducir los gastos no reembolsados que se pagan y se incurren durante el año fiscal en curso. Los gastos deben ser incurridos para realizar la actividad o el negocio como un empleado, y los gastos deben ser ordinarios y necesarios. Un gasto se considera ordinario si es común y necesario en la actividad o negocio del contribuyente. Los contribuyentes que trabajan como independientes no usan este formulario 2106 para declarar sus gastos comerciales.

Un empleado puede deducir los siguientes gastos comerciales no reembolsados en el Anexo A como una deducción diversa sujeta a la limitación de AGI del 2%:

- Deudas comerciales incobrables de los empleados.
- Educación relacionada con el empleo.
- Licencias y tasas regulatorias.
- Negligencia profesional o primas de seguros profesionales.
- Impuestos ocupacionales.
- Pasaporte para un viaje de negocios.
- Suscripciones a diarios profesionales y revistas comerciales relacionadas con el comercio o negocio del contribuyente.
- Gastos de viaje, transporte, entretenimiento, donaciones y automóviles relacionados con la actividad o negocio del contribuyente.
- Herramientas utilizadas en una actividad o negocio.
- Membresías para asociaciones profesionales.
- Uniformes, ropa de trabajo o ropa protectora, así como su limpieza y mantenimiento.

No incluya ningún gasto de educador en el Formulario 2106.

Gravar los gastos de los empleados

El tratamiento fiscal de los gastos comerciales de los empleados depende de si los gastos se clasifican como gastos reembolsados o gastos no reembolsados. Los gastos comerciales incurridos por un empleado en virtud del acuerdo de reembolso con un empleador normalmente no se muestran en la declaración. Los gastos comerciales no reembolsados son deducibles como deducciones detalladas misceláneas. La definición de actividad o negocio no incluye el desempeño de los servicios como empleado.

El contribuyente puede deducir ciertos gastos como deducciones detalladas diversas en el Anexo A. El contribuyente puede deducir los gastos que excedan el 2% de su ingreso bruto ajustado. El cálculo se determina restando el 2% del AGI del monto total del gasto calificado.

Domicilio fiscal

Se considera domicilio fiscal al domicilio principal del contribuyente. Si el contribuyente no tiene un lugar de trabajo regular o principal debido a la naturaleza de su trabajo, el domicilio fiscal del contribuyente puede ser el lugar donde vive habitualmente. Para determinar el lugar principal, se debe tener en cuenta la duración. Consulte el Tema fiscal 511.

Asignación o trabajo temporal

El contribuyente puede trabajar regularmente en su domicilio fiscal y en otro lugar. Si la asignación es temporal, el domicilio fiscal del contribuyente no cambia. Si la cesión es indefinida, el contribuyente debe incluir en cualquier ingreso recibido de su empleador para gastos de manutención, incluso si se consideraron gastos de traslado. Una asignación indefinida es un trabajo que se espera que dure un año o más, incluso si no termina durando tanto tiempo.

Para determinar la diferencia entre una asignación temporal e indefinida, observe cuándo el contribuyente comienza a trabajar. Una cesión temporal por lo general dura un año o menos, aunque una asignación temporal puede convertirse en una asignación indefinida, lo que requiere que el domicilio fiscal cambie también. Una cesión indefinida puede ser una serie de cesiones breves a la misma ubicación durante un cierto período de tiempo. Si el tiempo transcurrido en ese lugar se convierte en un período de tiempo suficientemente largo, entonces el temporal podría convertirse en indefinido.

Si el contribuyente es un empleado federal que participa en una investigación criminal o un proceso judicial federal, el contribuyente no se limita a la regla de un año, sino que tiene que cumplir otros requisitos para deducir los gastos.

Si el contribuyente regresa a casa después de una cesión temporal, no se considera que esté fuera de su hogar. Si el contribuyente toma un trabajo que requiere que se mude con el entendimiento de que mantendrá el trabajo si este es satisfactorio durante el período de prueba, el trabajo se considera "indefinido". El gasto por alojamiento y comidas no es deducible.

Comidas

Las deducciones se pueden determinar utilizando el gasto real de comida para la asignación estándar de comidas. Si no hay reembolso por los gastos de comida, solo el 50% de la asignación estándar para comidas es deducible, y ese 50% está sujeto al piso del 2%. Los empleados que viajan fuera de la ciudad por largos períodos de tiempo pueden optar por tomar una tarifa por viáticos. La tarifa federal por viáticos depende de la ubicación.

Un trabajador de transporte se define como una persona natural cuyo trabajo consiste en mover personas o mercancías en avión, autobús, barco, camión, etc. Los trabajadores del transporte pueden deducir una asignación especial por día para comidas e imprevistos si su trabajo requiere que viajen fuera de casa a áreas con diferentes tarifas de viáticos federales. A diferencia de otros empleados que viajan, un trabajador del Departamento de Transporte (DOT) puede deducir hasta el 80% de su comida.

Gastos de viaje y transporte

Si el contribuyente viaja fuera de su domicilio fiscal por negocios, los gastos podrían deducirse en el Formulario 2106. Los gastos de viaje relacionados con el negocio deben ser gastos ordinarios y necesarios de viajar fuera del hogar por el negocio o el trabajo. Los gastos no pueden ser lujosos o extravagantes. Un contribuyente está viajando lejos de su hogar si:

- Los deberes del contribuyente requieren que uno esté fuera del área general de su domicilio fiscal por mucho más tiempo que un día normal de trabajo.
- El contribuyente necesita dormir o descansar para satisfacer las demandas de su trabajo mientras está lejos de su hogar.

El viaje en avión, tren o autobús es generalmente deducible. Las tarifas pagadas para los taxis, las limusinas del aeropuerto, los autobuses u otros tipos de transporte utilizados entre el aeropuerto, la estación de autobuses o el hotel se pueden deducir, incluyendo las utilizadas entre el hotel y el cliente visitado. Los viajes necesarios también son deducibles. Los gastos de limpieza, llamadas de negocios, propinas y otros gastos necesarios relacionados con el viaje también son deducibles.

Los empleados que conducen sus propios vehículos pueden deducir los gastos reales o la tarifa estándar por distancia en millas reembolsada. Si el contribuyente recibe un reembolso parcial, solo es declarable la parte no reembolsada. Consulte la publicación 463, *Gastos de viaje, entretenimiento, donación y automóviles.*

Entretenimiento

Los gastos de entretenimiento deben ser ordinarios y necesarios. Esto incluye actividades generalmente consideradas para proporcionar entretenimiento, recreación o diversión a clientes o empleados. Los gastos de entretenimiento que son lujosos o extravagantes no son deducibles. Un gasto no se considera lujoso o extravagante si el gasto se basa razonablemente en hechos y circunstancias relacionadas con el negocio.

Las deducciones de gastos de entretenimiento se limitan al 50% del gasto real y se reducen aún más en el piso del 2%. "Entretenimiento" incluye cualquier actividad que generalmente proporciona diversión, entretenimiento o recreación. No incluye las cuotas del club y los aranceles de membresía para clubes de campo, clubes de aerolíneas y clubes de hoteles. El contribuyente puede deducir los gastos de entretenimiento solo si son ordinarios y necesarios. La deducción de gastos de entretenimiento debe cumplir con la prueba "directamente relacionada" o la prueba "asociada".

La prueba de entretenimiento “directamente relacionada”, deberá cumplir con las siguientes condiciones:

- Los gastos deben estar directamente relacionados con el negocio ya sea antes, durante o después del entretenimiento o asociados con la conducción activa del negocio.
- El contribuyente y el cliente realizaron negocios durante el período de entretenimiento.

- El entretenimiento era más que una expectativa general de obtener ingresos o algún otro beneficio comercial específico en el futuro.

Para cumplir con la prueba "asociada", el entretenimiento debe estar asociado con la conducta activa de la actividad o el negocio del contribuyente y debe ocurrir directamente antes o después de una discusión comercial sustancial. Los gastos diarios de almuerzo o entretenimiento con subordinados o compañeros de trabajo no son deducibles, incluso si se discuten los negocios.

Donación comercial

Las donaciones pueden ser suministradas al cliente directa o indirectamente. El contribuyente puede deducir hasta $25 por cliente por año para donaciones comerciales. Los artículos no incluyen aquellos que cuestan $4 o menos, tienen impreso el nombre del contribuyente y se distribuyen (por ejemplo, bolígrafos, lápices, estuches, etc.). Cualquier artículo que pueda considerarse un obsequio o entretenimiento se considera entretenimiento. Los alimentos envasados y los artículos de bebidas se tratan como donación.

Mantenimiento de registros comerciales

Si son auditados, los contribuyentes deben probar sus deducciones al IRS. Es importante mantener todos los recibos relacionados con la declaración de impuestos. Los registros de gastos deben incluir lo siguiente:

- Cantidad pagada.
- Hora, fecha y lugar.
- El propósito de la discusión comercial o la naturaleza del beneficio comercial esperado.
- Personas presentes.

Reembolsos

Los reembolsos pagados por el plan responsable de un empleador no se declaran en la casilla 1 del Formulario W-2. Los reembolsos en exceso pagados por un plan no contable se incluyen en los salarios de los empleados en la casilla 1 del W-2. Consulte el formulario de instrucciones 2106.

Otros gastos

El contribuyente puede deducir ciertos gastos como deducciones detalladas misceláneas sujetas al 2% del límite de ingreso bruto ajustado. Los siguientes son ejemplos de gastos deducibles:

- Gastos por administrar, conservar o mantener la propiedad mantenida para generar ingresos brutos imponibles (como el espacio de oficinas alquilado para mantener la propiedad de inversión).
- Honorarios de abogados y gastos legales pagados para recaudar ingresos gravables.
- Honorarios del tasador para determinar el valor de una parte donada.
- Honorarios pagados para determinar el valor de una pérdida por siniestro.

El contribuyente puede deducir los honorarios de inversión, los honorarios de custodia, los honorarios de administración de fideicomiso y otros gastos pagados por la administración de inversiones que producen ingresos gravables.

Tarifa de preparación de impuestos

Las tarifas de preparación de impuestos son deducibles para el contribuyente. Si el contribuyente pagó la tarifa de preparación utilizando una tarjeta de débito o crédito y se cobró una tarifa de conveniencia, el contribuyente no puede deducir la tarifa de conveniencia como parte del costo general de preparar la declaración.

Educación

El contribuyente puede deducir la matrícula y los gastos de educación que califican. La educación debe ser exigida por el empleador o la ley para mantener el salario, el estado o el trabajo, o para mantener o mejorar las habilidades requeridas en el trabajo actual del contribuyente para poder ser deducible. La educación que califica al contribuyente para su primer trabajo en un campo específico no es deducible en el Anexo A, ni es la educación que le permite al contribuyente cambiar de trabajo; sin embargo, estos pueden ser deducibles como un crédito de aprendizaje de por vida.

Los gastos deducibles incluyen matrícula, libros de texto, gastos de registro, suministros, transporte (kilometraje estándar o gastos reales), tarifas de laboratorio, el costo de escribir documentos o disertaciones, tarjetas de estudiante, seguro y costos de grado.

Parte 3 Preguntas de repaso

Para obtener el máximo beneficio de este curso, LTPA recomienda que complete cada una de las preguntas a continuación, y luego las compare con las respuestas de los comentarios que se proporcionan posteriormente. Según los estándares reguladores de autoaprendizaje, los proveedores deben presentar preguntas de repaso de manera intermitente a lo largo de cada curso de autoaprendizaje.

Estas preguntas y explicaciones no son parte del examen final y no serán calificadas por LTP.

IDP3.1
¿Qué formulario se utiliza para informar los gastos comerciales de los empleados durante los años anteriores a 2018?

a. Formulario 2441
b. Formulario 2106
c. Anexo C
d. Formulario 1040-EZ

IDP3.2
¿Cuál de los siguientes estados no se ajustó a la TCJA?

a. Alaska, Arkansas, Alabama y California
b. Nueva York, Nueva Jersey, Montana e Iowa
c. Hawái, Arkansas, Montana y Georgia
d. Minnesota, Georgia, Texas y Florida

IDP3.3
¿Cuál de las siguientes opciones describe mejor el “domicilio fiscal”?

a. El contribuyente no trabaja regularmente en su domicilio fiscal.
b. El empleo de los contribuyentes estuvo en una ciudad diferente durante 42 semanas.
c. El contribuyente trabajó regularmente en una asignación temporal.
d. El contribuyente es un empleado federal que investiga delitos.

IDP3.4
¿Qué formulario no puede informar los gastos comerciales de los empleados federales?

a. Formulario 2441
b. Formulario 2106
c. Anexo C
d. Formulario 1040-EZ

IDP3.5
¿Cuál es el límite para los regalos comerciales?

a. $4 por cliente
b. $ 15 por empleado
c. $25 por cliente
d. Sin límite

Parte 3 Respuestas a las preguntas de repaso

IDP3.1
¿Qué formulario se utiliza para informar los gastos comerciales de los empleados durante los años anteriores a 2018?

a. Formulario 2441
b. Formulario 2106
c. Anexo C
d. Formulario 1040-EZ

Comentarios: Revise la sección *Gastos comerciales del empleado del Formulario 2106.*

IDP3.2
¿Cuál de los siguientes estados no se ajustó a la TCJA?

a. Alaska, Arkansas, Alabama y California
b. Nueva York, Nueva Jersey, Montana e Iowa
c. Hawái, Arkansas, Montana y Georgia
d. Minnesota, Georgia, Texas y Florida

Comentarios: Revise la sección *Gastos comerciales del empleado del Formulario 2106.*

IDP3.3
¿Cuál de las siguientes opciones describe mejor el "domicilio fiscal"?

a. El contribuyente no trabaja regularmente en su domicilio fiscal.
b. El empleo de los contribuyentes estuvo en una ciudad diferente durante 42 semanas.
c. El contribuyente trabajó regularmente en una asignación temporal.
d. El contribuyente es un empleado federal que investiga delitos.

Comentarios: Revise la sección *Gastos comerciales del empleado del Formulario 2106.*

IDP3.4
¿Qué formulario no puede informar los gastos comerciales de los empleados federales?

a. Formulario 2441

b. Formulario 2106
c. Anexo C
d. Formulario 1040-EZ

Comentarios: Revise la sección *Gastos comerciales del empleado del Formulario 2106.*

IDP3.5
¿Cuál es el límite para los regalos comerciales?

a. $4 por cliente
b. $15 por empleado
c. $25 por cliente
d. Sin límite

Comentarios: Revise la sección *Gastos comerciales del empleado del Formulario 2106.*

Aportes

El contribuyente debe decidir utilizar la deducción detallada o la deducción estándar. La deducción estándar es un monto en dólares que reduce la cantidad de ingresos sobre los cuales el contribuyente está gravado. La deducción detallada puede ser mayor que la deducción estándar. Algunos contribuyentes deben detallar sus deducciones porque no califican para usar la deducción estándar o porque el cónyuge eligió detallar sus deducciones.

¡PON A PRUEBA TUS CONOCIMIENTOS!
Ve en línea para tomar una prueba de práctica.

Capítulo 9 Anexo C

Introducción

Este capítulo presenta una descripción general de ingresos y gastos del Anexo C. Los ingresos o pérdidas comerciales se reportan en el Anexo C y luego fluyen al Anexo 1, línea 3. La empresa unipersonal no es una entidad jurídica; Es una estructura empresarial popular debido a su simplicidad, facilidad de configuración y costos iniciales nominales. Un propietario único registraría el nombre comercial con el estado y la ciudad, obtendría licencias comerciales locales y luego abriría sus puertas. Un inconveniente de ser propietario único es que el propietario es 100% personalmente responsable de los ingresos y/o deudas de la empresa.

Objetivos

Al final de esta lección, el estudiante podrá:

- Identificar las diferencias entre los períodos contables y los métodos contables.
- Comprender las pautas entre un contratista independiente y un empleado.
- Reconocer lo que determina los costos iniciales.
- Identificar cómo clasificar a los empleados.

Recursos

Formulario 1040	Publicación 15	Instrucciones del Formulario 1040
Formulario 1099-NEC	Publicación 15-A	Formulario de instrucciones 1099-NEC
Formulario 3115	Publicación 334	Instrucciones del Formulario 3115
Formulario 4562	Publicación 463	Instrucciones del Formulario 4562
Formulario 4797	Publicación 535	Instrucciones del Formulario 4797
Formulario 8829	Publicación 536	Instrucciones del Formulario 8829
Anexo C	Publicación 538	Instrucciones para el Anexo C
Anexo SE	Publicación 544	Instrucciones del Anexo SE
	Publicación 551	Publicación 946
	Publicación 560	Publicación 527
	Publicación 587	

Contenido

Parte 1 Tipos de entidades comerciales

Hay muchos tipos de entidades comerciales diferentes con sus propios conjuntos de reglas, regulaciones y pautas dentro de las leyes fiscales de Estados Unidos. El siguiente tipo de entidad podría aplicar a los anexos C, E y/o F.

Empresa individual

Un propietario único es un propietario individual de un negocio o un individuo que trabaja por cuenta propia. El ingreso imponible se reporta en el Anexo C y fluye al Formulario 1040, Anexo 1, línea 3. El propietario de un negocio podría tener que pagar el impuesto de trabajo por cuenta propia que se reporta en el Anexo SE.

Una empresa unipersonal reporta los ingresos y gastos del negocio del propietario en el Anexo C, *Ganancias o pérdidas de un negocio*. Una persona trabaja por cuenta propia si se aplica lo siguiente:

- Lleva a cabo un comercio o negocio como propietario único.
- Es un contratista independiente.
- Están en el negocio por sí mismos.

El trabajo por cuenta propia puede incluir trabajo además de las actividades comerciales regulares a tiempo completo. También puede incluir cierto trabajo a tiempo parcial realizado en casa o además de un trabajo regular.

Requisitos de declaración de ingresos mínimos para los declarantes del Anexo C

Si las ganancias netas del contribuyente por el trabajo por cuenta propia son de $400 o más, el contribuyente debe presentar una declaración de impuestos. Si las ganancias netas del trabajo por cuenta propia fueron inferiores a $400, es posible que el contribuyente aún tenga que presentar una declaración de impuestos si cumple con otros requisitos de presentación.

Empresa conjunta calificada de marido y mujer (QJV)

Un esposo y una esposa no pueden ser propietarios únicos del mismo negocio. Si son copropietarios, son socios y deben presentar una declaración de sociedad colectiva utilizando el Formulario 1065, *Declaración de ingresos de la sociedad colectiva U.S.* Pueden ser socios, pero "único" significa uno, y para los propósitos de un negocio, el IRS no reconoce a los cónyuges como uno.

Si el contribuyente y el cónyuge participaron materialmente en el negocio como los únicos miembros de un negocio de propiedad y operación conjunta, y si presentan una declaración conjunta, pueden elegir ser tributados como una empresa conjunta calificada (QJV) en lugar de una sociedad colectiva. Esta elección generalmente no aumenta el impuesto total en la declaración conjunta, pero sí otorga el crédito de trabajo por cuenta propia para las ganancias del Seguro Social de cada contribuyente.

Para hacer la elección de QJV, los cónyuges deben dividir todos sus ingresos y gastos entre ellos y presentar dos Anexos C separados. Una vez que se ha realizado la elección, solo se puede revocar con el permiso del IRS. La elección permanecerá vigente si los cónyuges se presentan como una empresa conjunta calificada. Si el contribuyente y el cónyuge no califican en un año, entonces deberán volver a presentar la documentación para calificar como una empresa conjunta calificada para el próximo año.

Si los cónyuges son dueños de un negocio no incorporado y si viven en un estado, país extranjero o una posesión de Estados Unidos que tiene leyes de propiedad comunitaria, los ingresos deben tratarse como una empresa unipersonal o una sociedad. Alaska, Arizona, California, Idaho, Luisiana, Nevada, Nuevo México, Texas, Washington y Wisconsin son los únicos estados con leyes de propiedad comunitaria.

Sociedad de Responsabilidad Limitada (LLC) de un solo miembro

Para fines del impuesto federal sobre la renta, una LLC de un solo miembro no es una entidad separada. La LLC de un solo miembro reportaría los ingresos directamente en el Anexo relacionado como propietario único. Un único miembro de una LLC nacional tendría que presentar el Formulario 8832 al IRS antes de presentar una declaración de corporación si elige tratar a la LLC como una corporación.

Períodos contables

Un período contable es el tiempo fijo que cubre los estados financieros de la empresa. Un año fiscal es un período contable anual utilizado para mantener registros, así como para reportar ingresos y gastos. Un período contable no puede ser superior a 12 meses, y las opciones incluyen:

- El año natural estándar.
- Un año fiscal, que es un período de 12 meses que puede terminar el último día de cualquier mes, excepto diciembre.

Los contribuyentes generalmente eligen el período contable del año calendario para sus declaraciones de impuestos sobre la renta individual. Los dueños de negocios deben elegir su período contable antes de presentar su primera declaración de impuestos comerciales.

Año natural

Un año calendario tributario son los 12 meses consecutivos del 1 de enero al 31 de diciembre. Los propietarios únicos deben adoptar el año calendario si se aplica alguna de las siguientes condiciones:

- El contribuyente no lleva libros ni registros.
- El contribuyente no tiene período contable anual.
- El año tributario actual del contribuyente no califica como un año fiscal.
- El uso del año fiscal calendario por parte del contribuyente es requerido bajo el Código de Rentas Internas (IRC) o el Reglamento del Impuesto sobre la Renta.

Ejercicio

Un año fiscal son 12 meses consecutivos que terminan el último día de cualquier mes, excepto diciembre. Un "año fiscal de 52 a 53 semanas" es un año fiscal que varía de 52 a 53 semanas. No tiene que terminar el último día del mes. Para obtener más información sobre los años fiscales, quién podría elegirlos y por qué, consulte la Publicación 538.

Cambio en el año fiscal

Para cambiar el tipo de año tributario utilizado, el contribuyente debe presentar el Formulario 1128, *Solicitud para adoptar, cambiar o retener un año tributario.* Vea el Formulario de Instrucciones 1128.

Métodos contables

Los métodos contables son conjuntos de reglas utilizadas para determinar cuándo se reportan los ingresos y gastos en una declaración. El método de contable elegido para el negocio debe utilizarse durante toda la vida del negocio. Si el propietario desea cambiar el método de contabilidad, se debe obtener la aprobación del IRS. Los dos métodos más comunes son el efectivo y la acumulación. Las empresas que tienen inventario deben usar el método de contabilidad de devengo.

Los siguientes son métodos contables aceptables:

- El método de efectivo.
- El método de devengo.
- Métodos especiales de contabilización de ciertas partidas de ingresos y gastos.
- El método combinado (híbrido), utilizando elementos de dos o más de los anteriores.

F	Accounting method: **(1)** ☐ Cash **(2)** ☐ Accrual **(3)** ☐ Other (specify)	
G	Did you "materially participate" in the operation of this business during 2022? If "No," see instructions for limit on losses .	☐ **Yes** ☐ **No**
H	If you started or acquired this business during 2022, check here	☐
I	Did you make any payments in 2022 that would require you to file Form(s) 1099? See instructions	☐ **Yes** ☐ **No**
J	If "Yes," did you or will you file required Form(s) 1099?	☐ **Yes** ☐ **No**

Parte del Anexo C

Los contribuyentes deben elegir el sistema que mejor refleje sus ingresos. Si el contribuyente no elige un método de contabilidad que refleje claramente sus ingresos, el IRS puede recalcular los ingresos para reflejar el método de contabilidad correcto, lo que podría implicar multas e intereses. Los contribuyentes deben usar el mismo método contable al calcular sus ingresos imponibles y mantener sus libros. Sin embargo, los dueños de negocios pueden usar un método de contabilidad diferente para cada negocio que operan. Véase la publicación 538, *Períodos y métodos contables*.

Método de efectivo

Si se utiliza el método de efectivo, todas las partidas se deben reportar como ingresos en el año en que se reciben real o constructivamente. Los ingresos se reciben constructivamente cuando se convierten o se ponen a disposición del contribuyente sin restricciones, por ejemplo, a través de una cuenta bancaria; El ingreso no necesariamente tiene que estar en posesión física del contribuyente.

Cuando se utiliza el método de efectivo, todos los gastos se deducen en el año en que se pagan. Este es el método que utilizan la mayoría de los contribuyentes individuales. Las excepciones a la regla incluyen gastos prepagados, por ejemplo, seguro o matrícula. Si los gastos se pagaron por adelantado, generalmente son deducibles solo en el año al que se aplica el gasto.

Ejemplo: A principios de 2022, Chandler pagó sus gastos de seguro comercial por adelantado para 2022, 2023 y 2024. Para su declaración de impuestos de 2022, solo podrá reclamar la parte de esos gastos que se utilizaron para 2022. Solo podrá reclamar la parte del gasto utilizado para 2023 y 2024 en sus declaraciones de impuestos para esos años respectivos.

El método de efectivo es el método de contabilidad más simple y los contribuyentes deben usar este método si no mantienen libros regulares o adecuados.

Los siguientes tres tipos de contribuyentes no pueden usar el método de efectivo:

- Corporaciones C.
- Asociaciones que tienen una corporación C como socio.
- Refugios fiscales.

Método de acumulación

Si se utiliza el método de devengo, los ingresos se declaran cuando se obtienen, ya sea que se hayan recibido real o constructivamente. Del mismo modo, los gastos se deducen cuando se adquieren en lugar de cuando se pagan. Las empresas con inventario deben utilizar el método de acumulación para rastrear el costo de los bienes vendidos de la empresa. Una vez que se ha elegido este método de contabilidad, el contribuyente no puede cambiar a un método de contabilidad diferente sin el permiso del IRS.

Si el propietario de un negocio elige el método de acumulación, la cantidad de ingresos brutos se reportará lo antes posible de los siguientes eventos:

- Cuando se recibió el pago.
- Cuando se deben pagar los ingresos.
- Cuando el negocio obtuvo los ingresos.
- Cuando el título pasó al negocio.

Ejemplo: Rubén es un contribuyente del año calendario que usa el método de acumulación y es dueño de un estudio de danza. Recibió el pago el 1 de octubre de 2022, por un contrato de un año para 48 lecciones de una hora a partir del 1 de octubre de 2022. Rubén dio ocho lecciones en 2022. Rubén incluiría una sexta parte (8/48) del pago en sus ingresos de 2022 y los cinco sextos restantes (40/48) se reportarían en el año fiscal 2023 porque, según el método de devengo, los ingresos se reportan cuando se han ganado, no cuando se han recibido real o constructivamente.

Método combinado (híbrido)

El contribuyente puede elegir cualquier combinación de efectivo, acumulación y métodos especiales de contabilidad si la combinación muestra claramente los ingresos y gastos del contribuyente y si el método se usa de manera consistente. El método combinado (o híbrido) se utiliza a menudo cuando una empresa posee algún tipo de inventario que no es esencial para contabilizar los ingresos. El método de combinación no se puede utilizar en los siguientes casos:

- Si el inventario es necesario para contabilizar los ingresos, se debe utilizar el método de devengo.
- Si se utiliza el método de efectivo para calcular los ingresos, el método de efectivo también debe usarse para los gastos. No se puede combinar con otro método.
- Si el contribuyente utiliza un método de acumulación para declarar gastos, entonces el método de acumulación de ingresos también debe usarse para todo lo demás.
- Si el contribuyente utiliza un método de combinación que incluye el método de efectivo, trate ese método de combinación como el método de efectivo.

Contratistas independientes

Un contratista independiente es una persona que es contratada por los empleadores por contrato donde el empleador solo tiene el derecho de controlar o dirigir el resultado del trabajo, pero no puede dictar qué o cómo se logrará el resultado. Esta clasificación permite al contribuyente ciertos beneficios fiscales y la plena responsabilidad de sus impuestos sobre el empleo. Un contratista independiente puede detallar todos los gastos comerciales ordinarios y necesarios utilizando el anexo apropiado.

Para ser considerado un contratista independiente, el contribuyente debe establecer sus propias horas y horario de trabajo, ser responsable de tener sus propias herramientas o equipos, y generalmente trabajar para múltiples individuos o empresas.

Si un contribuyente es un contratista independiente, el contribuyente no llenaría el Formulario W-4, *Certificado de exención de retención del empleado,* ni se retendrán impuestos del cheque de pago del contribuyente. El contratista independiente es responsable de pagar el impuesto sobre el trabajo por cuenta propia (Seguro Social y Medicare) y hacer pagos de impuestos estimados para cubrir tanto el impuesto sobre el trabajo por cuenta propia como su impuesto sobre la renta.

Los contribuyentes se consideran empleados y no contratistas independientes si se aplica lo siguiente:

- Debe cumplir con las instrucciones de trabajo de su empleador.
- Recibir capacitación del empleador o de la persona designada por el empleador.
- Proporcionar servicios que son parte integral del negocio del empleador.
- Proporcionar servicios que se presten personalmente.
- Contratar, pagar y supervisar a los trabajadores para el empleador.
- Tener una relación de trabajo continua con el empleador.
- Debe seguir horas de trabajo establecidas.
- Trabajar a tiempo completo para el empleador.
- Trabajar en las instalaciones del empleador.
- Trabajar en una secuencia establecida por el empleador.
- Presentar informes periódicos al empleador.
- Recibir pagos de montos regulares a intervalos regulares.
- Recibir pagos por gastos de negocios o viajes.
- Depende del empleador para proporcionar herramientas y materiales.
- No tienen una inversión importante en recursos para la prestación de servicios.
- No obtiene ganancias ni sufre pérdidas por los servicios prestados.
- Trabaja para un empleador a la vez.
- No ofrece servicios al público en general.
- Puede ser despedido por el empleador.
- Puede renunciar en cualquier momento sin incurrir en responsabilidad.
- Son empleados estatutarios.

Si uno califica como empleado estatutario para fines del impuesto sobre la renta, se marca la casilla titulada "Empleado estatutario" en el Formulario W-2, *Declaración de salarios e impuestos*. Los ingresos y gastos deben ser gastos comerciales ordinarios y necesarios y se reportan en el Anexo C.

Empleados estatutarios

Un empleado estatutario es un contratista independiente que, sin embargo, todavía es tratado como un empleado debido a algún estatuto. Esto se aplica a los siguientes grupos ocupacionales, todos los cuales califican como empleados legales bajo la ley de Estados Unidos:

- Conductores agentes o conductores comisionados limitados a aquellos que distribuyen alimentos, bebidas (que no sean productos lácteos) y servicios de lavandería o limpieza en seco para otra persona.
- Vendedores de seguros de vida a tiempo completo que trabajan para una compañía.
- Un trabajador a domicilio que sigue las pautas de su empleador utilizando materiales proporcionados por ese empleador y devolviéndolos según lo designado por el empleador.
- Vendedores itinerantes o locales que venden para un empleador principal. Los bienes vendidos deben ser mercancía para reventa o suministros para su uso en la operación comercial del comprador. Los clientes deben ser minoristas, mayoristas, contratistas u operadores de hoteles, restaurantes u otros negocios relacionados con alimentos o alojamiento.

Para asegurarse de que los vendedores son empleados bajo las reglas habituales del derecho consuetudinario, se deben evaluar las personas por separado. Si un vendedor no cumple con las pruebas para un empleado de derecho consuetudinario, entonces puede ser considerado un empleado estatutario. Véanse las Publicaciones 15 y 535.

El estatuto de empleado estatutario es muy limitado y debe cumplir con criterios específicos para cumplir con la definición. Los preparadores de impuestos deben estar atentos a los Formularios W-2 marcados incorrectamente y aconsejar a las personas con formularios marcados incorrectamente que sus empleadores vuelvan a emitir un Formulario W-2 corregido. Si el contribuyente no desea hacer esto, el profesional de impuestos debe preparar la declaración utilizando la información reportada en el Formulario W-2.

No empleados estatutarios

Los no empleados estatutarios se tratan como trabajadores por cuenta propia para fines de impuestos federales, incluidos los impuestos sobre la renta y el empleo. Se consideran no empleados estatutarios:

- Vendedores directos.
- Agentes inmobiliarios cualificados.
- Ciertos tipos de cuidadores.

Números de identificación

Los contribuyentes pueden usar su SSN o número de identificación del contribuyente (TIN) en el anexo apropiado. Sin embargo, el contribuyente debe tener un número de identificación del empleador (EIN) si cualquiera de los dos aplica:

- El contribuyente paga salarios a uno o más empleados.
- El contribuyente presenta declaraciones de impuestos sobre pensiones o impuestos especiales.

Los contribuyentes pueden obtener un EIN completando el Formulario SS-4, *Solicitud de Número de Identificación del Empleador.* Se debe obtener un nuevo EIN si cambia el tipo de entidad o la propiedad del negocio. Si la empresa tiene empleados, el empleador (o su delegado) debe ver el SSN para verificar el nombre y el número tal como aparece en la tarjeta del Seguro Social. El empleador (o su delegado) debe hacer que cada empleado complete el Formulario W-4. Consulte la Publicación 17 y las instrucciones SS-4.

Anexo SE: Impuesto sobre el trabajo por cuenta propia

Los impuestos del Seguro Social y Medicare se vuelven un poco más complicados para los contribuyentes que trabajan por cuenta propia. Normalmente, el impuesto estándar del 12.4% para el Seguro Social y el impuesto del 2.9% para Medicare se divide entre los empleados y su empleador; Un empleado paga la mitad de esta cantidad, y el empleador la iguala. Sin embargo, las personas que trabajan por cuenta propia son simultáneamente el empleado y el empleador y, por lo tanto, deben pagar el impuesto completo del 15.3% para el Seguro Social y Medicare por sí mismos. Esto se llama el impuesto al trabajo por cuenta propia (SE), y los contribuyentes que trabajan por cuenta propia deben pagarlo porque no se les retienen los impuestos del Seguro Social y Medicare de sus ganancias.

El impuesto sobre el trabajo por cuenta propia no es tan abrumador como podría parecer. Por ejemplo, el impuesto sobre el trabajo por cuenta propia del 15.3 por ciento se calcula a partir del 92.35 por ciento del beneficio neto del contribuyente; No se calcula a partir de sus ingresos brutos o incluso de su beneficio neto total, solo el 92.35% del mismo. Los contribuyentes que tienen una ganancia neta de $400 no necesitan pagar impuestos sobre el trabajo por cuenta propia. Si las ganancias netas son más de $ 400, se debe pagar el impuesto sobre el trabajo por cuenta propia. Los contribuyentes que trabajan por cuenta propia pueden deducir la mitad del impuesto sobre el trabajo por cuenta propia como un ajuste a los ingresos en el Anexo 1, línea 15.

Reportado en el Anexo 2, línea 4, el impuesto SE, se aplica a todos los que tienen ingresos de trabajo por cuenta propia con ganancias netas de $ 400 o más. Los ingresos del trabajo por cuenta propia consisten en los ingresos de las actividades comerciales por cuenta propia que se reportan en los Anexos C, E y F, así como los ingresos recibidos por el clero y los empleados de iglesias y organizaciones religiosas. Hay tres formas de calcular los ingresos netos del trabajo por cuenta propia:

- El método regular.
- El método opcional no agrícola.
- El método opcional agrícola.

El método regular debe usarse a menos que el contribuyente califique para usar uno o ambos métodos opcionales. Para calcular las ganancias netas (a veces denominadas "ganancias reales") utilizando el método regular, multiplique las ganancias del trabajo por cuenta propia por 92.35% (.9235).

Los contribuyentes que deseen hacer pagos de impuestos estimados para cubrir el impuesto sobre el trabajo por cuenta propia que esperan adeudar deben enviar los pagos de impuestos estimados en las siguientes fechas:

- 15 de abril.
- 15 de junio.
- 15 de septiembre.
- 15 de enero del próximo año calendario.

Si alguna de estas fechas cae en un día festivo o fin de semana, el pago vence el siguiente día hábil.

Anexo C

El Anexo C, *Ganancias o pérdidas de negocios*, se utiliza para que el propietario único o el único propietario de una LLC reporte los ingresos y gastos comerciales para el año fiscal actual. Si el propietario del negocio posee varios negocios, entonces se debe presentar un Anexo C por separado para cada negocio.

Completar el Anexo C

El Anexo C es un formulario muy detallado que categoriza los ingresos y gastos del negocio. La primera parte requiere información básica sobre el negocio y su tipo.

Línea A: Ingrese la actividad comercial o profesional que proporcionó la principal fuente de ingresos reportada en la línea 1 del Anexo C. Si el contribuyente era dueño de más de un negocio, cada negocio debe completar un Anexo C por separado o el formulario apropiado. Si el ámbito o actividad general es el comercio mayorista o minorista o los servicios relacionados con los servicios de producción, indíquese el tipo de cliente o cliente. Por ejemplo, "venta al por mayor de hardware a minoristas" o "tasación de bienes raíces para instituciones crediticias".

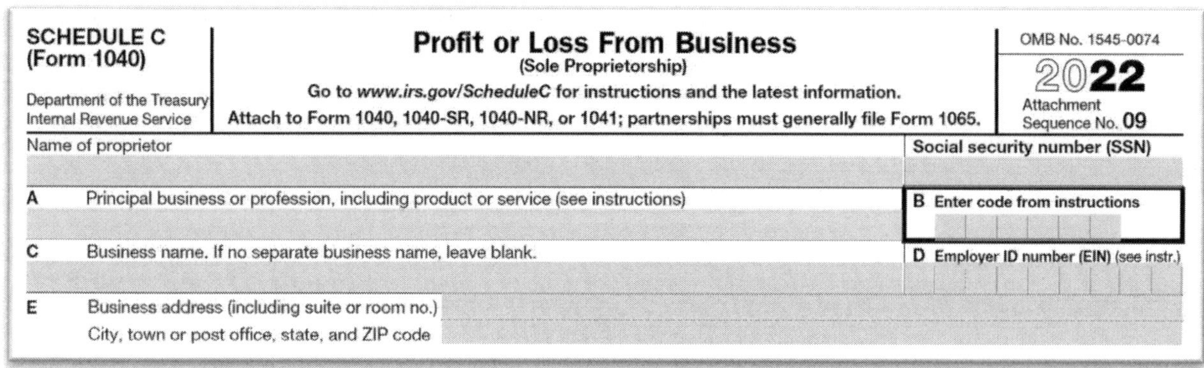

SCHEDULE C (Form 1040)
Department of the Treasury Internal Revenue Service

Profit or Loss From Business
(Sole Proprietorship)
Go to *www.irs.gov/ScheduleC* for instructions and the latest information.
Attach to Form 1040, 1040-SR, 1040-NR, or 1041; partnerships must generally file Form 1065.

OMB No. 1545-0074
2022
Attachment Sequence No. 09

Name of proprietor | Social security number (SSN)

A Principal business or profession, including product or service (see instructions) | B Enter code from instructions

C Business name. If no separate business name, leave blank. | D Employer ID number (EIN) (see instr.)

E Business address (including suite or room no.)
City, town or post office, state, and ZIP code

Parte del Anexo C

Línea B: Ingrese el código de seis dígitos que se encuentra en las instrucciones del Anexo C para designar el tipo de negocio. Si el tipo de empresa del contribuyente no aparece en la lista, busque un código de actividad comercial o profesional principal similar. No importa cuán inseguro esté sobre qué código usar, trate de no usar el código comercial 999999, *Negocios desconocidos*; las empresas con este código son significativamente más propensas a ser auditadas por el IRS debido a la falta de información proporcionada por el uso de ese código.

Línea C: Introduzca el nombre de la empresa.

Línea D: Ingrese el número de identificación del empleador (EIN). El contribuyente puede obtener este número llenando y enviando el Formulario SS-4 al IRS o en línea en la página web del IRS. Si no hay EIN, ingrese el SSN del contribuyente en la parte superior de la página donde se indique. Recuerde: como empresa unipersonal, la empresa solo necesita un EIN en los siguientes casos:

- La compañía tiene un plan de jubilación calificado.
- La compañía está obligada a presentar una declaración de empleo, un impuesto especial o una declaración de alcohol, tabaco o armas de fuego.

- Al menos parte de la empresa implica pagar ganancias de juego.

Línea E: Dirección comercial. Ingrese la dirección física de la empresa, no un número de apartado postal. Si el negocio tiene un número de suite o habitación, asegúrese de que también se ingrese. Si el negocio se llevó a cabo desde el hogar del contribuyente, y si es la misma dirección utilizada en el Formulario 1040, página 1, no complete esta línea.

Línea F: Seleccione qué método contable utilizó la empresa durante el año fiscal.

Línea G: Participación material

La "participación material" es cuando un propietario de una actividad pasiva participa en las operaciones de la empresa a pesar de que normalmente no lo haría. Un negocio es una actividad pasiva si el propietario no participa regularmente en las operaciones diarias del negocio. La actividad de alquiler es el tipo más común de actividad pasiva, pero está lejos de ser el único. Si la empresa experimentó una pérdida de actividad pasiva, la pérdida puede limitarse reduciendo el porcentaje de los ingresos de la empresa que se puede gravar, pero solo si el contribuyente puede demostrar que participó materialmente en el negocio.

Para poder limitar las pérdidas alegando "participación material", el contribuyente debe cumplir con cualquiera de las siete pruebas de participación material de los requisitos que se enumeran más adelante. Estos generalmente cubren cualquier trabajo realizado en relación con una actividad en la que uno poseía un interés en el momento en que se completó el trabajo. Sin embargo, el trabajo se considera participación si es un trabajo que el propietario no haría habitualmente en el mismo tipo de actividad, y si una de las principales razones para realizar el trabajo fue evitar la desestimación de pérdidas o créditos de la actividad bajo las reglas de actividad pasiva.

Si el contribuyente cumple con alguna de estas pruebas, marque "Sí" en la línea G; de lo contrario, marque "No". Para efectos de las reglas de actividad pasiva, se debe cumplir cualquiera de los siguientes requisitos para que se considere que ha participado materialmente:

1. El contribuyente participó sustancialmente en la actividad de forma regular y continua durante más de 500 horas durante el año fiscal.
2. El contribuyente participó sustancialmente en la actividad de todos los individuos, incluso aquellos que no poseen un interés en la actividad.
3. El contribuyente participó durante el ejercicio fiscal tanto como cualquier otra persona de la empresa.
4. El contribuyente participó por más de 100 horas durante el año fiscal, pero no participó materialmente.
5. El contribuyente participó materialmente en la actividad durante 5 de los 10 años fiscales anteriores.
6. El contribuyente está en una actividad de servicio personal en la que el contribuyente participó materialmente durante tres años fiscales anteriores. Una actividad de servicio personal es una actividad que implica la realización de servicios personales en los campos de la salud, el derecho, la ingeniería, la arquitectura, la contabilidad, la consultoría o cualquier otro comercio o negocio en el que el capital no es un factor material que produce ingresos.

7. El contribuyente cumple con la prueba si cualquier persona que no sea el contribuyente hizo lo siguiente:
   a) Recibió una compensación por realizar servicios de gestión en relación con la actividad.
   b) Pasó más horas durante el año fiscal realizando otras actividades de las que pasó realizando servicios de gestión en relación con la actividad, independientemente de si la persona fue compensada por el servicio.

Línea H: Marque la casilla si el negocio se inició o se adquirió en el año fiscal actual.

Línea I: Si el contribuyente realizó algún pago que requiera que el contribuyente presente Formularios 1099, marque sí; de lo contrario, marque no.

Anexo C, Parte I, Ingresos

Part I **Income**

1	Gross receipts or sales. See instructions for line 1 and check the box if this income was reported to you on Form W-2 and the "Statutory employee" box on that form was checked . . . . ☐	1	
2	Returns and allowances	2	
3	Subtract line 2 from line 1	3	
4	Cost of goods sold (from line 42)	4	
5	**Gross profit.** Subtract line 4 from line 3	5	
6	Other income, including federal and state gasoline or fuel tax credit or refund (see instructions)	6	
7	**Gross income.** Add lines 5 and 6	7	

Parte del Anexo C

Ingresos brutos

Los ingresos del trabajo por cuenta propia son ingresos obtenidos de la prestación de servicios personales que no pueden clasificarse como salarios porque no existe una relación empleador-empleado entre el que paga y el beneficiario porque son la misma persona. El impuesto sobre el trabajo por cuenta propia se aplica a cualquier ciudadano estadounidense o extranjero residente que tenga ingresos de trabajo por cuenta propia. Si uno trabaja por cuenta propia en un negocio que brinda servicios (donde los productos no son un factor), el ingreso bruto va en la línea 7 del Anexo C e incluye los montos reportados en el Formulario 1099-MISC, el Formulario 1099-K y el Formulario 1099-NEC.

Diferentes tipos de ingresos

El contribuyente debe reportar en su declaración de impuestos todos los ingresos recibidos en el negocio, a menos que esté excluido por la ley. En la mayoría de las circunstancias, los ingresos serán en forma de efectivo, cheques y cargos de tarjetas de crédito. El trueque es otra forma de ingreso, y su valor justo de mercado debe incluirse como ingreso.

Ejemplo: Ernest opera un negocio de plomería y utiliza el método de contabilidad en efectivo. Jim es dueño de una tienda de computadoras y contacta a Ernest para discutir la reparación de las tuberías obstruidas en su tienda a cambio de una computadora portátil para el negocio de Ernest. Esto es trueque de empresa a empresa. Si Ernest acepta el trato, debe reportar el valor justo de mercado de la computadora portátil como ingreso porque fue el "ingreso" que recibió a cambio de su servicio.

Ingresos varios

Si uno trabaja por cuenta propia en un negocio relacionado con la fabricación, la comercialización o la minería, el ingreso bruto en la línea 7 del Anexo C es el total de ventas de ese negocio, menos el costo de los bienes vendidos más cualquier ingreso de inversiones y operaciones o fuentes incidentales o externas. Si el contribuyente está involucrado en más de un negocio, se presenta un Anexo C separado para cada negocio (por ejemplo, entrega de periódicos y consultoría informática). Otros ingresos comúnmente incluyen intereses bancarios, reembolsos y reembolsos de programas de alimentos del gobierno para un proveedor de guardería.

Línea 1: Agregue los ingresos brutos del año del comercio o negocio. Incluya todos los montos recibidos, incluso si los ingresos no se reportaron en el Formulario (s) 1099.

Línea 2: Introduzca las devoluciones y asignaciones para el año del comercio o negocio. Aunque esta cantidad se restará más tarde, asegúrese de que se ingrese aquí como un número positivo. Una declaración de ventas es un reembolso otorgado a los clientes del contribuyente que devolvieron productos defectuosos, dañados o no deseados.

Línea 6: Reporte todos los montos de los ingresos de la reserva financiera, ventas de chatarra, deudas incobrables recuperadas, intereses (en notas y cuentas por cobrar), reembolsos estatales de impuestos a la gasolina o al combustible recibidos en 2021. Los premios y reconocimientos relacionados con el comercio o negocio y otros ingresos comerciales diversos también se reportan en la línea 6.

Anexo C, Parte II, Gastos

Para ser un gasto comercial deducible, el elemento tangible o no tangible debe ser ordinario o necesario. Un gasto ordinario es un gasto que es común, estándar y aceptado en la industria del contribuyente. Un gasto necesario es aquel que es útil y apropiado para el comercio o negocio del contribuyente. Un gasto no tiene que ser indispensable para ser considerado necesario. El contribuyente necesita mantener registros de sus gastos sin importar cuán mínimo sea el pago. La documentación es la clave si alguna vez se audita al contribuyente para obtener prueba de gastos.

Part II **Expenses.** Enter expenses for business use of your home **only** on line 30.

8	Advertising	8		18	Office expense (see instructions) .	18	
9	Car and truck expenses (see instructions) . . .	9		19	Pension and profit-sharing plans .	19	
				20	Rent or lease (see instructions):		
10	Commissions and fees .	10		a	Vehicles, machinery, and equipment	20a	
11	Contract labor (see instructions)	11		b	Other business property . . .	20b	
12	Depletion	12		21	Repairs and maintenance . . .	21	
13	Depreciation and section 179 expense deduction (not included in Part III) (see instructions)	13		22	Supplies (not included in Part III) .	22	
				23	Taxes and licenses	23	
				24	Travel and meals:		
14	Employee benefit programs (other than on line 19) .	14		a	Travel	24a	
				b	Deductible meals (see instructions)	24b	
15	Insurance (other than health)	15		25	Utilities	25	
16	Interest (see instructions):						
a	Mortgage (paid to banks, etc.)	16a		26	Wages (less employment credits)	26	

Parte del Anexo C

Los siguientes ejemplos son gastos que se pueden deducir:

Línea 8: Publicidad. La publicidad es comunicarse con el público en general para promocionar un producto o servicio que la empresa proporciona. Todos los gastos de publicidad generalmente se pueden deducir si el gasto está relacionado con el negocio. La publicidad con el fin de influir en la legislación no es deducible, ya que se considera cabildeo.

Línea 9: Gastos de automóviles y camiones. Los gastos utilizados para el negocio se pueden deducir como un gasto comercial. Los gastos del vehículo incluyen gasolina, aceite, reparaciones, etiquetas de licencia, seguro y depreciación. Para 2022, la tarifa es de 58.5 centavos por milla de enero a junio y 62.5 centavos por milla de julio a diciembre. Para el año fiscal 2023, la tarifa de viaje de negocios es de 65.5 centavos por milla. La tasa de millaje de S para cada milla comercial se puede usar para el vehículo propio o arrendado del contribuyente. La tasa de millaje estándar no se puede utilizar si se utilizan cinco o más automóviles o camiones ligeros al mismo tiempo. Cinco o más coches se consideran una flota.

El contribuyente puede elegir entre utilizar los gastos reales incurridos por el uso del vehículo o utilizar la tarifa de millaje estándar. Reporte el monto de los gastos en el Anexo C, Parte II, línea 9. El contribuyente debe incluir lo siguiente en su registro diario de millaje comercial:

- Millaje inicial.
- Millaje final.
- Millaje de desplazamiento.

Las comidas de negocios para 2022 son 100% deducibles solo si se utilizan las reglas aplicadas correctamente del Procedimiento de Ingresos 2019-48. La regla es para los gastos incurridos después del 31 de diciembre de 2020 y antes del 1 de enero de 2022, los alimentos y/o bebidas deben ser adquiridos en un restaurante. Un restaurante significa un negocio que prepara y vende alimentos y bebidas a clientes minoristas para consumo inmediato, independientemente de si los alimentos o bebidas se consumen en las instalaciones del restaurante. Un restaurante no incluye un negocio que vende principalmente alimentos o bebidas preenvasados que no son para consumo inmediato, tales como:

- Una tienda de comestibles
- Tienda de alimentos especializados
- Tienda de cerveza, vino o licores
- Farmacia
- Tienda de conveniencia o de abarrotes
- Quiosco
- Una máquina expendedora

Ver Aviso 2021-25.

Al determinar la deducción del 100% de comida, se aplica lo siguiente:

- Las comidas de negocios que no califican para la deducción del 100%, como las que se compraron en una tienda de comestibles, aún pueden calificar para la deducción del 50%.
- La deducción del 100% de comidas se aplica a los montos pagados o incurridos después del 31 de diciembre de 2020 y antes del 1 de enero de 2023.

Recuerde, las comidas ordinarias relacionadas con los negocios son deducibles en un 50% si los viajes de negocios son de noche u obligan al contribuyente dormir o descansar para realizar adecuadamente sus tareas. El contribuyente debe anotar el destino y el motivo del viaje en un documento de millaje comercial diario.

Las comidas de negocios para 2023 vuelven a las reglas anteriores a 2021, que es un deducible del 50%, y la mayoría de los gastos de entretenimiento no son deducibles en absoluto.

Línea 10: Comisiones y honorarios. Una comisión es un cargo por servicio para proporcionar asesoramiento sobre una compra de inversión para el contribuyente. La comisión debe ser ordinaria y necesaria para el tipo de negocio que reclama el contribuyente. Los gastos pagados por los servicios prestados por una persona no empleada podrían considerarse comisiones u honorarios. Si se pagan más de $600 a una persona, se debe presentar el Formulario 1099-NEC y/o 1099-MISC y se debe emitir una copia del formulario al contratista independiente antes del 31 de enero del año siguiente. Se debe enviar una copia del formulario al contribuyente que prestó el trabajo; también se debe enviar una copia al IRS junto con el Formulario 1096. Consulte los formularios de instrucciones 1099(s).

Línea 11: Mano de obra subcontratada. La mano de obra contratada incluye pagos a personas que no son empleados, como contratistas independientes. Informe los montos de pago en esta línea.

Línea 12: Agotamiento. El agotamiento solo se deduce cuando un contribuyente tiene un interés económico en propiedades minerales como petróleo, gas y madera en pie que se reportan en esta línea.

Línea 13: Depreciación. La depreciación es la deducción anual que se permite o se permite en todas las propiedades comerciales calificadas reportadas en esta línea. Si el contribuyente tiene agotamiento de madera, usará el Formulario T. Véase la publicación 535.

Línea 14: Programas de beneficios para empleados. Los programas de beneficios para empleados son un gasto para el propietario del negocio e incluyen planes de jubilación, seguro por discapacidad, seguro de vida, asistencia educativa y vacaciones y pago de vacaciones. Los gastos de los empleados, como planes de accidentes, planes de salud, gastos de cuidado de dependientes y planes de seguro de vida grupales se pueden deducir en esta línea.

Línea 15: Seguros. Las siguientes primas de seguro comercial se pueden deducir en esta línea:

- Seguro de responsabilidad civil.
- Seguro de negligencia.
- Seguro de accidentes, como incendio o robo.
- Seguro de compensación para trabajadores.
- Seguro de discapacidad que cubre los gastos generales del negocio si el propietario único no puede trabajar.
- Seguro de fianzas.
- Seguro para cubrir inventario y mercancía.
- Seguro de crédito.
- Seguro de interrupción de negocio.

Alguien que trabaja por cuenta propia puede calificar para deducir hasta el 100% de las primas de seguro médico pagadas por sí mismo y por los miembros de la familia que califiquen. Para tomar la deducción, el plan de seguro debe establecerse bajo el negocio, y el negocio debe obtener una ganancia. Véase la publicación 535.

Línea 16: Interés. Los siguientes son ejemplos de intereses deducibles reportados en esta línea:

- La porción del interés hipotecario relacionada con el negocio.
- Si el automóvil se usa en negocios, el porcentaje comercial del interés del préstamo de automóvil.
- Capitalización de intereses.
- Intereses en compras comerciales.

Véase la publicación 535.

Línea 17: Honorarios legales y profesionales. Los siguientes son ejemplos de gastos legales y profesionales deducibles en esta línea:

- Gastos de teneduría de libros y contabilidad.
- Tarifas de preparación de impuestos para la preparación de impuestos comerciales.
- Honorarios de abogados relacionados con el negocio.

Véanse las publicaciones 334 y 535.

Línea 18: Gastos de oficina. Los gastos de oficina que no están incluidos en los gastos de oficina en el hogar se deducen aquí. Los siguientes son ejemplos de gastos deducibles en esta línea:

- Franqueo
- Material de oficina

Línea 19: Planes de pensiones y participación en beneficios. Deducir la parte de contribución de la pensión de un empleado o el plan de participación en las ganancias que se paga como un beneficio para el empleado que usa esta línea. Véase la Publicación 560.

Línea 20: Alquiler o arrendamiento. El Anexo C, Parte II, línea 20a, se utiliza para el arrendamiento de vehículos, maquinaria y alquiler de equipos. La Parte II, línea 20b, se utiliza para arrendar otras propiedades de alquiler, como el alquiler de una oficina, edificio o almacén. Véase la Publicación 560.

Línea 21: Reparaciones y mantenimiento. Las reparaciones y el mantenimiento de equipos, oficinas, edificios o estructuras son gastos deducibles y deben incluir el costo de la mano de obra y los suministros en esta línea.

Línea 22: Suministros. Los gastos ordinarios y necesarios que no están incluidos en el inventario deben deducirse en esta línea.

Línea 23: Impuestos y licencias. Los siguientes son ejemplos de gastos deducibles en esta línea:

- Licencia y tarifas regulatorias para el comercio o negocio.
- Impuestos sobre bienes inmuebles y bienes personales sobre activos comerciales.
- Impuestos estatales y locales sobre las ventas aplicados por la venta de bienes o servicios.
- Los impuestos del Seguro Social y Medicare pagados para igualar los salarios de los empleados.
- Pagó el impuesto federal de desempleo.

- Impuesto federal sobre el uso de carreteras.
- Contribuciones a un fondo estatal de seguro de desempleo o a un fondo de beneficios por discapacidad si las contribuciones se consideran impuestos según la ley estatal.

No deduzca lo siguiente:

- Impuesto federal sobre la renta, incluido el impuesto sobre el trabajo por cuenta propia.
- Impuestos sobre sucesiones y donaciones.
- Impuestos utilizados para pagar mejoras, como pavimentación y alcantarillado.
- Impuestos sobre la vivienda habitual del contribuyente.
- Impuestos estatales y locales sobre las ventas de la propiedad comprada para su uso en el negocio.
- Impuestos estatales y locales sobre las ventas impuestos al comprador que debían recaudarse y pagarse a los gobiernos estatales y locales.
- Otros impuestos y tarifas de licencia no relacionados con el negocio.

Véase la publicación 535.

Línea 24a: Viajes. Los siguientes son ejemplos de gastos de viajes de negocios ordinarios y necesarios que se pueden deducir en esta línea:

- Pasaje aéreo de negocios.
- Hoteles para viajes de negocios.
- Tarifas de taxi y propinas durante el viaje de negocios.

Ejemplo: Gladys vive en Seattle, Washington, y es una practicante de impuestos pagados. Ella fue al Latino Tax Fest para aprender las últimas leyes tributarias y actualizaciones. El Fest se llevó a cabo el martes, miércoles y jueves. Gladys voló de Seattle a Las Vegas, Nevada, el domingo y luego voló a casa el viernes. Sus gastos ordinarios y necesarios son los costos anteriores en los que se incurrió durante los días de la convención, no los costos en los que se incurrió el domingo, lunes y viernes. Sus comidas y habitación de hotel los domingos, lunes y viernes no son un gasto comercial. Véase la publicación 463.

Línea 24b: Comidas. Incluya los gastos de las comidas mientras viaja fuera de casa. Las comidas deben ser alimentos o bebidas proporcionados por un restaurante.

Línea 25: Servicios públicos. Los gastos de servicios públicos incluyen costos de agua, gas, electricidad y teléfono. Los gastos telefónicos comerciales no incluyen la tarifa base para ninguna línea telefónica personal en la casa del contribuyente, incluso si se utilizan para negocios. Si el contribuyente tiene costos adicionales relacionados con el uso comercial del teléfono, como llamadas de larga distancia, el contribuyente puede deducir esos gastos. Si el contribuyente tiene una segunda línea telefónica dedicada para negocios, todos los gastos pueden deducirse con respecto a la segunda línea telefónica.

Línea 26: Salarios. La cantidad bruta pagada en salarios (menos créditos de empleo) a los empleados se deduce de los ingresos brutos de la empresa. Si el contribuyente autónomo se pagó a sí mismo con las ganancias del negocio, esos "salarios" no son deducibles como un gasto en la línea 26. Esto se considera un sorteo y no es un gasto deducible.

Línea 27: Otros gastos. Otros gastos se deducen en la Parte V del Anexo C, y el monto total de cualquier deducción en la Parte V se reporta aquí. Otros gastos incluyen cualquier gasto que no se describe en otra parte y es ordinario y necesario en la operación del negocio del contribuyente.

Parte 1 Preguntas de repaso

Para obtener el máximo beneficio de este capítulo, LTP recomienda que complete cada una de las siguientes preguntas y luego las compare con las respuestas con los comentarios que siguen inmediatamente. Bajo los estándares de autoestudio vigentes, los proveedores deben presentar preguntas de revisión intermitentemente a lo largo de cada curso de autoestudio.

Estas preguntas y explicaciones no son parte del examen final y no serán calificadas por LTP.

SCP1.1
¿Cuál de las siguientes opciones describe mejor a un contribuyente que trabaja por cuenta propia?

a. Un cuidador en el hogar que es pagado por la familia.
b. Un individuo que posee su propia empresa corporativa.
c. Un individuo que posee su propia empresa.
d. Una persona que es el socio general de una sociedad.

SCP1.2
¿Qué entidad comercial puede estar obligada a pagar impuestos sobre el trabajo por cuenta propia?

a. Asociación
b. Corporación
c. Declarante de Anexo C
d. Empresas conjuntas calificadas

SCP1.3
¿Qué período contable termina en diciembre?

a. Calendario
b. Fiscal
c. Ambos
d. Ninguno

SCP1.4
¿Cuál de los siguientes requeriría que una persona que trabaja por cuenta propia obtenga un Número de Identificación del Empleador (EIN)?

a. Paga salarios a sus empleados.
b. Declarar en Anexo C.
c. Presenta el Formulario 1099-MISC.
d. Paga a contratistas independientes.

SCP1.5
¿Cuál de los siguientes no se considera una tarifa legal y profesional?

a. Contabilidad
b. Honorarios contables
c. Tasas de preparación de impuestos
d. Interés hipotecario de la vivienda

SCP1.6
¿Cuál de los siguientes se considera una tarifa legal y profesional?

a. Honorarios de abogados relacionados con el negocio
b. Franqueo
c. Material de oficina
d. Impuestos y licencias

SCP1.7
¿Cuál de los siguientes no es un método contable?

a. Método de efectivo
b. Método de acumulación
c. Método de combinación
d. Primero en entrar, primero en salir

SCP1.8
¿Cuál de las siguientes no es una descripción de un contribuyente autónomo?

1. Lleva a cabo un negocio como propietario único.
2. Recibe ingresos de su empleador.
3. Es un contratista independiente.
4. Está en el negocio por sí mismo de cualquier otra manera.

a. 1, 3 y 4
b. 2 solamente
c. 3 y 4
d. 1 y 2

SCP1.9
¿Qué formulario se utiliza para obtener un EIN?

a. W-4
b. I-9
c. SS-4
d. W-2

SCP1.10
¿Qué seguro no se deduce en el Anexo C?

1. Seguro de responsabilidad civil
2. Seguro de negligencia
3. Seguro de compensación para trabajadores
4. Seguro médico autónomo

a. 4 solamente
b. 1, 2 y 3
c. 2 y 4
d. 1 y 3

Parte 1 Respuestas a las preguntas de repaso

SCP1.1
¿Cuál de las siguientes opciones describe mejor a un contribuyente que trabaja por cuenta propia?

a. Un cuidador en el hogar que es pagado por la familia.
b. Un individuo que posee su propia empresa corporativa.
c. Un individuo que posee su propia empresa.
d. Una persona que es el socio general de una sociedad.

Comentarios: Sección de revisión *Empresa individual.*

SCP1.2
¿Qué entidad comercial puede estar obligada a pagar impuestos sobre el trabajo por cuenta propia?

a. Asociación
b. Corporación
c. Declarante de Anexo C
d. Empresas conjuntas calificadas

Comentarios: Revise la sección *Anexo SE: Impuesto sobre el trabajo por cuenta propia.*

SCP1.3
¿Qué período contable termina en diciembre?

a. Calendario
b. Fiscal
c. Ambos
d. Ninguno

Comentarios: Revise la sección *Períodos contables.*

SCP1.4
¿Cuál de los siguientes requeriría que una persona que trabaja por cuenta propia obtenga un Número de Identificación del Empleador (EIN)?

a. Paga salarios a sus empleados.
b. Declarar en Anexo C.
c. Presenta el Formulario 1099-MISC.
d. Paga a contratistas independientes.

Comentarios: Revise la sección *Números de identificación.*

SCP1.5
¿Cuál de los siguientes no se considera una tarifa legal y profesional?

a. Contabilidad
b. Honorarios contables
c. Tasas de preparación de impuestos
d. Interés hipotecario de la vivienda

Comentarios: Sección de revisión *Línea 17: Honorarios legales y profesionales.*

SCP1.6
¿Cuál de los siguientes se considera una tarifa legal y profesional?

a. Honorarios de abogados relacionados con el negocio
b. Franqueo
c. Material de oficina
d. Impuestos y licencias

Comentarios: Sección de revisión *Línea 17: Honorarios legales y profesionales.*

SCP1.7
¿Cuál de los siguientes no es un método contable?

a. Método de efectivo
b. Método de acumulación
c. Método de combinación
d. Primero en entrar, primero en salir

Comentarios: Revise la sección *Métodos contables*.

SCP1.8
¿Cuál de las siguientes no es una descripción de un contribuyente autónomo?

1. Lleva a cabo un negocio como propietario único.
2. Recibe ingresos de su empleador.
3. Es un contratista independiente.
4. Está en el negocio por sí mismo de cualquier otra manera.

a. 1, 3 y 4
b. 2 solamente
c. 3 y 4
d. 1 y 2

Comentarios: Sección de revisión *Empresa individual*.

SCP1.9
¿Qué formulario se utiliza para obtener un EIN?

a. W-4
b. I-9
c. SS-4
d. W-2

Comentarios: Revise la sección *Números de identificación.*

SCP1.10
¿Qué seguro no se deduce en el Anexo C?

1. Seguro de responsabilidad civil
2. Seguro de negligencia
3. Seguro de compensación para trabajadores
4. Seguro médico autónomo

a. 4 solamente
b. 1, 2 y 3
c. 2 y 4
d. 1 y 3

Comentarios: Revise *la Sección C, Parte II, Gastos.*

Parte 2 Uso comercial del hogar

Reporte el monto total de los gastos del uso comercial de la casa en la Línea 30 del Anexo C. Si el contribuyente elige usar el método simplificado, no puede reclamar más de 300 pies cuadrados para el almacenamiento de inventario o muestras de productos. Si el contribuyente administra una guardería, use el Formulario 8829.

Formulario 8829: Oficina en el hogar

Los contribuyentes que trabajan por cuenta propia pueden usar el Formulario 8829, *Gastos* por el uso comercial de su hogar, para reclamar deducciones por ciertos gastos por el uso comercial de su hogar. Para calificar para estas deducciones, el contribuyente debe demostrar que utilizó un espacio (como una oficina) en el hogar exclusiva y regularmente para negocios. La cantidad de deducción que un contribuyente puede recibir se basa en qué porcentaje del total de pies cuadrados de la casa se está utilizando para el negocio.

Ejemplo: Mónica tiene una oficina que utiliza exclusivamente para administrar y operar su negocio de catering. Para recibir una deducción por los gastos de su negocio en casa, Mónica dividiría los pies cuadrados de su oficina por el total de pies cuadrados de su casa para encontrar el porcentaje de gastos que puede deducir. Si su oficina tiene 130 pies cuadrados y su casa es de 1,000 pies cuadrados, entonces el porcentaje de sus gastos que puede deducir sería del 13%.

Los proveedores de guarderías usarían el Formulario 8829 para reportar los gastos basados en la cantidad de horas dedicadas al cuidado de niños o dependientes discapacitados. El tiempo también incluye el tiempo dedicado a limpiar la casa antes y después de que los niños lleguen o se vayan, así como el tiempo dedicado a preparar actividades para los niños.

Form **8829** Department of the Treasury Internal Revenue Service

Expenses for Business Use of Your Home

File only with Schedule C (Form 1040). Use a separate Form 8829 for each home you used for business during the year.

Go to *www.irs.gov/Form8829* for instructions and the latest information.

OMB No. 1545-0074 **2022** Attachment Sequence No. **176**

Name(s) of proprietor(s) | Your social security number

Part I Part of Your Home Used for Business

1	Area used regularly and exclusively for business, regularly for daycare, or for storage of inventory or product samples (see instructions)	1	
2	Total area of home	2	
3	Divide line 1 by line 2. Enter the result as a percentage	3	%
	For daycare facilities not used exclusively for business, go to line 4. All others, go to line 7.		
4	Multiply days used for daycare during year by hours used per day . . . 4 hr.		
5	If you started or stopped using your home for daycare during the year, see instructions; otherwise, enter 8,760 . . . 5 hr.		
6	Divide line 4 by line 5. Enter the result as a decimal amount . . . 6 .		
7	Business percentage. For daycare facilities not used exclusively for business, multiply line 6 by line 3 (enter the result as a percentage). All others, enter the amount from line 3	7	%

Parte del Anexo 8829

Si los proveedores de cuidado infantil no usan todo su hogar para el cuidado de niños, usarán una combinación de horas y pies cuadrados para determinar el uso comercial. La parte del hogar no tiene que cumplir con la prueba de uso exclusivo si el uso es para una guardería en el hogar.

Los gastos comerciales que se aplican a una parte de la vivienda del contribuyente pueden ser gastos comerciales deducibles si la parte de la vivienda se utilizó exclusivamente de forma regular de todas las siguientes maneras:

- Como el lugar principal de negocios para cualquiera de los comercios o negocios del contribuyente.
- Como un lugar de negocios utilizado por pacientes, clientes o clientes para reunirse o negociar durante el curso normal del comercio o negocio.
- En relación con el comercio o negocio si la oficina es una estructura separada que no está unida al hogar del contribuyente.

Algunas excepciones a la "regla de espacio utilizada regularmente" son ciertas guarderías y espacios de almacenamiento utilizados para inventario o muestras de productos. El profesional de impuestos debe determinar si la oficina en el hogar califica como el lugar principal de negocios del contribuyente.

Para calificar la oficina en el hogar como el lugar principal de negocios, se deben cumplir los siguientes requisitos:

- El contribuyente utiliza la vivienda exclusiva y regularmente para actividades administrativas o de gestión del comercio o negocio del contribuyente.
- El contribuyente no tiene otra ubicación fija donde el contribuyente lleva a cabo actividades administrativas o de gestión sustanciales de su comercio o negocio.

Actividades administrativas o de gestión

Hay muchas actividades que pueden considerarse de naturaleza administrativa o gerencial. Algunos de los más comunes incluyen:

- Facturación de clientes, consumidores o pacientes.
- Llevar libros y registros.

- Pedido de suministros.
- Concertar citas.
- Redacción de informes o envío de pedidos.

Si las siguientes actividades se realizan en otro lugar, el contribuyente estaría descalificado para poder reclamar la deducción de la oficina central:

- El contribuyente realiza actividades administrativas o de gestión en otros lugares que no sean el hogar.
- El contribuyente realiza actividades administrativas o de gestión en lugares que no son lugares fijos, como en un automóvil o una habitación de hotel.
- El contribuyente ocasionalmente realiza actividades administrativas o de gestión en un lugar externo.
- El contribuyente lleva a cabo actividades comerciales sustanciales no administrativas o no administrativas en otro lugar fijo que no sea el hogar.
- El contribuyente tiene un espacio adecuado para realizar actividades administrativas o de gestión fuera de su hogar, pero elige trabajar en casa.

Ejemplo: Fernando es plomero por cuenta propia. La mayor parte del tiempo de Fernando se dedica a instalar y reparar tuberías en los hogares y oficinas de los clientes. Tiene una pequeña oficina en su casa que utiliza exclusiva y regularmente para las actividades administrativas o de gestión de su negocio, como llamar a los clientes, pedir suministros y llevar sus libros. Fernando escribe estimaciones y registros del trabajo completado en las instalaciones de sus clientes, pero no realiza ninguna actividad administrativa o de gestión sustancial en ningún lugar fijo que no sea su oficina central. Fernando no hace su propia facturación. Utiliza un servicio de contabilidad local para facturar a sus clientes.

Debido a que es la única ubicación fija donde realiza sus actividades administrativas y gerenciales, la oficina central de Fernando califica como su principal lugar de negocios para deducir los gastos por su uso. El hecho de que un tenedor de libros haga su facturación no es importante, ya que no cambia ni afecta dónde Fernando realiza sus actividades administrativas y gerenciales comerciales.

Opción simplificada para la deducción de la oficina en casa

Los contribuyentes pueden usar una opción simplificada para calcular la deducción del negocio de la oficina en casa. El Procedimiento de Ingresos 2013-13 proporciona un método opcional de puerto seguro que los contribuyentes pueden usar, que es una alternativa al cálculo, asignación y justificación de los gastos reales con el fin de satisfacer la sección 280A del Código de Rentas Internas. Estas reglas no cambian los criterios de la oficina central para reclamar el uso comercial, pero simplifican la regla para determinar los registros y el cálculo.

Los aspectos más destacados de la opción simplificada son los siguientes:

- Deducción estándar de $5 por pie cuadrado de casa utilizada para negocios con un máximo de 300 pies cuadrados.
- Deducciones detalladas permitidas relacionadas con el hogar reclamadas en su totalidad en el Anexo A.
- No hay deducción por depreciación de la vivienda o recuperación posterior de la depreciación para los años en que se utiliza la opción simplificada.

Al seleccionar un método, el contribuyente debe elegir usar el método simplificado o el método regular para cualquier año fiscal y puede hacer esa elección utilizando el método seleccionado en su declaración de impuestos. Sin embargo, una vez que se ha elegido el método para el año, no se puede cambiar. Si los métodos se utilizan en diferentes ejercicios fiscales, se debe utilizar la tabla de amortización correcta. La determinación año por año es aceptable.

La deducción por el método de puerto seguro no puede crear una pérdida neta; Se limita a los ingresos brutos de la empresa reducidos por deducciones no relacionadas con la deducción de la oficina central. Cualquier exceso no está permitido y no se puede transferir o devolver, a diferencia del arrastre de gastos no permitidos que está disponible para compensar los ingresos de esa actividad en el año siguiente cuando se utiliza el método de gastos reales.

Independientemente del método que se utilice para reclamar la oficina central, el espacio debe usarse regular y exclusivamente como el lugar principal de negocios del contribuyente. Si el contribuyente utilizó el método simplificado para el año fiscal 2022 y optó por no utilizarlo para 2023, el contribuyente puede tener un gasto no permitido de un año anterior arrastrado al año en curso. Consulte el Formulario de instrucciones 8829.

Uso regular y exclusivo

La parte de la casa que se utiliza debe usarse exclusivamente para la realización de negocios.

Ejemplo: Nadine enseña clases de piano en su casa. Ella tiene un piano en su habitación libre y un piano de cola en su sala de estar. Ella usa el piano en su habitación libre para enseñar a sus estudiantes y el piano de cola para los recitales de los estudiantes. Nadine no usa la habitación libre para nada más que enseñar a los estudiantes y almacenar libros de música relacionados con sus estudiantes. Su habitación libre se usa exclusiva y regularmente para negocios, pero su piano de cola no lo es; Solo se usa para recitales para sus estudiantes. Por lo tanto, solo podría reclamar el dormitorio libre como deducción y no la sala de estar.

Como todo con la ley tributaria hay excepciones a la regla; El contribuyente no tiene que cumplir con la prueba de uso exclusivo si se aplica alguna de las siguientes condiciones:

- Si el contribuyente usa parte de su hogar para almacenar inventario o producto(s) de muestra, puede deducir el uso comercial del gasto del hogar si se cumplen las siguientes condiciones:
  - El contribuyente vende productos al por mayor o al por menor como su comercio o negocio.
  - El contribuyente mantiene inventario en su hogar para el comercio o negocio.
  - La casa es la única ubicación fija para el comercio o negocio.
  - El espacio de almacenamiento se utiliza regularmente.
  - El espacio utilizado puede ser identificable como un espacio adecuado separado para el almacenamiento.
- El contribuyente utiliza parte de la casa como guardería.

Lugar principal de negocios

Si el contribuyente realiza negocios fuera del hogar y usa su hogar sustancial y regularmente para realizar negocios, puede calificar para una deducción de oficina en el hogar. El contribuyente también puede deducir los gastos de una estructura independiente separada, como un estudio o un granero, pero debe aplicarse la prueba de uso regular y exclusivo. Para determinar si el lugar utilizado es el lugar principal de negocios, se deben considerar los siguientes factores:

- La importancia relativa de las actividades realizadas en cada lugar donde el contribuyente lleva a cabo su negocio.
- La cantidad de tiempo que pasa en cada lugar donde el contribuyente realiza negocios.

Gastos

Al usar el Formulario 8829, hay dos categorías para gastos directos e indirectos. Los gastos directos son para la gestión comercial de la casa. Los gastos indirectos son para mantener el funcionamiento de la casa.

Los gastos directos incluyen:

- Parte comercial de las pérdidas por accidentes.
- Seguro: el seguro indirecto cubre toda la vivienda mientras que el seguro directo cubre el negocio. Una póliza de seguro directo se conoce como una póliza paraguas.
- Alquiler de negocio.
- Reparaciones comerciales para el hogar.
- Parte comercial de los impuestos inmobiliarios.
- Parte comercial del interés hipotecario de la vivienda.

Los gastos directos incluyen:

- *Sistema de seguridad:* El costo de mantener y monitorear el sistema se considera un costo indirecto. Sin embargo, el contribuyente puede depreciar el porcentaje del sistema que se relaciona con su negocio.
- *Utilidades y servicios:* Incluyendo electricidad, gas, recolección de basura y servicios de limpieza.
- *Teléfono:* El cargo por servicio local básico, incluidos los impuestos para la primera línea de entrada al hogar, es un gasto personal no deducible. Las llamadas telefónicas de larga distancia y el costo de una línea telefónica residencial secundaria utilizada exclusivamente para negocios son gastos deducibles.
- *Depreciación:* Si el contribuyente es dueño de la casa, la porción del negocio podría ser depreciable. Vea la Publicación 587. Antes de calcular la deducción por depreciación, se necesita la siguiente información:
    - El mes y el año en que el contribuyente comenzó a usar la casa para negocios.
    - La base ajustada y el valor justo de mercado de la vivienda en el momento en que el contribuyente comenzó a usarla para negocios; el costo de la vivienda más cualquier mejora, menos las pérdidas por accidentes o la depreciación deducida en años anteriores; La tierra nunca se considera parte de la base ajustada.
    - El costo de las mejoras antes y después de que el contribuyente comenzara a usar la casa para negocios.
    - El porcentaje de la casa utilizada para negocios.

Los siguientes gastos no son deducibles:

- Sobornos y comisiones ilícitas.
- Contribuciones caritativas.
- Gastos o pérdidas de demolición.
- Cuotas pagadas a clubes de negocios, sociales, deportivos, de almuerzo, deportivos, de aerolíneas y hoteles.
- Gastos de cabildeo.

- Sanciones y multas pagadas a una agencia gubernamental por infringir la ley.
- Gastos personales, de manutención y familiares.
- Contribuciones políticas.
- Reparaciones que agregan valor a la vivienda o aumentan la vida útil de la propiedad.

Gastos de automóviles comerciales

Los contribuyentes pueden deducir los gastos de transporte ordinarios y necesarios si incurren en ellos mientras obtienen ingresos. Si los contribuyentes usan un vehículo personal para mantener actividades comerciales, la deducción de los gastos es ya sea por gastos reales o la tasa de millaje estándar. Para el año fiscal 2023, la tarifa de viaje de negocios es de 65.5 centavos por milla. La tasa de millaje estándar para cada milla comercial se puede usar para el vehículo propio o arrendado del contribuyente.

El contribuyente puede deducir los gastos ordinarios y necesarios relacionados con el negocio de viajar fuera de casa. El contribuyente debe asignar adecuadamente los gastos entre las actividades de alquiler y no alquiler. Información necesaria para registrar los gastos de automóviles con precisión:

- Millaje inicial
- Millaje final
- Millaje de desplazamiento
- Millaje comercial (se deben tomar notas sobre el destino y el motivo del viaje)

Anexo C, Parte III, Costo de los bienes vendidos

El costo de los bienes vendidos se utiliza cuando una empresa tiene inventario o produce un producto. El inventario debe calcularse al principio y al final del año.

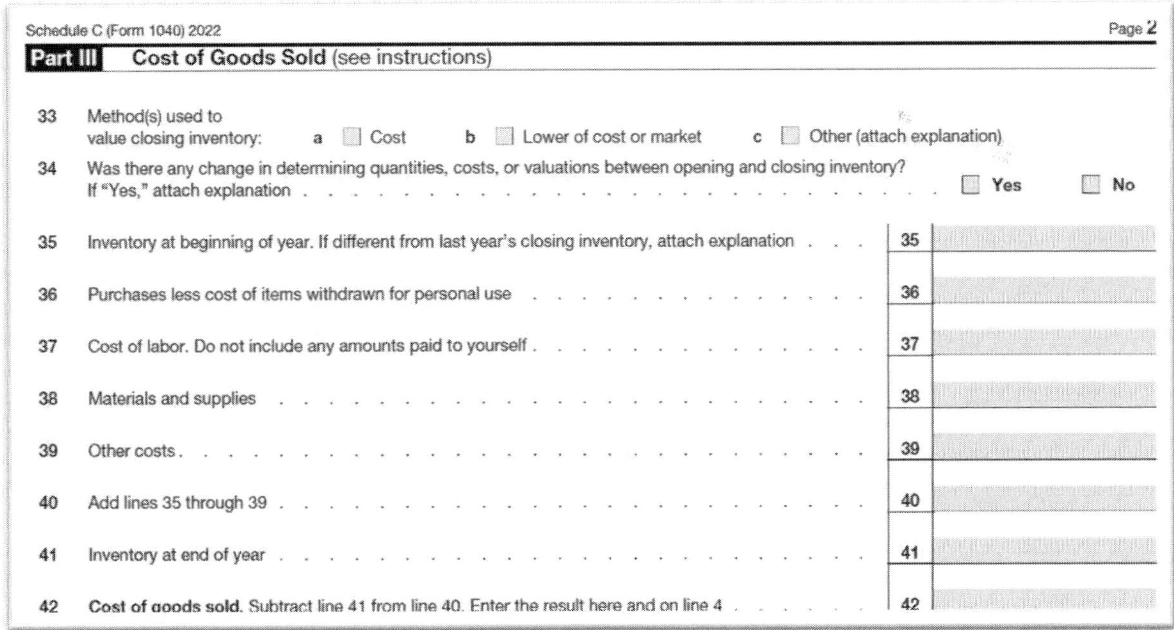

Schedule C (Form 1040) 2022 Page 2

Part III **Cost of Goods Sold** (see instructions)

33	Method(s) used to value closing inventory: a ☐ Cost b ☐ Lower of cost or market c ☐ Other (attach explanation)		
34	Was there any change in determining quantities, costs, or valuations between opening and closing inventory? If "Yes," attach explanation . . . ☐ Yes ☐ No		
35	Inventory at beginning of year. If different from last year's closing inventory, attach explanation	35	
36	Purchases less cost of items withdrawn for personal use	36	
37	Cost of labor. Do not include any amounts paid to yourself	37	
38	Materials and supplies	38	
39	Other costs	39	
40	Add lines 35 through 39	40	
41	Inventory at end of year	41	
42	**Cost of goods sold.** Subtract line 41 from line 40. Enter the result here and on line 4	42	

Parte del Anexo C

Los siguientes elementos se utilizan para calcular el costo de una empresa de bienes vendidos:

Línea 35: Inventario inicial. El inventario inicial es el inventario de cierre del año anterior. Si este es el primer año comercial del contribuyente, entonces el inventario inicial es la cantidad del costo de los bienes comprados.

Línea 36: Compras. La cantidad de compras reportadas es los productos terminados o las materias primas utilizadas para la fabricación, comercialización o minería más el costo de envío menos el costo de los artículos para uso personal.

Línea 37: Costo de mano de obra. El costo de la mano de obra utilizada en la producción real de los bienes. El costo de la mano de obra no son los salarios, que se reportan en el Anexo C, Parte II, línea 26, Salarios. El costo de la mano de obra se utiliza principalmente en la fabricación o la minería, ya que la mano de obra se puede cargar adecuadamente al costo de los bienes vendidos. Una empresa manufacturera puede asignar adecuadamente mano de obra indirecta y directa a expensas del costo de los bienes. Un gasto directo sería la mano de obra para fabricar la materia prima en un producto vendible.

Línea 38: Materiales y suministros. Los materiales utilizados en la producción o procesamiento real de los bienes, como hardware y productos químicos, se cargan al costo de los bienes vendidos.

Línea 39: Otros costos. Una proporción de los gastos generales relacionados con la creación de un producto. Los contenedores y el flete utilizados para las materias primas son ejemplos de otros costos.

Línea 41: Inventario final. El inventario contado al final del año fiscal se utiliza como inventario inicial para la declaración del año siguiente.

El inventario es una lista detallada de bienes, con valoraciones, mantenidos para la venta o el consumo en un negocio de fabricación o comercialización. El inventario debe incluir todos los productos terminados o parcialmente terminados y solo aquellas materias primas y suministros que se hayan adquirido para la venta o que se convertirán físicamente en parte de la mercancía destinada a la venta. La forma en que las empresas valoran el inventario varía de una empresa a otra. Véase la publicación 334.

Anexo C, Parte IV, Información sobre su vehículo

Part IV **Information on Your Vehicle.** Complete this part **only** if you are claiming car or truck expenses on line 9 and are not required to file Form 4562 for this business. See the instructions for line 13 to find out if you must file Form 4562.

43 When did you place your vehicle in service for business purposes? (month/day/year) ___ / ___ / ___

44 Of the total number of miles you drove your vehicle during 2022, enter the number of miles you used your vehicle for:

a Business ______ b Commuting (see instructions) ______ c Other ______

45 Was your vehicle available for personal use during off-duty hours? . . . ☐ Yes ☐ No

46 Do you (or your spouse) have another vehicle available for personal use? . . . ☐ Yes ☐ No

47a Do you have evidence to support your deduction? . . . ☐ Yes ☐ No

b If "Yes," is the evidence written? . . . ☐ Yes ☐ No

Parte del Anexo C

El contribuyente ingresaría la información del vehículo en la Parte IV para poder reclamar los gastos relacionados. Los desplazamientos generalmente se consideran viajes entre el hogar y el trabajo. La Parte IV se utiliza para calcular la tasa de millaje estándar para el vehículo del contribuyente. Si se utilizó más de un vehículo, adjunte una declaración que contenga la misma información incluida en la parte IV del Anexo C. Las siguientes circunstancias pueden no cumplir con las reglas de desplazamiento:

- El contribuyente tiene al menos una ubicación regular fuera de casa, y el viaje es a un lugar de trabajo temporal en el mismo comercio o negocio. Véase Pub 463.
- El viaje es a un lugar de trabajo temporal fuera del lugar donde él o ella vive y trabaja normalmente.
- El hogar es el lugar principal de negocios, y el viaje es a otro lugar de trabajo en el mismo comercio o negocio, independientemente de si la ubicación es regular o temporal e independientemente de la distancia. Véase la Sección 280A(c)(1)(A) del IRC.

Para obtener más información sobre las reglas de mantenimiento de registros para vehículos, consulte la Publicación 463.

Anexo C, Parte V, Otros gastos

Otros gastos se deducen en la Parte V, Anexo C. Otros gastos incluyen cualquier gasto que no esté incluido en otra parte y que sea ordinario y necesario en la operación del negocio del contribuyente. Una vez que se hayan reportado todos los demás gastos, calcule el monto total e infórmelo en la línea 48 y la línea 27a.

Cualquier gasto comercial ordinario y necesario que no se haya deducido en otra parte del Anexo C se reportará en esta sección. Enumere el tipo y la cantidad de cada gasto por separado en los espacios provistos. Si necesita más espacio, use otra hoja de papel. Otros gastos pueden incluir los siguientes:

- Amortización que comenzó en 2022; Será necesario adjuntar el formulario 4562.
- Deuda comercial incobrable que anteriormente se reportaba como ingreso. Si la deuda incobrable se paga después de cancelar el monto como una deducción o gasto, la empresa debe incluir el monto de reducción que había recibido como ingreso en su próxima declaración.
- Deducción por pérdida por riesgo.
- Costo de puesta en marcha de empresas.
- Costos de hacer que los edificios comerciales sean energéticamente eficientes.
- Deducciones para eliminar barreras para las personas con discapacidades y los ancianos.
- Exceso de pérdida de explotación.
- Gastos de producción de cine y televisión.
- Costos de forestación y reforestación.

No incluya lo siguiente como otros gastos:

- Contribuciones caritativas.
- Costo del equipo o mobiliario comercial.
- Reemplazos o mejoras permanentes a la propiedad.
- Gastos personales, de manutención y familiares.
- Multas o sanciones pagadas a un gobierno por violar cualquier ley.

Deudas incobrables de ventas o servicios

El propietario del negocio acumula deudas incobrables cuando las ventas o el servicio se vuelven incobrables de un cliente. La deuda incobrable que no está relacionada con el negocio no es una entrada reportable. Cuando se utiliza el método de contabilidad en efectivo, las deudas incobrables no se pueden deducir a menos que el monto se haya incluido previamente como ingreso.

Costos de puesta en marcha

Los costos iniciales son los gastos incurridos antes de que comience un negocio debido a la creación o compra de un negocio. Los contribuyentes pueden optar por deducir hasta $5,000 de costos iniciales y hasta $5,000 de gastos organizacionales que se pagaron o incurrieron durante el año fiscal en el que comenzó el comercio o negocio. Los gastos iniciales u organizativos que no sean deducibles en el año en que comenzó el comercio o negocio deben capitalizarse y amortizarse en el transcurso de los 15 años posteriores al comienzo del negocio o comercio. Vea la Publicación 535.

Los siguientes son ejemplos de costos iniciales:

- Estudio de mercado.
- Anuncios para la apertura del negocio.
- Salarios de formación.
- Gastos de viaje y otros gastos incurridos para asegurar distribuidores, proveedores, etc.
- Honorarios de consultoría y honorarios profesionales relacionados con el inicio de un negocio.
- Honorarios legales.
- Pérdida operativa neta (NOL).

Se incurre en una pérdida operativa neta cuando los gastos y gastos comerciales exceden los ingresos comerciales. A veces, la pérdida es lo suficientemente grande como para compensar los ingresos de otros años fiscales. Para obtener más información, consulte la Publicación 536, *Pérdidas operativas netas (NOL) para individuos, patrimonios y fideicomisos*.

Crédito Tributario por Oportunidad de Trabajo (WOTC)

Un empleado puede reclamar el crédito de oportunidad de trabajo por los salarios pagados a los trabajadores de diez grupos específicos. Consulte las secciones 51 y 52 del Código IRC para obtener una descripción de dichos grupos. El crédito se calcula en el Formulario 5884 y reduce la deducción del contribuyente por sueldos y salarios. El crédito de oportunidad de trabajo es un crédito comercial, y el crédito se puede reclamar contra las obligaciones fiscales mínimas regulares y alternativas.

El crédito es normalmente el 40% de los primeros $6,000 de salarios calificados durante el primer año de empleo, luego se reduce al 25% de los primeros $6,000 si el empleado trabaja menos de 400 horas. El empleado debe trabajar al menos 120 horas para que el empleador califique. Consulte la sección 51 del código IRC.

Este crédito se ha extendido hasta 2020 y antes de 2026 para salarios calificados. Los salarios calificados no incluyen:

- Salarios pagados o ganados por cualquier empleado durante cualquier período en el que un programa de capacitación en el trabajo financiado por el gobierno federal le pago al empleado.
- Salarios pagados a un joven empleado de verano por servicios prestados cuando el empleado vivía fuera de una zona de empoderamiento.
- Salarios pagados a un residente designado de la comunidad por servicios por un empleado juvenil de verano antes o después de cualquier período de 90 días entre el 1 de mayo y el 15 de septiembre.

Consulte el Formulario de instrucciones 5884.

Crédito de investigación

Un propietario único, sociedad o corporación que no tenga acciones que cotizan en bolsa podría reclamar el crédito de investigación. Cualquier crédito no utilizado se arrastrará y deducirá en el próximo año. Para poder reclamar este crédito, la investigación debe estar relacionada con la función, el rendimiento, la confiabilidad o la calidad nuevos o mejorados de un propósito de función para la empresa. Los gastos capitalizados se reducen por el monto del crédito de investigación que excede el monto de lo permitido como deducción por los gastos. Para los gastos pagados o incurridos en el ejercicio fiscal 2022, el importe se capitaliza y es elegible para amortización a lo largo de cinco años y se reduce por el exceso (si lo hubiera) del crédito de investigación para el año fiscal.

Parte 2 Preguntas de revisión

Para obtener el máximo beneficio de este capítulo, LTP recomienda que complete cada una de las siguientes preguntas y luego las compare con las respuestas con los comentarios que siguen inmediatamente. Bajo los estándares de autoestudio vigentes, los proveedores deben presentar preguntas de revisión intermitentemente a lo largo de cada curso de autoestudio.

Estas preguntas y explicaciones no son parte del examen final y no serán calificadas por LTP.

SCP2.1
¿Qué formulario federal se utiliza con el Anexo C para reportar los gastos de la oficina en el hogar?

a. Formulario 2106
b. Formulario 8829
c. Formulario 4562
d. Formulario 8889

SCP2.2
¿Cuál de los siguientes no es un punto culminante importante del nuevo método federal de opción simplificada?

a. Deducción estándar de $15 por pie cuadrado de casa utilizada para negocios, con un máximo de 300 pies cuadrados.
b. Deducciones detalladas permitidas relacionadas con el hogar reclamadas en su totalidad en el Anexo A.
c. No hay deducción por depreciación de la vivienda o recuperación posterior de la depreciación para los años en que se utiliza la opción simplificada.
d. Deducción estándar de $5 por pie cuadrado de casa utilizada para negocios, con un máximo de 300 pies cuadrados.

SCP2.3
¿Cuál de los siguientes no se utiliza para calcular el costo de los bienes?

a. Inventario inicial y final
b. Millaje del vehículo
c. Costo de mano de obra
d. Materiales

SCP2.4
¿Cuál de los siguientes no se utiliza para calcular el costo de los bienes?

a. Costo de mano de obra
b. Materiales y suministros
c. Solo inventario final
d. Deudas incobrables

SCP2.5
¿Cuál de las siguientes es una opción simplificada para la deducción de la oficina en casa?

a. Deducción estándar de $5 por pie cuadrado con un máximo de 300 pies cuadrados
b. Reclamar una deducción de desaprobación de vivienda en el Formulario 8829
c. Todas las deducciones detalladas relacionadas con el hogar se reclaman en el Anexo C
d. Configuración de citas de negocios

SCP2.6
¿Cuál de las siguientes no es una opción simplificada para la deducción de la oficina en casa?

a. Deducción estándar de $5 por pie cuadrado con un máximo de 300 pies cuadrados
b. No puede reclamar una deducción por desprecio de la vivienda
c. Todas las deducciones detalladas relacionadas con el hogar se reclaman en el Anexo A
d. Facturación de clientes, clientes o pacientes

SCP2. 7
¿Cuáles de las siguientes son actividades administrativas o de gestión?

1. Facturación de clientes, clientes o pacientes.
2. Llevar libros y registros.
3. Pedido de suministros.
4. Concertar citas.
5. Pedir pizza para la cena.

a. 1, 2, 3 y 5
b. 1, 2 y 4
c. 1, 2, 3, 4 y 5
d. 1, 2, 3 y 4

SCP2. 8
Para determinar el lugar principal de negocios, las actividades realizadas deben ser relativas.

a. Verdadero
b. Falso

SCP2. 9
El Formulario 8829 tiene 2 categorías de gastos, indirectos y directos.

a. Verdadero
b. Falso

SCP2. 10
¿Cuál de los siguientes no es un gasto deducible en el Anexo C?

a. Teléfono
b. Depreciación
c. Contribuciones caritativas
d. Reparaciones que no agregan valor a la propiedad

Parte 2 Respuestas a las preguntas de repaso

SCP2.1
¿Qué formulario federal se utiliza con el Anexo C para reportar los gastos de la oficina en el hogar?

a. Formulario 2106
b. Formulario 8829
c. Formulario 4562
d. Formulario 8889

Comentarios: Revise la sección *Formulario 8829: Oficina en casa.*

SCP2.2
¿Cuál de los siguientes no es un punto culminante importante del nuevo método federal de opción simplificada?

a. Deducción estándar de $15 por pie cuadrado de casa utilizada para negocios, con un máximo de 300 pies cuadrados.
b. Deducciones detalladas permitidas relacionadas con el hogar reclamadas en su totalidad en el Anexo A.
c. No hay deducción por depreciación de la vivienda o recuperación posterior de la depreciación para los años en que se utiliza la opción simplificada.
d. Deducción estándar de $5 por pie cuadrado de casa utilizada para negocios, con un máximo de 300 pies cuadrados.

Comentarios: Revise la sección *Opción simplificada para la deducción de la oficina en casa.*

SCP2.3
¿Cuál de los siguientes no se utiliza para calcular el costo de los bienes?

a. Inventario inicial y final
b. Millaje del vehículo
c. Costo de mano de obra
d. Materiales

Comentarios: Revise la sección *Anexo C, Parte III, Costo de los bienes vendidos.*

SCP2.4
¿Cuál de los siguientes no se utiliza para calcular el costo de los bienes?

a. Costo de mano de obra
b. Materiales y suministros
c. Solo inventario final
d. Deudas incobrables

Comentarios: Revise la sección *Anexo C, Parte III, Costo de los bienes vendidos.*

SCP2.5
¿Cuál de las siguientes es una opción simplificada para la deducción de la oficina en casa?

a. Deducción estándar de $5 por pie cuadrado con un máximo de 300 pies cuadrados.
b. Reclamar una deducción por desprecio de vivienda en el Formulario 8829.
c. Todas las deducciones detalladas relacionadas con el hogar se reclaman en el Anexo C.
d. Concertar citas de negocios.

Comentarios: Revise la sección *Opción simplificada para la deducción de la oficina en casa.*

SCP2.6
¿Cuál de las siguientes no es una opción simplificada para la deducción de la oficina en casa?

a. Deducción estándar de $5 por pie cuadrado con un máximo de 300 pies cuadrados.
b. No puede reclamar una deducción por desprecio de vivienda.
c. Todas las deducciones detalladas relacionadas con el hogar se reclaman en el Anexo A.
d. Facturación de clientes, clientes o pacientes.

Comentarios: Revise la sección *Opción simplificada para la deducción de la oficina en casa.*

SCP2. 7
¿Cuáles de las siguientes son actividades administrativas o de gestión?

1. Facturación de clientes, clientes o pacientes.
2. Llevar libros y registros.
3. Pedido de suministros.
4. Concertar citas.
5. Pedir pizza para la cena.

a. 1, 2, 3 y 5
b. 1, 2 y 4
c. 1, 2, 3, 4 y 5
d. 1, 2, 3 y 4

Comentarios: Revisar la sección *Actividades Administrativas o de Gestión.*

SCP2. 8
Para determinar el lugar principal de negocios, las actividades realizadas deben ser relativas.

a. Verdadero
b. Falso

Comentarios: Sección de revisión *Lugar principal de negocios.*

SCP2. 9
El Formulario 8829 tiene 2 categorías de gastos, indirectos y directos.

a. **Verdadero**
b. Falso

Comentarios: Revise la sección *Gastos*.

SCP2. 10
¿Cuál de los siguientes no es un gasto deducible en el Anexo C?

a. Teléfono
b. Depreciación
c. **Contribuciones caritativas**
d. Reparaciones que no agregan valor a la propiedad

Comentarios: Revise la sección *Gastos*.

Parte 3 Ingresos comerciales calificados

Ingresos comerciales calificados (QBI)

La deducción de ingresos comerciales calificados (QBI) es una deducción de impuestos que permite a los propietarios elegibles de trabajadores por cuenta propia y pequeñas empresas deducir hasta el 20% de sus ingresos comerciales calificados en la declaración de impuestos. El ingreso imponible total de los contribuyentes para 2022 debe ser inferior a $170,100 para todos los declarantes, excepto los casados que presentan una declaración conjunta. Los ingresos de los contribuyentes en conjunto deben ser inferiores a $340,100 para calificar.

El ingreso comercial calificado (QBI) es el monto neto de ingresos, ganancias, deducciones y pérdidas con respecto a cualquier negocio calificado del contribuyente. Los elementos calificados de ingresos, deducción de ganancias y pérdidas incluyen elementos que están efectivamente conectados con la operación de un comercio o negocio estadounidense y se incluyen en la determinación de los ingresos imponibles de la empresa para el año fiscal.

La Sección 199A de Deducción de Ingresos Comerciales Calificados, promulgada como parte de la Ley de Empleos y Reducción de Impuestos en 2017, estaba destinada a proporcionar un beneficio fiscal a las empresas más pequeñas en respuesta a la gran disminución en la tasa del impuesto para corporaciones C del 35% al 21%.

El paso inicial para calcular la deducción de la Sección 199A comienza con la determinación del QBI, que se determina por separado para cada una de las empresas calificadas del contribuyente. Ciertos elementos de inversión están exceptuados de QBI, incluidas las ganancias y pérdidas de capital a corto y largo plazo, los dividendos y los ingresos por intereses que no se asignan adecuadamente a una operación o negocio. QBI tampoco incluye pagos de compensación razonable a un contribuyente por servicios prestados a una empresa calificada, pagos garantizados a un socio por servicios prestados a una empresa y, en la medida prevista en los reglamentos, un pago de la Sección 707 (a) a un socio por servicios prestados a la empresa (Sección 199A (c)).

20% de deducción para un comercio o negocio calificado de transferencia

El monto combinado de QBI sirve como marcador de posición: es el monto de la deducción de la Sección 199A antes de considerar una limitación general final. Bajo esta limitación general, la deducción QBI de un contribuyente se limita al 20% del ingreso imponible del contribuyente que exceda cualquier ganancia neta de capital. El monto QBI combinado es la suma de los montos QBI deducibles para cada uno de los negocios calificados del contribuyente. El monto deducible de QBI de un negocio calificado es generalmente el 20% de su QBI, pero el monto deducible de QBI puede estar limitado cuando el negocio es un comercio o negocio de servicios específico o por una limitación salarial y de capital. Véase el artículo 199A(b).

El cálculo de la deducción de la Sección 199A de un contribuyente depende de si el ingreso imponible del contribuyente está por debajo de un umbral de ingreso imponible más bajo ($170,100, o $340,100 si presenta una declaración conjunta). Al calcular los ingresos imponibles para este propósito, se ignora la deducción de la Sección 199A.

Si un contribuyente tiene ingresos por debajo del umbral más bajo, calcular la deducción de la Sección 199A es sencillo. El contribuyente primero calcula el monto QBI deducible para cada negocio calificado y combina los montos QBI deducibles para determinar el monto QBI combinado. Si el contribuyente tiene solo un negocio calificado, el monto QBI combinado es el monto QBI deducible para ese negocio. Luego, el contribuyente aplica la limitación general de ingresos imponibles al QBI combinado. Por lo tanto, la deducción Sec. 199A del contribuyente es igual al menor de la cantidad combinada de QBI o la limitación general (20% × ingreso imponible del contribuyente en exceso de cualquier ganancia neta de capital).

Problemas en el cálculo de la deducción

Si el contribuyente tiene ingresos imponibles por encima del monto del umbral más alto, surgen dos problemas en el cálculo de la deducción Sec. 199A. Primero, un negocio del contribuyente no será tratado como un negocio calificado, y los ingresos del negocio del contribuyente no se incluirán en QBI si el negocio cumple con la definición de un comercio o negocio de servicios específico (ver más abajo). Por lo tanto, la deducción de la Sección 199A será denegada en su totalidad para el negocio. En segundo lugar, si una empresa es una empresa calificada (es decir, no es un comercio o negocio de servicios específico), el monto deducible de QBI para la empresa está sujeto a una limitación salarial y de capital W-2. Los contribuyentes con ingresos imponibles que superan el monto de eliminación gradual no pueden usar la deducción de la Sección 199A para los ingresos comerciales que son un comercio o negocio de servicios específico.

Comercio o negocio de servicios especificados

Un comercio o negocio de servicios especificado se define en la Sección 199A(d)(2) como "cualquier comercio o negocio que se describe en la sección 1202 (e)(3)(A) (aplicado sin tener en cuenta las palabras 'ingeniería, arquitectura') ... o que implique la prestación de servicios que consistan en invertir y administrar inversiones, negociar o negociar valores (como se define en la Sección 475(c)(2)), intereses de sociedades o productos básicos (como se define en la Sección 475(e)(2))".

El artículo 1202(e)(3)(A) define un "comercio o negocio calificado" como:

> "... cualquier comercio o negocio que implique la prestación de servicios en los campos de la salud, el derecho, la ingeniería, la arquitectura, la contabilidad, las ciencias actuariales, las artes escénicas, la consultoría, el atletismo, los servicios financieros, los servicios de corretaje, o cualquier comercio o negocio donde el activo principal de dicho comercio o negocio sea la reputación o habilidad de 1 o más de sus empleados o propietarios.

Por lo tanto, los oficios o negocios de servicios (por ejemplo, ingeniería, arquitectura, fabricación, etc.) que no son oficios o negocios de servicios especificados son elegibles para la deducción independientemente del ingreso imponible del contribuyente, pero las empresas que brindan servicios específicos (por ejemplo, derecho, contabilidad, consultoría, administración de inversiones, etc.) de contribuyentes que tienen ingresos imponibles por encima del límite más alto del umbral de ingresos imponibles están excluidos de la deducción.

Contribuyentes con ingresos por encima del umbral

Si un contribuyente tiene ingresos imponibles por encima del umbral de ingresos imponibles más alto y posee un negocio que no es un comercio o negocio de servicios específico, el monto deducible de QBI para el negocio está sujeto a una limitación basada en los salarios o el capital W-2 (el capital aquí se mide como la base no ajustada de ciertos activos comerciales) (Sec. 199A (b) (2) (B)). El monto deducible de QBI para el negocio es igual al *menor* de 20% del QBI del negocio o el *mayor* de 50% de los salarios W-2 para el negocio o 25% de los salarios W-2 más 2.5% de la base no ajustada del negocio en toda propiedad calificada. Por lo tanto, dos limitaciones alternativas bajo la Sección 199A(b)(2) pueden limitar el monto QBI deducible para cada negocio que se incluye en el monto QBI combinado de un contribuyente (una prueba salarial pura del 50% o una prueba combinada de salario y capital del 25%).

QBI y el W-2

Los salarios W-2 son salarios totales sujetos a retención de salarios, aplazamientos electivos y compensación diferida pagados durante el año fiscal que son atribuibles a QBI (Sec. 199A (b) (4)). Sin embargo, los montos no incluidos correctamente en una declaración presentada ante la Administración del Seguro Social en o antes del día 60 después de la fecha de vencimiento (incluidas las extensiones) para esa declaración no se incluyen (Sec. 199A (b) (4) (C)). Se requiere que la parte asignable de un socio de los salarios W-2 se determine de la misma manera que la parte del socio de los gastos salariales.

QBI y Propiedad

La base de la propiedad calificada se calcula como la base no ajustada inmediatamente después de la adquisición de esa propiedad. La propiedad calificada es propiedad tangible o depreciable que estaba en poder y disponible para su uso en el negocio al cierre del año fiscal, o se utilizó en la producción de QBI en cualquier momento durante el año y el "período depreciable" no ha terminado antes del cierre del año fiscal (Sec. 199A (b) (6)).

El período depreciable comienza en la fecha en que la propiedad se pone en servicio por primera vez y finaliza el último día del último año completo del período de recuperación aplicable bajo la Sección 168 (sin tener en cuenta la Sección 168 (g)) o 10 años después de la fecha de inicio, lo que ocurra más tarde. Esta regla permite que la "propiedad calificada" incluya la propiedad que ha agotado su período de depreciación del sistema de recuperación acelerada de costos (MACRS) modificado si todavía está en sus primeros 10 años de servicio. El estatuto ordena al Tesoro que establezca normas contra el abuso para evitar la manipulación del período depreciable de los bienes calificados mediante transacciones con partes vinculadas y para determinar la base no ajustada inmediatamente después de la adquisición de bienes calificados en intercambios similares y conversiones involuntarias.

Descalificador de comercio de servicios

Un contribuyente potencialmente pierde la totalidad o parte de la deducción de la Sección 199A si el ingreso imponible aumenta demasiado y el ingreso proviene de un negocio de servicios específico. Los importes de la eliminación gradual de los ingresos son los siguientes (ajustados para tener en cuenta la inflación en 2022):

➢ Todos los demás	\$170,050 - \$220,050 eliminación parcial de la Sección 199A
	\$220,051 + eliminación completa de la Sección 199A
➢ MFJ	\$340,100 - \$440,100 eliminación parcial de la Sección 199A
	\$440,101+ eliminación completa de la Sección 199A

Un contribuyente potencialmente pierde la totalidad o parte de la deducción de la Sección 199A si el ingreso imponible aumenta demasiado y el ingreso proviene de un negocio de servicios específico. Esto incluye "campos de salud, derecho, contabilidad, ciencias actuariales, artes escénicas, consultoría, atletismo, servicios financieros, servicios de corretaje o cualquier comercio o negocio donde el activo principal de la empresa sea la reputación o habilidad de uno o más de sus empleados o propietarios".

Las ganancias de los contribuyentes por debajo del monto umbral podrían calificar para la deducción de la Sección 199A, incluso si los ingresos provienen de un negocio de servicios específico.

➢ Todas las demás	< \$170,050
➢ MFJ	< \$340,100

Las ganancias de los contribuyentes por encima del monto umbral califican para una cantidad menor o para ninguna de las deducciones de la Sección 199A.

➢ Solteros	\$220,051+
➢ MFJ	\$440,101+

La terminología "dentro de Estados Unidos" significa que los contribuyentes solo reciben la deducción del 20% sobre los ingresos comerciales obtenidos exclusivamente en Estados Unidos y sobre los ingresos por alquiler de propiedades ubicadas dentro de Estados Unidos. El contribuyente solo cuenta los salarios W-2 para negocios o bienes raíces ubicados dentro de EE. UU. Si la propiedad depreciable figura en la fórmula, la propiedad debe estar ubicada dentro de EE. UU. Por lo tanto, si un empresario tiene ingresos comerciales calificados dentro y fuera de Estados Unidos, separe los dos antes de calcular la deducción de la Sección 199A.

Entidades de paso

La deducción de transferencia está disponible independientemente del método de deducción que se elija: deducción detallada o estándar. La deducción no puede exceder el 20% del exceso del ingreso imponible de un contribuyente sobre la ganancia neta de capital. Si QBI es menor que cero, se trata como una pérdida de un negocio calificado en el año siguiente.

Para las entidades de transferencia que no sean empresas unipersonales, la deducción no puede exceder cualquiera de los siguientes que sea mayor:

- 50% de los salarios W-2 con respecto al comercio o negocio calificado ("límite salarial W-2").
- La suma del 25% de los salarios W-2 pagados con respecto al comercio o negocio calificado *más* 2. 5% de la base no ajustada de todos los "bienes calificados" inmediatamente después de la adquisición.

La propiedad calificada es cualquier propiedad tangible y depreciable que está en poder y disponible para su uso en un comercio o negocio calificado.

Para una sociedad colectiva o corporación S, se trata de que cada socio o accionista tiene salarios W-2 para el año fiscal en una cantidad igual a su parte asignable de los salarios W-2 de la entidad para el año fiscal. La parte asignable de un socio o accionista de los salarios W-2 se determina de la misma manera que la parte asignable del socio o accionista de los gastos salariales. Para una corporación S, una acción asignable es la participación prorrateada del accionista de un artículo. Sin embargo, el límite salarial W-2 comienza a eliminarse gradualmente en el caso de un contribuyente con ingresos imponibles superiores a $340,100 para personas casadas que presentan una declaración conjunta ($170,050 para otras personas). La aplicación del límite salarial W-2 se introduce gradualmente para las personas con ingresos imponibles que exceden los umbrales.

Visión general del artículo 199A

Para obtener los ahorros, el propietario de un negocio puede querer hacer cambios operativos, legales y contables a principios de año.

Los tres conceptos principales con la deducción del artículo 199A son los siguientes:

- Beneficia a las siguientes "entidades de transferencia":
  - Empresas unipersonales
  - Asociaciones colectivas
  - Corporaciones S
  - Fideicomisos de inversión inmobiliaria (REIT)
  - Cooperativas calificadas
- Protege los ingresos imponibles que de otro modo se gravarían como ingresos ordinarios sujetos a las tasas impositivas individuales más altas.
- Cuanto mayor sea el beneficio, más complejas serán las reglas.

Informes e impuestos del Formulario 1099-K, tarjetas de pago y transacciones de red de terceros

Las organizaciones de liquidación de terceros cobran una tarifa por ser el facilitador de la transacción. Los requisitos de presentación de informes son de 600 dólares o más.

A partir del 1 de enero de 2022, los proveedores de pagos externos deben comenzar a reportar al IRS transacciones comerciales por un total de $600 o más, (ARPA sección 9674 (a); Sección 6050W(e)del IRC). Esta nueva disposición está destinada a aplicar transacciones solo para bienes y servicios, pero un contribuyente individual puede recibir un 1099-K para una transacción personal no imponible. ¿Cómo determinan las nuevas pautas de presentación de informes lo que es comercial y personal?

Cuando una persona configura su aplicación de transacciones de red de terceros, como PayPal, Zelle, Venmo, etc., elige una cuenta personal o comercial. Cuando se realiza un pago a un perfil personal, el pagador podría etiquetar esa transacción como pago por bienes y servicios, lo que se determinaría como una transacción comercial y, sin embargo, podría ser un pago personal por bienes y servicios.

Crédito de retención de empleados

Un empleador puede calificar para un impuesto de empleo reembolsable equivalente al 50% de los salarios calificados. El empleador elegible que paga a los empleados después del 21 de marzo de 2020 y antes del 3 al 1 de diciembre de 2021, puede calificar para el Crédito de Retención de Empleados. El crédito es del 50% de los salarios de los empleados hasta $10,000 por empleado. Para recibir el dinero reembolsado, el empleador deberá presentar el Formulario 7200, *Adelanto de créditos del empleador debido a COVID-19.* Este crédito ha expirado, pero el contribuyente aún puede enmendar su declaración de impuestos de 2021 y 941. Vea las Instrucciones del Formulario 7200.

Mantenimiento de registros

Esta sección cubrirá el mantenimiento de registros básicos para todas las declaraciones comerciales. Un profesional de impuestos debe enfatizar a sus clientes la importancia de mantener registros y mantener separadas las cuentas comerciales y personales. Si un contribuyente tiene una pérdida en su declaración de negocios, recuérdele al contribuyente las reglas de pasatiempos. El contribuyente no quiere perder las deducciones de gastos debido a un mantenimiento deficiente de los registros; Aquí es donde el profesional de impuestos debe pasar tiempo con sus clientes para educarlos sobre cómo rastrear los ingresos y gastos. Un buen sistema de mantenimiento de registros incluye un resumen de todas las transacciones comerciales. Estas transacciones en libros se denominan diarios y libros de contabilidad y se pueden mantener electrónicamente o como copias impresas (papel). Si se mantienen registros en papel, deben ser encerrados. Los registros electrónicos deben ser respaldados en caso de un bloqueo de la computadora y deben estar protegidos con contraseña.

Beneficios del mantenimiento de registros

Todos en los negocios deben mantener registros apropiados y precisos. El mantenimiento de registros ayudará al contribuyente a:

- Monitorear el progreso de su negocio.
- Prepare un estado financiero preciso.
- Clasificar recibos.
- Realice un seguimiento de los gastos comerciales deducibles.
- Preparar la declaración de impuestos.
- Apoyar los ingresos y gastos reportados en la declaración de impuestos.

Los registros muestran al contribuyente si el negocio está mejorando, qué artículos se venden mejor y perspectivas para aumentar el éxito del negocio. Los registros son necesarios para preparar estados financieros precisos, que incluyen ganancias y pérdidas, balances y cualquier otro estado financiero.

Los contribuyentes deben identificar los recibos en el momento de la compra. Es más fácil adquirir el hábito de rastrear los recibos cuando se reciben en lugar de tratar con ellos al preparar la declaración de impuestos. Un profesional de impuestos debe enseñar a los clientes cómo identificar y rastrear recibos.

Tipos de registros que debe mantener

El contribuyente debe elegir el sistema de mantenimiento de registros que sea mejor para su negocio. El sistema debe coincidir con el método contable del año fiscal del contribuyente. El sistema de mantenimiento de registros debe incluir un resumen de todas las transacciones comerciales del contribuyente. Por ejemplo, el mantenimiento de registros debe mostrar el ingreso bruto, así como las deducciones y créditos para el negocio. Se debe mantener la documentación de respaldo para transacciones consistentes, como compras, ventas y nómina. Es importante conservar la documentación que respalde las entradas en el diario, los libros mayores y la declaración de impuestos. Los registros de gastos de viaje, transporte y regalos caen bajo reglas específicas de mantenimiento de registros. Para obtener más información, consulte la Publicación 463. También hay registros específicos de impuestos de empleo que el empleador debe mantener. Vea la Publicación 51 (Circular A).

Los activos utilizados en los negocios pueden ser propiedad, como maquinaria y equipo utilizados para realizar negocios. Los registros del activo se utilizan para calcular la depreciación y la ganancia o pérdida cuando se vende el activo. Los registros deben mostrar la siguiente información:

- Cuándo y cómo se adquirió el activo comercial.
- El precio de compra del activo comercial.
- El costo de cualquier mejora comercial.
- Deducción del artículo 179.
- Deducciones comerciales tomadas por depreciación.
- Deducciones comerciales tomadas por pérdidas por accidentes, como pérdidas resultantes de incendios, tormentas o desastres naturales.
- Cómo se utilizó el activo empresarial.
- Cuándo y cómo se eliminó el activo comercial.
- El precio de venta del activo o del negocio.
- El gasto del activo comercial.

Los siguientes son ejemplos de registros que pueden mostrar la información de la lista anterior:

- Facturas comerciales de compra y venta.
- Compra de negocios de declaraciones de cierre de bienes raíces (HUD-1).
- Cheques comerciales cancelados.
- Los extractos bancarios de una empresa.

Mantenimiento de registros

Los registros de impuestos deben mantenerse según sea necesario para la administración de cualquier disposición del Código de Rentas Internas. Se deben mantener registros comerciales que respalden un elemento de ingreso o deducción que aparezca en la declaración hasta que finalice el período de limitaciones. Generalmente, ese marco de tiempo es un período de 3 años, aunque ciertos registros deben mantenerse por más de 3 años.

Los registros de empleo deben conservarse durante al menos 4 años después de la fecha en que el impuesto se devenga o se pague. Los registros que pertenecen a activos tales como la propiedad deben mantenerse si el contribuyente posee el activo comercial. Otros acreedores, como una compañía de seguros, pueden requerir que los registros comerciales se mantengan por más tiempo que el IRS.

Parte 3 Preguntas de repaso

Para obtener el máximo beneficio de este capítulo, LTP recomienda que complete cada una de las siguientes preguntas y luego las compare con las respuestas con los comentarios que siguen inmediatamente. Bajo los estándares de autoestudio vigentes, los proveedores deben presentar preguntas de revisión intermitentemente a lo largo de cada curso de autoestudio.

Estas preguntas y explicaciones no son parte del examen final y no serán calificadas por LTP.

SCP3.1
Jade comenzó un nuevo negocio en 2022. ¿Cuál de los siguientes no se considera ingreso de trabajo por cuenta propia?

a. Ingresos del Anexo E
b. Ingresos del Anexo F
c. Ingresos del Anexo C
d. Ingresos por salarios

SCP3.2
¿Cuál de las siguientes opciones elige el sistema de mantenimiento de registros?

a. Contribuyente
b. Servicio de Impuestos Internos
c. Junta de Impuestos de Franquicias
d. Banquero del contribuyente

SCP3.3
¿Cuál de las siguientes opciones describe mejor cuánto tiempo mantener registros?

a. Los registros de empleo deben mantenerse durante al menos 6 años.
b. Se deben mantener registros comerciales si aparece un elemento de ingreso o deducción en la declaración de impuestos.
c. Los registros comerciales que pertenecen a la propiedad deben mantenerse durante al menos 10 años.
d. El software de computadora que se compró para el negocio no necesita ser guardado.

SCP3. 4
¿Cuál es la eliminación gradual de QBI inicial para el contribuyente de MFJ?

a. $ 170.100
b. $ 340.100
c. $ 220.050
d. $ 440.100

SCP3. 5
¿Cuál es la eliminación inicial de QBI para todos los declarantes?

a. $ 170.100
b. $ 340.100
c. $ 220.050
d. $ 440.100

SCP3. 6
¿Cuál es la eliminación máxima de QBI para todos los declarantes?

a. $ 170.100
b. $ 340.100
c. $ 220.050
d. $ 440.100

SCP3. 7
¿Cuál es la eliminación máxima de QBI para MFJ?

a. $ 170.100
b. $ 340.100
c. $ 220.050
d. $ 440.100

SCP3. 8
Un contribuyente que usa aplicaciones de efectivo para comprar artículos recibirá el Formulario 1099-K si sus transacciones son ¿qué cantidad?

a. $ 400
b. $ 600
c. $ 800
d. $1,000

SCP3. 9
¿Qué Ley del Congreso revirtió el Aviso del IRS 2020-32?

a. Ley Adicional de Respuesta y Alivio del Coronavirus
b. Programa de Protección de Cheques de Pago
c. Ley de Asignaciones Consolidadas
d. Ley del Plan de Rescate Americano

SCP3. 10
¿Qué Ley del Congreso creó la Subvención del Fondo de Revitalización de Restaurantes?

a. Ley Adicional de Respuesta y Alivio del Coronavirus
b. Crédito de retención de empleados
c. Ley de Asignaciones Consolidadas
d. Ley del Plan de Rescate Americano

Parte 3 Respuestas a las preguntas de repaso

SCP3.1
Jade comenzó un nuevo negocio en 2022. ¿Cuál de los siguientes no se considera ingreso de trabajo por cuenta propia?

a. Ingresos del Anexo E
b. Ingresos del Anexo F
c. Ingresos del Anexo C
d. Ingresos por salarios

Comentarios: Revise la sección *Anexo C, Parte I, Ingresos.*

SCP3.2
¿Cuál de las siguientes opciones elige el sistema de mantenimiento de registros?

a. Contribuyente
b. Servicio de Impuestos Internos
c. Junta de Impuestos de Franquicias
d. Banquero del contribuyente

Comentarios: Revise la sección *Tipos de registros que se deben conservar.*

SCP3.3
¿Cuál de las siguientes opciones describe mejor cuánto tiempo mantener registros?

a. Los registros de empleo deben mantenerse durante al menos 6 años.
b. Se deben mantener registros comerciales si aparece un elemento de ingreso o deducción en la declaración de impuestos.
c. Los registros comerciales que pertenecen a la propiedad deben mantenerse durante al menos 10 años.
d. El software de computadora que se compró para el negocio no necesita ser guardado.

Comentarios: Revise la sección *Cuánto tiempo mantener los registros.*

SCP3. 4
¿Cuál es la eliminación gradual de QBI inicial para el contribuyente de MFJ?

a. $ 170.100
b. $ 340.100
c. $ 220.050
d. $ 440.100

Comentarios: Sección de revisión *Ingresos comerciales calificados.*

SCP3. 5
¿Cuál es la eliminación inicial de QBI para todos los declarantes?

a. **$ 170.100**
b. $ 340.100
c. $ 220.050
d. $ 440.100

Comentarios: Sección de revisión *Ingresos comerciales calificados*.

SCP3. 6
¿Cuál es la eliminación máxima de QBI para todos los declarantes?

a. $ 170.100
b. $ 340.100
c. $ 220.050
d. **$ 440.100**

Comentarios: Sección de revisión *Ingresos comerciales calificados*.

SCP3. 7
¿Cuál es la eliminación máxima de QBI para MFJ?

a. $ 170.100
b. $ 340.100
c. **$ 220.050**
d. $ 440.100

Comentarios: Sección de revisión *Ingresos comerciales calificados*.

SCP3. 8
Un contribuyente que usa aplicaciones de efectivo para comprar artículos recibirá el Formulario 1099-K si sus transacciones son ¿qué cantidad?

a. $ 400
b. **$ 600**
c. $ 800
d. $1,000

Comentarios: Sección de revisión *Ingresos comerciales calificados*.

SCP3. 9
¿Qué Ley del Congreso revirtió el Aviso del IRS 2020-32?

a. Ley Adicional de Respuesta y Alivio del Coronavirus
b. Programa de Protección de Cheques de Pago
c. **Ley de Asignaciones Consolidadas**
d. Ley del Plan de Rescate Americano

Comentarios: Revise la sección *Programa de protección de cheques de pago*.

SCP3. 10
¿Qué Ley del Congreso creó la Subvención del Fondo de Revitalización de Restaurantes?

a. Ley Adicional de Respuesta y Alivio del Coronavirus
b. Crédito de retención de empleados
c. Ley de Asignaciones Consolidadas
d. Ley del Plan de Rescate Americano

Comentarios: Sección de revisión de *subvenciones del Fondo de Revitalización de Restaurantes*.

Aportes

Los ingresos comerciales se derivan de una multitud de fuentes que utilizan los Anexos C, E y F. La forma en que se calculan los ingresos comerciales y qué deducciones y gastos se reportan puede variar según el tipo de negocio, el método contable utilizado y muchas otras consideraciones. Es fundamental que el profesional de impuestos esté familiarizado con los conceptos al preparar declaraciones comerciales. Hay cuatro errores tributarios comunes para los contribuyentes comerciales:

1. No pagar suficiente impuesto estimado.
2. Depositar los impuestos sobre el empleo.
3. Presentación tardía de declaraciones de impuestos y nóminas.
4. No separar los gastos comerciales y personales.

Consulte las Publicaciones 15, 505, 535 y la Circular E para obtener más información.

TEST YOUR KNOWLEDGE!
Go online to take a practice quiz.

Capítulo 10 Anexo E

Introducción

El ingreso por alquiler es cualquier pago recibido por el uso u ocupación de bienes inmuebles o bienes personales. El pago que se recibe está sujeto a impuestos para el contribuyente y generalmente se reporta en el Anexo E. Cada Anexo E puede reportar tres propiedades. Si el contribuyente tiene más de tres propiedades, se usaría el Anexo E adicional. El Anexo E no se utiliza para reportar ingresos y gastos personales. El contribuyente no debe usar el Anexo E para reportar el alquiler de bienes personales que no son un negocio. Para reportar otros ingresos, use el Anexo 1, líneas 8 – 24b.

Objetivos

Al final de esta lección, el estudiante podrá:

- Conocer los tipos de ingresos reportados en el Anexo E.
- Darse cuenta de la diferencia entre reparaciones y mejoras.
- Reconozca dónde encontrar la tabla de depreciación de la propiedad de alquiler.

Recursos

Formulario 1040 Formulario 4562 Formulario 4797 Formulario 6198 Formulario 8582 Anexo E	Publicación 17 Publicación 527 Publicación 534 Publicación 544 Publicación 925 Publicación 946	Instrucciones Formulario 1040 Instrucciones Formulario 4562 Instrucciones Formulario 4797 Instrucciones Formulario 6198 Instrucciones Formulario 8582 Instrucciones para el Anexo E Temas fiscales 414, 415, 425, 704

Parte I Reporte de ingresos por alquiler

Si el contribuyente alquila edificios, habitaciones o apartamentos y proporciona calefacción y electricidad, recolección de basura, etc., el contribuyente debe reportar los ingresos y gastos en la Parte I del Anexo E. No utilice el Anexo E para reportar sobre una actividad sin fines de lucro.

Si el contribuyente proporcionó servicios significativos principalmente para la conveniencia del inquilino, como limpieza regular, cambio de ropa de cama o servicio de limpieza, el contribuyente reporta los ingresos y gastos de alquiler en el Formulario 1040, Anexo E, *Ingresos y pérdidas suplementarios.* Los servicios significativos no incluyen el suministro de calefacción y luz, limpieza de áreas públicas, recolección de basura, etc. Si el contribuyente proporciona servicios significativos, el contribuyente puede tener que pagar el impuesto sobre el trabajo por cuenta propia sobre los ingresos.

Contenido

Tipos de ingresos por alquiler

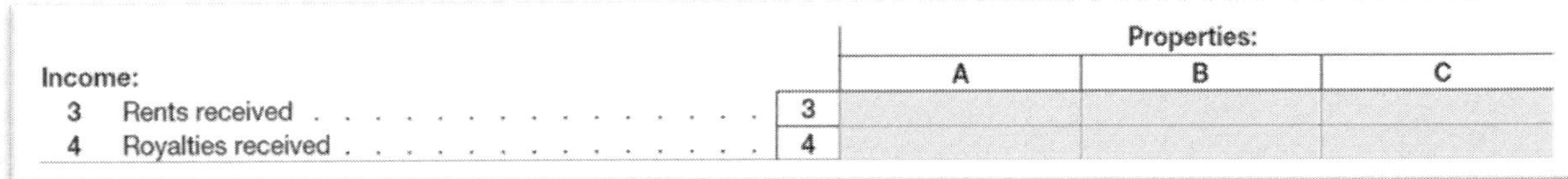

Income:		Properties: A	B	C
3 Rents received	3			
4 Royalties received	4			

Parte del Anexo E

El efectivo o el valor justo de mercado de la propiedad recibida por el uso de bienes raíces o bienes personales es un ingreso de alquiler imponible. Las personas que operan sobre la "base de efectivo" reportan sus ingresos de alquiler como ingresos cuando se reciben de manera constructiva y deducen los gastos a medida que se pagan. Además del alquiler normal, muchas otras cosas pueden considerarse alquiler.

Alquiler anticipado

El alquiler anticipado es cualquier cantidad cobrada por el contribuyente antes del momento en que vence. Estos ingresos se declaran en el año en que el contribuyente los recibe, independientemente del método contable y cuándo se debieron los ingresos.

Ejemplo: El 18 de marzo de 2022, Matthew firmó un contrato de arrendamiento de 10 años para alquilar la propiedad de Martha. Durante 2022, Martha recibió $9,600 por el alquiler del primer año y $9,600 como alquiler por el último año del contrato de arrendamiento. Martha debe incluir $19,200 como ingresos por alquiler en 2022 ($9,600 + $9,600 = $19,200).

Cancelar un contrato de arrendamiento

Si el inquilino pagó al propietario para rescindir el contrato de arrendamiento, la cantidad recibida se considera alquiler. El importe pagado por el inquilino se incluye en el año recibido, independientemente del método contable.

Gastos pagados por el inquilino

Si el ocupante paga alguno de los gastos del propietario, los pagos son ingresos por alquiler. El contribuyente debe incluirlos como ingresos y puede deducir los gastos de alquiler si son deducibles.

Ejemplo: Anet paga la factura de agua y alcantarillado de la propiedad de alquiler de Fernando y deduce el monto de su pago de alquiler. Bajo sus términos del contrato de arrendamiento, Anet no está obligada a pagar esas facturas. Fernando deduciría la cantidad que Anet pagó por la factura de agua y alcantarillado como gasto de servicios públicos e incluiría la cantidad como ingreso por alquiler.

Propiedad o Servicios (en lugar de alquiler)

Si el contribuyente recibe propiedad o servicios como alquiler en lugar de dinero, el valor justo de mercado de la propiedad o servicio se incluye como ingreso por alquiler.

Ejemplo: A Lynn le gusta pintar y es la inquilina de Leonard. Lynn se ofrece a pintar la propiedad de alquiler en lugar de pagar dos meses de alquiler. Leonard acepta la oferta. Leonard incluirá en sus ingresos de alquiler la cantidad que Lynn habría pagado por dos meses de alquiler. Leonard puede deducir la misma cantidad que se incluyó como alquiler como gasto de alquiler.

Depósitos de seguridad

No incluya un depósito de seguridad como ingreso cuando se reciba si el propietario lo devuelve al final del contrato de arrendamiento. Si el propietario mantiene parte o la totalidad del depósito de seguridad durante cualquier año porque el inquilino no cumplió con los términos del contrato de arrendamiento, el propietario debe incluir el monto en los ingresos de ese año. Si se va a utilizar un depósito de seguridad como pago final del alquiler, es un alquiler anticipado. El contribuyente lo incluiría en los ingresos en el año recibido.

Propiedad de alquiler también utilizada como hogar

Si el contribuyente alquiló su residencia principal por menos de 15 días al año, no incluya el alquiler recibido como ingreso. Los gastos de alquiler tampoco son deducibles.

Valor justo de alquiler de una parte del edificio utilizado como vivienda

El valor justo de alquiler de la propiedad es una cantidad que una persona que no está relacionada con el propietario estaría dispuesta a pagar por el uso del alquiler. Si cualquier parte del edificio o estructura es ocupada por el contribuyente para uso personal, el ingreso bruto de alquiler incluye el valor justo del alquiler de la parte ocupada para uso personal. Véase la Publicación 946, *Propiedad de alquiler residencial*.

Alquiler de habitaciones

Si un contribuyente alquila habitaciones de su vivienda habitual, los gastos que surjan de la actividad de alquiler deben ser ordinarios, necesarios y deducibles. Todos los ingresos están sujetos a impuestos. El contribuyente debe prorratear los gastos en función de los pies cuadrados de la habitación. Para obtener el porcentaje, tome todos los pies cuadrados de la casa y divídalos por los pies cuadrados de la habitación. Por ejemplo, la casa de Jenny es de 1,800 pies cuadrados, y la habitación que alquila es de 180 pies cuadrados. El porcentaje que usaría para deducir gastos es del 10%. 180/1.800 = 10%.

Interés parcial

Si el contribuyente es un propietario parcial en una propiedad de alquiler, el contribuyente debe reportar su porcentaje de los ingresos por alquiler de la propiedad.

Arrendamiento con opción de compra

Si el contrato de alquiler ofrece al inquilino el derecho a comprar la propiedad, los pagos recibidos en virtud del acuerdo se consideran ingresos por alquiler. Si el inquilino ejerce el derecho a comprar la propiedad, los pagos recibidos por el período posterior a la fecha de venta se consideran parte del precio de venta.

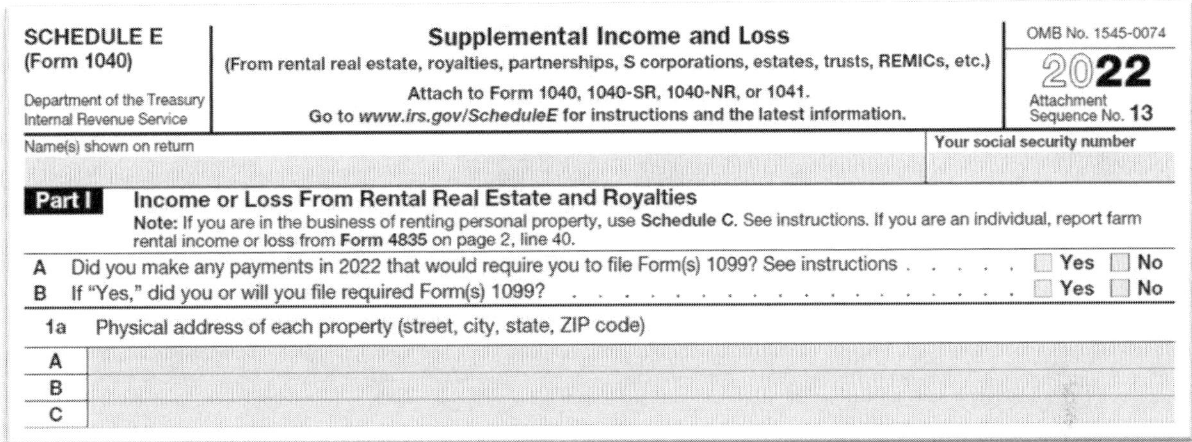

SCHEDULE E (Form 1040)
Department of the Treasury Internal Revenue Service

Supplemental Income and Loss
(From rental real estate, royalties, partnerships, S corporations, estates, trusts, REMICs, etc.)
Attach to Form 1040, 1040-SR, 1040-NR, or 1041.
Go to *www.irs.gov/ScheduleE* for instructions and the latest information.

OMB No. 1545-0074
2022
Attachment Sequence No. 13

Name(s) shown on return | Your social security number

Part I **Income or Loss From Rental Real Estate and Royalties**
Note: If you are in the business of renting personal property, use **Schedule C**. See instructions. If you are an individual, report farm rental income or loss from **Form 4835** on page 2, line 40.

A Did you make any payments in 2022 that would require you to file Form(s) 1099? See instructions . . . . . ☐ Yes ☐ No
B If "Yes," did you or will you file required Form(s) 1099? . . . . . ☐ Yes ☐ No

1a Physical address of each property (street, city, state, ZIP code)
A
B
C

Parte del Anexo E

Empresa conjunta calificada de marido y mujer (QJV)

Un esposo y una esposa no pueden ser propietarios únicos del mismo negocio. Si son copropietarios, son socios y deben presentar una declaración de sociedad colectiva en el Formulario 1065, *Declaración de ingresos de sociedad colectiva de EE. UU.* Pueden ser socios, pero "único" significa uno. Para propósitos de un negocio, el IRS no reconoce a los cónyuges como uno.

Si el contribuyente y el cónyuge participaron materialmente en el negocio como los únicos miembros de un negocio de propiedad y operación conjunta y presentan una declaración conjunta, pueden elegir ser gravados como una empresa conjunta calificada en lugar de una sociedad colectiva. En general, esta elección no aumenta el impuesto total sobre la declaración conjunta, pero otorga el crédito por los ingresos del seguro social de cada contribuyente. Si el Formulario 1065 se presentó para un año anterior, la sociedad colectiva termina el año inmediatamente anterior al año en que entra en vigencia la elección de la empresa conjunta.

Para hacer la elección, los contribuyentes deben dividir todos los ingresos y gastos, y presentar dos Anexos E separados. Una vez que se realiza la elección, solo se puede revocar con el permiso del IRS. La elección permanece vigente mientras los cónyuges se presenten como una empresa conjunta calificada. Si el contribuyente y el cónyuge no califican en un año, entonces el próximo año deberán rehacer el papeleo para convertirse en una empresa conjunta calificada.

Excepción de ingresos comunitarios

Si los cónyuges son dueños de un negocio no incorporado y viven en un estado, país extranjero o una posesión de Estados Unidos que tiene leyes de propiedad comunitaria, los ingresos y las deducciones se reportan de la siguiente manera:

1. Si solo uno de los cónyuges participa en el negocio, todos los ingresos de ese negocio son ganancias de trabajo por cuenta propia del cónyuge que llevó el negocio.
2. Si ambos cónyuges participan, los ingresos y las deducciones se asignan a los cónyuges en función de sus partes iguales.
3. Si uno o ambos cónyuges son socios en una sociedad colectiva, vea la Publicación 541.
4. Si el contribuyente y el cónyuge eligieron tratar el negocio como una empresa conjunta calificada, tanto el contribuyente como el cónyuge deben presentar un Anexo E y un Anexo SE separado.

Los estados de derecho de propiedad comunitaria son Arizona, California, Idaho, Luisiana, Nevada, Nuevo México, Texas, Washington y Wisconsin.

Tipos de propiedad

1b	Type of Property (from list below)	2 For each rental real estate property listed above, report the number of fair rental and personal use days. Check the QJV box only if you meet the requirements to file as a qualified joint venture. See instructions.		Fair Rental Days	Personal Use Days	QJV
A			A			☐
B			B			☐
C			C			☐

Type of Property:
1 Single Family Residence
2 Multi-Family Residence
3 Vacation/Short-Term Rental
4 Commercial
5 Land
6 Royalties
7 Self-Rental
8 Other (describe)

Parte del Anexo E

Al igual que determinar un estado civil, las propiedades de alquiler también deben clasificarse. Residencia unifamiliar significa cualquier edificio situado en un lote con una sola vivienda, y que no comparte ninguna pared común, cimientos u otra interconexión. Los tipos de residencias unifamiliares son casas móviles, casas y mansiones. Utilice el código 1 para estas estructuras.

La residencia multifamiliar es una clasificación de vivienda donde múltiples unidades de vivienda separadas para habitantes residenciales están contenidas dentro de un edificio. Esto incluye dúplex, tríplex, condominios y/o apartamentos. Utilice el código 2 para estas estructuras.

Los edificios comerciales incluyen oficinas, hoteles, centros comerciales, tiendas minoristas, etc. Utilice el código 4 para estas estructuras.

La tierra nunca se deprecia, pero la propiedad podría reportar ingresos por alquilar la tierra. Utilice el código 5 para este uso. Los elementos considerados ingresos por alquiler incluyen el alquiler de la tierra a un agricultor para cultivar; esto no se reportaría en el Anexo F, pero en el Anexo E. La base de la tierra es el precio determinado por el condado como valor de la tierra. También se encuentra en la declaración de propiedad.

Un pago de regalías es un ingreso derivado del uso de la propiedad del dueño. Debe estar relacionado con el uso de un derecho valioso. Un derecho valioso podría ser por ejemplo minerales preciosos (oro, plata, etc.) y petróleo crudo.

El auto alquiler es cuando el dueño de la propiedad alquila el negocio a su negocio. Esto se considera como participación material, por lo tanto, cualquier ingreso neto para la propiedad se considera no pasivo.

Tipos de gastos

	Expenses:				
5	Advertising	5			
6	Auto and travel (see instructions)	6			
7	Cleaning and maintenance	7			
8	Commissions	8			
9	Insurance	9			
10	Legal and other professional fees	10			
11	Management fees	11			
12	Mortgage interest paid to banks, etc. (see instructions)	12			
13	Other interest	13			
14	Repairs	14			
15	Supplies	15			
16	Taxes	16			
17	Utilities	17			
18	Depreciation expense or depletion	18			
19	Other (list)	19			
20	Total expenses. Add lines 5 through 19	20			

Parte del Anexo E

Los gastos de alquiler deducibles son gastos en los que se incurre en el alquiler de la propiedad. El contribuyente deduciría todos los gastos ordinarios y necesarios tales como:

Publicidad – línea 5

La publicidad se considera un anuncio en un periódico local, en línea u otro medio de publicidad para hacer que un inquilino potencial pregunte sobre la propiedad. El precio pagado es el importe ingresado en la línea 5.

Auto y viajes – línea 6

Los contribuyentes pueden deducir los gastos ordinarios y necesarios de automóviles y viajes relacionados con la actividad de alquiler. El contribuyente debe llevar un registro de las millas hacia y desde el alquiler. El millaje ordinario y necesario es cuando el propietario cobra el alquiler, trabaja en el alquiler, etc. La tasa de millaje estándar se utiliza para el año fiscal actual. El contribuyente puede reclamar el millaje solo si:

1. Es propietario del vehículo y utilizó la tarifa de millaje estándar durante el primer año de puesta en servicio.
2. Arrendó el vehículo y están utilizando la tarifa de millaje estándar durante todo el período de arrendamiento.

Señor 1040 dice: El contribuyente no puede deducir los pagos de alquiler o arrendamiento de automóviles, depreciación o el gasto real del automóvil si se usa la tasa de millaje estándar.

Limpieza y Mantenimiento – línea 7

El mantenimiento diario de la propiedad es un gasto permitido siempre que sea solo para áreas comunes y limpieza diaria. Estos gastos también se limitan a los días que son días de alquiler permitidos y no días de uso personal.

Comisiones – línea 8

Las tarifas o comisiones pagadas a los agentes que cobran el alquiler, que mantienen el alquiler o que encuentran inquilinos podrían reportarse en la línea 8.

Seguros – línea 9

Seguro para la propiedad de alquiler y la póliza de cláusula adicional si el contribuyente tiene una.

Honorarios legales y otros honorarios profesionales – línea 10

No puede reclamar honorarios legales cobrados como parte de la compra o venta de la propiedad. El contribuyente puede reclamar los honorarios pagados a un contador por la administración de sus cuentas y la preparación de la declaración de impuestos y el asesoramiento fiscal. Las tarifas involucradas para establecer la propiedad de alquiler no son una deducción.

Gastos de gestión – línea 11

Los servicios de administración de propiedades se reportan en la línea 11 y pueden reducir la responsabilidad del contribuyente. El contribuyente puede reclamar el costo total de los servicios, pero debe conservar todas las facturas o estados de cuenta que la compañía de administración de propiedades emite como evidencia de la elegibilidad de la deducción.

Parte de la administración de la propiedad es mantener el papeleo entre el inquilino y el propietario. Esto puede ser útil durante la temporada de impuestos, especialmente para los propietarios que no son particularmente organizados o buenos en la contabilidad. Cuando la compañía administradora prepara el papeleo para el preparador de impuestos, puede entregar una declaración de impuestos más precisa.

Intereses hipotecarios pagados a los bancos – línea 12

El contribuyente puede reclamar el interés cobrado sobre el dinero prestado para comprar la propiedad de alquiler, pero no el pago completo de la hipoteca. Si el contribuyente pidió dinero prestado contra el alquiler y no lo usó para el alquiler, el interés no es una deducción en el Anexo E.

Otros intereses – línea 13

Si el contribuyente pagó intereses sobre los ingresos por alquiler a una persona y no recibió el Formulario 1098, ingrese el monto en la línea 13 y no en la línea 12. Adjunte a la declaración una descripción que muestre el nombre y la dirección de la persona que recibió el ingreso. En la línea punteada junto a la línea 12, escriba "Ver adjunto".

Reparaciones – línea 14

El contribuyente puede reclamar costos por reparaciones a la propiedad o mantenimiento general. Sin embargo, si el contribuyente está haciendo el trabajo por sí mismo, solo reclame los materiales y no el tiempo que tomó reparar la propiedad. Si el trabajo es más una mejora que una reparación, entonces el contribuyente no puede reclamar el costo como un gasto. El costo se consideraría un activo y estará cubierto en el capítulo de depreciación.

Suministros – línea 15

Los "materiales y suministros" son bienes tangibles utilizados o consumidos en las operaciones comerciales que caen dentro de cualquiera de las siguientes categorías:

- Artículos tangibles que cuestan menos de $200.
- Bienes muebles con una vida útil económica igual o inferior a 12 meses.
- Piezas de repuesto que han sido adquiridas para mantener o reparar una unidad de bienes tangibles.

El costo de dichos artículos puede deducirse en el año en que se usa o consume el artículo. Para usar esta deducción, el contribuyente debe mantener registros de cuándo se usan o consumen artículos para la propiedad de alquiler.

Los suministros de limpieza y reparación son totalmente deducibles y algunos materiales también lo son. Los suministros utilizados en mantenimiento o para completar reparaciones se reportan en la sección de suministros y no se agregan a la línea 14.

Los materiales, por otro lado, generalmente no se "agotan" y, a veces, se convierten en parte de la propiedad. Los materiales utilizados para las mejoras generalmente se deprecian, pero los materiales utilizados para las reparaciones se consideran suministros y pueden deducirse.

Por ejemplo, el contribuyente cambió el techo de su propiedad de alquiler. Los clavos y el alquitrán se considerarían suministros de reparación, mientras que las tejas del techo se considerarían una mejora. Los suministros se deducen y los materiales se agregan a la base y se deprecian por separado durante 27.5 años.

Si el reemplazo del techo fue una reparación y no una mejora (reemplazar un techo con goteras), las tejas del techo se considerarían suministros de reparación y se deducirían en el año en que se incurriera en los gastos.

Impuestos – línea 16

Esta línea reporta el impuesto a la propiedad pagado sobre la propiedad. Al igual que la casa principal, uno no puede reclamar bonos u otros impuestos adicionales que no estén relacionados con la propiedad.

Utilidades – línea 17

Los servicios públicos que se pueden reclamar son los que paga el contribuyente, como agua, electricidad, etc. Si el inquilino es el que paga estos gastos, no es una deducción del propietario.

Depreciación – línea 18

La depreciación es la deducción anual que uno debe tomar para recuperar el costo u otra base de la propiedad comercial o de inversión que tiene una vida útil. La depreciación comienza cuando el contribuyente pone la propiedad en servicio. La propiedad termina cuando el propietario ha vendido o descontinuado la propiedad.

Otros gastos – línea 19

Lo que se reclama en esta línea son los gastos ordinarios y necesarios no incluidos en las líneas 5 a 18.

Gastos que no se pueden reclamar

El contribuyente no puede reclamar deducciones por gastos de capital, gastos privados o gastos que no se relacionen con el alquiler. Los gastos de capital son los costos de comprar un activo de capital o aumentar su valor; Por ejemplo, el costo de comprar la propiedad y hacer mejoras. Los gastos privados son cosas compradas para su propio beneficio, en lugar de generar ingresos por alquiler.

Gastos de renta de alquiler que no se pueden utilizar en la declaración del contribuyente sobre la renta de las personas físicas:

- Precio de compra de una propiedad de alquiler.
- Porción de capital de los pagos de la hipoteca.
- Intereses sobre el dinero prestado para cualquier propósito que no sea financiar una propiedad de alquiler.
- Los costos de hacer adiciones o mejoras a la propiedad.
- Los costos de reparar o reemplazar la propiedad dañada, si el trabajo aumenta el valor de la propiedad.
- Honorarios de agente de bienes raíces (comisiones) cobrados como parte de la compra o venta de la propiedad.

Reclamar deducciones al alquilar la casa o parte de la casa

La regla habitual es reclamar los gastos relacionados con la actividad de alquiler solamente. No se puede reclamar costos de vida privados o gastos de capital. Los costos de vida privados incluyen los costos diarios del contribuyente, como alimentos, electricidad o gas. Los gastos de capital incluyen la compra de muebles para la habitación alquilada o el costo de mejorar esa parte de la propiedad. El contribuyente puede reclamar la depreciación de los gastos de capital. Los gastos que el contribuyente puede reclamar incluyen electricidad, gas, teléfono e internet, seguro o tarifas relacionadas con la parte del alquiler. Si el contribuyente vive en la casa, estos gastos deberán prorratearse.

Alquilar la casa - prorrateo

Si el contribuyente alquila la casa de forma ocasional, el contribuyente puede reclamar el porcentaje de gastos por el tiempo que se alquila la casa. Esto puede aplicarse cuando el contribuyente alquila la casa o propiedad mientras está fuera por un corto período de tiempo. El porcentaje de gastos reclamados debe coincidir con la cantidad de tiempo en el año fiscal en que se alquiló la casa.

Alquilar una habitación - prorrateo

Si el contribuyente está alquilando parte de la casa, el contribuyente solo puede reclamar gastos relacionados con esa parte de la propiedad. El contribuyente solo puede reclamar gastos por el tiempo que la habitación fue alquilada y ocupada. Los gastos podrían reclamarse como un porcentaje basado en el área total de la casa y el área de la habitación alquilada.

Líneas de gastos 5 - 19

Los gastos reportados en el Anexo E son:

- Publicidad
- Limpieza y mantenimiento
- Depreciación
- Primas de seguro de alquiler
- Impuestos inmobiliarios

Transporte y gastos de viaje, línea 6

Los contribuyentes pueden deducir los gastos de transporte local ordinarios y necesarios si incurren en ellos mientras recaudan ingresos por alquiler o para administrar, conservar o mantener la propiedad de alquiler. Si los contribuyentes usan un vehículo personal para mantener las actividades de alquiler, la deducción de los gastos es ya sea por gastos reales o la tasa de millaje estándar. Para el año fiscal 2022, la tasa es de 58.5 centavos por milla de enero a junio y 62.5 centavos por milla de julio a diciembre. Para el año fiscal 2023, la tarifa de viaje de negocios es de 65.5 centavos por milla.

El contribuyente puede deducir los gastos ordinarios y necesarios de viajar fuera de casa si el propósito principal del viaje fue recaudar ingresos por alquiler o administrar, conservar o mantener la propiedad de alquiler. El contribuyente debe asignar adecuadamente los gastos entre las actividades de alquiler y no de alquiler. La siguiente es la información necesaria para registrar los gastos de automóviles con precisión:

- Millaje inicial
- Millaje final
- Millaje de desplazamiento
- Millaje comercial (se deben tomar notas sobre el destino y el motivo del viaje)
- Registros separados para cada propiedad de alquiler

Si el contribuyente alquila solo una parte de la propiedad, los gastos deben distribuirse entre la parte alquilada y la parte que no se alquila.

Primas de seguro prepagadas, línea 9

Si el propietario paga por adelantado una prima de seguro con más de un año de anticipación, el pago se aplicará por el año en que se utilizó.

Ejemplo: Gary pagó $1,200 por su seguro el 15 de abril de 2022, para 2022 y 2023. Gary solicitará $600 para el seguro en 2022 y $600 para el seguro en 2023. No puede tomar la cantidad total en 2022.

Honorarios legales y otros honorarios profesionales, línea 10

Estos honorarios incluyen honorarios legales y otros honorarios profesionales, como la preparación de impuestos y los gastos pagados para resolver un pago insuficiente de impuestos relacionado con las actividades de alquiler. Los impuestos y multas federales no son deducibles.

Interés hipotecario, línea 12

Los intereses hipotecarios pagados por el edificio de alquiler podrían deducirse en el año pagado. Si el contribuyente posee un interés parcial en una propiedad de alquiler, parte de los gastos de alquiler de esa propiedad se pueden deducir en función del interés porcentual del contribuyente.

Puntos

Los puntos se utilizan para describir ciertos cargos pagados o tratados como pagados por un prestatario para obtener una hipoteca de vivienda. Los puntos no se agregan a la base de la propiedad. Los puntos también se pueden llamar tarifas de origen de préstamos.

Línea de Impuestos 16

Los impuestos estatales y locales, sobre bienes raíces pagados por los ingresos por alquiler propiedad del contribuyente se deducen en la línea 16 del Anexo E. Si los impuestos inmobiliarios del contribuyente están incluidos en la hipoteca y pagados de una cuenta de depósito en garantía, el monto pagado por la compañía hipotecaria es el monto deducido.

Línea de amortización 18

La depreciación es un gasto de capital. La depreciación comienza cuando la propiedad ha sido puesta en servicio.

La depreciación es la deducción anual por recuperación del precio de compra del gasto en activos fijos. La propiedad utilizada para negocios debe depreciarse. El monto de la depreciación tomada cada año está determinado por la base de la propiedad, el período de recuperación de esa propiedad y el método de depreciación. El período de recuperación de la propiedad residencial de alquiler bajo MACRS es de 27.5 años y se utiliza para la propiedad puesta en servicio después de 1986.

La depreciación de la propiedad de alquiler (en el año en que se puso en servicio) se reporta en el Formulario 4562, *Depreciación y amortización*, y fluye al Anexo E.

La depreciación que no se tomó en un año no se puede tomar en un año siguiente. Se puede presentar una declaración enmendada (formulario 1040X) para el año en que no se tomó (si no más de tres años antes). Si se vende una propiedad depreciable, su base para determinar la ganancia o pérdida se reducirá por la depreciación "permitida o permisible", incluso si no se deduce. La tierra nunca se deprecia.

Las deducciones de la Sección 179 no se pueden usar para depreciar la propiedad de alquiler. La propiedad de alquiler se puede depreciar si se cumplen todos los siguientes requisitos:

- El contribuyente es dueño de la propiedad.

- El contribuyente utiliza la propiedad como una actividad generadora de ingresos.
- El inmueble tiene una vida útil determinable.
- Se espera que la propiedad dure más de un año.

Propiedad que se puede depreciar

La mayoría de los tipos de bienes tangibles pueden depreciarse. Ejemplos de bienes tangibles son:

- Edificios
- Vehículos
- Maquinaria
- Mueble
- Equipo
- Instalaciones de almacenamiento

La tierra es propiedad tangible y nunca puede ser depreciada. Algunos elementos intangibles que se pueden depreciar son:

- Autor
- Patentes
- Software informático si el valor de vida es superior a un año.

La propiedad que necesita ser depreciada debe cumplir con los siguientes requisitos:

- Debe ser propiedad propia del contribuyente.
- Debe ser utilizado en el negocio del contribuyente o actividad generadora de ingresos.
- La propiedad debe tener una vida útil determinable.
- Se espera que la propiedad dure más de un año.

Límites de actividad pasiva

La actividad pasiva es cuando el contribuyente no participó materialmente durante el año fiscal. Los dos tipos de actividad pasiva son:

1. Comercio o negocio en el que no participó materialmente durante el año fiscal.
2. Actividades de alquiler, independientemente de la participación del contribuyente.

La participación material es la participación en la actividad del negocio de forma regular, continua y sustancial. El contribuyente puede reclamar una pérdida pasiva solo contra ingresos activos. Cualquier pérdida de actividad pasiva en exceso puede trasladarse a ejercicios futuros hasta que se utilice, o hasta que pueda deducirse en el año en que el contribuyente disponga de la actividad en una operación imponible.

Las actividades inmobiliarias de alquiler son actividades pasivas; Se pueden aplicar excepciones para ciertos profesionales de bienes raíces. La actividad de alquiler es cuando el contribuyente recibe ingresos principalmente por el uso de bienes tangibles, más que por servicios. Las deducciones o pérdidas de actividades pasivas son limitadas. Los contribuyentes no pueden compensar sus ingresos con ingresos por actividades pasivas; Los ingresos por actividad pasiva solo pueden compensar la pérdida de actividad pasiva. El exceso de pérdida o crédito se traslada al siguiente año fiscal.

Reglas de riesgo

Las reglas de riesgo establecen un límite en la cantidad que se puede deducir como pérdida de la actividad inmobiliaria de alquiler. Las pérdidas derivadas de la tenencia de bienes inmuebles (distintos de los bienes minerales) puestos en servicio antes de 1987 no están sujetas a las normas de riesgo.

En general, cualquier pérdida de una actividad sujeta a las reglas de riesgo se permite solo en la medida del monto total en riesgo en la actividad al final del año fiscal. El contribuyente se considera en riesgo en una actividad en la medida en que el efectivo y la base ajustada de otros bienes contribuyeron a la actividad y ciertas cantidades prestadas para su uso en la actividad.

Es posible que el contribuyente deba completar el Formulario 6198 para calcular su pérdida si:

- El contribuyente tiene una pérdida de la actividad que es un comercio o negocio o para la producción de ingresos.
- El contribuyente no está en riesgo en esta actividad.

Participación activa

Si un contribuyente poseía al menos el 10% de la propiedad de alquiler y tomaba decisiones de gestión en un sentido significativo y de buena fe, se considera que tiene una participación activa. Las decisiones de administración incluyen aprobar nuevos inquilinos, decidir sobre los términos del alquiler, aprobar gastos y decisiones similares. En la mayoría de los casos, todas las actividades inmobiliarias de alquiler son actividades pasivas. A tal efecto, una actividad de alquiler es una actividad de la que se reciben ingresos principalmente por el uso de bienes corporales más que por servicios.

Ejemplo: Christian es soltero y tuvo los siguientes ingresos y pérdidas durante el año fiscal:

Salario	$56,954
Ganancias de lotería	$10,000
Pérdida de alquiler	($3,450)

La pérdida de alquiler resultó de una casa residencial de alquiler que Christian poseía. Christian tomó todas las decisiones de administración, incluido el cobro del alquiler, las reparaciones o la contratación de alguien para completar las reparaciones y la aprobación del inquilino actual. Christian participó activamente en la gestión de propiedades de alquiler; Por lo tanto, puede usar la pérdida total de $3,450 para compensar sus otros ingresos.

Impuestos de beneficios locales

No se puede tomar una deducción por cargos de beneficios locales que aumentan el valor de la propiedad de alquiler. Ejemplos de tales cargos son poner en calles, aceras o sistemas de agua y alcantarillado. Estos cargos son gastos de capital que no se pueden depreciar. Los cargos pueden agregarse a la base de la propiedad. Los impuestos de beneficios locales pueden deducirse si son para mantenimiento, reparación o pago de cargos por intereses por los beneficios.

Gastos acumulados durante la fijación del alquiler

El contribuyente puede deducir los gastos ordinarios y necesarios para administrar, apoyar o mantener la propiedad de alquiler desde el momento en que se pone a disposición para el alquiler.

Alquiler de equipos

El contribuyente podría deducir el alquiler pagado por el equipo que se utiliza para fines de alquiler. Pero, si el contrato de arrendamiento es un contrato de compra, el contribuyente no puede deducir estos pagos.

Alquiler no cobrado

Si el contribuyente utiliza la base de efectivo, el contribuyente no puede deducir el alquiler no cobrado ya que el contribuyente de base de efectivo nunca se incluyó en los ingresos. Si el contribuyente es un contribuyente de base devengada, el contribuyente debe declarar los ingresos cuando se ganan. Si el contribuyente no puede cobrar el alquiler, uno puede deducirlo como un gasto comercial de deudas incobrables.

Propiedad de alquiler vacante

Si el contribuyente tiene una propiedad para fines de alquiler, el contribuyente puede deducir los gastos ordinarios y necesarios para administrar, mantener o mantener la propiedad de alquiler desde el momento en que estuvo disponible para el alquiler. La pérdida de ingresos por alquiler no es deducible.

Reparaciones y mejoras

Reparaciones

Mantener el estado de la propiedad de alquiler. Las reparaciones no aumentan el valor de la propiedad ni prolongan sustancialmente su vida útil. Los siguientes son ejemplos de reparaciones:

- Repintando la propiedad por dentro y por fuera.
- Fijación de canalones o pisos.
- Reparación de fugas.
- Enyesar un agujero en una pared.
- Reemplazo de ventanas rotas.

Si se realizan reparaciones durante una remodelación extensa de la propiedad, todo el trabajo es una mejora. Las mejoras agregan valor a la propiedad y prolongan la vida útil de la propiedad. Las mejoras a la propiedad deben ser capitalizadas. Los costos capitalizados generalmente se pueden depreciar como si las mejoras fueran propiedad separada.

Ejemplo: Janice compró una antigua casa victoriana. La casa necesitaba muchas reparaciones, como volver a enyesar, volver a pintar, reemplazar ventanas rotas, reemplazar tejas y arreglar fugas. Después de tomar varios meses para completar las reparaciones, Janice finalmente pudo colocar la propiedad en el mercado para alquilar. La remodelación de la propiedad se considera una mejora, no una reparación.

Mejoras

Cualquier gasto que se pague para mejorar la propiedad debe ser capitalizado. Una mejora agrega valor o prolonga la vida útil de la propiedad, restaura la propiedad y/o adapta la propiedad a un uso nuevo o diferente. Algunos ejemplos son:

El mejoramiento incluye los gastos para arreglar un defecto o condición preexistente o para ampliar o expandir la propiedad.

La restauración incluye los gastos para reemplazar una parte estructural sustancial de la propiedad, reparar daños a la propiedad o reconstruir la propiedad a una condición como nueva.

La adaptación incluye los gastos de alteración de la propiedad a un uso que no es consistente con el uso ordinario previsto de la propiedad.

Mantenimiento de registros

Mantener registros es una forma de mostrar prueba de cualquier deducción que se haya reclamado en la declaración de impuestos. Los contribuyentes deben mantener los registros de impuestos durante al menos cinco años a partir de la fecha de presentación de la declaración de impuestos y reclamar la deducción. El individuo debe guardar todos los recibos, documentos de préstamo, declaración de cierre de compradores de los activos que se reclaman en la declaración de impuestos.

Mantener registros es una forma de mostrar prueba de cualquier deducción que se haya reclamado en la declaración de impuestos. Los contribuyentes deben mantener los registros de impuestos durante al menos cinco años a partir de la fecha de presentación de la declaración de impuestos y reclamar la deducción. La persona debe guardar todos los recibos, documentos de préstamo y la declaración de cierre del comprador de los activos que se reportan en la declaración de impuestos.

El contribuyente también debe mantener registros sobre gastos y días de uso de alquiler. Se deben mantener registros si el contribuyente o un miembro de la familia utilizó la propiedad de alquiler para fines personales. El contribuyente debe mantener registros de las fechas y horas que personalmente pasó en reparar o mantener la propiedad.

No alquilado con fines de lucro

Si la propiedad no se alquila con la intención de obtener ganancias, los gastos se pueden deducir solo hasta la cantidad de ingresos. En esta situación, los ingresos se reportan en el Anexo 1, línea 8a - z. Los intereses hipotecarios, los impuestos inmobiliarios y las pérdidas por accidentes se deducen en las líneas apropiadas del Anexo A. Si el contribuyente alquila la casa menos de 15 días al año, el contribuyente no necesita reportar ninguno de los ingresos por alquiler y no puede deducir ninguno de los gastos.

Precio de alquiler justo

Un precio de alquiler justo para la propiedad es una cantidad que una persona no relacionada con el contribuyente estaría dispuesta a pagar. El alquiler cobrado no es un precio de alquiler justo si es sustancialmente menor que el alquiler cobrado por otras propiedades similares. Haga las siguientes preguntas al comparar una propiedad con otra:

- ¿Se utiliza para el mismo propósito?
- ¿Es aproximadamente del mismo tamaño?
- ¿Está aproximadamente en la misma condición?
- ¿Tiene muebles similares?

- ¿Está en una ubicación similar?

Si alguna de las respuestas es no, las propiedades no son similares.

Uso como casa principal antes o después de alquilar

No cuente los días personales en que la propiedad se usó como vivienda principal o después de alquilarla u ofrecerla en alquiler en cualquiera de los siguientes:

1. El contribuyente alquiló o intentó alquilar la propiedad por 12 o más meses consecutivos.
2. El contribuyente alquiló o intentó alquilar la propiedad por un período de menos de 12 meses consecutivos, y el período terminó porque la propiedad fue vendida o intercambiada.

Esta regla especial no se aplica cuando se dividen los gastos entre alquiler y uso personal.

Dividir los gastos de la propiedad cambiada al uso de alquiler

Si un gasto es tanto para uso personal como para uso de alquiler, el gasto debe dividirse entre uso personal y de alquiler. Se puede utilizar cualquier método razonable para dividir el gasto. Por ejemplo, puede ser razonable dividir el costo de algunos artículos, como el agua, en función del número de personas que los usan. Sin embargo, los dos métodos más comunes para dividir los gastos son:

1. Dividir un gasto en función del número de habitaciones en el hogar
2. Dividir un gasto basado en los pies cuadrados de la casa

Propiedad cambiada a uso de alquiler

Si el contribuyente convierte su casa principal u otra propiedad (o una parte de ella) para uso de alquiler en cualquier momento que no sea al comienzo del año, el contribuyente debe dividir los gastos anuales (como depreciación, impuestos y seguro) entre el uso de alquiler y el uso personal. El contribuyente puede deducir como gastos de alquiler solo la parte de los gastos que fue para la parte del año en que la propiedad fue utilizada o mantenida para fines de alquiler. El contribuyente no puede deducir el seguro o la depreciación por la parte del año en que la propiedad se mantuvo para uso personal. El contribuyente puede deducir los intereses hipotecarios de la vivienda y los impuestos sobre bienes raíces como una deducción detallada en el Anexo A para la parte del año en que la propiedad se usó para fines personales.

Alquiler de casas de vacaciones y otras unidades de vivienda

Si el contribuyente utiliza una vivienda como vivienda y como unidad de alquiler, los gastos deben dividirse entre uso personal y uso de alquiler. El contribuyente utiliza una vivienda como vivienda si la utiliza para uso personal más que el mayor de:

- 14 días
- 10% del total de días se alquila a otros a un precio de alquiler justo

El uso personal consiste en cualquier día que la unidad sea utilizada por:

- El contribuyente u otra persona que tiene un interés en la casa a menos que se alquile a otro propietario como la casa principal bajo un acuerdo de financiamiento de capital compartido.
- Un miembro de la familia o miembro de cualquier otra familia que tiene un interés en la casa a menos que el miembro de la familia use la vivienda como su hogar principal y pague un precio de alquiler justo.
- Cualquier persona bajo un acuerdo que permita al contribuyente usar alguna otra unidad de vivienda, incluso si esa persona paga un precio de alquiler justo.
- Cualquier persona que use la vivienda a un precio de alquiler inferior al justo.

Los días dedicados sustancialmente a trabajar a tiempo completo para reparar o mantener la propiedad no cuentan como días personales. Si cualquier parte de un edificio o estructura es ocupada por el contribuyente para uso personal, su ingreso bruto de alquiler incluye el valor justo del alquiler de la parte ocupada para uso personal.

Dividir los gastos de casas de vacaciones y otras unidades de vivienda

Si una unidad se utiliza tanto para alquiler como para uso personal, los gastos deben dividirse entre los dos. Cualquier día que la unidad se alquile al valor justo de mercado y se utilice tanto para alquiler como para uso personal, los gastos se consideran uso comercial. Cualquier día que la unidad esté disponible para alquilar, pero no se alquile realmente no es un día de uso de alquiler.

Ejemplo: Un refugio de esquí está disponible para alquilar desde el 1 de noviembre hasta el 31 de marzo (un total de 151 días, utilizando 28 días para febrero). La familia del contribuyente lo usa durante 14 días en octubre. Nadie lo alquila en la primera semana de noviembre ni en ningún momento de marzo. La persona que lo alquiló la primera semana de diciembre fue llamada a casa por una emergencia familiar. La hija del contribuyente lo usó durante dos días. El resto del año el albergue estuvo cerrado y nadie lo utilizó.

Días de alquiler: 151 – 38 = 113

El albergue estuvo disponible durante 38 días en los que no se alquiló. Los días utilizados por el contribuyente y/o la familia del contribuyente en los que se recibió un precio de alquiler justo cuentan cómo días de alquiler. El uso por parte de la hija del contribuyente en diciembre se registra como días de alquiler.

Uso total: 113 + 14 = 127

Uso personal: El porcentaje en alquiler es 113/127 = 89%. La parte deducible de cualquier gasto es del 89%. Si el contribuyente no tiene un beneficio del alquiler, los gastos deducibles son limitados.

Profesional Inmobiliario

Generalmente, las actividades de alquiler son actividades pasivas incluso si el contribuyente participa materialmente. Sin embargo, la actividad puede no ser pasiva si todas estas son ciertas:

- El contribuyente es un profesional inmobiliario
- Durante el año, el individuo participó materialmente en las actividades de alquiler

- Participa más de 750 horas en la realización de servicios personales en el comercio o negocio
- Pasa la mitad del tiempo realizando servicios personales en bienes inmuebles

Las actividades calificadas incluyen desarrollar, re-urbanizar, construir, reconstruir, adquirir, convertir, operar, administrar, arrendar o vender bienes inmuebles. Un contribuyente participa materialmente en una actividad si para el año tributario el contribuyente estuvo involucrado en su operación de manera regular, continua y sustancial durante el año. Si el contribuyente cumple con estos requisitos, el negocio de alquiler no es una actividad pasiva. Si el contribuyente tiene múltiples propiedades, cada una se trata por separado a menos que el contribuyente elija tratarlas como una sola actividad. Los servicios personales que se realizaron como empleado no se pueden contar. Si el contribuyente presenta una declaración conjunta, las horas no se pueden sumar para cumplir con los requisitos.

Intereses de Sociedad Limitada

Si el contribuyente tenía propiedad en una sociedad limitada como socio limitado, el contribuyente no participa materialmente en bienes raíces de alquiler. El incumplimiento del umbral de horas mínimas puede resultar en que se limite la cantidad de actividad pasiva. El mantenimiento adecuado de registros es la clave para asegurarse de que, si el contribuyente es auditado, el contribuyente no pierda su pérdida de actividad pasiva (PAL).

Venta de propiedades de alquiler

Cuando se venden propiedades de alquiler u otros activos comerciales, la ganancia o pérdida debe reportarse en el Formulario 4797, *Ventas de propiedades comerciales.* Si la propiedad vendida incluye terrenos, tanto el terreno como la propiedad deben ser reportados en el Formulario 4797. Cada propiedad se reporta por separado en la parte apropiada del Formulario 4797. Las diferentes secciones del Formulario 4797 son las siguientes:

Parte I: Se utiliza para reportar las ventas de la parte de la sección 1231 de una transacción de bienes raíces. Esto incluye la tierra y todas las propiedades a largo plazo vendidas con pérdidas. Una transacción reportada aquí no está obligada a reportar en la Parte III.

Parte II: Se utiliza para reportar las ventas de propiedades comerciales que no se reportan en la Parte I o la Parte III.

Parte III: Se utiliza para calcular la recuperación de la depreciación y ciertos otros conceptos que deben reportarse como ingresos ordinarios en la disposición de la propiedad. La propiedad incluye las secciones 1245, 1250, 1252, 1254 y 1255 ventas de propiedades. Esto incluye la mayoría de las propiedades a largo plazo que se depreciaron y se vendieron con una ganancia.

La depreciación debe calcularse (y deducirse en el formulario apropiado) para el período anterior a la venta. Si el contribuyente vende o intercambia bienes utilizados en parte para fines comerciales o de alquiler y en parte para fines personales, el contribuyente debe calcular la ganancia o pérdida en la venta o intercambio como si se hubieran vendido dos bienes separados. El contribuyente debe dividir el precio de venta, los gastos de venta y la base de la propiedad entre la parte comercial o de alquiler y la parte personal. El contribuyente debe restar la depreciación que se tomó o podría haber tomado de la base de la parte comercial o de alquiler. La ganancia o pérdida en el negocio o la parte de alquiler de la propiedad puede ser una ganancia o pérdida de capital o una ganancia o pérdida ordinaria. Cualquier ganancia en la parte personal de la propiedad es una ganancia de capital. El contribuyente no puede deducir una pérdida por parte personal.

La depreciación es la deducción anual que permite a los contribuyentes recuperar el costo u otra base de su propiedad comercial o de inversión durante un cierto número de años. La depreciación comienza cuando un contribuyente pone la propiedad en servicio para su uso en un comercio o negocio o para producir ingresos. La propiedad deja de ser depreciable cuando el contribuyente ha recuperado completamente el costo de la propiedad u otra base o cuando la propiedad ha sido retirada del servicio, lo que ocurra primero.

Propiedad Poseída

Para reclamar la depreciación, uno debe ser el propietario de la propiedad, incluso si la propiedad tiene deudas. La propiedad arrendada solo se puede reclamar si la propiedad de la propiedad incluye lo siguiente:

- El título legal de la propiedad.
- La obligación legal de pagar por la propiedad.
- La responsabilidad de pagar los gastos de mantenimiento y operación.
- El deber de pagar cualquier impuesto sobre la propiedad.
- El riesgo de pérdida si la propiedad es destruida, condenada o disminuida en valor por obsolescencia o agotamiento.

Ejemplo: Amanda hizo un pago inicial en una propiedad de alquiler y asumió la hipoteca de Terrance. Amanda es dueña de la propiedad y puede depreciarla.

Si la propiedad se mantiene como un negocio o una propiedad de inversión como inquilino vitalicio, el contribuyente puede depreciar la propiedad.

Propiedad que tiene una vida útil determinable

La propiedad debe tener una vida útil determinable para ser depreciada. Debe ser algo que se desgasta, se descompone, se agota, se vuelve obsoleto o pierde su valor por causas naturales.

Propiedad que dura más de un año

Para depreciar la propiedad, la vida útil debe ser de un año o más.

Ejemplo: Lady mantiene una biblioteca para su negocio de impuestos. Ella compra revistas técnicas anuales para usar en su negocio de impuestos. La biblioteca se depreciaría, pero las revistas técnicas no tienen una vida útil de más de un año. Las revistas técnicas se pueden tomar como un gasto comercial anual.

Propiedad utilizada en negocios o actividades generadoras de ingresos

Para reclamar la depreciación de la propiedad, uno debe usarla en su negocio o en una actividad generadora de ingresos. Si el contribuyente utiliza la propiedad para producir un uso de inversión, entonces el ingreso está sujeto a impuestos. Uno no puede depreciar la propiedad que utiliza únicamente para actividades personales.

Si la propiedad tiene un propósito comercial y personal de uso múltiple, la parte utilizada como negocio se depreciará. Por ejemplo, el contribuyente no puede deducir la depreciación de un automóvil utilizado solo para ir y volver del trabajo o utilizado para viajes personales de compras y vacaciones familiares. Se deben mantener registros que muestren el uso comercial y personal de la propiedad.

El inventario no se puede depreciar. El inventario es cualquier propiedad que se mantiene principalmente para la venta a los clientes en el curso ordinario de los negocios. Si el propietario está en el negocio de alquiler con opción a compra, cierta propiedad mantenida en ese negocio puede considerarse depreciable en lugar de inventario. Véase la publicación 946.

Los contenedores para los productos que uno vende son parte del inventario y no son depreciables. Los contenedores utilizados para enviar productos pueden depreciarse si la esperanza de vida es superior a un año y cumplen los siguientes requisitos:

1. Calificar como propiedad utilizada en los negocios
2. El título de los contenedores no pasa al comprador

Propiedad que no se puede depreciar

La tierra no se desgasta; por lo tanto, no se puede depreciar. El costo de la tierra generalmente incluye la limpieza, nivelación, plantación y paisajismo. Aunque la tierra nunca se deprecia, ciertas mejoras a la tierra pueden depreciarse, como el paisajismo.

Propiedad exceptuada

La siguiente propiedad no se puede depreciar incluso si se cumplen los requisitos:

1. Bienes puestos en servicio y enajenados en el mismo año.
2. Equipo utilizado para construir mejoras de capital.
3. Sección 197 intangibles que deben amortizarse.
4. Ciertos intereses a plazo.

El principio y el final de la depreciación

La depreciación comienza cuando la propiedad se pone en servicio para su uso en un comercio, negocio o para producir ingresos. La depreciación termina cuando el costo (u otra base) se ha recuperado completamente o cuando se ha retirado del servicio, lo que ocurra primero.

Puesta en servicio

La propiedad se pone en servicio cuando está lista y disponible para un uso específico para una actividad comercial, una actividad generadora de ingresos, una actividad exenta de impuestos o una actividad personal. Incluso si la propiedad no se está utilizando, todavía se pone en servicio cuando está lista y disponible para su uso específico.

Ejemplo 1: Joel compró una máquina en diciembre del año pasado para su negocio. La máquina fue entregada pero no instalada. Joel tenía la máquina instalada y lista para usar en febrero del año fiscal actual. La máquina se pondría en servicio en febrero del año en curso.

Si la propiedad se ha convertido de uso personal a uso comercial, la fecha de "puesta en servicio" es la fecha en que se convirtió para uso comercial o para una actividad generadora de ingresos. En otras palabras, la depreciación comienza cuando la propiedad ha sido puesta en servicio.

Ejemplo 2: Nicolas compró una casa como su residencia principal en 2016, y en 2021 la convirtió en una propiedad de alquiler. Puso la casa en servicio en 2021; por lo tanto, Nicolás comenzaría la depreciación cuando se pusiera en servicio como una propiedad generadora de ingresos.

Derechos de autor

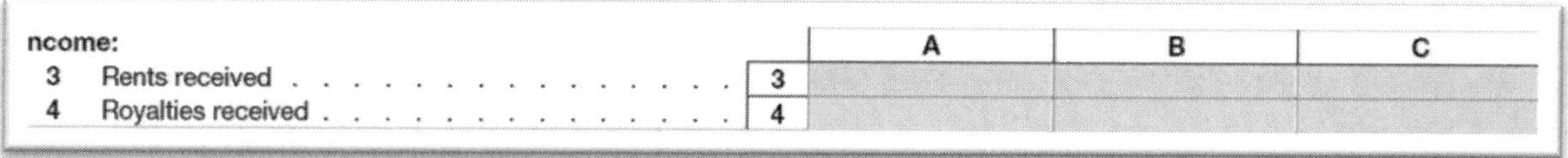

ncome:		A	B	C
3 Rents received	3			
4 Royalties received	4			

Parte del Anexo E

Los ingresos por regalías se presentan en el Anexo E como ingresos ordinarios. Los siguientes son ejemplos de ingresos por regalías:

- Derechos de autor sobre obras literarias, musicales o artísticas.
- Patentes de invención.
- Propiedades del gas, el petróleo y los minerales.
- Agotamiento, si el contribuyente es propietario de un interés económico en depósitos minerales o pozos de petróleo y gas.
- Carbón y mineral de hierro.

Al igual que los ingresos por alquiler, los gastos reducen estos ingresos. Si el contribuyente trabajaba por cuenta propia como escritor, inventor, artista, etc., los ingresos y gastos deben reportarse en el Anexo C.

Si el contribuyente está en el negocio como escritor, artista o músico que trabaja por cuenta propia, o si tiene un interés operativo de petróleo, gas o minerales, los ingresos y gastos se reportarían en el Anexo C. Las regalías de derechos de autor y patentes, petróleo y gas, y propiedades minerales están sujetas a impuestos como ingresos ordinarios y se reportan en la página 1 del Anexo E.

Los ingresos por alquiler imponibles y los ingresos imponibles por regalías se reportan en el Anexo E y en el Anexo 1, línea 5. Sin embargo, los ingresos por el alquiler de habitaciones de hotel u otras propiedades minoristas en las que el arrendatario proporciona servicios adicionales significativos no se reportan en el Anexo E; se reporta como ingresos comerciales en el Anexo C.

Sociedad colectiva o Ingresos de la Corporación S

Part II **Income or Loss From Partnerships and S Corporations**

Note: If you report a loss, receive a distribution, dispose of stock, or receive a loan repayment from an S corporation, you **must** check the box in column **(e)** on line 28 and attach the required basis computation. If you report a loss from an at-risk activity for which **any** amount is **not** at risk, you **must** check the box in column **(f)** on line 28 and attach **Form 6198**. See instructions.

27 Are you reporting any loss not allowed in a prior year due to the at-risk or basis limitations, a prior year unallowed loss from a passive activity (if that loss was not reported on Form 8582), or unreimbursed partnership expenses? If you answered "Yes," see instructions before completing this section . . . . ☐ **Yes** ☐ **No**

28	**(a)** Name	**(b)** Enter P for partnership; S for S corporation	**(c)** Check if foreign partnership	**(d)** Employer identification number	**(e)** Check if basis computation is required	**(f)** Check if any amount is not at risk
A			☐		☐	☐
B			☐		☐	☐
C			☐		☐	☐
D			☐		☐	☐

Parte del Anexo E

Los ingresos que un contribuyente recibe de una sociedad colectiva o una corporación S están sujetos a impuestos. Ni la sociedad colectiva ni la corporación S pagan impuestos. Los impuestos se "transfieren" a los socios o accionistas, que reportan los ingresos, así como algunos de los gastos, en sus declaraciones de impuestos individuales. Estos ingresos se presentan en el Anexo E, página 2.

Los contribuyentes deben recibir un Anexo K-1 de la sociedad colectiva o corporación S, que mostrará los ingresos y gastos que los contribuyentes reportarían en sus declaraciones individuales.

La Parte II en la página 2 del Anexo E del `Formulario 1040, se utiliza para reportar los ingresos de la sociedad colectiva y los accionistas de una corporación del subcapítulo S del Anexo K-1. Si el contribuyente participa activamente en el negocio de su sociedad colectiva, es un ingreso no pasivo o una pérdida no pasiva. Los ingresos de la sociedad colectiva se reportan a cada socio en el Anexo K-1.

Parte 1 Preguntas de repaso

Para obtener el máximo beneficio de este capítulo, LTP recomienda que complete cada una de las siguientes preguntas y luego las compare con las respuestas con los comentarios que siguen inmediatamente. Bajo los estándares de autoestudio vigentes, los proveedores deben presentar preguntas de revisión intermitentemente a lo largo de cada curso de autoestudio.

Estas preguntas y explicaciones no son parte del examen final y no serán calificadas por LTP.

SEP1.1
Marlene pagó $4,000 por impuestos inmobiliarios en su propiedad de alquiler ubicada en 1850 Happy Street, Jersey City, Nueva Jersey. Pagó $6,850 de impuestos inmobiliarios en su residencia principal. Marlene tiene empleadas domésticas por quienes pagó impuestos de seguro social de $1,300 y un impuesto estatal sobre la renta de $2,500. ¿Qué cantidad de impuesto inmobiliario deducirá Marlene en su Anexo E?

a. $14,650
b. $6,850
c. $4,000
d. $1,300

SEP1.2
Candy le pagó a su arrendador $3,000 para cancelar su contrato de arrendamiento. ¿Qué cantidad se incluye en los ingresos de su arrendador para el año?

a. $1,500
b. $2,000
c. $3,000
d. $0

SEP1.3
La propiedad _____ de/a ser depreciable cuando el contribuyente ha recuperado completamente el costo de la propiedad u otra base.

a. deja
b. contiene
c. comienza
d. completa

SEP1.4
¿En cuál de los siguientes formularios se reportan los ingresos por regalías como ingresos ordinarios?

a. Anexo E, página 1
b. Anexo E, página 2
c. Los ingresos por regalías no son declarables
d. Formulario 1040, línea 21

SEP1.5
La depreciación es una asignación _______ por el desgaste de la propiedad.

a. anual
b. mensual
c. trimestral
d. elección del contribuyente

SEP1.6
¿Cuál de los siguientes **no** se considera alquiler?

a. Alquiler anticipado
b. Depósito de seguridad utilizado como alquiler del mes pasado
c. Gastos pagados por el inquilino en lugar de alquiler
d. Ingresos por regalías

SEP1.7
¿Cuál de los siguientes podría aumentar el valor de la propiedad?

a. Tarifas de publicidad pagadas para comercializar la propiedad de alquiler.
b. Honorarios de seguro pagados para asegurar la propiedad de alquiler.
c. Agregar una habitación a la propiedad de alquiler.
d. Depreciación de la propiedad de alquiler.

SEP1.8
¿Cuál de los siguientes no es depreciable?

a. Edificios
b. Mueble
c. Tierra
d. Maquinaria

SEP1.9
¿Cuál de las siguientes opciones describe mejor cuándo comienza la depreciación?

a. Cuando la propiedad se pone en servicio
b. Cuando el inmueble ha agotado su vida útil
c. Cuando la propiedad no se ha convertido de uso personal a uso comercial
d. Cuando la propiedad no ha sido puesta en servicio

SEP1.10
¿Cuál de los siguientes escenarios describe mejor cuándo se retira la propiedad del servicio?

a. Cuando la propiedad ha sido retirada permanentemente de su uso en el comercio o negocio
b. Cuando la propiedad ha sido retirada temporalmente de su uso en el comercio o negocio
c. Cuando la propiedad no se ha convertido para uso comercial
d. Cuando la propiedad no ha sido retirada permanentemente de su uso en el comercio o negocio

Parte 1 Respuestas a las preguntas de repaso

SEP1.1
Marlene pagó $4,000 por impuestos inmobiliarios en su propiedad de alquiler ubicada en 1850 Happy Street, Jersey City, Nueva Jersey. Pagó $6,850 de impuestos inmobiliarios en su residencia principal. Marlene tiene empleadas domésticas por quienes pagó impuestos de seguro social de $1,300 y un impuesto estatal sobre la renta de $2,500. ¿Qué cantidad de impuesto inmobiliario deducirá Marlene en su Anexo E?

a. $14.650
b. $6.850
c. $4,000
d. $1.300

Comentarios: Sección de revisión *Línea de impuestos 16.*

SEP1.2
Candy le pagó a su arrendador $3,000 para cancelar su contrato de arrendamiento. ¿Qué cantidad se incluye en los ingresos de su arrendador para el año?

a. $1.500
b. $2,000
c. $3,000
d. $0

Comentarios: Revise la sección *Cancelación de un contrato de arrendamiento.*

SEP1.3
La propiedad _____ de/a ser depreciable cuando el contribuyente ha recuperado completamente el costo de la propiedad u otra base.

a. **Deja**
b. Contiene
c. Comienza
d. Completa

Comentarios: Revise la sección *Depreciación.*

SEP1.4
¿En cuál de los siguientes formularios se reportan los ingresos por regalías como ingresos ordinarios?

a. Anexo E, página 1
b. Anexo E, página 2
c. Los ingresos por regalías no son declarables
d. Formulario 1040, línea 21

Comentarios: Sección de revisión *Regalías.*

SEP1.5
La depreciación es una asignación _______ por el desgaste de la propiedad.

a. **anual**
b. mensual
c. trimestral
d. elección del contribuyente

Comentarios: Revise la sección *Depreciación.*

SEP1.6
¿Cuál de los siguientes **no** se considera alquiler?

a. Alquiler anticipado
b. Depósito de seguridad utilizado como alquiler del mes pasado
c. Gastos pagados por el inquilino en lugar de alquiler
d. **Ingresos por regalías**

Comentarios: Sección de revisión *Regalías.*

SEP1.7
¿Cuál de los siguientes podría aumentar el valor de la propiedad?

a. Tarifas de publicidad pagadas para comercializar la propiedad de alquiler.
b. Honorarios de seguro pagados para asegurar la propiedad de alquiler.
c. **Agregar una habitación a la propiedad de alquiler.**
d. Depreciación de la propiedad de alquiler.

Comentarios: *Revise las mejoras de la* sección.

SEP1.8
¿Cuál de los siguientes no es depreciable?

a. Edificios
b. Mueble
c. Tierra
d. Maquinaria

Comentarios: Revise la sección *Depreciación.*

SEP1.9
¿Cuál de las siguientes opciones describe mejor cuándo comienza la depreciación?

a. Cuando la propiedad se pone en servicio
b. Cuando el inmueble ha agotado su vida útil
c. Cuando la propiedad no se ha convertido de uso personal a uso comercial
d. Cuando la propiedad no ha sido puesta en servicio

Comentarios: Revise la sección *Depreciación.*

SEP1.10
¿Cuál de los siguientes escenarios describe mejor cuándo se retira la propiedad del servicio?

a. Cuando la propiedad ha sido retirada permanentemente de su uso en el comercio o negocio
b. Cuando la propiedad ha sido retirada temporalmente de su uso en el comercio o negocio
c. Cuando la propiedad no se ha convertido para uso comercial
d. Cuando la propiedad no ha sido retirada permanentemente de su uso en el comercio o negocio

Comentarios: Revise la sección *Depreciación.*

Aportes

Hay dos tipos de actividades residenciales: la actividad de alquiler con fines de lucro y la actividad de alquiler sin fines de lucro. Este capítulo discutió los tipos de ingresos y gastos reportados en el Anexo E y los diferentes tipos de propiedad. Las reglas especiales limitan la cantidad de deducciones de gastos de alquiler que puede tomar un contribuyente individual en una residencia que se alquila por parte de un año y se usa para uso personal durante otras partes del año. Para las reglas de actividad pasiva, se requiere que los ingresos se clasifiquen como activos, pasivos o no pasivos. Los ingresos activos son atribuibles a los esfuerzos directos del contribuyente como salario, comisiones, salarios, etc.

¡PON A PRUEBA TUS CONOCIMIENTOS!
Ve en línea para tomar una prueba de práctica.

Capítulo 11 Anexo F

Introducción

Los ingresos recibidos de la explotación de una explotación agrícola o de los ingresos por alquiler de una explotación están sujetos a impuestos. Los agricultores determinan sus ingresos imponibles de la agricultura y actividades relacionadas utilizando el Anexo F. Las ganancias o pérdidas de los ingresos agrícolas se reportan primero en el Anexo F y luego "fluyen" al Formulario 1040, Anexo 1, línea 6. Una granja podría calificar para ser una empresa conjunta calificada (discutida en el capítulo del Anexo C).

Objetivos

Al final de esta lección, el estudiante:

- Comprender el ingreso agrícola básico.
- Sepa cuándo un contribuyente debe presentar el Anexo F.

Recursos

Formulario 1040 Formulario 4797 Formulario 4835 Formulario 8990 Anexo F	Publicación 17 Publicación 51 (Circular A) Publicación 225 Publicación 334 Publicación 463 Publicación 536 Publicación 538	Instrucciones Formulario 1040 Instrucciones Formulario 4797 Instrucciones Formulario 4835 Instrucciones Formulario 8990 Instrucciones Anexo F

Parte I Anexo F

Los ingresos del ganado procedentes de la cría, el tiro, el deporte o los productos lácteos, como la carne de res, el cerdo y los caballos de carreras, se pueden reportar en el Anexo F. Las personas que crían perros o gatos para vender deben reportar sus ingresos y gastos para los animales domésticos en el Anexo F.

Los contribuyentes están en el negocio de la agricultura si cultivan, operan o administran una granja con fines de lucro, ya sea como propietario o inquilino. Una granja puede incluir ganado, lácteos, aves de corral, pescado, frutas y granjas de camiones. También puede incluir plantaciones, ranchos, pastizales y huertos. Véase la publicación 225.
Un agricultor debe mantener registros para preparar una declaración de impuestos precisa. Los registros de impuestos no son el único tipo de registros necesarios para un negocio agrícola. El contribuyente debe mantener registros que midan el desempeño financiero de la granja.

Los ingresos reportados en el Anexo F no incluyen ganancias o pérdidas por ventas u otras disposiciones de activos agrícolas, tales como:

- Tierra
- Equipo agrícola depreciable
- Edificios y estructuras
- Ganado mantenido con fines de tiro, cría, deporte o lácteos

Contenido

Los contribuyentes están en el negocio de la agricultura si cultivan, operan o administran una granja con fines de lucro, ya sea como propietario o inquilino. Una granja puede incluir ganado, lácteos, aves de corral, peces y frutas. También puede incluir plantaciones, ranchos, pastizales y huertos. Véase la publicación 225.

Un agricultor debe mantener registros para preparar una declaración de impuestos precisa. Los registros de impuestos no son el único tipo de registros necesarios para un negocio agrícola. El contribuyente debe mantener registros que midan el desempeño financiero de la granja.

Dónde reportar las ventas de productos agrícolas

Cuando el ganado, los productos, los granos u otros productos criados en la granja del contribuyente están a la venta o se compran para la reventa, la cantidad total recibida es ingreso y se reporta en el Anexo F.

Cuando los productos agrícolas se compran para la reventa, la ganancia o pérdida es la diferencia entre el precio de venta y la base en el producto. El año en que se recibió el pago es el año en que se reportan los ingresos.

Artículo vendido	Anexo F	Formulario 4797
Productos agrícolas criados para la venta	X	
Productos agrícolas comprados para su reventa	X	
Productos agrícolas que no se mantienen principalmente para la venta, como el ganado con fines de tiro, cría, deporte o lácteos (comprado o criado)		X

Ejemplo: Avery compró 20 terneros de engorde por $ 6,000, en el año fiscal anterior, con la intención de revenderlos. Avery los vendió en el año fiscal actual por $ 11,000. La venta de $ 11,000 se reporta como ventas, y el precio de compra de $ 6,000 se reporta como base, lo que resulta en $ 5,000 reportados como ganancias en la declaración de impuestos actual.

$11,000	Precio de venta (reportado en el Anexo F, línea 1a)
–$ 6,000	Precio de compra (base, reportado en el Anexo F, línea 1b)
$5,000	Ganancia (reportada en el Anexo F, línea 1c)

El ganado mantenido con fines de tiro, cría, deporte o lácteos puede resultar en ganancias o pérdidas de capital ordinarias cuando se vende dependiendo de las circunstancias y debe reportarse en el Formulario 4797. Los animales que no se mantienen para la venta primaria se consideran activos comerciales de la granja.

Completar el Anexo F

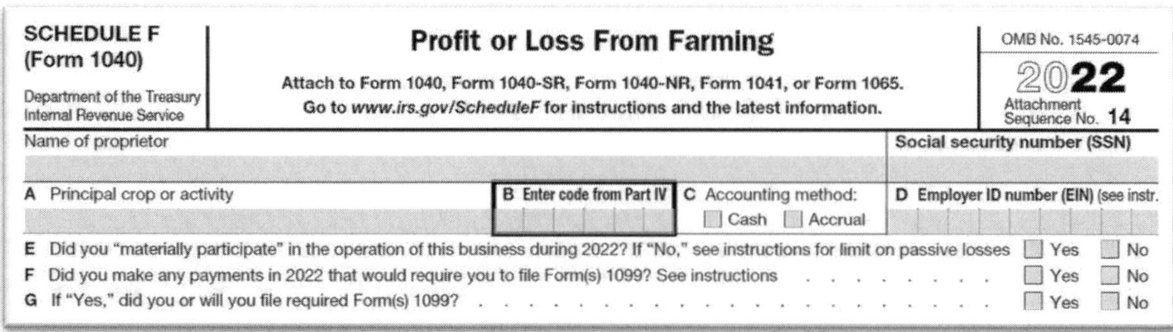

SCHEDULE F (Form 1040)
Department of the Treasury Internal Revenue Service

Profit or Loss From Farming

Attach to Form 1040, Form 1040-SR, Form 1040-NR, Form 1041, or Form 1065.
Go to *www.irs.gov/ScheduleF* for instructions and the latest information.

OMB No. 1545-0074
2022
Attachment Sequence No. 14

Name of proprietor | Social security number (SSN)

A Principal crop or activity | B Enter code from Part IV | C Accounting method: ☐ Cash ☐ Accrual | D Employer ID number (EIN) (see instr.

E Did you "materially participate" in the operation of this business during 2022? If "No," see instructions for limit on passive losses ☐ Yes ☐ No
F Did you make any payments in 2022 that would require you to file Form(s) 1099? See instructions ☐ Yes ☐ No
G If "Yes," did you or will you file required Form(s) 1099? ☐ Yes ☐ No

Parte del Anexo F

Al igual que con cualquier declaración, es necesario entrevistar al contribuyente antes de ingresar la información. El SSN o el EIN deben introducirse en el área correspondiente. La línea B son los principales códigos de actividad agrícola. Al igual que un Anexo C, el Anexo F tiene códigos específicos. Seleccione el código que mejor describa la fuente de ingresos mayoritaria del contribuyente. Por ejemplo, Allen es dueño de una granja lechera. Recibe ingresos de la producción de leche y la venta de terneros machos. Allen recibe la mayor parte de los ingresos del ganado lechero y la producción de leche. El código se utiliza para determinar dónde el agricultor obtiene la mayor parte de los ingresos. Los Códigos de Actividad Agrícola Principal se encuentran en el Anexo F, Parte IV.

Línea C Método contable: Los dos métodos contables son efectivo y devengo. El híbrido no es una opción para los ingresos agrícolas. Marque la casilla correspondiente. Usando el método de contabilidad de caja, el contribuyente completaría las Partes I y II. Los ingresos se declaran en el año en que se recibieron real o constructivamente. Si el pago de un gasto, como el gasto pagado por adelantado, crea un activo intangible que tiene una vida útil que se extiende más allá de los 12 meses del final del año fiscal, ese gasto puede no ser deducible. Véase la publicación 225.

Si se utiliza el método de devengo, deben completarse las partes II, III y la parte I, línea 9. Los ingresos se reportan en el año en que se obtuvieron y los gastos se deducen en el año en que se incurren, aunque se pagaron en un año anterior. Los contribuyentes que usan el método de acumulación usarán la base de efectivo para deducir los gastos comerciales adeudados a un contribuyente relacionado con la base de efectivo. Ver Publicación 538.

Algunos colectivos agrícolas no pueden utilizar el método de contabilidad en efectivo.

Un sindicato agrícola puede ser una sociedad, LLC, corporación S o cualquier otra empresa que no sea una corporación C si:

- Los intereses en el negocio se han ofrecido en cualquier momento a la venta de una manera que requeriría el registro con cualquier agencia federal o estatal.
- Más del 35% de las pérdidas durante cualquier año fiscal son asignables a socios limitados o empresarios limitados. Un socio limitado es aquel que puede perder solo la cantidad invertida o requerida para ser invertida en la sociedad. Un empresario limitado es una persona que no toma parte activa en la gestión del negocio.

La línea E es una pregunta de sí o no. La línea E pregunta si el contribuyente participó materialmente en la actividad. El contribuyente debe cumplir con las siete pruebas para calificar para la participación material. Para calificar para la participación en material agrícola, el contribuyente debe poseer un interés en el momento en que se realiza el trabajo en relación con la actividad.

La línea F pregunta si algún pago realizado en el año tributario actual requiere que se presenten los Formularios 1099. Consulte Instrucciones generales para ciertas devoluciones de información si se necesita más información. Si el contribuyente pagó más de $600 en alquileres, servicios y premios, consulte las instrucciones específicas para el Formulario 1099-MISC o 1099-NEC individual.

Cuadro de pérdidas o ganancias del Anexo F

Al igual que los Anexos C y E, los ingresos agrícolas tienen partidas específicas para ingresos y gastos relacionados con la industria. Esta sección está diseñada para que el preparador de impuestos conozca los tipos de ingresos agrícolas. Para obtener más información, consulte Instrucciones Anexo F.

Parte I: Método de efectivo de la renta agrícola

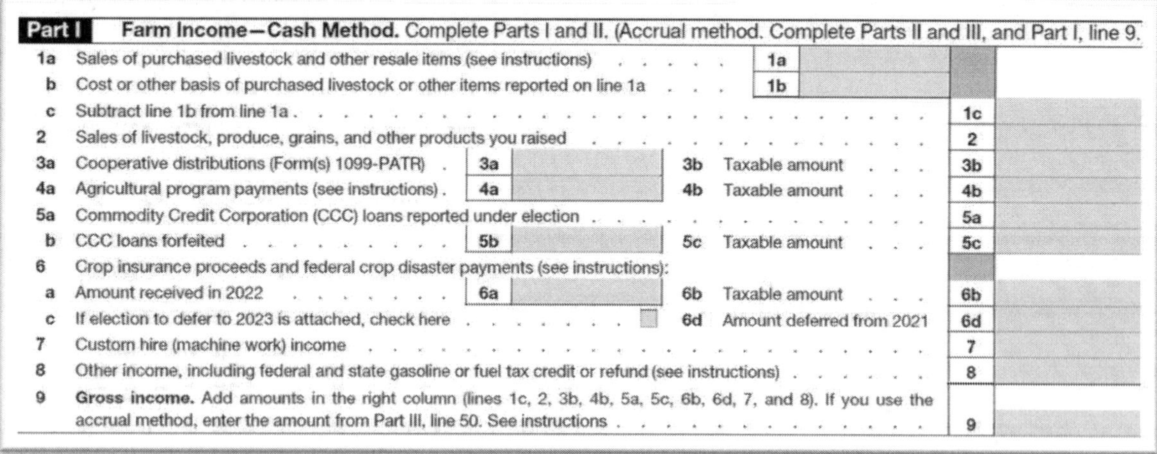

Part I **Farm Income—Cash Method.** Complete Parts I and II. (Accrual method. Complete Parts II and III, and Part I, line 9.

Line	Description	Box		Box	
1a	Sales of purchased livestock and other resale items (see instructions)	1a			
b	Cost or other basis of purchased livestock or other items reported on line 1a	1b			
c	Subtract line 1b from line 1a			1c	
2	Sales of livestock, produce, grains, and other products you raised			2	
3a	Cooperative distributions (Form(s) 1099-PATR)	3a	3b Taxable amount	3b	
4a	Agricultural program payments (see instructions)	4a	4b Taxable amount	4b	
5a	Commodity Credit Corporation (CCC) loans reported under election			5a	
b	CCC loans forfeited	5b	5c Taxable amount	5c	
6	Crop insurance proceeds and federal crop disaster payments (see instructions):				
a	Amount received in 2022	6a	6b Taxable amount	6b	
c	If election to defer to 2023 is attached, check here ☐		6d Amount deferred from 2021	6d	
7	Custom hire (machine work) income			7	
8	Other income, including federal and state gasoline or fuel tax credit or refund (see instructions)			8	
9	**Gross income.** Add amounts in the right column (lines 1c, 2, 3b, 4b, 5a, 5c, 6b, 6d, 7, and 8). If you use the accrual method, enter the amount from Part III, line 50. See instructions			9	

Parte del Anexo F

Ventas causadas por condiciones climáticas

Si el agricultor vende o intercambia más ganado, incluidas aves de corral, de lo normal debido a una sequía, inundación u otras condiciones climáticas, el agricultor puede calificar para posponer la presentación de informes hasta el año siguiente. Deben cumplirse todas las condiciones:

- El principal oficio o negocio es la agricultura.
- El método contable es el método de efectivo.
- Los contribuyentes deben poder demostrar que, según sus prácticas comerciales habituales, no habrían vendido o intercambiado los animales adicionales en ese año, excepto por las condiciones climáticas.
- La condición relacionada con el clima causó que un área fuera designada como elegible para recibir asistencia del gobierno federal.

Si las ventas o los intercambios se realizaron antes de que el área fuera elegible para recibir asistencia federal debido a condiciones relacionadas con el clima, el contribuyente podría calificar si la condición relacionada con el clima causó que se designara el área. Para calificar para el desastre, el presidente de los Estados Unidos debe declarar el área como un desastre.

Señor 1040 dice: Una venta o intercambio relacionado con el clima de ganado (que no sea aves de corral) realizado con fines de cría de tiro o lácteos puede ser una conversión involuntaria. Véase la Publicación 225.

Ejemplo: Bernie es un contribuyente del año calendario, y normalmente vende 100 cabezas de ganado de carne al año. Como resultado del desastre, Bernie vendió 250 cabezas durante el año fiscal actual. Bernie obtuvo $70,200 de la venta. Como resultado de la sequía, el área afectada fue declarada área de desastre elegible para recibir asistencia federal en el mismo año. Bernie puede posponer una porción ($42,120) de los ingresos hasta el año siguiente. ($70,200 ÷ 250 = $280.80 × 150 = $42,120).

Alquileres (incluida la participación en los cultivos)

El alquiler recibido por tierras agrícolas es un ingreso por alquiler y no se reporta en el Anexo F. Sin embargo, si el agricultor participa materialmente en las operaciones agrícolas en la tierra, la renta recibida es la renta agrícola. Si el contribuyente pastorea el ganado de otra persona y lo cuida por una tarifa, los ingresos provienen del negocio agrícola. Esos ingresos deben declararse como "otros" ingresos en el Anexo F. Si el pasto se alquila estrictamente sin proporcionar servicios, los ingresos deben declararse en el Anexo E como ingresos por alquiler.

La renta recibida en forma de acciones de cultivos es el ingreso en el año en que las acciones se convirtieron en dinero o su equivalente. El método contable utilizado, efectivo o devengo, no importa. Ya sea que la participación material en la operación de la granja sea compartir cultivos o ganado, los ingresos por alquiler se incluyen en los ingresos del trabajo por cuenta propia.

Los acuerdos de arrendamiento de cultivos compartidos que impliquen una pérdida pueden estar sujetos a los límites establecidos en las normas sobre pérdidas pasivas.

Promedio de ingresos para los agricultores

Los contribuyentes pueden usar el promedio de ingresos para calcular sus impuestos para cualquier año en el que participaron en un negocio agrícola como individuo, socio en una sociedad o accionista de una corporación S. Los servicios prestados como empleado no se tienen en cuenta para determinar si un individuo se dedica a un negocio agrícola. Sin embargo, un accionista de una corporación S dedicada a un negocio agrícola puede tratar la compensación recibida de la corporación que es atribuible al negocio agrícola como ingresos agrícolas. Las corporaciones, sociedades, corporaciones S, patrimonios y fideicomisos no pueden usar el promedio de ingresos.

Ingresos Agrícolas Elegidos (EFI)

EFI es la cantidad de ingresos del negocio agrícola que se elige para ser gravada a las tasas del año base. EFI puede designarse como cualquier tipo de ingreso atribuible a la actividad agrícola. Sin embargo, EFI no puede ser más que el ingreso imponible, y EFI de una ganancia neta de capital atribuible a la actividad agrícola no puede ser más que el ingreso neto total. Si el contribuyente está utilizando el promedio de ingresos, eso se calcula en el Anexo J. Véase la publicación 225.

Línea 1 Venta de ganado comprado y otros artículos de reventa

Los ingresos de la agricultura reportados en el Anexo F incluyen los montos que los contribuyentes reciben al cultivar, operar o administrar una granja para obtener ganancias o ganancias, ya sea como propietario o inquilino. Los ingresos están incluidos, pero no se limitan a:

- Ingresos por operar un vivero especializado en el cultivo de plantas ornamentales.
- Ingresos por la venta de participaciones en los cultivos si el contribuyente participó materialmente en la producción del cultivo.
- Operar una granja de ganado, lácteos, aves de corral, pescado, frutas o camiones e ingresos de operar una plantación, rancho, pastizal, huerto o arboleda.

Tanto el efectivo real recibido, como el valor justo de mercado de los bienes o ingresos recibidos constructivamente, se reportan en las líneas 1 a 8. Si el contribuyente administró la granja y recibió rentas basadas en la participación en el cultivo o la producción agrícola, ese ingreso se reporta como alquileres. Si el contribuyente vendió ganado debido a sequías, inundaciones u otras condiciones relacionadas con el clima, el contribuyente podría optar por reportar los ingresos de la venta en el año posterior al año de venta.

Por ejemplo, Caleb utiliza el método de efectivo y vendió tres novillas Holstein debido a circunstancias relacionadas con el clima en el año fiscal actual. Caleb decidió reportar los ingresos en el próximo año después de la venta. Para que Caleb haga la elección, se debe aplicar todo lo siguiente:

- El negocio principal de Caleb es la agricultura.
- Caleb puede demostrar que vendió el ganado debido a un evento relacionado con el clima.
- El área agrícola de Caleb calificó para recibir ayuda federal.

Artículos comprados para reventa

Si se utiliza el método de efectivo, deducir el costo normalmente deducido del ganado y otros artículos comprados para la reventa solo en el año de venta. Deducir este costo, incluidos los gastos de flete para transportar el ganado a la granja, en la Parte I del Anexo F.

Ejemplo: El método de contabilidad en efectivo se utiliza en el año en curso Sandy compró 50 novillos, que venderá el próximo año. Ella no puede deducir el costo de los novillos en su regreso actual. Ella deducirá el costo en la Parte I de su Anexo F del próximo año.

Línea 3 Distribuciones cooperativas

Las distribuciones de una cooperativa agrícola se reportan en el Formulario 1099-PATR en la línea 3a. El contribuyente puede recibir múltiples Formularios 1099-PATR si es así, informe la distribución total de todas las cooperativas. Las distribuciones incluyen:

- Dividendos de mecenazgo
- Distribuciones sin patrocinio
- Asignaciones de retención por unidad
- Reembolsos de avisos escritos de asignación sin reservas
- Certificados de retención por unidad

Línea 4 Pagos agrícolas

Los pagos gubernamentales recibidos en el Formulario 1099-G o el Formulario CCC-1099-G se reportan en la línea 4a. Se reporta de cualquiera de las siguientes fuentes:

- Pagos de cobertura de pérdida de precio.
- Pagos de cobertura de riesgos agrícolas.
- Pagos del Programa de Asistencia Alimentaria por Coronavirus.
- Pagos del Programa de Facilitación de Mercados.
- Ganancia de mercado del reembolso de un préstamo garantizado de Commodity Credit Corporation (CCC) por menos del monto original del préstamo.
- Pagos por desvío.
- Pagos de costos compartidos.

- Pagos en forma de materiales (como fertilizantes o cal) o servicios (como nivelación o construcción de presas).

El contribuyente reporta los ingresos del seguro de cosechas en el año recibido. Los pagos federales por desastres de cultivos se tratan como ingresos de los ingresos del seguro de cultivos. Si 2021 fue el año del daño al cultivo, el contribuyente puede optar por incluir ciertos ingresos en sus ingresos de 2022. Para hacer esta elección, marque la casilla 6c.

Los ingresos del seguro de cosechas recibidos en un año anterior, y elegidos para ser tratados en los ingresos del año en curso, se indicarían en la línea 6d. Todos los demás ingresos que no tienen una línea designada se reportan en la línea 8. Los tipos de ingresos pueden incluir, pero no se limitan a:

- Subsidios federales ilegales al riego
- Ingresos por trueque
- Ingresos del Formulario 1099-C
- Reembolsos estatales de impuestos a la gasolina o al combustible recibidos en el año fiscal actual

Consulte las instrucciones del Anexo F para obtener una lista completa.

Línea 5 CCC (Préstamos para empresas de crédito para productos básicos)

Los préstamos generalmente no se reportan como ingresos. Sin embargo, si la producción se comprometió en parte para garantizar un préstamo CCC, entonces trate el préstamo como si fuera una venta de la cosecha e informe los ingresos del préstamo como ingresos en el año recibido. No se necesita la aprobación del IRS para adoptar este método de reportar préstamos CCC. Una vez que el préstamo CCC se reporta como ingreso para el año recibido, todos los préstamos CCC en ese año y años subsiguientes se reportan de la misma manera.

Si los cultivos prometidos se pierden a la CCC en el pago total del préstamo, entonces la persona puede recibir un Formulario 1099-A, *Adquisición o abandono de propiedad garantizada*. En la casilla 6 del Formulario 1099-A, se vería "CCC", y el monto del préstamo pendiente también se indicaría en el formulario. Véase la publicación 225.

Línea 8 Otros tipos de ingresos

- Ingresos por trueque.
- Ingresos por deudas canceladas.
- Reembolsos estatales de impuestos a la gasolina o al combustible recibidos.
- Ingresos de la línea 2 que incluye Crédito al Productor de Biocombustibles (Formulario 6478).
- Ingresos de la línea 8 que incluye Crédito de Biodiesel y Combustibles Diesel Renovables (Formulario 8864).
- El monto del crédito por el impuesto federal pagado sobre los combustibles reclamado en el Anexo 3 de 2021.
- Recaptura del exceso de depreciación en la propiedad listada, incluida la deducción de gastos de la Sección 179.
- Monto de inclusión en la propiedad arrendada cuando el negocio cae 50% o menos.
- Cualquier recuperación de una deducción o crédito por vehículo de combustible limpio.
- Cualquier ingreso de las cuotas de cría.
- Ganancia o pérdida en las ventas de productos básicos.
- Cualquier monto de crédito fiscal de nómina de la nómina del empleador.

Los ingresos del negocio agrícola son la suma de cualquier ingreso o ganancia agrícola menos cualquier gasto o pérdida agrícola permitida como deducciones para calcular el ingreso imponible. Sin embargo, no incluye la ganancia o pérdida de la venta u otra disposición de tierras o de la venta de derechos de desarrollo, derechos de pastoreo u otros derechos similares.

Deuda cancelada

Si una deuda se cancela o perdona de otra manera que no sea como un regalo o legado al contribuyente, el individuo debe incluir el monto cancelado en el ingreso bruto para fines fiscales. La condonación de deudas agrícolas calificadas es una de las excepciones a la regla general. Está excluido de la renta imponible; informe el monto cancelado en el Anexo F, línea 10, si la deuda cancelada se incurrió en el negocio agrícola. Si la deuda es una deuda no comercial, informe el monto cancelado como "otros ingresos" en el Anexo 1, línea 8c. Véanse las publicaciones 225 y 982.

Anexo F Parte II Gastos agrícolas Método de efectivo y devengo

La Parte II reporta los gastos que generalmente son deducibles. Los costos corrientes son gastos que no tienen que ser capitalizados o incluidos en los costos de inventario. La deducción por el coste de la alimentación del ganado y otros suministros puede ser limitada. Si el contribuyente tiene una pérdida operativa, es posible que el contribuyente no pueda deducir la pérdida.

Ciertos gastos pagados a lo largo del año pueden ser parte personal y parte comercial. Algunos gastos compartidos podrían incluir gastos de gasolina, petróleo, combustible, agua, alquiler, electricidad, teléfono, mantenimiento de automóviles, reparaciones, seguros, intereses e impuestos. Los gastos compartidos deben asignarse correctamente entre personal y comercial. La porción personal no es deducible; la parte comercial se deduciría en el Anexo F.

Los costos ordinarios y necesarios de operar una granja con fines de lucro son gastos comerciales deducibles. Los costos corrientes son gastos que no tienen que ser capitalizados o incluidos en los costos de inventario. No obstante, la deducción por el coste de la alimentación del ganado y otros suministros puede ser limitada. Si el contribuyente tiene una pérdida operativa, es posible que el contribuyente no pueda deducir esta pérdida. Los siguientes no son deducibles:

- Gastos personales o de manutención.
- Gastos utilizados para criar una familia.
- Gastos de animales utilizados por el contribuyente para criar el animal.
- Gastos reembolsados.
- Pérdidas de inventario.
- Pérdidas personales.

Part II **Farm Expenses—Cash and Accrual Method.** Do not include personal or living expenses. See instructions.

10	Car and truck expenses (see instructions). Also attach **Form 4562**	10		23	Pension and profit-sharing plans . .	23	
11	Chemicals	11		24	Rent or lease (see instructions):		
12	Conservation expenses (see instructions)	12		a	Vehicles, machinery, equipment . .	24a	
13	Custom hire (machine work) . . .	13		b	Other (land, animals, etc.)	24b	
14	Depreciation and section 179 expense (see instructions)	14		25	Repairs and maintenance	25	
				26	Seeds and plants	26	
				27	Storage and warehousing . . .	27	
15	Employee benefit programs other than on line 23	15		28	Supplies	28	
				29	Taxes	29	
16	Feed	16		30	Utilities	30	
17	Fertilizers and lime	17		31	Veterinary, breeding, and medicine .	31	
18	Freight and trucking	18		32	Other expenses (specify):		

Parte del Anexo F

Los suministros agrícolas prepagados son montos pagados durante el año fiscal por los siguientes artículos:

- Piensos, semillas, fertilizantes y suministros agrícolas similares no utilizados o consumidos durante el año. No incluya los montos pagados por suministros agrícolas que se habrían consumido si no fuera por un incendio, tormenta, inundación, otra víctima, enfermedad o sequía.
- Aves de corral (incluidas las gallinas ponedoras y los pollitos) compradas para su uso (o tanto para uso como para reventa) en el negocio agrícola. Incluya solo la cantidad que sería deducible en el año siguiente si el contribuyente hubiera capitalizado el costo y lo hubiera deducido de manera proporcional durante el menor de los 12 meses o la vida útil de las aves de corral.
- Aves de corral compradas para la reventa y no revendidas durante el año.

Línea 10, Gastos de automóviles y camiones

Solo los gastos que se utilizan para negocios se pueden deducir como gastos comerciales. Los artículos incluyen gasolina, aceite, reparaciones, etiquetas de licencia, seguros y depreciación. Para 2022, la tarifa es de 58.5 centavos por milla de enero a junio y 62.5 centavos por milla de julio a diciembre. Para el año fiscal 2023, la tarifa de viaje de negocios es de 65.5 centavos por milla. La tasa de millaje estándar por cada milla de uso comercial se puede usar para el vehículo propiedad o arrendado del contribuyente. La tasa de kilometraje estándar no se puede utilizar si se utilizan cinco o más automóviles o camiones ligeros al mismo tiempo. Ver Instrucciones Anexo F.

Línea 14, Depreciación

Cuando se adquiere una propiedad para ser utilizada en el negocio agrícola y se espera que dure más de un año, no deduzca el costo total en el año. El costo se recupera durante más de un año y se deduce cada año en el Anexo F como depreciación o amortización. La depreciación se tratará en un capítulo posterior. Consulte el Formulario de instrucciones 4562.

Línea 17, Fertilizante y Cal

En el año pagado o incurrido, el costo de fertilizantes, cal y otros materiales aplicados a las tierras agrícolas para enriquecer, neutralizar o acondicionar la tierra puede ser un gasto. El costo de aplicar la materia prima también es un gasto.

Línea 19, Gasolina, Combustible y Aceite

Algunos gastos pagados durante el año fiscal son en parte personales y en parte comerciales. Estos pueden incluir gastos de gasolina, combustible y aceite, agua, servicios públicos, mantenimiento de automóviles, reparaciones, seguros e impuestos. El contribuyente no puede mezclar partes comerciales y personales para ser reportadas. La parte comercial es deducible en la declaración de impuestos.

Línea 20, Seguros

El costo ordinario y necesario del seguro para el negocio agrícola es un gasto comercial. Las primas pueden incluir el pago de los siguientes tipos de seguro:

- Incendio, tormenta, cosecha, robo, responsabilidad civil y otros seguros sobre activos comerciales agrícolas

- Seguro médico y de accidentes para empleados agrícolas
- Seguro de compensación para trabajadores establecido por la ley estatal que cubre reclamos por lesiones corporales relacionadas con el trabajo o enfermedades sufridas por los empleados en la granja, independientemente de la culpa
- Seguro de interrupción del negocio
- Seguro estatal de desempleo para empleados agrícolas (deducible como impuestos si se consideran impuestos según la ley estatal)

El seguro de salud para trabajadores por cuenta propia se puede deducir, así como la cobertura de seguro médico, dental y de cuidado a largo plazo calificado para el contribuyente, el cónyuge y los dependientes al calcular el ingreso bruto ajustado. Véase la publicación 535.

Línea 21, Interés

Los intereses pagados sobre las hipotecas agrícolas y otras obligaciones incurridas en el negocio agrícola pueden ser deducibles. Si se utiliza el método de contabilidad en efectivo, deduzca los intereses pagados durante el año fiscal. Los intereses pagados con otros fondos recibidos del prestamista original a través de otro préstamo, anticipo u otro acuerdo similar a un préstamo no se pueden deducir hasta que se realicen los pagos del nuevo préstamo. Según el método de efectivo, si los intereses se pagan por adelantado antes de su vencimiento, la deducción se toma en el año fiscal en el que se vencen los intereses. Consulte el Formulario de instrucciones 8990.

Línea 22, Mano de obra contratada

Los salarios razonables pagados por el trabajo agrícola regular, el trabajo a destajo, el trabajo contratado y otras formas de trabajo contratado para realizar las operaciones agrícolas se pueden pagar en efectivo o en artículos no monetarios, como inventario, activos de capital o activos utilizados en negocios. El costo de la mano de obra agrícola es un costo de mano de obra deducible. Otros costos deducibles incurridos por el trabajo agrícola podrían incluir seguro de salud, seguro de compensación para trabajadores y otros beneficios. Reducir la deducción fiscal que se reclamó en lo siguiente:

- Formulario 5884, Crédito por oportunidad de trabajo
- Formulario 8844, Crédito de Empleo de Zona de Empoderamiento
- Formulario 8845, Crédito de empleo indio
- Formulario 8932, Crédito para pagos salariales diferenciales del empleador
- Formulario 8994, Crédito del empleador por licencia familiar y médica pagada

Línea 25, Reparaciones y Mantenimiento

La mayoría de los gastos de reparación y mantenimiento son deducibles. Sin embargo, las reparaciones o una revisión de la propiedad depreciable que aumenta el valor del activo o lo adapta a un uso diferente es un gasto de capital. Véase la publicación 225.

Línea 29, Impuestos

Los impuestos sobre bienes raíces y propiedad sobre activos comerciales agrícolas, como equipos agrícolas, animales, tierras de cultivo y edificios agrícolas, se pueden deducir en el año pagado. Los impuestos sobre la parte de la granja utilizada para uso personal no son un gasto deducible en el negocio; esos gastos pueden ser deducibles en el Anexo A.

El impuesto general estatal y local sobre las ventas de artículos comerciales agrícolas no depreciables es deducible como parte del costo de esos artículos. Incluya el impuesto general a las ventas estatal y local impuesto sobre la compra de los activos para su uso en el negocio agrícola como parte del costo que es depreciable.

Las personas no pueden deducir los impuestos estatales y federales sobre la renta como gastos de negocios agrícolas. Las personas pueden deducir los impuestos estatales y locales sobre la renta solo como una deducción detallada en el Anexo A. El impuesto federal sobre la renta no es una deducción. La mitad del impuesto sobre el trabajo por cuenta propia se calcula como un ajuste a los ingresos en el Formulario 1040. Ver Instrucciones Anexo F.

Línea 32 Otros gastos

Gastos de viaje

Los gastos ordinarios y necesarios se pueden deducir si se incurre mientras viaja fuera de casa para negocios agrícolas. Los gastos lujosos y extravagantes no se pueden deducir. Para fines fiscales, la ubicación del negocio agrícola se considera la ubicación de la granja y el contribuyente está viajando fuera de la granja si:

- Los deberes requieren que el contribuyente esté ausente de la granja durante mucho más tiempo que un día de trabajo ordinario
- El sueño y el descanso son necesarios para satisfacer las demandas del trabajo mientras está fuera de casa

Los siguientes son algunos ejemplos de gastos de viaje deducibles:

- Transporte aéreo, ferroviario, en autobús y en automóvil
- Comidas y alojamiento
- Tintorería y lavandería
- Teléfono y fax
- Transporte entre el hotel y el lugar temporal de trabajo o reunión de negocios
- Propinas para cualquier gasto

Recuerde, las comidas ordinarias relacionadas con los negocios son deducibles si los viajes de negocios son lo suficientemente nocturnos o lo suficientemente largos como para requerir que el contribuyente se detenga a dormir o descansar para realizar adecuadamente sus deberes.

La siguiente, no es una lista completa, pero incluye algunos gastos que pueden deducirse como gastos agrícolas en la Parte II del Anexo F. Estos gastos deben ser para fines comerciales y pagados en el año utilizado (si se utiliza el método de efectivo) o incurridos (si se utiliza el método de devengo).

- Honorarios contables
- Publicidad
- Viajes de negocios y comidas
- Comisiones
- Honorarios de consultores
- Gastos de exploración de cultivos
- Cuotas a las cooperativas
- Gastos educativos (para mantener y mejorar las habilidades agrícolas)
- Honorarios de abogados relacionados con la granja
- Revistas agrícolas

- Desmotado
- Aerosoles y polvos de insectos
- Cama y ropa de cama
- Tasas ganaderas
- Tarifas de comercialización
- Evaluación de la leche
- Gastos de mantenimiento de registros
- Cargos por servicio
- Se espera que las herramientas pequeñas duren un año o menos
- Sellos y papelería
- Suscripciones a revistas profesionales, técnicas y comerciales que se ocupan de la agricultura

Penalizaciones por cuota de comercialización

Las multas por cuotas de comercialización pueden deducirse como un "otro gasto" en el Anexo F. Estas sanciones se pagan por la comercialización de cultivos que excedan de la cuota de comercialización agrícola. Si no se paga la penalización, pero el comprador de la cosecha la deduce del pago, incluya el pago en ingresos brutos. No tome una deducción separada por la multa. Véase la publicación 225.

Gastos de capital

Un gasto de capital es un pago o una deuda incurrida para la adquisición, mejora o restauración de un activo que se espera que dure más de un año. Incluya el gasto en la base del activo. Las reglas uniformes de capitalización también requieren que el activo se capitalice o se incluya en ciertos gastos de inventario. Véase la publicación 225.

Uso comercial del hogar

El uso comercial de la casa se puede deducir si parte de la casa se usa exclusiva y regularmente como:

- El lugar principal de negocios para cualquier comercio o negocio.
- Un lugar para reunirse o tratar con pacientes, clientes o clientes en el curso normal del comercio o negocio.
- En relación con un comercio o negocio, si se utiliza una estructura separada que no está unida a la casa.

Una oficina en el hogar calificará como el lugar principal de negocios para deducir gastos por su uso si se cumplen los dos requisitos siguientes:

- El contribuyente lo utiliza exclusiva y regularmente para las actividades administrativas o de gestión del comercio o negocio.
- El contribuyente no tiene otra ubicación fija donde se llevan a cabo actividades administrativas o de gestión sustanciales del comercio o negocio.

El IRS ha proporcionado un método simplificado para determinar el uso de gastos de la casa. Esto fue cubierto en el capítulo del Anexo C. Véase la Publicación 587.

Puesta en marcha de empresas y costos de organización

El contribuyente puede optar por deducir hasta $5,000 de costos de inicio de negocios y $5,000 de costos organizacionales pagados o incurridos después del 22 de octubre de 2004. La deducción de $5,000 se reduce por el monto de los costos totales iniciales u organizativos que excedan los $50,000. Cualquier costo restante debe ser amortizado. Véase la publicación 225.

Gastos de producción de cultivos

Las reglas uniformes de capitalización requieren que el contribuyente capitalice los gastos incurridos en plantas de producción. Sin embargo, para ciertos contribuyentes que están obligados a utilizar el método de contabilidad de devengo, las reglas de capitalización no se aplican a las plantas con un período pre-productivo de dos años o menos. Véase la publicación 225.

Madera

Capitalizar el costo de adquisición de madera; No incluyen el costo del terreno. En general, se deben capitalizar los costos directos incurridos en la reforestación; Sin embargo, uno puede optar por deducir algunos costos de forestación y reforestación.

Cultivo del árbol de Navidad

Si el contribuyente está en el negocio de plantar y cultivar árboles de Navidad para vender cuando tienen más de 6 años, capitalice los gastos incurridos para plantar y cultivar tocones y agréguelos a la base de los árboles en pie. El contribuyente recuperaría estos gastos como parte de la base ajustada cuando los árboles se venden como árboles en pie, o como una asignación de agotamiento cuando se cortan los árboles.

Tasas de cría

Si se utiliza el método de devengo, las tarifas de cría deben capitalizarse y asignarse al costo de la base del ternero, potro, etc. Las tarifas de reproducción pueden ser un gasto en el Anexo F. Si el criador garantiza la descendencia viva u otros costos de procedimiento veterinario como base de costos de la descendencia.

Otros gastos no deducibles

Los gastos personales y ciertos otros elementos en la declaración de impuestos no se pueden deducir, incluso si están relacionados con la granja. El contribuyente no puede deducir ciertos gastos personales y de subsistencia, incluyendo el alquiler y las primas de seguro pagadas por la propiedad utilizada como residencia principal del contribuyente. El costo de mantener vehículos personales u otros artículos utilizados para uso personal o el costo de comprar o criar productos o ganado consumido por el contribuyente y su familia no es deducible.

Pérdidas por operar una granja

Si los gastos de la granja son mayores que los ingresos de la granja, el contribuyente tiene una pérdida de la operación de la granja. El monto de la pérdida que uno puede deducir al calcular el ingreso imponible puede ser limitado. Para calcular la pérdida deducible, se deben aplicar los siguientes límites:

- Los límites de riesgo
- Los límites de la actividad pasiva

Si la pérdida deducible después de aplicar los límites es mayor que los ingresos del año, puede haber una pérdida operativa neta. Véase la publicación 536.

Agricultura sin fines de lucro

Si el contribuyente opera una granja con fines de lucro, todos los gastos ordinarios y necesarios de llevar a cabo el negocio de la agricultura pueden deducirse en el Anexo F. Si la actividad agrícola u otra actividad en la que el contribuyente participa o invierte no tiene fines de lucro, los ingresos de la actividad se reportan en el Anexo 1, línea 6. Los gastos ya no se deducen en el Anexo A. Las pérdidas de la agricultura sin fines de lucro pueden ser limitadas.

Excepción de pagos estimados

Si el contribuyente presenta su declaración de impuestos anualmente antes del 1 de marzo y hace lo siguiente, la multa no se aplicará.

- Presente la declaración de impuestos y pague el impuesto adeudado antes del 1 de marzo.
- Los contribuyentes no tenían responsabilidad por el año anterior y el año en curso era por los 12 meses.
- A los contribuyentes no se les cobraría una multa si el impuesto total en el año en curso menos el monto de la retención de impuestos pagada es inferior a $ 1,000.

Beneficios del mantenimiento de registros

Todos en los negocios deben mantener registros apropiados y precisos. El mantenimiento de registros ayudará al contribuyente a:

- Monitorear el progreso de su negocio.
- Prepare un estado financiero preciso.
- Clasificar recibos.
- Realice un seguimiento de los gastos comerciales deducibles.
- Preparar la declaración de impuestos.
- Apoyar los ingresos y gastos reportados en la declaración de impuestos.

Los registros muestran al contribuyente si el negocio está mejorando, qué artículos se venden mejor y perspectivas para aumentar el éxito del negocio. Los registros son necesarios para preparar estados financieros precisos, que incluyen ganancias y pérdidas, balances y cualquier otro estado financiero.

Los contribuyentes deben identificar los recibos en el momento de la compra. Es más fácil adquirir el hábito de rastrear los recibos cuando se reciben en lugar de tratar con ellos al preparar la declaración de impuestos. Un profesional de impuestos debe enseñar a los clientes cómo identificar y rastrear recibos.

Tipos de registros para mantener

El contribuyente debe elegir el sistema de mantenimiento de registros que sea mejor para su negocio. El sistema debe coincidir con el método contable del año fiscal del contribuyente. El sistema de mantenimiento de registros debe incluir un resumen de todas las transacciones comerciales del contribuyente. Por ejemplo, el mantenimiento de registros debe mostrar el ingreso bruto, así como las deducciones y créditos para el negocio. Se debe mantener la documentación de respaldo para transacciones consistentes, como compras, ventas y nómina. Es importante conservar la documentación que respalde las entradas en el diario, los libros mayores y la declaración de impuestos. Los registros de gastos de viaje, transporte y regalos caen bajo reglas específicas de mantenimiento de registros. Para obtener más información, consulte la Publicación 463. También hay registros específicos de impuestos de empleo que el empleador debe mantener. Véase la Publicación 51 (Circular A).

Los activos utilizados en los negocios pueden ser propiedad, como maquinaria y equipo utilizados para realizar negocios. Los registros del activo se utilizan para calcular la depreciación y la ganancia o pérdida cuando se vende el activo. Los registros deben mostrar la siguiente información:

- Cuándo y cómo se adquirió el activo comercial.
- El precio de compra del activo comercial.
- El costo de cualquier mejora comercial.
- Deducción del artículo 179.
- Deducciones comerciales tomadas por depreciación.
- Deducciones comerciales tomadas por pérdidas por accidentes, como pérdidas resultantes de incendios, tormentas o desastres naturales.
- Cómo se utilizó el activo empresarial.
- Cuándo y cómo se eliminó el activo comercial.
- El precio de venta del activo o del negocio.
- El gasto del activo comercial.

Los siguientes son ejemplos de registros que pueden mostrar la información de la lista anterior:

- Facturas comerciales de compra y venta.
- Compra de negocios de declaraciones de cierre de bienes raíces (HUD-1).
- Cheques comerciales cancelados.
- Los extractos bancarios de una empresa.

Mantenimiento de registros

Los registros de impuestos deben mantenerse según sea necesario para la administración de cualquier disposición del Código de Rentas Internas. Se deben mantener registros comerciales que respalden un elemento de ingreso o deducción que aparezca en la declaración hasta que finalice el período de limitaciones. Generalmente, ese marco de tiempo es un período de 3 años, aunque ciertos registros deben mantenerse por más de 3 años.

Los registros de empleo deben conservarse durante al menos 4 años después de la fecha en que el impuesto se devenga o se pague. Los registros que pertenecen a activos tales como la propiedad deben mantenerse si el contribuyente posee el activo comercial. Otros acreedores, como una compañía de seguros, pueden requerir que los registros comerciales se mantengan por más tiempo que el IRS.

Parte 1 Preguntas de repaso

Para obtener el máximo beneficio de este capítulo, LTP recomienda que complete cada una de las siguientes preguntas y luego las compare con las respuestas con los comentarios que siguen inmediatamente. Bajo los estándares de autoestudio vigentes, los proveedores deben presentar preguntas de revisión intermitentemente a lo largo de cada curso de autoestudio.

Estas preguntas y explicaciones no son parte del examen final y no serán calificadas por LTP.

SFP1.1
¿Cuál de los siguientes activos agrícolas podría producir una ganancia o una pérdida para el contribuyente?

a. Tierra
b. Equipo agrícola depreciable
c. Edificios y estructuras
d. Ganado

SFP1.2
Cuando se venden productos agrícolas, se reporta en______.

a. Anexo F
b. Formulario 4797
c. Formulario 8949
d. Formulario 1040

SFP1.3
Las ventas de cría de perros se reportan en ____.

a. Anexo A
b. Anexo C
c. Anexo E
d. Anexo F

SFP1.4
EFI significa _____.

a. Presentación electrónica de ingresos
b. Ingresos agrícolas electrónicos
c. Ingresos agrícolas elegidos
d. Ingresos declarativos elegidos

SFP1.5
¿En qué forma se reportan las ventas de cría de ganado?

a. Anexo A
b. Anexo C
c. Anexo E
d. Anexo F

Parte 1 Respuesta a las preguntas de repaso

SFP1.1
¿Cuál de los siguientes activos agrícolas podría producir una ganancia o una pérdida para el contribuyente?

a. Tierra
b. Equipo agrícola depreciable
c. Edificios y estructuras
d. Ganado

Comentarios: Revise la sección *Anexo F, Ingresos agrícolas.*

SFP1.2
Cuando se venden productos agrícolas, se reporta en ______.

a. Anexo F
b. Formulario 4797
c. Formulario 8949
d. Formulario 1040

Comentarios: Sección de revisión *Ingresos agrícolas.*

SFP1.3
Las ventas de cría de perros se reportan en ____.

a. Anexo A
b. Anexo C
c. Anexo E
d. Anexo F

Comentarios: Sección de revisión *Ingresos agrícolas*.

SFP1.4
EFI significa _____.

a. Presentación electrónica de ingresos
b. Ingresos agrícolas electrónicos
c. Ingresos agrícolas elegidos
d. Ingresos declarativos elegidos

Comentarios: Sección de revisión *Ingresos agrícolas elegidos.*

SFP1.5
¿En qué forma se reportan las ventas de cría de ganado?

a. Anexo 1
b. Anexo C
c. Anexo E
d. Anexo F

Comentarios: Sección de revisión *Ingresos agrícolas*.

Aportes

Los contribuyentes están en el negocio de la agricultura si cultivan, operan o administran una granja con fines de lucro, ya sea como propietario o inquilino. Una granja incluye ganado, lácteos, aves de corral, pescado, frutas y granjas de camiones. La granja también puede incluir plantaciones, ranchos, pastizales y huertos.

TEST YOUR KNOWLEDGE!
Go online to take a practice quiz.

Capítulo 12 Depreciación

Introducción

La depreciación es una deducción anual que permite a los contribuyentes recuperar el costo u otra base de su negocio o propiedad de inversión durante un número específico de años. La depreciación es una asignación por el desgaste, la disminución o la inutilidad de una propiedad y comienza cuando un contribuyente pone la propiedad en servicio para su uso en un comercio o negocio. La propiedad deja de ser depreciable cuando el contribuyente ha recuperado completamente el costo de la propiedad u otra base o cuando la propiedad ha sido retirada del servicio, lo que ocurra primero. La depreciación se reporta en el Formulario 4562.

Objetivos

Al final de esta lección, el estudiante:

- Describa cuándo la propiedad no se puede depreciar.
- Reconozca cuándo comienza y termina la depreciación.
- Identifique qué método de depreciación utilizar para la propiedad.

Recursos

Formulario 1040	Publicación 534	Instrucciones Formulario 1040
Formulario 3115	Publicación 544	Instrucciones Formulario 3115
Formulario 4562	Publicación 551	Instrucciones Formulario 4562
Formulario 8866	Publicación 946	Instrucciones Formulario 8866

Parte 1 Definición de la depreciación y los métodos de depreciación

La depreciación es una provisión anual por el desgaste de ciertos bienes que incluye el proceso de asignar el costo de un activo tangible al gasto durante su vida útil estimada. Para ser depreciable, los bienes tangibles deben tener una vida limitada. Los bienes tangibles se pueden dividir en dos categorías: bienes inmuebles y bienes personales. Los bienes inmuebles son terrenos, mejoras de terrenos, edificios y mejoras de edificios. La tierra no tiene una vida limitada; por lo tanto, no califica para la depreciación. La propiedad personal suele ser maquinaria y equipo comercial, muebles de oficina y accesorios. El término "propiedad personal" no debe confundirse con la propiedad de un individuo para uso personal.

Depreciación

La depreciación es una forma de contabilizar los costos asociados con los bienes duraderos utilizados en un negocio, para la inversión o para un pasatiempo. El período de recuperación es determinado por el IRS y el contribuyente deduce el costo del artículo durante la vida de la clase de propiedad. Sólo puede depreciarse el porcentaje del costo correspondiente al porcentaje de uso atribuible a efectos de deducción; Los costos atribuidos al uso personal nunca pueden depreciarse. La depreciación comienza cuando el activo se pone en servicio y termina cuando la propiedad se dispone o se desgasta.

Contenido

La base es una forma de determinar el costo de una inversión en propiedad y se decide por cómo se adquirió. Si la propiedad fue comprada, el precio de compra es la base. Cualquier mejora realizada en la propiedad se agrega a esa base. El precio de compra más las mejoras constituye la base ajustada. Otros elementos que se suman a la base son los gastos de adquisición de la propiedad (comisiones, impuesto sobre las ventas y cargos de flete). También hay elementos que reducen la base, que incluyen depreciación, distribuciones no imponibles y ganancias pospuestas en las ventas de viviendas. Esto también se conoce como "base de costos".

La depreciación se reporta en el Formulario 4562.

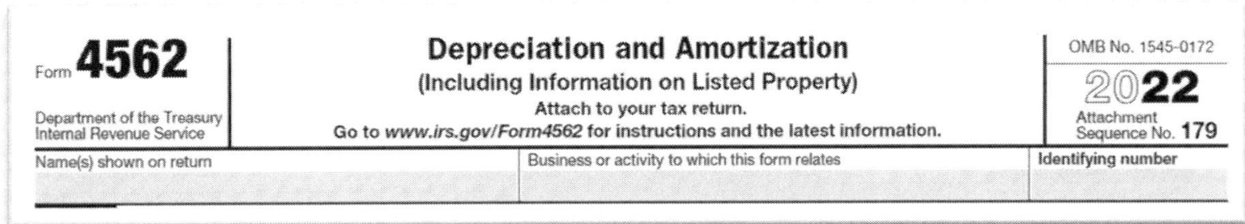

Form **4562**
Department of the Treasury
Internal Revenue Service

Depreciation and Amortization
(Including Information on Listed Property)
Attach to your tax return.
Go to *www.irs.gov/Form4562* for instructions and the latest information.

OMB No. 1545-0172
2022
Attachment Sequence No. **179**

Name(s) shown on return	Business or activity to which this form relates	**Identifying number**

Parte del Formulario 4562

Artículo 179

La Sección 179 es un código de rentas internas que permite al contribuyente una deducción inmediata sobre ciertos activos comerciales. Los dueños de negocios pueden tomar el precio de compra de los equipos comerciales en el año de compra y depreciar el activo al 100%. La ley federal permite una elección de gastos de hasta $ 1,050,000 del costo de cierta propiedad comercial. Para el año fiscal 2022, los límites son de $ 1,080,000 con una compra total de $ 2,700,000. Para el año fiscal 2023, los límites son de $ 1,160,000 con una eliminación total de $ 2,890,000.

Los contribuyentes pueden optar por tomar una parte de la Sección 179 en lugar del monto total del activo. Por ejemplo, Salomón compró un tractor para su negocio agrícola. El tractor costó $ 45,000, y Solomon decidió usar el 50% del costo como Sección 179. Los $22,500 restantes se utilizarían como deducción anual por depreciación.

La Sección 179 se reporta en el Formulario 4562, parte I.

Part I **Election To Expense Certain Property Under Section 179**
Note: If you have any listed property, complete Part V before you complete Part I.

1	Maximum amount (see instructions)			1	
2	Total cost of section 179 property placed in service (see instructions)			2	
3	Threshold cost of section 179 property before reduction in limitation (see instructions)			3	
4	Reduction in limitation. Subtract line 3 from line 2. If zero or less, enter -0-			4	
5	Dollar limitation for tax year. Subtract line 4 from line 1. If zero or less, enter -0-. If married filing separately, see instructions			5	
6	**(a)** Description of property	**(b)** Cost (business use only)	**(c)** Elected cost		
7	Listed property. Enter the amount from line 29	7			
8	Total elected cost of section 179 property. Add amounts in column (c), lines 6 and 7			8	
9	Tentative deduction. Enter the **smaller** of line 5 or line 8			9	
10	Carryover of disallowed deduction from line 13 of your 2021 Form 4562			10	
11	Business income limitation. Enter the smaller of business income (not less than zero) or line 5. See instructions			11	
12	Section 179 expense deduction. Add lines 9 and 10, but don't enter more than line 11			12	
13	Carryover of disallowed deduction to 2023. Add lines 9 and 10, less line 12	13			

Note: Don't use Part II or Part III below for listed property. Instead, use Part V.

Parte del Formulario 4562

La línea 1 reporta la cantidad máxima de la Sección 179.

Línea 2 reporta el costo total de la Sección 179 que se puso en servicio en el año fiscal actual.

La línea 3 reporta la cantidad máxima que el contribuyente elegiría reclamar. La cantidad podría reducirse en función del contribuyente.

La línea 4 reporta de la limitación de reducción.

La línea 5 reporta el límite en dólares para el año fiscal actual.

Depreciación de bonificación

La depreciación de bonificación fue diseñada para estimular la inversión en propiedades comerciales que no son terrenos o edificios. La sección 168(k) del IRC es el código que proporciona la explicación de la depreciación acelerada. El IRS a veces se refiere a la depreciación de bonificación como una "asignación especial de depreciación". Para el año fiscal 2022, la depreciación permitida es del 100% de la propiedad comercial calificada. La deducción inmediata es elegible para la propiedad que se ha puesto en servicio entre el 27 de septiembre de 2017 y el 1 de enero de 2023. Después del 1 de enero de 2023, los importes de eliminación gradual son:

2023: 80%
2024: 60%
2025: 40%
2026: 20%

La propiedad que califica para la depreciación de bonificación debe tener una vida útil de 20 años o menos. La propiedad también debe ser nueva para el contribuyente. Si el contribuyente arrendó el equipo, antes de la compra, la propiedad está descalificada para la depreciación de bonificación.

En la Parte II se reporta de la Provisión Especial por Depreciación y otras Depreciaciones, como la depreciación de bonificaciones.

Part II	**Special Depreciation Allowance and Other Depreciation (Don't** include listed property. See instructions.)		
14	Special depreciation allowance for qualified property (other than listed property) placed in service during the tax year. See instructions	14	
15	Property subject to section 168(f)(1) election	15	
16	Other depreciation (including ACRS)	16	

Parte del Formulario 4562

El principio y el fin de la depreciación

La depreciación comienza cuando la propiedad se pone en servicio para su uso en el comercio o negocio o para la producción de ingresos. La depreciación termina cuando el costo y la base adicional, si corresponde, se han recuperado por completo o cuando la propiedad se retira del servicio, lo que ocurra primero.

La propiedad se pone en servicio cuando está lista y disponible para un uso específico para una actividad comercial, una actividad generadora de ingresos, una actividad exenta de impuestos o una actividad personal. Incluso si la propiedad no se está utilizando, todavía se pone en servicio cuando está lista, disponible y capaz de realizar su uso específico.

Cuando un contribuyente coloca una mejora o adición en servicio después de que el activo original fue puesto en servicio, las mejoras o adiciones son un activo separado. Por ejemplo, Gabriela puso su alquiler en servicio y luego hizo algunas mejoras importantes. Las mejoras fueron más que el precio de compra del alquiler. Las mejoras serán una partida separada que se depreciará y podría tener una vida de clase diferente. Consulte §1.263(a)-3T(e)(3) o (e)(5) para obtener más reportación.

Ejemplo 1: Joel compró una fotocopiadora en diciembre del año pasado para su negocio de impresión. La máquina fue entregada en enero, pero no instalada. Joel tenía la máquina instalada y lista para usar en febrero del año fiscal actual. La máquina se consideraría puesta en servicio en febrero del año en curso, y no en diciembre o enero, porque no fue hasta que se instaló en febrero que la máquina estuvo lista para ser puesta en servicio.

Si la propiedad se ha convertido de uso personal a uso comercial, la fecha de "puesta en servicio" es la fecha en que se convirtió para uso comercial o para una actividad generadora de ingresos. En otras palabras, la depreciación comienza cuando la propiedad ha sido puesta en servicio.

Ejemplo 2: Nicolas compró una casa como su residencia principal en 2010, y el 10 de febrero de 2022, la convirtió en una propiedad de alquiler. Por lo tanto, la depreciación comienza el día en que se puso en servicio como una propiedad generadora de ingresos.

Propiedad que se puede depreciar

La mayoría de los tipos de bienes tangibles pueden depreciarse. Ejemplos de bienes tangibles son:

- Edificios
- Vehículos
- Maquinaria
- Mueble
- Equipo
- Instalaciones de almacenamiento

Algunos elementos intangibles que se pueden depreciar incluyen:

- Autor
- Patentes
- Software informático (si el valor de vida útil del software es superior a un año)

Los bienes que pueden amortizarse deben cumplir los siguientes requisitos:

- Debe ser propiedad propia del contribuyente.
- Debe ser utilizado en el negocio del contribuyente o actividad generadora de ingresos.
- La propiedad debe tener una vida útil determinable.
- Se espera que la propiedad dure más de un año.

Propiedad Poseída

Para reclamar la depreciación, uno debe ser el propietario de la propiedad, incluso si la propiedad tiene deudas. La propiedad arrendada solo se puede reclamar si la propiedad de la propiedad incluye lo siguiente:

- El título legal de la propiedad.
- La obligación legal de pagar por la propiedad.
- La responsabilidad de pagar los gastos de mantenimiento y operación.
- El deber de pagar cualquier impuesto sobre la propiedad.
- El riesgo de pérdida si la propiedad es destruida, condenada o disminuida en valor por obsolescencia o agotamiento.

Ejemplo: Amanda hizo un pago inicial en una propiedad de alquiler y se hizo cargo de los pagos de la hipoteca de Tom. Amanda es dueña de la propiedad y puede depreciarla.

Si la propiedad se mantiene como un negocio o como una propiedad de inversión como inquilino vitalicio, el contribuyente puede depreciar la propiedad.

Propiedad que tiene una vida útil determinable

La propiedad debe tener una vida útil determinable para ser depreciada. Debe ser algo que se desgasta, se descompone, se agota, se vuelve obsoleto o pierde su valor por causas naturales.

Propiedad que dura más de un año

Para poder depreciar la propiedad, la vida útil debe extenderse significativamente más allá del año en que la propiedad se puso en servicio.

Ejemplo: La Sra. Wilson mantiene una biblioteca para su negocio de impuestos y compra revistas técnicas anuales para su uso. La biblioteca no se depreciaría porque las revistas técnicas no tienen una vida útil de más de un año. Las revistas técnicas deben tomarse como un gasto comercial anual.

Propiedad utilizada en un negocio o una actividad generadora de ingresos

Para reclamar la depreciación de la propiedad, la actividad generadora de ingresos debe utilizarse en los negocios. Si el contribuyente utiliza la propiedad para producir un uso de inversión, entonces el ingreso está sujeto a impuestos. La propiedad personal no puede ser depreciada.

Si la propiedad se utiliza para uso comercial y personal, la parte utilizada como negocio puede depreciarse. Por ejemplo, el individuo no puede deducir la depreciación de un automóvil utilizado solo para ir y volver del trabajo o para viajes personales de compras y vacaciones familiares. El contribuyente debe mantener registros que muestren el uso comercial y personal de la propiedad.

Los contenedores utilizados para los productos que uno vende se consideran inventario y no se pueden depreciar. Los contenedores utilizados para enviar productos pueden depreciarse si tienen una esperanza de vida de más de un año y cumplen con los siguientes requisitos:

- ➢ Calificar como propiedad utilizada en los negocios.
- ➢ El título de los contenedores no pasa al comprador.

Para determinar si se cumplen los requisitos anteriores, se deben considerar las siguientes cosas:

- ➢ ¿El contrato de venta, la factura de venta o algún otro tipo de acuse de recibo del pedido indican si el contribuyente ha conservado el título de los contenedores?
- ➢ ¿La factura trata los contenedores como un artículo separado?
- ➢ ¿Los registros del contribuyente indican la base de los contenedores?

Límites de depreciación automática

Desuso máximo para vehículos de pasajeros adquiridos después del 27 de septiembre de 2017 y puestos en servicio en 2022 y el contribuyente no optó por una depreciación especial. La depreciación es:

Primer año	$ 19.200
Segundo año	$ 18.000
Tercer año	$ 10.800
Cuarto año y posteriores	$ 6.460

Para los vehículos utilitarios deportivos (SUV) puestos en servicio a partir de 2022, la deducción máxima es de $ 27,000. Para los automóviles de pasajeros puestos en servicio para 2022, es de $ 19,200, si se permite una depreciación especial, o $ 11,200 si se aplica una depreciación especial. Para fines del IRS, un SUV es diferente a un automóvil de pasajeros porque los límites de depreciación se basan en el peso del vehículo.

Propiedad que no se puede depreciar

La tierra no se desgasta; por lo tanto, no se puede depreciar. El costo de la tierra generalmente incluye la limpieza, nivelación, plantación y paisajismo. Aunque la tierra nunca se deprecia, ciertas mejoras a la tierra se pueden depreciar, como el paisajismo y las mejoras en un edificio.

Las siguientes excepciones son propiedades que no se pueden depreciar incluso si se cumplen los requisitos:

- ➢ Bienes puestos en servicio y enajenados en el mismo año.
- ➢ Equipo utilizado para construir mejoras de capital.
- ➢ Sección 197 intangibles que deben amortizarse.
- ➢ Ciertos intereses a plazo.

El inventario no se deprecia. El inventario es cualquier propiedad que se mantiene principalmente para la venta a los clientes en el curso ordinario de los negocios. Si el contribuyente está en el negocio de alquiler con opción a compra, ciertos bienes mantenidos para el negocio pueden considerarse depreciables en lugar de inventario. Véase la publicación 946.

Propiedad adquirida por intercambios similares

La propiedad similar es una propiedad de la misma naturaleza, carácter o clase. La calidad o el grado no importan. Por ejemplo, los bienes inmuebles que se mejoran con una casa residencial de alquiler son similares a los terrenos baldíos. Los intercambios similares más comunes son bienes raíces, o mejor conocidos como intercambio 1031.

Un intercambio 1031 recibe su nombre de la Sección 1031 del Código de Rentas Internas de los Estados Unidos, que le permite posponer el pago de impuestos sobre las ganancias de capital cuando vende una propiedad de inversión y reinvierte los ingresos de la venta dentro de ciertos límites de tiempo en una propiedad o propiedades de igual tipo e igual o mayor valor.

Los intercambios similares completados después del 31 de diciembre de 2017 se limitan a intercambios de bienes raíces que no se mantienen principalmente para la venta. Véase la Sección 1.168(i)-6 del IRC.

Elección de puerto seguro de minimis

El contribuyente puede optar por deducir pequeñas cantidades en dólares para gastos para adquirir o fabricar propiedades que generalmente necesitan ser capitalizadas bajo las reglas generales. La cantidad gastada debe ser gastos ordinarios y necesarios para llevar a cabo el comercio o negocio para el contribuyente. Los costos incluyen materiales, suministros, reparaciones y mantenimiento, generalmente por debajo de $ 2,500. Véase IRC Sección 1.263.

Métodos de depreciación

Los métodos de depreciación consisten en un sistema de recuperación acelerada de costos modificado, junto con un sistema de recuperación de costos lineal y acelerado (ACRS). ACRS se utilizó antes de 1987. El IRS ahora usa MACRS y línea recta.

Sistema Acelerado de Recuperación de Costos Modificado (MACRS)

El Sistema Modificado de Recuperación Acelerada de Costos (MACRS) es el método de depreciación actual utilizado en los Estados Unidos para calcular los activos depreciables. MACRS debe usarse para depreciar la propiedad. MACRS no se utiliza en las siguientes circunstancias:

- Propiedad puesta en servicio antes de 1987.
- Propiedad en propiedad o utilizada en 1986.
- Propiedad intangible.
- Películas, cintas de vídeo y grabaciones.
- Cierta propiedad corporativa o de sociedad que fue adquirida en una transferencia no imponible.
- Propiedad que ha sido elegida para ser excluida de MACRS.

Propiedad puesta en servicio antes de 1987

Si la propiedad se puso en servicio antes de 1987 (a menos que el contribuyente haya elegido usar MACRS después del 31 de julio de 1986), debe usar ACRS o Línea Recta. Véase la Publicación 534.

MACRS se utiliza generalmente para depreciar la propiedad que fue adquirida para uso personal antes de 1987 pero puesta en servicio después de 1986. Las mejoras realizadas en la propiedad puesta en servicio antes de 1986 se deprecian como una entrada separada utilizando la depreciación MACRS.

Ciertas propiedades que fueron adquiridas y puestas en servicio después de 1986 pueden no calificar para MACRS. En cualquiera de las siguientes situaciones de propiedad personal, MACRS no se puede utilizar:

- El contribuyente o alguien relacionado con el contribuyente poseía o usaba la propiedad en 1986.
- El contribuyente adquirió la propiedad de una persona que la poseía en 1986; y, como parte de la transacción, el usuario de la propiedad no cambió.
- El contribuyente arrendó la propiedad a una persona (o alguien relacionado con ellos) que poseía o usaba la propiedad en 1986.
- El contribuyente adquirió la propiedad en una transacción en la que se llevó a cabo lo siguiente:
    - El usuario de la propiedad no cambió.
    - La propiedad no era una propiedad MACRS en manos de la persona de quien el contribuyente la adquirió debido a una de las razones anteriores.

Un contribuyente no puede depreciar la propiedad de la Sección 1250 usando MACRS en ninguna de las siguientes situaciones:

- El contribuyente o alguien relacionado con el contribuyente era propietario de la propiedad en 1986.
- El contribuyente arrendó la propiedad a una persona que era propietaria de la propiedad o a alguien relacionado con esa persona en 1986.
- El contribuyente adquirió la propiedad en un intercambio similar, conversión involuntaria o recuperación de la propiedad que era propiedad del contribuyente, o alguien relacionado con el contribuyente en 1986.

MACRS solo se aplica a la parte de base en la propiedad adquirida que representa efectivo pagado o a diferencia de la propiedad intercambiada. No se aplica a la parte arrastrada de la base.

Las excepciones a lo anterior incluyen las siguientes:

- Propiedad residencial de alquiler o bienes inmuebles no residenciales.
- Cualquier propiedad si, en el primer año fiscal que se pone en servicio, la deducción bajo el Sistema de Recuperación Acelerada de Costos (ACRS) es mayor que la deducción bajo MACRS utilizando la convención de medio año. Véase la Publicación 534.

Las siguientes son personas relacionadas que no pueden depreciar la propiedad de la Sección 1250:

- Un individuo y un miembro de su familia, incluyendo solo un cónyuge, hijo, padre, hermano, hermana, medio hermano, media hermana, antepasado y descendiente directo.
- Una corporación o un individuo que directa o indirectamente posee más del 10% del valor de las acciones en circulación de esa corporación.
- Dos corporaciones que son miembros del mismo grupo controlado.
- Un fiduciario y una corporación si más del 10% del valor de las acciones en circulación es directa o indirectamente propiedad de o para el fideicomiso u otorgante del fideicomiso.
- El otorgante y fiduciario; y el fiduciario y beneficiario de cualquier fideicomiso.
- Los fiduciarios de dos fideicomisos diferentes y los fiduciarios y beneficiarios de dos fideicomisos diferentes si la misma persona es el otorgante de ambos fideicomisos.
- Una organización educativa o caritativa exenta de impuestos y cualquier persona (o un miembro de la familia de esa persona) que directa o indirectamente controle la organización.

- Dos corporaciones S, una corporación S y una corporación regular, si el mismo individuo posee más del 10% del valor de las acciones en circulación de cada corporación.
- Una corporación y una sociedad si las mismas personas poseen lo siguiente:
    - Más del 10% del valor de las acciones en circulación de la corporación.
    - Más del 10% de los intereses obtenidos del capital o beneficios de la sociedad.
- El albacea y beneficiario de cualquier patrimonio.
- Dos sociedades, si la misma persona posee directa o indirectamente más del 10% del capital o beneficios de cada una.
- La persona relacionada y una persona que se dedica a oficios o negocios bajo control común. Véase la sección 52(a) y 52(b) del IRC).

El comprador debe determinar la naturaleza de una relación antes de que se adquiera la propiedad.

Propiedad intangible

La propiedad intangible es cualquier cosa de valor que pueda ser poseída que no tenga un objeto físico correspondiente (por ejemplo, una patente, derechos de autor o intereses de asociación). Estos generalmente se deprecian utilizando el método de línea recta. El contribuyente puede optar por depreciar la propiedad intangible utilizando el método de pronóstico de ingresos, que no está cubierto en este curso. Véase la publicación 946.

Método de línea recta

El método lineal de depreciación permite al contribuyente deducir la misma cantidad cada año durante la vida útil de la propiedad. Para determinar la deducción, primero determine la base ajustada, el valor de recuperación y la vida útil estimada de la propiedad. Reste el valor residual, si lo hubiera, de la base ajustada. El saldo es la depreciación que se puede tomar por la propiedad. Divide el saldo por el número de años en la vida útil. Esta es la deducción anual de depreciación. Para utilizar el método lineal, prorratee la deducción por depreciación dividiendo el valor proporcionalmente en función de una unidad de tiempo o número de meses de uso.

Ejemplo: Francisco compró una patente en agosto por $5,100 que se define en la Sección 197. Francisco depreciará la patente utilizando el método de línea recta. La vida útil de una patente es de 17 años sin valor de recuperación. Francisco dividiría la base de $5,100 por 17 años para obtener la depreciación anual de $300. En el primer año de negocios, Francisco solo usó la patente durante 9 meses, por lo que tendría que multiplicar los $ 300 x 9/12 para obtener su deducción de $ 225 durante el primer año. Durante el siguiente año completo, Francisco reclamaría la deducción por depreciación de $300.

El software de computadora es generalmente un material de la Sección 197 y no puede depreciarse si el contribuyente lo adquirió en relación con la adquisición de activos que constituyen un negocio. Sin embargo, cuando cumple con las siguientes pruebas, el software informático que no es un intangible de la Sección 197 puede depreciarse incluso si se adquiere en una adquisición comercial:

- Está disponible para su compra por el público en general.
- Está sujeto a una licencia no exclusiva.
- No se ha modificado sustancialmente.

Si el software cumple con la prueba anterior, también puede calificar para la Sección 179. Si el software de computadora se puede depreciar, use el método lineal durante una vida útil de 36 meses.

Parte 1 Preguntas de repaso

Para obtener el máximo beneficio de este capítulo, LTP recomienda que complete cada una de las siguientes preguntas y luego las compare con las respuestas con los comentarios que siguen inmediatamente. Bajo los estándares de autoestudio vigentes, los proveedores deben presentar preguntas de revisión intermitentemente a lo largo de cada curso de autoestudio.

Estas preguntas y explicaciones no son parte del examen final y no serán calificadas por LTP.

DP1.1
¿Cuál de los siguientes es el sistema actual de depreciación fiscal en los Estados Unidos?

a. MACRS
b. ACRS
c. Convención semestral (HY)
d. Convención de mitad de mes (MM)

DP1.2
La depreciación es una asignación por el desgaste de ciertos bienes.

a. Período de recuperación
b. anual
c. mensual
d. trimestral

DP1.3
¿Cuál de los siguientes no es propiedad tangible?

a. Edificios
b. Maquinaria
c. Mueble
d. Teléfonos celulares

DP1.4
La depreciación de bonificación fue diseñada para estimular la inversión en propiedades comerciales que no son terrenos o edificios. El IRS a veces se refiere a la depreciación de bonificación como una "asignación especial de depreciación". Para el año fiscal 2022, la depreciación permitida es ¿qué porcentaje de propiedad comercial calificada?

a. 100%
b. 50%
c. 60%
d. 75%

DP1.5
Si el contribuyente no toma la depreciación de bonificación del primer año para un vehículo de pasajeros adquirido el 27 de septiembre de 2017, ¿cuál es la depreciación permitida para el primer año?

a. $ 19.200
b. $ 18.000
c. $ 10.800
d. $ 6.460

Parte 1 Respuestas a las preguntas de repaso

DP1.1
¿Cuál de los siguientes es el sistema actual de depreciación fiscal en los Estados Unidos?

a. MACRS
b. ACRS
c. Convención semestral (HY)
d. Convención de mitad de mes (MM)

Comentarios: Sección de revisión *Sistema de recuperación acelerada de costos modificados (MACRS).*

DP1.2
La depreciación es una asignación por el desgaste de ciertos bienes.

a. Período de recuperación
b. anual
c. mensual
d. trimestral

Comentarios: Revise la sección *Depreciación.*

DP1.3
¿Cuál de los siguientes no es propiedad tangible?

a. Edificios
b. Maquinaria
c. Mueble
d. Teléfonos celulares

Comentarios: Revise *la sección Propiedad que se puede depreciar.*

DP1.4
La depreciación de bonificación fue diseñada para estimular la inversión en propiedades comerciales que no son terrenos o edificios. El IRS a veces se refiere a la depreciación de bonificación como una "asignación especial de depreciación". Para el año fiscal 2022, la depreciación permitida es ¿qué porcentaje de propiedad comercial calificada?

a. 100%
b. 50%
c. 60%
d. 75%

Comentarios: Sección de revisión *Depreciación de bonificación.*

DP1.5
Si el contribuyente no toma la depreciación de bonificación del primer año para un vehículo de pasajeros adquirido el 27 de septiembre de 2017, ¿cuál es la depreciación permitida para el primer año?

a. **$ 19.200**
b. $ 18.000
c. $ 10.800
d. $ 6.460

Comentarios: Sección de revisión *Depreciación de bonificación.*

Parte 2 Base de depreciación y depreciación bajo MACRS

Para el profesional de impuestos principiante, la depreciación y la base pueden ser abrumadoras, pero cuando uno entiende los conceptos básicos, entonces la depreciación y la base son fáciles de determinar.

Base de la propiedad depreciable

Para calcular la deducción por depreciación, debe conocer la base de la propiedad. Para determinar la base de la propiedad, debe conocer el costo de la propiedad.

Base de costos

La base de la propiedad que se ha comprado es el costo más las cantidades pagadas por ciertos artículos. El costo incluye el monto pagado en efectivo, obligaciones de deuda, otros bienes o servicios. Algunos elementos que podrían agregarse a la base son:

- Impuesto sobre las ventas
- Fletes
- Gastos de instalación
- Tarifas de prueba
- Costos de liquidación tales como:
  - Honorarios legales y de grabación
  - Tarifas de resumen
  - Cargos por encuesta
  - Seguro de título del propietario
  - Montos que el vendedor debe que el comprador acepta pagar, como impuestos atrasados, intereses, tarifas de registro o hipoteca, cargos por mejoras o reparaciones y comisiones de ventas.

Otra base

Otra base se refiere a la forma en que el propietario de la propiedad recibió la propiedad. ¿La propiedad fue adquirida por un intercambio similar, como pago por servicios prestados, como regalo, herencia o de alguna otra manera? Véase la Publicación 551.

Base ajustada

Ciertos ajustes, ya sea un aumento o una disminución, pueden tener que hacerse para determinar la base ajustada en la propiedad. Estos eventos ocurren entre el momento en que la propiedad fue adquirida y puesta en servicio. Los eventos podrían incluir cualquiera de los siguientes:

- Instalación de líneas de servicios públicos
- Pagar honorarios legales para perfeccionar el título
- Configuración de problemas de zonificación
- Recibir reembolsos
- Incurrir en una pérdida por accidente o robo

Reducir la base de la propiedad por la depreciación permitida o permitida, la que sea mayor. "Depreciación permitida" es la depreciación a la que el contribuyente tenía derecho y que ya ha deducido como beneficio fiscal. "Depreciación permitida" es la depreciación a la que el contribuyente tenía derecho, pero aún no dedujo. Véase la Publicación 551.

Cálculo de la depreciación bajo MACRS

El Sistema Acelerado de Recuperación de Costos Modificado (MACRS) se utiliza para recuperar la base de la mayoría de las propiedades comerciales y de inversión puestas en servicio después de 1986. MACRS consta de dos sistemas de depreciación: el Sistema General de Depreciación (GDS) y el Sistema de Depreciación Alternativa (ADS). Estos dos sistemas proporcionan diferentes métodos y períodos de recuperación para calcular las deducciones. El método más común utilizado es GDS a menos que la ley requiera que se use el método ADS, o que el contribuyente haya elegido usar ADS.

Si se requiere que el contribuyente use ADS para depreciar la propiedad, no se puede reclamar ninguna asignación especial de depreciación sobre la propiedad. Aunque la propiedad puede calificar para GDS, el contribuyente puede optar por usar ADS. La elección debe cubrir todas las propiedades en la misma clase de propiedad que se pusieron en servicio durante el mismo año.

Clasificaciones de propiedades GDS

Hay nueve clasificaciones de propiedades bajo GDS. Las clasificaciones se dividen por la duración del período de depreciación y por el tipo de propiedad que se deprecia. La mayoría de las clasificaciones tienen el mismo período de recuperación que el título del año. Los siguientes son algunos ejemplos del tipo de activo para cada clasificación. Véase la publicación 946.

(a) Classification of property	(b) Month and year placed in service	(c) Basis for depreciation (business/investment use only—see instructions)	(d) Recovery period	(e) Convention	(f) Method	(g) Depreciation deduction
Section B—Assets Placed in Service During 2022 Tax Year Using the General Depreciation System						
19a 3-year property						
b 5-year property						
c 7-year property						
d 10-year property						
e 15-year property						
f 20-year property						
g 25-year property			25 yrs.		S/L	
h Residential rental property			27.5 yrs.	MM	S/L	
			27.5 yrs.	MM	S/L	
i Nonresidential real property			39 yrs.	MM	S/L	
				MM	S/L	
Section C—Assets Placed in Service During 2022 Tax Year Using the Alternative Depreciation System						
20a Class life					S/L	
b 12-year			12 yrs.		S/L	
c 30-year			30 yrs.	MM	S/L	
d 40-year			40 yrs.	MM	S/L	

Parte del Formulario 4562

Clasificación uno, propiedad de 3 años:

- Cabezas tractoras para uso en carretera.
- Caballos de carreras que tenían más de 2 años cuando se pusieron en servicio.
- Cualquier otro caballo que tuviera más de 12 años cuando se puso en servicio.
- Propiedad calificada de alquiler con opción a compra

Clasificación Dos, Propiedad de 5 años:

- Automóviles, taxis, autobuses y camiones.
- Maquinaria de oficina como calculadoras, copiadoras y computadoras.
- Ganado lechero y ganado de cría.
- Propiedad de electrodomésticos, alfombras, energía solar y eólica

Clasificación Tres, Propiedad de 7 años:

- Muebles y accesorios de oficina como escritorios, sillas y una caja fuerte.
- Vías férreas.
- Cualquier propiedad que no tenga una vida de clase y no haya sido designada por ley como perteneciente a ninguna otra clase.
- Cierta propiedad del complejo de entretenimiento de deportes de motor.

Clasificación cuatro, propiedad de 10 años:

- Cualquier árbol o vid que dé frutos o frutos secos.
- Cualquier estructura agrícola u hortícola de un solo propósito.
- Buques, barcazas, remolcadores y equipos similares de transporte acuático.
- Medidor eléctrico pequeño calificado y sistema de red calificado puesto en servicio a partir del 3 de octubre de 2008.

Clasificación cinco, propiedad de 15 años:

- Ciertas mejoras hechas directamente a la tierra o agregadas a la tierra, como arbustos, cercas, carreteras, aceras y puentes.
- Cualquier planta de tratamiento de aguas residuales municipales.
- La limpieza inicial y la nivelación para mejoras de tierras para servicios públicos de gas.
- Propiedad de la sección 1245 de transmisión eléctrica, utilizada en la transmisión a 69 o más kilovoltios de electricidad puesta en servicio después del 11 de abril de 2005.

Clasificación Seis, propiedad de 20 años:

- Edificios agrícolas, que no sean estructuras agrícolas u hortícolas de un solo propósito.
- Limpieza inicial y nivelación de mejoras de terrenos para plantas de transmisión y distribución de servicios eléctricos.
- Alcantarillado municipal no clasificado como propiedad de 25 años.

Clasificación Siete, Propiedad de 25 años:

- Propiedad que es parte integral de la recolección, tratamiento o distribución comercial de agua; Todas las demás propiedades relacionadas con el agua serían propiedad de 20 años.
- Alcantarillado municipal distinto de los bienes puestos en servicio bajo un contrato vinculante vigente en todo momento desde el 9 de junio de 1996.

Clasificación Octava, Propiedad de Alquiler Residencial:

La propiedad de alquiler incluye cualquier edificio o estructura, como los ingresos por alquiler, que incluyen unidades de vivienda y casas móviles. Una unidad de vivienda es un apartamento o casa que proporciona alojamiento en un edificio o estructura. No se incluyen moteles, hoteles y otros establecimientos similares que utilicen más del 50% de las habitaciones para transitorios; Para estos, la vida de clase de propiedad es de 27.5 años.

Clasificación Nueve, Bienes Inmuebles No Residenciales:

Esta es una propiedad de la Sección 1250, como un edificio de oficinas, tienda o almacén que no es una propiedad de alquiler residencial o una propiedad con una vida útil de clase de menos de 27.5 años. Siempre hay excepciones a las reglas. Si este es el caso, uno debe hacer una investigación relacionada con la situación particular. Cualquier otro período de recuperación de GDS que no se enumere anteriormente se puede encontrar en el Apéndice B de la Publicación 946.

¿Qué convenio se aplica?

Se establece un método de convención bajo MACRS para determinar la parte del año para depreciar la propiedad tanto en el año en que la propiedad se puso en servicio como en el año de disposición. La convención utilizada determina el número de meses por los cuales se puede reclamar la depreciación. Los tres métodos son: Mitad de mes (MM), Mitad de trimestre (MQ) y Medio año (HY).

La convención de mitad de mes se utiliza para bienes inmuebles no residenciales, bienes raíces residenciales y cualquier nivelación ferroviaria o perforación de túnel. En virtud de este convenio, se permite medio mes de depreciación para el mes en que la propiedad fue puesta en servicio o enajenada.

Ejemplo: Josué utiliza el método de contabilidad del año calendario y puso en servicio bienes inmuebles no residenciales en agosto. La propiedad está en servicio durante 4 meses (septiembre, octubre, noviembre y diciembre). El numerador de Josué es 4.5 (4 meses más 0.5). Josué multiplicaría la depreciación de un año completo por 4.5/12, o 0.375.

Si el contribuyente no utiliza el activo únicamente para negocios, entonces el activo debe multiplicarse por el porcentaje comercial del año y luego multiplicar el resultado por la fracción que se encuentra en las tablas de depreciación de MACRS.

Ejemplo: En febrero de 2022, Jennifer compró muebles de oficina por $ 2,600. Ella usaba los muebles de oficina para su negocio solo el 50% del tiempo. El mobiliario es una propiedad de 7 años. El porcentaje de depreciación se toma de la Tabla A-2 que se encuentra en la Publicación 946. Dado que Jennifer compró los muebles en el primer trimestre del año, usaría la convención de mitad de trimestre puesta en servicio en el primer trimestre. La cantidad que Jennifer podría depreciar en su primer año sería el costo de los muebles ($ 2,600) multiplicado por el porcentaje de su uso para negocios (50%) multiplicado por el porcentaje proporcionado de la tabla de depreciación (25%), que asciende a $ 325.00.

La convención de mitad de trimestre se utiliza si la convención de mitad de mes no se aplica, y la base depreciable total de la propiedad MACRS puesta en servicio es en los últimos 3 meses del año fiscal. Si el convenio de mitad de trimestre se utiliza para un año determinado, cada artículo de bienes personales depreciables puesto en servicio durante ese año debe depreciarse utilizando el convenio de mitad de trimestre durante todo su período de recuperación.

Los bienes inmuebles no residenciales, los bienes de alquiler residencial, los bienes de nivelación ferroviaria o túnel puestos en servicio y enajenados en el mismo año, y los bienes que se deprecian bajo un método distinto del MACRS están excluidos del uso de la convención de mitad de trimestre. En virtud de esta convención, se consideren en servicio todos los bienes puestos en servicio o enajenados durante cualquier trimestre del ejercicio fiscal. Esto significa que se permiten 11/2 meses de depreciación para el trimestre en que la propiedad se pone en servicio o se enajena.

La convención semestral se utiliza si no se aplica ni la convención de mitad de trimestre ni la convención de mitad de mes. En virtud de esta convención, tratar todos los bienes puestos en servicio o enajenados durante un año fiscal como puestos en servicio o enajenados a mediados del año. Esto significa que se permite medio año de depreciación para el año en que la propiedad se pone en servicio o se enajena.

Cuando el contribuyente elige usar la convención de medio año, se permite un medio año de depreciación en el primer año en que su propiedad se pone en servicio, independientemente de cuándo la propiedad se ponga en servicio durante el año fiscal. Para cada uno de los años restantes del período de recuperación, el contribuyente puede reclamar un año completo de depreciación. Si los bienes se mantienen durante todo el período de recuperación, se reclama un medio año de depreciación para el año siguiente al final del período de recuperación. Si la propiedad se enajena antes de que finalice el período de recuperación, se permite medio año de depreciación para el año de disposición.

Si la propiedad personal se ha colocado en un negocio agrícola después de 1988 y antes de 2018, el contribuyente debe depreciarse utilizando el 150% de GDS. La excepción a la regla es si el agricultor debe depreciar bienes inmuebles utilizando el método de línea recta. Para propiedades de 3, 5, 7 o 10 años colocadas en el negocio agrícola después de 2017, ya no tienen que usar el saldo decreciente del 150%.

Cambio de los métodos contables

Para cambiar el método de contabilidad utilizado para la depreciación, el contribuyente debe presentar el Formulario 3115*, Solicitud de cambio en el método contable,* para ser aprobado por el IRS.

Los siguientes son ejemplos de un cambio en el método de contabilidad utilizado para la depreciación:

- Un cambio de un método inadmisible para determinar la depreciación de la propiedad si se utilizó en dos o más declaraciones de impuestos presentadas consecutivamente.
- Un cambio en el tratamiento de un activo de no depreciable a depreciable, o viceversa.
- Un cambio en el método de depreciación, período de recuperación o convención de un activo depreciable.
- Un cambio de no reclamar a reclamar la asignación especial de depreciación si se hizo la elección a no reclamar la asignación especial.
- Un cambio de reclamar una asignación de depreciación especial del 50% a reclamar una asignación de depreciación especial del 100% para la propiedad calificada adquirida y puesta en servicio después del 27 de septiembre de 2017, si la elección no se realizó bajo la sección 168 (k) (10) del IRC para reclamar la depreciación especial permitida del 50%.

Los cambios en la depreciación que no son un cambio en el método de contabilidad son los siguientes:

- Un ajuste en la vida útil de un activo depreciable para el cual la depreciación se determina bajo la Sección 167.
- Un cambio en el uso de un activo en manos del mismo contribuyente.
- Hacer una elección de depreciación tardía o revocar una elección de depreciación válida oportuna, incluida la elección de no deducir la asignación especial de depreciación.
- Cualquier cambio en la fecha de puesta en servicio de un activo depreciable.

Si el contribuyente no califica para usar el procedimiento automático al presentar el Formulario 3115, entonces debe usar los procedimientos de solicitud de consentimiento anticipado. Consulte el Formulario de Instrucciones 3115.

Idle (propiedad)

La depreciación aún se puede reclamar en la propiedad que se pone en servicio, incluso si una propiedad está temporalmente inactiva y no se está utilizando. Por ejemplo, si Emilio posee una imprenta, pero no la ha utilizado durante seis meses del año fiscal actual porque no tiene trabajos que requieran la máquina, entonces puede continuar reclamando la depreciación de su imprenta.

Costo u otra base totalmente recuperada

Deje de depreciar la propiedad cuando la propiedad haya recuperado completamente su costo u otra base.

Retirado del servicio

Cuando la propiedad ha sido retirada del servicio, la depreciación se detiene. Los bienes se retiran del servicio cuando se han retirado permanentemente de su uso en el comercio o los negocios; en la producción de ingresos; o si la propiedad ha sido vendida o intercambiada, convertida para uso personal, abandonada, transferida a un suministro o destruida. La disposición de un activo incluye la venta, el intercambio, el retiro, el abandono físico o la destrucción de un activo.

Comprender la tabla de vidas en clase y períodos de recuperación

Hay dos secciones en la *Tabla de Vidas de Clase y Períodos de Recuperación* para la depreciación. La Tabla B-1 es *Activos depreciables específicos utilizados en todas las actividades comerciales, excepto como se indica;* esta tabla enumera los activos utilizados en todas las actividades comerciales. Algunos artículos incluidos podrían ser muebles de oficina; sistemas de información como computadoras; y equipos secundarios, como impresoras o pantallas de ordenador.

La Tabla B-2 se utiliza para todas las demás actividades, como las relacionadas con la agricultura, las carreras de caballos, los edificios agrícolas y las estructuras agrícolas u hortícolas de propósito único.

Utilice las tablas en orden numérico. Mire primero la Tabla B-1; si no encuentra el activo que está buscando, consulte la Tabla B-2. Una vez localizado el activo, utilice el periodo de recuperación que se muestra en la tabla. Sin embargo, si la actividad se enumera específicamente en la Tabla B-2 bajo el tipo de actividad en la que se utiliza, utilice el período de recuperación para esa actividad en esa tabla.

Cada tabla proporciona la clase de activos, la vida útil de la clase y el período de recuperación en años. Comprender estas tablas es vital para el profesional de impuestos principiante. Un profesional de impuestos no tiene que memorizar las tablas, solo saber dónde encontrar la información y cómo usarla correctamente.

Si la propiedad no aparece en ninguna de las tablas, compruebe el final de la Tabla B-2 para encontrar *Cierta propiedad para la que se asignaron períodos de recuperación*. Generalmente, la propiedad no listada tiene un período de recuperación de 7 años GDS o 12 años ADS.

Ejemplo: Peter Martínez es dueño de una tienda de ropa al por menor. Durante el año, compró un escritorio y una caja registradora para uso comercial. Peter encuentra "mobiliario de oficina" en el cuadro B-1, en la clase de activos 00.11. La caja registradora no figura en el cuadro B-1. Peter luego busca en la Tabla B-2 y encuentra la actividad "tienda minorista" en la clase de activos 57.0, *Comercio y servicios de distribución*, que incluye los activos utilizados en el comercio mayorista y minorista. La clase de activos no enumera específicamente muebles de oficina o una caja registradora. Peter utiliza la clase de activo 00.11 para el escritorio. El escritorio tiene una vida de clase de 10 años y un período de recuperación de 7 años para GDS. Peter elige usar ADS; El período de recuperación es de 10 años. Para la caja registradora, Peter utiliza la clase de activos 57.0 porque una caja registradora no figura en la Tabla B-1, pero es un activo utilizado en el negocio minorista. La caja registradora tiene una vida de clase de 9 años y un período de recuperación de 5 años para GDS. Si Peter elige usar el método ADS, el período de recuperación es de 9 años.

Parte 2 Preguntas de repaso

Para obtener el máximo beneficio de este capítulo, LTP recomienda que complete cada una de las siguientes preguntas y luego las compare con las respuestas con los comentarios que siguen inmediatamente. Bajo los estándares de autoestudio vigentes, los proveedores deben presentar preguntas de revisión intermitentemente a lo largo de cada curso de autoestudio.

Estas preguntas y explicaciones no son parte del examen final y no serán calificadas por LTP.

DP2.1
Para determinar la base de la propiedad, ¿cuál de los siguientes debe agregarse al costo?

1. Impuesto sobre las ventas
2. Tarifas de prueba
3. Cargos por encuesta
4. Costes de liquidación

a. 1 y 2
b. 2, 3 y 4
c. 3 y 4
d. 1, 2, 3 y 4

DP2.2
El Sistema General de Depreciación (GDS) tiene _______ clasificaciones de propiedad.

a. 5
b. 7
c. 9
d. 12

DP2.3
A Andrés le gustaría cambiar su método contable. ¿Qué formulario presentaría para recibir la aprobación del IRS?

a. Formulario 8829
b. Formulario 3115
c. Formulario 8867
d. Formulario 8849

DP2.4
¿Cuál de los siguientes métodos de depreciación es un componente de MACRS?

a. Sistema Global de Depreciación y Sistema Acelerado de Recuperación de Costos
b. Otro sistema de depreciación y sistema acelerado de recuperación de costos
c. Sistema Acelerado de Recuperación de Costos y Sistema de Depreciación Alternativa (ADS)
d. Sistema General de Depreciación (GDS) y Sistema de Depreciación Alternativa (ADS)

DP2.5
James necesita cambiar su método de contabilidad. ¿Qué formulario necesitaría presentar?

a. Formulario 3115
b. Formulario 8332
c. Formulario 4797
d. Formulario 6252

DP2.6
¿Qué significa el acrónimo MACRS?

a. Estudio de recreación personalizada acelerado modificado
b. Sistema Acelerado de Recuperación de Costos Modificado
c. Sistema de recuperación de costos ajustado modificado
d. Modificado Ajustado Cierto Sistema de Recuperación

DP2.7
¿Cuál de los siguientes se puede depreciar?

a. Propiedad Idle
b. Tierra
c. Propiedad que no ha sido puesta en servicio
d. Propiedad ociosa y propiedad que no se ha puesto en servicio

Parte 2 Respuestas a las preguntas de repaso

DP2.1
Para determinar la base de la propiedad, ¿cuál de los siguientes debe agregarse al costo?

1. Impuesto sobre las ventas
2. Tarifas de prueba
3. Cargos por encuesta
4. Costes de liquidación

a. 1 y 2
b. 2, 3 y 4
c. 3 y 4
d. 1, 2, 3 y 4

Comentarios: Sección de revisión *Base de la propiedad depreciable.*

DP2.2
El Sistema General de Depreciación (GDS) tiene _______ clasificaciones de propiedad.

a. 5
b. 7
c. 9
d. 12

Comentarios: Revise la sección *Clasificaciones de propiedades GDS.*

DP2.3
A Andrés le gustaría cambiar su método contable. ¿Qué formulario presentaría para recibir la aprobación del IRS?

a. Formulario 8829
b. Formulario 3115
c. Formulario 8867
d. Formulario 8849

Comentarios: Revise la sección *Cambio de métodos contables.*

DP2.4
¿Cuál de los siguientes métodos de depreciación es un componente de MACRS?

a. Sistema Global de Depreciación y Sistema Acelerado de Recuperación de Costos
b. Otro sistema de depreciación y sistema acelerado de recuperación de costos
c. Sistema Acelerado de Recuperación de Costos y Sistema de Depreciación Alternativa (ADS)
d. Sistema General de Depreciación (GDS) y Sistema de Depreciación Alternativa (ADS)

Comentarios: Revise la sección *Clasificaciones de propiedades GDS.*

DP2.5
James necesita cambiar su método de contabilidad. ¿Qué formulario necesitaría presentar?

a. Formulario 3115
b. Formulario 8332
c. Formulario 4797
d. Formulario 6252

Comentarios: Revise la sección *Clasificaciones de propiedades GDS.*

DP2.6
¿Qué significa el acrónimo MACRS?

a. Estudio de recreación personalizada acelerado modificado
b. Sistema Acelerado de Recuperación de Costos Modificado
c. Sistema de recuperación de costos ajustado modificado
d. Modificado Ajustado Cierto Sistema de Recuperación

Comentarios: Revise la sección *Calculando la depreciación bajo MACRS.*

DP2.7
¿Cuál de los siguientes se puede depreciar?

a. Propiedad Idle
b. Tierra
c. Propiedad que no ha sido puesta en servicio
d. Propiedad ociosa y propiedad que no se ha puesto en servicio

Comentarios: Sección de revisión *Propiedad inactiva.*

Aportes

Aunque la depreciación puede parecer abrumadora, este tema debe entenderse para preparar declaraciones de impuestos comerciales precisas. La depreciación se utiliza para beneficiar al contribuyente; el IRS ha definido la convención y el tipo de clase y ha calculado la cantidad porcentual. Todo lo que el profesional de impuestos necesita hacer es encontrar el tipo de clase y el monto porcentual correctos para calcular el monto de depreciación correcto para el contribuyente. Un profesional de impuestos no debe confiar en el software para hacer el cálculo, sino comprender la depreciación para asegurarse de que el software está calculando la depreciación correctamente.

¡PON A PRUEBA TUS CONOCIMIENTOS!
Ve en línea para tomar una prueba de práctica.

Capítulo 13 Ganancias y pérdidas de capital

Introducción

Casi todo lo que un contribuyente posee y utiliza para fines personales o de inversión es un activo de capital. Cuando se vende un activo de capital, la diferencia entre la base en el activo y la cantidad por la que se vende el artículo es una ganancia de capital o una pérdida de capital. Una ganancia de capital es la ganancia que resulta de vender una inversión (acciones, bonos o bienes raíces) por un precio más alto del que se compró. Las ganancias de capital pueden referirse a los ingresos de inversión que surgen en relación con activos reales (como propiedades), activos financieros (como acciones de acciones o bonos) y activos intangibles (como el fondo de comercio). Una pérdida de capital surge si los ingresos de la venta de un activo de capital son menores que el precio de compra. El contribuyente puede deducir hasta una pérdida de $3,000 ($1,500 si presenta MFS). La pérdida de capital que exceda el monto límite puede tomarse en años futuros.

Objetivos

Al final de esta lección, el estudiante podrá:

- Explicar los períodos de tenencia para diferentes tipos de propiedad.
- Comprender la diferencia entre las ganancias de capital a corto y largo plazo.
- Identificar activos de capital.
- Determinar la base antes de vender un activo.
- Establecer cuándo se excluye la vivienda habitual de la ganancia patrimonial.

Recursos

Formulario 1040	Publicación 17	Instrucciones del Formulario 1040
Formulario 1099-B	Publicación 523	Instrucciones del Formulario 1099-B
Formulario 4797	Publicación 544	Instrucciones del Formulario 4797
Formulario 6252	Publicación 551	Instrucciones del Formulario 6252
Formulario 8949	Tema tributario 409, 703	Instrucciones del Formulario 8949
Anexo D		Instrucciones del Anexo D

Parte 1 Activos de capital

Los activos de capital son artículos mantenidos para uso personal, placer o fines de inversión. Algunos ejemplos de activos de capital son:

- Acciones o bonos mantenidos en una cuenta personal.
- Una casa propiedad y utilizada por el contribuyente y la familia.
- Mobiliario del hogar.
- Un coche utilizado para el placer y/o el trabajo.
- Colecciones de monedas o sellos.
- Gemas y joyas.
- Oro, plata u otros tipos de metal.
- Madera cultivada en propiedad personal del contribuyente o propiedad de inversión.

Un activo de capital puede ser cualquier propiedad en poder del contribuyente; Sin embargo, se considerarían activos no patrimoniales:

Contenido

- Propiedad mantenida principalmente para la venta a clientes o propiedad que se convertirá físicamente en parte de la mercancía para la venta a los clientes (por ejemplo, inventario).
- Propiedad depreciable utilizada en el comercio o negocio, incluso si está 100% depreciada.
- Bienes inmuebles utilizados en el comercio o los negocios.
- Cuentas o pagarés por cobrar adquiridos en el curso ordinario de un comercio o negocio por servicios prestados, o la venta de acciones en el comercio u otros bienes incluidos en el inventario.
- Un derecho de autor, una composición literaria, musical o artística, una carta o memorándum, o una propiedad similar que sea la siguiente:
  - Creado por esfuerzos personales.
  - Preparado o producido para el contribuyente en el caso de una carta, memorándum o propiedad similar.
  - Recibido de un individuo que creó la propiedad o para quien la propiedad fue preparada bajo circunstancias que dan derecho al contribuyente a la base de la persona que creó la propiedad, o para quien fue preparada o producida.
- Publicaciones del gobierno de los Estados Unidos recibidas del gobierno de forma gratuita o por menos del precio de venta normal.

- Cualquier instrumento financiero para derivados de materias primas en poder de un operador de derivados de materias primas.
- Transacciones de fondos de cobertura, pero solo si la transacción está claramente identificada como una transacción de cobertura antes del cierre del día en que fue adquirida u originada.
- Suministros de un tipo utilizado o consumido regularmente en el curso comercial o empresarial ordinario.
- Bienes deducidos en virtud del puerto seguro de minimis para bienes corporales.

La tasa a la que se gravará la ganancia en la venta de un activo de capital depende del tipo de activo de capital, el período de tenencia y el nivel impositivo del contribuyente. Si el contribuyente tiene una pérdida de capital, la pérdida se compensará con cualquier ganancia realizada. Si el contribuyente tiene una pérdida neta superior a $3,000, podrá deducir hasta $3,000 de la pérdida contra los ingresos ordinarios del contribuyente en el año de la venta. La pérdida de capital no utilizada se trasladaría a los años siguientes y se utilizaría para ayudar a compensar las ganancias netas de capital o los ingresos ordinarios de hasta $3,000 al año hasta que se agote la pérdida. Si el contribuyente presenta una declaración como casado por separado, el límite es de $1,500.

Base de la propiedad

La base es una forma de determinar el costo de una inversión en propiedad y se decide por cómo se adquirió. Si la propiedad fue comprada, el precio de compra es la base. Cualquier mejora realizada en la propiedad se agrega a esa base. El precio de compra más las mejoras constituye la base ajustada. Otros elementos que se suman a la base son los gastos de adquisición de la propiedad (comisiones, impuesto sobre las ventas y cargos de flete). También hay elementos que reducen la base, que incluyen depreciación, distribuciones no imponibles y ganancias pospuestas en las ventas de viviendas. Esto también se conoce como base de costos.

La base es el monto de la inversión en el activo a efectos fiscales. Para calcular la ganancia o pérdida, se necesita una base en la venta o disposición del activo. El mantenimiento de registros debe ser preciso para ajustar la base de la propiedad cuando se vende.

Si una sola transacción incluye múltiples propiedades, el costo total debe asignarse entre las propiedades separadas de acuerdo con el valor justo de mercado establecido por la base de cada propiedad. Como resultado de la asignación, la base que toma cada propiedad es la base original no ajustada para fines fiscales. Esta regla se aplica para determinar la base a efectos de depreciación, de ganancia o pérdida de una transacción.

Período de retención

El período de tenencia (el período de tiempo que un individuo "poseía" o posee una propiedad) determina si la ganancia o pérdida de capital es a corto o largo plazo. Para determinar el período de retención, comience a contar el día después de la fecha en que el contribuyente adquirió la propiedad. Los períodos de retención terminan el día en que el contribuyente vendió la propiedad. La propiedad a corto plazo es la propiedad mantenida por un año (365 días) o menos. La propiedad a largo plazo es la propiedad mantenida por más de un año. Por ejemplo, si el contribuyente compró una propiedad el 20 de septiembre de 2021 y la vendió el 20 de septiembre de 2022, el contribuyente tendría una ganancia o pérdida de capital a corto plazo. Sin embargo, si el contribuyente esperó un día más y vendió la propiedad el 21 de septiembre de 2022, la transacción sería una ganancia o pérdida de capital a largo plazo. Es importante determinar correctamente el período de tenencia porque la tasa impositiva máxima se basa en el período de retención. Para calcular la ganancia o pérdida neta total, combine las ganancias o pérdidas netas a corto plazo con las ganancias o pérdidas netas a largo plazo.

Distribuciones de ganancias de capital

Las distribuciones de ganancias de capital se pagan al contribuyente por firmas de corretaje, fondos mutuos y fideicomisos de inversión. Las distribuciones de ganancias de capital de los fondos mutuos son ganancias de capital a largo plazo, independientemente de cuánto tiempo el contribuyente haya sido propietario de las acciones. Las distribuciones de ganancias de capital netas realizadas a corto plazo se reportan en el Formulario 1099-DIV como dividendos ordinarios.

Base ajustada

Para llegar a la base ajustada, el contribuyente debe hacer ajustes permitidos a la base de la propiedad. El contribuyente calcularía la ganancia o pérdida en una venta, intercambio u otra disposición de propiedad, o calcularía la depreciación, el agotamiento o la amortización permitidos. El resultado es la base ajustada de la propiedad.

Aumentos a la base

Para aumentar la base de la propiedad, las mejoras deben tener una vida útil de más de 1 año. Ejemplos de mejoras de capital que aumentarían la base de la propiedad son una adición a la casa principal, reemplazar todo el techo y pavimentar el camino de entrada. Cada uno de estos artículos puede tener una vida de clase diferente para la depreciación. Cada uno tendría que ser depreciado por las reglas para su propiedad. Cada clase de depreciación debe tener un conjunto separado de mantenimiento de registros.

Disminuciones a base

Hay ciertos elementos que harán que la propiedad disminuya su base. Esos artículos incluyen ciertos créditos de vehículos, deducciones de la sección 179 del IRC, créditos de energía residencial, pérdidas por accidentes y robos y reembolso de seguros. Véase la Publicación 551.

Determinación de ganancias y pérdidas de capital

Las ganancias o pérdidas de capital son a corto o largo plazo. Si la propiedad fue enajenada y heredada, la base es generalmente el valor justo de mercado de la propiedad en la fecha de la muerte del propietario. La deuda incobrable no comercial se trata como una pérdida de capital a corto plazo.

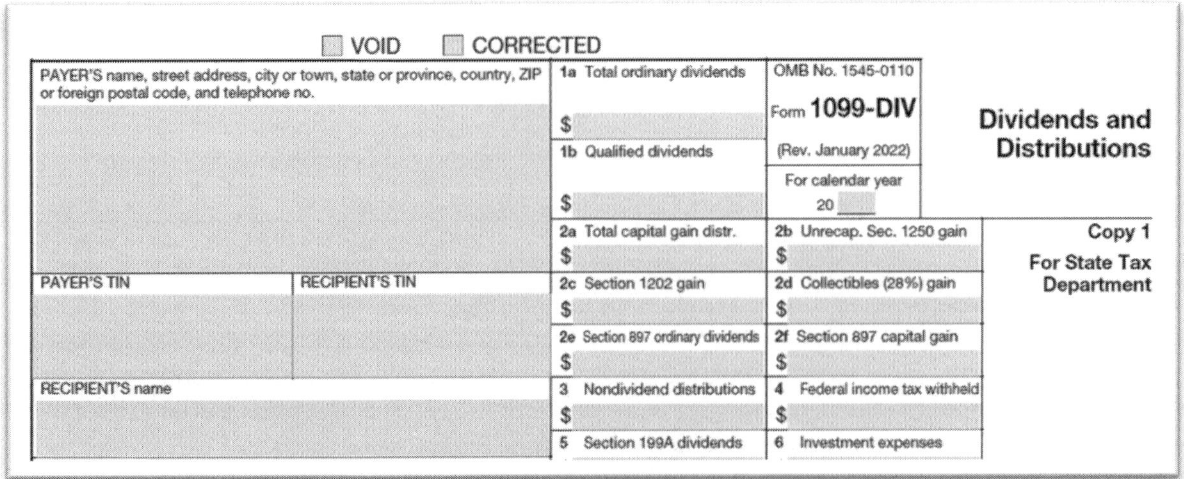

VOID CORRECTED

PAYER'S name, street address, city or town, state or province, country, ZIP or foreign postal code, and telephone no.		1a Total ordinary dividends $	OMB No. 1545-0110 Form 1099-DIV (Rev. January 2022)	Dividends and Distributions
		1b Qualified dividends $	For calendar year 20 ___	
		2a Total capital gain distr. $	2b Unrecap. Sec. 1250 gain $	Copy 1 For State Tax Department
PAYER'S TIN	RECIPIENT'S TIN	2c Section 1202 gain $	2d Collectibles (28%) gain $	
		2e Section 897 ordinary dividends $	2f Section 897 capital gain $	
RECIPIENT'S name		3 Nondividend distributions $	4 Federal income tax withheld $	
		5 Section 199A dividends	6 Investment expenses	

Formulario 1099-DIV

El monto reportado se encuentra en el Formulario 1099-DIV, casilla 2a, y se ingresa en el Anexo D, línea 13, sin importar cuánto tiempo se mantuvo la inversión. La cantidad en la casilla 2b se reporta en la línea 11 de la *Hoja de trabajo de ganancia de la Sección 1250 no recuperada*. La cantidad en 2c se reporta sobre la *exclusión de ganancias en acciones calificadas para pequeñas empresas* (QSB). La cantidad en 2d se reporta en la línea 4 de la *hoja de trabajo de ganancia de tasa del 28%.*

Si el contribuyente gana dividendos de una cuenta que está en manos de una compañía comercial a pesar de que la cuenta está a nombre del contribuyente, la cuenta comercial distribuirá el Formulario 1099-DIV al contribuyente por el monto de sus distribuciones de ganancias de capital. Esta transacción se reporta en el Anexo D, línea 13.

Venta de acciones y fondos mutuos

El contribuyente debe recibir el Formulario 1099-B, que reporta los ingresos totales de la venta de acciones o fondos mutuos. Los ingresos se reportan en el Formulario 8949.

Para determinar la ganancia de capital en acciones o fondos mutuos, el contribuyente debe conocer la base de costos. La base de costo es el precio de compra más cualquier costo relacionado con su compra y / o con cualquier comisión pagada. La base de costo se resta del precio de venta para determinar las ganancias de capital. Esta información, junto con la fecha de compra y la fecha de venta, se incluye en el Formulario 8949. La fecha de negociación, no la fecha de liquidación se utiliza para determinar si la transacción es a largo o corto plazo.

La base de costo de un fondo mutuo es el monto de la inversión en efectivo más los dividendos reinvertidos y las ganancias de capital menos los rendimientos de capital que se recibieron. Si es menor que el valor total de los fondos vendidos, entonces uno debe calcular la base de costo de las acciones vendidas. Para utilizar el costo promedio por acción, el contribuyente debe haber adquirido las acciones en varios momentos y varios precios y debe haber dejado las acciones en depósito en una cuenta que es manejada por un custodio o agente que adquiere o reembolsa esas acciones.

Venta de Residencia Personal

La Ley de Alivio al Contribuyente de 1997 derogó la sección 1034 del IRC, *Aplazamiento de la ganancia en la venta* de la residencia, y enmendó la sección 121, *La exclusión única en la vida de la ganancia*. Anteriormente, la sección 1034 del IRC permitía a los contribuyentes diferir la ganancia en la venta de una residencia principal si se compraba una residencia de reemplazo dentro de dos años y si el precio de la residencia de reemplazo era igual o superior al precio de venta ajustado de la residencia anterior. Ahora, sin embargo, la ley actual bajo la sección 121 del IRC es considerablemente más generosa. La venta de la residencia principal se reporta en la declaración de impuestos del contribuyente solo si hay una ganancia imponible o si la propiedad se utilizó para negocios.

Para calificar para la exclusión, el contribuyente debe cumplir con las siguientes pruebas de "propiedad y uso" durante el último período de cinco años que finaliza en la fecha de la venta:

- Haber sido propietario de la casa durante al menos dos años (la prueba de propiedad).
- Vivió en la casa como la casa principal durante al menos dos años (la prueba de uso).

Un contribuyente puede cumplir con la prueba de propiedad y uso durante diferentes períodos de dos años si cumple con ambas pruebas durante los cinco años anteriores a la fecha de la venta.

Exclusión

Si todo lo siguiente es cierto, un contribuyente puede excluir la ganancia total de la venta de su casa principal hasta $250,000 o hasta $500,000 si es casado que presenta una declaración conjunta o un cónyuge sobreviviente:

- El contribuyente está casado y presenta una declaración conjunta para el año.
- Tanto el contribuyente como el cónyuge cumplen con la prueba de propiedad.
- Tanto el contribuyente como el cónyuge cumplen con la prueba de uso.

Si la sentencia de divorcio del contribuyente permite que el ex cónyuge del contribuyente viva en la casa que posee el contribuyente, se considera que el contribuyente también ha vivido allí a los efectos de reclamar la exclusión. La exclusión se limita a una venta cada dos años en ventas posteriores al 6 de mayo de 1997.

Otros hechos y circunstancias para una exclusión parcial

La cantidad de ganancia que un contribuyente puede excluir debe prorratearse si la venta de una casa se debe a una reubicación laboral, razones de salud u otras circunstancias imprevistas del propietario (o del cónyuge del propietario si presentan una declaración conjunta), y si las hay, las siguientes también son ciertas:

- Ambos cónyuges cumplen con los requisitos de residencia y retrospectiva y uno o ambos cónyuges cumplen con el requisito de propiedad.
- El contribuyente cumple con los requisitos de residencia, propiedad y retrospectiva.
- Un contribuyente viudo(a):
    1. Vende la casa dentro de los 2 años posteriores a la muerte de los cónyuges.
    2. El viudo (a) no se ha vuelto a casar cuando se vende la casa.
    3. Ni el cónyuge ni el cónyuge fallecido han tomado la exclusión de la vivienda en los últimos 2 años antes de la venta actual de la vivienda.
    4. El contribuyente cumple con los requisitos de propiedad y residencia de 2 años (incluidos los tiempos de propiedad y residencia del cónyuge fallecido, si corresponde).

Use la hoja de trabajo en la Publicación 523 para determinar si el contribuyente califica.

Las ventas de viviendas distintas de la vivienda habitual del contribuyente reciben un trato diferente al de las ventas de viviendas principales a efectos fiscales. Si el contribuyente vende una residencia que no es su residencia principal, una ganancia o pérdida de capital se reportaría en el Formulario 8949. Si bien una pérdida en una residencia principal no es deducible, una pérdida en una casa residencial de alquiler puede ser deducible.

Debido a que la exclusión solo se refiere a residencias, si el contribuyente usó parte de su hogar para fines comerciales o de alquiler, parte de la ganancia puede no calificar para la exclusión. No se puede excluir ninguna ganancia debida a la depreciación reclamada después del 6 de mayo de 1997.

Ejemplo: Bill Burns había tomado la depreciación en años anteriores para una oficina en la casa antes de cambiarla de nuevo a un dormitorio y usarla para fines personales durante dos de los cinco años anteriores a la venta. En este caso, el Sr. Burns puede excluir toda la ganancia de la venta de la casa, excepto la ganancia por depreciación después del 6 de mayo de 1997.

Si el contribuyente no puede excluir toda la ganancia, trataría la venta como dos transacciones: una comercial y otra personal.

Ejemplo: El 1 de febrero de 2019, Amy compró una casa. Se mudó en esa fecha y vivió en ella hasta el 31 de mayo de 2020, cuando se mudó de la casa y la alquiló. La casa se alquiló del 1 de junio de 2020 al 31 de marzo de 2021. Amy regresó a la casa el 1 de abril de 2021 y vivió allí hasta que la vendió el 31 de enero de 2022. Durante el período de cinco años que finalizó en la fecha de la venta (1 de febrero de 2019 al 31 de enero de 2022), Amy fue propietaria y vivió en la casa durante más de dos años.

Período de cinco años	**Usado como hogar**	**Usado como alquiler**
2/1/19 – 5/31/20	16 meses	
6/1/20 – 3/31/21		10 meses
4/1/21 – 1/31/22	10 meses	
	26 meses10 meses	

Debido a que vivió en la casa durante más de dos años, Amy puede excluir la ganancia de hasta $250,000. Sin embargo, como se mencionó anteriormente, no puede excluir la parte de la ganancia igual a la depreciación que reclamó por alquilar la casa después del 6 de mayo de 1997.

Cónyuge Supérstite Contribuyente

La Ley de Alivio de la Deuda de Condonación de Hipotecas de 2007 permite a un cónyuge sobreviviente excluir hasta $500,000 de la ganancia de la venta de una residencia principal de propiedad conjunta. La venta debe ocurrir dentro de los dos años posteriores a la muerte del cónyuge. Se aplican excepciones.

Contribuyentes incapacitados

Todavía se considera que los contribuyentes que poseen una residencia residen en esa residencia, incluso si se vuelven física o mentalmente incapaces de cuidarse a sí mismos y se colocan en un centro de atención autorizado por una subdivisión estatal o gubernamental, como un hogar de ancianos. Sin embargo, el contribuyente debe haber poseído y utilizado la residencia como residencia principal por un período de al menos un año durante los cinco años anteriores a la venta para calificar para la exclusión de la sección 121 del IRC.

Contribuyentes divorciados

Si el contribuyente está divorciado y la residencia principal se transfiere al contribuyente, el tiempo durante el cual el ex cónyuge del contribuyente fue propietario de la residencia se agrega al período de propiedad del contribuyente. Se considera que un contribuyente que posee una residencia la ha utilizado como residencia principal, mientras que al cónyuge o ex cónyuge del contribuyente se le concede el uso de la residencia en virtud de los términos del instrumento de divorcio o separación.

Cálculo del precio de venta

Cada vez que el contribuyente venda una casa, terreno, acciones u otro valor, el contribuyente recibirá el Formulario 1099-S, Ganancias de *transacciones de bienes raíces*, o el Formulario 1099-B, Ganancias de transacciones de *intercambio de corredores y trueques.*

Los formularios 1099-S y 1099-B son "documentos de informe" que proporcionan los ingresos brutos o el precio de venta. Si el contribuyente vendió una acción varias veces, el Formulario 1099-B solo podría reportar los ingresos brutos juntos. El contribuyente puede dividir los ingresos brutos por el número total de acciones vendidas para llegar a un precio promedio por acción. El contribuyente puede entonces multiplicar el precio por acción por el número de acciones vendidas en cada ocasión para llegar al precio de venta.

Ventas a plazos

Una venta a plazos es una venta de propiedad en la que el contribuyente recibe un pago después de un año de la venta. Una venta a plazos es un acuerdo en el que parte o la totalidad del precio de venta se paga en un año posterior. Los propietarios que venden casas y financian la compra ellos mismos a menudo lo hacen como una venta a plazos. Esto es beneficioso porque el contribuyente no tiene que pagar impuestos sobre la ganancia total en el año de venta. También puede beneficiar al contribuyente al evitar que la ganancia lo empuje a un nivel impositivo más alto. Para los contribuyentes que buscan un flujo constante de ingresos durante un período de tiempo, la venta a plazos puede proporcionar estos ingresos.

La ganancia de una venta a plazos generalmente se reporta en el año en que se recibe. Sin embargo, el contribuyente puede optar por reportar toda la ganancia en el año de venta, lo que puede ser beneficioso si el contribuyente tuvo otras pérdidas de capital para compensar la ganancia. Los ingresos de la venta se reportan en el Formulario 6252, *Ingresos por venta a plazos*. Los ingresos por concepto de intereses se consignan en el Anexo B a medida que se reciben. La ganancia se reporta en el Formulario 4797 si se trata de una ganancia comercial. La ganancia personal se reporta en el Formulario 8949.

Si un contribuyente tiene una pérdida, no se puede reportar como una venta a plazos. Las pérdidas personales no son deducibles. Si se trata de una pérdida comercial, la pérdida total se reportará en el Formulario 4797 en el año de la venta. Los intereses devengados todavía se reportan en el Anexo B.

Propiedad heredada

La base de la propiedad heredada es el valor justo de mercado de la propiedad (FMV) en la fecha de fallecimiento o en una fecha de valoración alternativa si es elegida por el albacea de la herencia. La elección de utilizar la fecha de valoración alternativa es irrevocable. La fecha alternativa es generalmente seis meses después de la muerte del difunto o alguna fecha anterior de venta o distribución. La valoración alternativa solo puede elegirse si el uso de la propiedad disminuyó tanto el valor de la masa bruta como la herencia combinada y una transferencia de la deuda tributaria que se salta la generación. El período de tenencia siempre se considera a largo plazo, independientemente de cuánto tiempo el contribuyente realmente haya sido propietario de la propiedad, ya que incluye el período de tenencia del fallecido.

Donación de propiedad

Para determinar la base de la propiedad recibida como regalo, es necesario conocer la base ajustada del donante de la donación cuando se le da al contribuyente, el valor justo de mercado en el momento en que se le dio al contribuyente y la cantidad del impuesto sobre donaciones que se pagó. La base del contribuyente para calcular la ganancia en el momento de la venta o para calcular la disposición del activo en el momento de la venta es la base ajustada del donante, más o menos cualquier cambio durante el período en que el contribuyente mantuvo la propiedad. La base del contribuyente para calcular la pérdida es el valor justo de mercado cuando se recibe, más o menos cualquier ajuste requerido realizado a la base durante el período en que el contribuyente mantuvo el activo.

El pago del monto del impuesto sobre donaciones que se incluirá en la base del activo depende de la fecha en que se recibió el regalo.

Ejemplo: Jess recibió un acre de tierra como regalo. En el momento en que se dio el regalo, la tierra tenía un valor justo de mercado de $8,000. Ezra compró la tierra por $10,000, haciendo la base ajustada de la propiedad. Jess recibió la propiedad; No se produjeron eventos para aumentar o disminuir la base. Jess está pensando en vender la propiedad por $12,000; si Jess vende la tierra, tendrá una ganancia de $2,000. Jess debe usar la base ajustada de Ezra ($10,000) en el momento del regalo como base para calcular la ganancia. Si Jess vende la propiedad por $7,000, tendrá una pérdida de $1,000 porque debe usar el valor justo de mercado ($8,000) en el momento del regalo para calcular la pérdida. Si el precio de venta está entre $8,000 y $10,000, no tendrá ni una ganancia ni una pérdida.

Formulario 8949: Reporte de ganancias y pérdidas de capital

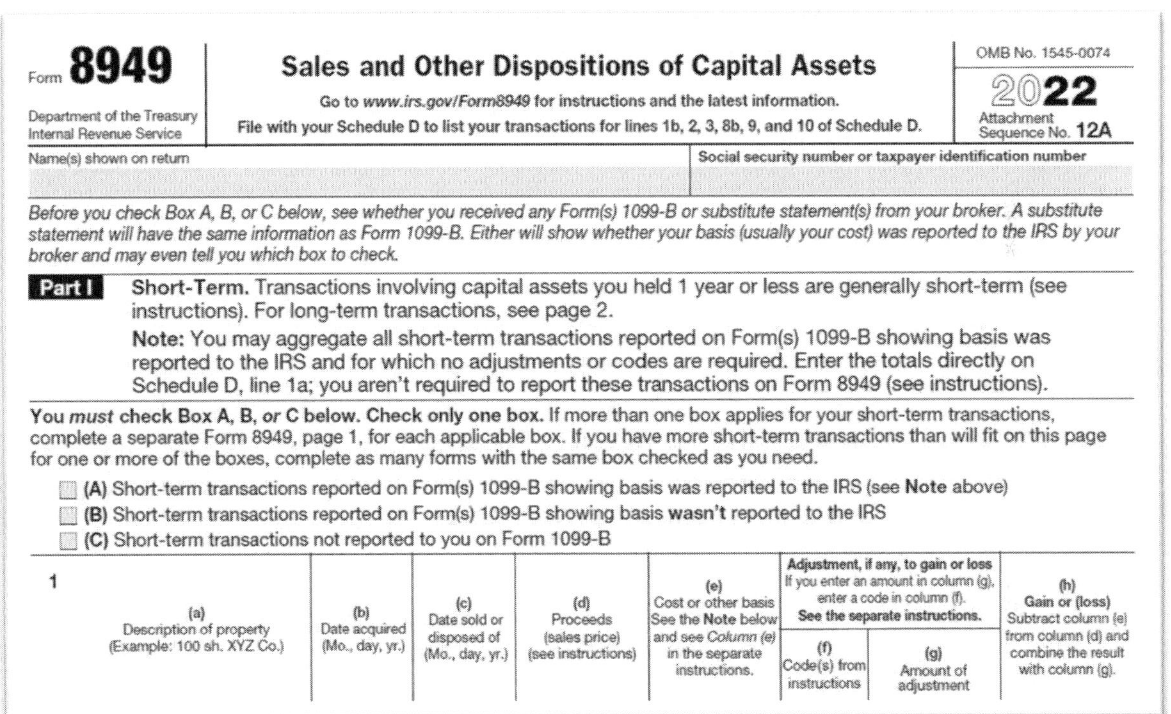

Form **8949**

Department of the Treasury
Internal Revenue Service

Sales and Other Dispositions of Capital Assets

Go to *www.irs.gov/Form8949* for instructions and the latest information.

File with your Schedule D to list your transactions for lines 1b, 2, 3, 8b, 9, and 10 of Schedule D.

OMB No. 1545-0074

2022

Attachment Sequence No. **12A**

Name(s) shown on return | Social security number or taxpayer identification number

Before you check Box A, B, or C below, see whether you received any Form(s) 1099-B or substitute statement(s) from your broker. A substitute statement will have the same information as Form 1099-B. Either will show whether your basis (usually your cost) was reported to the IRS by your broker and may even tell you which box to check.

Part I **Short-Term.** Transactions involving capital assets you held 1 year or less are generally short-term (see instructions). For long-term transactions, see page 2.

Note: You may aggregate all short-term transactions reported on Form(s) 1099-B showing basis was reported to the IRS and for which no adjustments or codes are required. Enter the totals directly on Schedule D, line 1a; you aren't required to report these transactions on Form 8949 (see instructions).

You *must* check Box A, B, *or* C below. Check only one box. If more than one box applies for your short-term transactions, complete a separate Form 8949, page 1, for each applicable box. If you have more short-term transactions than will fit on this page for one or more of the boxes, complete as many forms with the same box checked as you need.

☐ **(A)** Short-term transactions reported on Form(s) 1099-B showing basis was reported to the IRS (see **Note** above)
☐ **(B)** Short-term transactions reported on Form(s) 1099-B showing basis **wasn't** reported to the IRS
☐ **(C)** Short-term transactions not reported to you on Form 1099-B

1 (a) Description of property (Example: 100 sh. XYZ Co.)	(b) Date acquired (Mo., day, yr.)	(c) Date sold or disposed of (Mo., day, yr.)	(d) Proceeds (sales price) (see instructions)	(e) Cost or other basis See the **Note** below and see *Column (e)* in the separate instructions.	**Adjustment, if any, to gain or loss** If you enter an amount in column (g), enter a code in column (f). **See the separate instructions.** (f) Code(s) from instructions	(g) Amount of adjustment	(h) **Gain or (loss)** Subtract column (e) from column (d) and combine the result with column (g).

Parte del Formulario 8949

El Formulario 8949 se utiliza para reportar las ventas e intercambios de activos de capital. También permite que el contribuyente y el IRS concilien lo que se ha reportado al IRS en los Formularios 1099-B o 1099-S.

Los contribuyentes individuales reportan la siguiente información en el Formulario 8949:

- La venta o intercambio de un activo de capital.
- Ganancias de las conversiones involuntarias.
- Deudas incobrables no comerciales.
- Acciones o bonos sin valor.

Al usar el Formulario 8949, el contribuyente separa las ganancias y pérdidas de capital a corto y largo plazo. Si la propiedad enajenada fue heredada, se trata como un activo a largo plazo. Recuerde, al calcular el período de retención, el cálculo comienza un día después de que se haya recibido la propiedad. Las pérdidas y ganancias a corto plazo se reportan en el Formulario 8949, Parte I. Las pérdidas y ganancias a largo plazo se reportan en el Formulario 8949, Parte II.

Ejemplo: Rachel compró 300 acciones de Imperial Soap por $1,000. Ella vendió las acciones este año por $1,200. Rachel obtuvo una ganancia de $200, no los $1,200 en ganancias que recibió de la venta. Solo los $200 se incluyen en el ingreso bruto, ya que los $1,000 son el retorno de capital de Rachel.

Códigos para el Formulario 8949

A continuación, se presentan las definiciones que le dicen al IRS si la venta fue a corto o largo plazo. Los códigos también determinan si la base de activos fue reportada al IRS o no. El contribuyente recibió el Formulario 1099-B o una declaración sustitutiva con los códigos. Estos códigos se utilizan para la casilla A-F en el Formulario 8949.

Una base a corto plazo reportada al IRS.

B Base a corto plazo no reportada al IRS.

C Base a corto plazo no reportada en el Formulario 1099-B.

D Base a largo plazo reportada al IRS.

E Base a largo plazo no reportada al IRS.

Bienes de capital mantenidos para uso personal

Cuando un contribuyente vende su residencia principal, podría ser una transacción reportable. Los factores que podrían desencadenar la transacción son:

1. Importe de las ventas
2. Estado civil
3. Reclamar una parte de la casa como oficina en casa.

Si el contribuyente y el cónyuge vendieron su residencia principal y la ganancia fue superior a $500,000 ($250,000 todos los demás estados civiles tributarios), el monto se reporta en el Anexo D. Si la ganancia es inferior a $500,000 ($250,000 todos los demás estados de presentación) es posible que no esté sujeta a impuestos. Véase la sección 121 del IRC.

Si el contribuyente convertía la propiedad depreciable para uso personal, la totalidad o parte de la ganancia en la venta o intercambio se recuperaría como ingreso ordinario. Recapturado significa la ganancia obtenida por la venta de bienes de capital que es depreciable y debe ser reportada. Una pérdida por la venta o intercambio de activos de uso personal no es deducible.

Ejemplo: Sally vendió su casa principal en 2022 por $320,000 y recibió el Formulario 1099-S que muestra los ingresos brutos de $320,000. El gasto de venta fue de $20,000 y la base de su casa fue de $100,000. Sally podría excluir toda la ganancia de $200,000 de sus ingresos.

$320,000	Precio de venta
– $100,000	Base
– $20,000	Gastos de venta
$200,000	**Ganancia de capital (excluida de los ingresos)**

Activos digitales

El IRS define "moneda virtual" (VC) como una representación digital de valor que funciona como un medio de intercambio, una unidad de cuenta y una reserva de valor que no sea una representación del dólar de Estados Unidos o una moneda extranjera. La moneda virtual convertible es una moneda virtual (VC) que tiene un valor equivalente en moneda real, o que actúa como un sustituto de la moneda real. La criptomoneda generalmente se conoce como monedas o tokens y es un tipo de moneda virtual que utiliza criptografía para asegurar las transacciones que se registran digitalmente en un libro mayor distribuido, como una cadena de bloques. Un contribuyente tiene ingresos brutos cuando el individuo recibe la criptomoneda (es decir, registrada en el libro mayor distribuido) y tiene dominio y control sobre ella.

La moneda virtual recibida como pago por bienes o servicios se considera ingreso igual al valor justo de mercado (FMV) en la fecha de recepción. El pago por moneda virtual se incluye como ingreso, el FMV está determinado por el dólar estadounidense (USD). Los empleadores que pagan VC como compensación por servicios constituyen salarios para fines de impuestos sobre el empleo y están sujetos a retención de impuestos federales. Los pagos de VC están sujetos a la misma información que otros pagos (por ejemplo, Formularios W-2, 1099, 1042 – Misc., etc.). Consulte el Aviso 2014-21, 2014-16 y el IRB 938.

Los pagos realizados por VC están sujetos a reglas de retención de respaldo en la misma medida que otros pagos. Un contribuyente que "extrae" con éxito la moneda virtual tiene un ingreso bruto igual al valor justo de mercado de la moneda virtual a partir de la fecha de recepción.

El Formulario 1040 tiene una pregunta que debe hacerse a todos los contribuyentes: "¿recibió, vendió, intercambió o dispuso de algún interés financiero en alguna moneda virtual?".

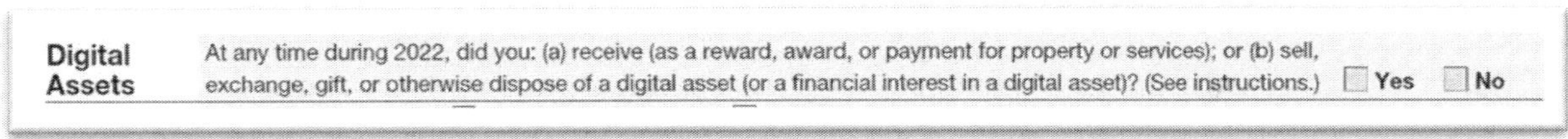
Digital Assets At any time during 2022, did you: (a) receive (as a reward, award, or payment for property or services); or (b) sell, exchange, gift, or otherwise dispose of a digital asset (or a financial interest in a digital asset)? (See instructions.) ☐ **Yes** ☐ **No**

Parte del Formulario 1040

Como profesional de impuestos, no asuma que la respuesta es no; pregúntele al contribuyente y marque la casilla correspondiente, en función de su respuesta.

No reportar la venta o cambio de monedas virtuales podría recurrir a una consecuencia fiscal. Véase la publicación 544.

Parte 1 Preguntas de repaso

Para obtener el máximo beneficio de este capítulo, LTP recomienda que complete cada una de las siguientes preguntas y luego las compare con las respuestas con los comentarios que siguen inmediatamente. Bajo los estándares de autoestudio vigentes, los proveedores deben presentar preguntas de revisión intermitentemente a lo largo de cada curso de autoestudio.

Estas preguntas y explicaciones no son parte del examen final y no serán calificadas por LTP.

CGLP1.1
¿Qué escenario podría hacer que un contribuyente pague un impuesto sobre las ganancias de capital en su residencia principal?

a. El contribuyente vivió en la casa principal durante dos de los últimos cinco años.
b. La ganancia del contribuyente en su residencia principal es inferior a $250,000.
c. El contribuyente y su cónyuge han vivido en la casa durante dos de los últimos cinco años.
d. El contribuyente vendió la casa en 18 meses porque encontró una casa que le gustó más.

CGLP1.2
¿Cuál de las siguientes opciones describe mejor la base?

a. La base es la cantidad de inversión en el activo a efectos fiscales.
b. La base incluye inventario.
c. La base incluye tierra.
d. La base es un activo de capital.

CGLP1.3
¿La moneda virtual está sujeta a retención de respaldo?

a. Verdadero
b. Falso

CGLP1.4
James fue pagado en moneda virtual por su empleador. ¿Cómo reporta los ingresos?

a. James no tiene que reclamar moneda virtual como ingreso.
b. James debe reportar el pago como el valor justo de mercado en la fecha de recepción.

Parte 1 Respuestas a las preguntas de repaso

CGLP1.1
¿Qué escenario podría hacer que un contribuyente pague un impuesto sobre las ganancias de capital en su residencia principal?

a. El contribuyente vivió en la casa principal durante dos de los últimos cinco años.
b. La ganancia del contribuyente en su residencia principal es inferior a $250,000.
c. El contribuyente y su cónyuge han vivido en la casa durante dos de los últimos cinco años.
d. El contribuyente vendió la casa en 18 meses porque encontró una casa que le gustó más.

Comentarios: Revise la sección *Venta de Residencia Personal.*

CGLP1.2
¿Cuál de las siguientes opciones describe mejor la base?

a. La base es la cantidad de inversión en el activo para efectos fiscales.
b. La base incluye inventario.
c. La base incluye el terreno.
d. La base es un activo de capital.

Comentarios: Revise la sección *Base de la propiedad.*

CGLP1.3
¿La moneda virtual está sujeta a retención de respaldo?

a. Verdadero
b. Falso

Comentarios: Revise la sección *Moneda virtual.*

CGLP1.4
James fue pagado en moneda virtual por su empleador. ¿Cómo reporta los ingresos?

a. James no tiene que reclamar moneda virtual como ingreso.
b. James debe reportar el pago como el valor justo de mercado en la fecha de recepción.

Comentarios: Revise la sección *Activos digitales*.

Aportes

La base original de la propiedad es su costo, salvo que la ley disponga lo contrario. El costo es la cantidad pagada por dicha propiedad en efectivo u otra propiedad. La base incluye costos de adquisición como comisiones, honorarios legales, tarifas de registro e impuestos sobre las ventas, así como costos de instalación y entrega. El costo de la propiedad incluye no solo la cantidad de dinero u otra propiedad pagada, sino también la cantidad de hipoteca pagada o los costos de responsabilidad en relación con la compra. No importa si el contribuyente asume la responsabilidad asumiendo los pagos o simplemente compra la propiedad al precio solicitado. Cuando se dispone de la propiedad, cualquier cantidad restante de hipoteca o responsabilidad de la que el vendedor está exento se trata como parte de la cantidad realizada. Los impuestos inmobiliarios se incluyen como parte de la base de la propiedad si el comprador asume la obligación del vendedor de pagarlos.

Las ganancias y pérdidas de capital se clasifican como a largo o corto plazo. Si el activo se ha mantenido durante más de un año antes de que se enajenara el activo, se considera una ganancia o pérdida de capital a largo plazo. Si el activo se mantiene por menos de un año, se considera una ganancia o pérdida de capital a corto plazo.

¡PON A PRUEBA TUS CONOCIMIENTOS!
Ve en línea para tomar una prueba de práctica.

Capítulo 14 Prórrogas y modificaciones

Introducción

Si los contribuyentes no pueden presentar sus declaraciones de impuestos individuales federales antes de la fecha de vencimiento, es posible que puedan calificar para una prórroga automática de seis meses para presentar. El contribuyente puede presentar electrónicamente o enviar por correo el Formulario 4868 al IRS para solicitar la extensión. Si el contribuyente ha presentado una declaración y se da cuenta de que se cometió un error, presentaría una declaración enmendada utilizando el Formulario 1040-X.

Objetivos

Al final de esta lección, el estudiante:

- Sepa cuándo usar el Formulario 4868.
- Comprenda cuándo se debe presentar una enmienda.
- Identifique cuándo se debe usar el acuerdo de pago a plazos.

Recursos

Formulario 1040 Formulario 1040-X Formulario 4868 Formulario 9465 Formulario 13884	Publicación 17 Publicación 54 Tema tributario 308	Instrucciones Formulario 1040 Formulario de instrucciones 1040-X Instrucciones Formulario 4868 Instrucciones Formulario 9465 Formulario de instrucciones 13844

Contenido

Parte 1 Formulario 4868: Extensión del tiempo para presentar

Presente el Formulario 4868, *Solicitud de extensión automática, para solicitar una extensión automática de* seis meses para presentar una declaración federal. La extensión es solo para presentar la declaración de impuestos. Si el contribuyente tiene un saldo adeudado, el pago debe pagarse antes del 15 de abril o la fecha de vencimiento de la declaración. Hay tres formas de solicitar una extensión automática:

- Presente el Formulario 4868 electrónicamente.
- Pague todo o parte del impuesto sobre la renta estimado adeudado utilizando el Sistema Electrónico de Pago de Impuestos Federales (EFTPS) o una tarjeta de crédito o débito.
- Envíe por correo el Formulario 4868 al IRS y adjunte el pago de impuestos.

Para calificar para la extensión por tiempo adicional, los contribuyentes deben estimar su obligación tributaria con la mayor precisión posible e ingresarla en el Formulario 4868, línea 4, antes de presentar el Formulario 4868 antes de la fecha de vencimiento regular de la declaración. Si el IRS no acepta la extensión de tiempo, el contribuyente recibirá una carta de denegación indicando la necesidad de presentar su declaración de impuestos y cuánto tiempo tiene para presentarla. Si la solicitud fue aceptada, el contribuyente puede presentar en cualquier momento antes de la fecha de vencimiento de la extensión.

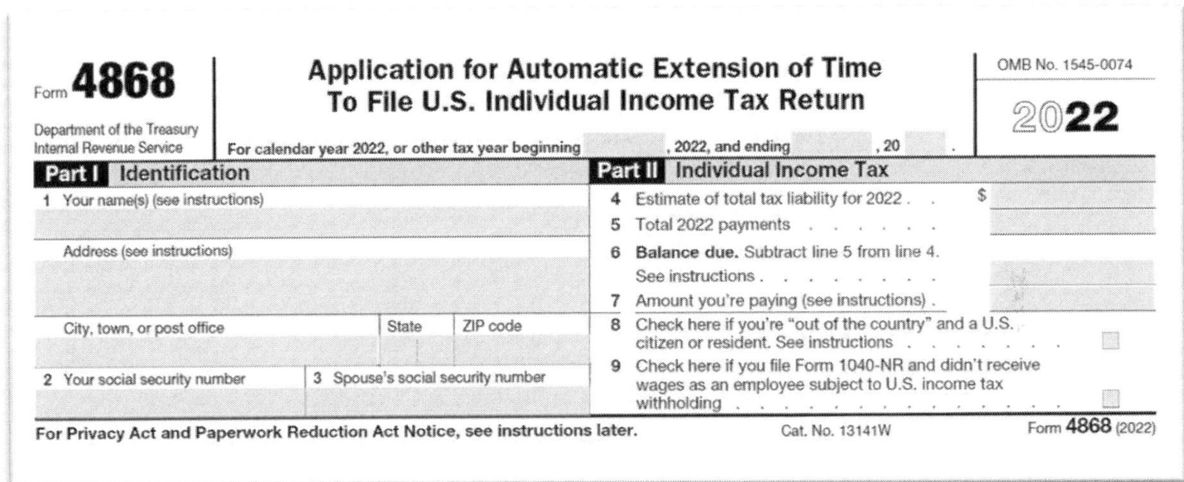

Form **4868**
Department of the Treasury
Internal Revenue Service

Application for Automatic Extension of Time To File U.S. Individual Income Tax Return

OMB No. 1545-0074

2022

For calendar year 2022, or other tax year beginning , 2022, and ending , 20 .

Part I Identification

1 Your name(s) (see instructions)

Address (see instructions)

City, town, or post office	State	ZIP code

2 Your social security number	3 Spouse's social security number

Part II Individual Income Tax

4 Estimate of total tax liability for 2022 . . $
5 Total 2022 payments . . . . . .
6 **Balance due.** Subtract line 5 from line 4. See instructions . . . .
7 Amount you're paying (see instructions) .
8 Check here if you're "out of the country" and a U.S. citizen or resident. See instructions . . . . ☐
9 Check here if you file Form 1040-NR and didn't receive wages as an employee subject to U.S. income tax withholding . . . . ☐

For Privacy Act and Paperwork Reduction Act Notice, see instructions later. Cat. No. 13141W Form **4868** (2022)

Formulario 4868

Si el contribuyente, que es ciudadano o residente de los Estados Unidos, está fuera del país, la extensión es válida por cuatro meses. La Parte I del Formulario 4868 se utiliza para identificar al contribuyente. La Parte II es para obtener información sobre cómo se debe presentar la declaración de impuestos.

Multa por pago tardío

Al contribuyente se le puede cobrar una multa por pago tardío del ½% del 1% de cualquier impuesto (excepto el impuesto estimado) no pagado antes de la fecha límite de presentación regular. Se cobra una multa mensual adicional con una tasa máxima del 25% del monto no pagado sobre cualquier impuesto no pagado. Si el contribuyente puede demostrar una causa razonable para no pagar a tiempo, se debe adjuntar una declaración a la declaración (no al Formulario 4868), y no se cobrará el pago tardío. Los dos requisitos siguientes deben cumplirse para ser considerados causa razonable:

- Pagó al menos el 90% de la obligación tributaria antes de la fecha de vencimiento regular de la declaración a través de retenciones, pagos estimados o pagos realizados con el Formulario 4868.
- El saldo restante se paga con la declaración de impuestos en la fecha de vencimiento extendida.

Si el contribuyente tiene un saldo adeudado, se devengan intereses sobre el saldo impago. La multa es del 5% del monto adeudado por cada mes o parte de un mes en que la declaración se retrase. Si la declaración tiene más de 60 días de retraso, la multa mínima es de $450 o el saldo del impuesto adeudado en la declaración, lo que sea menor. La sanción máxima es del 25%.

Hacer pagos de extensión

Para las extensiones, los pagos se pueden hacer electrónicamente con tarjeta de crédito, tarjeta de débito, giro postal, el Sistema de Pago Electrónico de Impuestos Federales (EFTPS), una transferencia directa desde una cuenta bancaria usando Direct Pay o una ACH desde la cuenta corriente o de ahorros del contribuyente. Al realizar un pago con la extensión, recuerde incluir el monto del pago en el Formulario 1040, Anexo 3, Parte 2, línea 13z. EFTPS también se puede pagar por teléfono. El contribuyente debe anotar el número de confirmación que recibió al realizar un pago electrónico. Si el pago electrónico ha sido designado como un pago de extensión, entonces no presente el Formulario 4868.

Señor 1040 dice: Si el contribuyente y su cónyuge presentaron Formularios 4868 separados con pagos y luego eligieron presentar la declaración de impuestos como casados presentando conjuntamente, asegúrese de incluir ambos montos de pago en el Formulario 4868, línea 5.

Al pagar con cheque o cheque de caja, el Formulario 4868 debe incluirse y enviarse por correo a la dirección en el Formulario 4868. Asegúrese de que el cheque o giro postal sea pagadero al Tesoro de los Estados Unidos. El contribuyente debe incluir su SSN y escribir el Formulario 4868 en el memorándum del cheque. No envíe dinero en efectivo. No se aceptan cheques de más de $100 millones o más, por lo que cualquier pago que exceda esa cantidad tendrá que dividirse en dos o más pagos. El límite de $100 millones no se aplica a otros métodos de pago (como los pagos electrónicos). Al igual que con el Formulario 1040, hay direcciones postales específicas para los pagos de extensión de correo. Para averiguar qué dirección postal se debe usar, consulte el Formulario de instrucciones 4868, página 4. La dirección se determina en función de dónde vive el contribuyente.

Solicitud de acuerdo de pago a plazos (formulario 9465)

Si un contribuyente le debe al gobierno federal más de lo que se puede pagar a la vez, el contribuyente puede presentar el Formulario 9465, *Solicitud de Acuerdo de Pago a Plazos*, que solicita permiso para pagar los impuestos mensualmente. El IRS cobra una multa por pago tardío del 25% por mes. Si la declaración no se presentó de manera oportuna, la multa por pago tardío es del 5% por mes. El IRS generalmente notifica al contribuyente dentro de los 30 días posteriores a la aprobación o denegación del plan de pago propuesto.

La tarifa de usuario para nuevos acuerdos de pago a plazos es de $ 225. El contribuyente también puede establecer un acuerdo de deducción de nómina a plazos, y esa tarifa es de $ 225. Si el contribuyente utiliza un portal de pago en línea, la tarifa de usuario sería de $31.00; Si usa tarjeta de crédito, cheque o giro postal, la tarifa de establecimiento de pago es de $ 149.00. Si el ingreso del contribuyente está por debajo de cierto nivel (250% del nivel anual de pobreza), el acuerdo de pago a plazos puede reducirse a $ 43. El Formulario 13844 debe completarse para calificar. Formulario 13844, *Solicitud de tarifa de usuario reducida para acuerdos de pago a plazos*.

Form **9465** (Rev. September 2020) Department of the Treasury Internal Revenue Service

Installment Agreement Request

▶ Go to *www.irs.gov/Form9465* for instructions and the latest information.
▶ If you are filing this form with your tax return, attach it to the front of the return.
▶ See separate instructions.

OMB No. 1545-0074

Tip: If you owe $50,000 or less, you may be able to avoid filing Form 9465 and establish an installment agreement online, even if you haven't yet received a tax bill. Go to *www.irs.gov/OPA* to apply for an Online Payment Agreement. If you establish your installment agreement using the Online Payment Agreement application, the user fee that you pay will be lower than it would be with Form 9465.

Part I Installment Agreement Request

This request is for Form(s) (for example, Form 1040 or Form 941) ▶

Enter tax year(s) or period(s) involved (for example, 2018 and 2019, or January 1, 2019, to June 30, 2019) ▶

1a Your first name and initial | Last name | **Your social security number**

If a joint return, spouse's first name and initial | Last name | **Spouse's social security number**

Current address (number and street). If you have a P.O. box and no home delivery, enter your box number. | Apt. number

City, town or post office, state, and ZIP code. If a foreign address, also complete the spaces below (see instructions).

Foreign country name | Foreign province/state/county | Foreign postal code

1b If this address is new since you filed your last tax return, check here . . . . . ▶ ☐

2 Name of your business (must no longer be operating) | Employer identification number (EIN)

3 Your home phone number | Best time for us to call

4 Your work phone number | Ext. | Best time for us to call

5 Enter the total amount you owe as shown on your tax return(s) (or notice(s)) **5**

Parte del Formulario 9465

Si el contribuyente elige usar el acuerdo de pago a plazos, los intereses y una multa por pago tardío seguirán aplicándose al monto no pagado antes de la fecha de vencimiento. Al acordar un pago a plazos, el contribuyente también acepta cumplir con todas las obligaciones tributarias futuras. Si el contribuyente no tiene una retención adecuada o no realiza pagos estimados para que su obligación tributaria se pague en su totalidad en una declaración presentada oportunamente, el contribuyente será considerado en incumplimiento del acuerdo, y el IRS puede tomar medidas inmediatas para cobrar el monto total. El Formulario 9465 se puede presentar electrónicamente con la declaración de impuestos del contribuyente. Las multas y los intereses se pueden evitar si la factura de impuestos se paga en su totalidad en la fecha de vencimiento.

Si el contribuyente puede hacer el pago completo en 120 días, para evitar la tarifa del acuerdo de pago a plazos, el contribuyente puede llamar al IRS o solicitar en línea y solicitar un acuerdo de pago. Consulte el Formulario de instrucciones 9465, *Solicitud de acuerdo de pago a plazos.*

Al completar el Formulario 9465, el contribuyente acepta los siguientes términos. Los términos del acuerdo de pago a plazos son:

- El acuerdo de pago a plazos permanecerá vigente hasta que todas las responsabilidades (incluidas las multas y los intereses) se paguen en su totalidad.
- El contribuyente hará cada pago mensualmente antes de la fecha de vencimiento que se eligió en el Formulario 9465. Si no puede hacer un pago mensual, el contribuyente notificará al IRS inmediatamente.
- El acuerdo se basa en la situación financiera actual. El IRS puede modificar o terminar el acuerdo si la información del contribuyente cambia. Cuando se le solicite, el contribuyente proporcionará información financiera actualizada.
- Debe presentar todas las declaraciones de impuestos federales y pagar a tiempo los impuestos federales adeudados.

- El IRS aplicará reembolsos federales o pagos excesivos a la cantidad total adeudada, incluido el pago de responsabilidad compartida bajo la ACA, hasta que se pague en su totalidad.
- Si el contribuyente incumple con el acuerdo de pago a plazos, se cobrará una tarifa adicional de restablecimiento de $89 para restablecer el acuerdo de pago a plazos. El IRS tiene la autoridad para deducir esta tarifa del primer pago después de que se restableció el acuerdo. Desde el 1 de enero de 2019, la tarifa sería de $ 10 si el acuerdo se reestructurara a través de un acuerdo de pago en línea (OPA).
- El IRS aplicará todos los pagos realizados en este acuerdo en el mejor interés de los Estados Unidos. Generalmente, el IRS aplicará el pago al período de cobro más antiguo.

El IRS puede rescindir el acuerdo de pago a plazos si el contribuyente no realiza el pago mensual según lo acordado. Si se rescinde el acuerdo, el IRS podría cobrar el monto total adeudado, excepto el Pago de Responsabilidad Compartida Individual bajo la ACA, mediante la recaudación de los ingresos de los contribuyentes, cuentas bancarias u otros activos, e incluso incautando propiedades. Si la recaudación de impuestos está en peligro, el IRS puede rescindir el acuerdo. El IRS puede presentar un Aviso de gravamen fiscal federal, si aún no se ha presentado.

Parte 1 Preguntas de repaso

Para obtener el máximo beneficio de este capítulo, LTP recomienda que complete cada una de las siguientes preguntas y luego las compare con las respuestas con los comentarios que siguen inmediatamente. Bajo los estándares de autoestudio vigentes, los proveedores deben presentar preguntas de revisión intermitentemente a lo largo de cada curso de autoestudio.

Estas preguntas y explicaciones no son parte del examen final y no serán calificadas por LTP.

EAP1.1
¿Cuál de las siguientes afirmaciones es cierta al presentar el Formulario 4868?

a. Se cobran intereses sobre el impuesto que no se pagó antes de la fecha de vencimiento de la declaración, incluso si se presentó una extensión.
b. La presentación electrónica no se puede utilizar para presentar una prórroga del plazo para presentar la solicitud.
c. Cualquier ciudadano estadounidense que esté fuera del país el 16 de abril de 2023 tiene permitido una extensión automática de seis meses para presentar su declaración y pagar cualquier saldo federal adeudado.
d. La presentación del Formulario 4868 proporciona una prórroga automática de dos meses para presentar y pagar el impuesto sobre la renta.

EAP1.2
¿Qué escenario es correcto?

a. Marie presentó el Formulario 4868 el 16 de abril de 2023, pero no pagó el monto adeudado. A Marie se le puede cobrar una multa tardía.
b. Paul murió el 1 de abril de 2022 y no presentó una declaración. A Paul se le cobrarán impuestos por fallecimiento en su declaración de impuestos de 2021.
c. Pedro no presentó el Formulario 4868 y recibirá un reembolso. A Pedro se le cobrará una multa por retraso en el monto del reembolso.
d. Reed presentó su declaración de impuestos a tiempo y se le cobrará una multa por presentar a tiempo.

EAP1.3
Faith tiene un saldo adeudado en su declaración de impuestos federales de 2021 y necesita hacer pagos mensuales al IRS. ¿Cuál de los siguientes usaría ella?

a. Formulario 4868
b. Formulario 1040X
c. Formulario 9465
d. Formulario 1040

EAP1.4
Si no presenta su declaración antes de la fecha de vencimiento (incluidas las extensiones), es posible que tenga que pagar una multa por no presentarla. La multa máxima es ___ del saldo impago por cada mes o parte de un mes en que una declaración se retrasa.

a. 7%
b. 10%
c. 15%
d. 25%

EAP1.5
El IRS cobrará _____ para establecer el Acuerdo de pago a plazos si se presenta el Formulario 9465 con la declaración de impuestos.

a. 10% del impuesto no pagado
b. $ 225
c. $ 89
d. $ 10

Parte 1 Respuestas a las preguntas de repaso

EAP1.1
¿Cuál de las siguientes afirmaciones es cierta al presentar el Formulario 4868?

a. Se cobran intereses sobre el impuesto que no se pagó antes de la fecha de vencimiento de la declaración, incluso si se presentó una extensión.
b. La presentación electrónica no se puede utilizar para presentar una prórroga del plazo para presentar la solicitud.
c. Cualquier ciudadano estadounidense que esté fuera del país el 16 de abril de 2023 tiene permitido una extensión automática de seis meses para presentar su declaración y pagar cualquier saldo federal adeudado.
d. La presentación del Formulario 4868 proporciona una prórroga automática de dos meses para presentar y pagar el impuesto sobre la renta.

Comentarios: Revise la sección *Formulario 4869: Extensión del tiempo para presentar.*

EAP1.2
¿Qué escenario es correcto?

a. **Marie presentó el Formulario 4868 el 16 de abril de 2023, pero no pagó el monto adeudado. A Marie se le puede cobrar una multa tardía.**
b. Paul murió el 1 de abril de 2022 y no presentó una declaración. A Paul se le cobrarán impuestos por fallecimiento en su declaración de impuestos de 2021.
c. Pedro no presentó el Formulario 4868 y recibirá un reembolso. A Pedro se le cobrará una multa por retraso en el monto del reembolso.
d. Reed presentó su declaración de impuestos a tiempo y se le cobrará una multa por presentar a tiempo.

Comentarios: Revise la sección *Multa por pago atrasado.*

EAP1.3
Faith tiene un saldo adeudado en su declaración de impuestos federales de 2021 y necesita hacer pagos mensuales al IRS. ¿Cuál de los siguientes usaría ella?

a. Formulario 4868
b. Formulario 1040X
c. Formulario 9465
d. Formulario 1040

Comentarios: Revise la sección *Acuerdo de pago a plazos.*

EAP1.4
Si no presenta su declaración antes de la fecha de vencimiento (incluidas las extensiones), es posible que tenga que pagar una multa por no presentarla. La multa máxima es ___ del saldo impago por cada mes o parte de un mes en que una declaración se retrasa.

a. 7%
b. 10%
c. 15%
d. 25%

Comentarios: Revise la sección *Acuerdo de pago a plazos*.

EAP1.5
El IRS cobrará _____ para establecer el Acuerdo de pago a plazos si se presenta el Formulario 9465 con la declaración de impuestos.

a. 10% del impuesto no pagado
b. $ 225
c. $ 89
d. $ 10

Comentarios: Revise la sección *Acuerdo de pago a plazos*.

Parte 2 Devoluciones modificadas

El Formulario 1040-X está disponible para ser presentado electrónicamente siempre y cuando la declaración original se haya presentado electrónicamente. Un profesional de impuestos siempre debe verificar el sitio web del IRS para asegurarse de que la dirección postal sea precisa. Esto podría afectar el pago del contribuyente, la declaración de impuestos o la comunicación con el IRS. Recuerde, la dirección correspondiente está determinada por la dirección del contribuyente, no por el profesional de impuestos.

Form **1040-X** (Rev. July 2021)

Department of the Treasury—Internal Revenue Service

Amended U.S. Individual Income Tax Return

▶ Use this revision to amend 2019 or later tax returns.
▶ Go to *www.irs.gov/Form1040X* for instructions and the latest information.

OMB No. 1545-0074

This return is for calendar year (enter year) **or fiscal year** (enter month and year ended)

Your first name and middle initial	Last name	Your social security number
If joint return, spouse's first name and middle initial	Last name	Spouse's social security number
Current home address (number and street). If you have a P.O. box, see instructions.	Apt. no.	Your phone number
City, town or post office, state, and ZIP code. If you have a foreign address, also complete spaces below. See instructions.		
Foreign country name	Foreign province/state/county	Foreign postal code

Amended return filing status. You **must** check one box even if you are not changing your filing status. **Caution:** In general, you can't change your filing status from married filing jointly to married filing separately after the return due date.

☐ Single ☐ Married filing jointly ☐ Married filing separately (MFS) ☐ Head of household (HOH) ☐ Qualifying widow(er) (QW)

If you checked the MFS box, enter the name of your spouse. If you checked the HOH or QW box, enter the child's name if the qualifying person is a child but not your dependent ▶

Enter on lines 1 through 23, columns A through C, the amounts for the return year entered above. Use Part III on page 2 to explain any changes.	A. Original amount reported or as previously adjusted (see instructions)	B. Net change—amount of increase or (decrease)—explain in Part III	C. Correct amount

Parte del Formulario 1040-X

Cuando una declaración original debe ser corregida y las correcciones alterarán los cálculos de impuestos actuales, se debe presentar una declaración de impuestos enmendada. Una declaración enmendada no se puede presentar a menos que se haya completado la declaración original, pero una vez que se ha presentado, una declaración enmendada se convierte en la nueva declaración de impuestos para el contribuyente. La declaración enmendada se utiliza para cambiar artículos que anteriormente se reclamaban y ahora necesitan ajustes porque originalmente fueron exagerados o subestimados.

Por ejemplo, si el contribuyente necesita reportar ingresos adicionales de un W-2 que llegó después de que el contribuyente presentó la declaración original o si el contribuyente necesita eliminar a un dependiente porque no era elegible para reclamarlos, el contribuyente presentará una declaración enmendada. Los contribuyentes que deseen recibir un reembolso de una declaración enmendada deben presentar la enmienda dentro de los tres años (incluidas las extensiones) de la fecha en que se presentó la declaración original o dentro de los dos años posteriores a la fecha en que se pagó el impuesto, lo que ocurra más tarde.

Ejemplo: Isabella presentó su declaración original el 1 de marzo del año fiscal actual, y su declaración vencía el 15 de abril del mismo año. Se considera que Isabella presentó su declaración antes del 15 de abril. Sin embargo, si Isabella había solicitado una extensión hasta el 15 de octubre y presentó su declaración el 1 de julio, su declaración se considera presentada el 1 de julio.

Otras razones por las que un contribuyente podría necesitar presentar una enmienda son:

- Para agregar o quitar dependientes.
- Para reportar el estado civil adecuado.
- Para reportar ingresos adicionales de un W-2, Formulario 1099 o algún otro estado de resultados.
- Para realizar cambios en deducciones por encima de la línea, deducciones estándar o deducciones detalladas.
- Para agregar o quitar créditos fiscales.
- Para reportar deudas incobrables o valores sin valor.
- Para reportar crédito o deducción fiscal extranjera.

El estado de una declaración enmendada se puede rastrear utilizando el portal web "¿Dónde está mi declaración enmendada?" en el sitio web del IRS después de proporcionar el número de identificación (SSN, ITIN, etc.), la fecha de nacimiento y el código postal.
No presente el Formulario 1040-X en las siguientes situaciones:

- El contribuyente está solicitando un reembolso de multas e intereses o una adición al impuesto que ya se ha pagado. En su lugar, use el Formulario 843, *Reclamo de reembolso y Solicitud de reducción*.
- El contribuyente está solicitando un reembolso por su parte de un sobrepago conjunto que se compensó con una obligación vencida del cónyuge. En su lugar, presente el Formulario 8379, *Asignación de cónyuge lesionado*.

Los intereses y las multas también se cobrarán a partir de la fecha de vencimiento de la declaración por falta de presentación, negligencia, fraude, errores sustanciales de valoración, subestimaciones sustanciales de impuestos y subestimaciones de transacciones reportables.

Complete el Formulario 1040-X

El siguiente contenido es cómo archivar el 1040-X cuando no se utiliza software. La mayoría del software hará que el preparador agregue el Formulario 1040-X, y luego guarde el formulario en la declaración, luego realice cambios en el formulario que se agregó o eliminó de la declaración original. Por ejemplo, Jimmy recibió un W-2 adicional. El preparador de impuestos ingresaría el W-2 como un formulario adicional, y el software fluirá la información al Formulario 1040-X. Presentar el formulario electrónicamente ayuda ya que uno no necesita enviar por correo la declaración y la información.

La Parte I del 1040-X es donde el contribuyente haría cambios que afectan las líneas 1-31 de la declaración de impuestos original. La Parte II es donde el contribuyente puede elegir que $3 vayan al Fondo de Campaña de Elecciones Presidenciales. Esto debe hacerse dentro de los 20.5 meses posteriores a la fecha de vencimiento original de la declaración. La Parte III es para la explicación de los cambios. El IRS quiere saber qué se cambió en la declaración y por qué el contribuyente está presentando el Formulario 1040-X.

Las tres columnas del Formulario 1040-X son las siguientes:

- Columna A: El importe de la declaración original.
- Columna B: El cambio neto. Introduzca el cambio en la cantidad para cada línea que se modifique.
- Columna C: La cantidad correcta. Suma o resta la columna B (si hay una entrada) de la columna A e introduce la cantidad en la columna C.

Ejemplo: Robert reportó $41,000 como su ingreso bruto ajustado en el Formulario 1040 del año en curso. Luego recibió otro Formulario W-2 por $ 500 después de que ya había presentado su declaración. Debe completar la línea 1 del Formulario 1040-X de la siguiente manera:

	Columna A	**Columna B**	**Columna C**
Línea 1	$41,000	$500	$41,500

Enter on lines 1 through 23, columns A through C, the amounts for the return year entered above. Use Part III on page 2 to explain any changes.		A. Original amount reported or as previously adjusted (see instructions)	B. Net change—amount of increase or (decrease)—explain in Part III	C. Correct amount
Income and Deductions				
1 Adjusted gross income. If a net operating loss (NOL) carryback is included, check here . . . ▶ ☐	1			
2 Itemized deductions or standard deduction . . .	2			
3 Subtract line 2 from line 1 . . .	3			
4a Reserved for future use . . .	4a			
b Qualified business income deduction . . .	4b			
5 Taxable income. Subtract line 4b from line 3. If the result is zero or less, enter -0- . . .	5			

Parte del Formulario 1040-X

En el Formulario 1040-X, ingrese los ingresos, deducciones y créditos tal como se informaron originalmente en la declaración en la Columna A, ingrese los cambios realizados en la Columna B y coloque la diferencia o suma en la Columna C. A continuación, calcule el impuesto sobre el monto corregido de la renta imponible y calcule la cantidad adeudada o que se reembolsará. Si el contribuyente debe impuestos, el contribuyente debe pagar el monto total con el Formulario 1040-X. El impuesto adeudado no se restará de ninguna cantidad acreditada al impuesto estimado.

Si el contribuyente no puede pagar el monto total adeudado en la declaración enmendada, la persona puede solicitar hacer pagos mensuales a plazos usando el Formulario 9465. Si el contribuyente pagó impuestos en exceso, recibiría un reembolso. El sobrepago reembolsado en base a la declaración enmendada es diferente y separado de cualquier reembolso obtenido de la declaración original.

Al armar una declaración enmendada para ser enviada por correo, asegúrese de que los anexos y formularios estén detrás del Formulario 1040-X y que el contribuyente (y el cónyuge si presenta una declaración conjunta) firme el 1040-X. Si la enmienda fue preparada por un preparador de impuestos pagado, el preparador de impuestos también debe firmar.

> *Señor* 1040 dice: Asegúrese de usar el formulario correcto para el año que se está modificando. Para encontrar los formularios que necesita, vaya a www.irs.gov y elija los formularios correctos para enmendar la declaración de impuestos.

Adjunte formularios al frente del Formulario 1040-X que respalden los cambios realizados en la declaración. Adjunte al reverso del Formulario 1040-X cualquier Formulario 8805, *Declaración de información del socio extranjero de la Sección 1446 Retención de impuestos*, que respalde los cambios realizados.

Cuando envíe un cheque o giro postal al IRS para pagos de impuestos adeudados, no adjunte el cheque a la declaración. En su lugar, adjúntelo en el sobre y asegúrese de que el cheque esté a nombre del "Tesoro de los Estados Unidos".

Declaración de impuestos reemplazada

Una declaración de reemplazo es una declaración presentada después de la declaración presentada originalmente y presentada dentro del período de presentación (incluidas las extensiones). Una declaración de reemplazo debe ser una presentación completa de la declaración completa, con todos los formularios y archivos adjuntos requeridos, como XML o PDF. El contribuyente que presenta este tipo de declaración debe indicar en el formulario que es una declaración reemplazada.

Responsabilidad fiscal estatal

Si se cambia una declaración por cualquier motivo, puede afectar la obligación del impuesto estatal sobre la renta. Esto incluye los cambios realizados como resultado de un examen de la declaración por parte del IRS. El IRS reportará al estado del contribuyente si se realizan ajustes en la declaración de impuestos federales.

Parte 2 Preguntas de repaso

Para obtener el máximo beneficio de este capítulo, LTP recomienda que complete cada una de las siguientes preguntas y luego las compare con las respuestas con los comentarios que siguen inmediatamente. Bajo los estándares de autoestudio vigentes, los proveedores deben presentar preguntas de revisión intermitentemente a lo largo de cada curso de autoestudio.

Estas preguntas y explicaciones no son parte del examen final y no serán calificadas por LTP.

EAP2.1
¿Qué escenario es verdadero?

a. El contribuyente tiene dos años para hacer cualquier corrección que resulte en reembolsos de impuestos adicionales, incluidas extensiones después de la fecha en que se presentó la declaración original o dentro de los 3 años posteriores a la fecha en que se pagó el impuesto, lo que ocurra más tarde.
b. El contribuyente tiene cuatro años para hacer cualquier corrección que resulte en reembolsos de impuestos adicionales, incluidas extensiones después de la fecha en que se presentó la declaración original o dentro de los 2 años posteriores a la fecha en que se pagó el impuesto, lo que ocurra más tarde.
c. El contribuyente tiene tres años para hacer cualquier corrección que resulte en reembolsos de impuestos adicionales, incluidas extensiones después de la fecha en que se presentó la declaración original o dentro de los 2 años posteriores a la fecha en que se pagó el impuesto, lo que ocurra más tarde.
d. El contribuyente no puede hacer ninguna corrección en las declaraciones de impuestos del año anterior.

EAP2.2
¿Cuál de los siguientes se utiliza para presentar una declaración enmendada federal?

a. Formulario 1040
b. Formulario 1040-X
c. Formulario 4868
d. Formulario 2241

EAP2.3
¿Cuál de las siguientes no sería una razón válida para presentar una enmienda?

a. Contribuyente cambiando exenciones personales.
b. Contribuyente que reclama los dependientes de sus primos.
c. Contribuyente que reporta ingresos adicionales.
d. Contribuyente que reclama créditos fiscales adicionales.

EAP2.4
Lorena presentó su declaración de impuestos original el 15 de abril y estaba programada para recibir un reembolso de impuestos el 9 de mayo. Lorena se dio cuenta de que olvidó los ingresos de su trabajo de verano. Ella presenta una declaración enmendada el 3 de mayo. La declaración de impuestos enmendada resultó en que Lorena tuviera un saldo adeudado. Lorena pagó su saldo adeudado el 3 de mayo. ¿Qué escenario es verdadero?

a. Lorena no está sujeta a una multa porque pagó su impuesto adeudado el 3 de mayo.
b. Lorena está sujeta a una multa por no pagar los impuestos adeudados antes del 15 de abril.
c. Lorena está sujeta a una multa por enmendar su declaración de impuestos.
d. Lorena no tiene que reportar los ingresos de su trabajo de verano.

Parte 2 Respuestas a las preguntas de repaso

EAP2.1
¿Qué escenario es verdadero?

a. El contribuyente tiene dos años para hacer cualquier corrección que resulte en reembolsos de impuestos adicionales, incluidas extensiones después de la fecha en que se presentó la declaración original o dentro de los 3 años posteriores a la fecha en que se pagó el impuesto, lo que ocurra más tarde.
b. El contribuyente tiene cuatro años para hacer cualquier corrección que resulte en reembolsos de impuestos adicionales, incluidas extensiones después de la fecha en que se presentó la declaración original o dentro de los 2 años posteriores a la fecha en que se pagó el impuesto, lo que ocurra más tarde.
c. El contribuyente tiene tres años para hacer cualquier corrección que resulte en reembolsos de impuestos adicionales, incluidas extensiones después de la fecha en que se presentó la declaración original o dentro de los 2 años posteriores a la fecha en que se pagó el impuesto, lo que ocurra más tarde.
d. El contribuyente no puede hacer ninguna corrección en las declaraciones de impuestos del año anterior.

Comentarios: Sección de revisión *Parte 2: Declaraciones enmendadas.*

EAP2.2
¿Cuál de los siguientes se utiliza para presentar una declaración enmendada federal?

a. Formulario 1040
b. Formulario 1040-X
c. Formulario 4868
d. Formulario 2241

Comentarios: Sección de revisión *Parte 2: Declaraciones enmendadas.*

EAP2.3
¿Cuál de las siguientes no sería una razón válida para presentar una enmienda?

a. Contribuyente cambiando exenciones personales.
b. Contribuyente que reclama los dependientes de sus primos.
c. Contribuyente que reporta ingresos adicionales.
d. Contribuyente que reclama créditos fiscales adicionales.

Comentarios: Sección de revisión *Parte 2: Declaraciones enmendadas.*

EAP2.4
Lorena presentó su declaración de impuestos original el 15 de abril y estaba programada para recibir un reembolso de impuestos el 9 de mayo. Lorena se dio cuenta de que olvidó los ingresos de su trabajo de verano. Ella presenta una declaración enmendada el 3 de mayo. La declaración de impuestos enmendada resultó en que Lorena tuviera un saldo adeudado. Lorena pagó su saldo adeudado el 3 de mayo. ¿Qué escenario es verdadero?

a. Lorena no está sujeta a una multa porque pagó su impuesto adeudado el 3 de mayo.
b. Lorena está sujeta a una multa por no pagar los impuestos adeudados antes del 15 de abril.
c. Lorena está sujeta a una multa por enmendar su declaración de impuestos.
d. Lorena no tiene que reportar los ingresos de su trabajo de verano.

Comentarios: Sección de revisión *Parte 2: Declaraciones enmendadas.*

Aportes

Este capítulo ofrece una breve comprensión de las ampliaciones y enmiendas. El profesional de impuestos pagados debe entender quién debe solicitar una extensión y cuándo presentar una enmienda, ya que estos son dos procesos separados.

Si se necesita más tiempo para presentar la declaración de impuestos, la persona debe solicitar una extensión. Sin embargo, una extensión de tiempo para presentar *no es una extensión de tiempo para pagar*. El pago aún se debe antes de la fecha límite del 15 de abril o el contribuyente pagará multas por pago tardío. Una extensión de tiempo para presentar no cambia esto. Aunque existe una extensión de tiempo para pagar y varios planes de pago, estos no deben confundirse con extensiones de tiempo para presentar.

¡PON A PRUEBA TUS CONOCIMIENTOS!
Ve en línea para tomar una prueba de práctica.

Capítulo 15 Presentación electrónica

Introducción

La presentación electrónica (también conocida como presentación electrónica y presentación electrónica) es el proceso de presentar declaraciones de impuestos a través de Internet a través de un software de impuestos aprobado. El sistema de presentación electrónica ha hecho que la preparación de impuestos sea significativamente más fácil, y el IRS notifica a los usuarios de software dentro de las 24-48 horas si la declaración de impuestos fue aceptada o rechazada. La presentación electrónica no está disponible durante todo el año, pero comienza en enero y termina en octubre; el IRS determina cuándo comienza y termina la presentación electrónica cada año, y los estados siguen las fechas del IRS. Un originador de declaración electrónica (ERO) es la persona que origina la presentación electrónica de la declaración de impuestos. Para presentar una declaración electrónicamente, la persona debe ser un proveedor autorizado de e-file del IRS.

Objetivos

Al final de esta lección, el estudiante:

Comprenda las diferentes opciones de presentación electrónica.
Sepa qué formulario(s) usar cuando el contribuyente opta por no participar en la presentación electrónica.
Identifique qué formularios no se pueden presentar electrónicamente.

Recursos

Formulario 8453 Formulario 8878 Formulario 8878-A Formulario 8879 Formulario 9325	Publicación 17 Publicación 1345 Publicación 3112 Publicación 4164 Publicación 4557	Publicación 17 Publicación 1345 Publicación 3112 Publicación 4164 Publicación 4557

Parte 1 Originador de declaración electrónica (ERO)

Un originador de declaraciones electrónicas (ERO, por sus siglas en inglés) es un proveedor autorizado de e-file del IRS que origina presentaciones de declaraciones que él o ella prepara o cobra de los contribuyentes que desean presentar electrónicamente sus declaraciones. Una ERO origina la presentación electrónica de una declaración después de que el contribuyente autoriza la presentación electrónica de la declaración de impuestos. La ERO debe haber preparado la declaración o haberla cobrado de un contribuyente. Una ERO origina la presentación electrónica por uno de los siguientes métodos:

Enviar electrónicamente la declaración a un transmisor que transmitirá la declaración al IRS.
Transmitiendo directamente la declaración al IRS.
Proporcionar la declaración a un proveedor de servicios intermedio para transmitirla al IRS.

Contenido

Obtener, manejar y procesar información de declaraciones de los contribuyentes

Si la declaración fue preparada por un preparador pagado, el ERO siempre debe identificar al preparador pagado en el campo apropiado del registro electrónico e incluir la siguiente información del preparador pagado:

Nombre
Dirección
EIN (si es miembro de una empresa)
PTIN

Una ERO que elige originar declaraciones que no han sido preparadas por la empresa se convierte en el preparador de impuestos cuando, ingresando los datos, la ERO descubre errores que requieren cambios sustanciales y realiza los cambios. Un cambio no sustantivo es una corrección limitada a un error de transposición, una entrada fuera de lugar, un error ortográfico o una corrección aritmética. El IRS considera que todos los demás cambios son sustanciales, y el ERO se convierte en el preparador de impuestos si se realizan correcciones.

Proveedores de e-File

Un proveedor autorizado de e-file del IRS es una empresa u organización autorizada por el IRS para participar en su programa e-file. Un proveedor puede ser un originador de declaraciones electrónicas (ERO), un proveedor de servicios intermedio, un transmisor, un desarrollador de software, un agente de informes o un proveedor de la Ley de Cuidado de Salud a Bajo Precio (ACA). Estos diferentes roles no son mutuamente excluyentes, y una persona o entidad puede tener más de uno. Por ejemplo, un Proveedor puede ser un ERO mientras que también es un Transmisor o un preparador de declaraciones de impuestos. A pesar de que las actividades y responsabilidades para la preparación de declaraciones electrónicas y presentación electrónica del IRS son distintas y diferentes entre sí, una persona puede poseer ambos títulos, deberes y responsabilidades al mismo tiempo.

Un transmisor es la persona, entidad o software que literalmente envía los datos de declaración electrónicamente directamente al IRS. Un proveedor es aquel que ha sido autorizado por el IRS para presentar declaraciones de impuestos electrónicamente, generalmente a través de un transmisor externo, como un proveedor de software de impuestos; Presentar una declaración no es lo mismo que enviarla.

Convertirse en un proveedor de e-File

Para convertirse en un proveedor de e-file, una persona debe presentar una solicitud completa al IRS solicitando la autorización adecuada, un proceso que generalmente toma 45 días. Para completar la solicitud rápidamente, el individuo debe tener preparada la siguiente información:

Sepa qué opciones de proveedor se pueden proporcionar a los contribuyentes.

Introduzca la información de identificación de la empresa.
Número de identificación del empleador.
Nombre de la empresa.
Ingrese el nombre, la fecha de nacimiento, el número de Seguro Social, la información profesional actual y el estado de ciudadanía del Director y Funcionario Responsable de la organización. Marque si uno o ambos son abogados, contadores públicos certificados, agentes inscritos, funcionarios de una corporación que cotiza en bolsa o un funcionario bancario en régimen de servidumbre.

¿Quiénes son los directores y funcionarios responsables?

Cualquier persona que sea un Oficial Principal o Responsable debe:

Ser ciudadano estadounidense o extranjero que tenga residencia permanente según lo cubierto en 8USC 110 (a) (20) (1994).
Tener al menos 18 años de edad al momento de completar la solicitud.
Cumplir con los requisitos estatales y locales aplicables de licencias y fianzas para poder preparar y cobrar declaraciones de impuestos.

El director es la persona que es responsable en última instancia de cualquier cosa y todo lo que ocurra con respecto a la presentación electrónica en la empresa. Aunque una empresa puede tener más de un "Oficial Responsable", solo puede haber un Director, y la persona designada como Principal debe estar en la solicitud. Cualquiera de las siguientes personas que participan en las operaciones de e-file de la compañía son elegibles para ser designadas como el Director:

Un propietario único del negocio. Para las empresas unipersonales, el propietario único debe ser el Principal.
Un socio que tenga al menos un 5% o más de interés en la sociedad. Si ningún socio tiene el 5% o más, el Director debe ser una persona que esté autorizada para actuar en nombre de la sociedad en asuntos legales o fiscales.
El Presidente, Vicepresidente, Secretario o Tesorero de una corporación son elegibles para ser Director.
El Director de una entidad que no es ninguna de las anteriores debe ser un individuo con la autoridad dentro de la empresa para actuar en nombre de la entidad en asuntos legales o fiscales.

Si alguna de las personas mencionadas anteriormente no está involucrada en la operación de presentación electrónica de la empresa, entonces una gran empresa con administración de múltiples capas puede sustituir a una "Persona clave" que participa sustancialmente en las operaciones de presentación electrónica de la empresa como el principal de la solicitud de presentación electrónica.

A diferencia del director, que es una sola persona responsable de los asuntos de presentación electrónica en toda la empresa, los funcionarios responsables son las personas a cargo de las operaciones diarias de presentación electrónica en lugares específicos, como oficinas. Son el primer punto de contacto con el IRS y tienen la autoridad para firmar y revisar las solicitudes de presentación electrónica del IRS. Los funcionarios responsables deben establecer los procedimientos de ingresos para la presentación electrónica y para todas las publicaciones y avisos de los mismos y asegurarse de que los empleados los cumplan. Los funcionarios responsables pueden supervisar las operaciones en más de una oficina, y aunque puede haber más, cada empresa debe tener al menos un funcionario responsable, aunque siempre puede agregar más más adelante; el Director también puede ser el Oficial Responsable.

Paso uno: Acceso a la aplicación

Antes de comenzar el proceso de solicitud de e-file, la persona debe crear una cuenta con Acceso Seguro del IRS. Para hacer esto, el individuo se registrará utilizando un proceso de autenticación de dos factores en irs.gov. Después de esto, se le pedirá al contribuyente que proporcione la siguiente información para crear la cuenta:

- Nombre legal completo
- Domicilio
- Número de Seguro Social
- Fecha de nacimiento
- Número de teléfono
- Dirección de correo electrónico

Cualquier otra persona que la empresa desee designar como Director o como Funcionarios Responsables también debe crear cuentas de servicios electrónicos. Los creadores de cuentas deben regresar al sitio de e-Services dentro de los 28 días posteriores a la recepción del código de confirmación para confirmar el registro y así permitir que la empresa continúe con el proceso de solicitud.

Paso dos: Complete y envíe la solicitud

Una vez que todas las personas relevantes hayan confirmado sus cuentas de e-Services, la empresa puede solicitar convertirse en un proveedor autorizado de e-file del IRS. Los siguientes pasos del proceso de solicitud son los siguientes:

- Inicie sesión en e-Services y acceda a la solicitud en línea para convertirse en un proveedor de e-file del IRS.
- Seleccione el tipo de proveedor de e-file (transmisor, ERO, etc.).
- Ingrese la información de identificación de la empresa y los servicios prestados.
- Ingrese el nombre, la dirección, el SSN, el DOB y el estado de ciudadanía de cada director y parte responsable de la empresa.
- Ingrese el estado profesional actual del Oficial Principal y Responsable (abogado, contador público certificado, agente inscrito, etc.) y cualquier otra información solicitada.
- Cada Oficial Principal y Responsable debe responder varias preguntas personales y firmar los Términos de Acuerdo (TOA) utilizando el PIN que seleccionaron al crear sus cuentas de servicios electrónicos.
- Cada Oficial Principal y Responsable debe declarar bajo pena de perjurio que toda la información personal que ingresó es verdadera.

Envíe la solicitud de e-file del IRS y conserve el número de seguimiento proporcionado después de que la presentación de la solicitud se haya realizado correctamente.

Cualquier persona designada para convertirse en el Director o un Oficial Responsable que no sea un EA, CPA o abogado debe pasar una verificación de antecedentes antes de que la solicitud pueda continuar. Para hacer esto, primero solicite una tarjeta de huellas digitales del IRS llamando a su número gratuito (1-866-255-0654). Una vez que el IRS haya enviado las tarjetas por correo, llévelas a un profesional capacitado en su departamento de policía local o a una compañía certificada para proporcionar ese servicio. Realizarán la toma de huellas dactilares de cada Oficial Principal y Responsable, quienes deberán firmar la tarjeta que contiene sus huellas dactilares.

Comprobación de idoneidad

Una vez que el IRS haya recibido, procesado y revisado la solicitud, realizará una "verificación de idoneidad" para determinar si la empresa califica para convertirse en un proveedor de e-file. El "control de idoneidad" consiste en los siguientes controles de la empresa, de cada persona que figure como funcionario principal o responsable en la solicitud y de todos los documentos relacionados con la solicitud:

Una verificación de crédito.
Una verificación de cumplimiento tributario.
Una verificación de antecedentes penales.
Una verificación por incumplimiento previo de los requisitos de e-file del IRS.

Si la empresa pasa la verificación de idoneidad, recibirá su carta de aceptación del IRS con el número de identificación de presentación electrónica (EFIN), que no debe confundirse con el EIN de la empresa.

Denegación de participar en e-file del IRS

Si la firma, un director o un funcionario responsable no pasa la verificación de idoneidad, el IRS notificará al solicitante de la denegación de participar en el programa, la fecha en que puede volver a presentar la solicitud y si puede volver a presentar la solicitud antes si se resuelven los problemas de idoneidad.

Aceptación para participar en e-File del IRS

Después de que un solicitante pase la verificación de idoneidad y el IRS complete el procesamiento de la solicitud, el IRS notificará al solicitante de su aceptación o rechazo para participar en el programa. Un proveedor no tiene que volver a presentar una solicitud a menos que el IRS suspenda al proveedor de la participación en el programa por una violación. Si alguna de la información en la solicitud original cambia, el proveedor tendrá 30 días para actualizar la información volviendo a enviar la solicitud con los cambios variados.

Si cambia el estado profesional de un Oficial Principal o Responsable, la empresa debe actualizar su solicitud de presentación electrónica y volver a enviar las huellas dactilares del individuo para una nueva verificación de antecedentes. Si un director o un Oficial Responsable fallece, el Proveedor debe eliminar o reemplazar al fallecido dentro de los 30 días al volver a presentar la solicitud. Si esto no se hace, el IRS eliminará a la(s) persona(s) fallecida(s) de la solicitud de e-file, lo que puede resultar en declaraciones rechazadas debido a dejar una de las oficinas de la empresa descubierta. El IRS también eliminará a los Proveedores si no pueden comunicarse con el proveedor o si el correo del IRS se les devuelve como no entregable porque el Proveedor no actualizó su dirección postal física, en cuyo caso el IRS rechazará todas las declaraciones enviadas por el Proveedor hasta que el Proveedor actualice su información.

Monitorización

El IRS monitorea a los proveedores visitando los lugares donde uno realiza las actividades de e-file del IRS y revisando los registros de e-file que el IRS requiere que mantengan. El monitoreo puede incluir, pero no se limita a, lo siguiente:

Revisar la calidad de las presentaciones de archivos electrónicos para detectar rechazos y otros defectos.
Comprobar el cumplimiento de los requisitos de firma en las declaraciones.

Escrutinio del material publicitario.
Examen de registros.
Observar los procedimientos de la oficina.
Realización de controles periódicos de idoneidad.

El IRS supervisa las regulaciones establecidas por los proveedores para garantizar que cumplan con IRC §6695 (g).

Revocación

El IRS revocará la participación de un proveedor, director u funcionario responsable autorizado si así lo ordena un tribunal federal o una acción legal federal o estatal. Si la acción legal expira o se revierte, el Proveedor revocado puede volver a solicitar participar en e-file del IRS después de que la acción legal expire o se revierta.

Sancionador

Las violaciones de e-file del IRS pueden resultar en advertir o sancionar a un proveedor autorizado de e-file del IRS, un director o un funcionario responsable. La sanción puede tomar la forma de una amonestación por escrito, una suspensión o una expulsión de participar en el programa e-file. En la mayoría de los casos, una sanción entra en vigencia 30 días después de la fecha de la carta que informa a las personas de una sanción en su contra o la fecha en que los oficiales revisores o la Oficina de Apelaciones confirman la sanción, lo que ocurra más tarde. Si un proveedor, director u funcionario responsable es suspendido o expulsado de la participación en la presentación electrónica, todas las entidades que enumeraron al director suspendido o expulsado o al funcionario responsable en su solicitud de presentación electrónica también pueden ser suspendidas o expulsadas. Aunque el aviso debe darse eventualmente, el IRS tiene plena autoridad para suspender o expulsar inmediatamente a cualquier persona sin una advertencia o aviso previo.

Infracciones

El IRS clasifica la gravedad de las infracciones en tres niveles diferentes.

Las infracciones de nivel uno son infracciones de las reglas y requisitos de e-file del IRS que tienen poco o ningún efecto perjudicial en la calidad de las declaraciones o en el programa e-file del IRS. Esta infracción podría resultar en una amonestación por escrito, pero no puede conducir a una suspensión o expulsión.

Las infracciones de nivel dos son violaciones de las reglas y requisitos de e-file del IRS que tienen un impacto desfavorable en la calidad de las declaraciones o en el programa e-file del IRS. Las infracciones repetidas de Nivel Uno después de que el IRS haya notificado a la persona sobre la violación actual podrían causar un aumento a la Infracción de Nivel Dos. Dependiendo de la naturaleza de la infracción, el IRS puede limitar la participación en e-file del IRS o suspender al proveedor autorizado de e-file del IRS de la participación en e-file del IRS por un período de un año.

Las infracciones de nivel tres son violaciones de las reglas y requisitos de e-file del IRS que tienen un impacto adverso significativo en la calidad de las declaraciones de impuestos. Las infracciones de nivel tres incluyen infracciones continuas de nivel dos después de que el IRS haya señalado la infracción de nivel dos a la atención del proveedor. Una infracción de nivel tres puede resultar en la suspensión de la participación en e-file del IRS durante dos años o, dependiendo de la gravedad de la infracción (como fraude, robo de identidad o conducta criminal), en la eliminación sin la oportunidad de participación futura. El IRS se reserva el derecho de suspender o expulsar a un Proveedor antes de la revisión administrativa por infracciones de nivel tres. Véase la publicación 3112.

Protección de la información del contribuyente

"Información del contribuyente" es cualquier pieza de información que ha sido proporcionada para o por el contribuyente en cualquier forma o manera, como en persona, por teléfono, por correo o por fax con el propósito de preparar la declaración de impuestos del contribuyente. Incluye, pero no se limita a, las siguientes piezas de información:

Nombre
Dirección
Número de identificación
Renta
Ingresos
Deducciones
Dependientes
Deuda tributaria

Se pueden imponer sanciones penales y monetarias a las personas que preparan impuestos o prestan servicios de preparación de impuestos. Esto incluye a los preparadores de impuestos que a sabiendas o imprudentemente hacen divulgaciones no autorizadas con la preparación de declaraciones de impuestos sobre la renta. Consulte el Título 26 IRC §301.7216.1 y §6713. Algunas estrategias comunes de salvaguardia son:

Cierre las puertas con llave para restringir el acceso a los archivos.
Contraseñas para acceder a los archivos informáticos.
Encriptación de datos de contribuyentes almacenados electrónicamente.
Mantenga una copia de seguridad de los datos electrónicos con fines de recuperación. Copia de seguridad de archivos regularmente.
Triture la información del contribuyente.

Para obtener más información sobre cómo proteger la información personal, visite el sitio web oficial de la Comisión Federal de Comercio en www.ftc.gov.

Reconocimiento de documentos no estándar

El IRS ha identificado indicadores clave de posible abuso y fraude, como los Formularios W-2, W-2G y 1099-R alterados, falsificados o fabricados, especialmente cuando se preparan a mano. La información en los formularios de denuncia nunca debe ser alterada. Si el empleador debe hacer algún cambio, el empleador debe proporcionar al empleado un documento corregido, y se debe enviar un formulario de informe corregido al IRS y a la SSA. Cada vez que el profesional de impuestos tenga un documento de ingresos cuestionable, repórtelo al IRS.

Verificación de números de identificación del contribuyente (TIN)

Para ayudar a proteger a los contribuyentes del fraude y el abuso, el preparador de impuestos debe confirmar la identidad y el número de identificación de los contribuyentes, cónyuges y dependientes que figuran en cada declaración de impuestos preparada. Los números de identificación del contribuyente incluyen SSN, EIN, números de identificación del contribuyente adoptados (ATIN) y números de identificación del contribuyente individual (ITIN). Para confirmar las identidades, el preparador pagado debe solicitar ver tanto una identificación con foto emitida por el gobierno actual como el número de identificación original del contribuyente.

Si la tarjeta de identificación no tiene la misma dirección que la de la declaración de impuestos, haga preguntas adicionales para verificar la identidad del contribuyente. Aunque no se requiere que las direcciones coincidan, confirmar la identidad del contribuyente es una parte fundamental de la debida diligencia de un profesional de impuestos. Usar un número de identificación incorrecto o el mismo número en múltiples declaraciones o un nombre incorrecto con el número de identificación incorrecto son algunas de las causas de rechazo más comunes de declaraciones presentadas electrónicamente. Para minimizar los rechazos, el preparador debe verificar el nombre y el número de identificación del contribuyente antes de presentar la declaración de impuestos electrónicamente al IRS.

Protección del cliente

El IRS ha creado varias pautas básicas de seguridad para que los preparadores de impuestos sigan mientras preparan las declaraciones, lo que hará que los datos de los clientes y sus negocios sean más seguros:

- Aprenda a reconocer los correos electrónicos de phishing, especialmente aquellos que parecen originarse en el IRS. Nunca abra un enlace incrustado o un archivo adjunto de un correo electrónico que parezca sospechoso.
- Cree un plan de seguridad de datos utilizando las pautas que se encuentran en la Publicación 4557, *Protección de los datos del contribuyente.*
- Revisar los controles internos:
  - Instale software de seguridad antimalware y antivirus en todos los dispositivos (computadoras portátiles, computadoras de escritorio, enrutadores, tabletas, teléfonos, etc.) y mantenga el software actualizado.
  - Use contraseñas seguras de 8 o más caracteres con una mezcla de letras mayúsculas y minúsculas, números y símbolos especiales que no comiencen ni terminen con un espacio o incluyan frases comunes o los nombres de seres queridos o mascotas.
  - Cifre todos los archivos y correos electrónicos confidenciales y use protecciones de contraseña seguras.
  - Haga una copia de seguridad de los datos confidenciales en una fuente externa segura que no esté conectada a una red a tiempo completo.
  - Limpie, limpie o destruya discos duros o impresoras antiguas que contengan datos confidenciales.
  - Limite el acceso a los datos de los contribuyentes exclusivamente a las personas que necesitan saberlo.
  - Realice comprobaciones semanales sobre el número de declaraciones presentadas ante el EFIN de la empresa a través de la cuenta de eServices y compare ese número con el número de declaraciones que la empresa ha preparado para asegurarse de que nadie esté utilizando fraudulentamente su EFIN para presentar declaraciones electrónicas sin su conocimiento. Las personas pueden hacer lo mismo a través de su cuenta PTIN.
- Informe cualquier robo o pérdida de datos al enlace de partes interesadas del IRS correspondiente.
- Regístrese en el sitio web del IRS para recibir avisos por correo electrónico de e-News para preparadores de impuestos, alertas y medios sociales.

La Ley Gramm-Leach-Bliley

Promulgada por el Congreso en 1999, la Ley Gramm-Leach-Bliley implementó varias reglas de salvaguardia y la regla de privacidad financiera para proteger la información privada de los contribuyentes. Las reglas de salvaguardia requieren que los preparadores de declaraciones de impuestos, procesadores de datos, transmisores (ERO), afiliados, proveedores de servicios y otros garanticen la seguridad y confidencialidad de los registros e información de los clientes. La regla de privacidad financiera requiere lo siguiente para dar a sus clientes avisos de privacidad que expliquen las prácticas de recopilación e intercambio de información de la institución financiera:

Preparadores de declaraciones de impuestos
Procesadores de datos
Transmisores
Afiliados
Proveedores de servicios
Cualquier persona significativamente involucrada en proporcionar productos o servicios financieros que incluyan la preparación o presentación de declaraciones de impuestos

Notificación de incidentes de seguridad

Los proveedores en línea de declaraciones de impuestos individuales informarán cualquier evento adverso o amenaza de un evento que pueda resultar en una divulgación no autorizada, mal uso, modificación o destrucción de información. Estos tipos de incidentes pueden afectar la confidencialidad, integridad y disponibilidad de la información del contribuyente o la capacidad de un contribuyente para preparar o presentar una declaración. Los tipos de incidentes incluyen robo de información, pérdida de información, desastres naturales (como inundaciones, terremotos o incendios que destruyen información irrecuperable) y ataques a sistemas informáticos o redes que utilizan herramientas tales como código malicioso o denegaciones de servicio. Si el profesional de impuestos experimenta un incidente de seguridad o es pirateado, repórtelo al IRS de inmediato.

Parte 1 Preguntas de repaso

Para obtener el máximo beneficio de este capítulo, LTP recomienda que complete cada una de las siguientes preguntas y luego las compare con las respuestas con los comentarios que siguen inmediatamente. Bajo los estándares de autoestudio vigentes, los proveedores deben presentar preguntas de revisión intermitentemente a lo largo de cada curso de autoestudio.

Estas preguntas y explicaciones no son parte del examen final y no serán calificadas por LTP.

EFP1.1
¿Qué significa el acrónimo ERO?

Originador de declaración electrónica
Opción de reembolso eléctrico
Operador de declaración electrónica
Originador de reembolso electrónico

EFP1.2
Un proveedor, según lo define el IRS, incluye todo lo siguiente, **¿excepto?**

Originador de declaración electrónica (ERO)
Un desarrollador de software
Un agente informante
Un agente inscrito

EFP1.3
¿Cuál de las siguientes opciones describe mejor a un originador de declaraciones electrónicas (ERO)?

Origina la presentación electrónica de declaraciones de impuestos al IRS
Emite el reembolso de impuestos
Acepta pagos de obligaciones fiscales
Emite una prórroga en nombre del contribuyente

EFP1.4
¿Cuál de las siguientes opciones describe mejor al director?

Javier, que trabaja para XYZ Company y e-files todas las declaraciones.
Alyssa, quien maneja todas las responsabilidades de presentación electrónica.
Lexa, que es recepcionista.
Spencer, que no prepara ni presenta electrónicamente las declaraciones de impuestos.

EFP1.5
¿Quién tiene más probabilidades de ser el funcionario responsable?

Taylor, que dirige las operaciones electrónicas del día a día.
Abigail, que es la recepcionista.
Jess, quien prepara y presenta electrónicamente sus declaraciones.
Landon, que es el gerente de marketing de presentación electrónica.

EFP1.6
Si la persona que es designada como el Director o el Oficial Responsable no es un EA, CPA o abogado, ¿cuál de los siguientes debe aprobar la persona antes de que la solicitud avance?

Verificación de antecedentes
Tarjeta de huellas dactilares
Verificación de crédito
Verificación de cumplimiento tributario

1 solo
1 & 4
2 solamente
1, 3, & 4

EFP1.7
¿Cuál de los siguientes ayudará a la ERO y / o al profesional de impuestos a protegerse contra el fraude al determinar y confirmar la identidad del contribuyente?

Ver el certificado de nacimiento de un contribuyente
Ver la identificación con foto emitida por el gobierno de un contribuyente
Ver los registros médicos de un contribuyente
Ver el cheque cancelado de un contribuyente

EFP1.8
Un funcionario responsable es una persona con autoridad sobre la operación de e-file del IRS del Proveedor en una ubicación. El IRS llevará a cabo una verificación de idoneidad del funcionario responsable. ¿Cuál de los siguientes no está incluido en el control de idoneidad?

Una verificación de crédito
Una verificación de cumplimiento tributario
Un control de pasaporte
Una verificación de antecedentes penales

EFP1.9
El IRS realiza una verificación de idoneidad de los solicitantes de presentación electrónica y de todos los funcionarios responsables que figuran en la solicitud. ¿Los controles de idoneidad no incluyen cuál de los siguientes?

Una verificación de antecedentes penales
Una verificación de historial de crédito
Una verificación de cumplimiento tributario
Una verificación del estado de ciudadanía

EFP1.10
Carlos es el ERO de su empresa. Su preparadora pagada Yesenia necesita ser identificada. ¿Cuál de la siguiente información no es necesaria para identificar a Yesenia?

Nombre
Dirección
PTIN
Número de teléfono

Parte 1 Respuestas a las preguntas de repaso

EFP1.1
¿Qué significa el acrónimo ERO?

Originador de declaración electrónica
Opción de reembolso eléctrico
Operador de declaración electrónica
Originador de reembolso electrónico

Comentarios: Sección de revisión *Parte 1: Originador de declaración electrónica.*

EFP1.2
Un proveedor, según lo define el IRS, incluye todo lo siguiente, **¿excepto?**

Originador de declaración electrónica (ERO)
Un desarrollador de software
Un agente informante
Un agente inscrito

Comentarios: Sección de revisión *Parte 1: Originador de declaración electrónica.*

EFP1.3
¿Cuál de las siguientes opciones describe mejor a un originador de declaraciones electrónicas (ERO)?

Origina la presentación electrónica de declaraciones de impuestos al IRS
Emite el reembolso de impuestos
Acepta pagos de obligaciones fiscales
Emite una prórroga en nombre del contribuyente

Comentarios: Sección de revisión *Parte 1: Originador de declaración electrónica.*

EFP1.4
¿Cuál de las siguientes opciones describe mejor al director?

Javier, que trabaja para XYZ Company y e-files todas las declaraciones.
Alyssa, quien maneja todas las responsabilidades de presentación electrónica.
Lexa, que es recepcionista.
Spencer, que no prepara ni presenta electrónicamente las declaraciones de impuestos.

Retroalimentación: Sección de revisión *Quiénes son los directores y funcionarios responsables.*

EFP1.5
¿Quién tiene más probabilidades de ser el funcionario responsable?

Taylor, que dirige las operaciones electrónicas del día a día.
Abigail, que es la recepcionista.
Jess, quien prepara y presenta electrónicamente sus declaraciones.
Landon, que es el gerente de marketing de presentación electrónica.

Retroalimentación: Sección de revisión *Quiénes son los directores y funcionarios responsables.*

EFP1.6
Si la persona que es designada como el Director o el Oficial Responsable no es un EA, CPA o abogado, ¿cuál de los siguientes debe aprobar la persona antes de que la solicitud avance?

Verificación de antecedentes
Tarjeta de huellas dactilares
Verificación de crédito
Verificación de cumplimiento tributario

1 solo
1 & 4
2 solamente
1, 3, & 4

Retroalimentación: Sección de revisión *Quiénes son los directores y funcionarios responsables.*

EFP1.7
¿Cuál de los siguientes ayudará a la ERO y / o al profesional de impuestos a protegerse contra el fraude al determinar y confirmar la identidad del contribuyente?

Ver el certificado de nacimiento de un contribuyente
Ver la identificación con foto emitida por el gobierno de un contribuyente
Ver los registros médicos de un contribuyente
Ver el cheque cancelado de un contribuyente

Comentarios: Revise la sección *Protección de la información del contribuyente.*

EFP1.8
Un funcionario responsable es una persona con autoridad sobre la operación de e-file del IRS del Proveedor en una ubicación. El IRS llevará a cabo una verificación de idoneidad del funcionario responsable. ¿Cuál de los siguientes no está incluido en el control de idoneidad?

Una verificación de crédito
Una verificación de cumplimiento tributario
Un control de pasaporte
Una verificación de antecedentes penales

Comentarios: Sección de revisión *¿Quiénes son los directores y funcionarios responsables*?

EFP1.9
El IRS realiza una verificación de idoneidad de los solicitantes de presentación electrónica y de todos los funcionarios responsables que figuran en la solicitud. ¿Cuál de los siguientes controles de idoneidad no se incluyen?

Una verificación de antecedentes penales
Una verificación de historial de crédito
Una verificación de cumplimiento tributario
Una verificación del estado de ciudadanía

Comentarios: Revise la sección *Comprobación de idoneidad.*

EFP1.10
Carlos es el ERO de su empresa. Su preparadora pagada Yesenia necesita ser identificada. ¿Cuál de la siguiente información no es necesaria para identificar a Yesenia?

Nombre
Dirección
PTIN
Número de teléfono

Comentarios: Sección de revisión *Originador de Declaracion Electrónica (ERO).*

Parte 2 Transmisión de declaraciones

La presentación electrónica fue introducida por el IRS en 1986. Presentar electrónicamente y tener un reembolso depositado directamente en una cuenta bancaria, es la forma más rápida y ecológica de presentar la declaración. Si el contribuyente tiene un saldo adeudado, el monto adeudado también podría retirarse de una cuenta bancaria. La presentación electrónica ahorra el tiempo de espera del correo postal para enviar o recibir un cheque en papel.

La presentación electrónica es obligatoria para los preparadores de impuestos que presentan 11 o más declaraciones del Formulario 1040 durante cualquier año calendario. Si la empresa tiene más de un preparador, todas las declaraciones individuales preparadas por la empresa contribuyen a ese número. Por ejemplo, Javier es el propietario de una empresa de preparación de impuestos y no prepara declaraciones. Su empleada, Rosemarie, prepara cinco declaraciones de impuestos que contienen un Anexo C. Oscar prepara 10 declaraciones y Mario prepara 100 declaraciones de impuestos individuales. La empresa de Javier necesita presentar las declaraciones electrónicamente porque la empresa preparó más de 11 declaraciones.

Todos los proveedores autorizados de e-file del IRS deben asegurarse de que las declaraciones se procesen con prontitud en o antes de la fecha de vencimiento de la declaración (incluidas las extensiones). Una ERO debe asegurarse de que no se produzcan rendimientos de almacenamiento en la empresa. "Almacenamiento" es tanto cobrar declaraciones de los contribuyentes antes de la aceptación oficial en el programa e-file del IRS como esperar más de tres días calendario para presentar una declaración al IRS una vez que la ERO tenga toda la información necesaria para una presentación electrónica. Los profesionales de impuestos que son ERO deben informar a sus clientes que no pueden transmitir declaraciones al IRS hasta que el IRS comience a aceptar transmisiones. Las declaraciones de impuestos mantenidas antes de esa fecha no se consideran "almacenadas".

Presentación de la declaración completa

Una vez que la declaración ha sido completada y firmada por todas las partes necesarias (contribuyente, preparador, etc.), es hora de presentar la declaración al IRS. Si envía la declaración por correo, uno debe adquirir un sobre y franqueo de tamaño y cantidad suficientes y enviarlo por correo a la dirección designada por el IRS. Al enviar por correo la declaración de impuestos o el comprobante de pago, asegúrese de usar la dirección correcta basada en la dirección del contribuyente, no en la dirección del preparador.

Presentación de documentos en papel

Como se discutió a lo largo de este curso, hay una multitud de formularios que pueden necesitar ser completados y adjuntos a la declaración de un contribuyente para su presentación al IRS. Algunas compañías de software permiten que los formularios se adjunten como PDF a la declaración de impuestos antes de su presentación. Si la compañía de software no admite esta función, los documentos deben adjuntarse al Formulario 8453 (que no necesita ser firmado) y enviarse por correo al IRS utilizando la dirección en la página 2 del Formulario 8453. La siguiente es una lista de los documentos de respaldo que deberán enviarse por correo con el Formulario 8453 si el software no permite archivos adjuntos en PDF a la declaración:

- Formulario 1098-C: Contribuciones de vehículos motorizados, barcos y aviones
- Formulario 2848: Poder notarial
- Formulario 3115: Aplicación del cambio en el método contable
- Formulario 3468: Crédito de inversión, Certificado de estructura histórica
- Formulario 4136: Certificado de Biodiesel y Declaración de Revendedor de Biodiesel
- Formulario 5713: Informe de boicot internacional
- Formulario 8283: Contribuciones caritativas no monetarias, Resumen de evaluación de la Sección B
- Formulario 8332: Liberación de la Reclamación de Exención para Hijos de Padres Divorciados o Separados
- Formulario 8858: Declaración de información de personas estadounidenses con respecto a entidades extranjeras ignoradas
- Formulario 8885: Crédito Tributario por Cobertura de Salud
- Formulario 8864: Certificado de Biodiesel y Declaración de Revendedor de Biodiesel
- Formulario 8949: Ventas y otras disposiciones de activos de capital, o una declaración con la misma información

Proporcionar información al contribuyente

La ERO debe proporcionar una copia completa de la declaración al contribuyente. Las ERO pueden proporcionar esta copia en cualquier medio, electrónico u otro formulario que sea aceptable tanto para el contribuyente como para la ERO. La copia no necesita el número de Seguro Social del preparador pagado, pero se requiere el PTIN del preparador. Una copia completa de la declaración de un contribuyente incluye, cuando corresponda, el Formulario 8453 y cualquier otro documento que la ERO no pueda transmitir electrónicamente además de la parte electrónica de la declaración.

La parte electrónica de la declaración se puede imprimir en una copia de un formulario oficial o en algún formulario no oficial. Sin embargo, en un formulario no oficial, la ERO debe hacer coincidir las entradas de datos con los números de línea relevantes o con las descripciones que se encuentran en los formularios oficiales. Si el contribuyente proporcionó una declaración en papel completa para la presentación electrónica, y la información en la parte electrónica de la declaración es idéntica a la información proporcionada por el contribuyente, la ERO no tiene que proporcionar una copia impresa de la parte electrónica de la declaración al contribuyente. La ERO debe aconsejar al contribuyente que conserve una copia completa de su declaración y todo el material de respaldo. La ERO también debe informar a los contribuyentes que las declaraciones enmendadas a partir de 2019 se pueden presentar electrónicamente. Todos los demás antes de 2019 deben presentarse como declaraciones en papel y enviarse por correo al centro de procesamiento de presentaciones del IRS.

Procesamiento de la información de la declaración de los contribuyentes

Antes de que una ERO pueda originar la presentación electrónica de una declaración, primero debe preparar la declaración o recoger la declaración ya completada y sus diversos documentos de la persona que la preparó. Si la declaración fue preparada por otra persona, el ERO siempre debe identificar al preparador pagado en el campo apropiado. Los ERO pueden transmitir la declaración directamente al IRS o transmitirla a través de otro proveedor. Un proveedor autorizado de e-file del IRS puede divulgar información de declaraciones de impuestos a otros proveedores con el propósito de preparar una declaración de impuestos bajo Reg. 301.7216. Por ejemplo, una ERO puede transmitir información de declaración a un proveedor de servicios intermedio o un transmisor con el fin de formatear o transmitir al IRS una declaración electrónica.

Presente una declaración de impuestos precisa para recibir un reembolso oportuno

Una declaración de impuestos presentada electrónicamente es la mejor manera para que el profesional de impuestos presente una declaración de impuestos precisa. Para garantizar que la declaración de impuestos se procese rápidamente, la ERO debe seguir los siguientes pasos:

Presentar electrónicamente.
Envíe una declaración precisa, completa y sin errores.
Verifique que los números de Seguro Social o los Números de Identificación del Contribuyente sean precisos para todas las personas incluidas en la declaración de impuestos.
Proporcione la dirección postal correcta del contribuyente en caso de que el IRS envíe un cheque de reembolso.
Utilice la cuenta bancaria y el número de ruta correctos para un depósito directo.

Volver a presentar declaraciones de impuestos rechazadas

Si la declaración de impuestos del contribuyente es rechazada por el IRS, la ERO tiene 24 horas para explicarle al contribuyente el motivo del rechazo. Si la declaración se puede arreglar y volver a enviar, entonces la declaración se puede retransmitir. El contribuyente podría decidir enviar por correo la declaración de impuestos en lugar de retransmitir la declaración. Si el contribuyente decide enviar la declaración por correo, necesitará una copia impresa para enviar al IRS. Si el contribuyente elige no corregir la parte electrónica de la declaración y transmitirla al IRS o si no puede ser aceptada para su procesamiento por el IRS, el contribuyente debe presentar una nueva declaración en papel. Esto debe presentarse antes de la fecha de vencimiento de la declaración o dentro de los 10 días calendario posteriores a la fecha en que el IRS notificó el rechazo de la declaración, lo que sea posterior. La declaración en papel debe incluir una explicación de por qué la declaración se presenta después de la fecha de vencimiento.

Matasellos electrónico

Cuando se presenta electrónicamente una declaración de impuestos, un transmisor el matasellos electrónico para mostrar cuándo se presentó. El matasellos se crea en el momento en que se envía la declaración de impuestos e incluye la fecha y hora de la zona horaria del transmisor. Una declaración de impuestos presentada electrónicamente es una declaración presentada oportunamente si el matasellos electrónico está en o antes de la fecha límite de presentación.

Acuse de recibo de las declaraciones transmitidas

El IRS acusa recibo electrónicamente de todas las transmisiones y aceptará o rechazará las declaraciones transmitidas por razones específicas. Las declaraciones aceptadas cumplen con los criterios de procesamiento y se consideran "presentadas" tan pronto como la declaración se firma electrónicamente o a mano. Las declaraciones rechazadas no cumplen con los criterios de procesamiento y se consideran "no presentadas". Consulte la Publicación 1345, *Manual para proveedores autorizados de declaraciones de impuestos individuales de e-file del IRS.*

El registro de reconocimiento de las declaraciones aceptadas contiene otra información útil para los originadores, como: si el IRS aceptó un PIN, si el reembolso del contribuyente se aplicará a una deuda, si se pagó un retiro electrónico de fondos elegido y si el IRS aprobó una solicitud de extensión en el Formulario 4868. Las ERO deben verificar regularmente los registros de reconocimiento almacenados por su software de impuestos para identificar las declaraciones que requieren una acción de seguimiento y luego tomar medidas razonables para abordar los problemas especificados en esos registros. Por ejemplo, si el IRS no acepta un PIN en una declaración de impuestos sobre la renta individual, el ERO debe proporcionar un Formulario 8453 completado y firmado para la declaración.

Las declaraciones rechazadas pueden corregirse y retransmitirse sin nuevas firmas o autorizaciones si los cambios no difieren del monto en la parte electrónica de la declaración electrónica en más de $50 a "ingreso total" o AGI de más de $14 a "impuesto total", "impuesto federal sobre la renta retenido", "reembolso" o "monto adeudado". El contribuyente debe recibir copias de los nuevos datos de la declaración electrónica si se realizan cambios. Si los cambios requeridos son mayores que los montos discutidos anteriormente, se requerirán nuevas firmas, y el contribuyente debe recibir copias de sus nuevas firmas.

Declaraciones de saldo adeudado

Los contribuyentes que adeudan impuestos adicionales deben pagar sus saldos adeudados antes de la fecha de vencimiento original de la declaración o estar sujetos a intereses y multas. Una extensión de tiempo para presentar puede presentarse electrónicamente antes de la fecha de vencimiento original de la declaración, pero es una extensión de tiempo para presentar la declaración, no una extensión de tiempo para pagar un saldo adeudado. Los profesionales de impuestos deben informar a los contribuyentes de sus obligaciones y opciones para pagar los saldos adeudados. Los contribuyentes tienen varias opciones al pagar los impuestos adeudados en sus declaraciones, así como al pagar los pagos de impuestos estimados.

Como se discutió anteriormente, las declaraciones de impuestos con montos adeudados aún se pueden presentar electrónicamente, y el pago también se puede hacer directamente al IRS a través de retiros de ACH. El contribuyente puede programar un pago en o antes de la fecha límite de pago de impuestos. Si se presentó una declaración de saldo adeudado después de la fecha de vencimiento, la fecha de pago debe ser el mismo día en que el Proveedor transmitió la declaración. Los contribuyentes pueden hacer pagos por Retiro Electrónico de Fondos por montos adeudados de los siguientes formularios:

Formulario 1040 del año actual.
Formulario 1040-ES, *Impuesto estimado para personas físicas*. Al presentar la declaración de impuestos, el contribuyente puede seleccionar las cuatro fechas para realizar el pago electrónicamente.
Formulario 4868, *Solicitud de prórroga automática del plazo para presentar la declaración de impuestos sobre la renta individual de los Estados Unidos.*
Formulario 2350*, Solicitud de prórroga para presentar la declaración de impuestos de los Estados Unidos para ciudadanos y extranjeros residentes en el extranjero que esperan calificar para un tratamiento fiscal especial.*

El profesional de impuestos debe asegurarse de que la información bancaria del cliente sea precisa e incluya el número de tránsito de ruta (RTN), el número de cuenta bancaria, el tipo de cuenta (corriente o de ahorros), la fecha en que se retirará el pago (año, mes y día) y el monto del pago. Si el pago se realiza después de la fecha de vencimiento, esto también debe incluir intereses y multas.

Como se discutió anteriormente, hay otras maneras de pagar el saldo adeudado, como Direct Pay del IRS, a través de tarjeta de crédito o débito (aunque algunas compañías de tarjetas de crédito pueden cobrar una tarifa adicional llamada "adelanto en efectivo" para usar este método), utilizando el Sistema Electrónico de Pago de Impuestos Federales (EFTPS), por cheque o giro postal, o a través de un acuerdo de pago a plazos.

Pagar con cheque

Los contribuyentes aún pueden enviar por correo su pago adeudado al IRS, pero el pago debe ir acompañado del Formulario 1040-V. El preparador pagado debe proporcionar copias a los contribuyentes si envían por correo el Formulario 1040-V con su cheque o giro postal. Los contribuyentes deben enviar por correo el pago vencido antes de la fecha de vencimiento de abril, incluso si la declaración se presentó electrónicamente antes.

El Formulario 1040-V es una declaración que se envía con un cheque o giro postal por cualquier saldo adeudado en el año tributario actual del contribuyente. Si el contribuyente presenta electrónicamente, el comprobante y el pago se envían juntos. La mayoría del software de preparación de impuestos generará el Formulario 1040-V automáticamente.

Retiro electrónico de fondos

Los contribuyentes pueden autorizar un retiro electrónico de fondos (EFW, por sus siglas en inglés) cuando presentan electrónicamente su declaración si tienen un saldo adeudado en la declaración. Los contribuyentes que elijan esta opción deben proporcionar al profesional de impuestos el número de cuenta y el número de tránsito de ruta para una cuenta de ahorros o de cheques. Si la institución financiera no puede localizar o hacer coincidir los números ingresados en un registro de pago con la información de la cuenta dada en la declaración de impuestos para el contribuyente, la institución rechazará la solicitud de débito directo y devolverá el dinero al remitente.

Pagos con tarjeta de crédito o débito

Los contribuyentes también pueden pagar electrónicamente usando una tarjeta de crédito o débito. Los contribuyentes pueden hacer pagos con tarjeta de crédito o débito cuando presentan electrónicamente, o por teléfono, o por Internet. Un proveedor externo puede cobrar una tarifa de servicio para procesar el pago.

Sistema Electrónico de Pago de Impuestos Federales (EFTPS)

Los contribuyentes individuales que realizan más de un pago por año deben inscribirse en EFTPS. Después de que el contribuyente haya sido inscrito, recibirá dos correos separados. Uno es el formulario de confirmación o actualización; la segunda es una carta que incluye el número de rastreo de inscripción del contribuyente, PIN e instrucciones sobre cómo obtener una contraseña de Internet. Los pagos en EFTPS se pueden realizar las 24 horas, los 7 días de la semana; sin embargo, para realizar un pago a tiempo, debe presentarse antes de las 8:00 p.m. EST al menos un día calendario antes de la fecha de vencimiento de impuestos. Los contribuyentes pueden programar pagos con hasta 365 días de anticipación.

Declaraciones no elegibles para e-file del IRS

Las siguientes declaraciones de impuestos individuales y las condiciones de declaración relacionadas deben presentarse en papel y no se pueden procesar utilizando e-file del IRS:

- Declaraciones de impuestos con períodos impositivos del año fiscal.
- Declaraciones de impuestos modificadas anteriores a 2019.
- Declaraciones que contienen formularios o anexos que no pueden ser procesados por e-file del IRS.

Retrasos en el reembolso

Antes de darle un reembolso a un contribuyente, el IRS verificará que el contribuyente no deba impuestos pasados u otras deudas como manutención infantil, préstamos estudiantiles, compensación por desempleo o cualquier obligación estatal de impuesto sobre la renta. Si el contribuyente o cónyuge debe, el monto del reembolso se aplicará a su monto adeudado antes de que se pague cualquier monto de reembolso al contribuyente. Si el monto adeudado es mayor que el monto del reembolso, entonces el monto total de ese reembolso y cualquier reembolso futuro se aplicarán para compensar el monto adeudado hasta que se haya pagado en su totalidad.

Las siguientes son otras razones por las que un reembolso podría retrasarse:

La declaración tiene errores, está incompleta o necesita una revisión adicional.
La declaración incluye un reclamo de créditos reembolsables y se mantuvo hasta el 15 de febrero.
La declaración se ve afectada por el robo de identidad o el fraude.
La declaración de impuestos incluye el Formulario 8379, Asignación de cónyuge lesionado, que puede tardar hasta 14 semanas en procesarse y revisarse.
Errores en la información de depósito directo que hacen que el reembolso se envíe por cheque.
Denegación de depósito directo por parte de la institución financiera, lo que dará lugar al envío del reembolso mediante cheque.
Los pagos de impuestos estimados difieren de los montos reportados en una declaración de impuestos.
Quiebra.
Reclamaciones inapropiadas para el EITC.
Recertificación para reclamar el EITC.

Cuando el reembolso se retrasa, el IRS enviará una carta al contribuyente explicando los problemas y cómo resolverlos. La carta o aviso contiene el número de teléfono y la dirección para que el contribuyente use o adquiera asistencia adicional. Si hay un retraso, el contribuyente puede buscar la información necesaria en el sitio web del IRS discutido en la sección "¿Dónde está mi reembolso?".

Compensaciones de reembolso

Cuando los contribuyentes deben un saldo del año anterior, el IRS compensará su reembolso del año en curso para pagar el saldo adeudado en los siguientes elementos:

Impuestos atrasados.
Manutención de los hijos.
Deudas no tributarias de agencias federales, como préstamos estudiantiles.
Obligaciones del impuesto estatal sobre la renta.

Si los contribuyentes deben alguna de estas deudas, su reembolso se compensará hasta que la deuda haya sido pagada o el reembolso se haya gastado, lo que ocurra primero.

¿Dónde está mi reembolso?

"¿Dónde está mi reembolso?" es un portal en el sitio web del IRS que proporciona información sobre el estado de reembolso de un contribuyente. Este sistema se actualiza una vez cada 24 horas (generalmente por la noche), y el contribuyente puede comenzar a verificar dónde está su reembolso dentro de las 24 horas posteriores a que el IRS haya reconocido la declaración de impuestos, no la fecha en que el proveedor transmitió la declaración de impuestos.

Los contribuyentes necesitarán la siguiente información para rastrear su reembolso:

SSN
Estado civil
El importe total del reembolso

Para recibir asistencia del IRS o de un Centro de Asistencia al Contribuyente (TAC) por teléfono o en persona, una declaración debe haber sido presentada electrónicamente y también tener un reembolso. De lo contrario, no podrán ayudar. El personal del IRS solo puede investigar las declaraciones de impuestos que se presentaron al menos 21 días antes. Si la declaración fue enviada por correo, el contribuyente debe esperar al menos 6 semanas para que se procese la declaración.

La Ley de Protección de los Estadounidenses de los Aumentos de Impuestos, o Ley PATH, de 2015, permitió al Congreso retener los reembolsos de las declaraciones de impuestos con créditos reembolsables hasta el 15 de febrero para reducir el potencial de fraude al darle al IRS más tiempo para procesar y verificar esas declaraciones. Cualquier reembolso de declaraciones de impuestos con créditos reembolsables que se retuvieron se liberará después del 15 de febrero en el orden en que se recibieron y se aprobaron electrónicamente. Si el contribuyente está reclamando un crédito reembolsable, solo debe llamar al IRS cuando el portal "¿Dónde está mi reembolso?" le indique que llame.

Productos bancarios

Los productos bancarios relacionados con los impuestos son otra forma para que un contribuyente reciba su reembolso y se pueden ofrecer a los clientes para sufragar el costo de las tarifas de preparación de impuestos. Los tipos más comunes de productos bancarios son los siguientes:

Tarjetas bancarias: Cuando el depósito se carga en una tarjeta bancaria para ser utilizado como una tarjeta de débito. Se pueden aplicar cargos adicionales al contribuyente.

Cheque de caja: Un cheque en papel que el contribuyente puede cobrar en un servicio de cambio de cheques o depositar en su cuenta personal de cheques o de ahorros.

Préstamos anticipados de reembolso: Un préstamo del banco que se basa en el reembolso del contribuyente o en una cantidad fija.

La ventaja de usar un banco externo es que la tarifa del preparador de impuestos se puede deducir del reembolso del contribuyente. Si bien los productos bancarios relacionados con los impuestos son una opción conveniente para muchos contribuyentes, existen tarifas adicionales asociadas con cada producto bancario, que pueden variar de un banco a otro.

Si el profesional de impuestos marca una declaración de impuestos para su presentación electrónica al preparar una declaración de impuestos utilizando software, se le pedirá que elija cómo le gustaría recibir su reembolso. Hay tarifas adicionales cobradas por el banco y el software de archivo para cada tipo de producto bancario. El saldo restante se distribuirá al contribuyente mediante depósito directo, tarjeta de débito prepagada o cheque. Cada banco ofrece diferentes productos, así que determine qué productos son los mejores para sus clientes. La desventaja de usar un producto bancario es que, si el contribuyente debe manutención infantil, impuestos atrasados, préstamos estudiantiles u otras deudas, estas deudas se pagarán antes de que el profesional de impuestos reciba sus tarifas de preparación, lo que podría crear una tarifa adicional para los contribuyentes de sus preparadores que ahora tendrán que cobrar las tarifas ellos mismos.

Pautas de E-File para el fraude y el abuso

Una "declaración fraudulenta" es una declaración en la que una persona intenta presentar usando el nombre o SSN de otra persona o en la que el contribuyente presenta documentos o información que no tienen base de hecho. Una declaración potencialmente abusiva es una declaración que el contribuyente debe presentar pero que contiene información inexacta que puede conducir a una subestimación de un pasivo o la sobrestimación de un crédito que podría resultar en un reembolso al que el contribuyente puede no tener derecho.

Los proveedores deben estar atentos al fraude y al abuso. Los ERO deben ser particularmente diligentes porque son el primer punto de contacto con la información personal de los contribuyentes, y son los que recopilan su información para preparar y presentar las declaraciones. Un ERO debe ser diligente en reconocer el fraude y el abuso, reportarlo al IRS y prevenirlo siempre que sea posible. Los proveedores deben cooperar con las investigaciones del IRS poniendo a disposición del IRS información y documentos relacionados con declaraciones con posible fraude o abuso a pedido. Una ERO, que también es el preparador pagado, debe ejercer la debida diligencia en la preparación de todas las declaraciones que involucran créditos fiscales reembolsables, ya que esos créditos son el objetivo popular para el fraude y el abuso. El Código de Rentas Internas requiere que los preparadores pagados ejerzan la debida diligencia para determinar la elegibilidad de un contribuyente para el crédito.

Verifique la dirección del contribuyente

Los profesionales de impuestos deben informar a los contribuyentes que la dirección en la primera página de la declaración, una vez procesada por el IRS, se utilizará para actualizar la dirección registrada del contribuyente. El IRS usará la dirección registrada del contribuyente para avisos y reembolsos.

Evitar retrasos en los reembolsos

Los profesionales de impuestos deben asegurarse de que toda la información esté actualizada cuando presenten electrónicamente una declaración de impuestos para evitar retrasos en los reembolsos. El profesional de impuestos también debe informar a los clientes cómo evitar retrasos al tener su información correcta, alentándolos a verificar la información que proporcionan. El preparador de impuestos debe tener en cuenta lo siguiente para ayudar a evitar retrasos:

- Asegúrese de ver la tarjeta de Seguro Social real y otras formas de identificación para todos los contribuyentes y dependientes.
- Verifique la entrada de datos de toda la información antes de enviarla para e-file.
- No permita que el contribuyente insista en presentar declaraciones de impuestos erróneas (si el contribuyente lo hace, devuelva sus documentos y no complete la declaración).
- Si el cliente es nuevo, pregunte si presentó electrónicamente en el pasado.
- Realice un seguimiento de los problemas que resultan en retrasos en el reembolso de un cliente, documente los retrasos y agregue la documentación a los archivos del cliente.

Firmar una declaración de impuestos electrónica

Al igual que con una declaración de impuestos presentada al IRS en papel, una declaración electrónica de impuestos sobre la renta es firmada tanto por el contribuyente como por el preparador pagado. El contribuyente firmaría electrónicamente. El contribuyente debe firmar y fechar la "Declaración del contribuyente" para autorizar el origen de la presentación electrónica de la declaración al IRS antes de su transmisión. El contribuyente debe firmar una nueva declaración si los datos de la declaración electrónica en la declaración de impuestos de un individuo se cambian después de que el contribuyente firmó la Declaración del contribuyente y si los montos difieren en más de $50 a "ingreso total" (o AGI) o $14 a "impuesto total", "impuesto federal sobre la renta retenido", "reembolso" o "monto adeudado".

Métodos de firma electrónica

Las declaraciones de impuestos individuales se firman utilizando números PIN generados de una de dos maneras: los contribuyentes pueden elegirlo ellos mismos, o el preparador de impuestos pagado puede generar uno para ellos. Ambos métodos permiten al contribuyente usar un número de identificación personal (PIN) para firmar los diversos formularios, aunque la autoselección de un PIN requiere que el contribuyente proporcione su monto de ingreso bruto ajustado (AGI) del año anterior para que el IRS pueda confirmar la identidad del contribuyente, vincularlo con las otras declaraciones del contribuyente de todos los años y detectar cualquier declaración presentada fraudulentamente bajo el nombre del contribuyente en el futuro. Los documentos de firma no son necesarios cuando el contribuyente firma utilizando el método de autoselección e ingresa su PIN directamente en la declaración electrónica. Esto no se aplica al PIN generado por el profesional. En todos los casos, el contribuyente debe firmar el Formulario 8879, Formulario de autorización de firma, incluso si se utilizó un PIN generado por el profesional.

Autorización de firma de e-File del IRS

Cuando los contribuyentes no pueden ingresar sus PIN directamente en la declaración electrónica, los contribuyentes deben autorizar a la ERO a ingresar sus PIN completando el Formulario 8879, *Autorización de firma de e-file del IRS.*

La ERO puede ingresar el PIN del contribuyente en el registro electrónico de declaración antes de que el contribuyente firme el Formulario 8879 u 8878, pero el contribuyente debe firmar y fechar el formulario apropiado antes de que la ERO origine la presentación electrónica de la declaración. En la mayoría de los casos, el contribuyente debe firmar y fechar el Formulario 8879 o el Formulario 8878 después de revisar la declaración y asegurarse de que la información en el formulario coincida con la información en la declaración.

El contribuyente que proporciona una declaración de impuestos completa a una ERO para su presentación electrónica puede completar la autorización de firma de e-file del IRS sin revisar la declaración originada por la ERO. Las partidas de la declaración en papel deben ingresarse en el Formulario de solicitud 8879 o el Formulario 8878 antes de que el contribuyente firme y fechara el formulario. La ERO puede usar autorizaciones firmadas con anticipación como autoridad para ingresar el PIN del contribuyente solo si la información en la versión electrónica de la declaración de impuestos concuerda con las entradas de la declaración en papel.

El contribuyente y la ERO siempre deben completar y firmar los Formularios 8879 u 8878 para el método PIN del practicante para firmas electrónicas. El contribuyente puede usar el método PIN del profesional para firmar electrónicamente el Formulario 4868, *Solicitud de Prórroga Automática del Tiempo para Presentar la Declaración de Impuestos sobre la Renta Individual de los Estados Unidos* si se requiere una firma. Solo se requiere una firma para el Formulario 4868 cuando también se solicita un retiro electrónico de fondos. El ERO debe retener el Formulario 8879 y el Formulario 8878 durante 3 años a partir de la fecha de vencimiento de la declaración o la fecha recibida por el IRS, lo que ocurra más tarde. Los ERO no deben enviar el Formulario 8879 y el Formulario 8878 al IRS a menos que el IRS lo solicite.

Guía para firmas electrónicas

Si el software del profesional de impuestos permite firmas electrónicas para los Formularios 8878 y 8879, el contribuyente puede optar por firmarlo de esa manera en lugar de usar un PIN. La tecnología ha creado muchos tipos diferentes de firmas electrónicas. Para la preparación de impuestos, no es la tecnología específica lo que es importante, sino que se utiliza el método de firma aceptable para capturar la información del contribuyente. Los siguientes son ejemplos de métodos actualmente aceptados por el IRS:

- Una firma manuscrita que se introduce en un bloc de firmas electrónicas.
- Una firma, marca o comando escrito a mano introducido en una pantalla de visualización por medio de un dispositivo de lápiz óptico.
- Una imagen digitalizada de una firma manuscrita que se adjunta a un registro electrónico.
- Un nombre escrito por el firmante (por ejemplo, escrito al final de un registro electrónico o escrito en un bloque de firma en un formulario de sitio web).
- Una firma digital.
- Una marca capturada como un gráfico escalable.
- Un código secreto, contraseña o PIN utilizado para firmar el registro electrónico.

El software debe registrar los siguientes datos para que la firma electrónica sea válida:

- Imagen digital del formulario firmado.
- Fecha y hora de la firma.
- Dirección IP de la computadora del contribuyente; Se utiliza solo para transacciones remotas.
- Identificación de inicio de sesión del contribuyente (nombre de usuario); Se utiliza solo para transacciones remotas.
- Método utilizado para firmar el registro (nombre escrito) o un registro del sistema o alguna otra pista de auditoría que refleje la finalización del proceso de firma electrónica por parte del firmante.
- Verificación de identidad; Autenticación basada en el conocimiento del contribuyente Resultados anteriores para transacciones en persona y confirmación de que se ha verificado la identificación con foto del gobierno.

Estándares de seguridad y privacidad de e-File del IRS

El IRS ha ordenado estándares de seguridad, privacidad y negocios para servir mejor a los contribuyentes y proteger la información recopilada, procesada y almacenada por los proveedores en línea de las declaraciones de impuestos sobre la renta individual.

- Validación extendida del certificado SSL y estándares mínimos de cifrado.
- Análisis periódico de vulnerabilidades externas.
- Protección contra la presentación masiva de declaraciones de impuestos fraudulentas.
- La capacidad de aislar e investigar de manera oportuna el potencial de que la información se vea comprometida.

Parte 2 Preguntas de repaso

Para obtener el máximo beneficio de este capítulo, LTP recomienda que complete cada una de las siguientes preguntas y luego las compare con las respuestas con los comentarios que siguen inmediatamente. Bajo los estándares de autoestudio vigentes, los proveedores deben presentar preguntas de revisión intermitentemente a lo largo de cada curso de autoestudio.

Estas preguntas y explicaciones no son parte del examen final y no serán calificadas por LTP.

EFP2.1
¿Cuál de los siguientes no recibiría el contribuyente de la ERO?

Formulario 8879
Formulario W-2
Copia de la declaración que se presentó electrónicamente
Entradas para el Super Bowl

EFP2.2
Cuando se prepara una declaración de impuestos, el profesional de impuestos necesita verificar la exactitud de qué números de identificación.

SSN, ITIN, and PTIN
SSN, ITIN, and ATIN
ITIN, EFIN, and PTIN
ATIN, EFIN, and CTIN

EFP2.3
¿Cuál de las siguientes copias debe conservar el contribuyente?

Formulario 8879
Documentos de ingresos relacionados con la declaración de impuestos
Copia de su licencia de conducir
La copia de la declaración de impuestos que el preparador les dio

1 & 3
3 solamente
1 & 2
1, 2, & 4

EFP2.4
Si una declaración de impuestos ha sido rechazada y la ERO no puede rectificar el problema, ¿qué tan pronto debe notificar al contribuyente?

No necesita notificar, solo volver a presentar la declaración de impuestos.
24 horas desde la recepción del aviso de rechazo.
10 días naturales después del aviso de rechazo.
72 horas desde la recepción del aviso de rechazo.

EFP2.5
¿Qué formulario requiere una firma ERO al presentar una declaración electrónicamente?

Formulario 8332
Formulario 3468
Formulario 8879
Formulario 5713

EFP2.6
¿Cuáles de los siguientes son los dos métodos electrónicos para firmar una declaración de impuestos sobre la renta individual?

Autoselección de PIN y PIN del practicante
Autoselección de PIN y PTIN profesional
PTIN y PIN designado por terceros
EFIN y PIN designado por terceros

EFP2.7
¿Cuándo debe el ERO y/o el profesional de impuestos proporcionar una copia completa de la declaración de impuestos al contribuyente?

En el momento en que se ha pagado la declaración de impuestos
En el momento en que la declaración de impuestos se ha presentado electrónicamente
Dentro de las 48 horas desde el momento en que la declaración de impuestos se ha presentado electrónicamente
Dentro de las 24 horas desde el momento en que se ha pagado la declaración

EFP2.8
¿Cuál de los siguientes formularios no se puede presentar electrónicamente?

Formulario 1040 anterior a 2020
Formulario 1040X antes de 2019
Formulario 1040A antes de 2017
Formulario 1040 EZ antes de 2015

EFP2.9
La declaración de impuestos de Jan fue presentada electrónicamente. La declaración de impuestos fue rechazada. ¿Qué debe hacer Dave, el ero, por Jan?

Informar a Jan que su declaración fue rechazada dentro de las 24 horas
Volver a enviar la declaración rechazada antes de informar a Jan
Cambiar el DCN a un nuevo número
Firmar la declaración de impuestos para el contribuyente y volver a presentar la declaración

EFP2.10
Matt es el funcionario responsable de su firma, Contabilidad 4 U. A Matt se le negó la participación como proveedor autorizado de e-file del IRS. ¿Cuál de los siguientes no es un procedimiento para informar a Matt de su negación?

Notifique a Matt, no pasó la verificación de idoneidad
Notificar a Matt de su negativa a participar
Notifique a Matt la fecha en que puede volver a presentar la solicitud
Notificar a Matt de la Ley Gramm-Leach-Bliley

Parte 2 Respuestas a las preguntas de repaso

EFP2.1
¿Cuál de los siguientes no recibiría el contribuyente de la ERO?

Formulario 8879
Formulario W-2
Copia de la declaración que se presentó electrónicamente
Entradas para el Super Bowl

Comentarios: Revise la sección *Lo que el contribuyente debe recibir.*

EFP2.2
Cuando se prepara una declaración de impuestos, el profesional de impuestos necesita verificar la exactitud de qué números de identificación.

SSN, ITIN y PTIN
SSN, ITIN y ATIN
ITIN, EFIN y PTIN
ATIN, EFIN y CTIN

Comentarios: Sección de revisión *Verificación de números de identificación del contribuyente (TIN).*

EFP2.3
¿Cuál de las siguientes copias debe conservar el contribuyente?

Formulario 8879
Documentos de ingresos relacionados con la declaración de impuestos
Copia de su licencia de conducir
La copia de la declaración de impuestos que el preparador les dio

1 & 3
3 solamente
1 & 2
1, 2, & 4

Comentarios: Revise la sección *Lo que el contribuyente debe recibir.*

EFP2.4
Si una declaración de impuestos ha sido rechazada y la ERO no puede rectificar el problema, ¿qué tan pronto debe notificar al contribuyente?

No necesita notificar, solo volver a presentar la declaración de impuestos.
24 horas desde la recepción del aviso de rechazo.
10 días naturales después del aviso de rechazo.
72 horas desde la recepción del aviso de rechazo.

Comentarios: Sección de revisión *Volver a enviar declaraciones de impuestos rechazadas.*

EFP2.5
¿Qué formulario requiere una firma ERO al presentar una declaración electrónicamente?

Formulario 8332
Formulario 3468
Formulario 8879
Formulario 5713

Comentarios: Revisar sección *Métodos de firma electrónica.*

EFP2.6
¿Cuáles de los siguientes son los dos métodos electrónicos para firmar una declaración de impuestos sobre la renta individual?

Autoselección de PIN y PIN del practicante
Autoselección de PIN y PTIN profesional
PTIN y PIN designado por terceros
EFIN y PIN designado por terceros

Comentarios: Revisar sección *Métodos de firma electrónica.*

EFP2.7
¿Cuándo debe el ERO y/o el profesional de impuestos proporcionar una copia completa de la declaración de impuestos al contribuyente?

En el momento en que se ha pagado la declaración de impuestos
En el momento en que la declaración de impuestos se ha presentado electrónicamente
Dentro de las 48 horas desde el momento en que la declaración de impuestos se ha presentado electrónicamente
Dentro de las 24 horas desde el momento en que se ha pagado la declaración

Comentarios: Sección de revisión *Proporcionar información al contribuyente.*

EFP2.8
¿Cuál de los siguientes formularios no se puede presentar electrónicamente?

Formulario 1040 anterior a 2020
Formulario 1040X antes de 2019
Formulario 1040A antes de 2017
Formulario 1040 EZ antes de 2015

Comentarios: Revise la sección *Declaraciones no elegibles para e-file del IRS.*

EFP2.9
La declaración de impuestos de Jan fue presentada electrónicamente. La declaración de impuestos fue rechazada. ¿Qué debe hacer Dave, el ero, por Jan?

Informar a Jan que su declaración fue rechazada dentro de las 24 horas
Volver a enviar la declaración rechazada antes de informar a Jan
Cambiar el DCN a un nuevo número
Firmar la declaración de impuestos para el contribuyente y volver a presentar la declaración

Comentarios: Sección de revisión *Volver a enviar declaraciones de impuestos rechazadas*.

EFP2.10
Matt es el funcionario responsable de su firma, Contabilidad 4 U. A Matt se le negó la participación como proveedor autorizado de e-file del IRS. ¿Cuál de los siguientes no es un procedimiento para informar a Matt de su negación?

Notifique a Matt, no pasó la verificación de idoneidad
Notificar a Matt de su negativa a participar
Notifique a Matt la fecha en que puede volver a presentar la solicitud
Notificar a Matt de la Ley Gramm-Leach-Bliley

Comentarios: Sección de revisión *La Ley Gramm-Leach-Bliley*.

Aportes

La presentación electrónica es una de las formas más seguras de presentar una declaración de impuestos, y los preparadores de impuestos pagados están obligados a presentar electrónicamente las declaraciones de impuestos federales si preparan más de 11 declaraciones. El Título 26 puede imponer sanciones penales y monetarias a cualquier persona que se dedique fraudulentamente a preparar o proporcionar servicios en relación con el negocio de preparación de impuestos. Un profesional de impuestos pagado debe proteger la información de sus clientes para evitar tales sanciones. La aceptación de la presentación electrónica ha ahorrado tiempo y recursos a los preparadores. Aunque hay personas que todavía preparan las declaraciones a mano, la gran mayoría usa software y cosecha los beneficios de todas las ventajas que conlleva la automatización.

¡PON A PRUEBA TUS CONOCIMIENTOS!
Ve en línea para tomar un examen final.

The Latino Tax Professionals Association (LTPA) es una asociación profesional dedicada a la excelencia en el servicio a profesionales de impuestos que trabajan en todas las áreas de la práctica tributaria, incluyendo profesionales individuales, servicios de tenencia de libros y contabilidad, agentes inscritos, contadores públicos certificados y abogados de inmigración. Nuestro exclusivo e-book interactivo y sistema de formación en línea proporciona la única formación fiscal y contable tanto en inglés como en español. Nuestra misión es proporcionar conocimiento, profesionalismo y comunidad a aquellos que sirven al contribuyente latino, para ayudarle a hacer crecer su práctica y aumentar sus ganancias atrayendo a más clientes latinos, y para proporcionar la mejor capacitación de preparación de impuestos disponible.

Latino Tax Professionals Association, LLC
1588 Moffett Street, Suite F
Salinas, California 93905
866-936-2587
www.latinotaxpro.com

Si necesita ayuda: edsupport@latinotaxpro.org